AF191675

Umwelt- und Ressourcenkonflikte

Begriffe ● Theorien ● Kontextualisierung

Umwelt- und Ressourcenkonflikte

Begriffe ● **Theorien** ● **Kontextualisierung**

von

Carsten Rasch

Bibliografische Information der Deutschen Nationalbibliothek: Die Deutsche Nationalbibliothek verzeichnet diese Publikation in der Deutschen Nationalbibliografie;
detaillierte bibliografische Daten sind im Internet über dnb.dnb.de abrufbar.

© 2024 Carsten Rasch

Verlag: BoD · Books on Demand GmbH, In de Tarpen 42,
22848 Norderstedt
Druck: Libri Plureos GmbH, Friedensallee 273, 22763 Hamburg

ISBN: 978-3-7597-8585-5

"*Wir leben in einem gefährlichen Zeitalter. Der Mensch beherrscht die Natur, bevor er gelernt hat, sich selbst zu beherrschen.*"

Albert Schweitzer

In dem Buch „Umwelt- und Ressourcenkonflikte" werden die grundlegenden Begriffe, Strukturen, Akteure, Theorien und Mechanismen im Kontext der gegenwärtigen und zukünftigen globalen Umwelt- und Ressourcenkonflikte ausführlich erläutert und kritisch auf dem Gebiet von Politikwissenschaften, Sozialwissenschaften und Wirtschaftswissenschaften betrachtet. Die über 500 Beiträge bieten damit eine problemorientierte Einführung in die Thematik der Umwelt- und Ressourcenkonflikte.

Das vorliegende Buch befasst sich mit der spannenden und zunehmend relevanten Thematik der „Umwelt- und Ressourcenkonflikte". In einer Zeit, in der unser Planet an den Grenzen seiner Belastbarkeit steht, werden die Konflikte um Ressourcen und die Zerstörung der Umwelt zu den drängendsten Problemen der Menschheit. Die wachsende Nachfrage nach Rohstoffen wie Öl, Gas, Holz und seltenen Erden führt nicht nur zu ökologischen Katastrophen, sondern auch zu sozialen und politischen Spannungen. Diese Konflikte sind oft tief verwurzelt in historischen Ungerechtigkeiten und Machtverhältnissen, die bis in die koloniale Ära zurückreichen.

Die Ausbeutung von Rohstoffen hat weitreichende Folgen, die über die Umweltverschmutzung hinausgehen. Sie beeinflusst das Leben von Millionen Menschen, die in den betroffenen Regionen leben, und führt zu Vertreibungen, Verlust von Lebensgrundlagen und bewaffneten Auseinandersetzungen. Gleichzeitig sind es oft die ärmsten und am meisten benachteiligten Gemeinschaften, die die schwersten Auswirkungen tragen, während die Profite in den Händen weniger multinationaler Konzerne und wohlhabender Nationen konzentriert sind.

Dieses Buch untersucht die komplexen Zusammenhänge zwischen Umwelt und Ressourcen, beleuchtet die Ursachen und Folgen von Konflikten und bietet Lösungsansätze für eine nachhaltige Zukunft. Es ist ein Aufruf zum Handeln, um die Balance zwischen menschlichen Bedürfnissen und der Erhaltung unseres Planeten zu finden. Durch die Analyse von Fallstudien aus verschiedenen Teilen der Welt wird deutlich, dass die Bewältigung dieser Konflikte eine globale Anstrengung erfordert, die über nationale Grenzen hinausgeht.

Marburg, Oktober 2024
Carsten Rasch

Meiner Mutter
Monika Rasch

Inhaltsverzeichnis

3R-Konzept (reduce, reuse, recycle)

Das 3R-Konzept, bestehend aus „Reduce" (Reduzieren), „Reuse" (Wiederverwenden) und „Recycle" (Recycling), ist ein fundamentaler Ansatz in der Abfallwirtschaft und der nachhaltigen Entwicklung. Es zielt darauf ab, den Ressourcenverbrauch zu minimieren, Abfall zu reduzieren und die Umweltbelastung zu verringern. Im Kontext von Ressourcenkonflikten gewinnt das 3R-Konzept zunehmend an Bedeutung, da es nicht nur ökologische, sondern auch ökonomische und soziale Aspekte umfasst, die für die Vermeidung und Lösung von Konflikten um Ressourcen essenziell sind.

Das Reduzieren von Material- und Energieverbrauch ist der erste und bedeutendste Schritt im 3R-Konzept. Dies bedeutet, dass sowohl Unternehmen als auch Individuen ihren Bedarf an Ressourcen und Energie minimieren sollten. Durch effizientere Produktionsprozesse, innovative Technologien und nachhaltige Verbrauchsgewohnheiten können die negativen Auswirkungen auf die Umwelt verringert werden. Im Kontext von Ressourcenkonflikten hat die Reduktion von Ressourcenverbrauch das Potenzial, den Druck auf begrenzte natürliche Ressourcen zu verringern, was wiederum zu weniger Konflikten führt. Beispielsweise können übermäßige Abholzung und Wasserentnahme, die häufig Konflikte in Entwicklungsländern anheizen, durch bewusste Reduzierung des Verbrauchs und der damit verbundenen Nachfrage entschärft werden.

Die Wiederverwendung von Produkten und Materialien ist eine weitere zentrale Strategie des 3R-Konzepts. Anstatt neue Produkte zu kaufen, können bestehende Gegenstände für neue Zwecke genutzt werden. Dies fördert nicht nur die Kreislaufwirtschaft, sondern verringert auch den Bedarf an neuen Ressourcen. In Konfliktregionen kann die Wiederverwendung von Materialien und Produkten den Zugang zu dringend benötigten Ressourcen erleichtern, indem die Abhängigkeit von externen Zulieferungen reduziert wird. Zum Beispiel kann in militärisch oder wirtschaftlich instabilen Gebieten die Wiederverwendung von Baumaterialien aus abgerissenen Gebäuden eine kostengünstige und ressourcenschonende Lösung bieten. Diese Strategien können dazu beitragen, Spannungen zwischen Gemeinschaften zu verringern, indem sie den Zugang zu Ressourcen dezentralisieren und die Selbstversorgung fördern.

Recycling schließt den Kreislauf und trägt dazu bei, wertvolle Materialien wieder in die Wirtschaft zu integrieren. Durch die Umwandlung von Abfällen in neue Produkte werden nicht nur Rohstoffe geschont, sondern auch die Umweltverschmutzung reduziert. In vielen ressourcenkonfliktbelasteten Gebieten kann Recycling eine wichtige Rolle bei der Schaffung von Arbeitsplätzen und der Stärkung der lokalen Wirtschaft spielen. Wenn Gemeinden ihre Abfallwirtschaft durch

Recyclingprogramme verbessern, kann dies sowohl die wirtschaftlichen Bedingungen als auch den sozialen Zusammenhalt fördern. In vielen Fällen sind Ressourcen wie Metalle, Kunststoffe und Papier Mineralien, die abgebaut oder produziert werden müssen, das Recycling solcher Materialien kann den Druck auf die natürlichen Ressourcen senken.

Abbau von Ressourcen

Der Abbau von Ressourcen, insbesondere von mineralischen Rohstoffen, fossilen Brennstoffen und biologischen Ressourcen, spielt eine zentrale Rolle in der globalen Wirtschaft und hat weitreichende Auswirkungen auf Gesellschaften, Ökosysteme und geopolitische Stabilität. Im Kontext von Ressourcenkonflikten können die Dynamiken des Ressourcenabbaus sowohl als Katalysator für Konflikte als auch als Faktor für deren Lösung betrachtet werden.

Der Ressourcenabbau ist oft mit erheblichen ökologischen Schäden verbunden, darunter Landnutzungsänderungen, Verlust der Biodiversität, Wasserverschmutzung und Erderwärmung. Zum Beispiel führen der Bergbau und die Förderung fossiler Brennstoffe häufig zu Landdegradation, was die Lebensqualität von lokal lebenden Gemeinschaften beeinträchtigen kann. Die unregulierte Ausbeutung kann auch zu einer Erschöpfung von Wasserressourcen führen, was insbesondere in wasserarmen Regionen gravierende soziale und wirtschaftliche Folgen hat.

Ressourcen sind nicht gleichmäßig auf der Erde verteilt, was zu Ungleichgewichten in der globalen Machtstruktur führt. Ressourcenreiche Länder haben oft eine tragende Rolle in der Weltwirtschaft, während ressourcenarme Länder anfälliger für wirtschaftliche Instabilität sind. Diese Ungleichheiten können Ressourcenkonflikte verschärfen, wenn verschiedene Akteure – Staaten, multinationale Unternehmen und lokale Gemeinschaften – um den Zugriff auf und die Kontrolle über knappe Ressourcen konkurrieren. Ein prägnantes Beispiel hierfür ist die Kontrolle über Erdölvorkommen im Nahen Osten, die historisch immer wieder zu politischen Spannungen und militärischen Konflikten geführt hat.

Die sozialen Auswirkungen des Ressourcenabbaus sind tiefgreifend. Oft erleben indigene Völker und lokale Gemeinschaften, die in ressourcenreichen Gebieten leben, eine Marginalisierung und Entfremdung von ihrem Land. Der Abbau kann bedeutende Veränderungen in der sozialen Struktur und den Lebensbedingungen solcher Gemeinschaften mit sich bringen. Die Entwertung traditioneller Lebensweisen und die Zwangsumsiedlung von Menschen sind häufige Folgen, die zu sozialen Spannungen und Konflikten führen können. Solche Konflikte sind oft nicht nur zwischenstaatlich, sondern können auch innerhalb eines Staates zwischen verschiedenen Gemeinschaften entstehen.

Die Art und Weise, wie Ressourcen verwaltet und reguliert werden, ist entscheidend für die Vermeidung von Ressourcenkonflikten. Ein starkes Governance-System, das Transparenz, Rechenschaftspflicht und Beteiligung der Zivilgesellschaft fördert, kann die Wahrscheinlichkeit von Konflikten verringern. Aber in vielen ressourcenreichen Ländern sind die Institutionen schwach oder korrupt, was zu einer Ausbeutung der Ressourcen zum Vorteil einer kleinen Elite und zur Vernachlässigung der breiten Bevölkerung führt. Effiziente und gerechte Verteilung von Ressourcen kann dagegen dazu beitragen, Spannungen abzubauen.

Im Angesicht sinkender Ressourcen und steigender Nachfrage geht der Schwenk in Richtung nachhaltigerer Praktiken. Ansätze wie das Recycling von Materialien, die Entwicklung erneuerbarer Energiequellen und die Implementierung von Kreislaufwirtschaftsmodellen sind notwendig, um den Druck auf belastete Ökosysteme zu verringern. Darüber hinaus gibt es Bestrebungen, durch internationale Abkommen und Kooperationen einen gerechteren Zugang zu Ressourcen zu schaffen und so potenzielle Konflikte zu vermeiden.

Die Beziehung zwischen Ressourcenabbau und Ressourcenkonflikten ist komplex und vielschichtig. Ein tiefes Verständnis der ökologischen, wirtschaftlichen und sozialen Dimensionen des Ressourcenabbaus ist entscheidend, um die zugrunde liegenden Konfliktursachen zu erkennen und nachhaltige Lösungen zu entwickeln. Um Ressourcen als Quelle für Wohlstand und Zusammenarbeit zu nutzen, müssen verantwortungsvolle Praktiken in der Ressourcennutzung gefördert und gerechte Governance-Strukturen etabliert werden.

Abholzung

Die Abholzung von Wäldern ist ein komplexes und vielschichtiges Phänomen, das in engem Zusammenhang mit Ressourcenkonflikten steht. Die globale Entwaldung hat weitreichende ökologische, soziale und wirtschaftliche Folgen, die häufig durch den Drang nach Konsum, landwirtschaftlicher Expansion, urbaner Entwicklung und Rohstoffabbau verstärkt werden.

Ein zentraler Aspekt der Abholzung ist ihre enge Verbindung zu wirtschaftlichen Interessen. In vielen Regionen der Welt, insbesondere in tropischen Gebieten, werden Wälder in erster Linie aufgrund der Nachfrage nach landwirtschaftlichen Flächen gerodet. Die Produktion von Palmöl, Soja und anderen Agrarprodukten hat in den letzten Jahrzehnten zu massiven Waldverlusten geführt, da landwirtschaftliche Unternehmen in zuvor bewaldete Gebiete vordringen. Diese Form der Abholzung ist oft mit Ressourcenkonflikten zwischen lokal ansässigen Gemeinschaften und multinationalen Unternehmen verbunden, die um Zugang zu fruchtbarem Land kämpfen. Die Konflikte entstehen häufig, weil lokale

Gemeinschaften auf die Wälder angewiesen sind, um ihren Lebensunterhalt zu sichern, sei es durch Subsistenzwirtschaft, traditionelle Jagd oder das Sammeln von Wildpflanzen.

Zusätzlich zur Landwirtschaft spielt die Holzernte eine entscheidende Rolle bei der Abholzung. Der illegale Holzschlag ist in vielen Teilen der Welt eine bedeutende Quelle für Konflikte, da er nicht nur zur Zerstörung von Lebensräumen und zur Beeinträchtigung der Biodiversität führt, sondern auch die wirtschaftlichen Interessen der Staats- und Gemeindeverwaltungen untergräbt. Oft stehen illegale Holzernte und der Verlust von Waldflächen in direktem Zusammenhang mit korrupten politischen Praktiken, wobei lokale Gemeinschaften oft die Verlierer sind. Der Zugang zu Waldressourcen wird dann zu einem Machtinstrument, das große Unternehmen und korrupte Bürokraten gegen kleinere, oft marginalisierte Gemeinschaften einsetzen.

Des Weiteren wird die Abholzung oft durch infrastrukturelle Entwicklungen wie Straßenbau, Bergbau und Urbanisierung vorangetrieben. Diese Projekte werden oft unter dem Vorwand der wirtschaftlichen Entwicklung gefördert, führen jedoch häufig zu einer Zerstörung ökologisch bedeutsamer Flächen. Solche Entwicklungen tragen zur Fragmentierung von Lebensräumen bei, was nicht nur die Biodiversität beeinträchtigt, sondern auch die Fähigkeit von Ökosystemen verringert, wichtige Dienstleistungen wie Kohlenstoffbindung, Wasserschutz und Bodenerhaltung bereitzustellen.

Ein weiterer wichtiger Punkt ist die Rolle der indigenen Völker und der lokalen Gemeinschaften, die häufig die ersten sind, die die negativen Folgen von Abholzung zu spüren bekommen. Diese Gruppen sind oft eng mit ihren Ressourcen verbunden und verlieren durch die Vernichtung ihrer Lebensräume nicht nur ihre wirtschaftlichen Grundlagen, sondern auch ihre kulturelle Identität. Ihre Fähigkeit, sich gegen externe Interessen durchzusetzen, hängt oft von ihrer Anerkennung und den Rechten ab, die ihnen auf politischer Ebene zugesprochen werden. Der Widerstand gegen Abholzung kann zu heftigen Konflikten führen, bei denen Menschenrechtsverletzungen und gewaltsame Auseinandersetzungen häufig vorkommen.

Abiotische Ressourcen

Abiotische Ressourcen sind nicht-lebenswichtige, unbelebte Naturressourcen, die essenzielle Rohstoffe für menschliche Aktivitäten darstellen. Dazu gehören mineralische Rohstoffe, Energieträger wie fossile Brennstoffe (Öl, Gas, Kohle), Wasser sowie Materialien wie Sand und Kies. Das Vorhandensein und die Verfügbarkeit dieser Ressourcen sind oft entscheidend für die wirtschaftliche

Entwicklung und den sozialen Fortschritt. Gleichzeitig sind sie jedoch häufig der Ausgangspunkt für Ressourcenkonflikte.

Ressourcenkonflikte entstehen, wenn verschiedene Akteure – sei es zwischen Staaten, Gemeinden oder privaten Unternehmen – um den Zugriff, die Kontrolle oder die Nutzung dieser Ressourcen konkurrieren. Abiotische Ressourcen sind besonders konfliktanfällig, da sie oft in geografischen Gebieten konzentriert sind, wo Umwelteinflüsse, politische Instabilität oder wirtschaftliche Ungleichheit bereits vorhanden sind. Die Globalisierung hat zusätzlich zur Komplexität dieser Konflikte beigetragen, indem sie lokale Ressourcennutzungen mit globalen Marktbedingungen verknüpft.

Ein herausragendes Beispiel für Ressourcenkonflikte im Zusammenhang mit abiotischen Ressourcen ist die Kontrolle über Erdölressourcen. Die geografische Verteilung von Ölvorkommen ist ungleichmäßig, was zu geopolitischen Spannungen in Regionen wie dem Nahen Osten und Afrika führt. Staaten, die über reichhaltige Erdölreserven verfügen, können großen politischen Einfluss gewinnen, während ressourcenarme Länder abhängiger von ausländischen Energielieferungen werden und so in eine ungleiche Machtstruktur geraten können. Dies fördert nicht nur interne Spannungen, sondern kann auch internationale Konflikte anheizen.

Ein weiteres Beispiel ist die Ausbeutung mineralischer Ressourcen wie Lithium, das für die Herstellung von Batterien in Elektrofahrzeugen unerlässlich ist. Der zunehmende Bedarf an Lithium und anderen Metallen hat zu einem Wettlauf um deren Abbau in Ländern wie Bolivien, Chile und Argentinien geführt. In diesen Regionen sind Ressourcenkonflikte oft eng verbunden mit Fragen der Umweltzerstörung, des Wasserverbrauchs und der Rechte indigener Bevölkerungsgruppen, die oft unter den Folgen des Abbaus leiden, ohne von den wirtschaftlichen Vorteilen zu profitieren.

Wasser, als abiotische Ressource, ist ein weiteres zentrales Thema in Ressourcenkonflikten. Während Wasser an vielen Orten als grundlegendes Menschenrecht betrachtet wird, wird es gleichzeitig als handelbare Ware im Kontext von Bewässerung, Industrie und Energieproduktion wahrgenommen. Der Klimawandel, Bevölkerungswachstum und ineffiziente Wassernutzung verschärfen den Wettbewerb um sauberes Wasser. In Regionen wie dem Nahen Osten, wo Wasserknappheit besteht, können solche Konflikte sowohl zwischen Staaten als auch zwischen verschiedenen Gemeinschaften innerhalb eines Staates entstehen.

Die Herausforderung, abiotische Ressourcen nachhaltig zu nutzen, spielt eine entscheidende Rolle in der Diskussion um Ressourcenkonflikte. Nachhaltige Ressourcennutzung erfordert ein Gleichgewicht zwischen ökonomischen, ökologischen und sozialen Aspekten, was häufig schwer zu erreichen ist. Politische

Entscheidungsträger stehen vor der Aufgabe, Regelungen und Vereinbarungen zu schaffen, die eine gerechte Verteilung der Ressourcen gewährleisten und Konflikte minimieren, während gleichzeitig die ökologischen Auswirkungen des Ressourcenabbaus berücksichtigt werden.

Abwasser

Abwasser stellt ein zunehmend relevantes Thema im Kontext von Ressourcenkonflikten dar, insbesondere in Regionen, in denen Wasserknappheit und Umweltverschmutzung zusammenwirken. Im deutschsprachigen Raum sowie international lassen sich vielfältige Aspekte untersuchen, die die Wechselwirkungen zwischen Abwasserbewirtschaftung, Ressourcenkonflikten und nachhaltiger Entwicklung betreffen.

Abwasser, das in Haushalten, der Industrie und der Landwirtschaft anfällt, enthält eine Vielzahl von Verunreinigungen, darunter organische Stoffe, Nährstoffe (wie Stickstoff und Phosphor), Schwermetalle und Krankheitserreger. Diese verunreinigten Wassermengen stellen nicht nur eine Bedrohung für die Umwelt und die menschliche Gesundheit dar, sondern auch eine verschwendete Ressource. In vielen Regionen ist Wasser eine knappe Ressource, und unsachgemäße Abwasserentsorgung kann die Qualität der verfügbaren Wasserquellen erheblich beeinträchtigen, was zu Konflikten um die Nutzung dieser Wasserressourcen führt.

Ein zentrales Problem liegt in der ungleichen Verteilung und Verfügbarkeit von Wasserressourcen. In trockenen und semiariden Gebieten sind die Wasserressourcen oft begrenzt, während die Nachfrage aufgrund von Urbanisierung und industrieller Entwicklung steigt. Gleichzeitig führt die unzureichende Behandlung von Abwasser dazu, dass Wasser, das für die landwirtschaftliche Bewässerung oder als Trinkwasserquelle genutzt werden könnte, durch Schadstoffe kontaminiert wird. Dies verursacht nicht nur gesundheitliche Probleme, sondern kann auch die landwirtschaftliche Produktivität mindern, was insbesondere in Regionen mit prekären Ernährungssituationen zu Ressourcenkonflikten führt.

Ein weiterer wesentlicher Aspekt ist die Rolle von Abwasser in der Kreislaufwirtschaft. Behandelte Abwässer können wiederverwendet und in vielen Bereichen, wie der Landwirtschaft oder der Industrie, eingesetzt werden. Dies könnte potenziell Spannungen verringern, indem Wasserressourcen effizienter genutzt werden. Innovative Aufbereitungstechnologien ermöglichen die Rückgewinnung von Nährstoffen aus Abwasser, was einen zusätzlichen Vorteil darstellt und die Abhängigkeit von chemischen Düngemitteln verringern kann. Die Implementierung solcher Technologien erfordert jedoch substanzielle Investitionen, politische Unterstützung und das Engagement der betroffenen Gemeinschaften. Ressourcenkonflikte im Zusammenhang mit Abwasser können auch durch unterschiedliche rechtliche Rahmenbedingungen und institutionelle Strukturen verstärkt werden. In vielen Ländern fehlt es an klaren gesetzlichen Regelungen für die Abwasserentsorgung und -behandlung, was zu unkoordinierten und ineffizienten Praktiken führen kann. Korruption und fehlende Verwaltungsstrukturen können zusätzliche Hindernisse darstellen, die eine angemessene Abwasserbewirtschaftung erschweren und soziale Spannungen fördern. Die Beteiligung lokal betroffener Gemeinschaften in Entscheidungsprozesse kann ein Schlüssel zur Lösung solcher Konflikte sein.

Africa Mining Vision (AMV)
Die Africa Mining Vision (AMV) ist eine strategische Initiative der Afrikanischen Union, die 2009 verabschiedet wurde und darauf abzielt, den Bergbausektor auf dem Kontinent gerechter, nachhaltiger und umweltfreundlicher zu gestalten. Sie ist eine Antwort auf die Herausforderungen und Probleme, die mit der Ausbeutung mineralischer Ressourcen in Afrika verbunden sind, insbesondere im Hinblick auf Ressourcenkonflikte, sozialwirtschaftliche Ungleichheiten und Umweltzerstörung.

Ein zentrales Anliegen der AMV ist die Bekämpfung von Ressourcenkonflikten, die häufig in Verbindung mit der Extraktion von Rohstoffen in Afrika auftreten. Diese Konflikte entstehen oft aufgrund von Konkurrenz um wertvolle Mineralien, Landnutzungsrechten und unzureichenden rechtlichen Rahmenbedingungen. In vielen afrikanischen Ländern sind Mineralressourcen nicht nur eine Quelle für wirtschaftliches Wachstum, sondern auch eine Quelle sozialer Spannungen. Die Missstände reichen von ungleicher Verteilung der Profite aus der Ressourcennutzung bis hin zu Landenteignungen, die oftmals ohne angemessene Entschädigungen erfolgen.

Die AMV setzt sich zum Ziel, die Kluft zwischen den erwarteten Vorteilen aus der Ressourcenausbeutung und den tatsächlich erlebten Nachteilen zu schließen. Dies soll durch eine bessere Governance und eine stärkere Einbeziehung lokaler Gemeinschaften in die Entscheidungsprozesse erreicht werden. Ein integratives Management der Mineralressourcen ist essenziell, um sicherzustellen, dass diese als Motor für nachhaltige Entwicklung dienen und nicht als Auslöser für Konflikte.

Ein wesentlicher Aspekt der AMV ist die Förderung der Transparenz und der Rechenschaftspflicht im Bergbausektor. Die Initiative unterstützt die Implementierung internationaler Standards, wie des Extractive Industries Transparency Initiative (EITI), um sicherzustellen, dass Unternehmen und Regierungen offen über Einnahmen aus Rohstoffen berichten und diese Informationen für die Öffentlichkeit zugänglich sind. Durch die Förderung von Transparenz können Missbrauch und Korruption, die oft in Ressourcenkonflikten verwickelt sind, reduziert werden.

Zudem betont die AMV die Notwendigkeit einer Diversifizierung der Wirtschaft. Viele afrikanische Länder sind stark von Rohstoffexporten abhängig, was sie anfällig für Preisschwankungen und externe Schocks macht. Die AMV propagiert, dass durch die Entwicklung von wertschöpfenden Industrien und die Förderung von lokalem Unternehmertum auch langfristige wirtschaftliche Stabilität und soziale Kohäsion gefördert werden können. Ein diversifizierter Ansatz kann die Risiken von Ressourcenkonflikten mindern, indem er alternative Einkommensquellen schafft und die Abhängigkeit von einzelnen Rohstoffen verringert.

Schließlich behandelt die AMV auch die sozialen und ökologischen Auswirkungen des Bergbaus. Indem sie Umweltschutz und soziale Verantwortung in den Mittelpunkt stellt, versucht sie, die negativen Folgen der Ressourcenausbeutung auf die Umwelt und die Lebensbedingungen der betroffenen Gemeinschaften zu minimieren. Der Fokus liegt hier nicht nur auf der Reduktion von Umweltverschmutzung, sondern auch auf der Schaffung von Mechanismen zur Wiedergutmachung und zur nachhaltigen Nutzung der Ressourcen.

Agrarchemikalien und Umweltschäden

Agrarchemikalien, darunter Pestizide, Herbizide und Düngemittel, spielen eine zentrale Rolle in der modernen Landwirtschaft. Sie sind entscheidend für die Steigerung der Ernteerträge und die Sicherstellung der globalen Nahrungsmittelsicherheit. Doch der extensive Einsatz dieser Chemikalien hat weitreichende Auswirkungen auf die Umwelt, insbesondere auf Böden, Wasserressourcen und die Biodiversität. Gleichzeitig stehen diese Umweltschäden oft im Kontext von Ressourcenkonflikten, die sich aus der Konkurrenz um landwirtschaftliche Flächen und die damit verbundenen natürlichen Ressourcen ergeben.

Der Einsatz von Agrarchemikalien kann zu einer Reihe von Umweltschäden führen. Ein wesentliches Problem ist die Bodendegradation, die durch den übermäßigen Einsatz von Düngemitteln und Pestiziden verursacht wird. Diese Chemikalien können die mikrobielle Gemeinschaft und die Bodenstruktur negativ beeinflussen, was zu einer Verringerung der Bodenfruchtbarkeit und der natürlichen Ressourcenspeicherung führt. Langfristige Auswirkungen sind Erosion, Verlust von Nährstoffen und eine verringerte Fähigkeit des Bodens, Wasser zu speichern, was in trockenen Perioden zu Ertragsminderungen führen kann.

Ein weiteres schwerwiegendes Problem ist die Verschmutzung von Oberflächen- und Grundwasser. Agrarchemikalien gelangen oft durch Regen und Bewässerung in Gewässer und gefährden nicht nur aquatische Lebensräume, sondern auch die Trinkwasserversorgung. Der Nitrateintrag aus überdüngten Feldern hat in vielen Regionen zu einer Eutrophierung geführt, die sich in Algenblüten äußert, die den Sauerstoffgehalt im Wasser verringern und somit das Leben aquatischer Organismen bedrohen.

Die Auswirkungen auf die Biodiversität sind ebenfalls alarmierend. Intensive landwirtschaftliche Praktiken, gepaart mit dem Einsatz von Agrarchemikalien, führen zur Zerstörung von Lebensräumen, was zahlreiche Pflanzen- und Tierarten an den Rand des Aussterbens bringt. Insektenbestäuber, wie Bienen, sind besonders betroffen, was auch weitreichende Folgen für die Landwirtschaft und die Nahrungs- mittelproduktion hat.

Im Kontext von Ressourcenkonflikten können die negativen Auswirkungen von Agrarchemikalien die bestehenden Spannungen in Gesellschaften verschärfen. Zum Beispiel kann der Wettbewerbsdruck um fruchtbares Land, der durch den Bedarf an intensiver Landwirtschaft entsteht, zu Konflikten zwischen landwirt- schaftlichen Betrieben und Indigenen oder Kleinbauern führen, die auf nachhaltige Anbaumethoden angewiesen sind. In Regionen, wo Wasserknappheit herrscht, können die Konflikte um Wasserressourcen, die zur Bewässerung von Monokulturen verwendet werden, eskalieren. Hierbei können die Verschmutzung von Wasser durch Agrarchemikalien und der damit verbundene Verlust der Trinkwasserver- sorgung soziale Unruhen hervorrufen.

Ein Beispiel für solche Ressourcenkonflikte ist der Amazonas-Regenwald, wo landwirtschaftliche Expansion, oft unterstützt durch den Einsatz von chemischen Düngemitteln und Pestiziden, zu einem massiven Verlust der Biodiversität und der Regenwaldökosysteme führt. Die Abholzung für Agrarflächen steht in direktem Konflikt mit den Rechten der indigenen Völker, die auf diesen Landstrichen leben und wirtschaften. Dies führt nicht nur zu ökologischen, sondern auch zu sozialen und politischen Konflikten, die die Stabilität ganzer Regionen gefährden können.

Akkumulationsregime

Akkumulationsregime bezeichnet in der Wirtschaftswissenschaft und der Poli- tikwissenschaft die spezifischen Formen der Kapitalakkumulation, die innerhalb eines bestimmten Rahmens von Produktionsbeziehungen, Verteilungsmustern und institutionellen Arrangements stattfinden. Im Kontext von Ressourcenkon- flikten erweist sich das Konzept als besonders relevant, da es die Dynamiken erhellt, durch die wirtschaftliche Interessen und soziale Spannungen in Bereichen von Ressourcenextraktion, -nutzung und -verwaltung miteinander verwoben sind. Ein Akkumulationsregime umfasst mehrere Dimensionen, darunter die Art der Ressourcen, die technologischen Voraussetzungen für deren Extraktion, die Logistik der Verteilung, die rechtlichen Rahmenbedingungen sowie die sozialen und politischen Strukturen, die die Ressourcennutzung regulieren. Verschiedene Staaten und Regionen können unterschiedliche Akkumulationsregime entwickeln, die jeweils spezifische Auswirkungen auf sozioökonomische und ökologische Beziehungen haben.

Im Kontext von Rohstoffländern, insbesondere in sogenannten Entwicklungsländern, sind Ressourcenkonflikte häufig das Ergebnis von ungleicher Ressourcenverteilung und der Monopolisierung von Ressourcen durch lokale oder internationale Unternehmen. Oftmals führt diese Monopolisierung nicht nur zu einer ökonomischen Marginalisierung der lokalen Bevölkerung, sondern auch zu einer Erosion sozialer Strukturen und einer Zunahme von Konflikten. Ein Beispiel sind Konflikte um Öl- und Mineralressourcen in Nigeria, wo Gemeinschaften oft von den Einnahmen der Ölindustrie ausgeschlossen sind, während sie gleichzeitig unter den ökologischen Folgen der Ressourcenextraktion leiden.

Akkumulationsregime sind auch eng verbunden mit globalen Marktbedingungen und der Nachfrage nach bestimmten Rohstoffen. In Zeiten hoher Nachfrage steigt der Druck auf lokale Gemeinschaften und Ökosysteme, was oft zu Konflikten führt. Diese Konflikte sind meist nicht nur ökonomisch, sondern auch kulturell und identitätsstiftend, da indigene Gemeinschaften oft eine tiefe Verbindung zu ihrem Land und den Ressourcen haben, die sie bewohnen und nutzen.

Die politischen Strukturen innerhalb eines Landes spielen ebenfalls eine entscheidende Rolle. In vielen Fällen sind schwache staatliche Institutionen und Korruption Faktoren, die Ressourcenkonflikte verschärfen. Die unzureichende Regulierung und Kontrolle des Rohstoffsektors kann dazu führen, dass private Unternehmen, oft mit Unterstützung von internationalen Akteuren, die natürlichen Ressourcen ausbeuten, ohne die sozialen und ökologischen Kosten in Betracht zu ziehen. Diese Dynamik schafft nicht nur Ungleichheit und Verteilungskonflikte, sondern trägt auch zur Destabilisierung und Militarisierung von Regionen bei.

Ein weiterer Aspekt ist die Rolle der internationalen Gemeinschaft und nichtstaatlicher Akteure in Ressourcenkonflikten. International agierende Unternehmen, NGOs und internationale Organisationen beeinflussen die Struktur der Akkumulationsregime durch ihre politischen Praktiken, Investitionsstrategien und Lobbyarbeit. Während einige Akteure versuchen, nachhaltige Praktiken zu fördern und soziale Verantwortung zu übernehmen, können andere die bestehende Hierarchie verstärken und lokale Konflikte eskalieren.

Anpassungsfähigkeit

Anpassungsfähigkeit ist ein Schlüsselkonzept in der Wissenschaft, insbesondere im Kontext von Ressourcenkonflikten. In einer Welt mit begrenzten Ressourcen und wachsender Bevölkerungszahl, gepaart mit den Auswirkungen des Klimawandels und wirtschaftlicher Ungleichheit, sind verschiedene Gemeinschaften und Nationen gezwungen, sich kontinuierlich anzupassen, um sowohl ihre Bedürfnisse zu decken als auch die sozialen und ökologischen Spannungen zu minimieren, die aus dem Wettbewerb um Ressourcen entstehen.

Ressourcenkonflikte entstehen häufig in Umgebungen, in denen natürliche Ressourcen wie Wasser, Land, Energie oder Mineralien begrenzt sind und gleichzeitig die Nachfrage nach diesen Ressourcen steigt. Diese Konflikte sind oft durch komplexe politische, wirtschaftliche und soziale Faktoren bedingt. Ein Beispiel hierfür sind Wasserkonflikte in ariden Regionen, in denen verschiedene Gemeinschaften um Zugang zu Wasserquellen konkurrieren. In solchen Kontexten ist die Anpassungsfähigkeit der Schlüssel zu einer nachhaltigen Konfliktlösung.

Wissenschaftliche Untersuchungen legen nahe, dass die Anpassungsfähigkeit auf mehreren Ebenen betrachtet werden kann: der individuellen, der gemeinschaftlichen und der systemischen Ebene. Auf individueller Ebene beziehen sich adaptive Fähigkeiten auf die Fähigkeit der Menschen, ihre Verhaltensweisen und Entscheidungen angesichts veränderter Umstände, wie z. B. knappen Ressourcen, zu modifizieren. Dies könnte die Umstellung auf nachhaltigere landwirtschaftliche Praktiken bedeuten oder die Implementierung von Wasserspartechnologien.

Auf der gemeinschaftlichen Ebene erfordert Anpassungsfähigkeit kooperatives Verhalten und die Fähigkeit, soziale Netzwerke zu mobilisieren. Gemeinsame Ressourcenmanagementansätze, die die lokale Gemeinschaft in Entscheidungsprozesse einbeziehen, zeigen oft höhere Erfolgsraten in der Konfliktbewältigung. Der Ansatz des „Kollaborativen Managements" ist ein Beispiel, bei dem Stakeholder zusammenarbeiten, um Richtlinien zu entwickeln, die den Zugang zu Ressourcen fair regulieren. Solche Kooperationsmodelle fördern nicht nur den sozialen Zusammenhalt, sondern erhöhen auch die Resilienz der Gemeinschaften gegenüber externen Stressoren, wie klimatischen Veränderungen oder wirtschaftlichen Krisen.

Auf der systemischen Ebene erfordert Anpassungsfähigkeit die Einbeziehung der ökologischen Dynamik in die Ressourcennutzung. Die ökologische Resilienz bezeichnet die Fähigkeit eines Ökosystems, sich nach Störungen zu regenerieren, was für die Nachhaltigkeit von entscheidender Bedeutung ist. Die Berücksichtigung ökologischer Grenzen bei der Ressourcennutzung, beispielsweise durch die

Anwendung von Prinzipien der Kreislaufwirtschaft oder die Einrichtung von Schutzgebieten, kann entscheidend sein, um langfristige Konflikte um Ressourcen zu vermeiden.

Darüber hinaus sind politische und institutionelle Rahmenbedingungen entscheidend für die Anpassungsfähigkeit in Ressourcenkonflikten. Stabile und gerechte Institutionen, die Transparenz und Partizipation fördern, tragen dazu bei, das Vertrauen zwischen verschiedenen Stakeholdern zu stärken und auch in Krisenzeiten gemeinsam nach Lösungen zu suchen. Der Mangel an guten Governance-Praktiken kann dagegen Ressourcenkonflikte anheizen, da Ungleichheiten im Zugang zu Ressourcen und unfaire Verteilung von Macht und Einfluss zu Spannungen führen.

Anthropogener Klimawandel

Der anthropogene Klimawandel, ein Phänomen, das durch menschliche Aktivitäten, insbesondere durch die Verbrennung fossiler Brennstoffe, Abholzung und industrielle Prozesse, verursacht wird, hat weitreichende Auswirkungen auf die planetarische Umwelt, die Ökosysteme und die menschliche Gesellschaft. Die damit verbundenen Veränderungen im Klima sind nicht nur für sich genommen besorgniserregend, sondern sie tragen auch erheblich zu Ressourcenkonflikten bei, die sowohl international als auch innerhalb von Staaten auftreten. Diese Konflikte sind häufig um Wasser, Nahrung und Land organisiert, und die Kausalität zwischen Klimawandel und Ressourcenkonflikten ist ein sich entwickelndes Forschungsgebiet in der Klimawissenschaft, Soziologie und Geopolitik.

Ein zentrales Merkmal des anthropogenen Klimawandels ist die Erhöhung der globalen Durchschnittstemperaturen, die sich auf unterschiedliche Weise auf lokale Klima- und Wetterbedingungen auswirkt. Extreme Wetterereignisse wie Dürren, Überschwemmungen, Hurrikane und Stürme werden durch den Klimawandel verstärkt, was zu Ernteausfällen und Verlusten in der Landwirtschaft führt. Für viele Entwicklungsländer, die stark auf Landwirtschaft angewiesen sind, bedeutet dies eine konkrete Bedrohung für die Ernährungs- und Wassersicherheit. Wenn Ernteausfälle zunehmen, sind Spannungen zwischen Gemeinden, die um die verbleibenden Ressourcen konkurrieren, nahezu unvermeidlich. Diese Spannungen können in gewaltsame Konflikte umschlagen, insbesondere wenn geopolitische Faktoren, wie Armut, Ungleichheit und ethnische Spannungen, bereits bestehende Konfliktlinien verschärfen.

Wasser ist eine der wertvollsten Ressourcen und ein Schlüsselkonfliktfeld im Kontext des Klimawandels. Die schwindenden Wasserressourcen durch verringerte Niederschläge und verschmutzte Wasserquellen können große Populationen unter Druck setzen. River Basins, die sich über nationale Grenzen erstrecken, können Spannungen zwischen Staaten hervorrufen. Ein Beispiel dafür ist der Nil, wo Länder wie Ägypten und Äthiopien in einen Streit über Wassernutzung und -rechte verwickelt sind, insbesondere im Zusammenhang mit dem Bau des Grand Ethiopian Renaissance Damms (GERD). Solche Konflikte sind häufig nicht nur auf Wasserknappheit zurückzuführen, sondern auch auf die geopolitischen Machtverhältnisse, die durch wirtschaftliche Abhängigkeiten und historische Vereinbarungen geprägt sind.

Zusätzlich zu Wasser und Nahrung kann der Klimawandel auch Landnutzungskonflikte hervorrufen. Zunehmender Meeresspiegel und extreme Wetterereignisse führen zur Verdrängung von Gemeinschaften, insbesondere in Küstenregionen. Menschen, die ihre Heimat und ihre Lebensgrundlagen verlieren, werden häufig intern oder international als Klimaflüchtlinge bezeichnet und suchen nach sicheren Lebensbedingungen, was zu einem Wettstreit um begrenzte Ressourcen in Aufnahmegebieten führen kann. Diese Migration kann soziale Spannungen erhöhen und bereits bestehende gesellschaftliche Konflikte eskalieren.

Der anthropogene Klimawandel hat auch direkte wirtschaftliche Auswirkungen, da er die Produktivität in der Landwirtschaft und anderen ressourcenabhängigen Sektoren beeinträchtigt. Volkswirtschaften, die stark von natürlichen Ressourcen abhängen, werden durch Verknappung und Erhöhung der Produktionskosten stark belastet, was zu sozialen Unruhen und politischen Instabilitäten führen kann. In diesem Kontext ist die Rolle von Governance und Institutionen entscheidend. Starke, faire und inklusive Institutionen können dazu beitragen, Ressourcenkonflikte zu mildern, indem sie einen gerechten Zugang zu Ressourcen gewährleisten und effektive Mechanismen zur Konfliktlösung bereitstellen.

Zusammenfassend lässt sich sagen, dass der anthropogene Klimawandel eine multifaktorielle und komplexe Herausforderung darstellt, die nicht nur ökologische, sondern auch soziale und politische Dimensionen umfasst. Die Wechselwirkungen zwischen Klimawandel und Ressourcenkonflikten erfordern ein umfassendes Verständnis der lokalen und globalen Dynamiken, um effektive Strategien zur Minderung dieser Konflikte und zur Anpassung an die veränderten klimatischen Bedingungen zu entwickeln. Nur durch einen interdisziplinären Ansatz, der Klimawissenschaft, Sozialwissenschaften und internationale Beziehungen miteinander verknüpft, kann eine nachhaltige Lösung für die Herausforderungen des anthropogenen Klimawandels im Kontext von Ressourcenkonflikten gefunden werden.

Arktis-Ressourcen

Die Arktis ist eine der am wenigsten zugänglichen und extremen Regionen der Erde, die sich über den Nordpol und angrenzende Gebiete erstreckt. Diese Region ist nicht nur für ihr fragiles Ökosystem bekannt, sondern auch für ihre potenziellen Ressourcen, die immer mehr in den Fokus globaler geopolitischer und wirtschaftlicher Interessen treten. Die Ressourcen der Arktis umfassen Öl- und Gasvorkommen, Mineralien, Fischbestände und Süßwasser, deren Erschließung und Nutzung jedoch zu erheblichen Ressourcenkonflikten führen kann.

Die Arktis ist reich an natürlichen Ressourcen, insbesondere aufgrund ihrer geologischen Formationen, die reich an fossilen Brennstoffen sind. Studien schätzen, dass in der Arktis etwa 13 Prozent der weltweiten Ölreserven und 30 Prozent der unentdeckten Erdgasreserven lagern. Diese Vorkommen sind jedoch oft schwer zugänglich und erfordern komplexe Technologien zur Gewinnung, was die Erschließung kostspielig macht. Die Schmelze des arktischen Meereises als Folge des Klimawandels hat jedoch neue Seewege eröffnet und den Zugang zu diesen Ressourcen erleichtert, was das Interesse internationaler Akteure verstärkt hat.

Das Niedergang des arktischen Meereises verändert nicht nur die Umwelt, sondern auch die geopolitischen Dynamiken in der Region. Fünf Hauptakteure haben territoriale Ansprüche im Arktischen Ozean erhoben: Kanada, die USA, Russland, Dänemark (über Grönland) und Norwegen. Diese Länder streben an, ihre maritime Hoheitsrechte auszuweiten, insbesondere auf potenzielle Unterwasserlandmassiven wie dem Lomonossow-Rücken. Konflikte über Grenzverläufe und Ressourcenansprüche sind daher vorprogrammiert, da diese Bestrebungen oft nicht nur nationalen Interessen, sondern auch wirtschaftlichen Überlegungen entlang internationaler rechtlicher Rahmenbedingungen, wie dem Seerechtsübereinkommen der Vereinten Nationen, widersprechen.

Einer der zentralen Konfliktherde ist die Umstrittenheit über die Rohstoffvorkommen in der Chukotka-See und im Nordpolarmeer, wo sich sowohl wirtschaftliche als auch strategische Interessen überlagern. Russland hat beispielsweise intensiv seine militärische Präsenz in der Region ausgebaut und zugleich Infrastrukturprojekte zur Erschließung von Öl- und Gasvorkommen initiiert. Die aggressive Expansion Russlands könnte als Bedrohung für die Sicherheitsinteressen anderer arktischer Anrainerstaaten angesehen werden, was zu einem Wettlauf um die Ressourcen und Zonen des Einflusses führen kann.

Ein weiteres Dimension der Ressourcenkonflikte in der Arktis betrifft die ökologischen Fragestellungen. Die fragilen Ökosysteme der Arktis sind durch die industriellen Aktivitäten, die mit der Erschließung von Ressourcen einhergehen, besonders gefährdet. Ölunfälle, Abfallprodukte und die Zerstörung von Lebens-räumen können irreversible Schäden verursachen. Die Herausforderungen durch den Klimawandel könnten die Spannungen in der Region weiter verschärfen, da die Verschiebung von Fanggründen und das Verschwinden von traditionellen Lebensweisen indigener Gemeinschaften ebenfalls zu Konflikten führen können. Die Zukunft der Ressourcenwirtschaft in der Arktis wird daher zunehmend von der Notwendigkeit geprägt, einen Balanceakt zwischen wirtschaftlichen Interes-sen, territorialen Ansprüchen und ökologischen Belangen zu meistern. Lösungen müssen integrative Ansätze verfolgen, die auch die Stimmen indigener Völker und Umweltschutzorganisationen berücksichtigen. Politische Kooperationen, wie der Arktische Rat, spielen eine entscheidende Rolle bei der Schaffung eines Dialogs zwischen den betroffenen Ländern und können helfen, friedliche und nachhaltige Lösungen zu finden.

Artensterben

Das Artensterben, auch als Biodiversitätsverlust bezeichnet, ist ein ernstes und weitreichendes Problem, das eng mit Ressourcenkonflikten verbunden ist. In der heutigen Zeit ist die Biodiversität, die die Vielfalt an Lebensformen und Öko-systemen auf der Erde beschreibt, in einem alarmierenden Tempo gefährdet. Mehrere wissenschaftliche Studien deuten darauf hin, dass wir uns möglicher-weise in einem 6. Massenaussterben befinden, das durch menschliche Aktivitäten vorangetrieben wird.

Ressourcenkonflikte entstehen häufig, wenn eine zunehmende Nachfrage nach natürlichen Ressourcen wie Wasser, Boden, Energie und Rohstoffen auf eine begrenzte Verfügbarkeit dieser Ressourcen trifft. Diese Konflikte können auf verschiedenen Ebenen auftreten – lokal, national und international – und sind oft von politischen, wirtschaftlichen und sozialen Faktoren geprägt. Der Druck auf diese Ressourcen führt zu einer intensiven Ausbeutung, der Zerstörung von Lebensräumen und damit zum Verlust von Artenvielfalt.

Ein prägnantes Beispiel für diesen Zusammenhang ist die Abholzung von Wäl-dern, die hauptsächlich aufgrund der Landwirtschaft, Urbanisierung und Holz-ernte erfolgt. Wälder sind Lebensräume für zahlreiche Arten, und ihr Verlust führt oft zur Fragmentierung von Biodiversität. Die Abholzung, insbesondere in tropischen Regenwäldern, wird häufig durch landwirtschaftliche Expansion for-ciert, um Platz für Monokulturen wie Palmöl- oder Sojaplantagen zu schaffen. Diese Monokulturen bieten nur begrenzte Lebensräume und vermitteln nicht die notwendige Struktur für das Überleben vielfältiger Arten.

Ein weiterer Aspekt ist der Wasserverbrauch in der Landwirtschaft und Industrie, der oft in Regionen erfolgt, die bereits unter Wasserknappheit leiden. Diese Übernutzung kann ganze Ökosysteme destabilisieren, Indigene Gemeinschaften verdrängen und zu Konflikten zwischen verschiedenen Ressourcennutzern führen. Solche natürlichen Ressourcen bieten Lebensgrundlagen für viele Arten, und ihre Verringerung hat direkte und indirekte Auswirkungen auf die Biodiversität. Die Ausbeutung fossiler Brennstoffe, einschließlich Öl und Kohle, führt ebenfalls zu schweren Umweltschäden. Der Abbau und die Nutzung dieser Ressourcen sind häufig mit schweren ökologischen Verlusten verbunden. Ölverschmutzungen haben erhebliche negative Auswirkungen auf maritimes Leben, während Bergbauaktivitäten oft zu schweren Beeinträchtigungen von terrestrischen Ökosystemen führen. Diese Veränderungen sind nicht nur katastrophal für die lokale Biodiversität, sondern erhöhen auch das Risiko von Ressourcenkonflikten, da Gemeinschaften um reduzierte und degradierte Ressourcen kämpfen.

Wirtschaftliche Anreize spielen eine zentrale Rolle in diesem Kontext. Oft stehen kurzfristige wirtschaftliche Gewinne im Vordergrund, ohne die langfristigen ökologischen Konsequenzen zu berücksichtigen. Politik und Wirtschaft müssen eng zusammenarbeiten, um nachhaltige Lösungen zu entwickeln, die sowohl den Schutz der Biodiversität als auch die Bedürfnisse der Menschen berücksichtigen. Insgesamt zeigt der Kontext des Artensterbens und der Ressourcenkonflikte, dass es einer interdisziplinären Herangehensweise bedarf, um diese komplexen Herausforderungen anzugehen. Maßnahmen wie der Schutz von Lebensräumen, nachhaltige Ressourcennutzung, rechtliche Rahmenbedingungen zum Schutz gefährdeter Arten und die Förderung der ökologischen Landwirtschaft sind entscheidend, um die weitere Abnahme der Biodiversität zu stoppen und gleichzeitig einen gerechten Zugang zu natürlichen Ressourcen zu gewährleisten. Nur durch einen integrierten Ansatz, der sowohl die biologischen als auch die sozialen Dimensionen berücksichtigt, können wir die derzeitige Krise des Artensterbens und die damit verbundenen Ressourcenkonflikte wirksam bekämpfen.

Artisanal Mining

Artisanal Mining, auch bezeichnet als Kleinbergbau oder informeller Bergbau, ist eine Form der Rohstoffextraktion, die typischerweise von kleinen Gruppen von Einzelpersonen oder deren Familien betrieben wird, ohne umfassende mechanisierte Techniken oder formale Genehmigungen. Diese Praxis hat in den letzten Jahrzehnten an Bedeutung gewonnen, insbesondere in Entwicklungs- und Schwellenländern, wo soziale, wirtschaftliche und Umweltfaktoren eine Rolle spielen. Der Kleinbergbau ist oft eine entscheidende Einkommensquelle für viele

Menschen, die in ländlichen Gebieten leben und Schwierigkeiten haben, Zugang zu Arbeitsplätzen oder alternativen Einkommensmöglichkeiten zu erhalten.

Im Kontext von Ressourcenkonflikten spielt Artisanal Mining eine ambivalente Rolle. Auf der einen Seite ermöglicht es Zugang zu wertvollen Rohstoffen wie Gold, Edelsteinen, Seltenen Erden und anderen Mineralien, die für lokale Communities eine wirtschaftliche Chance darstellen. Auf der anderen Seite kann es jedoch auch zu erheblichen Konflikten führen. Diese Konflikte manifestieren sich häufig aus dem Wettlauf um den Zugang zu Ressourcenvorkommen, der Ressourcenverteilung, der Umweltzerstörung und den sozialen Spannungen, die aus dem Kleinbergbau resultieren.

Ein zentraler Konfliktpunkt ist der Wettbewerb um Land und Ressourcen. In vielen Regionen, wo Artisanal Mining praktiziert wird, gibt es oft eine Überlappung von Landnutzungsrechten – beispielsweise zwischen Kleinbauern, großen Bergbauunternehmen und dem Staat. Diese Überschneidungen führen nicht selten zu Landkonflikten, bei denen Kleinbergleute von ihrem angestammten Land verdrängt werden oder umzugestalten, um ihren Lebensunterhalt zu sichern. In vielen Fällen mangelt es an klaren rechtlichen Rahmenbedingungen, was die Situation komplizierter macht und zu rechtlichen Auseinandersetzungen führt.

Zusätzlich sind die Umweltauswirkungen des Kleinbergbaus signifikant und können zu weiteren Konflikten führen. Der Einsatz chemischer Substanzen wie Quecksilber bei der Goldverarbeitung hat nicht nur gesundheitliche Folgen für die arbeitenden Personen, sondern auch für die Anwohner und die gesamte lokale Umwelt. Die Zerstörung von Ökosystemen, die durch das Fällen von Wäldern, das Abtragen von Landschaften und die Verschmutzung von Wasserquellen verursacht wird, erhöht das Potenzial für Ressourcenkonflikte, insbesondere wenn diese Auswirkungen die Lebensgrundlagen anderer Gemeinschaften gefährden.

Ein weiterer Aspekt sind die sozialen Dimensionen des Artisanal Mining. Oft sind marginalisierte Gruppen, einschließlich Frauen und ethnischer Minderheiten, in diesen Sektor involviert. Die Zugehörigkeit zu diesen Gruppen kann sie sowohl anfälliger für Ausbeutung machen als auch in bestimmten Fällen eine stärkere Stimme im Konfliktmanagement innerhalb der Gemeinschaft geben. Auf der Suche nach besseren Lebensbedingungen fliehen viele Migranten in Bergbaugebiete, was die sozialwirtschaftliche Landschaft weiter kompliziert und zu Rivalitäten innerhalb und zwischen den Gemeinschaften führt.

Governance und politische Strukturen spielen ebenfalls eine entscheidende Rolle. In vielen Bergbauländern fehlt es an effektiven institutionellen

Rahmenbedingungen, die den Kleinbergbau regulieren und die Rechte der Bergleute schützen. Korruption und Machtmissbrauch sind weit verbreitet und verschärfen die Konflikte. Oft profitieren nur wenige von den Ressourcen, während die breitere Bevölkerung von diesen Einnahmen ausgeschlossen bleibt, was gesellschaftliche Unruhen und Ressentiments schürt.

Äthiopien-Ägypten und der Nilwasser-Konflikt

Der Nilwasser-Konflikt zwischen Äthiopien und Ägypten ist ein besorgniserregendes Beispiel für Ressourcenkonflikte, die sich aus geopolitischen, hydrologischen und wirtschaftlichen Faktoren ergeben. Der Nil, einer der längsten Flüsse der Welt, spielt eine entscheidende Rolle für die Wasserversorgung und Landwirtschaft der Länder, durch die er fließt, insbesondere für Ägypten, das auf den Fluss angewiesen ist, um etwa 95 % seines Wasserbedarfs zu decken.

Der Nil erstreckt sich über ca. 6.650 Kilometer und fließt durch mehrere afrikanische Länder, bevor er in Ägypten ins Mittelmeer mündet. Ägypten bezieht seine Wasserressourcen vorwiegend aus dem Blauen Nil, der in Äthiopien entspringt. Die Beziehung zwischen Äthiopien und Ägypten wurde durch verschiedene historische Abkommen geprägt, wie dem von 1929 zwischen Ägypten und Großbritannien, das Ägypten weitreichende Rechte an den Wassern des Nils zusprach und die Ansprüche anderer Anrainerstaaten, einschließlich Äthiopiens, beschränkte. Ein weiteres Abkommen von 1959, das zwischen Ägypten und dem Sudan getroffen wurde, erhöhte Ägyptens Wasserrechte und delegierte den Sudan auf einen Teil der Ressource, jedoch ohne Äthiopien einzubeziehen.

Die Spannungen zwischen Ägypten und Äthiopien verstärkten sich im Zuge des Baus des Grand Ethiopian Renaissance Dam (GERD), der 2011 mit dem Ziel begonnen wurde, eine wichtige Stromquelle zur Förderung der wirtschaftlichen Entwicklung in Äthiopien zu schaffen. Der Damm hat eine Kapazität von 74 Milliarden Kubikmetern Wasser und wird als das größte Wasserkraftprojekt in Afrika angesehen. Während Äthiopien den Damm als ein Symbol seiner nationalen Identität und wirtschaftlichen Unabhängigkeit betrachtet, sieht Ägypten darin eine existenzielle Bedrohung, die die Wasserzufuhr des Nils erheblich einschränken könnte.

Ökologisch stellt der Nile eine fragile Ressource dar. Die Bewirtschaftung der Wasserressourcen wird durch Klimaveränderungen, wechselnde Niederschlagsmuster und landwirtschaftliche Praktiken beeinflusst. Ägypten, das eine hohe Bevölkerungsdichte aufweist und stark von der Landwirtschaft abhängig ist, ist extrem anfällig für Veränderungen in der Wasserverfügbarkeit, insbesondere wenn man die Aspekt berücksichtigt, dass bis 2030 eine erhöhte Wasserknappheit prognostiziert wird.

Ökonomisch stützen sich beide Länder auf den Nil: Ägyptens Wirtschaft ist stark agrarisch geprägt, und eine signifikante Rendite seiner Kulturen hängt von der Verfügbarkeit von Nilwasser ab. In Äthiopien hingegen besteht die Notwendigkeit, die Energiekrise zu überwinden und die Lebensbedingungen zu verbessern. Der GERD soll Äthiopien eine stabile Stromversorgung und die Möglichkeit zur Stromerzeugung für Exportzwecke bieten.

Trotz mehrerer Verhandlungsrunden unter Mediation der Afrikanischen Union und anderer internationaler Akteure konnten bislang keine nachhaltigen Lösungen gefunden werden. Die komplexen geopolitischen Dynamiken in der Region stellen eine zusätzliche Herausforderung dar. Ägypten hat wiederholt seine militärischen Optionen angedeutet, während Äthiopien seinen Bau des Damms fortsetzt und ihn als ein Recht auf Selbstbestimmung und Entwicklung betrachtet. Intensive diplomatische Bemühungen sind erforderlich, um eine aushaltende Lösung zu erreichen, die die Bedürfnisse beider Länder berücksichtigt und gleichzeitig den Erhalt des Ökosystems des Nils gewährleistet.

Der Nilwasser-Konflikt zwischen Äthiopien und Ägypten ist ein klassisches Beispiel für Ressourcenkonflikte, die aus dem Spannungsverhältnis zwischen Entwicklung und Ressourcenschutz entstehen. Angesichts der steigenden Wasserknappheit und der sich verschärfenden klimatischen Bedingungen wird die Notwendigkeit einer gemeinsamen, kooperativen Lösung immer dringlicher. Das Verständnis der historischen, ökologischen und ökonomischen Dimensionen dieses Konflikts ist entscheidend, um transformative Ansätze für das Wassermanagement zu entwickeln, die auf Nachhaltigkeit und Zusammenarbeit abzielen.

Atmosphäre

Die Atmosphäre spielt eine entscheidende Rolle in der globalen Umwelt und beeinflusst viele Aspekte des Lebens auf der Erde. In den letzten Jahrzehnten hat der anthropogene Einfluss auf die Atmosphäre durch Industrieemissionen, Abholzung und den verstärkten Ausstoß von Treibhausgasen zu signifikanten klimatischen Veränderungen geführt. Diese Veränderungen haben nicht nur direkte Auswirkungen auf Wetter und Klima, sondern auch tiefgreifende gesellschaftliche und wirtschaftliche Konsequenzen, die in Ressourcenkonflikte münden können.

Klimawandel, bedingt durch den Anstieg von CO_2, Methan und anderen Treibhausgasen in der Atmosphäre, hat das Potenzial, die Verfügbarkeit von natürlichen Ressourcen zu beeinflussen. Beispielsweise führen steigende Temperaturen und veränderte Niederschlagsmuster zu einer Verringerung der landwirtschaftlichen Produktivität in vielen Regionen. Dies kann insbesondere in Entwicklungsländern, wo die Wirtschaft stark von der Landwirtschaft abhängt, zu Ernährungsunsicherheit führen. Die Folge sind meist Konflikte um den Zugang zu Wasser und fruchtbarem Land. Studien zeigen, dass Regionen, die bereits unter Ressourcenknappheit leiden, besonders anfällig für Konflikte sind, da sich die verfügbaren Ressourcen wie Wasser und Ackerland weiter verknappen.

Darüber hinaus trägt der Anstieg des Meeresspiegels, der durch das Schmelzen von Eiskappen und die Erwärmung der Ozeane verursacht wird, zu Konflikten bei. Küstenregionen sind oft von Überflutungen und Erosion betroffen, was zu einem Verlust von Lebensraum führt. In vielen Teilen der Welt sind Küstengemeinden auf die Fischerei angewiesen, die durch den Klimawandel ebenfalls bedroht wird, sei es durch höhere Wassertemperaturen oder durch die Versauerung der Ozeane. Der Verlust von Lebensgrundlagen zur Ernährung und für den Lebensunterhalt führt häufig zu Migration, was in neuen Gebieten zu Konkurrenz um Ressourcen und potenziellen Konflikten führt.

Ein weiterer Aspekt ist die Luftverschmutzung, die durch industrielle Aktivitäten, Verkehr und Landwirtschaft verursacht wird. Die Verschmutzung der Atmosphäre mit Schadstoffen hat nicht nur gesundheitliche Folgen, sondern beeinträchtigt auch Ressourcen wie Wasser und Boden. Sauberer Luft wird zunehmend zu einem wertvollen Gut, und die Konkurrenz um saubere Luft kann zu Spannungen zwischen verschiedenen gesellschaftlichen Gruppen oder Ländern führen, insbesondere in dicht besiedelten oder industrialisierten Regionen.

Die betroffenen Länder und Regionen müssen oft internationale Kooperationen eingehen, um bestehende oder aufkommende Ressourcenkonflikte zu entschärfen. Diplomatische Maßnahmen, wie Abkommen zur Bekämpfung des Klimawandels oder zur nachhaltigen Bewirtschaftung von Ressourcen, gewinnen an Bedeutung. Jedoch sind solche Abkommen oft schwierig umzusetzen, da sie das Gleichgewicht zwischen Entwicklung, internationale Gerechtigkeit und Umweltbewusstsein berücksichtigen müssen.

Atomkraft

Atomkraft ist ein komplexes Thema, das in den letzten Jahrzehnten sowohl im Hinblick auf ihre Energieerzeugungskapazität als auch auf die damit verbundenen Ressourcenkonflikte in den Vordergrund gerückt ist. Im Folgenden werden verschiedene Aspekte der Atomkraft im Kontext von Ressourcenkonflikten ausführlich beleuchtet.

Zunächst ist Atomkraft eine Form der Energieerzeugung, die auf der Kernspaltung basiert. In einem Kernreaktor werden schwere Atomkerne, wie die von Uran-235 oder Plutonium-239, gespalten, wodurch eine enorme Menge an Energie freigesetzt wird. Diese Energie wird genutzt, um Wasser in Dampf zu verwandeln, der dann Turbinen antreibt und letztlich elektrischen Strom erzeugt. Atomkraftwerke stoßen im Betrieb keine Treibhausgase aus, was sie in der Diskussion um den Klimawandel als potenziell nachhaltige Energiequelle präsentiert.

Allerdings ist die Gewinnung der benötigten Brennstoffe, insbesondere der Uranvorkommen, eine Quelle zahlreicher Ressourcenkonflikte. Uranabbau ist in verschiedenen Ländern umstritten, da er sowohl Umweltprobleme als auch soziale Konflikte nach sich zieht. In vielen Fällen werden indigene Gemeinschaften direkt von den Folgen des Abbaus betroffen, sei es durch Landraub, Wasserverschmutzung oder Gesundheitsprobleme aufgrund von radioaktiven Abfällen. Diese Konflikte sind häufig an der Schnittstelle zwischen Ressourcenausbeutung und Menschenrechten angesiedelt. Der Uranbergbau in Regionen wie Australien, Kanada und dem afrikanischen Kontinent hat immer wieder zu Protesten und rechtlichen Auseinandersetzungen geführt.

Ein weiterer Aspekt, der im Kontext von Ressourcenkonflikten relevant ist, sind die geopolitischen Dimensionen des Uranhandels. Uran ist eine strategische Ressource, die von vielen Staaten benötigt wird, um ihre Energiebedarfe zu decken oder ihre militärischen Ambitionen im Bereich der nuklearen Technologie zu unterstützen. Länder, die über bedeutende Uranvorkommen verfügen, wie Niger oder Kasachstan, können in die geopolitischen Spannungen hineingezogen werden, die aus dem internationalen Wettbewerb um diese Ressource resultieren. Diese Spannungen können diplomatische Beziehungen belasten und sogar militärische Konflikte zur Folge haben.

Darüber hinaus spielen auch die Fragen der Entsorgung und Lagerung von hochradioaktivem Abfall eine Rolle im Kontext von Ressourcenkonflikten. Die langfristige Lagerung von Atommüll ist ein ungelöstes Problem, das nicht nur technologische Herausforderungen mit sich bringt, sondern auch erhebliche gesellschaftliche Widerstände hervorruft. In vielen Ländern gibt es Bestrebungen, geeignete Standorte für Endlager zu finden, was oft zu Konflikten zwischen der Regierung und betroffenen Gemeinden führt. Diese Konflikte sind vielfältig und können sowohl ökonomische als auch ethische Dimensionen annehmen, wenn es um die Frage geht, wie verantwortungsvoll mit gefährlichen Abfällen umgegangen werden kann.

Aufforstung

Aufforstung, der Prozess der Wiederherstellung oder Neuanpflanzung von Wäldern in Gebieten, die zuvor bewaldet waren, spielt eine essenzielle Rolle im Kontext von Ressourcenkonflikten. Diese Konflikte entstehen oft durch den Wettbewerb um natürliche Ressourcen, die bereits geschädigt oder von Menschen übernutzt wurden. Aufforstung ist nicht nur ein Mittel zur Bekämpfung des Klimawandels und zur Erhaltung der Biodiversität, sondern kann auch als strategische Maßnahme zur Minderung gesellschaftlicher Spannungen und zur Förderung eines nachhaltigen Ressourcenmanagements betrachtet werden.

Ein zentraler Aspekt der Aufforstung im Hinblick auf Ressourcenkonflikte ist die Beziehung zwischen Landnutzung und der Verfügbarkeit von natürlichen Ressourcen. In vielen Regionen weltweit sind Wälder eine essenzielle Quelle für Holz, Nahrung, Treibstoff und andere Rohstoffe. Wenn Wälder abgeholzt werden, um Platz für landwirtschaftliche Nutzflächen oder urbanen Siedlungen zu schaffen, kann dies zu einem Druck auf die verbleibenden Waldgebiete führen und die lokale Bevölkerung in Ressourcenkonflikte verwickeln. Beispielsweise zeigt die Abholzung in Teilen des Amazonasbeckens nicht nur negative ökologische Auswirkungen, sondern hat auch zu Auseinandersetzungen zwischen indigenen Gemeinschaften und kommerziellen Interessen geführt, die Land für Landwirtschaft oder Bergbau beanspruchen.

Im Rahmen von Aufforstungsprojekten können Konflikte jedoch gemildert oder sogar gelöst werden, wenn diese sinnvoll und partizipativ gestaltet werden. Es ist entscheidend, die Rechte und Bedürfnisse der lokalen Gemeinschaften in den Mittelpunkt zu stellen. Schlechtes Management oder unzureichende Berücksichtigung der sozialen Dimensionen bei Aufforstungsprojekten kann zu Spannungen führen, wenn etwa Land, das traditionell von Gemeinschaften genutzt wird, ohne deren Zustimmung für Aufforstungen verwendet wird. Ein Beispiel hierfür sind Reforestation initiatives, die ohne das Einverständnis oder die Mitwirkung der betroffenen Gemeinschaften durchgeführt werden, was zu Widerstand und Konflikten führen kann.

Ein weiteres wichtiges Thema ist die Auswahl der Baumarten, die in Aufforstungsprojekten verwendet werden. Monokulturen können kurzfristig ökonomische Vorteile bieten, aber langfristig die Biodiversität schädigen und das ökologische Gleichgewicht stören. Mischwaldaufforstungen, die einheimische Arten berücksichtigen, können hingegen die Resilienz des Ökosystems stärken und gleichzeitig die Lebensgrundlagen der lokalen Bevölkerung unterstützen. Solche integrativen Ansätze fördern nicht nur die biologische Vielfalt, sondern tragen auch zur Schaffung von Arbeitsplätzen in der Forstwirtschaft und mit ihr verbundenen Sektoren bei, was die wirtschaftliche Stabilität der Region stärken kann. Das Konzept der Schaffung von Ökosystemleistungen durch Aufforstung ist ein weiterer Schlüssel im Umgang mit Ressourcenkonflikten. Wälder bieten Vielzahl von Ökosystemdienstleistungen, einschließlich der Regulierung des Wasserhaushalts, der Kohlenstoffspeicherung und der Bereitstellung von Lebensräumen für zahlreiche Arten. Diese Leistungen kommen der gesamten Gesellschaft zugute, was das Potenzial hat, Ressourcenkonflikte zu entschärfen, indem sie die Abhängigkeiten von natürlichen Ressourcen diversifizieren und die Verfügbarkeit von Wasser und anderen kritischen Ressourcen sichern.

Australien und der Kohleabbau

Australien ist eines der führenden Länder in der Kohlenförderung und -export, was es zu einem entscheidenden Akteur im globalen Energiemarkt macht. Die Kohlenindustrie spielt eine bedeutende Rolle in der australischen Wirtschaft, sowohl in Bezug auf Beschäftigung als auch auf den Export von Rohstoffen. Im Jahr 2020 gehörte Australien zu den fünf größten Kohleproduzenten der Welt und war der mit Abstand größte Exporteur von Kohle, insbesondere von Steinkohle, die für die Stromerzeugung und die Stahlproduktion verwendet wird.

Der Kohleabbau hat jedoch auch erhebliche soziale, ökologische und politische Auswirkungen, die in den letzten Jahren verstärkt in den Fokus der Öffentlichkeit gerückt sind. Ressourcenkonflikte, die in diesem Kontext auftreten, manifestieren sich häufig zwischen verschiedenen Interessengruppen, darunter Regierungen, Unternehmen, Umweltgruppen und indigene Gemeinschaften.

Aus umweltwissenschaftlicher Perspektive ist der Kohleabbau in Australien mit bedeutenden ökologischen Herausforderungen verbunden. Die Extraktion und der Transport von Kohle verursachen umfangreiche land- und wasserwirtschaftliche Eingriffe. Abbaugebiete führen zur Zerstörung von Lebensräumen, was nicht nur die lokale Biodiversität bedroht, sondern auch klimatische Auswirkungen hat. Insbesondere die Kohlenverbrennung trägt zur Erhöhung der globalen Treibhausgasemissionen bei, was die globale Erwärmung vorantreibt. Australiens Engagement in der Kohlenindustrie steht somit häufig im Widerspruch zu den internationalen Klimazielen, wie sie im Pariser Abkommen festgelegt sind.

Ein weiterer zentraler Aspekt der Ressourcenkonflikte in Australien ist die Beziehung zwischen dem Kohleabbau und den indigenen Völkern. Viele Abbaugebiete befinden sich auf traditionellem Land von indigenen Gemeinschaften, die seit Jahrtausenden in diesen Regionen leben. Die Ausweitung des Kohleabbaus hat oft zu Widerstand und Protesten geführt, da indigene Gemeinschaften um ihre Landrechte und die Bewahrung ihrer kulturellen Identität kämpfen. Sie fordern, dass ihre Stimme in der Entscheidungsfindung gehört wird, insbesondere hinsichtlich der Genehmigungen für neue Kohleminen. Dieser Konflikt wird weiter kompliziert durch politische Allianzen, Wirtschaftsinteressen und die Rolle von multinationalen Bergbauunternehmen, die häufig starke Lobbyarbeit leisten, um ihre Interessen durchzusetzen.

Ökonomisch gesehen ist der Kohleabbau eine Quelle von Wohlstand und Arbeitsplätzen, insbesondere in ländlichen und abgelegenen Regionen. Arbeitsplätze in der Bergbauindustrie sind oft hochbezahlt und ziehen viele Arbeiter aus anderen Sektoren an. Diese wirtschaftliche Abhängigkeit führt jedoch zu einem Spannungsverhältnis zwischen kurzfristigen ökonomischen Vorteilen und langfristigen ökologischen und sozialen Kosten. Kritiker argumentieren, dass der Fokus auf Kohle als Ressource Australien daran hindert, in alternative Energien zu investieren, und dass dies langfristig zu einer Schwächung der Wirtschaft führen könnte, insbesondere angesichts des globalen Übergangs zu nachhaltigeren Energiequellen.

Die politische Ebene ist von Spannungen geprägt, da verschiedene Regierungspartei unterschiedliche Prioritäten setzen. Während konservative Parteien häufig die Bedeutung der Kohleindustrie für die nationale Wirtschaft betonen, setzen progressive und grüne Parteien zunehmend auf erneuerbare Energien und Nachhaltigkeit. In diesem Kontext sehen wir ein wachsendes Interesse an den Möglichkeiten der Energierevolution, einschließlich Investitionen in Solar- und Windkraft, um die Abhängigkeit von fossilen Brennstoffen zu verringern.

Back-end des Lebenszyklus

Der Begriff „Back-end" im Kontext von Lebenszyklusanalysen bezieht sich auf die Phase, in der Ressourcen und Materialien am Ende ihrer Lebensdauer behandelt, recycelt oder entsorgt werden. In der wissenschaftlichen Auseinandersetzung mit Ressourcenkonflikten ist es essenziell, den Back-end-Prozess in einen breiteren Kontext einzubetten, da dieser entscheidend dazu beiträgt, gesellschaftliche und ökologische Spannungen auszulösen oder zu mindern.

Ressourcenkonflikte entstehen häufig aus der Knappheit oder Ungleichverteilung von Rohstoffen, insbesondere in Regionen, die reich an natürlichen Ressourcen sind, jedoch gleichzeitig hohe soziale und wirtschaftliche Herausforderungen bewältigen müssen. Der Back-end des Lebenszyklus spielt dabei eine zentrale Rolle, da er direkt beeinflusst, wie Ressourcen, die in der Produktion und im Konsum verwendet wurden, am Ende ihrer Nutzungsdauer behandelt werden. Unzureichendes Recycling oder unsachgemäße Entsorgung führen nicht nur zu ökologischen Schäden, sondern verstärken auch bestehende soziale Spannungen.

Ein Beispiel sind Mineralien wie Coltan, dessen Abbau häufig mit gravierenden Menschenrechtsverletzungen und ökologischen Problemen verbunden ist. Während des Back-end-Prozesses ist die Wiedergewinnung von Materialien entscheidend, um den Bedarf an neuem Rohstoffabbau zu verringern. Effektives Recycling kann wirtschaftliche Chancen schaffen und helfen, die Abhängigkeit von konfliktbeladenen Ressourcen zu minimieren. Wenn Regierungen oder Unternehmen jedoch nicht über die nötigen Strategien oder Technologien verfügen, um Materialien effektiv zurückzugewinnen, bleibt der Kreislauf von Ressourcenextraktion und Konflikt bestehen.

Ein weiterer Aspekt des Back-end-Prozesses ist das Management von Abfällen und deren Schadstoffbelastung. In vielen Entwicklungsregionen sind Deponien oft überfüllt und mangels richtiger Infrastruktur kommt es zu einer negativen Auswirkung auf das Trinkwasser und die lokale Biodiversität. Dies kann zu weiteren Ressourcenkonflikten führen, da die lokale Bevölkerung gegen Unternehmen oder Regierungen mobilisiert, die ihrer Meinung nach für diese Umweltschäden verantwortlich sind.

Die Implementierung von Kreislaufwirtschaftsmodellen kann als Lösung zur Minimierung solcher Konflikte beitragen. Das Ziel der Kreislaufwirtschaft ist es, Ressourcen so lange wie möglich im Kreislauf zu halten, Abfall zu reduzieren und die Umweltauswirkungen zu minimieren. Innovative Ansätze zur Materialrückgewinnung und -wiederverwendung können nicht nur ökologische Vorteile bieten, sondern auch neue wirtschaftliche Perspektiven eröffnen, die letztendlich zur Entschärfung von Ressourcenkonflikten beitragen können.

Basler Übereinkommen

Das Basler Übereinkommen über die Kontrolle der transgrenzenden Verbringung gefährlicher Abfälle und ihrer Beseitigung ist ein internationales Abkommen, das 1989 unter der Schirmherrschaft der Vereinten Nationen ins Leben gerufen wurde. Es zielt darauf ab, die Umwelt und die menschliche Gesundheit durch die Regulierung der grenzüberschreitenden Verbringung gefährlicher Abfälle zu schützen. Dies geschieht insbesondere durch die Förderung der Abfallvermeidung und die Sicherstellung einer umweltgerechten Entsorgung.

Im Kontext von Ressourcenkonflikten gewinnt das Basler Übereinkommen an Bedeutung, da viele der gefährlichen Abfälle, die internationalen Handelsströmen unterliegen, die Ausbeutung natürlicher Ressourcen und die damit verbundenen Konflikte betrifft. Ressourcenkonflikte treten häufig in Regionen auf, die reich an Rohstoffen sind, und involvieren oft kämpferische Auseinandersetzungen um den Zugang zu diesen Ressourcen, insbesondere in Ländern des globalen Südens. Dabei spielt die illegale oder unregulierte Entsorgung gefährlicher Abfälle eine zentrale Rolle, die häufig als eine Form des neokolonialen Handels wahrgenommen wird.

Ein Schlüsselaspekt der Ressourcenkonflikte, zu denen gefährliche Abfälle beitragen, ist die Verbindung zu praktischen und ethischen Fragen der Gerechtigkeit und Nachhaltigkeit. Die gefährlichen Abfälle, die häufig aus Industrieländern entstammen, werden oft in Entwicklungsländer exportiert, in denen regulative Rahmenbedingungen und Überwachungsmechanismen schwächer sind. Dies kann zu schwerwiegenden ökologischen und gesundheitlichen Auswirkungen führen, die die Ressourcen der betroffenen Länder gefährden und somit die Grundlagen ihrer wirtschaftlichen Entwicklung untergraben. In diesem Kontext kommt es zu einem Spannungsfeld zwischen ökonomischem Interesse und der Notwendigkeit tragfähiger Umweltpraktiken.

Das Basler Übereinkommen fordert die Vertragsstaaten auf, sicherzustellen, dass die Verbringung gefährlicher Abfälle in Drittstaaten nur mit vorheriger Zustimmung des Importstaates erfolgt. In diesem Sinne versucht das Abkommen, den (meist rechtlich und institutionell schwächeren) Importstaaten eine gewisse Kontrolle über die Abfallströme zu gewähren. Dies ist von entscheidender Bedeutung, um sicherzustellen, dass Länder nicht zu Deponien für die gefährlichen Abfälle anderer Nationen werden, was Ressourcenknappheit und ethnische Konflikte verstärken kann.

Darüber hinaus hat das Basler Übereinkommen auch die „Basler Konvention über die Kontrolle der transgrenzenden Verbringung gefährlicher Abfälle und ihrer Beseitigung" ergänzt, um die Schwerpunkte auf mangelndes Bewusstsein und Wissen über die Auswirkungen von gefährlichen Abfällen zu legen. Es fördert Bildungs- und Aufklärungsprogramme, die den Dialog zwischen Ländern und Gemeinden unterstützen, um die Beseitigung und den Umgang mit gefährlichen Abfällen transparenter und gerechter zu gestalten..

Beijing Consensus

Der Begriff „Beijing Consensus" bezieht sich auf ein Modell der wirtschaftlichen und politischen Entwicklung, das in den letzten Jahrzehnten vor allem mit China assoziiert wird. Im Gegensatz zum in der westlichen Welt dominierenden Washington Consensus, der eine liberale Marktwirtschaft, Privatisierung und Deregulierung propagiert, bezieht sich der Beijing Consensus nicht nur auf wirtschaftliche Reformen, sondern auf einen spezifischen Ansatz zur Regierungsführung und zur Handhabung von sozialen und politischen Herausforderungen. Dieses Modell legt besonderen Wert auf die Rolle des Staates in der Wirtschaft, pragmatische Politiken und das Streben nach Stabilität und Wohlstand ohne notwendigerweise westliche demokratische Standards zu übernehmen.

Im Kontext von Ressourcenkonflikten bietet der Beijing Consensus eine interessante Perspektive. Ressourcenkonflikte entstehen häufig in Regionen, in denen der Zugang zu natürlichen Ressourcen wie Öl, Mineralien, Wasser und Land umstritten ist. Diese Konflikte können sich aus ethnischen Spannungen, wirtschaftlichen Ungleichheiten, Regierungsversagen oder auch externen Einflussnahmen ergeben. Die Herangehensweise des Beijing Consensus an Entwicklung und Governance beeinflusst, wie Länder und Regierungen solche Konflikte angehen und managen.

Ein zentraler Aspekt des Beijing Consensus ist die Betonung stabiler autoritärer Regierungsformen, die oft als effektiver angesehen werden, um Ressourcen zu verwalten und wirtschaftliches Wachstum zu fördern. In vielen Fällen kann ein starker Zentralstaat dazu beitragen, soziale Unruhen zu minimieren, indem er schnell Entscheidungen trifft und diese durchsetzt. Dies kann in ressourcenreichen Ländern dazu führen, dass Regierungen autoritär handeln, um Konflikte um Ressourcen zu vermeiden und Stabilität zu gewährleisten. Beispielsweise ist der Zugang zu Öl- und Mineralienvorkommen häufig politisch sensibel, und Regierungen neigen dazu, diese Ressourcen zu kontrollieren, um sowohl nationale als auch internationale Spannungen zu managen.

Des Weiteren wird im Rahmen des Beijing Consensus die Idee hervorgehoben, dass wirtschaftliches Wachstum und Entwicklung nicht unbedingt an politische Liberalisierung gebunden sind. Das bedeutet, dass Länder, die dieses Modell annehmen, möglicherweise weniger geneigt sind, demokratische Reformen durchzuführen, auch wenn dies zu sozialen Spannungen oder Ressourcenkonflikten führen kann. Diese Konflikte können manifest werden, wenn lokale Gemeinschaften das Gefühl haben, dass ihre Interessen und ihre Zugangsrechte zu Ressourcen von zentralisierten Regierungen oder ausländischen Unternehmen ignoriert werden.

Ein Beispiel für Ressourcenkonflikte im Kontext des Beijing Consensus ist die Rohstoffpolitik Chinas in Afrika. China hat in den letzten zwei Jahrzehnten erhebliche Investitionen in afrikanische Rohstoffsektoren getätigt, oft ohne das übliche normative Maß an Menschenrechts- oder Umweltstandards, das westliche Unternehmen anwenden. Diese Investitionen fördern zwar wirtschaftliches Wachstum und schaffen Arbeitsplätze, bringen jedoch auch Spannungen mit sich. Lokale Gemeinschaften können sich benachteiligt fühlen, wenn Gewinne aus den Ressourcen nicht in ihre Entwicklung fließen oder wenn sie durch die

Expropriation von Land für Bergbauprojekte beeinträchtigt werden. Solche Konflikte sind oft mit einer breiteren Kluft zwischen zentrales und lokales Interesse verbunden, was unter Umständen zu gewaltsamen Auseinandersetzungen führen kann.

Bergbau

Der Bergbau spielt eine entscheidende Rolle in der globalen Wirtschaft, da er die Grundlage für die Gewinnung von Mineralien und Metallen bildet, die in zahlreichen Industrien Verwendung finden, von der Elektronik über die Bauwirtschaft bis hin zur Energieerzeugung. Trotz seiner wirtschaftlichen Bedeutung ist der Bergbau jedoch auch ein zentraler Faktor in Ressourcenkonflikten, insbesondere in Entwicklungsländern, wo die Abbaupraktiken häufig auf Spannungen zwischen verschiedenen Interessengruppen, darunter Staat, Unternehmen, lokale Gemeinschaften und Umweltorganisationen, stoßen.

Ein wesentlicher Aspekt der Ressourcenkonflikte im Kontext des Bergbaus ist die Verteilung der Eigentumsrechte und der Zugang zu den natürlichen Ressourcen. In vielen Ländern sind die Rohstoffe im Staatsbesitz, was zu einem Spannungsfeld zwischen den nationalen Regierungen, die die Ressourcen verwalten, und den multinationalen Unternehmen führt, die in der Regel die technischen und finanziellen Ressourcen besitzen, um diese Vorkommen effizient abzubauen. Häufig sind die Gesellschaften bestrebt, die maximalen Profite aus den Rohstoffen zu ziehen, während die staatlichen Akteure versuchen, Einnahmen durch Steuern und Lizenzen zu generieren. Diese Dynamik kann zu Korruption und Ungerechtigkeit führen, da lokale Gemeinschaften oft nicht an den Entscheidungsprozessen beteiligt sind und viele Male nicht von den ökonomischen Vorteilen des Bergbaus profitieren.

Für lokale Gemeinschaften kann der Bergbau sowohl positive als auch negative Auswirkungen haben. On one hand, mining operations can create jobs, improve local infrastructure, and contribute to economic growth. On the other hand, they can lead to environmental degradation, displacement of communities, and social upheaval. The extraction processes often result in pollution of water sources, deforestation, and loss of biodiversity, which disproportionately affects marginalized populations who depend on these natural resources for their livelihoods.

Darüber hinaus sind viele Bergbaugebiete in Regionen angesiedelt, die bereits von ethnischen oder sozialen Spannungen betroffen sind. Der Wettbewerb um Ressourcen kann bestehende Konflikte verschärfen oder neue hervorbringen, insbesondere wenn unterschiedliche Gruppen um die Kontrolle über die Abbaurechte und deren Erträge ringen. In solchen Fällen treten häufig gewaltsame

Auseinandersetzungen auf, die sich sowohl auf lokale als auch auf nationale Ebenen auswirken. Ein Beispiel hierfür ist die Konflikte im Niger-Delta, wo die Ölindustrie immer wieder zu Gewalt, Konflikten und Umweltschäden führt.

Die Rolle internationaler Unternehmen im Bergbau ist ebenfalls zentral für das Verständnis der Ressourcenkonflikte. Multinationale Unternehmen haben oft eine überlegene Verhandlungsposition, was dazu führt, dass lokale und nationale Regierungen sich bereit erklären, wesentliche Vorteile zu gewähren, um diese Unternehmen anzuziehen. Diese Kolonialvergangenheit und die damit verbundenen Machtungleichgewichte können das Vertrauen zwischen der Bevölkerung und den Bergbauunternehmen sowie der Regierung weiter untergraben. Zudem wird häufig die Verantwortung der Unternehmen für die Einhaltung von Umweltstandards und sozialen Richtlinien in Frage gestellt.

Um die negativen Auswirkungen von Ressourcenkonflikten im Kontext des Bergbaus zu minimieren, sind zahlreiche Ansätze erforderlich. Dazu gehört die Förderung von transparenter Governance, um sicherzustellen, dass alle Stakeholder ein Mitspracherecht bei der Entscheidungsfindung haben. Internationale Standards und Initiativen wie die Extractive Industries Transparency Initiative (EITI) sollen dabei helfen, die finanzielle Transparenz in der Rohstoffindustrie zu erhöhen und die gesamte Wertschöpfungskette zu stärken. Es sind auch lokale Partizipationsmodelle erforderlich, die den betroffenen Gemeinschaften eine stärkere Stimme im Bergbauprozess geben und ihnen Rechte und Zugang zu den Ressourcen garantieren.

Biodiversität

Biodiversität, verstanden als die Vielfalt des Lebens in seinen verschiedenen Dimensionen - genetische, artliche und ökosystemare Vielfalt - spielt eine entscheidende Rolle in der Stabilität und den Funktionen von Ökosystemen und hat tiefgreifende Implikationen für das Wohlbefinden menschlicher Gesellschaften. Die Wechselwirkungen zwischen Biodiversität und Ressourcenkonflikten sind komplex und vielschichtig, da der Verlust biologischer Vielfalt nicht nur ökologische, sondern auch ökonomische und soziale Folgen hat, die Konflikte um Ressourcen verstärken können.

Zunächst ist zu beachten, dass Biodiversität essenzielle Ecosystemleistungen bereitstellt, die unmittelbar mit Ressourcen wie Wasser, Nahrung und Rohstoffen zusammenhängen. Eine hohe Diversität in Ökosystemen stärkt deren Resilienz, also die Fähigkeit, sich von Störungen zu erholen, sei es durch Klimaänderungen, Krankheiten oder menschliche Eingriffe. Diese Resilienz ist entscheidend für die Sicherstellung von Nahrungsmittelversorgung und Wasserqualität, insbesondere in Regionen, die stark von landwirtschaftlicher Produktion oder Fischerei abhängig sind. Wenn biodiverse Ökosysteme degradiert werden, können ihre Fähigkeit, diese Ressourcen zu liefern, und somit die Lebensgrundlagen lokaler Gemeinschaften in Gefahr geraten.

Ressourcenkonflikte treten häufig in Gebieten auf, in denen die Nachfrage nach natürlichen Ressourcen steigt, während gleichzeitig die Biodiversität abnimmt. Dies ist insbesondere in Entwicklungsregionen der Fall, wo wachsende Populationen und wirtschaftlicher Druck zu einer intensiven Nutzung von Land, Wasser und Ressourcen führen. Eine sinkende Biodiversität kann die Produktivität von Ökosystemen beeinträchtigen, was zu einem Wettbewerb um die verbleibenden Ressourcen führt. Diese Wettbewerbssituationen können soziale Spannungen erzeugen und in Konflikten münden, beispielsweise zwischen Landwirten und Viehzüchtern, oder zwischen Fischern und Akteuren der Industrie, die Zugang zu Wasser und Fischbeständen beanspruchen.

Ein weiteres spezifisches Beispiel sind Illegale Aktivitäten wie Abholzung, Überfischung oder Wilderei, die nicht nur die Biodiversität gefährden, sondern auch bestehende Konflikte verschärfen. In vielen Fällen sind diese Aktivitäten das Ergebnis von Armut und dem Mangel an alternativen Einkommensquellen. Die Menschen sind gezwungen, auf illegale Ressourcen zurückzugreifen, was zu einer Zuspitzung der Konflikte sowohl zwischen verschiedenen Gemeinschaften als auch zwischen diesen und den staatlichen Behörden führt, die versuchen, die natürlichen Ressourcen zu schützen.

Zusätzlich spielt der Klimawandel eine nicht zu unterschätzende Rolle in diesem Zusammenspiel. Ein steigender Temperaturanstieg und extreme Wetterereignisse bedrohen die Biodiversität und können bestehende Ressourcenkonflikte weiter intensivieren. Nahrungsmittelknappheit oder Wasserstress können soziale Unruhen auslösen und bestehende Konflikte verschärfen, was wiederum negative Rückkopplungsschleifen in der Biodiversität zur Folge hat - etwa durch verstärkte Nutzung und Ausbeutung der verbleibenden Ressourcen.

Insgesamt ist es evident, dass ein integrativer Ansatz notwendig ist, um Biodiversität und Ressourcenkonflikte nachhaltig zu managen. Dazu gehören Maßnahmen zum Schutz und zur Wiederherstellung von Ökosystemen, aber auch politische Ansätze, die soziale Gerechtigkeit und wirtschaftliche Chancen berücksichtigen. Politiken, die auf die Förderung von nachhaltigen Praktiken in der Landwirtschaft, Fischerei und Forstwirtschaft abzielen, könnten dazu beitragen, sowohl die Biodiversität zu schützen als auch den Druck auf die Ressourcen zu verringern. Schließlich ist Aufklärung und Sensibilisierung der Bevölkerung für die Bedeutung von Biodiversität und den langfristigen Nutzen nachhaltiger

Ressourcennutzung unerlässlich, um Verantwortungsbewusstsein und handlungsfähige Gemeinschaften zu fördern. Ein solcher multidimensionaler Ansatz kann dazu beitragen, die Komplexität der Wechselwirkungen zwischen Biodiversität und Ressourcenkonflikten zu verstehen und zu adressieren.

Biologische Vielfalt
Die biologische Vielfalt, auch Biodiversität genannt, bezieht sich auf die Vielfalt des Lebens auf der Erde und umfasst die genetische Vielfalt innerhalb von Arten, die Artenvielfalt selbst sowie die Vielfalt von Lebensräumen und Ökosystemen. Diese Biodiversität spielt eine entscheidende Rolle in der Aufrechterhaltung der ökologischen Stabilität und der Bereitstellung von Ökosystemdienstleistungen, die für das Überleben des Menschen und das Wohlergehen der Gesellschaft unerlässlich sind. Allerdings steht die biologische Vielfalt zunehmend unter Druck durch Ressourcenkonflikte, die sowohl lokale als auch globale Dimensionen annehmen können.

Ressourcenkonflikte entstehen in der Regel im Zusammenhang mit der Nutzung und dem Zugriff auf natürliche Ressourcen wie Wasser, Land, Mineralien und Wälder. Solche Konflikte können durch demografische Veränderungen, wirtschaftliche Entwicklungsprojekte, Agrarpolitik und den Klimawandel verstärkt werden. Wenn Ressourcen knapp werden, kann dies zu Rivalitäten zwischen verschiedenen Gruppen, einschließlich indigener Völker, landwirtschaftlicher Gemeinschaften und wirtschaftlicher Akteure führen. Diese Konflikte betreffen nicht nur die soziale Struktur und die politischen Verhältnisse, sondern haben auch weitreichende Folgen für die biologische Vielfalt.

Ein zentrales Beispiel für Ressourcenkonflikte im Zusammenhang mit der biologischen Vielfalt ist die Abholzung von Wäldern, die häufig für landwirtschaftliche Expansion, Urbanisierung oder den Rohstoffabbau erfolgt. Diese Praktiken führen nicht nur zum Verlust von Lebensräumen für viele Arten, sondern beeinflussen auch die genetische Diversität, da Populationen isoliert werden können. Der Verlust von Biodiversität wirkt sich direkt auf die Ökosystemdienstleistungen aus, die für die Nahrungssicherung, die Wasserreinigung und das Klima wichtig sind. Durch die Zerschlagung komplexer Ökosysteme wird die Widerstandsfähigkeit gegen Umweltveränderungen vermindert, was in vielen Fällen zu einem Teufelskreis führt: sinkende biologische Vielfalt führt zu einem Anstieg der Vulnerabilität von Ökosystemen, was wiederum den Druck auf die verbleibenden Ressourcen erhöht.

Darüber hinaus sind viele Konflikte um Ressourcen eng mit der Ungleichheit bei der Ressourcenverteilung verbunden. Oft sind marginalisierte Gruppen, darunter insbesondere indigene Völker, von Landraub und der Zerstörung ihrer natürlichen Umgebung betroffen. In vielen Fällen haben diese Gemeinschaften traditionelles Wissen und nachhaltige Bewirtschaftungspraktiken entwickelt, die zur Erhaltung der Biodiversität beitragen. Der Verlust ihrer Ressourcen und Lebensgrundlagen führt nicht nur zu einem Anstieg von sozialen Spannungen, sondern auch zu einem unwiderruflichen Verlust biologischer Vielfalt.

Der Klimawandel verstärkt diese bereits angespannten Situationen zusätzlich. Er verändert die Habitate und die Verteilung von Arten, was zu einer weiteren Gefährdung bereits verletzlicher Lebensräume führen kann. Diese Herausforderungen erfordern umfassende und integrative Ansätze, die soziale Gerechtigkeit, nachhaltige Ressourcennutzung und den Schutz der biologischen Vielfalt miteinander verbinden.

Um die biologische Vielfalt wirksam zu schützen und Ressourcenkonflikte zu minimieren, bedarf es daher einer interdisziplinären Herangehensweise. Dazu gehören nachhaltige Landnutzungspraktiken, partizipative Ansätze zur Ressourcenverwaltung und eine stärkere Berücksichtigung indigener Wissenssysteme in der politischen Entscheidungsfindung. Globale Initiativen wie das Übereinkommen über die biologische Vielfalt (CBD) zielen darauf ab, die integrativen Ziele des Biodiversitätsschutzes zu fördern und gleichzeitig die sozialen und wirtschaftlichen Bedürfnisse der Bevölkerung zu berücksichtigen. Insgesamt ist die Aufrechterhaltung der biologischen Vielfalt eine entscheidende Voraussetzung für die Stabilität und Resilienz unserer Ökosysteme, und ein integrativer Ansatz zur Ressourcennutzung ist unerlässlich, um sowohl die biologischen als auch die sozialen Herausforderungen des 21. Jahrhunderts zu bewältigen.

Biomasse

Biomasse ist ein vielseitiger Begriff, der organisches Material bezeichnet, das aus lebenden oder kürzlich lebenden Organismen besteht. Dazu zählen Holz, landwirtschaftliche Abfälle, tierische Exkremente und andere organische Materialien. Im Kontext der Energieerzeugung und der Rohstoffnutzung hat Biomasse in den letzten Jahrzehnten an Bedeutung gewonnen, insbesondere als erneuerbare Energiequelle und Alternative zu fossilen Brennstoffen. Sie wird genutzt, um Biokraftstoffe herzustellen, Strom zu erzeugen oder Heizwärme bereitzustellen. Die zunehmende Nutzung von Biomasse zur Energieerzeugung hat jedoch potenzielle Ressourcenkonflikte zur Folge, die sich aus der Konkurrenz um landwirtschaftliche Flächen, Wasserressourcen und ökologischen Lebensraum ergeben können.

Ein zentraler Aspekt in der Debatte über Biomasse ist die Konkurrenz um land-wirtschaftliche Flächen. In vielen Ländern, insbesondere in Entwicklungslän-dern, kann der Anbau von Energiepflanzen (wie z.b. Mais für Bioethanol oder Palmöl für Biodiesel) in direkten Wettbewerb mit der Nahrungsmittelproduktion treten. Dies führt zu Fragen der Ernährungssicherheit, da der Anbau von Ener-giekulturen oft dominante Flächen in Anspruch nimmt, die zuvor für den Nah-rungsmittelanbau genutzt wurden. Ein Beispiel dafür ist die Expansion von Palmölplantagen in Südostasien, die nicht nur zur Abholzung tropischer Wälder führt, sondern auch zur Verdrängung von Kleinbauern, die auf der gleichen Flä-che Nahrungsmittel anbauen könnten.

Ein weiterer Aspekt der Ressourcenkonflikte ist der Wasserverbrauch. Der An-bau von Biomasse, insbesondere von Energiepflanzen, kann einen höheren Wasserbedarf mit sich bringen als traditionelle Nahrungsmittelpflanzen. Dies ist besonders problematisch in wasserarmen Regionen, wo die Verfügbarkeit von Wasser bereits eingeschränkt ist. Die Verwendung von Wasser für die Energie-produktion kann somit die Wasserversorgung für die Nahrungsmittelproduktion gefährden, was zu weiteren sozialen und politischen Spannungen führen kann.

Darüber hinaus muss auch die ökologische Dimension der Biomassenutzung be-rücksichtigt werden. Die Entnahme von Biomasse aus Wäldern oder anderen Ökosystemen kann zu einem Verlust der biologischen Vielfalt und zu einer Ver-schlechterung der Ökosystemdienstleistungen führen, die für das Wohlbefinden von Gemeinschaften essenziell sind. Beispielsweise können die Umwandlung von Wäldern in Monokulturen für die Biomasseproduktion und die damit verbunde-nen landwirtschaftlichen Praktiken zu einer erhöhten Erosion, Verlust von Lebens-räumen und einer Abnahme der Bodenfruchtbarkeit führen. Dies schafft ein Un-gleichgewicht, das langfristig auch wirtschaftlich nachteilige Folgen haben kann.

Ein weiteres bedeutendes Problem im Zusammenhang mit Biomasse-Nutzung ist die soziale Gerechtigkeit. Der Zugang zu Land und Ressourcen ist häufig un-gleich verteilt, und viele derjenigen, die direkt unter den Auswirkungen der Bi-omasseproduktion leiden, sind marginalisierte Gemeinschaften oder indigene Völker. In vielen Fällen haben diese Gruppen nicht die politische oder wirt-schaftliche Macht, um ihre Interessen zu schützen. Ressourcenkonflikte können in diesem Kontext zu sozialen Unruhen führen, insbesondere wenn Landrechte nicht respektiert werden oder wenn große Agrarunternehmen die Kontrolle über wichtige Ressourcen übernehmen.

Biosphäre

Die Biosphäre ist der Lebensraum der Erde, der alle lebenden Organismen und deren Interaktionen mit der abiotischen Umwelt umfasst. Sie erstreckt sich von den tiefsten Ozeanen bis zu den höchsten Gebirgen und umfasst terrestrische, aquatische sowie atmosphärische Ökosysteme. Die Biosphäre ist ein komplexes Netzwerk von Lebensgemeinschaften und Ökosystemen, in dem Ressourcen wie Wasser, Nährstoffe, Energie und Habitat begrenzt sind. Diese Ressourcen sind von entscheidender Bedeutung für das Überleben aller Organismen, einschließlich des Menschen.

Im Kontext von Ressourcenkonflikten ist die Biosphäre ein zentrales Element, da die Menschheit zunehmend in Konkurrenz um die Nutzung und den Zugang zu natürlichen Ressourcen gerät. Ressourcenkonflikte entstehen häufig, wenn die Nachfrage nach begrenzten Ressourcen, wie Wasser, Bodenfruchtbarkeit, fossilen Brennstoffen oder biologischer Vielfalt, die Fähigkeit der Biosphäre übersteigt, diese Ressourcen nachhaltig bereitzustellen. Solche Konflikte können lokal, regional oder global sein und umfassen verschiedene Dimensionen, darunter ökologische, wirtschaftliche, politische und soziale Aspekte.

Ein Beispiel für einen Ressourcenkonflikt innerhalb der Biosphäre ist die Wasserknappheit, die in vielen Teilen der Welt ein drängendes Problem darstellt. Übernutzung von Wasserressourcen durch Landwirtschaft, industrielle Anwendungen und städtisches Wachstum führt oft zu einem signifikanten Rückgang der Wasserqualität und -verfügbarkeit. In Regionen wie dem Nahen Osten und Nordafrika sind Konflikte über Wasserressourcen zwischen Ländern und Gemeinschaften häufig dokumentiert. Diese Konflikte werden durch klimatische Veränderungen verstärkt, die zum Rückgang von Niederschlägen und zur Erhöhung der Verdunstungsraten führen.

Ein weiteres Beispiel ist der Verlust von Biodiversität und die damit einhergehenden Konflikte über Landnutzung. Die Umwandlung von Wäldern in landwirtschaftliche Flächen, urbaner Ausbau und die Erschließung von Rohstoffen gefährden nicht nur die Artenvielfalt, sondern führen oft auch zu Spannungen zwischen Indigenen Gemeinschaften und staatlichen oder industriellen Akteuren. Diese Gruppen stehen häufig in direkter Konkurrenz um die Nutzung von Land und natürlichen Ressourcen, die für ihre Lebensweise und Kultur von zentraler Bedeutung sind.

Außerdem spielt der Klimawandel eine entscheidende Rolle in Ressourcenkonflikten. Die erhöhte Erderwärmung und die damit verbundenen extremen Wetterereignisse wie Dürre, Überschwemmungen und Stürme verändern die Verfügbarkeit von Ressourcen und setzen Gemeinden unter Druck, die bereits um knappe Ressourcen kämpfen. Die Auswirkungen des Klimawandels sind nicht gleichmäßig verteilt, was Ungleichheiten zwischen Entwicklungsländern und industrialisierten Nationen verschärfen kann.

Blauer Kohlenstoff

Blauer Kohlenstoff bezieht sich auf die Kohlenstoffspeicherung in marinen und küstennahen Ökosystemen, insbesondere in Mangroven, Seegräsern und Salzmarchen. Diese Ökosysteme spielen eine entscheidende Rolle bei der Regulation von Kohlenstoffdioxidspeicherung, da sie signifikante Mengen an Kohlenstoff in ihren Biomasse und Böden akkumulieren. Laut Schätzungen könnten küstennahe Lebensräume bis zu 50 % höheres Kohlenstoffspeicherpotenzial aufweisen als terrestrische Wälder. Vor dem Hintergrund des Klimawandels und der globalen Erwärmung wird die Rolle des Blauen Kohlenstoffs als strategisches Element im Klimaschutz und der Anpassung an Umweltveränderungen immer wichtiger.

Die Erhaltung und Wiederherstellung von blauem Kohlenstoff ist jedoch nicht nur eine Frage des Umweltschutzes; sie steht auch im Zentrum vieler Ressourcenkonflikte, die sich aus den Ansprüchen auf Nutzung und Zugang zu diesen wertvollen Ökosystemen ergeben. Mangrovenwälder, beispielsweise, sind oft Ziel von Abholzung zur Schaffung landwirtschaftlicher Flächen, für Aquakulturprojekte oder für den Bau von Küsteninfrastrukturen. Diese Aktivitäten können zur Zerstörung von Lebensräumen führen und die Fähigkeit dieser Ökosysteme zur Kohlenstoffspeicherung drastisch reduzieren, was wiederum den Klimawandel verstärkt.

Die Konflikte können auch durch wirtschaftliche Interessen und unterschiedliche Nutzungskonzepte entstehen. Küstengemeinschaften, die auf Fischerei und andere natürliche Ressourcen angewiesen sind, sehen sich oft gegen kommerzielle Interessen, wie den Bau von Tourismusanlagen oder Industrieinfrastrukturen, eingeengt. Diese Konflikte sind häufig von sozialen Ungleichheiten geprägt, wobei marginalisierte Gruppen – oftmals indigene Völker oder Kleinbauern – benachteiligt werden und weniger Zugang zu Entscheidungsprozessen über die Nutzung und den Schutz der Ressourcen haben.

Hinzu kommt, dass der Wert von blauem Kohlenstoff in den internationalen Klimaschutzprogrammen, wie dem Pariser Abkommen, zunehmend anerkannt wird. Dies hat zu einem wachsenden Interesse an sogenannten "Blauen Kohlenstoffprojekten" geführt, die finanzielle Anreize für den Schutz und die Wiederherstellung von marinen Ökosystemen bieten können. Während dies eine Möglichkeit darstellt, ökologischen und sozialen Nutzen zu vereinen, birgt es auch das Risiko der Kommerzialisierung von Naturressourcen, was wiederum zu neuen Konflikten führen kann. Die Implementierung solcher Projekte muss unbedingt unter Berücksichtigung der Rechte der lokalen Gemeinschaften und der Erhaltung der biologischen Vielfalt geschehen.

Blutdiamanten

Blutdiamanten, auch als Konfliktdiamanten bezeichnet, sind Edelsteine, die in Kriegsgebieten abgebaut werden und deren Verkauf zur Finanzierung von bewaffneten Konflikten, Menschenrechtsverletzungen und schweren sozialen Ungerechtigkeiten beiträgt. Diese Diamanten sind nicht nur ein Symbol für den Reichtum und die Schönheit, die mit dem Diamantenhandel verbunden werden, sondern stellen auch eine düstere Realität dar, die oft mit Gewalt, Ausbeutung und der Zerstörung von Gemeinschaften verbunden ist.

Der Kontext der Ressourcenkonflikte, in dem Blutdiamanten eine zentrale Rolle spielen, ist vielschichtig und wird durch eine Kombination aus politischer Instabilität, wirtschaftlicher Not und einem Mangel an effektiven Governance-Strukturen geprägt. In vielen der betroffenen Regionen, insbesondere in Afrika, kämpfen verschiedene Parteien um Kontrolle über Ressourcen, die sowohl für die lokale als auch für die internationale Wirtschaft von großer Bedeutung sind. Der Abbau und Handel mit Diamanten kann dabei als ein Mittel dienen, um finanzielle Mittel für militärische Operationen zu generieren. Dies geschieht insbesondere in Ländern wie Sierra Leone, Angola und der Demokratischen Republik Kongo, wo kriegerische Auseinandersetzungen oft durch das Streben nach Kontrolle über lukrative natürliche Ressourcen befeuert werden.

Die Mechanismen, durch die Blutdiamanten in diesen Konflikten eine Rolle spielen, sind komplex. Der Diamantenabbau selbst findet häufig unter extremen Bedingungen statt, die mit schwerwiegenden Menschenrechtsverletzungen verbunden sind. Arbeiter werden oft unter Zwang eingesetzt, erhalten kaum eine Bezahlung und sind anfällig für körperliche Misshandlungen. Kinderarbeit ist ebenfalls ein häufiges Problem in diesen Gebieten, was zur weiteren Degeneration der sozialen Struktur beiträgt.

Ein zentraler Aspekt von Ressourcenkonflikten, in denen Blutdiamanten eine Rolle spielen, ist die sogenannte „Ressource-Fluch"-Theorie. Diese Theorie postuliert, dass Länder, die reich an natürlichen Ressourcen sind, oft unter schlechterem wirtschaftlichem Wachstum, politischer Instabilität und Gewalt leiden als ressourcenschwächere Länder. Dies gilt insbesondere dann, wenn es an Institutionen mangelt, die eine faire Verteilung des Reichtums und eine angemessene Kontrolle über die Ressourcen sicherstellen können. In vielen Fällen ziehen illegale Aktivitäten und Korruption nach sich, die dazu führen, dass der Gewinn aus dem Diamantenabbau nicht der Bevölkerung zugutekommt, sondern in die Hände von Eliten oder kriminellen Organisationen gelangt.

Um den Handel mit Blutdiamanten zu regulieren, wurde 2000 der Kimberley-Prozess ins Leben gerufen. Dieses internationale Abkommen zielt darauf ab, den

Handel mit Konfliktdiamanten zu verhindern, indem es eine Zertifizierungspflicht für den Handel mit Rohdiamanten einführt. Der Erfolg dieses Prozesses ist jedoch umstritten, da es an Transparenz und effektiver Durchsetzung fehlt. Viele Händler umgehen die Regeln, indem sie Diamanten aus konventionellen Quellen mit Blutdiamanten vermischen oder gefälschte Zertifikate verwenden. Zudem bleiben viele betroffene Länder aufgrund von Korruption und schwachen Institutionen anfällig für solche Praktiken.

In den letzten Jahren hat das Bewusstsein für die Problematik von Blutdiamanten sowie den damit verbundenen Ressourcenkonflikten zugenommen. Zahlreiche NGOs und Aktivisten setzen sich weltweit für einen fairen und ethischen Handel mit Edelsteinen ein, und es gibt Bestrebungen, alternative Märkte für konfliktfreie Diamanten zu fördern, die durch verantwortungsvolle Praktiken im Abbau und Handel gekennzeichnet sind.

Bodenerosion

Bodenerosion ist ein bedeutendes Umweltphänomen, das nicht nur ökologische, sondern auch tiefgreifende soziale und wirtschaftliche Auswirkungen hat, insbesondere in Bezug auf Ressourcenkonflikte. Die Erosion des Bodens beschreibt den Abtrag von Oberflächenmaterial durch natürliche Prozesse wie Wind und Wasser sowie durch anthropogene Einflüsse, insbesondere landwirtschaftliche Praktiken, Abholzung und Urbanisierung. In vielen Regionen der Welt hat sich die Bodenerosion zu einer der gravierendsten Herausforderungen entwickelt, die die landwirtschaftliche Produktivität, die Wasserqualität und die Biodiversität beeinträchtigt.

Die Ursachen der Bodenerosion sind vielschichtig. Natürliche Faktoren wie Niederschlag, Geländehang und Bodentypen tragen zur Erosion bei. Jedoch sind menschliche Aktivitäten, besonders in der Landwirtschaft, oft der Haupttreiber. Intensive Bewirtschaftung, Monokulturen und der Einsatz von schweren Maschinen führen dazu, dass die natürliche Bodendecke, die einen wichtigen Schutz gegen Erosion bietet, zerstört wird. Darüber hinaus sind unzureichende Maßnahmen zur Bodenbewirtschaftung, wie das Fehlen von Fruchtfolge-Systemen oder Deckfruchtanbau, entscheidend für die beschleunigte Erosion.

Die Konsequenzen der Bodenerosion sind weitreichend. Sie führt zu einem Verlust fruchtbarer Böden, was die landwirtschaftliche Erträge verringert und damit die Ernährungssicherheit gefährdet. Dies hat besonders in Entwicklungsländern, wo viele Menschen auf die Landwirtschaft als zentrale Einkommensquelle angewiesen sind, weitreichende soziale und wirtschaftliche Folgen. Die potenziellen Konflikte um Ressourcen wie Wasser und fruchtbares Land verschärfen sich in dieser Situation. Wenn die Erträge sinken, kann es zu einem Wettbewerb um die verbleibenden fruchtbaren Flächen und Wasserressourcen kommen. Diese Konkurrenz kann, insbesondere in Regionen mit bereits bestehenden Spannungen, zu offenen Konflikten führen.

Ein Beispiel für den Zusammenhang zwischen Bodenerosion und Ressourcenkonflikten ist die Sahel-Zone in Afrika. In dieser Region hat die Kombination aus Klimawandel, der Übernutzung von Erde und Wasser und der fortschreitenden Desertifikation zu einer dramatischen Erosion geführt. Diese Prozesse haben das Risiko von Konflikten erhöht, da nomadische Viehzüchter und sesshafte Landwirte um die verbleibenden Ressourcen konkurrieren. Ähnlich verhält es sich in vielen anderen Regionen, in denen die Verschlechterung der landwirtschaftlichen Grundlagen die sozialen Spannungen verschärft.

Darüber hinaus spielt die Politik eine entscheidende Rolle in der Dynamik von Bodenerosion und Ressourcenkonflikten. In vielen Ländern sind die politischen Institutionen schwach, was bedeutet, dass Regeln zur nachhaltigen Bodennutzung oft nicht durchgesetzt werden. Korruption und ungleiche Machtverhältnisse führen häufig dazu, dass marginalisierte Gruppen, die am stärksten von Bodenerosion betroffen sind, nicht in Entscheidungsprozesse einbezogen werden. Dies verstärkten die Ungleichheit und das Potenzial für Konflikte.

Bodenkontamination

Bodenkontamination ist ein bedeutendes Umweltproblem, das in jüngster Zeit zunehmend in den Fokus wissenschaftlicher und politischer Diskussionen gerückt ist, insbesondere im Kontext von Ressourcenkonflikten. Die Kontamination des Bodens kann verschiedene Ursachen haben, darunter industriellen Fortschritt, landwirtschaftliche Praktiken, städtische Abwässer sowie militärische Auseinandersetzungen. Dieses Phänomen wirkt sich nicht nur negativ auf die Umwelt aus, sondern hat auch tiefgreifende soziale und politische Implikationen, die häufig in Form von Ressourcenkonflikten, insbesondere um Wasser- und Nahrungsmittelressourcen, manifestiert werden.

Bodenkontamination tritt auf, wenn schädliche Chemikalien oder Abfälle in den Boden gelangen und dessen chemische, physikalische und biologische Eigenschaften negativ beeinflussen. Häufige Kontaminanten umfassen Schwermetalle (wie Blei, Quecksilber und Cadmium), organische Lösungsmittel, Pestizide, Herbizide und Industrieabwässer. Diese Substanzen können durch verschiedene Mechanismen in die Böden eindringen, beispielsweise durch unsachgemäße Entsorgung von Abfällen, landwirtschaftlichen Einsatz von Chemikalien oder durch Öl-Unfälle und andere industrielle Prozesse.

Im Kontext von Ressourcenkonflikten ist Bodenkontamination besonders relevant, da sie die Verfügbarkeit und Qualität von landwirtschaftlichen Flächen beeinträchtigt, was direkte Auswirkungen auf die Nahrungsmittelproduktion hat. Kontaminierte Böden können zu Ernteausfällen und damit zu Nahrungsmittelknappheit führen, was soziale Spannungen und Konflikte zwischen verschiedenen Gruppen, wie Landwirten, Gemeinden und Industrieunternehmen, verstärken kann. Dies ist besonders in Regionen der Fall, in denen die Bevölkerungsdichte hoch und die Abhängigkeit von der Landwirtschaft als Lebensgrundlage groß ist.

Ein prägnantes Beispiel für die Verbindung zwischen Bodenkontamination und Ressourcenkonflikten findet sich in der Bergbauindustrie. In vielen Ländern führt der Abbau von Bodenschätzen wie Gold, Kupfer oder Kohle zur erheblichen Kontamination der Böden durch Schwermetalle und Chemikalien. Dies geschieht oft ohne angemessene Schutzmaßnahmen, was nicht nur die Umwelt schädigt, sondern auch die Lebensgrundlagen der indigenen und lokalen Bevölkerungen gefährdet. Solche Situationen könnten zu Konflikten führen, bei denen die betroffenen Gemeinschaften gegen Unternehmen oder Regierungen kämpfen, um ihre Rechte auf sauberen Boden und gesunde Umwelt sowie ihre Nahrungsmittelquellen zu verteidigen.

Zudem spielt die rechtliche und politische Dimension eine entscheidende Rolle in der Dynamik der Ressourcenkonflikte, die durch Bodenkontamination ausgelöst oder verschärft werden. Ineffektive rechtliche Rahmenbedingungen, Korruption und mangelnde Durchsetzung von Umweltstandards können dazu führen, dass die Verantwortlichen für die Bodenkontamination nicht zur Rechenschaft gezogen werden. Die Verletzung von Umweltverträgen und internationalem Recht verstärkt oft die Spannungen, insbesondere wenn benachbarte Staaten um ähnliche Ressourcen konkurrieren.

Klimawandel und Umweltveränderungen können die Problematik der Bodenkontamination und die damit verbundenen Ressourcenkonflikte weiter verstärken. Extreme Wetterlagen, wie Dürren oder Überschwemmungen, können die Verfügbarkeit von Wasserressourcen beeinträchtigen und die Fruchtbarkeit von Böden verringern. In solch angespannten Situationen können sich bereits bestehende Konflikte intensivieren oder neue Konflikte entstehen, wenn Gemeinschaften um immer knapper werdende Ressourcen kämpfen.

Bolivien und die Konflikte um die Kontrolle und Nutzung von Lithiumvorkommen
Bolivien ist ein Land in den Anden Südamerikas, das für seine reichen natürlichen Ressourcen bekannt ist, darunter bedeutende Vorkommen an Lithium. Das

Lithium, das in Bolivien vorkommt, ist vor allem im Salar de Uyuni zu finden, dem größten Salzsee der Welt. Dieser Standort wird als eines der vielversprechendsten Lithiumvorkommen der Welt angesehen. Lithium ist ein strategischer Rohstoff, der in der Produktion von Batterien für Elektrofahrzeuge und andere Technologien eine zentrale Rolle spielt, und die weltweit zunehmende Nachfrage nach sauberen Energiequellen hat das Augenmerk auf Bolivien und seine Lithiumreserven gelenkt.

Die Kontrolle und Nutzung der Lithiumvorkommen in Bolivien sind jedoch nicht ohne Konflikte. In den letzten Jahren haben sich verschiedene Interessengruppen – darunter die bolivianische Regierung, internationale Unternehmen und lokale Gemeinschaften – um die Kontrolle dieser wertvollen Ressource gestritten. Die Regierung Boliviens unter der Führung von Evo Morales, der von 2006 bis 2019 Präsident war, verfolgte eine Politik der Verstaatlichung und wollte die Kontrolle über die Lithiumressourcen in staatliche Hände legen. Morales betonte die Notwendigkeit, den Reichtum des Landes zum Wohle seiner Bürger zu nutzen und den ungehinderten Zugang ausländischer Unternehmen zu seinen Ressourcen zu regulieren.

Trotz dieser bestrebten Nationalisierungsstrategien blieben die Herausforderungen bestehen. Zum einen gibt es Bedenken hinsichtlich der Umweltfolgen, die mit dem Lithiumabbau einhergehen. Die Gewinnung von Lithium erfordert enorme Mengen an Wasser, was zu einem weiteren Druck auf die bereits begrenzten Wasserressourcen in der trockenen Region des Altiplano führt. Diese ökologischen Bedenken werden von lokalen Gemeinschaften laut geäußert, die um ihre Wasserversorgung und ihren Lebensunterhalt fürchten. Es gibt Berichte über soziale Spannungen und Konflikte zwischen den Anwohnern und der Regierung, insbesondere wenn es um das Gewicht der Wassernutzung für Industriesubventionen versus die Erhaltung lokaler Ressourcen geht.

Die Rolle internationaler Unternehmen in diesen Konflikten ist ebenfalls bedeutend. Masseninvestitionen von ausländischen Firmen, die an der Lithiumproduktion interessiert sind, haben die Dynamik verändert. Einige lokale Gemeinden befürchten, dass diese Unternehmen vor allem auf Profitmaximierung aus sind und die sozialen und ökologischen Auswirkungen ihres Handelns nicht ausreichend berücksichtigen. Die Abhängigkeit von Rohstoffen wie Lithium versetzt Bolivien in eine positionierungsintensive Lage, in der nationale Souveränität, ökologische Nachhaltigkeit und wirtschaftliches Wachstum in einem Spannungsfeld zueinander stehen.

Die geopolitischen Implikationen sind ebenfalls nicht zu unterschätzen. Die Suche nach Lithium hat nicht nur Interesse auf staatliche und unternehmerische

Ebene geweckt, sondern auch auf strategischer Ebene, da sich der Wettlauf um die Erringung und Sicherung von Lithiumreserven auf globaler Ebene zuspitzt. Länder wie China und die USA sind stark daran interessiert, ihren Zugang zu Lithium zu sichern, insbesondere im Kontext der laufenden Bemühungen um den Übergang zu erneuerbaren Energien. Bolivien sieht sich somit in einer strategisch wichtigen Position, da seine Lithiumvorkommen potenziell den globalen Markt beeinflussen können.

Zusammenfassend lässt sich sagen, dass die Konflikte um die Kontrolle und Nutzung der Lithiumvorkommen in Bolivien eng mit Ressourcenkonflikten verbunden sind, die Fragen der politischen Ökonomie, der sozialen Gerechtigkeit und der Umweltgerechtigkeit umfassen. Es bleibt abzuwarten, wie Bolivien diese Herausforderungen meistern wird und inwieweit es gelingt, eine Balance zwischen dem Vorteil seiner natürlichen Ressourcen und der Berücksichtigung der Bedürfnisse seiner Bevölkerung zu finden. Ein nachhaltiger Ansatz, der die Zusammenarbeit zwischen der Regierung, der Zivilgesellschaft und der Industrie fördert, könnte entscheidend sein, um die künftige Entwicklung der Lithiumindustrie in Bolivien und deren Auswirkungen auf die Region zu gestalten.

Brasilien und die Nutzung des Amazonas-Regenwaldes

Der Amazonas-Regenwald, oft als "Lunge der Erde" bezeichnet, ist das größte Regenwaldgebiet der Welt und erstreckt sich über mehrere Länder, wobei der größte Teil in Brasilien liegt. Mit einer Fläche von rund 5,5 Millionen Quadratkilometern hat der Amazonas nicht nur eine immense Biodiversität, sondern spielt auch eine entscheidende Rolle im globalen Klimasystem. Der Regenwald fungiert als Kohlenstoffsenke, indem er große Mengen CO_2 aus der Atmosphäre absorbiert, und ist somit ein unverzichtbarer Bestandteil der globalen Klimakontrolle. Zudem ist der Amazonas Lebensraum für Millionen von Arten, viele von ihnen sind endemisch und bisher unzureichend erforscht.

Die Nutzung des Amazonas-Regenwaldes ist seit Jahrzehnten Gegenstand von Ressourcenkonflikten. Diese Konflikte sind oft das Ergebnis des Spannungsverhältnisses zwischen ökologischen Erhaltungsinteressen und den wirtschaftlichen Ambitionen verschiedener Akteure, einschließlich der Landwirtschaft, der Holzernutzung und des Bergbaus. In den letzten Jahrzehnten hat die Abholzung, vor allem zur Schaffung landwirtschaftlicher Flächen – insbesondere für Soja und Viehzucht – dramatisch zugenommen. Brasilien ist einer der größten Soja-Produzenten der Welt, und die damit verbundene Flächenumwandlung hat erhebliche Umweltauswirkungen, einschließlich Verlust der Biodiversität und der Zerstörung natürlicher Lebensräume.

Ein zentraler Akteur in diesem Konflikt sind die indigenen Völker Brasiliens, die seit Jahrhunderten im Amazonas leben. Diese Gemeinschaften haben ein tiefes kulturelles und spirituelles Verständnis für den Wald und dessen Ökosysteme. Ihr Lebensstil ist eng mit der Natur verbunden, und sie sind oft die ersten, die von den negativen Folgen der Abholzung und der damit verbundenen Umweltzerstörung betroffen sind. Indigene Gruppen fordern zunehmend Anerkennung ihrer Landrechte und den Schutz ihrer Lebensräume, was zu Spannungen mit staatlichen und privatwirtschaftlichen Interessen führt.

Die brasilianische Regierung hat in der Vergangenheit unterschiedliche Ansätze zur Nutzung und zum Schutz des Amazonas verfolgt. In jüngerer Zeit wurde jedoch eine Politik der Deregulierung und des wirtschaftlichen Wachstums propagiert, die oft zu einer Intensivierung der Abholzung führt. Programme zur Landnutzung, die auf die Erschließung und Nutzung von Ressourcen abzielen, wurden gefördert, während gleichzeitig Gesetze zum Umweltschutz und zum Schutz indigener Gebiete oft ignoriert oder geschwächt wurden.

Zusätzlich zu landwirtschaftlichen Interessen rücken der Bergbau und die Erschließung von Bodenschätzen zunehmend in den Fokus. Der Amazonas ist reich an Mineralien, einschließlich Gold, Eisen und Lithium, die für die globale Wirtschaft von Bedeutung sind. Diese Ausbeutung stört jedoch nicht nur die Umwelt, sondern führt auch zu sozialen Konflikten, da Gemeinschaften, die im Einflussbereich solcher Projekte leben, oft nicht angemessen konsultiert oder entschädigt werden.

Die Zunahme der Durchdringung des Amazonas durch wirtschaftliche Aktivitäten hat zu einer akuten Bedrohung für die Umwelt geführt. Abholzung, illegale Holzernte und die Verschmutzung von Wasserressourcen sind nur einige der negativen Folgen. Diese Probleme tragen nicht nur zur Erderwärmung bei, sondern auch zur verstärkten Fragilität der Ökosysteme und zur Gefährdung der Biodiversität.

Insgesamt spiegeln die Ressourcenkonflikte im Amazonas die komplexen Wechselwirkungen zwischen Umwelt, Wirtschaft und sozialer Gerechtigkeit wider. Es ist von entscheidender Bedeutung, dass nachhaltige Ansätze zur Bewirtschaftung des Amazonas entwickelt werden, die sowohl die Bedürfnisse der globalen Wirtschaft als auch den Schutz der einzigartigen Biodiversität und der Rechte der indigenen Völker berücksichtigen. Die Herausforderungen im Amazonas erfordern ein multidisziplinäres Vorgehen und die Einbeziehung aller Stakeholder, um einen ausgewogenen Dialog zu fördern und Lösungen zu finden, die sowohl ökologisch als auch sozial gerecht sind.

Cap-and-Trade-System

Ein Cap-and-Trade-System, auch bekannt als Emissionshandelssystem, ist ein marktbasiertes Instrument zur Reduzierung von Treibhausgasemissionen. Es wird eingesetzt, um die Erreichung von Umweltzielen durch ökonomische Anreize zu fördern, indem es Unternehmen eine gewisse Flexibilität bei der Einhaltung von Emissionsvorgaben ermöglicht. Im Kern beinhaltet ein solches System die Festsetzung eines „Caps" oder einer Obergrenze für die gesamte Menge an Schadstoffen, die in einem bestimmten Zeitraum von den beteiligten Akteuren emittiert werden darf. Diese Gesamtobergrenze wird in Form von Emissionszertifikaten umgesetzt, die von den Unternehmen entweder selbst erlangt, über den Markt gehandelt oder in gewissem Maße durch staatliche Zuteilungen erworben werden können.

Die Funktionsweise eines Cap-and-Trade-Systems beruht auf der Annahme, dass eine Marktmechanik die effizienteste Verteilung von Ressourcen ermöglicht. Unternehmen, die ihre Emissionen unterhalb des ihnen zugewiesenen Caps halten, können überschüssige Zertifikate an Unternehmen verkaufen, die Schwierigkeiten haben, ihre Emissionsvorgaben einzuhalten. Dadurch wird ein finanzieller Anreiz geschaffen, Emissionen zu reduzieren, während gleichzeitig die Theorie besagt, dass die Marktkräfte die kostengünstigsten und effektivsten Reduktionsmöglichkeiten identifizieren.

Im Kontext von Ressourcenkonflikten spielt das Cap-and-Trade-System eine bedeutende Rolle, da es häufig um begrenzte Umweltressourcen und deren Nutzung geht. Ressourcenkonflikte entstehen nicht nur zwischen Unternehmen, die um Emissionsrechte konkurrieren, sondern auch zwischen verschiedenen Stakeholder-Gruppen, darunter Regierungen, NGOs, lokale Gemeinschaften und Unternehmen selbst. Diese Konflikte können sowohl inter- als auch intranational sein und sind oft durch unterschiedliche Interessen, Machtverhältnisse und Prioritäten geprägt.

Ein Beispiel für einen Ressourcenkonflikt im Rahmen eines Cap-and-Trade-Systems ist der Wettbewerb um Emissionszertifikate, der zu einem Ungleichgewicht führen kann. Unternehmen mit mehr Kapital oder besseren Technologien können möglicherweise größere Mengen an Zertifikaten aufkaufen, was kleinere oder weniger profitable Unternehmen unter Druck setzen könnte. In solchen Fällen kann die Ungleichheit in der Verteilung der Emissionszertifikate soziale Spannungen hervorrufen, vor allem in Regionen, die stark von traditionellen Industrien abhängig sind und nur begrenzte finanzielle Mittel für technologische Innovationen zur Emissionsminderung haben.

Zusätzlich können Ressourcenkonflikte auch in Form von unterschiedlichen politischen und rechtlichen Rahmenbedingungen auftreten. Die Implementierung eines Cap-and-Trade-Systems erfordert oft eine umfassende Regulierung und Verwaltung, die potenziell zu Konflikten zwischen nationalen und lokalen Interessen führen kann. In Regionen, in denen die Abhängigkeit von fossilen Brennstoffen hoch ist, können lokale Gemeinschaften aus Angst vor Arbeitsplatzverlusten oder wirtschaftlichen Einbußen gegen emissionsreduzierende Maßnahmen mobilisieren, was den politischen Prozess der Implementierung behindern kann.

Darüber hinaus kann der internationale Handel mit Emissionszertifikaten auch geopolitische Spannungen hervorrufen. Länder, die weniger regulierte oder kostengünstigere Emissionsreduktionen anbieten, könnten als Bedrohung für industrielle Wettbewerbsfähigkeit anderer Länder angesehen werden, die strengere Standards einhalten. Dies kann zu einem Wettlauf um die niedrigsten Standards führen oder sogar dazu, dass Länder versuchen, ihre eigenen Emissionsrechte auf Kosten anderer zu maximieren.

Carbon Capture and Storage

Carbon Capture and Storage (CCS) ist eine Technologie, die entwickelt wurde, um Kohlendioxid (CO_2) aus industriellen Prozessen und Kraftwerken abzuscheiden, zu transportieren und schließlich in geologischen Formationen zu speichern. Die Technologie gilt als eine potenzielle Lösung zur Minderung der Treibhausgasemissionen und zur Bekämpfung des Klimawandels. In einem Kontext, der Ressourcenkonflikte berücksichtigt, eröffnet das Thema CCS komplexe und vielschichtige Herausforderungen und Chancen.

CCS funktioniert in mehreren Phasen: Zunächst wird CO_2 aus dem Abgasstrom abgeschieden, was durch verschiedene Technologien wie Absorption, Adsorption oder Membrantrennung erfolgen kann. Nach der Abscheidung wird das CO_2 komprimiert und in geeigneten geologischen Formationen, wie leeren Öl- und Gasfeldern oder salinen Aquiferen, gespeichert. Diese Lagerstätten müssen sorgfältig ausgewählt werden, um sicherzustellen, dass das CO_2 über lange Zeiträume sicher eingeschlossen bleibt und keine Emissionen in die Atmosphäre gelangen.

Im Kontext von Ressourcenkonflikten wirft CCS mehrere Fragen auf. Einerseits könnte die Implementierung von CCS als Teil der Klimaschutzstrategien dazu beitragen, die Abhängigkeit von fossilen Brennstoffen zu verringern und die Umwelt zu schützen, was potenziell ressourcenschonend ist. Andererseits könnte die Erschließung von Lagerstätten und die Infrastrukturentwicklung für

CCS auch Konflikte hervorrufen, insbesondere in Gebieten mit bereits bestehenden ökologischen oder sozialen Spannungen. Ein zentraler Aspekt ist die Nutzung der geologischen Formationen, in denen das CO_2 gespeichert werden soll. Diese Formationen befinden sich häufig in Regionen, die auch für die Erdöl- und Erdgasförderung oder andere mineralische Ressourcen von Interesse sind. Diese Überschneidung kann zu Konflikten zwischen verschiedenen Wirtschaftsakteuren führen. Zum Beispiel könnten Gemeinschaften, die von Erdöl- oder Erdgasvorkommen abhängen, Bedenken hinsichtlich der Sicherheit und der Umweltauswirkungen von CCS haben, insbesondere wenn diese Technologien ihre Ressourcenbasis gefährden könnten.

Ein weiterer wichtiger Punkt ist die soziale Akzeptanz von CCS in den betroffenen Gemeinden. Die erforderliche Infrastruktur, wie Pipelines für den Transport von CO_2 und die Einrichtungen zur Speicherung, kann Widerstand hervorrufen, insbesondere wenn die Vorteile nicht klar kommuniziert werden oder wenn die betroffenen Gemeinschaften das Gefühl haben, dass ihre Bedürfnisse und Bedenken nicht ausreichend berücksichtigt werden. Historisch gesehen haben kleinere Gemeinschaften oft nicht von großen Projekten profitiert, während sie gleichzeitig die Risiken und negativen Auswirkungen tragen müssen, was zu einer Ungleichheit in der Verteilung der Vorteile und Kosten führt.

Darüber hinaus sind politische und rechtliche Rahmenbedingungen entscheidend für die erfolgreiche Implementierung von CCS. In vielen Ländern gibt es noch keine klaren Richtlinien hinsichtlich der Nutzung geologischer Speicherstätten, was Unsicherheiten und potenzielle Konflikte verstärken kann. Die Frage der Verantwortlichkeit für mögliche zukünftige Leckagen ist ein weiteres rechtliches Dilemma, das gelöst werden muss, um die Risiken zu minimieren und das Vertrauen der Öffentlichkeit zu gewinnen. Schließlich spielt auch die internationale Dimension eine Rolle. CCS-Technologien könnten potenziell als Teil von Klimafonds und -initiativen zwischen Ländern gefördert werden, wobei die Technologie in Entwicklungsländern implementiert werden könnte, die gleichzeitig unter Ressourcenknappheit und den Folgen des Klimawandels leiden. Hier können neue Konflikte um technologische Zugänge, Finanzierungsquellen und die Verteilung von Ressourcen entstehen.

Chile und der Kupferabbau
Chile ist das weltweit größte Land in der Produktion und dem Export von Kupfer, welches als eine der fundamentalsten Ressourcen für die moderne Industrie gilt. Der Kupferabbau hat in Chile eine lange Geschichte, die bis in die Zeit der spanischen Kolonialgeschichte zurückreicht. Mit der Entdeckung großer

Kupfervorkommen im 19. Jahrhundert, insbesondere in der Region Antofagasta, gewann der Kupferbergbau zunehmend an Bedeutung für die chilenische Wirtschaft. Heute macht Kupfer einen signifikanten Teil der chilenischen Exporte aus, und die Branche ist ein wesentlicher Motor des nationalen BIP.

Die wichtigsten Kupferproduzenten in Chile sind Unternehmen wie Codelco, eine staatliche Gesellschaft, die den Großteil des Kupferabbaus im Land kontrolliert, sowie internationale Unternehmen wie BHP und Freeport McMoRan. Diese Unternehmen betreiben sowohl große Tagebau- als auch Untertagebauprojekte, die oft in ökologisch sensiblen Gebieten liegen und nicht selten in Konflikt mit lokalen Gemeinschaften und indigenen Völkern geraten.

Ein zentraler Aspekt der Ressourcenkonflikte in Chile ist die Verteilung der Vorteile aus dem Kupferabbau. Während einige Regionen signifikante wirtschaftliche Zuwächse erfahren, leiden andere unter den negativen Folgen des Bergbaus, wie Umweltverschmutzung, Wasserknappheit und sozialen Spannungen. Die Atacama-Region, in der sich viele Kupferminen befinden, ist eine der trockensten Regionen der Welt. Der massive Wasserverbrauch durch die Bergbauindustrie hat zu einem signifikanten Rückgang der Wasserressourcen für die ansässige Bevölkerung und Landwirtschaft geführt, was zu Protesten und sozialen Unruhen geführt hat.

Die indigenen Gemeinschaften, wie die Mapuche und die Aymara, sehen sich häufig benachteiligt, da sie nicht nur in dem Land leben, das von Bergbauunternehmen beansprucht wird, sondern auch wenig bis gar keinen Zugang zu den wirtschaftlichen Vorteilen des Kupferabbaus haben. Oft geschieht dies ohne angemessene Konsultation oder Entschädigung, was internationale Menschenrechtsstandards verletzt. Die chilenische Verfassung, die bis 2021 in Kraft war, gewährte den indigenen Völkern nur begrenzte Rechte, doch im Zuge von Protesten und politischen Bewegungen setzt sich eine neue Verfassung in Arbeit, die eine bessere Inklusion und Berücksichtigung der Rechte der indigenen Bevölkerung anstrebt.

Ein weiteres bedeutendes Element der Konflikte ist die Umweltverträglichkeit des Kupferabbaus. Die Verfahren zur Kupfergewinnung verursachen oft erhebliche Umweltschäden, darunter die Kontamination von Luft und Wasser sowie den Verlust von Biodiversität. Dies führt zu Konflikten zwischen Umweltaktivisten, lokalen Gemeinschaften und Bergbauunternehmen, bei denen die wirtschaftlichen Vorteile des Bergbaus gegen die ökologischen und sozialen Kosten abgewogen werden müssen.

Weltweit wachsendes Umweltbewusstsein und die Dringlichkeit des Klimawandels haben dazu geführt, dass nachhaltige Praktiken in der Bergbauindustrie zunehmend gefordert werden. Einige Unternehmen beginnen, auf umweltfreundlichere Technologien und Verfahren umzusteigen, um die Umweltauswirkungen zu minimieren, doch der Fortschritt ist oft schleppend und wird von den betroffenen Gemeinschaften kritisch beobachtet.

Clean Development Mechanism (CDM)

Der Clean Development Mechanism (CDM) ist ein marktbasiertes Instrument, das im Rahmen des Kyoto-Protokolls geschaffen wurde, um Emissionen von Treibhausgasen zu reduzieren und gleichzeitig die nachhaltige Entwicklung in Entwicklungsländern zu fördern. Der Mechanismus ermöglicht es Industrie- und Schwellenländern, Emissionsgutschriften durch Investitionen in klimafreundliche Projekte in Entwicklungsländern zu generieren, um ihre eigenen Emissionsziele zu erreichen. In diesem Zusammenhang ist es wichtig, die Schnittstellen zwischen CDM und Ressourcenkonflikten zu untersuchen, insbesondere weil CDM-Projekte oft mit der Nutzung und Verwaltung natürlicher Ressourcen verbunden sind.

Ein zentraler Aspekt des CDM ist, dass es sich auf emissionsreduzierende Projekte in Entwicklungsländern konzentriert, die andererseits potenziell auch umwelt- und ressourcenbezogene Konflikte hervorrufen können. Beispielsweise können Projekte, die auf erneuerbare Energien, Aufforstung oder Landwirtschaft abzielen, in Gebieten realisiert werden, in denen bereits bestehende Ressourcenkonkurrenzen auftreten. Dies kann insbesondere in Regionen der Fall sein, in denen Wasserknappheit, Landnutzungskonflikte oder Biodiversitätsverluste vorherrschen.

Ressourcenkonflikte können entstehen, wenn verschiedene Akteure um die Kontrolle über begrenzte natürliche Ressourcen konkurrieren. In Entwicklungsländern, die häufig unter infrastrukturellen und wirtschaftlichen Herausforderungen leiden, kann die Implementierung eines CDM-Projekts den Druck auf Ressourcen wie Wasser, Land und Energie erhöhen. Dies birgt das Risiko der Marginalisierung lokaler Gemeinschaften, die möglicherweise von diesen Ressourcen abhängen, und kann zu sozialen Spannungen führen. Beispielsweise könnten landwirtschaftliche Flächen für den Anbau von Biokraftstoffen umgewidmet werden, was die Nahrungsmittelproduktion und -sicherheit vor Ort gefährden kann.

Ein weiteres Problem, das im Zusammenhang mit dem CDM und Ressourcenkonflikten auftritt, ist die Frage der Governance und der Entscheidungsfindung. Oft sind lokale Gemeinschaften in den Entscheidungsprozess über CDM-Projekte nicht ausreichend einbezogen. Dies kann zu einem Mangel an Transparenz und Vertrauen führen und die Spannungen zwischen den verschiedenen Interessengruppen verschärfen. Wenn hierin Adressierung gefunden werden kann, könnte der CDM auch als Instrument zur Stärkung der Rechte und der Beteiligung lokaler Gemeinschaften dienen, statt zu deren Marginalisierung beizutragen.

Darüber hinaus besteht die Möglichkeit, dass CDM-Projekte die bestehende Ungleichheit zwischen verschiedenen sozialen Gruppen verstärken. Oft werden die Vorteile der Emissionszertifikate und der dadurch generierten Einnahmen nicht gleichmäßig verteilt. Dies kann zu einem Anstieg der sozialen Spannungen und Konflikte führen, insbesondere wenn bestimmte Gruppen (z.B. größere Agrarunternehmen oder internationale Investoren) überproportional von den Ressourcen und den mit CDM-Projekten verbundenen Vorteilen profitieren.

Climate Engineering

Climate Engineering, auch als Geoengineering bekannt, umfasst eine Reihe von Technologien und Strategien, die darauf abzielen, das Klima der Erde gezielt zu beeinflussen, um den Klimawandel zu mildern oder dessen Auswirkungen zu verringern. Diese Technologien sind in zwei Hauptkategorien unterteilbar: Solar Radiation Management (SRM) und Carbon Dioxide Removal (CDR). Während SRM versucht, die Sonneneinstrahlung zu reflektieren und dadurch die Erdtemperatur zu senken, konzentriert sich CDR darauf, CO_2 aus der Atmosphäre zu entfernen und zu speichern.

Im Kontext der Ressourcenkonflikte tritt Climate Engineering in einen komplexen Dialog ein, da die Anwendung dieser Technologien sowohl Chancen als auch Risiken birgt, die direkte Auswirkungen auf geopolitische, soziale und wirtschaftliche Dynamiken haben können.

Erstens könnte Climate Engineering die Verfügbarkeit von Ressourcen beeinflussen. Beispielsweise könnte eine signifikante Abkühlung durch SRM die landwirtschaftlichen Erträge in bestimmten Regionen verändern, was potenziell zu Hunger und Ressourcenknappheit führen kann, während andere Gebiete möglicherweise von einer Erhöhung der landwirtschaftlichen Produktivität profitieren. Dies könnte Spannungen zwischen Regionen schaffen, die um Wasser, Nahrung und andere essentielle Ressourcen konkurrieren. Länder, die sich in einer besseren Position zur Implementierung solcher Technologien befinden oder davon profitieren, könnten verstärkt in Konflikte mit weniger begünstigten Nationen treten, die unter den negativen Auswirkungen leiden.

Zweitens kann der Einsatz von Geoengineering-Technologien zu einem neuen Militarisierungsfeld führen. Staaten könnten versuchen, ihre eigenen Interessen durchzusetzen, indem sie Technologien entwickeln oder einsetzen, die das

Klima in ihrem Interesse beeinflussen, möglicherweise auf Kosten anderer Länder. Geopolitische Instabilität könnte dadurch verstärkt werden, da Nationen unterschiedliche Auffassungen über die ethischen, rechtlichen und sozialen Konsequenzen solcher Maßnahmen haben.

Darüber hinaus könnte Climate Engineering bestehende soziale Ungleichheiten verstärken. Die Verteilung von Ressourcen und technologischem Wissen ist oft ungleich, und Länder im Globalen Süden könnten besonders vulnerable gegenüber den negativen externen Effekten von Geoengineering-Initiativen aus dem Globalen Norden sein. Diese Ungleichheiten könnten Ressourcenkonflikte verstärken, wenn marginalisierte Gemeinschaften nicht die Möglichkeit haben, sich gegen adverse Umwelteinflüsse zu wehren, die durch Geoengineering-Techniken verursacht wurden.

Ein weiterer Aspekt ist die Unsicherheit, die mit den langfristigen Effekten von Climate Engineering verbunden ist. Die Manipulation von klimatischen Systemen birgt das Risiko unvorhersehbarer und möglicherweise irreversibler Veränderungen, die Ressourcenkonflikte aufgrund von plötzlichen Umweltveränderungen anheizen könnten. Beispielsweise könnte eine aggressive Anwendung von SRM dazu führen, dass Niederschlagsmuster verschoben werden, was zu Dürreperioden in bislang fruchtbaren Regionen führt. Solche Veränderungen könnten bestehende Konflikte um Wasserressourcen eskalieren und neue Konflikte schaffen.

Abschließend ist festzuhalten, dass Climate Engineering im Kontext von Ressourcenkonflikten eine vielschichtige Angelegenheit darstellt. Die potenziellen Vorteile sollten sorgfältig gegen die Risiken und ethischen Fragen abgewogen werden. Eine fundierte internationale Zusammenarbeit, Transparenz und die Einbeziehung aller betroffenen Akteure – insbesondere jener, die traditionell marginalisiert werden – sind entscheidend, um die drohenden Konflikte zu minimieren und eine gerechte und nachhaltige Lösung für zukünftige Ressourcenkonflikte im Kontext des Klimawandels zu finden.

Club of Rome

Der „Club of Rome" ist eine nichtstaatliche Organisation, die 1968 gegründet wurde und aus einer Gruppe von Wissenschaftlern, Ökonomen und Journalisten besteht. Ihr ursprüngliches Ziel war es, globale Herausforderungen zu diskutieren und Lösungsvorschläge für drängende gesellschaftliche Probleme zu erarbeiten, insbesondere in Bezug auf Umwelt, Wirtschaft und soziale Gerechtigkeit. Ein zentrales Werk des Clubs ist der Bericht „Die Grenzen des Wachstums" (1972), der die langfristigen Folgen des exponentiellen Wachstums von

Bevölkerung, Industrie, Landwirtschaft und Verbrauch von Mineralien und Brennstoffen diskutiert. Dieser Bericht stellte die Frage nach der Nachhaltigkeit ungebremsten Wachstums und entblößte das potenzielle Risiko ernsthafter Ressourcenkonflikte.

Ressourcenkonflikte entstehen typischerweise in Szenarien, in denen der Bedarf an natürlichen Ressourcen – wie Wasser, Erdöl, Mineralien und landwirtschaftlichem Boden – die verfügbaren Ressourcen übersteigt. Dies kann zu einem Wettbewerb um den Zugang zu diesen Ressourcen führen, wodurch Spannungen zwischen verschiedenen Gruppen, Nations oder auch innerhalb einer Nation entstehen können. Diese Konflikte können sowohl um physische Ressourcen als auch um den Zugang zu technologischen oder finanziellen Ressourcen kreisen.

Der Club of Rome hebt hervor, dass technologische Innovation und wirtschaftlicher Fortschritt zwar für das Wachstum entscheidend sind, aber ihre ungebremste Anwendung ohne Berücksichtigung ökologischer Grenzen schwerwiegende ökologische und soziale Folgen nach sich ziehen kann. Diese Sichtweise basiert auf dem Systemdenken, einem Ansatz, der die Interdependenzen zwischen verschiedenen Systemkomponenten betont. Die Auswirkungen menschlicher Aktivitäten sind oft nicht linear und können unvorhergesehene Rückkopplungsschleifen erzeugen, die zu Umweltzerstörung und sozialen Konflikten führen können.

Ein Beispiel für Ressourcenkonflikte, die im Kontext der Erkenntnisse des Club of Rome betrachtet werden können, sind Wasserkrisen, die zunehmend in vielen Regionen der Welt auftreten. Der Klimawandel, die Urbanisierung und das Wachstum der Bevölkerung führen zu einem steigenden Wasserbedarf, während die Verfügbarkeit von Wasserressourcen gleichzeitig durch Umweltverschmutzung und Übernutzung beeinträchtigt wird. Dies hat in vielen Ländern zu Konflikten zwischen verschiedenen Nutzern – etwa zwischen städtischen und landwirtschaftlichen Interessen oder zwischen unterschiedlichen politischen und ethnischen Gruppen – geführt.

Darüber hinaus wird in den Berichten des Club of Rome betont, dass ein ungleicher Zugang zu Ressourcen, insbesondere in Entwicklungsländern, soziale Ungleichheiten verstärken und somit auch Spannungen schüren kann. Länder, die über reiche Vorräte an bestimmten Ressourcen verfügen, sind nicht automatisch wohlhabend, wenn die Ausbeutung dieser Ressourcen nicht nachhaltig und gerecht erfolgt. Oftmals profitieren externe Akteure wie multinationale Unternehmen von diesen Ressourcen, während die lokalen Gemeinschaften, die oft in Armut leben, die negativen externen Effekte – wie Umweltverschmutzung und Verlust der Lebensgrundlagen – tragen müssen.

Der Club of Rome hat auch vor der Gefahr von sogenannten „Ressourcenimperialismen" gewarnt, wo mächtigere Nationen oder Unternehmen in ressourcenreiche, aber fragil gebliebene Regionen vordringen, um deren Ressourcen zu kontrollieren. Solche Strategien können nicht nur lokale Konflikte hervorrufen, sondern auch geopolitische Spannungen auf internationaler Ebene verschärfen.

CO₂-Äquivalent

Das Konzept des CO_2-Äquivalents ist ein zentrales Element in der Klimawissenschaft und Umweltpolitik, da es eine standardisierte Maßzahl zur Quantifizierung der Treibhausgasemissionen bietet. Es basiert auf der Idee, dass verschiedene Treibhausgase unterschiedliche Potenziale zur globalen Erwärmung haben, die über verschiedene Zeiträume variieren. CO_2-Äquivalente ermöglichen es somit, diese Emissionen vergleichbar zu machen, indem sie die Auswirkungen anderer Gase auf die Erderwärmung in ihren CO_2-äquivalenten Beitrag umrechnen. Zum Beispiel hat Methan (CH_4) ein erhebliches Treibhausgaspotenzial, das 28 bis 36-mal höher ist als das von Kohlendioxid (CO_2) über einen Zeitraum von 100 Jahren. Dies führt dazu, dass regional und global verschiedene Handlungen zur Emissionsminderung notwendig sind, um eine nachhaltige Entwicklung zu fördern.

Ressourcenkonflikte, die oft um Wasser, Land und Energie entbrennen, können eng mit den Emissionen von Treibhausgasen und dem Konzept der CO_2-Äquivalente verknüpft werden. Diese Konflikte entstehen häufig in einem Kontext, in dem die Nachfrage nach Ressourcen aufgrund von Bevölkerungswachstum, Urbanisierung und wirtschaftlicher Entwicklung steigt. Durch die Intensivierung der landwirtschaftlichen Produktion, die Erschließung fossiler Brennstoffe oder den Bau infrastruktureller Projekte, die zur Emission von Treibhausgasen führen, kann es zu einem Teufelskreis kommen: Ressourcen werden ausgebeutet, um die Nachfrage zu decken, was die Emission von CO_2-Äquivalenten steigert und somit die globalen Klimaänderungen beschleunigt.

Ein Beispiel für einen Ressourcenkonflikt im Zusammenhang mit CO_2-Äquivalenten findet sich oft in wasserarmen Regionen, wo Wasser für die Landwirtschaft, die Industrie und den Haushaltsbedarf knapp ist. In diesen Gebieten können Maßnahmen zur Klimaanpassung wie die Umstellung auf weniger wasserintensive Kulturen oder moderne Bewässerungspraktiken nicht nur die Wettbewerbsfähigkeit der Agrarwirtschaft erhöhen, sondern auch die Emissionen von Treibhausgasen reduzieren. Die Missachtung solcher Faktoren kann zu sozialen Spannungen und Konflikten führen, insbesondere wenn verschiedene

Interessengruppen – z.B. Landwirte, industrielle Wasserverbraucher und Gemeinden – gegeneinander um begrenzte Ressourcen konkurrieren.

Darüber hinaus spielen geopolitische Faktoren eine entscheidende Rolle in Ressourcenkonflikten, insbesondere in Regionen, die reich an fossilen Brennstoffen sind. Das Streben nach Kontrolle über Öl- und Gasvorkommen hat in der Vergangenheit immer wieder zu Konflikten geführt. Nicht nur die direkten Auswirkungen wie militärische Auseinandersetzungen sind hier von Bedeutung, sondern auch die längerfristigen Umweltfolgen, die durch erhöhten CO_2-Äquivalent-Ausstoß aufgrund der fossilen Brennstoffnutzung entstehen. Die Freisetzung von Treibhausgasen aus der Verbrennung fossiler Brennstoffe trägt nicht nur zur globalen Erwärmung bei, sondern kann auch die Verfügbarkeit anderer Ressourcen, wie Wasser und fruchtbares Land, negativ beeinflussen, was wiederum zu weiteren Konflikten führt.

Das Zusammenspiel zwischen CO_2-Äquivalenten und Ressourcenkonflikten verlangt nach einem integrativen Ansatz in der politischen Entscheidungsfindung. Multidisziplinäre Lösungen, die die Bedürfnisse von Umwelt, Gesellschaft und Wirtschaft berücksichtigen, sind notwendig, um nachhaltige Entwicklungsziele zu erreichen. Strategien zur Minderung der Treibhausgasemissionen sollten in den Kontext lokaler und regionaler Ressourcennutzung eingebettet werden, um nicht nur Umweltziele zu fördern, sondern auch soziale Gerechtigkeit und Frieden zu sichern. Das Verständnis der Dynamik zwischen Emissionen und Ressourcenkonflikten könnte der Schlüssel sein, um zukünftige Umwelt- und Sicherheitskrisen zu vermeiden und eine resiliente und nachhaltige Gesellschaft zu fördern.

CO_2-Emissionen

CO_2-Emissionen sind ein zentrales Thema im Kontext des Klimawandels und haben weitreichende Auswirkungen auf ökologische, soziale und wirtschaftliche Systeme. Diese Emissionen sind nicht nur das Ergebnis industrieller Aktivitäten, sondern auch von Landnutzung, Energiegewinnung und anderen ressourcenintensiven Praktiken. Im Folgenden wird untersucht, wie CO_2-Emissionen mit Ressourcenkonflikten in Verbindung stehen und welche dynamischen Wechselwirkungen diese beiden Phänomene prägen.

Kohlendioxid (CO_2) wird hauptsächlich durch die Verbrennung fossiler Brennstoffe wie Kohle, Öl und Erdgas freigesetzt, die für die Energieproduktion, den Verkehr und die Industrie genutzt werden. Die steigenden CO_2-Emissionen sind eng mit der globalen Erwärmung verknüpft und tragen zur Veränderung von Klima- und Wetterbedingungen bei. Die Erderwärmung hat nicht nur ökologischen Einfluss, sondern wirkt sich auch auf soziale Strukturen aus, indem sie saisonale Extremereignisse verstärkt, was zu Ressourcenknappheit führen kann.

Ressourcenkonflikte entstehen, wenn verschiedene Akteure um die Kontrolle und den Zugang zu limitierte natürliche Ressourcen konkurrieren. Diese Konflikte können aus einer Vielzahl von Faktoren resultieren, darunter wirtschaftliche Ungleichheiten, politische Instabilität, und umweltbedingte Veränderungen. Wasser, Land und mineralische Rohstoffe sind häufige Quelle von Spannungen, insbesondere in Regionen, die bereits durch soziale oder wirtschaftliche Ungleichheiten geprägt sind.

Klimaauswirkungen und Ressourcenverknappung: Die durch CO_2-Emissionen verursachten Klimaänderungen führen oft zu einer Verringerung der Verfügbarkeit lebenswichtiger Ressourcen wie Wasser und fruchtbarem Boden. Extreme Wetterereignisse wie Dürre oder Überschwemmung können Ernten vernichten und die Trinkwasserversorgung beeinträchtigen. In Zeiten von Ressourcenknappheit sind Gesellschaften anfälliger für Konflikte, da der Wettbewerb um diese Ressourcen zunimmt.

Wirtschaftliche Dimensionen: In ressourcenreichen Ländern sind hohe CO_2-Emissionen oft mit einer starken Abhängigkeit von fossilen Brennstoffen verknüpft. Diese Abhängigkeit kann politische Strukturen destabilisieren, insbesondere wenn die globalen Energiepreise schwanken oder international Klimaabkommen versuchen, Emissionen zu reduzieren. In solchen Szenarien können interne Konflikte um den Zugang zu und die Kontrolle um Ressourcen entstehen.

Migration und soziale Spannungen: Klimawandel und die daraus resultierenden CO_2-Emissionen können Vertreibungen auslösen, wodurch Menschen aus stark betroffenen Gebieten in andere Regionen migrieren. Diese Mobilität kann bestehende soziale Spannungen verstärken, insbesondere wenn Migranten auf bereits knappe Ressourcen in den Aufnahmegebieten stoßen. Der Wettbewerb um Wasser, Nahrung und Wohnraum kann zu heftigen Konflikten führen.

Politische Dimensionen: Regierungen, die in ressourcenreichen und klimaanfälligen Regionen agieren, stehen oft unter Druck, wirtschaftliche Interessen – insbesondere in Bezug auf fossile Brennstoffe – über umweltpolitische Maßnahmen zu stellen. Solche Entscheidungen können die Emissionen weiter steigern, was wiederum die Risiken für Ressourcenkonflikte erhöht. Zusätzlich können Militärstrategien, die auf die Sicherung von Rohstoffen ausgerichtet sind, die Schaffung von Friedensbedingungen behindern.

Um den komplexen Zusammenhang zwischen CO_2-Emissionen und Ressourcenkonflikten zu adressieren, sind integrative Ansätze notwendig. Dazu gehören:

Erneuerbare Energien: Die Förderung erneuerbarer Energiequellen kann dazu beitragen, die Abhängigkeit von fossilen Brennstoffen zu verringern und damit die CO_2-Emissionen zu senken. Dies könnte das Potenzial für Ressourcenkonflikte verringern, indem weniger Wettbewerb um fossile Ressourcen entsteht.

Nachhaltige Ressourcennutzung: Die Implementierung von nachhaltigen Praktiken zur Nutzung von Wasser und Boden kann die Widerstandsfähigkeit gegenüber klimabedingten Risiken erhöhen und langfristige Konflikte um diese Ressourcen verringern.

Politische und soziale Integration: Eine Verbesserung der politischen und sozialen Strukturen kann helfen, Spannungen zu verringern und den Zugang zu Ressourcen gerechter zu gestalten. Dies kann durch eine stärkere Einbindung von Gemeinschaften in Entscheidungsprozesse geschehen.

Internationale Zusammenarbeit: Globale Kooperationen zur Bekämpfung des Klimawandels sind entscheidend. Länder müssen zusammenarbeiten, um Emissionen zu reduzieren und gemeinsame Strategien zur Bewältigung von Ressourcenknappheit zu entwickeln.

CO₂-Fußabdruck

Der CO_2-Fußabdruck ist ein Maß für die Gesamtemissionen von Kohlendioxid (CO_2) und anderen Treibhausgasen, die direkt oder indirekt durch die Aktivitäten einzelner Personen, Unternehmen oder Nationen verursacht werden. Er wird in CO_2-Äquivalenten (CO_2) gemessen, um die unterschiedlichen Auswirkungen verschiedener Treibhausgase auf das Klima zu berücksichtigen. Im Kontext von Ressourcenkonflikten spielt der CO_2-Fußabdruck eine entscheidende Rolle, da Ressourcen wie fossile Brennstoffe, Wasser, Land und Mineralien oft eng mit energieintensiven Produktionsmethoden und dem damit verbundenen Ausstoß von Treibhausgasen verknüpft sind.

Ein wesentlicher Aspekt ist, dass Regionen reich an natürlichen Ressourcen häufig in Konflikte verwickelt sind, die durch das Streben nach Kontrolle über diese Ressourcen entstehen. Diese Konflikte können sowohl um die Ausbeutung fossiler Brennstoffe wie Erdöl und Erdgas als auch um landwirtschaftliche Flächen für die Nahrungsmittelproduktion oder so genannte "rare Erden" gehen, die für moderne Technologien notwendig sind. Der CO_2-Fußabdruck wird in diesen Kontexten von mehrdimensionale Bedeutung: Erstens ist der Zusammenhang zwischen Ressourcennutzung und Klimawandel offensichtlich, da die Verbrennung fossiler Brennstoffe ein Hauptverursacher von CO_2-Emissionen ist. Zweitens zeigen viele Studien, dass Ressourcenkonflikte selbst auch zu einem Anstieg der Emissionen führen können, erforscht wurde, dass Krieg und Instabilität oft mit einem Anstieg des CO_2-Fußabdrucks einer Region verbunden sind, da gewaltsame Konflikte häufig auf kurzfristige Nutzung und die Ausbeutung natürlicher Ressourcen abzielen. Beispielsweise haben Konflikte in Regionen des Nahen Ostens, die reich an Erdöl sind, nicht nur geopolitische Implikationen, sondern auch signifikante Auswirkungen auf den CO_2-Fußabdruck. Der Ausstoß an Treibhausgasen während militärischer Auseinandersetzungen, die Zerstörung von Infrastruktur und der anschließende Wiederaufbau sind Faktoren, die sich negativ auf die Umwelt auswirken. Zudem kann die Herrschaft über Ressourcen auch ökologische Verschmutzung und Zerstörung von Lebensräumen nach sich ziehen, was den CO_2-Ausstoß weiter erhöht. Zusätzlich führen unregulierte Abbaumethoden in ressourcenreichen Ländern häufig zu Umweltzerstörungen, die nicht nur lokale Ökosysteme schädigen, sondern auch die CO_2-Bilanz erheblich beeinflussen.

Ein weiterer wichtiger Aspekt ist die Rolle von Staaten und multinationalen Unternehmen, die oft in die Ausbeutung von Ressourcen verwickelt sind. Dieses Engagement kann möglicherweise zu einer erhöhten Unsicherheit und zu Konflikten in länderübergreifenden, ressourcenreichen Zonen führen, was wiederum zu einem Anstieg des CO_2-Fußabdrucks der involvierten Nationen und Unternehmen beiträgt.

Zur Bewältigung dieser Herausforderungen wäre es notwendig, nachhaltige Praktiken zu fördern, die den CO_2-Fußabdruck verringern und gleichzeitig soziale Gerechtigkeit fördern. Das bedeutet nicht nur, alternative Energien zu entwickeln und verstärkt auf erneuerbare Ressourcen zu setzen, sondern auch eine gerechte Verteilung der Ressourcen zu gewährleisten, um soziale Spannungen zu minimieren und Gewalt zu reduzieren.

CO_2-Kompensation

CO_2-Kompensation ist ein Konzept, das in den letzten Jahren an Bedeutung gewonnen hat, insbesondere im Zusammenhang mit der globalen Klimapolitik und der Notwendigkeit, Treibhausgasemissionen zu reduzieren, um die Erderwärmung zu begrenzen. CO_2-Kompensation bezieht sich auf Maßnahmen, die darauf abzielen, die unvermeidlichen CO_2-Emissionen, die durch bestimmte Aktivitäten oder Projekte entstehen, durch die Unterstützung von überprüfbaren Verminderungsprojekten an anderer Stelle auszugleichen. Diese Maßnahmen können zum Beispiel die Aufforstung, den Schutz von Wäldern, die Förderung erneuerbarer Energien oder die Energieeffizienzsteigerung umfassen.

Im Kontext von Ressourcenkonflikten sind die Zusammenhänge zwischen CO_2-Kompensation und den damit verbundenen sozialen, wirtschaftlichen und ökologischen Folgen äußerst komplex. Ressourcenkonflikte entstehen häufig in Regionen, in denen die Nachfrage nach natürlichen Ressourcen wie Wasser, Land, Mineralien und Energie auf die Bedürfnisse einer wachsenden Bevölkerung oder wirtschaftlichen Entwicklung trifft. Besonders in Entwicklungs- und Schwellenländern können solche Konflikte durch externe Akteure, darunter multinationale Unternehmen und internationale Organisationen, verschärft werden. Ein zentraler Aspekt der CO_2-Kompensation ist die Abwicklung von Projekten, die oft in Ländern des globalen Südens stattfinden, wo Landnutzungsänderungen und Aufforstungsmaßnahmen erhebliche Auswirkungen auf lokale Gemeinden haben können. Häufig geschieht dies im Rahmen sogenannter "Kohlenstoffmärkte", wo Emissionszertifikate gehandelt werden, die durch bestimmte Projekte generiert werden. Diese Projekte sollen dazu beitragen, CO_2-Emissionen zu reduzieren, jedoch stehen sie häufig in Konkurrenz zu den Interessen der lokalen Bevölkerung, die auf die gleichen Ressourcen angewiesen ist.

Ein Beispiel für einen solchen Konflikt ist die Umwandlung von Land, das zuvor für die Nahrungsmittelproduktion oder für die Lebensweise indigener Völker genutzt wurde, in Aufforstungs- oder Waldschutzgebiete. Solche Maßnahmen können zur Vertreibung von Gemeinschaften führen und ihren Zugang zu wichtigen Ressourcen einschränken. Dies wird oft als "grüner Kolonialismus" bezeichnet, da sie die Machtverhältnisse zwischen reichen Ländern und Entwicklungsländern kritisch hinterfragen. Die beteiligten lokalen Gemeinschaften sind in diesen Entscheidungsprozessen oft nicht ausreichend repräsentiert, was zu Widerstand und Konflikten führen kann.

Darüber hinaus kann die Logik der CO_2-Kompensation dazu führen, dass die eigentlichen Emissionsquellen nicht angegangen werden, weil Unternehmen und Regierungen sich auf Kompensationsprojekte verlassen, um ihre Emissionen "wegzukaufen". Dies führt zu einem phänomenalen Dilemma: Während auf der einen Seite ein Bewusstsein für den Klimawandel und den damit verbundenen Handlungsbedarf besteht, wird auf der anderen Seite die Verantwortung zur Reduzierung von Emissionen nicht ausreichend wahrgenommen oder umgesetzt.

Um die negativen Folgen von CO_2-Kompensation im Zusammenhang mit Ressourcenkonflikten zu minimieren, ist es entscheidend, Ansätze zu verfolgen, die die die sozialen und ökologischen Gegebenheiten der betreffenden Regionen berücksichtigen. Dies kann durch die Einbeziehung lokaler Gemeinschaften in die Planungs- und Entscheidungsprozesse geschehen, gesichert durch transparente und gerechte Mechanismen; die Berücksichtigung ihrer Rechte und Bedürfnisse ist unerlässlich. Außerdem muss der Fokus auf nachhaltige Entwicklung gelegt werden, bei der soziale Gerechtigkeit und Umweltschutz Hand in Hand gehen.

Dazu gehören Ansätze wie die Förderung nachhaltiger Agrarpraktiken, der Erhalt der biologischen Vielfalt und die Implementierung von Projekten, die der Gemeinde zugutekommen, anstatt sie zu marginalisieren.

Conference of the Parties (COPs)

Die Conference of the Parties (COPs) ist ein entscheidendes Forum für die internationale Zusammenarbeit zur Bewältigung globaler Umweltprobleme, insbesondere im Kontext des Klimawandels und der Biodiversität. Die COPs sind die Treffen der Vertragsstaaten internationaler Abkommen, wie zum Beispiel der UN-Klimarahmenkonvention (UNFCCC) und der Konvention über die biologische Vielfalt (CBD). Diese Konferenzen bringen Länder aus der ganzen Welt zusammen, um gemeinsame Herausforderungen zu erörtern, Lösungsansätze zu entwickeln und verbindliche Maßnahmen zu beschließen.

Ein zentrales Anliegen der COPs sind Ressourcenkonflikte, die häufig aus dem Wettbewerb um natürliche Ressourcen wie Wasser, Energie, Land und Biodiversität entstehen. Solche Konflikte sind zunehmend relevant, da die Erderwärmung und Umweltveränderungen die Verfügbarkeit und Verteilung dieser Ressourcen beeinflussen. Der Klimawandel, verursacht durch menschliche Aktivitäten, führt zu extremen Wetterereignissen, variablen Niederschlagsmustern und dem Anstieg des Meeresspiegels. Diese Veränderungen haben direkte Auswirkungen auf die Wasserverfügbarkeit, die Landwirtschaft und die Lebensräume von Pflanzen und Tieren, was die Konflikte um Ressourcen verstärken kann.

Ein Beispiel für Ressourcenkonflikte, die im Kontext von COPs betrachtet werden, ist der Zugang zu Wasserressourcen in trockenen und semi-ariden Regionen. Die Konkurrenz um Wasser zwischen verschiedenen Nationen und innerhalb von Nationen wird durch den Klimawandel verschärft, da veränderte Niederschlagsmuster und zunehmende Dürreperioden die Verfügbarkeit von Wasserressourcen beeinflussen. In der COP-Umgebung werden Fragen der nachhaltigen Wasserwirtschaft und der gemeinsamen Nutzung von Wasserressourcen diskutiert, um Ansätze zur Konfliktvermeidung und -lösung zu entwickeln.

Die Biodiversität, die in der CBD behandelt wird, ist ebenfalls ein wesentliches Element, das Ressourcenkonflikte beeinflussen kann. Wenn Ökosysteme durch menschliche Aktivitäten wie Abholzung, Landwirtschaft und Urbanisierung degradiert werden, können die Lebensgrundlagen lokaler Gemeinschaften gefährdet sein. Die COP-Verhandlungen legen daher großen Wert auf den Schutz und die nachhaltige Nutzung von Biodiversität, um sicherzustellen, dass natürliche Ressourcen auch zukünftigen Generationen zur Verfügung stehen.

Ein weiterer Aspekt, der in den COPs thematisiert wird, ist die Rolle von Überfluss und Ungleichheit bei der Ressourcenverteilung. Wohlhabendere Nationen und Unternehmen neigen dazu, überproportionalen Zugang zu Ressourcen zu haben, was soziale Spannungen und Ungerechtigkeiten in ärmeren Regionen verstärken kann. Die COPs bieten eine Plattform, um Strategien zu entwickeln, die gerechte Ressourcenverteilung und nachhaltige Entwicklung fördern und somit potenzielle Konflikte minimieren können.

COP15 - Kopenhagen

Die 15. Konferenz der Vertragsparteien (COP15) der Konvention über die biologologische Vielfalt fand vom 7. bis 19. Dezember 2009 in Kopenhagen, Dänemark, statt. Während der COP15 stand nicht nur die Erhaltung der Biodiversität im Fokus, sondern es wurden auch wichtige Verbindungen zu Ressourcenkonflikten erörtert, die durch den globalen Druck auf natürliche Ressourcen, insbesondere die biologische Vielfalt, verschärft werden.

Im Kontext von Ressourcenkonflikten sind insbesondere zwei Aspekte von Bedeutung: der Zugang zu und die Kontrolle über biologische Ressourcen sowie die Auswirkungen des Klimawandels auf diese Ressourcen. Viele Länder, insbesondere in den Globalen Süden, sind reich an natürlichen Ressourcen, die oft als Grundlage für lokale Gemeinschaften dienen. Gleichzeitig sind diese Regionen häufig Ziel internationaler wirtschaftlicher Interessen, was zu Konflikten zwischen der lokalen Bevölkerung, die auf diese Ressourcen angewiesen ist, und externen Akteuren führt, die eine Nutzung dieser Ressourcen anstreben.

Bei COP15 wurden Mechanismen besprochen, um Länder zu unterstützen, die unter dem Druck von Ressourcenabbau und -nutzung stehen, einschließlich der Ausbeutung durch multinationale Unternehmen. Die Verhandlungen betonten die Notwendigkeit, die Rechte der indigenen Völker und lokalen Gemeinschaften zu schützen, die oft in direkter Abhängigkeit von der Biodiversität und den damit verbundenen Ressourcen leben. Der Zugang zu genetischen Ressourcen und die gerechte Aufteilung der daraus resultierenden Vorteile wurden als zentrale Themen diskutiert, unter dem Paradigma des „Nagoya-Protokolls", das letztlich auf der COP10 in Nagoya (2010) verabschiedet wurde.

Ein weiterer wichtiger Dimension in Bezug auf Ressourcenkonflikte war der Klimawandel, der nicht nur die Biodiversität, sondern auch die Ressourcenverfügbarkeit beeinträchtigt. Der steigende Wassermangel, die Veränderung von Ökosystemen und die Verschiebung von Nahrungsmittelproduktionsgebieten als Folge des Klimawandels können bestehende Konflikte um Ressourcen verschärfen. In vielen Regionen der Welt, insbesondere in ariden und semi-ariden Gebieten, können Wasserknappheit und die Degradierung landwirtschaftlicher Flächen zu massiven sozialen Spannungen und Ressourcenkonflikten führen.

Die COP15 stellte die Weichen für eine integrierte Betrachtung von Biodiversität und Ressourcenkonflikten, indem sie ein Bewusstsein für die gegenseitige Abhängigkeit von ökologischen, sozialen und wirtschaftlichen Faktoren schuf. Staaten wurden dazu aufgefordert, Strategien zur nachhaltigen Nutzung der biologischen Vielfalt zu entwickeln, die sowohl den Schutz dieser Ressourcen als auch die wirtschaftlichen und sozialen Bedürfnisse der Menschen berücksichtigen.

COP21 - Paris

Die COP21, auch bekannt als die 21. Konferenz der Vertragsparteien der UN-Klimarahmenkonvention (UNFCCC), fand im Dezember 2015 in Paris statt. Sie war ein entscheidender Meilenstein im globalen Klimaschutz, dessen Ziel es war, ein verbindliches Abkommen zu schaffen, um die Erderwärmung auf deutlich unter 2 °C über dem vorindustriellen Niveau zu begrenzen, mit dem weiteren Bestreben, die Temperaturerhöhung auf maximal 1,5 °C zu beschränken. Die Konferenz vereinte fast 200 Staaten, die sich auf einen gemeinsamen Rahmen für den Klimaschutz einigten, während sie zugleich die nationalen Gegebenheiten und Kapazitäten der einzelnen Länder berücksichtigten.

Ein zentrales Element des Abkommens war der Mechanismus der national festgelegten Beiträge (Nationally Determined Contributions, NDCs), die Länder selbstbewusst und regelmäßig aktualisieren sollten. Dies fördert eine dynamische und partizipative Herangehensweise, indem es den Staaten erlaubt, ihre nationalen Prioritäten und Ressourcen in die globalen Klimaziele zu integrieren. Diese Faktoren sind jedoch eng mit Ressourcenkonflikten verknüpft, die in vielen Teilen der Welt entstehen.

Ressourcenkonflikte beziehen sich auf Streitigkeiten über die Verteilung und den Zugang zu natürlichen Ressourcenschätzen, die durch Umweltveränderungen, einschließlich des Klimawandels, noch verstärkt werden. Die durch den Klimawandel bedingten Veränderungen können die Verfügbarkeit von Wasser, Nahrungsmitteln und anderen Ressourcen erheblich beeinflussen, was zu Spannungen zwischen verschiedenen Bevölkerungsgruppen und Staaten führen kann. Über die natürlichen Ressourcen hinaus spielen auch soziale, wirtschaftliche und politische Faktoren eine Rolle bei der Entstehung solcher Konflikte.

Ein Beispiel für die Wechselwirkungen zwischen Klimawandel und Ressourcenkonflikten befindet sich im Kontext von Wasser. In vielen Regionen der Welt, insbesondere in ariden und semi-ariden Gebieten, führt der Klimawandel zu einer Verringerung der Wasserverfügbarkeit. Dieser Wassermangel kann Konflikte zwischen Bauern und Landwirtschaftsbetrieben auslösen, da die Konkurrenz um Wasserressourcen zunimmt. Solche Konflikte können durch landwirtschaftliche Praktiken, die höhere Wasserverbräuche benötigen, weiter verschärft werden, was zu einer Zunahme von Migration und sozialen Unruhen führen kann.

Ein weiteres wichtiges Thema ist die Abhängigkeit vieler Länder von fossilen Brennstoffen. COP21 hat einen klaren Fokus auf die Reduzierung von Treibhausgasemissionen gelegt und die Notwendigkeit hervorgehoben, den Übergang zu erneuerbaren Energiequellen zu vollziehen. Dieser Übergang kann jedoch Ressourcenkonflikte hervorrufen, insbesondere in Ländern, deren Wirtschaft stark von Öl, Gas und Kohle abhängig ist. Der Rückgang der Nachfrage nach fossilen Brennstoffen kann wirtschaftliche Instabilität hervorrufen und politische Spannungen verstärken, während sich verschiedene gesellschaftliche Gruppen um den Zugang zu neuen, nachhaltigeren Ressourcen streiten.

Darüber hinaus sind auch die Anpassungsstrategien an den Klimawandel selbst potenzielle Quellen für Ressourcenkonflikte. Der Bau von Infrastrukturen zum Hochwasserschutz, die Durchsetzung von Wassermanagementsystemen oder die Einführung von Maßnahmen zur Aufforstung und Wiederherstellung von Ökosystemen können zu Konflikten führen, wenn lokale Gemeinschaften nicht in Entscheidungsprozesse einbezogen werden oder ihre traditionellen Nutzungsrechte und Lebensweisen in Frage gestellt werden.

In einem umfassenden Rahmen wie der COP21 wird die Notwendigkeit deutlich, Ressourcenpolitik und Klimaschutzstrategien miteinander zu verknüpfen, um sicherzustellen, dass Maßnahmen zur Reduzierung der globalen Erwärmung nicht unbeabsichtigt Ressourcenkonflikte verschärfen. Es ist unerlässlich, dass internationale Abkommen nicht nur Klimaziele festlegen, sondern auch die sozialen und politischen Dimensionen des Ressourcenmanagements berücksichtigen. Der Dialog zwischen Staaten, das Einbeziehen von Nichtregierungsorganisationen und die Berücksichtigung der Bedürfnisse von lokal betroffenen Gemeinschaften müssen gefördert werden, um eine gerechtere und nachhaltige Zukunft zu gewährleisten.

Corporate Social Responsibility

Corporate Social Responsibility (CSR) betrachtet die Verantwortung von Unternehmen über das rein ökonomische Handeln hinaus, indem sie auch soziale, ökologische und ethische Dimensionen in ihre Strategien und Praktiken integrieren. Im Kontext von Ressourcenkonflikten gewinnt CSR eine besonders zentrale

Rolle, da Unternehmen, die in ressourcenreichen Regionen tätig sind, häufig mit verschiedenen Herausforderungen konfrontiert werden. Ressourcenkonflikte können entstehen, wenn verschiedene Interessengruppen, wie Staaten, lokale Gemeinschaften, Unternehmen und Umweltorganisationen, um Zugang zu und Kontrolle über natürliche Ressourcen kämpfen. Diese Konflikte sind oft ein Ergebnis ungleicher Machtverhältnisse, historischer Benachteiligungen, unzureichender rechtlicher Rahmenbedingungen und einer ungleichen Verteilung der Gewinne aus der Ressourcennutzung.

Ein zentraler Aspekt der CSR im Kontext von Ressourcenkonflikten ist das Stakeholder-Engagement. Unternehmen sind zunehmend gefordert, die Perspektiven und Bedürfnisse der verschiedenen betroffenen Gruppen zu integrieren. Das bedeutet, dass sie nicht nur in ökonomischen Begriffen denken, sondern auch die sozialen und ökologischen Auswirkungen ihrer Aktivitäten berücksichtigen müssen. Ein proaktiver Dialog mit den Stakeholdern kann helfen, Missverständnisse und Konflikte frühzeitig zu erkennen und zu entschärfen. Empirische Studien haben gezeigt, dass Unternehmen, die aktiv mit lokalen Gemeinschaften und anderen relevanten Akteuren kommunizieren und kooperieren, oft erfolgreicher sind in der Vermeidung und Lösung von Ressourcenkonflikten.

Ein weiteres wichtiges Element ist der Bereich der sozialen Lizenz zum Operieren (social license to operate, SLO). Diese informelle Zustimmung der Gemeinschaften ist entscheidend für den langfristigen Erfolg eines Unternehmens. Um diese soziale Lizenz zu erhalten, müssen Unternehmen ihre CSR-Strategien ernsthaft umsetzen. Dies umfasst Transparenz in Bezug auf ihre Geschäftspraktiken, faire Entschädigungen für betroffene Gemeinschaften und Investitionen in lokale Initiativen, die das Wohlergehen der Gemeinschaft fördern. Beispielsweise ist es für Bergbauunternehmen unerlässlich, nicht nur die wirtschaftlichen Vorteile ihrer Projekte hervorzuheben, sondern auch dafür zu sorgen, dass die lokalen Gemeinschaften aktiv an den Entscheidungsprozessen beteiligt werden und von den Ressourcen profitieren.

Zusätzlich ist die Berücksichtigung ökologischer Nachhaltigkeit von zentraler Bedeutung. Ressourcenkonflikte sind oft mit Umweltzerstörung verbunden, sei es durch Abholzung, Wasserverschmutzung oder den Verlust der biologischen Vielfalt. Unternehmen, die CSR ernst nehmen, sollten daher nicht nur die Ressourcennutzung optimieren, sondern auch Wege finden, um ihren ökologischen Fußabdruck zu minimieren. Dies kann durch den Einsatz umweltfreundlicher Technologien, den Schutz von Biodiversität oder die Einführung nachhaltiger Praktiken in den Lieferketten geschehen.

Ein weiterer kritischer Punkt ist die Einhaltung rechtlicher Standards und menschenrechtlicher Prinzipien. In vielen ressourcenreichen Ländern, insbesondere in Entwicklungsländern, sind die rechtlichen Rahmenbedingungen oft schwach ausgeprägt oder werden nicht rigoros durchgesetzt. CSR-Strategien müssen darauf abzielen, auch in solchen Kontexten verantwortungsbewusst zu handeln, indem sie internationale Normen und Standards, wie die Leitprinzipien der Vereinten Nationen für Wirtschaft und Menschenrechte, in ihre Geschäftspraktiken integrieren.

Abschließend lässt sich festhalten, dass CSR im Kontext von Ressourcenkonflikten nicht nur eine ethische Verpflichtung darstellt, sondern auch eine strategische Notwendigkeit ist. Unternehmen, die ihre CSR-Strategien ernsthaft umsetzen und nachhaltig agieren, haben bessere Chancen, langfristigen Erfolg zu sichern, das Vertrauen der Stakeholder zu gewinnen und die Entstehung von Konflikten zu verhindern. In einer globalisierten Welt, in der Ressourcenkonflikte immer häufiger auftreten, ist ein verantwortungsvolles Unternehmertum entscheidend für den Aufbau einer nachhaltigen und gerechten Zukunft.

Degrowth

Degrowth ist ein interdisziplinäres Konzept, das in den letzten Jahrzehnten zunehmend an Bedeutung gewonnen hat. Es stellt eine grundlegende Kritik an der vorherrschenden Wachstumslogik der modernen Wirtschaft dar und fordert eine Transformation zu nachhaltigeren Lebensweisen. Im Kontext von Ressourcenkonflikten wird die Degrowth-Theorie besonders relevant, da sie die relationale Dynamik zwischen wirtschaftlichem Wachstum, Ressourcenverbrauch und sozialen Ungleichheiten beleuchtet.

Ressourcenkonflikte entstehen häufig in Kontexten, in denen die Nachfrage nach natürlichen Ressourcen in Konkurrenz steht zu deren limitierter Verfügbarkeit. Diese Konflikte betreffen verschiedene Sektoren wie Wasser, Land, Energie und Mineralien und sind oft von tiefgreifenden sozialen, wirtschaftlichen und ökologischen Implikationen geprägt. Im Rahmen der bestehenden Wachstumsökonomie wird der Druck auf Ressourcen weiter erhöht, da exponentieller Konsum und Produktionssteigerungen angestrebt werden. Dies führt oft zu Konflikten über den Zugang zu und die Kontrolle über Ressourcen, insbesondere in sozial und ökologisch vulnerablen Gemeinschaften.

Degrowth zielt darauf ab, diese Konfliktpotenziale zu minimieren, indem es ein Bewusstsein für die Grenzen des Planeten und die Notwendigkeit eines nachhaltigeren Lebensstils fördert. Es schlägt vor, dass Gesellschaften ihren materiellen Konsum und ihre Überproduktion drastisch reduzieren sollten, um die ökologischen Fußabdrücke zu verringern und die Lebensqualität zu steigern, ohne auf ständigen Wirtschaftswachstumsdruck angewiesen zu sein. Eine Schlüsselidee des Degrowth ist die Erkenntnis, dass Wohlstand nicht notwendigerweise mit materiellem Wachstum korreliert. Zahlreiche Studien haben gezeigt, dass nach einem gewissen Punkt der Entwicklung mehr Konsum nicht zwangsläufig zu einem höheren Glücks- oder Zufriedenheitsniveau führt. Im Gegenteil, exzessiver Konsum kann soziale Isolation, Stress und Ungleichheiten verstärken, während eine Reduzierung des Konsums und eine Fokussierung auf gemeinschaftliche Werte soziales Wohlergehen und Zusammenhalt fördern können.

Im Kontext von Ressourcenkonflikten wird auch die Dezentralisierung von Produktions- und Konsummustern als wichtig erachtet. Degrowth fördert die Schaffung lokaler, solidarischer Wirtschaften, die stark auf Ressourcenschonung, Recycling und innovative Reparaturmethoden setzen, anstelle von Wegwerfprodukten. Diese dezentralen Ansätze können helfen, Konflikte zu entschärfen, indem sie die Abhängigkeit von globalen Märkten reduzieren und lokale Gemeinschaften stärken.

Die Umsetzung von Degrowth-Prinzipien erfordert jedoch tiefgreifende Veränderungen in den politischen Rahmenbedingungen, den wirtschaftlichen Strukturen und den kulturellen Normen. Politische Maßnahmen könnten unter anderem die Förderung von Kreislaufwirtschaft, nachhaltigen Stadtentwicklungsplänen und den Ausbau öffentlicher Verkehrssysteme beinhalten. Bildung und Aufklärung über die ökologischen und sozialen Konsequenzen übermäßigen Konsums sind ebenfalls entscheidend, um ein Umdenken in der Gesellschaft zu erreichen.

Dekarbonisierung

Dekarbonisierung bezieht sich auf den Prozess der Reduzierung oder Beseitigung von Kohlenstoffemissionen, insbesondere aus fossilen Brennstoffen, um die globalen Klimaziele zu erreichen und die Klimaerwärmung zu begrenzen. Im Kontext globaler Ressourcenkonflikte entdeckt man, dass die Dekarbonisierung sowohl Chancen als auch Herausforderungen birgt, die sich aus den Wechselwirkungen zwischen Energie, Umwelt und Geopolitik ergeben.

Ein zentraler Aspekt der Dekarbonisierung ist der Übergang zu erneuerbaren Energiequellen, wie Solar-, Wind- und Wasserkraft. Während dieser Übergang als notwendig erachtet wird, um die Abhängigkeit von fossilen Brennstoffen zu verringern, können sich daraus neue Ressourcenkonflikte ergeben. Ein Beispiel hierfür ist der Wettbewerb um die Materialien, die für die Herstellung von Technologien zur erneuerbaren Energie benötigt werden, wie Lithium, Kobalt und Seltene Erden. Diese Materialien sind entscheidend für die Produktion von

Batterien, Solarpaneln und anderen Technologien, die für eine nachhaltige Energiezukunft unverzichtbar sind.

Die Abhängigkeit von bestimmten Regionen, in denen diese Rohstoffe reichlich vorhanden sind – wie dem Kongo für Kobalt oder China für Seltene Erden – kann geopolitische Spannungen verschärfen. Länder, die über reichhaltige Vorkommen dieser Ressourcen verfügen, könnten versuchen, ihren Einfluss auf die globalen Märkte zu nutzen, was zu verstärkten Konflikten mit Ländern führt, die auf diese Rohstoffe angewiesen sind, um ihre eigenen Dekarbonisierungsziele zu erreichen.

Außerdem bringt der Übergang zu erneuerbaren Energien oft auch Fragen der Landnutzung mit sich. Der Bau von Windparks, Solarfeldern und anderen Infrastrukturprojekten kann konkurrierende Ansprüche auf Land hervorrufen, insbesondere in Gebieten, in denen Land bereits für die Landwirtschaft oder den Erhalt von Ökosystemen beansprucht wird. Dies kann zu Konflikten zwischen Gemeinden, Regierungen und Investoren führen. In vielen Fällen sind indigene Bevölkerungen von diesen Konflikten betroffen, da diese Projekte häufig in Gebieten durchgeführt werden, die kulturell und historisch für sie von großer Bedeutung sind.

Ein weiterer Aspekt der Dekarbonisierung sind die sozioökonomischen Implikationen. Der Übergang zu einer kohlenstoffarmen Wirtschaft kann bestehende Beschäftigungsstrukturen und industrielle Aktivitäten verändern, was potenziell zu sozialen Unruhen führen kann. Der Verlust von Arbeitsplätzen in traditionellen Sektoren wie der Kohlenstoffwirtschaft kann zu Widerstand gegenüber decarbonization strategies führen, insbesondere wenn keine adäquaten Übergangsstrategien oder Schulungsprogramme zur Verfügung stehen. Häufig treten solche Konflikte in Regionen mit einer hohen Abhängigkeit von fossilen Brennstoffen auf, wo alternative Beschäftigungsmöglichkeiten fehlen.

Dematerialisierung

Dematerialisierung ist ein Konzept, das sich auf die Verringerung des physischen Materials bezieht, das zur Herstellung von Produkten und zur Erbringung von Dienstleistungen benötigt wird. Diese Strategie zielt darauf ab, den Materialverbrauch und die damit verbundenen Umweltauswirkungen zu minimieren, was in der heutigen Welt vor dem Hintergrund zunehmender Ressourcenkonflikte von zentraler Bedeutung ist.

Ressourcenkonflikte entstehen oft aufgrund des Wettbewerbs um begrenzte natürliche Ressourcen, wie Wasser, Mineralien, fossile Brennstoffe oder fruchtbaren Boden. Diese Konflikte können sowohl lokal als auch global auftreten und sind häufig die Folge von wirtschaftlicher Ungleichheit, politischer Instabilität und einer steigenden Nachfrage nach Rohstoffen durch wachsende Bevölkerungen und Industrialisierung. Diese Dynamik führt zu einer Übernutzung der Ressourcen, was ökologische Degradation, soziale Spannungen und letztlich Konflikte zwischen verschiedenen Interessengruppen nach sich ziehen kann.

Im Kontext der Dematerialisierung wird versucht, diesen Konflikten entgegenzuwirken, indem der Materialverbrauch und die Ressourcennutzung durch verschiedene Ansätze reduziert werden. Dies geschieht unter anderem durch Effizienzsteigerungen in Produktionsprozessen, die Entwicklung von Dienstleistungen, die Produkten den Vorrang geben (z.B. Leasing statt Kauf) und die Förderung von Kreislaufwirtschaftsmodellen, in denen Materialien wiederverwendet und recycelt werden, anstatt sie als Abfall zu betrachten.

Ein wesentlicher Aspekt der Dematerialisierung ist ihre Rolle bei der Minderung von Umweltauswirkungen und der Verringerung des Drucks auf natürliche Ressourcen. Durch die Reduzierung des Materialbedarfs können Unternehmen und Gesellschaften nicht nur ihre ökologischen Fußabdrücke verringern, sondern auch die Abhängigkeit von spezifischen Rohstoffquellen minimieren, wodurch potenzielle Konfliktherde gemildert werden. Beispielsweise kann die verstärkte Verwendung digitaler Produkte – wie Musik- und Filmstreamingdienste – anstelle physischen Medien zu einer Verringerung des Bedarfs an Rohstoffen führen und somit den Druck auf die entsprechenden Produktionsketten senken.

Des Weiteren ist zu beachten, dass Dematerialisierung auch soziale und wirtschaftliche Dimensionen hat. Unternehmen, die innovative Wege finden, um ihre Produkte effizienter zu gestalten oder alternative Geschäftsmodelle zu entwickeln, können auch wirtschaftliche Vorteile erzielen, indem sie Kosteneinsparungen realisieren und neue Märkte erschließen. Auf diese Weise kann Dematerialisierung nicht nur zur Entschärfung von Ressourcenkonflikten beitragen, sondern auch als Katalysator für nachhaltiges Wirtschaftswachstum fungieren.

Dennoch sind die Herausforderungen, die mit der Dematerialisierung einhergehen, nicht zu vernachlässigen. Während sie zum einen den Druck auf bestimmte Ressourcen verringern kann, könnte sie andererseits zu neuen Formen von Ressourcenkonflikten führen, insbesondere wenn die Nachfrage nach anderen Materialien oder Technologien – wie beispielsweise seltenen Erden, die für die Produktion von Elektronik benötigt werden – steigt. Diese Dynamiken erfordern ein sorgfältiges Management und eine vorausschauende Planung, um sicherzustellen, dass die Vorteile der Dematerialisierung nicht durch unvorhergesehene Nebenwirkungen ausgeglichen werden.

Deponie

Deponien sind Einrichtungen, die der Ablagerung von Abfällen dienen, und ihr Management spielt eine entscheidende Rolle im Kontext von Ressourcenkonflikten. Während sie oftmals als notwendiges Übel angesehen werden, werfen Deponien eine Vielzahl von wissenschaftlichen, ökologischen und sozialen Fragestellungen auf, die zur Entstehung und Eskalation von Ressourcenkonflikten beitragen können.

Zunächst einmal ist es wichtig zu verstehen, was Deponien sind und wie sie funktionieren. Deponien nehmen verschiedene Arten von Abfällen auf, darunter Haushaltsabfälle, industrielle Rückstände und Bauabfälle. Die Art der Deponie – ob sie für gefährliche oder nicht gefährliche Abfälle bestimmt ist – wirkt sich erheblich auf die Umwelt aus. Eine unsachgemäße Abfallentsorgung kann zu einer Kontamination von Boden und Wasser führen, was sich auf die menschliche Gesundheit und die Umweltqualität auswirkt.

Ressourcenkonflikte im Kontext von Deponien entstehen häufig aus der Konkurrenz um den Raum, den Abfälle beanspruchen. In vielen urbanen Gebieten wird der verfügbare Platz zunehmend rar, und die Ansiedlung von Deponien kann zu erheblichen Konflikten mit Anwohnern, Landnutzern und Umweltgruppen führen. Diese Konflikte sind oft mit sozialen Ungerechtigkeiten verknüpft, da benachteiligte Gemeinschaften häufig in der Nähe von Deponien wohnen. Die ungleiche Verteilung von Deponien führt zu einer Belastung für diese Gemeinschaften, während wohlhabendere Gebiete sich vor der Errichtung von Deponien schützen können.

Ein weiterer Aspekt ist die Frage der Ressourcenrückgewinnung aus Deponien. Der Abfall, der in Deponien abgelagert wird, ist nicht nur Müll; er enthält auch wertvolle Materialien, die für die Kreislaufwirtschaft von Bedeutung sind. Das Recyceln und Wiederverwenden von Materialien aus Deponien kann daher als eine Möglichkeit angesehen werden, Ressourcen zu schonen und Konflikte um knappe Rohstoffe zu verringern. Dennoch wird die Rückgewinnung von Materialien aus Deponien durch technische, wirtschaftliche und politische Hürden erschwert. Diese Hürden können zu weiteren Konflikten führen, da unterschiedliche Interessengruppen – von der Industrie über Kommunen bis zu Umweltorganisationen – unterschiedliche Ansichten über die beste Nutzung von Deponien und den Umgang mit Abfall haben.

Über die direkte Konkurrenz um Platz und Ressourcen hinaus sind Deponien auch ein Spiegelbild größerer gesellschaftlicher und wirtschaftlicher Trends. Globalisierungsprozesse und das Wachstum urbaner Zentren erhöhen den Druck auf lokale Infrastrukturen, einschließlich der Abfallbewirtschaftung. Viele

Länder stehen vor der Herausforderung, ihre Abfallmanagementsysteme zu modernisieren und gleichzeitig die Umwelt zu schützen. Oft stehen die Interessen der Industrie, der lokalen Bevölkerung und der Umwelt in direkter Konkurrenz zueinander, was zu Ressourcenkonflikten führen kann.

Desertifikation
Desertifikation ist ein komplexes Phänomen, das als Prozess der landwirtschaftlichen Degradation definiert wird und in ariden, semiariden und trockenen subhumiden Regionen stattfindet. Sie resultiert aus einer Vielzahl von Faktoren, die sowohl natürlicher als auch anthropogener Natur sind. Diese Faktoren umfassen Klimaveränderungen, unsachgemäße Landnutzung, Abholzung, Überweidung und übermäßige Wasserentnahme. Die Auswirkungen der Desertifikation sind weitreichend und betreffen nicht nur die Umwelt, sondern auch soziale und wirtschaftliche Strukturen, was zu Ressourcenkonflikten führen kann.

Im Kontext der Ressourcenverteilung kann die Desertifikation als primärer Motor für soziale Spannungen und Konflikte fungieren. Die Verschlechterung von Land und Bodenaffinitäten führt häufig zu einer Verringerung der landwirtschaftlichen Produktivität, was die Nahrungsmittelversorgung gefährdet. Dies ist besonders relevant in Entwicklungsländern, wo viele Gemeinschaften stark von der Landwirtschaft abhängig sind. Wenn die Erträge aufgrund degradierter Böden sinken, können sich Rivalitäten um verbliebene fruchtbare Flächen und Wasserressourcen intensivieren.

Ein Beispiel hierfür sind Regionen des Sahel in Afrika, wo die zunehmende Wüstenausbreitung und die Verringert von Ackerland zu Konkurrenzen zwischen verschiedenen ethnischen Gruppen führen können, die um die gleichen knappen Ressourcen kämpfen. Die Konkurrenz um Wasserquellen, die für die Viehzucht und die Landwirtschaft unerlässlich sind, kann Konflikte verschärfen, besonders wenn diese Wasserquellen durch Veränderungen im Klima noch seltener werden.

Zusätzlich spielt die Migration eine bedeutende Rolle in der Dynamik von Ressourcenkonflikten im Kontext von Desertifikation. Wenn landwirtschaftliche Flächen unbrauchbar werden, sind viele Gemeinden gezwungen, ihre Heimat zu verlassen und in andere Regionen zu migrieren, die mehr potenziellen Zugriff auf Wasser und fruchtbares Land bieten. Diese Migration kann bestehende Spannungen in den Aufnahmeregionen verschärfen, wo neue Migranten auf lokale Gemeinden treffen und Konkurrenz um begrenzte Ressourcen entsteht.

Desertifikation und die damit verbundenen Ressourcenknappheiten sind also häufig eng verflochten mit Fragen von sozialer Ungleichheit und politischer

Instabilität. Politische und wirtschaftliche Strukturen, die marginalisierte Gruppen benachteiligen, sind besonders anfällig für Konflikte, insbesondere, wenn diese Gruppen in Zeiten akuter Ressourcenausfälle verstärkt unter Druck geraten. In vielen Fällen haben Regierungen Schwierigkeiten, angemessen auf die Herausforderungen zu reagieren, die Desertifikation und die resultierenden Konflikte mit sich bringen, was die sozioökonomischen Bedingungen weiter verschärfen kann.

Um diesen Herausforderungen zu begegnen, sind integrierte Ansätze zur Bekämpfung der Desertifikation notwendig. Dazu gehören nachhaltige landwirtschaftliche Praktiken, Aufforstung, Wassermanagement sowie politische Strategien, die darauf abzielen, soziale Spannungen zu verringern und die Ressourcennutzung gerecht zu regeln. Internationale Zusammenarbeit und Programme, die speziell auf die betroffenen Regionen zugeschnitten sind, spielen eine Schlüsselrolle in der Prävention von Konflikten, die aufgrund von Ressourcenknappheit entstehen.

Doughnut-Ökonomie

Die Doughnut-Ökonomie, ein Konzept, das von der britischen Wirtschaftswissenschaftlerin Kate Raworth entwickelt wurde, bietet ein neues Denkmodell für eine nachhaltige wirtschaftliche Entwicklung. Sie stellt ein Bild einer „Doughnut"-Form vor, in der der innere Ring den sozialen Fundamentbedingungen entspricht, die für ein menschenwürdiges Leben notwendig sind, während der äußere Ring die ökologischen Grenzen darstellt, innerhalb derer die Menschheit agieren sollte, um die planetaren Grenzen nicht zu überschreiten.

Im Kontext von Ressourcenkonflikten, die oft aus der Übernutzung und ungerechten Verteilung von natürlichen Ressourcen resultieren, trägt das Konzept der Doughnut-Ökonomie entscheidend zur Diskussion bei. Ressourcenkonflikte entstehen häufig, wenn das Bedürfnis nach Ressourcen wie Wasser, Energie, Boden oder Rohstoffen auf eine Weise gedeckt werden muss, die die ökologischen und sozialen Grenzen überschreitet. Dies geschieht beispielsweise in Ländern, in denen industrielle Abbaumethoden oder intensive Landwirtschaft zur Degradation von Böden und Gewässern führen oder wo der Zugang zu Wasser durch Übernutzung von Aquiferen oder durch Verschmutzung eingeschränkt ist.

Die Doughnut-Ökonomie legt nahe, dass wirtschaftliche Aktivitäten innerhalb der ökologischen Grenzen stattfinden sollten, was bedeutet, dass Unternehmen und Gesellschaften innovative Wege finden müssen, um Ressourcen effizienter zu nutzen und gleichzeitig die Planetarität zu respektieren. Eine zentrale Frage ist, wie eine gerechte Verteilung von Ressourcen sowie ein respektvoller

Umgang mit den natürlichen Ökosystemen umgesetzt werden kann. Dies erfordert nicht nur wirtschaftliche Anreize, sondern auch politische Rahmenbedingungen, die gerechte und nachhaltige Ressourcennutzung fördern. In Konfliktregionen sind diese Prinzipien besonders relevant. Oft sind es die am stärksten betroffenen Gemeinschaften, die unter den Folgen von Ressourcenextraktion leiden, während die Gewinne häufig in die Hände großer Konzerne fließen. Ein Ansatz der Doughnut-Ökonomie wäre es, partizipative Entscheidungsprozesse zu fördern, die lokale Gemeinden in die Planung und Verwaltung von Ressourcen einbeziehen. Dies könnte auch die Einführung von Kreislaufwirtschaftsmodellen umfassen, bei denen Materialien so lange wie möglich im Wirtschaftskreislauf gehalten werden und Abfälle minimiert werden.

Zusätzlich zur sozialen Gerechtigkeit und ökologischen Nachhaltigkeit berücksichtigt die Doughnut-Ökonomie auch die interdependente Natur von globalen und lokalen ökonomischen Systemen. Ressourcenkonflikte sind selten isoliert und betreffen häufig Nachbarländer oder Regionen. Daher wird die Schaffung von multilateralen Abkommen und Kooperationen zwischen Staaten und Gesellschaften zu einem kritischen Aspekt der Lösung dieser Konflikte. Internationale Standards und verbindliche Vereinbarungen zu nachhaltigem Ressourcenmanagement könnten helfen, die Spannungen zu reduzieren und eine gerechtere Verteilung von Ressourcen zu fördern.

Due-Diligence-Prüfung

Die Due-Diligence-Prüfung, ein Konzept, das ursprünglich aus dem Finanz- und Unternehmensrecht stammt, bezieht sich auf den umfassenden und systematischen Prozess der Untersuchung und Bewertung von Risiken und Chancen bevor man in eine Geschäftsbeziehung oder Investitionsentscheidung eintritt. In den letzten Jahren hat sich die Agenda der Due-Diligence-Prüfung zunehmend auf sozial-ökologische Aspekte, insbesondere im Kontext von Ressourcenkonflikten, ausgeweitet. Ressourcenkonflikte entstehen oft durch den Wettbewerb um natürliche Ressourcen wie Wasser, Land, Bodenschätze und Energie, deren Zugang und Kontrolle häufig mit erheblichen sozialen und ökologischen Herausforderungen verknüpft sind.

Ein zentraler Aspekt der Due-Diligence-Prüfung im Kontext von Ressourcenkonflikten ist die Analyse der Menschenrechts- und Umweltstandards entlang der gesamten Lieferkette. Unternehmen sind zunehmend gefordert, die Auswirkungen ihrer Geschäftstätigkeiten auf lokale Gemeinschaften und Ökosysteme zu bewerten, insbesondere in Regionen, in denen Ressourcenextraktion oder -nutzung stattfindet. Dieser Prozess umfasst die Identifizierung potenzieller

Konfliktherde, die oft mit Fragen des Eigentums, der Landnutzung und der Umweltverschmutzung verbunden sind. Hierbei spielt eine umfassende Stakeholder-Analyse eine wesentliche Rolle – das bedeutet, relevante Akteure wie lokale Gemeinschaften, nichtstaatliche Organisationen (NGOs) und Regierungen in den Prüfungsprozess einzubeziehen.

Ein weiterer wichtiger Aspekt ist die rechtliche Überprüfung der Regularien und Normen, die in den jeweiligen Ländern gelten. Regionale und nationale Gesetzgebungen unterscheiden sich stark und können manchmal unzureichend sein, um Umwelt- und Sozialstandards zu gewährleisten. Die Due-Diligence-Prüfung in diesem Kontext sollte daher auch die Einhaltung internationaler Normen, wie den Richtlinien der Vereinten Nationen zu Wirtschaft und Menschenrechten oder den OECD-Leitsätzen für multinationale Unternehmen, prüfen.

Die technische Dimension der Due-Diligence-Prüfung erfordert zusätzlich die Einbeziehung valider Daten und wissenschaftlicher Methoden, um die potenziellen ökologischen und sozialen Auswirkungen zu quantifizieren. Hierzu kann die Durchführung von Umweltverträglichkeitsprüfungen (UVP) und sozialer Risikoanalysen gehören, die nicht nur die Umweltbelastungen durch die Tätigkeit eines Unternehmens abbilden, sondern auch die potenziellen sozioökonomischen Auswirkungen auf lokale Gemeinschaften, wie etwa die Schädigung kultureller Identitäten oder die Verdrängung von Indigenen.

Darüber hinaus ist es für Unternehmen entscheidend, die Mechanismen zur Konfliktbewältigung zu entwickeln und zu implementieren. Dies bedeutet, dass sie nicht nur Risiken identifizieren, sondern auch Strategien zur Minderung solcher Konflikte schaffen müssen. Hierzu gehört beispielsweise die Einbeziehung von Dialogprozessen mit den betroffenen Gemeinden, die Einrichtung von Beschwerdemechanismen sowie die Förderung von Transparenz in der Ressourcennutzung und -verteilung.

Die Due-Diligence-Prüfung ist somit ein zentraler Bestandteil der Unternehmensstrategien, um nicht nur wirtschaftliche, sondern auch soziale Gerechtigkeit und ökologische Nachhaltigkeit in ressourcenreichen Ländern zu fördern. Unternehmen, die diesen Prozess ernst nehmen, können nicht nur das Risiko von Konflikten und rechtlichen Konsequenzen reduzieren, sondern auch ihren langfristigen Erfolg sichern, indem sie eine nachhaltige Geschäftsführung und verantwortungsbewusste Ressourcennutzung praktizieren.

In der zunehmend globalisierten Welt ist es unabdingbar, dass Unternehmen sich nicht nur der kurzfristigen wirtschaftlichen Erträge stellen, sondern auch ihren sozialen und ökologischen Fußabdruck reflektieren. Eine gründliche Due-Diligence-Prüfung im Kontext von Ressourcenkonflikten kann dabei helfen, eine ausgewogene

Balance zwischen ökonomischen Interessen, sozialen Belangen und ökologischen Erfordernissen zu finden, was letztlich zu einem nachhaltigeren und gerechteren Umgang mit unseren natürlichen Ressourcen führen kann.

Dürre

Dürre ist ein klimatisches Phänomen, das durch eine signifikante Abnahme von Niederschlägen über einen längeren Zeitraum gekennzeichnet ist, was zu Wassermangel in Böden und Gewässern führt. Diese Wasserknappheit kann erhebliche Auswirkungen auf Landwirtschaft, Trinkwasserversorgung, die wirtschaftliche Entwicklung und die ökologische Stabilität eines Gebiets haben. In den letzten Jahren hat die Forschung zunehmend die Rolle von Dürre als Katalysator für Ressourcenkonflikte untersucht, insbesondere in Regionen, die bereits durch soziale, wirtschaftliche und politische Spannungen geprägt sind.

Die Beziehung zwischen Dürre und Ressourcenkonflikten ist komplex und wird von verschiedenen Faktoren beeinflusst. Dürre können bestehende Spannungen zwischen verschiedenen Gruppen – sei es ethnisch, religiös oder sozial – verstärken. In landwirtschaftlich geprägten Gesellschaften hat Wasser eine zentrale Bedeutung für die Nahrungsmittelproduktion. Ein Rückgang der Wasserverfügbarkeit kann zu Ernteausfällen, Preiserhöhungen und erhöhter Konkurrenz um Wasserressourcen führen. Dies kann den Zugang zu Wasser zwischen verschiedenen Nutzern, wie Landwirten, Gemeinden und Industrien, zu einem konfliktträchtigen Thema machen.

Ein Beispiel für Dürre als Konfliktfaktor findet sich im Nahen Osten, wo Wasserknappheit in Kombination mit politischen Spannungen und territorialen Streitigkeiten zu einem erhöhten Risiko für gewaltsame Auseinandersetzungen geführt hat. Der Tigris-Euphrat-Raum ist ein prägnantes Beispiel dafür, wie Dürrephasen und der ungleiche Zugang zu Wasserressourcen zu Spannungen zwischen Ländern führen können. Die Wasserversorgung wird hier durch Staudammprojekte stark gefährdet, die in einem Land durchgeführt werden, aber Auswirkungen auf die Wasserverfügbarkeit in den Nachbarländern haben. Der Rückgang des Wasserflusses und die damit verbundene Ertragsrückgänge in der Landwirtschaft können zu gesellschaftlicher Unruhe beitragen und potenziell gewaltsame Konflikte anheizen.

In vielen afrikanischen Regionen ist der Zusammenhang zwischen Dürre und Ressourcenkonflikten ebenso gut dokumentiert. Hier sind es oft Viehzüchter und Bauern, die um begrenzte Wasserressourcen konkurrieren. Die Dürre führt zu einer Dezimierung der Viehbestände und zur reduzierten Produktivität der Felder, was die Abhängigkeit von Wasserressourcen verstärkt und die Konflikte zwischen diesen Gruppen verschärft. Die Entstehung von Gewalt im Zusammenhang mit Wasserknappheit kann auch durch Migration verstärkt werden, wenn Menschen aus trockenen Gebieten in wasserreichere Regionen ziehen und dort im Wettbewerb um Ressourcen mit den ansässigen Bevölkerungsschichten treten.

Es ist wichtig zu betonen, dass Dürre allein nicht die Ursache für Konflikte ist. Vielmehr interagiert sie mit bestehenden sozialen, politischen und wirtschaftlichen Bedingungen. Korruption, schwache Regierungsführung, Ungleichheit und ethnische Spannungen können Dürrebedingte Ressourcenkonflikte verstärken oder mildern. Resilienzstrategien, wie beispielsweise nachhaltige Wasserbewirtschaftung, diversifizierte Landwirtschaft und integrative politische Systeme, sind entscheidend, um die negativen Auswirkungen von Dürre auf Gesellschaften zu minimieren und Ressourcenkonflikte vorzubeugen.

Economic Partnership Agreement (EPA)

Das Konzept der Economic Partnership Agreements (EPAs) hat in der globalen Handelspolitik und der wirtschaftlichen Zusammenarbeit an Bedeutung gewonnen. EPAs sind bilaterale oder regionale Handelsabkommen, die darauf abzielen, den Handel und die Investitionen zwischen den Vertragspartnern zu fördern, indem sie Handelshemmnisse abbauen und einen Rahmen für die wirtschaftliche Zusammenarbeit schaffen. Diese Abkommen stehen häufig im Kontext der Integration weniger entwickelter Länder in die Weltwirtschaft und sind oft mit dem Ziel verbunden, nachhaltige wirtschaftliche Entwicklung zu fördern. Allerdings können sie auch in spezielle Herausforderungen und Ressourcenkonflikte eingebunden sein.

Ressourcenkonflikte bezeichnen Auseinandersetzungen über den Zugang zu und die Kontrolle über natürliche Ressourcen wie Wasser, Mineralien, Öl und andere Rohstoffe. Die Verknüpfung von EPAs mit Ressourcenkonflikten ist vielschichtig und hängt von verschiedenen Faktoren ab, darunter die politischen, gesellschaftlichen und wirtschaftlichen Rahmenbedingungen der beteiligten Länder.

Ein zentraler Aspekt von EPAs ist, dass sie oft dazu führen, dass Entwicklungsländer ihre Märkte für ausländische Investitionen öffnen, was zu einer erhöhten Ausbeutung ihrer natürlichen Ressourcen führen kann. Beispielsweise können Mineralien oder fossile Brennstoffe, die in den betroffenen Ländern reichlich vorhanden sind, für multinationale Unternehmen von großem Interesse sein. In vielen Fällen erfolgt die Extraktion dieser Ressourcen ohne angemessene Berücksichtigung der sozialen und ökologischen Auswirkungen, die sie auf die lokale Bevölkerung haben. Dies kann zu massiven Umwälzungen in den Lebensgrundlagen der Menschen führen, die in diesen Gebieten leben. Darüber hinaus können EPAs auch bestehende Ungleichheiten verstärken, indem sie den Nutzen der wirtschaftlichen Kooperation ungleich verteilen. Während multinationalen Unternehmen und wohlhabenden Nationen oft erhebliche Vorteile aus diesen Abkommen ziehen, können lokale Gemeinschaften benachteiligt werden. Der Zugang zu Ressourcen und die Kontrolle über die damit verbundenen wirtschaftlichen Vorteile bleibt häufig in der Hand einer kleinen Elite, während die breite Masse der Bevölkerung zurückgelassen wird. Dies kann Spannungen innerhalb von Gesellschaften erhöhen und Ressourcenkonflikte begünstigen.

Ein Beispiel hierfür ist die Goldminenindustrie in Afrika, wo verschiedene EPAs zwischen europäischen Ländern und afrikanischen Staaten zu einem Anstieg ausländischer Direktinvestitionen geführt haben. In vielen Fällen führte die damit verbundene Ressourcenausbeutung zu Umweltschäden, Vertreibung von Gemeinschaften und einem Anstieg der sozialen Konflikte. Lokale Gruppen, die um ihre Rechte auf Land und Ressourcen kämpfen, stehen häufig großen multinationalen Unternehmen gegenüber, die durch ihre wirtschaftliche Macht und den Rückhalt ihrer Heimatländer in der Lage sind, ihre Interessen durchzusetzen.

Ein weiterer wichtiger Faktor ist die Rolle internationaler Institutionen und Organisationen, die oft in die Aushandlung von EPAs eingebunden sind und Leitlinien für die Implementierung von umwelt- und sozialverträglichen Standards vorgeben. Diese Institutionen stehen jedoch vor der Herausforderung, dass die Umsetzung solcher Standards oftmals von der politischen Stabilität und dem Willen der Regierungen in den betreffenden Ländern abhängt, was dazu führen kann, dass zwar ein formeller rechtlicher Rahmen existiert, die tatsächliche Umsetzung jedoch unzureichend bleibt.

Emissionen und Immissionen
Emissionen und Immissionen sind zentrale Begriffe in der Umweltwissenschaft und spielen eine entscheidende Rolle in der Diskussion über Ressourcenkonflikte. Emissionen beziehen sich auf die Freisetzung von Schadstoffen und Treibhausgasen in die Umwelt durch menschliche Aktivitäten, während Immissionen die Konzentration dieser Schadstoffe in der Umwelt, insbesondere in der Luft, im Wasser und im Boden, darstellen. Beide Begriffe sind eng miteinander verknüpft, da Emissionen direkt die Immissionen beeinflussen und somit Auswirkungen auf die Umwelt und die Gesundheit von Individuen und Gemeinschaften haben.

Ressourcenkonflikte entstehen häufig in Kontexten, in denen natürliche Ressourcen wie Wasser, Mineralien, Wälder oder fossile Brennstoffe umkämpft sind. Diese Konflikte können sowohl lokal als auch global sein und sind oft das Resultat von Ungleichheiten in der Ressourcennutzung und -verteilung. Emissionen spielen dabei eine entscheidende Rolle, da die Ausbeutung von Ressourcen in der Regel mit einer erhöhten Emission schädlicher Substanzen verbunden ist. Beispielsweise führt der Abbau fossiler Brennstoffe zur Freisetzung von Kohlendioxid, Methan und anderen Treibhausgasen, die zur globalen Erwärmung beitragen. Diese klimatischen Veränderungen wiederum können negative Auswirkungen auf die Verfügbarkeit anderer Ressourcen, wie Wasser und Nutzfläche, haben.

Ein konkretes Beispiel für die Wechselwirkungen zwischen Emissionen, Immissionen und Ressourcenkonflikten findet sich im Bereich der Landwirtschaft. Intensiv betriebene Landwirtschaft ist häufig mit einem hohen Einsatz von Düngemitteln und Pestiziden verbunden, die als Emissionen in Form von chemischen Verbindungen in die Umwelt gelangen und dort als Immissionen die Qualität von Boden und Wasser negativ beeinflussen. Diese Verschmutzungen können nicht nur die Gesundheit von Landwirten und Anwohnern gefährden, sondern auch zu Ressourcenkonflikten führen, wenn die Nutzung von Wasserressourcen für die Bewässerung landwirtschaftlicher Flächen zusätzlich belastet wird und sich auf die Verfügbarkeit von Wasser für andere Gemeinschaften auswirkt.

Ein weiterer Aspekt, der die Komplexität von Ressourcenkonflikten beleuchtet, ist die globale Dimension der Emissionen. Industrielle Aktivitäten in einem Land können weitreichende Immissionen in anderen Regionen verursachen. Dies wird besonders deutlich im Kontext des internationalen Handels von Produkten und Rohstoffen, bei dem Länder, die strenge Umweltschutzgesetze haben, zunehmend von der Auslagerung emissionsintensiver Produktionen in Länder mit laxeren Regelungen betroffen sind. So können beispielsweise Tropenwälder, die als Kohlenstoffsenken fungieren, durch Abholzung für landwirtschaftliche Anbauflächen gefährdet werden, was wiederum lokale und globale Emissionsniveaus erhöht und zu internationalen Konflikten über Umwelt- und Klimaschutz führt.

Emissionsbudget

Das Konzept des Emissionsbudgets spielt eine zentrale Rolle in der Diskussion um den Klimawandel und die damit verbundenen Ressourcenkonflikte. Emissionsbudgets definieren die maximal zulässige Menge an Treibhausgasemissionen, die eine Nation oder Region über einen bestimmten Zeitraum ausstoßen

kann, um ein bestimmtes Klimaziel zu erreichen, wie beispielsweise die Begrenzung der globalen Erderwärmung auf 1,5 oder 2 Grad Celsius im Vergleich zum
vorindustriellen Niveau, gemäß dem Pariser Abkommen von 2015.
Ein Emissionsbudget wird häufig als quantitativer Rahmen für die Treibhausgasemissionen eines bestimmten Zeitraums dargestellt, wobei angeraten wird,
dieses Budget fair unter den Ländern aufzuteilen. Diese Verteilung kann jedoch
zu erheblichen Spannungen und Konflikten führen, insbesondere in einer globalisierten Welt, in der Ressourcen, Energie und wirtschaftliche Interessen stark
miteinander verbunden sind. Ressourcenkonflikte können dabei verschiedene
Dimensionen annehmen, darunter geopolitische Spannungen, wirtschaftliche Rivalitäten, soziale Ungleichheit und Umweltgerechtigkeit.

Ein zentrales Problem in diesem Kontext ist das Ungleichgewicht zwischen den
Industrienationen, die historisch gesehen einen Großteil der Treibhausgasemissionen verursacht haben, und den Entwicklungsländern, die oft die Hauptlast der
Auswirkungen des Klimawandels tragen, obwohl sie am wenigsten zur globalen
Erwärmung beigetragen haben. Dies führt zu Spannungen über die Verpflichtungen zur Emissionsreduzierung und die gerechte Zuteilung von Emissionsbudgets. Viele Entwicklungsländer argumentieren, dass sie einen größeren Anteil
des globalen Budgets für sich beanspruchen sollten, um ihr wirtschaftliches Wachstum zu unterstützen und den Zugang zu modernsten Technologien zu fördern.

Darüber hinaus können Emissionsbudgets auch über das Thema Energie und
Ressourcenverteilung hinausgehen. Die Suche nach erneuerbaren Energien, wie
Wind-, Solar- oder Biomasseenergie, ist ebenfalls ein Bereich, in dem Ressour-
cenkonflikte auftreten können. Die benötigten Materialien für die erneuerbaren
Technologien, beispielsweise Lithium für Batterien oder Seltene Erden für
Windkraftanlagen, sind oft in geopolitisch sensiblen Regionen konzentriert. Der
Wettkampf um den Zugang zu diesen Ressourcen kann zu politischen Spannun-
gen und Konflikten führen, insbesondere wenn die Ressourcenausbeutung mit
Umweltfragen und der Rechte indigener Völker verbunden ist.

Ein weiteres Dimension von Ressourcenkonflikten in Verbindung mit Emissionsbudgets ist die Wasserknappheit, die durch den Klimawandel verschärft wird.
Wasserressourcen werden in vielen Teilen der Welt zunehmend umkämpft, und
die Veränderungen in den Wasserverfügbarkeiten können zu Konflikten zwischen Ländern und innerhalb von Ländern führen. Insbesondere in Regionen, die
bereits unter extremer Wasserknappheit leiden, können die Auswirkungen des
Klimawandels und die verbindlichen Klimaziele zu einer verstärkten Konkurrenz um Wasserressourcen führen.

Emissionshandel

Der Emissionshandel stellt ein marktbasiertes Instrument zur Reduktion von Treibhausgasemissionen dar. In diesem System erhalten Unternehmen oder Staaten Emissionszertifikate, die das maximal zulässige Niveau an Emissionen repräsentieren. Durch den Handel mit diesen Zertifikaten können Akteure, die ihre Emissionen besser kontrollieren können oder bereits umweltschonende Technologien implementiert haben, ihre überschüssigen Zertifikate an weniger effiziente Akteure verkaufen. Die grundlegende Idee ist, einen Markt zu schaffen, der die Kosteneffizienz der Emissionsreduktion maximiert und damit Anreize für Innovationen in der Umwelttechnologie schafft.

Im Kontext von Ressourcenkonflikten ist der Emissionshandel jedoch nicht ohne Herausforderungen. Ressourcenkonflikte entstehen häufig, wenn verschiedene Akteure um die Verfügbarkeit und den Zugang zu begrenzten natürlichen Ressourcen konkurrieren. Diese Konflikte können sowohl zwischen Staaten als auch innerhalb von Staaten zwischen verschiedenen Interessengruppen, wie z. B. Unternehmen, indigenen Völkern oder Umweltorganisationen, auftreten. Im Sinne von Emissionen ist es essenziell, die Wechselwirkungen zwischen Ressourcenmanagement, Emissionen und den sozialen Dynamiken, die diese Konflikte verursachen, zu verstehen.

Ein zentrales Problem ist der Zugang zu Ressourcen, die für die Implementierung erneuerbarer Technologien notwendig sind. Beispielsweise erfordert die Herstellung von Solarpanelen seltene Erden und andere Materialien, deren Abbau und Verarbeitung erhebliche Umweltauswirkungen haben können. Die steigende Nachfrage nach erneuerbaren Energien könnte zu einem intensiveren Wettlauf um diese Ressourcen führen, was bestehende Konfliktsituationen verschärfen könnte. In Regionen, in denen seltene Erdmaterialien oder andere kritische Ressourcen vorhanden sind, können die damit verbundenen ökologischen und sozialen Spannungen durch ungleiche Machtverhältnisse zwischen lokalen Gemeinschaften und multinationalen Unternehmen verstärkt werden.

Darüber hinaus könnte der Emissionshandel auch unbeabsichtigte Auswirkungen auf menschliche Lebensbedingungen und lokale Gemeinschaften haben. In einigen Systemen könnte der Verkauf von Emissionszertifikaten an Unternehmen, die in ressourcenintensiven Sektoren tätig sind, zu einer Vernachlässigung von nachhaltigen Praktiken führen. Wenn Unternehmen beispielsweise die Möglichkeit haben, ihre Emissionen durch den Kauf von Zertifikaten zu „kompensieren", könnte dies deren Anreiz verringern, aktiv in emissionsmindernde Technologien zu investieren. Auf diese Weise könnten negative Umweltfolgen für die betroffenen Gemeinden verstärkt werden, was zu weiteren Ressourcenkonflikten führt, insbesondere wenn auch Wasser- oder Landnutzungsrechte betroffen sind. Zudem ist es wichtig, das Konzept des „Carbon Leakage" zu betrachten. Dieses tritt auf, wenn Unternehmen aufgrund strengerer Emissionsvorgaben in Regionen mit weniger regulierten Märkten ihre Produktion verlagern. Solche Praktiken können negative wirtschaftliche Auswirkungen auf die unmittelbar betroffenen Gemeinden haben, die möglicherweise nicht die notwendigen Technologien oder finanziellen Mittel haben, um in umweltfreundliche Produktionsmethoden zu investieren. Diese Verlagerungen können auch bestehende soziale Spannungen verschärfen, insbesondere in ärmeren Regionen, in denen der Zugang zu Ressourcen begrenzt und die Abhängigkeit von traditionellen Industrien hoch ist.

Zusammengefasst lässt sich sagen, dass der Emissionshandel als Instrument zur Bekämpfung des Klimawandels sowohl positive als auch negative Auswirkungen auf Ressourcenkonflikte haben kann. Um die gewünschten ökologischen und sozialen Ergebnisse zu erzielen und Ressourcenkonflikte zu minimieren, ist es entscheidend, den Emissionshandel in einen breiteren Kontext von nachhaltigem Ressourcenmanagement und sozialer Gerechtigkeit zu integrieren. Dies kann durch die Einbeziehung von Stakeholdern, der Berücksichtigung lokaler Bedürfnisse und dem Schutz von Gemeinschaftsrechten gewährleistet werden. Nur durch ein integratives Vorgehen kann sichergestellt werden, dass der Emissionshandel nicht nur zur Reduktion der Treibhausgasemissionen beiträgt, sondern auch soziale Gleichgewichte wahrt und bestehende Ressourcenkonflikte nicht weiter anheizt.

Emissionsszenario

Emissionsszenarien sind ein zentrales Instrument in der Klimaforschung, um potenzielle zukünftige Entwicklungen hinsichtlich des Ausstoßes von Treibhausgasen und deren Auswirkungen auf das globale Klima zu modellieren. Sie dienen nicht nur der Prognose klimatischer Veränderungen, sondern auch der Analyse der damit verbundenen sozialen, wirtschaftlichen und politischen Konsequenzen. Ein besonders relevantes Thema in diesem Kontext sind Ressourcenkonflikte, die durch die Interaktion zwischen steigender Nachfrage nach Ressourcen, Übernutzung und den Veränderungen der klimatischen Bedingungen verstärkt werden können.

Klimamodelle basieren auf unterschiedlichen Emissionsszenarien, die variieren je nach genutzter Quelle, wirtschaftlicher Entwicklung, technologischen Fortschritten und politischen Maßnahmen zur Minderung von Treibhausgasemissionen.

Die bekanntesten Szenarien stammen aus dem Intergovernmental Panel on Climate Change (IPCC) und umfassen unter anderem das Shared Socioeconomic Pathways (SSP)-Modell, das verschiedene narrative Pfade für die weltweite Entwicklung bis zum Ende des 21. Jahrhunderts entwirft.

Ein steigendes Klimarisiko führt zu einer unmittelbaren Erschöpfung natürlicher Ressourcen wie Wasser, Boden und Energie, insbesondere in Regionen, die bereits heute unter Stress leiden. Studien zeigen, dass ein Anstieg der globalen Temperaturen um mehr als 2 °C über das vorindustrielle Niveau hinaus zu erheblichen Veränderungen in der Verfügbarkeit und Verteilung von Wasserreserven führen könnte. Solche Veränderungen könnten dazu führen, dass wasserreiche Regionen ihre Ressourcen nicht mehr effektiv mit wasserarmen Regionen teilen können, was Spannungen und potenzielle Konflikte zwischen Staaten oder innerhalb von Gesellschaften zur Folge hat.

Ein weiteres schwindendes Gut ist landwirtschaftlich nutzbare Fläche, die durch Extremwetterereignisse, Bodenerosion und -versauerung sowie den Anstieg des Meeresspiegels gefährdet ist. Ein Beispiel sind die Auswirkungen von Dürren und Überschwemmungen auf die Nahrungsmittelproduktion. Diese Veränderungen können zu Nahrungsmittelengpässen führen, was sowohl interne soziale Spannungen als auch transnationale Konflikte anheizen kann, insbesondere in Ländern mit schwachen institutionellen Rahmenbedingungen.

Die geopolitischen Dimensionen von Ressourcenkonflikten werden auch in den Emissionsszenarien deutlich. Beispielsweise können ungleiche Emissionspfade und unterschiedliche Anpassungsfähigkeiten an den Klimawandel dazu führen, dass ärmere Länder stärker unter den Folgen leiden, während wohlhabendere Nationen über mehr Ressourcen zur Minderung der Risiken verfügen. Solche Ungleichgewichte können den internationalen Druck erhöhen und zu einer Verschärfung bestehender Konflikte führen, insbesondere in Regionen, die reich an natürlichen Ressourcen sind, aber politisch instabil.

Emissionszertifikate

Emissionszertifikate sind ein zentrales Element der internationalen Bemühungen zur Minderung von Treibhausgasemissionen, insbesondere im Rahmen des Pariser Abkommens. Sie dienen als Teil von Handelsmechanismen und sind darauf ausgelegt, Unternehmen und Staaten Anreize zur Reduktion ihrer Emissionen zu bieten. Ein Emissionszertifikat erlaubt dem Inhaber, eine bestimmte Menge an Treibhausgasen auszustoßen, wobei die Gesamtmenge der ausgegebenen

Zertifikate limitiert ist, um eine Reduktion der Emissionen im Vergleich zu einem Basislevel zu erreichen. Diese Marktansätze sollen eine effiziente Allokation von Ressourcen fördern und gleichzeitig eine Umstellung auf nachhaltigere Praktiken beschleunigen.

Im Kontext von Ressourcenkonflikten können Emissionszertifikate eine doppelte Rolle spielen. Erstens können sie als ein Instrument zur Förderung umweltfreundlicher Technologien dienen, was zu einem verminderten Druck auf natürliche Ressourcen führen kann. Zweitens aber können sie auch Spannungen verstärken, insbesondere in Regionen, in denen die Verfügbarkeit und der Zugang zu Ressourcen, die zur Energiegewinnung oder zur Industrieproduktion benötigt werden, begrenzt ist.

Ein Beispiel für solche Ressourcenkonflikte ist der Zugang zu Wasserressourcen in wasserarmen Regionen. Wenn Unternehmen oder Staaten in einem Emissionshandelssystem tätig sind, müssen sie möglicherweise auf andere Energiequellen umschwenken, um ihre Emissionen zu reduzieren. Dies kann zu einem erhöhten Wasserverbrauch führen, insbesondere wenn beispielsweise wasserintensive Technologien zur Nutzung erneuerbarer Energien (wie die Solarenergieproduktion) implementiert werden. In solchen Fällen kann die Konkurrenz um Wasserressourcen zwischen verschiedenen Sektoren oder Benutzern zunehmen, was potenziell zu sozialen Spannungen oder sogar gewaltsamen Konflikten führen kann.

Darüber hinaus sind oft auch Faktoren wie geopolitische Interessen und ungleiche Machtverhältnisse in der Regel in Ressourcenkonflikte eingebettet. In Ländern, die stark von der Produktion fossiler Brennstoffe abhängig sind, können Emissionszertifikate als Bedrohung für bestehende Wirtschaftsstrukturen wahrgenommen werden. Die umweltpolitischen Vorgaben (wie die Reduktion von CO_2-Emissionen) könnten somit in Konflikt mit etablierten wirtschaftlichen Interessen stehen, was Ressentiments und Konflikte schüren könnte.

Ein weiterer wichtiger Aspekt ist das Konzept der „Carbon Leakage", bei dem Unternehmen ihren Standort in Länder verlagern können, die weniger strenge Klimaschutzvorschriften haben. Dies kann nicht nur die Effektivität von Emissionshandelssystemen untergraben, sondern auch wirtschaftliche Ungleichgewichte verstärken und Ressourcenkonflikte an neuen Standorten hervorrufen.

In der Analyse von Emissionszertifikaten im Kontext von Ressourcenkonflikten ist es daher wichtig, eine interdisziplinäre Perspektive einzunehmen. Integrierte Ansätze, die wirtschaftliche, politische und soziale Faktoren berücksichtigen, sind erforderlich, um zu verstehen, wie Emissionshandelssysteme gestaltet werden sollten, um Ressourcenkonflikte zu minimieren und gleichzeitig die

Klimaziele zu erreichen. Beispiele wie die Entwicklung von fairen Handelsmechanismen oder die Schaffung von Anreizen für nachhaltige Ressourcennutzung
können potenziell dazu beitragen, diese Konflikte zu entschärfen und eine gerechtere Verteilung der Ressourcen zu fördern.

Endenergie

Im Kontext der Ressourcenkonflikte spielt Endenergie eine zentrale Rolle, da sie
entscheidend für die wirtschaftliche und soziale Stabilität von Staaten und Regionen ist. Endenergie bezeichnet jene Energieform, die dem Endverbraucher zur
Verfügung steht, nachdem sie durch verschiedene Umwandlungsprozesse kon-
zerniert oder umgewandelt wurde. Dazu zählen beispielsweise elektrischer
Strom, Heizenergie oder Kraftstoffe für Transportzwecke. Das Verständnis von
Endenergie ist essenziell, um die Dynamiken von Ressourcenkonflikten zu analysieren, die oft durch den Zugang, die Verteilung und die Kontrolle über Energieressourcen ausgelöst werden.

Ressourcenkonflikte entstehen häufig in Regionen, die reich an natürlichen Ressourcen sind, z.B. Öl, Gas, Kohle oder erneuerbare Energiequellen. Diese Ressourcen sind nicht nur entscheidend für die Energieversorgung eines Landes,
sondern auch für dessen ökonomische Entwicklung. Der Zugang zu Endenergie
hat weitreichende Implikationen auf die geopolitischen Beziehungen. Staaten,
die über reiche Energiereserven verfügen, haben oft einen strategischen Vorteil,
was zu Spannungen und Konflikten führen kann, insbesondere wenn angrenzende Länder auf diese Ressourcen angewiesen sind.

Ein prominentes Beispiel hierfür sind die ölreichen Regionen im Nahen Osten.
Die Kontrolle über Öl- und Gasvorkommen hat immer wieder zu politischen
Spannungen, militärischen Konflikten und letztlich zu Kriegen geführt. Im Irak-
Konflikt etwa spielten energiewirtschaftliche Interessen eine zentrale Rolle, da
der Zugang zu irakischem Öl sowohl nationale als auch internationale Akteure
motivierte und den Konflikt intensivierte.

Zusätzlich zu geopolitischen Spannungen können Ressourcenkonflikte auch innerhalb von Staaten entstehen. Wenn die Verteilung von Endenergie ungerecht
oder ungleich erfolgt, kann dies soziale Unruhen und Widerstand hervorrufen.
Ein Beispiel sind Konflikte in afrikanischen Ländern, wo lokale Gemeinschaften
gegen die Ausbeutung von Ressourcen durch multinationale Unternehmen
kämpfen, die oft nicht auf die Bedürfnisse der ansässigen Bevölkerung eingehen.
Hier stehen Fragen der Gerechtigkeit, der Umwelt sowie der sozialen und wirtschaftlichen Entwicklung im Vordergrund.

Die Kontrolle über endliche Energieressourcen wird durch geopolitische Macht-verhältnisse beeinflusst. Länder mit stabilen Regierungen und gut entwickelten Institutionen sind besser in der Lage, ihre Ressourcen zu verwalten und gleich-zeitig Konflikten vorzubeugen. Im Gegensatz dazu können fragilere Staaten, die unter Korruption, instabilen politischen Verhältnissen und wirtschaftlicher Un-sicherheit leiden, in einen Teufelskreis von Ressourcenausbeutung und Konflikt geraten. Die Verfügbarkeit von Energie kann zudem als Mittel zur Einfluss-nahme eingesetzt werden, was häufig zu Spannungen zwischen Staaten führt.

Um den Herausforderungen von Ressourcenkonflikten im Kontext der Endener-gie zu begegnen, sind nachhaltige und gerechte Ansätze zur Nutzung und Ver-teilung von Energie entscheidend. Die Förderung erneuerbarer Energien kann nicht nur zur Abhängigkeit von fossilen Brennstoffen verringern, sondern auch die Konfliktpotenziale reduzieren, indem lokale Gemeinschaften in den Prozess der Ressourcennutzung einbezogen werden. Ein partizipativer Ansatz kann dazu beitragen, die Rechte der Zivilgesellschaft zu stärken und somit soziale Stabilität zu fördern.

Energieeffizienz

Energieeffizienz ist ein zentrales Thema in der Diskussion um nachhaltige Ent-wicklung und Ressourcenkonflikte. In einer Welt, in der die Nachfrage nach Energie stetig steigt, während gleichzeitig begrenzte Ressourcen und die negati-ven Auswirkungen des Klimawandels zunehmend in den Fokus rücken, stellt die Verbesserung der Energieeffizienz eine notwendige Strategie dar. Sie kann nicht nur zur Reduktion des Energieverbrauchs beitragen, sondern auch die Abhän-gigkeit von fossilen Brennstoffen verringern, was direkte Auswirkungen auf ge-opolitische Spannungen und Ressourcenkonflikte haben kann.

Energieeffizienz bezieht sich auf die Maßnahmen und Technologien, die den Energieverbrauch pro Einheit Output oder Dienstleistung minimieren, ohne da-bei die Qualität oder den Komfort zu beeinträchtigen. Dies umfasst ein breites Spektrum an Maßnahmen, von der Verbesserung der Isolierung von Gebäuden über energieeffiziente Geräte und Maschinen bis hin zu intelligenten Energie-netzwerken und der Umstellung auf erneuerbare Energiequellen. Die Implemen-tierung solcher Technologien führt nicht nur zu Kosteneinsparungen für Ver-braucher und Unternehmen, sondern auch zu einer signifikanten Reduktion der Treibhausgasemissionen, was entscheidend für die Bekämpfung des Klima-wandels ist.

Im Kontext von Ressourcenkonflikten spielt Energieeffizienz eine doppelte Rolle. Erstens kann eine erhöhte Energieeffizienz dazu beitragen, den Druck auf natürliche Ressourcen zu reduzieren. Länder, die sehr energieintensiv wirtschaften, sind oft stärker von Externen abhängig – sei es von Öl, Gas oder Kohle. Diese Abhängigkeit kann zu geopolitischen Rivalitäten und Konflikten führen, beispielsweise wenn sich Länder um Zugang zu begrenzten Ressourcen streiten oder in strategischen Allianzen manipuliert werden. Durch die Verbesserung der Energieeffizienz können Staaten ihren Energiebedarf senken und somit ihre Abhängigkeit von importierten Energiequellen verringern, was potenzielle Konflikte mildern kann.

Zweitens kann die Förderung von Energieeffizienz im Rahmen internationaler Klimaabkommen und -kooperationen ein Werkzeug für den Frieden sein. Länder, die gemeinsam an der Verbesserung ihrer Energieeffizienz arbeiten, schaffen nicht nur wirtschaftliche Vorteile, sondern stärken auch ihre politischen Beziehungen. Diese Zusammenarbeit kann dazu führen, dass Länder weniger geneigt sind, in Richtung militärischer Konflikte zu tendieren, da sie ein gemeinsames Interesse an stabilen, ressourcenschonenden Wirtschaftsmodellen haben.

Allerdings muss betont werden, dass die Implementierung von Energieeffizienzmaßnahmen auch Herausforderungen mit sich bringen kann, insbesondere in Bezug auf soziale Gerechtigkeit und Verteilungsgleichheit. In Ländern mit schwachen Institutionen oder in fragilen Staaten kann der Zugang zu neuen Technologien und nachhaltigen Energiepraktiken ungleich verteilt sein. Dies kann zu einer Vertiefung bestehender Ungleichheiten und zu sozialen Spannungen führen, die wiederum Ressourcenkonflikte anheizen können.

Energiesicherheit

Energiesicherheit ist ein zentrales Anliegen in der globalen politischen und wirtschaftlichen Landschaft, insbesondere vor dem Hintergrund von Ressourcenkonflikten. Im weitesten Sinne bezieht sich Energiesicherheit auf den zuverlässigen und kontinuierlichen Zugang zu Energiequellen, der für das Funktionieren von Gesellschaften, Volkswirtschaften und modernen Infrastrukturen unerlässlich ist. Diese Sicherheit wird durch verschiedene Faktoren beeinflusst, darunter geopolitische Dynamiken, wirtschaftliche Abhängigkeiten, technologische Entwicklungen und ökologische Überlegungen.

Ressourcenkonflikte, die oft um knappe Rohstoffe wie Öl, Gas, Wasser und Mineralien entstehen, sind häufig ein Ergebnis von Ungleichgewichten in der Verteilung dieser Ressourcen, sowohl innerhalb von Staaten als auch global. Sprecher von Staaten mit reichen Rohstoffvorkommen verweisen häufig darauf, dass die Kontrolle über diese Ressourcen entscheidend für die nationale Sicherheit ist. Diese Dynamik wird durch eine steigende Nachfrage nach Energie, die wachsende Globalisierung und den Klimawandel weiter verstärkt. Der Wettlauf um Energiequellen kann zu Spannungen zwischen Ländern führen, vor allem in Regionen mit geopolitischen Rivalitäten oder instabilen politischen Verhältnissen. Ein Beispiel für solche Ressourcenkonflikte ist der Nahostkonflikt, in dem Öl- und Gasvorkommen eine bedeutende Rolle spielen. Die Abhängigkeit von fossilen Brennstoffen und die geopolitische Bedeutung von Nachbarstaaten führen zu strategischen Allianzen und Spannungen. Die Kontrolle über Energie-Ressourcen kann nicht nur militärische Auseinandersetzungen verursachen, sondern auch wirtschaftliche Sanktionen und Diplomatie beeinflussen. Länder wie Saudi-Arabien und Russland haben durch ihre Rohstoffvorkommen erheblichen Einfluss auf globale Energiemärkte und internationale Beziehungen erlangt.

Ein weiteres Beispiel ist die Konkurrenz um Seltene Erden, die für moderne Technologien unerlässlich sind. China hat sich eine dominante Stellung in der Produktion dieser Materialien angeeignet und nutzt dies als strategisches Werkzeug in globalen Handelsbeziehungen. Diese Abhängigkeit von spezifischen Ressourcen und deren Anbieter ist ein wichtiger Aspekt der Energiesicherheit, der potenzielle Konflikte hervorruft, insbesondere wenn alternative Quellen oder Handelsrouten blockiert werden.

Die Interdependenz zwischen Energieversorgung und Ressourcenkonflikten erfordert ein Umdenken in der Energiepolitik. Länder, die stark von fossilen Brennstoffen abhängen, sehen sich zunehmend der Herausforderung gegenüber, ihre Energiesicherheit zu gewährleisten, während sie gleichzeitig klimatische und umweltpolitische Ziele verfolgen. Der Übergang zu erneuerbaren Energien wird als strategische Möglichkeit betrachtet, um Abhängigkeiten von bestimmten Staaten oder Energiequellen zu verringern und gleichzeitig den CO_2-Ausstoß zu reduzieren. Dennoch bringt dieser Übergang neue Herausforderungen mit sich, insbesondere hinsichtlich der Verfügbarkeit und des Zugangs zu Rohstoffen, die für die Herstellung von Solarpanelen, Windturbinen und Batterien notwendig sind.

Enhanced Oil Recovery

Enhanced Oil Recovery (EOR) bezeichnet eine Reihe von Verfahren, die darauf abzielen, den Ausstoß von Rohöl aus einem Lagerstättenfeld über die gewöhnlichen Methoden der primären und sekundären Ölförderung hinaus zu steigern. Diese Techniken sind insbesondere in Ermangelung leicht zugänglicher Rohöl-reserven von Bedeutung und gewinnen zunehmend an Relevanz in geopolitischen und ressourcenkonfliktreichen Kontexten.

In der primären Förderphase wird das Öl allein durch den Druck, der in der Lagerstätte vorhanden ist, gefördert. Dieser Druck lässt jedoch mit der Zeit nach, sodass die Fördermengen sinken. In der zweiten Phase, der sekundären Förderung, wird Wasser oder Gas in die Lagerstätte gepumpt, um den Druck aufrechtzuerhalten und somit die Ölproduktion zu steigern. EOR-Methoden hingegen zielen darauf ab, zusätzliche Ressourcen zu erschließen, indem chemische, thermische oder gasinjektionstechnische Verfahren zur Anwendung kommen. Zu den häufigsten EOR-Techniken gehören die Dampfeinspritzung (Thermal Recovery), die chemische Injektion mit Tensiden oder Polymeren (Chemical Flooding) sowie die Injektion von Kohlendioxid (CO2-Enhanced Oil Recovery).

Im internationalen Kontext sind die Ressourcen, insbesondere Energiequellen wie Erdöl, häufig der Ausgangspunkt von Konflikten zwischen Staaten, Unternehmen und Gemeinschaften. EOR-Techniken können hierbei eine doppelte Rolle spielen: Einerseits können sie zur Verbesserung der Ölproduktion und damit zur Steigerung der Energieunabhängigkeit von Staaten beitragen. Andererseits können sie auch bestehende Ressourcenkonflikte verschärfen.

Ein Beispiel für ein ressourcenkonfliktärmer Kontext ist die Zusammenarbeit oder der Wettbewerb zwischen Staaten, die in grenzüberschreitenden Ölfeldern aktiv sind. Solche Ölfelder weisen oft komplexe Eigentumsverhältnisse und rechtliche Herausforderungen auf, die im Kontext von EOR-Techniken zu Spannungen führen können. Technische Herausforderungen, Investitionskosten und die Notwendigkeit langfristiger politischer Stabilität sind Faktoren, die die Implementierung von EOR-Techniken in geopolitisch sensiblen Regionen beeinflussen.

Zudem können EOR-Verfahren erhebliche Umweltauswirkungen haben, die zusätzliche Konflikte hervorrufen. Beispielsweise können die Injektion von Chemikalien oder CO2 sowie die thermischen Behandlungen die lokale Umwelt und die Wasserressourcen belasten, was zu Widerstand von Gemeinden führen kann, die um ihre Lebensgrundlagen fürchten. In Gebieten mit bereits bestehenden Konflikten über Wasserressourcen kann dies zu einer weiteren Eskalation führen.

Ein weiteres Spannungsfeld ergibt sich aus der globalen Dimension des Ölmarktes und der ungleichen Verteilung von Ressourcen. EOR-Techniken könnten dazu führen, dass ressourcenreiche Länder, die in der Lage sind, solche Technologien zu entwickeln und anzuwenden, ihre geopolitische Macht ausbauen und schädliche Abhängigkeiten bei ölarmen Ländern verstärken. Dies könnte nicht nur zu wirtschaftlichen, sondern auch zu militärischen Konflikten führen.

Entkoppelung

Entkoppelung ist ein zentrales Konzept in der Diskussion um Ressourcenkonflikte, insbesondere im Kontext der nachhaltigen Entwicklung und der globalen Umweltpolitik. Es bezieht sich auf die Fähigkeit, wirtschaftliches Wachstum von der Nutzung von Ressourcen und der damit einhergehenden Umweltbelastung zu trennen. Im wissenschaftlichen Diskurs wird zwischen zwei Hauptformen der Entkoppelung unterschieden: der sogenannten "absoluten Entkoppelung" und der "relativen Entkoppelung".

Absolute und relative Entkoppelung

Absolute Entkoppelung bedeutet, dass die absolute Menge an Ressourcenverbrauch und die Umweltauswirkungen in einem bestimmten Zeitraum sinken, während das Wirtschaftswachstum weiterhin anhält. Im Gegensatz dazu bezeichnet relative Entkoppelung eine Situation, in der die Wachstumsrate der wirtschaftlichen Aktivität höher ist als die Wachstumsrate des Ressourcenverbrauchs oder der Umweltauswirkungen, was bedeutet, dass diese in relativen Zahlen langsamer zunehmen als die Wirtschaft.

Ressourcenkonflikte und ihre Ursachen

Ressourcenkonflikte entstehen häufig an den Schnittstellen von Wirtschaftswachstum, Ressourcenverbrauch und sozialer Gerechtigkeit. In vielen Entwicklungsländern sind natürliche Ressourcen wie Wasser, Mineralien und fruchtbares Land oft der Auslöser für soziale Spannungen und gewaltsame Konflikte. Diese Konflikte sind häufig ein Ergebnis von Übernutzung, die durch Bevölkerungswachstum, Veränderung der Lebensstile und wirtschaftliche Ungleichheiten verstärkt wird.

Ein Beispiel sind die Konflikte um Wasserressourcen. In Regionen, wo Wasserknappheit herrscht, können unterschiedliche Nutzergruppen, wie landwirtschaftliche Betriebe versus städtische Haushalte, in einen direkten Wettbewerb um die begrenzten Ressourcen geraten. Diese Konflikte werden durch den Klimawandel weiter verschärft, der zu unregelmäßigen Niederschlägen und extremen Wetterbedingungen führt, was wiederum die Bewirtschaftung von Wasserressourcen erschwert.

Um Ressourcenkonflikte zu entschärfen, wird die Entkoppelung als potenzieller Lösungsansatz vorgeschlagen. Zentrale Strategien umfassen:

Technologischer Fortschritt: Innovationen, die es ermöglichen, mit weniger Rohstoffen ein höheres Maß an Produktion zu erreichen, können dazu führen, dass wirtschaftliches Wachstum nicht länger linear mit Ressourcenverbrauch verbunden ist.

Effiziente Ressourcennutzung: Maßnahmen zur Verbesserung der Ressourceneffizienz in der Industrie, wie Kreislaufwirtschaft und Recycling, tragen dazu bei, den Bedarf an neuen Ressourcen zu verringern.

Politikgestaltung: Regierungen können Anreize schaffen, um Unternehmen und Verbraucher zu umweltfreundlicheren Praktiken zu bewegen. Umweltsteuern oder Subventionen für nachhaltige Materialien sind Beispiele für politische Ansätze, die Entkoppelung fördern könnten.

Bewusstseinsbildung und Bildung: Die Sensibilisierung der Bevölkerung für die Themen Ressourcenverbrauch und Umwelt kann zu verantwortungsbewussteren Entscheidungen führen, die den Druck auf kritische Ressourcen verringern.

Soziale Gerechtigkeit: Entkopplungsstrategien müssten auch soziale und wirtschaftliche Ungleichheiten berücksichtigen, um zu verhindern, dass Schwächere in den Konflikten um Ressourcen weiter marginalisiert werden.

Die Entkoppelung im Kontext von Ressourcenkonflikten stellt eine komplexe, aber entscheidende Herausforderung dar. Während technologischer Fortschritt und politische Maßnahmen zur Verbesserung der Ressourceneffizienz vielversprechende Wege aufzeigen, bleibt die praktische Umsetzung oft eine Herausforderung, die tiefgreifende gesellschaftliche, wirtschaftliche und ökologische Veränderungen erfordert. In einer globalisierten Welt, in der Ressourcenverteilungsfragen oft auch geopolitische Dimensionen annehmen, ist eine ganzheitliche Herangehensweise an die Entkoppelung unerlässlich. Nur durch integrative und nachhaltige Strategien kann der langfristige Frieden und die Sicherheit für Gesellschaften gewährleistet werden.

Entwicklungsländer

Entwicklungsländer stehen häufig im Zentrum komplexer Ressourcenkonflikte, die aus einer Vielzahl von Faktoren resultieren, darunter wirtschaftliche, soziale und politische Dimensionen. Diese Konflikte entstehen oft, wenn sich der Bedarf an natürlichen Ressourcen mit den Bedürfnissen einer wachsenden Bevölkerung und dem Streben nach wirtschaftlicher Entwicklung überschneidet.

Ein entscheidender Aspekt dieser Dynamik ist die Verteilung der Ressourcen selbst. In vielen Entwicklungsländern sind große Mengen an natürlichen Rohstoffen wie Öl, Gas, Mineralien, Wasser und landwirtschaftlichem Boden vorhanden. Diese Ressourcen sind häufig ungleich verteilt, was zu Spannungen zwischen verschiedenen ethnischen Gruppen, Regionen oder gesellschaftlichen Klassen führen kann. Hierbei spielt die historische Aneignung und die koloniale Geschichte vieler dieser Länder eine zentrale Rolle. Oftmals wurden lokale

Gemeinschaften von ihrem Land und ihren Ressourcen entfremdet, während ausländische Unternehmen Zugang zu diesen Ressourcen erhielten. Darüber hinaus ist die Governance in vielen Entwicklungsländern schwach. Politische Instabilität, Korruption und Uneinheitlichkeit in der Rechtsdurchsetzung erschweren die faire Verteilung und den nachhaltigen Umgang mit natürlichen Ressourcen. Regierungen, die in der Regel auf Einnahmen aus Ressourcenexporten angewiesen sind, stehen oft unter Druck, diese Einnahmen kurzfristig zu maximieren, was häufig zu umweltschädlichen Praktiken führt, etwa durch massiven Abbau von Rohstoffen ohne adäquate regulatorische Rahmenbedingungen. Dies kann langfristig die Lebensgrundlage der Bevölkerung gefährden und ökologische Systeme destabilisieren.

Soziale Ungleichheit ist ein weiterer kritischer Faktor. In vielen Fällen profitieren nur wenige von den Einnahmen aus Ressourcen, während der Großteil der Bevölkerung in Armut verharrt. Die ungleiche Verteilung der Ressourcen und die damit verbundenen wirtschaftlichen Vorteile können soziale Spannungen verstärken und schließlich zu gewaltsamen Konflikten führen. Beispiele hierfür sind die blutigen Auseinandersetzungen im Kongo um Coltan und Gold oder die gewaltsamen Konflikte um Öl in Nigeria.

Ein weiterer Aspekt ist der Zugang zu Wasser, ein Faktor, der zunehmend als Ressource identifiziert wird, die möglicherweise zu Konflikten führen kann. In vielen Entwicklungsländern sind die Wasserressourcen nicht nur knapp, sondern auch ungleich verteilt. Landwirtschaftliche Expansion, Trinkwasserbedarf und industrielle Nutzung konkurrieren um die gleichen Wasserquellen. Dies führt nicht nur zu Konflikten zwischen verschiedenen Nutzern, sondern kann auch grenzüberschreitende Spannungen zwischen Staaten hervorrufen, wie etwa im Fall des Nils oder des Zambezi.

Die internationalen Dimensionen dieser Konflikte können nicht ignoriert werden. Multinationale Unternehmen spielen oft eine entscheidende Rolle bei der Ausbeutung von Ressourcen in Entwicklungsländern, und deren Aktivitäten können zur Verschärfung bestehender Konflikte beitragen. Diese Unternehmen agieren häufig in Umgebungen mit instabilen rechtlichen Rahmenbedingungen, was dazu führt, dass sie die bestehenden sozialen und ökologischen Probleme nicht ausreichend berücksichtigen. Zudem stehen sie häufig unter dem Druck der globalen Märkte, die eine kontinuierliche Versorgung mit Rohstoffen verlangen.

Ein positiver Ansatz zur Minderung von Ressourcenkonflikten in Entwicklungsländern könnte in der Förderung nachhaltiger Praktiken und einer effektiven Ressourcenverwaltung liegen. Initiativen, die lokale Gemeinschaften in Entscheidungen über die Nutzung und den Erhalt von Ressourcen einbeziehen, können dazu beitragen, Konflikte zu vermeiden und gleichzeitig die Lebensbedingungen der Menschen zu verbessern. Auch die Etablierung transparenter und gerechter Systeme für die Verteilung von Ressourcen, sowie Bildungs- und Entwicklungshilfemaßnahmen, spielen eine entscheidende Rolle.

Environmental Kuznets Curve
Die Environmental Kuznets Curve (EKC) ist ein theoretisches Modell, das die Beziehung zwischen wirtschaftlicher Entwicklung und Umweltverschmutzung beschrieben soll. Der Name stammt von dem Ökonomen Simon Kuznets, der in den 1950er Jahren eine Beziehung zwischen Einkommensniveau und Ungleichheit postulierte. Ähnlich postuliert die EKC, dass die Umweltbelastung zu Beginn der wirtschaftlichen Entwicklung steigt, um bei höheren Einkommensniveaus wieder zu sinken. Diese U-förmige Beziehung deutet darauf hin, dass mit steigendem Wohlstand und technischen Fortschritt auch ein höheres Umweltbewusstsein und effektivere Umweltpolitik entstehen.

Im Kontext von Ressourcenkonflikten eröffnet die EKC einen wichtigen analytischen Rahmen. Ressourcenkonflikte entstehen häufig in Ländern und Regionen, in denen natürliche Ressourcen wie Wasser, Mineralien oder Wälder in hohem Maße ausgebeutet werden, um kurzfristige ökonomische Gewinne zu erzielen. Während die EKC im ersten Abschnitt der wirtschaftlichen Entwicklung anzeigt, dass Umweltverschmutzung und Ressourcenabbau zunehmen, stehen wir vor der Herausforderung, dass diese Praktiken oft zu gravierenden ökologischen und sozialen Konflikten führen.

Ein solcher Konflikt entsteht oft in Gebieten mit reichem Naturressourcenvorkommen, wo soziale Ungleichheiten und Machtgefälle zu einem verschärften Wettbewerb um diese Ressourcen führen. Während der ersten Phase der EKC kann es zu gravierenden ökologischen Schäden kommen, was wiederum in der Gesellschaft zu Spannungen führt. Betriebe, die auf die Ausbeutung von Ressourcen angewiesen sind, missachten häufig Umweltstandards, was zu Landnutzungskonflikten mit indigenen Gemeinschaften führt, die ihren Lebensunterhalt von diesen Ressourcen abhängig machen.

Die zweite Phase der EKC, in der Umweltschutzmaßnahmen eingeführt und verbessert werden, zeichnet sich häufig durch den Aufstieg einer zivilgesellschaftlichen Organisation und geringere Ungleichheit aus. In dieser Phase können soziale und politische Bewegungen entstehen, die für den Schutz von natürlichen Ressourcen und für die Berücksichtigung der Umwelt in der Wirtschaft eintreten. Der Druck auf Regierungen und Unternehmen wächst, ökologische Standards zu setzen und nachhaltige Praktiken einzuführen, was zu einem Rückgang der Umweltbelastung führen kann. Jedoch zeigt die Realität, dass dieser Prozess oft nicht linear verläuft und viele Gesellschaften nach wie vor die negativen Auswirkungen der Ressourcenausbeutung erleben, insbesondere wenn sie in einer Phase der ökonomischen Entwicklung stagnieren oder zurückfallen.

Ein wichtiges Element der EKC ist der technische Fortschritt, der eine entscheidende Rolle beim Übergang zu einer umweltfreundlicheren Wirtschaft spielt. Innovationen in nachhaltigen Technologien, effizientere Ressourcennutzung und Recyclingmethoden können dazu beitragen, die Umweltauswirkungen zu verringern, selbst während die ökonomische Entwicklung fortschreitet. In Regionen, in denen es Ressourcenverteilungskonflikte gibt, kann der Einsatz von Technologien, die umweltfreundliche Lösungen fördern, jedoch durch mangelnde finanzielle Mittel, Korruption oder schwache institutionelle Strukturen behindert werden.

Erdüberlastungstag / Earth Overshoot Day

Der Erdüberlastungstag, auch als Earth Overshoot Day bekannt, ist ein bedeutendes Datum im Kontext der globalen Ressourcennutzung und ökologischen Nachhaltigkeit. Dieser Tag markiert den Zeitpunkt im Jahr, an dem die Menschheit die natürlichen Ressourcen, die die Erde in einem Jahr regenerieren kann, aufgebraucht hat. Ab diesem Datum leben wir sozusagen auf „Kredit" und verbrauchen mehr Ressourcen, als der Planet innerhalb eines Jahres regenerieren kann. Die Berechnung dieses Datums erfolgt durch den Global Footprint Network, eine Organisation, die die ökologischen Fußabdrücke von Ländern und der Welt insgesamt analysiert.

Im Jahr 2023 fiel der Erdüberlastungstag auf den 2. August. Dies bedeutet, dass die Menschheit seit diesem Datum in einer Art ökologischem Defizit lebt, was langfristig nicht nachhaltig ist. Der kontinuierliche Anstieg der globalen Bevölkerung, der Industrialisierung und des Konsumverhaltens führt dazu, dass wir immer mehr Ressourcen beanspruchen, sei es Wasser, fossile Brennstoffe, Nahrungsmittel oder andere natürliche Ressourcen. Diese Übernutzung hat schwerwiegende Konsequenzen für das globale Ökosystem, einschließlich des Verlusts der biologischen Vielfalt, der Abholzung, der Degradation von Böden und der Klimakrise.

Im Kontext von Ressourcenkonflikten wird der Erdüberlastungstag besonders relevant, da die Übernutzung natürlicher Ressourcen häufig zu Spannungen und Konflikten zwischen verschiedenen Interessengruppen führt. Solche Konflikte können sowohl innerhalb von Nationen als auch zwischen ihnen auftreten. Ein klassisches Beispiel sind Wasserkriege, in denen der Zugang zu Wasserressourcen zwischen Landwirten, Industrien und städtischen Zentren umstritten wird. In vielen Regionen der Welt, insbesondere in ariden und semi-ariden Gebieten, führt der übermäßige Abbau von Wasserreserven nicht nur zu sozialem Unfrieden, sondern auch zu politischen Spannungen zwischen Nachbarländern, die sich um grenzüberschreitende Wasserressourcen streiten.

Ein weiterer Aspekt, der Ressourcenkonflikte anheizt, ist der Zugang zu fossilen Brennstoffen. In Regionen mit reichen natürlichen Ressourcen, wie etwa im Nahen Osten oder in Teilen Afrikas, kann der Wettlauf um den Zugriff auf diese Ressourcen zu geopolitischen Spannungen, Bürgerkriegen und Instabilität führen. Der Kampf um Rohstoffe ist häufig nicht nur ein ökonomischer, sondern auch ein sozioökonomischer und kultureller Konflikt, bei dem ethnische und nationale Identitäten eine Rolle spielen.

Darüber hinaus beeinflusst der Erdüberlastungstag auch die globalen wirtschaftlichen Strukturen. Länder, die über reichlich vorhandene Ressourcen verfügen, neigen dazu, ihren Ressourcenverbrauch höher zu behalten, was wiederum zu Spannungen mit ressourcenärmeren Nationen führen kann. Dies kann in Form von Handelskonflikten, wirtschaftlichem Druck oder sogar militärischen Interventionen geschehen. Die Ungleichheit im Zugang zu natürlichen Ressourcen fördert nicht nur interne Ungerechtigkeiten, sondern kann auch transnationale Spannungen erzeugen, die den Frieden und die Stabilität ernsthaft bedrohen.

Um die negativen Auswirkungen der Ressourcenkonflikte und der Übernutzung von Ressourcen zu bekämpfen, sind nachhaltige Praktiken unerlässlich. Dies beinhaltet den Übergang zu erneuerbaren Energiequellen, die Umsetzung effizienterer Ressourcennutzungsmethoden und die Förderung einer Kreislaufwirtschaft. Zudem müssen internationale Kooperationen gestärkt werden, um gemeinsamen Zugang zu Ressourcen, insbesondere in wasserarmen Regionen, zu gewährleisten.

Ernährungssicherheit

Ernährungssicherheit ist ein multifaktorielles Konzept, das die Verfügbarkeit, den Zugang, die Nutzung und die Stabilität von Nahrungsmitteln umfasst. In einem globalen Kontext, der zunehmend von Ressourcenkonflikten geprägt ist, gewinnt die Untersuchung der Wechselwirkungen zwischen Ernährungssicherheit und Konflikten um natürliche Ressourcen an Bedeutung.

In vielen Regionen der Welt sind Wasser, Boden und andere landwirtschaftliche Ressourcen nicht nur ökonomische, sondern auch strategische Güter. Die gesteigerte Nachfrage nach Lebensmitteln, bedingt durch das Wachstum der Weltbevölkerung sowie veränderte Ernährungsgewohnheiten, führt zu erhöhter

Konkurrenz um diese Ressourcen. Diese Konkurrenz kann sowohl innerhalb von Staaten als auch über nationale Grenzen hinweg Konflikte hervorrufen.

Ein zentrales Element dieser Konflikte ist die Wasserknappheit, die insbesondere durch den Klimawandel und ungleiche Verteilung der Wasserressourcen verstärkt wird. Der Zugang zu Wasser ist entscheidend für die Landwirtschaft, und Wasserknappheit kann zu Ernteausfällen führen, was wiederum die Ernährungssicherheit gefährdet. In Regionen, in denen Wasserquellen grenzüberschreitend sind, wie im Nahen Osten, können Spannungen zwischen Ländern entstehen, die auf die Nutzung dieser Wasserressourcen abzielen, was Konflikte anheizen kann.

Darüber hinaus sind auch landwirtschaftliche Risiken, wie Bodenergiebigkeit und die Verfügbarkeit von Agrarflächen, entscheidend. In vielen Entwicklungsländern sind die Böden oft übernutzt oder erodiert, und Klimafaktoren wie Dürren oder Überschwemmungen tragen zur Unsicherheit bei. In solchen Szenarien können Landkonflikte ausbrechen, insbesondere wenn der Zugang zu fruchtbarem Land eingeschränkt ist. Diese Konflikte manifestieren sich oft in Form von Gebietsansprüchen, Vertreibungen von Kleinbauern oder sogar gewaltsamen Auseinandersetzungen zwischen verschiedenen Gruppen.

Über die direkten physischen Konflikte hinaus spielt auch die geopolitische Dimension eine wesentliche Rolle. Länder, die über große landwirtschaftliche Flächen oder natürliche Ressourcen verfügen, können in internationalen Handelsbeziehungen oder politischen Allianzen eine dominierende Position einnehmen, was Spannungen mit anderen Ländern verstärken kann, die auf der Suche nach Nahrungsmittel- und Ressourcensicherheit sind. Nahrungsmittelkrisen, wie die von 2007-2008, haben gezeigt, wie Exportbeschränkungen und steigende Lebensmittelpreise zu Unruhen und politischen Konflikten führen können.

Die Wechselwirkungen sind zudem komplex und variieren stark je nach regionalen Gegebenheiten. So können beispielsweise ethnische oder soziale Spannungen, die historisch gewachsen sind, durch Ressourcenknappheit zusätzlich angeheizt werden. In vielen Fällen sind zwar Lebensmittel verfügbar, jedoch sind diese aufgrund von Armut und Ungleichheit nicht für alle zugänglich, was das Problem der Ernährungssicherheit verschärft und potenziell zu sozialen Unruhen führt.

Um diesen Herausforderungen zu begegnen, ist ein integrativer Ansatz erforderlich, der sowohl auf die Verbesserung der Ressourcennutzung als auch auf die Stärkung der Governance-Strukturen abzielt. Nachhaltige landwirtschaftliche Praktiken, effektive Wasserbewirtschaftung und der Schutz der Biodiversität müssen Hand in Hand gehen mit einer gerechten und transparenten Politik, die den Zugang zu Ressourcen für alle gewährleisten kann.

Letztlich ist die Frage der Ernährungssicherheit in einem von Ressourcenkonflikten geprägten Kontext nicht nur eine technische oder ökonomische Herausforderung, sondern auch eine gesellschaftliche und politische. Die Schaffung von Ernährungssicherheit erfordert ein umfassendes Verständnis der regionalen Konflikte und der Dynamiken, die zu diesen Spannungen führen, sowie die Entwicklung von Lösungen, die sowohl kurz- als auch langfristige Perspektiven berücksichtigen.

Erneuerbare Energien

Erneuerbare Energien spielen eine entscheidende Rolle im globalen Übergang zu nachhaltigeren Energiesystemen und der Bekämpfung des Klimawandels. Sie sind jedoch nicht ohne Herausforderungen, insbesondere im Kontext von Ressourcenkonflikten. Diese Konflikte entstehen oft aus dem Wettbewerb um knappe Ressourcen, die für die Erzeugung erneuerbarer Energien benötigt werden, sowie aus den sozialen und ökologischen Auswirkungen von deren Produktion und Nutzung.

Erneuerbare Energien umfassen eine Vielzahl von Technologien, darunter Solarenergie, Windenergie, Biomasse, Wasserkraft und Geothermie. Jedes dieser Technologien hat spezifische Anforderungen an Ressourcen, sei es in Form von Rohstoffen, Land oder Wasser. Zum Beispiel benötigen Solarpanels Silizium, das zur Herstellung von Solarzellen verwendet wird. Die Gewinnung von Silizium und anderen Metallen, wie Lithium und Kobalt für die Energiespeichertechnologien, kann oft zu ökologischen Schäden führen und Wettbewerbsverhältnisse verschärfen.

Ein typisches Beispiel ist die Lithiumförderung in Lateinamerika, wo große Mengen des Minerals benötigt werden, um Batterien für Elektrofahrzeuge und die Speicherung von Solarenergie herzustellen. Die Gewinnung von Lithium erfolgt häufig aus salzhaltigen Wasserquellen in trockenen Regionen wie dem Salar de Uyuni in Bolivien und hat zu Konflikten mit indigenen Gemeinschaften geführt. Diese Gemeinschaften sehen sich oft mit Wasserknappheit konfrontiert, da die Gewinnung von Lithium große Mengen Wasser benötigt und somit ihre Lebensgrundlage gefährden kann.

Darüber hinaus ist die Flächeninanspruchnahme ein weiteres zentrales Konfliktthema. Windparks und Solarfelder benötigen oft umfangreiche Flächen, was zu Landnutzungskonflikten führen kann, insbesondere in Gebieten mit bereits bestehenden Nutzungen oder geschützt gehalten Ökosystemen. In vielen Fällen stehen Investoren und staatliche Akteure den örtlichen Gemeinschaften gegenüber, die möglicherweise nicht angemessen in Entscheidungsprozesse einbezogen werden. Dies kann zu Widerstand und Protesten führen, die gegen Infrastrukturausbauprojekte gerichtet sind.

Die Herstellung und Installation von Technologien der erneuerbaren Energien erfordert zudem eine Vielzahl an Materialien, deren Abbau oft mit sozialen und ökologischen Konflikten verbunden ist. Beispielsweise kann der Abbau von Seltenen Erden, die für die Herstellung von Permanentmagneten in Windturbinen unabdingbar sind, zu Umweltverschmutzung und Gesundheitsproblemen in den Abbaugebieten führen. Hier zeigt sich, dass der Übergang zu erneuerbaren Energien nicht automatisch zu einer Reduktion der Konflikte führt, sondern möglicherweise neue Konflikte aufwirft oder bestehende verschärft.

Der Zugang zu Energiekapazitäten und Energieressourcen spielt außerdem eine bedeutende Rolle auf geopolitischer Ebene. Länder, die reich an Rohstoffen zur Herstellung von Technologien der erneuerbaren Energien sind, könnten in eine dominierende Position auf dem globalen Markt für grüne Technologien gelangen, was bestehende Machtverhältnisse verändern könnte.

Ein weiterer Aspekt, der in der Diskussion über erneuerbare Energien und Ressourcenkonflikte oft übersehen wird, betrifft die Komplexität der Wertschöpfungsketten. Lokale Gemeinschaften, die in Ressourcengebieten leben, sind häufig nicht in der Lage, von den ökonomischen Vorteilen der Ressourcennutzung zu profitieren und tragen stattdessen die Lasten in Form von Umweltzerstörung und sozialem Verlust. Soziale Gerechtigkeit und die Einbeziehung lokaler Akteure in Entscheidungsprozesse müssen daher integrale Bestandteile der Planung und des Ausbaus erneuerbarer Energien sein.

In Anbetracht dieser Herausforderungen ist es wichtig, dass der Übergang zu erneuerbaren Energien nicht isoliert betrachtet wird. Ein integrativer Ansatz, der soziale, wirtschaftliche und ökologische Aspekte gleichwertig berücksichtigt, könnte helfen, Ressourcenkonflikte zu vermeiden oder zu mindern. Hier sind kreative Ansätze wie die Förderung von Kreislaufwirtschaft, nachhaltigen Abbaupraktiken sowie partizipativen Planungsprozessen von großer Bedeutung. Diese Maßnahmen könnten dazu beitragen, eine nachhaltige Nutzung der Ressourcen zu gewährleisten und gleichzeitig die Interessen aller betroffenen Akteure zu wahren.

European Green Deal

Der European Green Deal (EGD), der Ende 2019 von der Europäischen Kommission unter der Leitung von Präsidentin Ursula von der Leyen vorgestellt wurde, ist eine umfassende Strategie, die darauf abzielt, Europa bis 2050 zum ersten klimaneutralen Kontinent zu machen. Dieser ambitiöse Plan umfasst eine Vielzahl von Maßnahmen zur Reduzierung der Treibhausgasemissionen, zur Förderung erneuerbarer Energien, zur Verbesserung der Energieeffizienz und zur Bewahrung der biologischen Vielfalt. Die Implementierung des EGD bringt jedoch auch erhebliche Herausforderungen und potenzielle Konflikte im Hinblick auf Ressourcen mit sich.

Ein zentraler Aspekt des EGD ist der Übergang zu einer kohlenstoffarmen Wirtschaft, der einen erhöhten Bedarf an kritischen Rohstoffen mit sich bringt. Dies betrifft insbesondere Materialien, die für die Produktion von Technologien zur erneuerbaren Energiegewinnung notwendig sind, wie beispielsweise Lithium, Kobalt und Seltene Erden. Diese Rohstoffe sind für die Herstellung von Batterien, Solarzellen und Windturbinen unerlässlich und werden zunehmend auch für die Elektrifizierung des Verkehrssektors benötigt. Der Nachfrageboom könnte jedoch zu Ressourcenkonflikten führen, sowohl innerhalb als auch außerhalb Europas.

In geografischen Regionen, in denen diese Rohstoffe abgebaut werden, kann der hohe Druck auf die Umwelt und die lokalen Gemeinschaften zu sozialem Unfrieden führen. Beispielsweise sind Regionen in Afrika, Lateinamerika und Asien, wo viele der benötigten Rohstoffe abgebaut werden, oftmals von starkem wirtschaftlichen und umweltpolitischen Druck betroffen. Die Gewinnung von Lithium in Bolivien oder Kobalt in der Demokratischen Republik Kongo hat bereits zu massiven sozialen Konflikten geführt. Vor diesem Hintergrund wird der European Green Deal auch als ein Ansatz zur Förderung der sogenannten „gerechten Transition" betrachtet, bei der ökologische Nachhaltigkeit und soziale Gerechtigkeit Hand in Hand gehen sollten. Dies bedeutet, dass die EU bestrebt sein muss, nicht nur die ökologischen Aspekte der Ressourcenbeschaffung zu berücksichtigen, sondern auch die sozialen Auswirkungen in den Herkunftsländern zu adressieren.

Ein weiterer wichtiger Konfliktpunkt betrifft die Sicherstellung der Verfügbarkeit dieser Ressourcen. Der globale Wettlauf um die Beschaffung kritischer Materialien könnte geopolitische Spannungen verschärfen, insbesondere angesichts der Dominanz bestimmter Länder (insbesondere China) in der Verarbeitung und dem Handel mit Seltenen Erden. Dies könnte zu einem erhöhten Bedarf an nationalen oder regionalen Strategien zur Rohstoffsicherung führen, was im

Widerspruch zu den globalen Zielen des Green Deals stehen könnte, die auf internationaler Zusammenarbeit und Handel basieren. Zudem können Recyclingstrategien und die Förderung von Kreislaufwirtschaft einer der Schlüssel zur Minderung von Ressourcenkonflikten sein. Die EU hat sich zum Ziel gesetzt, den Anteil an recycelten Materialien in ihren Produkten zu erhöhen, was nicht nur die Abhängigkeit von Primärrohstoffen verringern könnte, sondern auch die Druck auf die Ökosysteme in Abbauregionen und die soziale Stabilität vor Ort. Technologische Innovationen im Bereich des Recyclings und der Ressourcennutzung sind daher von entscheidender Bedeutung, um die Ziele des EGD zu erreichen und gleichzeitig Ressourcenkonflikte zu vermeiden.

Extractive Industries Transparency Initiative (EITI)
Die Extractive Industries Transparency Initiative (EITI) ist eine internationale Initiative, die 2002 ins Leben gerufen wurde, um Transparenz und Verantwortung im Bereich der rohstofflichen Gewinnung zu fördern. EITI hat sich als Antwort auf die weit verbreitete Wahrnehmung entwickelt, dass die Ausbeutung von Rohstoffen nicht nur zu wirtschaftlichem Wohlstand, sondern auch zu Ressourcenkonflikten, Korruption und einer schlechten Regierungsführung führen kann. Die Initiative zielt darauf ab, die finanziellen Ströme aus der Rohstoffindustrie offenzulegen und darüber hinaus die Interaktionen zwischen Regierungen, Rohstoffunternehmen und Zivilgesellschaft zu fördern.

EITI fördert die Offenlegung von Informationen über die Einnahmen, die durch Rohstoffabbau generiert werden, wie etwa Steuern, Lizenzgebühren, staatliche Beteiligungen und andere Zahlungen. Der Hauptmechanismus besteht in der sogenannten "Reconciliation", einem Prozess, bei dem die Daten von Regierungen und Unternehmen über Einnahmen und Zahlungen verglichen werden, um Unstimmigkeiten und Transparenzlücken zu identifizieren. Dabei werden auch lokale Gemeinschaften und Zivilgesellschaft in den Informationsprozess einbezogen, um sicherzustellen, dass die Transparenzbemühungen nicht nur auf staatlicher und unternehmerischer Ebene, sondern auch im Hinblick auf die lokalen Auswirkungen des Rohstoffabbaus umfassend sind.

Im Kontext von Ressourcenkonflikten ist die Rolle von EITI besonders relevant. Ressourcenkonflikte, die häufig in rohstoffreichen Staaten auftreten, sind oft das Ergebnis von Kämpfen um Kontrolle und Zugang zu natürlichen Ressourcen. Solche Konflikte können durch Verteilungskämpfe, ungleiche Machtverhältnisse und historische Ungerechtigkeiten angeheizt werden. Oft führt die Intransparenz in der Verwaltung der Ressourcen und den darauffolgenden Einnahmen zu einem

Mangel an Vertrauen zwischen den Bürgern und den Institutionen, was die gesellschaftliche Instabilität weiter verschärfen kann.

EITI kann als ein Werkzeug zur Vorbeugung solcher Konflikte wirken, indem es Transparenz schafft und gleichzeitig den Dialog zwischen den verschiedenen Akteuren fördert. Indem die Daten über Ressourceninnahmen und die Verwendung von Geldern offengelegt werden, kann EITI dazu beitragen, Korruption und Missbrauch zu beseitigen, die häufig die Wurzel sozialer Unruhen darstellen. Die Öffentlichkeit und lokale Gemeinschaften können durch den Zugang zu diesen Informationen besser nachvollziehen, wie und wo die Einnahmen verwendet werden und welche Vorteile der Rohstoffabbau für die lokale Bevölkerung mit sich bringt.

Trotz ihrer positiven Ansätze steht die EITI jedoch auch vor Herausforderungen. Die Implementierung erfordert Unterstützung und Engagement von Seiten der Regierungen, der Unternehmen und der Zivilgesellschaft. In manchen Ländern ist die politische Landschaft stark polarisiert oder von Governance-Problemen geprägt, was die Umsetzung der EITI-Prinzipien behindern kann. Darüber hinaus ist die tatsächliche Wirksamkeit des Initiatives in der Praxis unterschiedlich. In einigen Staaten konnte EITI zu bedeutenden Verbesserungen der Transparenz und der Regierungsführung führen, während in anderen Ländern die Fortschritte begrenzt blieben.

Extraktivismus

Extraktivismus bezeichnet ein wirtschaftliches Modell, das sich auf die Gewinnung von Rohstoffen aus der Natur konzentriert, insbesondere in Form von Bergbau, Öl- und Gasförderung sowie Holzernte. Dieser Ansatz hat in den letzten Jahrzehnten an Bedeutung gewonnen, da viele Länder, insbesondere in der Globalen Südhalbkugel, versuchen, durch die Ausbeutung ihrer natürlichen Ressourcen wirtschaftliches Wachstum zu erzielen. Der Extraktivismus ist häufig eng mit Ressourcenkonflikten verbunden, die sich aus den ökologischen, sozialen und wirtschaftlichen Auswirkungen der Ressourcenextraktion ergeben.

Ein zentrales Merkmal des Extraktivismus ist die oft kurzfristige Perspektive, die sich auf schnelle Gewinne fokussiert, ohne die langfristigen Konsequenzen für die Umwelt und die lokalen Gemeinschaften ausreichend zu berücksichtigen. Die Gewinnung von Rohstoffen führt oft zu erheblichen ökologischen Schäden, wie z.B. Entwaldung, Bodenerosion, Verschmutzung von Wasserressourcen und Verlust der biologischen Vielfalt. Diese ökologischen Missstände haben nicht nur unmittelbare Auswirkungen auf die Umwelt, sondern tragen auch zur

Destabilisierung lokaler Gemeinschaften bei, die von gesunden Ökosystemen für ihre Lebensgrundlage abhängig sind. Ressourcenkonflikte entstehen häufig aus Spannungen zwischen den Interessen von Unternehmen, Regierungen und lokalen Gemeinschaften. Unternehmen, die in der Extraktion tätig sind, streben danach, ihre Produktionskosten zu minimieren und Gewinne zu maximieren. Oft geschieht dies auf Kosten der Rechte der indigenen Völker und lokaler Gemeinschaften, die möglicherweise nicht über geeignete Klärungs-, Vertretungs- oder Entschädigungsmechanismen verfügen. Diese Gemeinschaften betrachten oft die Ressourcen, die in oder um ihr Land liegen, nicht nur als wirtschaftliche Güter, sondern auch als integralen Bestandteil ihrer Kultur und Identität. Wenn diese Interessen miteinander kollidieren, kann es zu Konflikten kommen, die von gewaltsamen Auseinandersetzungen bis zu zivilen Unruhen reichen.

Ein Beispiel für einen Ressourcenkonflikt im Kontext des Extraktivismus ist der Widerstand indigener Völker in Amazonien gegen Ölbohrungen. Diese Gruppen argumentieren, dass die Förderung fossiler Brennstoffe nicht nur ihre Lebensgrundlagen gefährdet, sondern auch das ökologische Gleichgewicht der Region ernsthaft gefährdet. Die Zerstörung von Regenwaldflächen, die oft mit Ölbohrungen einhergeht, führt zu einem Verlust von Biodiversität, der nicht nur die lokale Flora und Fauna schädigt, sondern auch die globalen klimatischen Bedingungen beeinflusst. Diese Dynamiken verdeutlichen die komplexen Verflechtungen zwischen wirtschaftlicher Ausbeutung, ökologischer Integrität und sozialen Rechten.

Die International Community hat in den letzten Jahren die Herausforderungen des Extraktivismus und der damit verbundenen Ressourcenkonflikte zunehmend anerkannt. Initiativen zur Förderung von nachhaltigen Praktiken und gerechten Verfahren in der Rohstoffindustrie sind entstanden, die eine stärkere Einbindung von Gemeinschaften in Entscheidungsprozesse und eine Berücksichtigung ökologischer Standards fordern. An Beispielen wie der Extractive Industries Transparency Initiative (EITI), die die Transparenz der Einnahmen aus Rohstoffressourcen fördern möchte, wird deutlich, dass es sowohl gesellschaftliche als auch wirtschaftliche Anstrengungen bedarf, um einen Ausweg aus der spiralenartigen Beziehung zwischen Extraktivismus und Ressourcenkonflikten zu finden.

Extraterritoriale Staatenpflichten

Extraterritoriale Staatenpflichten beziehen sich auf die Verantwortung von Staaten, bestimmte Standards des internationalen Rechts und der Menschenrechte nicht nur innerhalb ihrer eigenen Grenzen, sondern auch in Bezug auf

Handlungen zu erfüllen, die außerhalb ihrer Hoheitsgebiete Auswirkungen haben. Diese Konzepte sind insbesondere im Kontext von Ressourcenkonflikten von Bedeutung, da multinational agierende Unternehmen oft in Staaten tätig sind, in denen lohnende, aber potenziell konfliktbehaftete Ressourcen vorhanden sind.

Ressourcenkonflikte, oft auch als "Ressourcenflüche" bezeichnet, entstehen in der Regel in Kontexten, in denen natürliche Ressourcen wie Mineralien, Öl und Gas vorhanden sind. Diese Konflikte können durch verschiedene Faktoren bedingt sein, darunter wirtschaftliche Ungleichheit, politische Instabilität und ethnische Spannungen. Oftmals sind es externe Akteure – darunter ausländische Regierungen und Unternehmen – die in diese Ressourcenvergabe und -ausbeutung verwickelt sind und somit eine extraterritoriale Verantwortung tragen.

Das Konzept der extraterritorialen Staatenpflichten wird durch mehrere internationale Rahmenwerke gestützt. Die UN-Leitprinzipien für Wirtschaft und Menschenrechte legen fest, dass Staaten verpflichtet sind, die Menschenrechte zu schützen und ihrer Menschenrechtspolitik Rechnung zu tragen, auch wenn diese Rechte durch Aktivitäten von Unternehmen im Ausland gefährdet werden. In diesem Zusammenhang gelten sowohl die Pflicht der Staaten zur menschenrechtskonformen Regulierung von Unternehmen innerhalb ihrer Hoheitsgebiete als auch die Verantwortung, solche Unternehmen bei ihrer Tätigkeit im Ausland zu überwachen und zu kontrollieren. Daher müssen Staaten sicherstellen, dass ihre Unternehmen bei der Ressourcenausbeutung, beispielsweise in Konfliktregionen, die Menschenrechte und Umweltstandards einhalten.

Zusätzlich fordern internationale Abkommen wie das UN-Abkommen über die Rechte indigener Völker oder die Konvention über die biologische Vielfalt eine besondere Berücksichtigung der Interessen und Rechte von lokalen Gemeinschaften. Externe Staaten und Unternehmen müssen sicherstellen, dass ihre Handlungen in Übereinstimmung mit diesen internationalen Normen stehen und die lokalen Gemeinschaften nicht benachteiligen oder in Konflikte verwickeln.

Ein Beispiel für diese extraterritorialen Staatenpflichten ist die Anwendung von Due Diligence-Anforderungen, die Unternehmen dazu verpflichtet, potenzielle Menschenrechtsverletzungen und Umweltgefahren zu identifizieren, zu verhindern und zu mindern. Diese Due Diligence muss auch auf die komplexen geopolitischen Kontexte eingehen, in denen die Unternehmen tätig sind, und kann von den Staaten eingefordert werden, aus denen diese Unternehmen stammen.

Die praktische Implementierung dieser extraterritorialen Verpflichtungen ist oft herausfordernd. Stellen Sie sich vor, ein multinationales Unternehmen beginnt mit der Förderung von Mineralien in einem Land, das bereits von internen

Konflikten betroffen ist. Hier müssen sowohl das Herkunftsland des Unternehmens als auch das Gastland sicherstellen, dass die Operationen des Unternehmens keine Menschenrechtsverletzungen, Umweltzerstörungen oder ethnische Spannungen provozieren oder verschärfen. Oft stehen Staaten vor der Herausforderung, zwischen wirtschaftlichen Interessen, geopolitischen Beziehungen und der Notwendigkeit, internationale Standards einzuhalten, abzuwägen.

Extremwetterereignis
Extremwetterereignisse sind Anomalien im Klima, die zu außergewöhnlich intensiven Wetterbedingungen führen, wie beispielsweise Hitzewellen, starke Regenfälle, Dürren, Stürme und Fluten. Diese Ereignisse sind in den letzten Jahrzehnten häufiger und intensiver geworden, was größtenteils auf den Klimawandel zurückzuführen ist, der durch menschliche Aktivitäten, insbesondere die Verbrennung fossiler Brennstoffe und Entwaldung, vorangetrieben wird. Die Auswirkungen von Extremwetterereignissen auf die Umwelt und die menschliche Gesellschaft sind weitreichend und komplex, insbesondere im Kontext von Ressourcenkonflikten.

Ressourcenkonflikte entstehen häufig in Regionen, in denen knappe Ressourcen, wie Wasser, Boden und Nahrungsmittel, auf eine wachsende Bevölkerung und steigenden Konsumdruck treffen. Wenn Extremwetterereignisse solche Ressourcen weiter beeinträchtigen, können sie bestehende Spannungen verstärken und neue Konflikte hervorrufen. Ein Beispiel dafür sind die Auswirkungen von Dürreperioden auf die Landwirtschaft. In vielen Entwicklungsländern, wo die Landwirtschaft einen Großteil der Wirtschaft und der Lebensgrundlage der Bevölkerung darstellt, können längere Dürrezeiten zu Ernteausfällen führen. Dies schafft nicht nur Nahrungsmittelengpässe, sondern steigert auch die Preise für Lebensmittel, was besonders arme Haushalte hart trifft. Die damit verbundenen Nahrungsmittelkrisen können soziale Unruhen und Migrationsbewegungen auslösen, da Menschen gezwungen sind, ihre Heimat aufgrund von unzureichenden Lebensmitteln zu verlassen.

Ein weiteres Beispiel ist die Verschärfung des Wettbewerbs um Wasserressourcen. In Regionen, die bereits unter Wasserknappheit leiden, können extrem starke Regenfälle oder plötzliche Überflutungen die Verfügbarkeit von Wasser vorübergehend erhöhen. Allerdings können diese Ereignisse auch die Infrastruktur und die Wasserversorgungsanlagen schädigen, was zu langfristigen Versorgungsengpässen führt. In Flussbecken, die mehrere Länder durchqueren, können solche extremen Wetterbedingungen zu Spannungen zwischen den Anrainerstaaten führen, insbesondere wenn diese Staaten nicht über funktionierende

Mechanismen zur Wasserteilung verfügen. Insbesondere, wenn ein Land die Wasserressourcen eines gemeinsamen Flusses übernutzt oder Damm baut, um Überschwemmungen vorzubeugen, während ein anderes landwirtschaftlich davon abhängt, kann dies zu Konflikten führen.

Des Weiteren ist zu beachten, dass Extremwetterereignisse oft nicht isoliert auftreten, sondern in Wechselwirkung mit sozialen, politischen und wirtschaftlichen Faktoren stehen. Schwache Regierungen, fehlende institutionelle Kapazitäten und Korruption können die Fähigkeit einer Gesellschaft, sich Anpassen und auf Extremwetterereignisse zu reagieren, erheblich einschränken. In solchen Kontexten können Marginalisierung und Ungleichheit verstärkt werden, was zu einer erhöhten Fragilität führt. Diese Dynamiken arbeiten häufig in einem Kreislauf, in dem Extremwetterereignisse soziale und politische Spannungen verschärfen, was wiederum das Risiko eines Konflikts erhöht.

Schließlich ist anzumerken, dass Maßnahmen zur Minderung des Klimawandels und die Verbesserung der Resilienz gegenüber Extremwetterereignissen im Hinblick auf die Vermeidung von Ressourcenkonflikten von entscheidender Bedeutung sind. Strategien wie nachhaltige Landwirtschaft, Wassermanagement und interkommunale Zusammenarbeit sowie Maßnahmen zur Verringerung von Treibhausgasemissionen können dazu beitragen, die Auswirkungen von Extremwetterereignissen zu mindern und Ressourcenkonflikten vorzubeugen. Auch der Aufbau von institutionellen Kapazitäten zur Bewältigung von Krisensituationen und die Förderung einer besseren gesellschaftlichen Zusammenarbeit sind entscheidend, um den sozialen Zusammenhalt zu stärken und das Risiko von Konflikten zu reduzieren. Die Integration von Klimaanpassungsstrategien in die Entwicklungspolitik wird daher zunehmend als notwendig erachtet, um nicht nur auf die Effekte des Klimawandels zu reagieren, sondern diese proaktiv zu verhindern.

Finanzialisierung

Die Finanzialisierung ist ein komplexes Phänomen, das sich auf die zunehmende Rolle finanzieller Märkte, Institutionen und Akteure in der globalen Wirtschaft bezieht. Sie beschreibt einen Prozess, bei dem finanzielle Logiken und Praktiken in verschiedenen gesellschaftlichen Sphären, einschließlich der Politik, des Handels und der sozialen Beziehungen, an Bedeutung gewinnen. In diesem Kontext sind Ressourcenkonflikte ein zentrales Thema, da die Verknappung von Ressourcen und deren wirtschaftliche Bewertung durch finanzielle Akteure in vielerlei Hinsicht Einfluss auf die Dynamik von Konflikten und deren Lösungsansätze hat.

Ressourcenkonflikte entstehen häufig dort, wo es um den Zugang zu, die Kontrolle über oder die Verteilung von natürlichen Ressourcen geht. Diese Ressourcen können Wasser, Erdöl, Mineralien oder landwirtschaftlich nutzbare Flächen umfassen. Die Verknappung und der steigende Wert dieser Ressourcen im Kontext der globalen Märkte lenken die Aufmerksamkeit auf finanzielle Strategien und Investitionen, die das Verhalten von Staaten, Unternehmen und Gemeinschaften beeinflussen. Die Finanzialisierung trägt somit zur Intensivierung von Ressourcenkonflikten bei, indem sie ökonomische Anreize schafft, die das Verhalten von Akteuren in Konfliktsituationen steuern.

Ein markantes Beispiel für die Auswirkungen der Finanzialisierung auf Ressourcenkonflikte ist die zunehmende Rolle von Finanzinvestoren und Hedgefonds, die in Rohstoffmärkte investieren. Diese Finanzakteure nehmen eine entscheidende Rolle bei der Preisbildung von Ressourcen ein, was insbesondere in Krisensituationen oder bei Naturkatastrophen zu einem Anstieg der Preise und damit zu Konflikten führen kann. Auch Die Spekulation mit Rohstoffen kann zu einer Volatilität der Preise beitragen, die die Lebensbedingungen vor allem in Entwicklungsländern verschlechtert und daher zu sozialen Spannungen und Konflikten führen kann.

Darüber hinaus führt die Finanzialisierung dazu, dass natürliche Ressourcen nicht nur als physische Güter betrachtet werden, sondern auch als finanzielle Assets, die in Bilanzen und Finanzmärkten gehandelt werden. Dies kann zu einer Entkopplung zwischen der realen Nutzung von Ressourcen und ihrer finanziellen Bewertung führen. Staaten und Unternehmen, die sich in einem Wettbewerb um Investitionen befinden, könnten versucht sein, Ressourcen über ihre ökologischen und sozialen Grenzen hinaus zu erschließen, oft ohne Rücksicht auf lokale Gemeinschaften oder Umweltbedingungen. Diese Dynamiken erzeugen nicht nur Ressourcenkonflikte, sondern verstärken auch bestehende Ungleichheiten, da oft marginalisierte Gruppen am wenigsten von den Vorteilen der Ressourcenausbeutung profitieren.

Ein weiterer Aspekt der Finanzialisierung in Bezug auf Ressourcenkonflikte ist die Rolle internationaler Institutionen und Akteure, die den Zugang zu Krediten und Investitionen regulieren. Die Bedingungen, unter denen Entwicklungsländer Kredite erhalten oder Investitionen anziehen können, sind häufig an die Durchsetzung bestimmter wirtschaftlicher Maßnahmen gebunden, die wiederum die Kontrolle über lokale Ressourcen betreffen. Dies kann zu einem erhöhten Druck auf Staaten führen, ihre Ressourcen in einer Weise zu nutzen, die den Anforderungen der globalen Märkte entspricht, was oft zu Konflikten mit lokalen Gemeinschaften und deren Interessen führt.

Schließlich ist die Verbindung zwischen Finanzialisierung und Ressourcenkonflikten auch ein Thema der kritischen geopolitischen Analyse. Die geopolitischen Spannungen, die durch den Zugriff auf und die Kontrolle über Ressourcen entstehen, sind häufig durch die Interessen globaler Finanzakteure geprägt. Die damit verbundene Militarisierung von Ressourcen sind Begleiterscheinungen einer Welt, in der finanzielle Werte dominieren und wo geopolitische Strategien häufig durch ökonomische Überlegungen bestimmt werden.

Fossile Rohstoffe / Fossile Energieträger

Fossile Rohstoffe, darunter Erdöl, Erdgas und Kohle, sind zentrale Komponenten der globalen Energieversorgung und spielen eine entscheidende Rolle in modernen Industrien und der Mobilität. Diese Energieträger stammen aus der Zersetzung organischen Materials, das über Millionen von Jahren unter hohem Druck und hoher Temperatur in der Erde konserviert wurde. Die Entstehung fossiler Brennstoffe ist eng mit geologischen Prozessen verbunden, die ihre Verteilung und Lagerstätten beeinflussen. Diese Rohstoffe haben einen hohen Brennwert und sind relativ leicht abzubauen, was sie zu einer bevorzugten Energiequelle macht.

Jedoch sind fossile Energieträger mit einer Vielzahl von Konflikten und Herausforderungen verbunden, die oft als Ressourcenkonflikte bezeichnet werden. Diese Konflikte können aus unterschiedlichen Dimensionen resultieren, die teils wirtschaftlicher, teils politischer oder sozialer Natur sind. Die folgenden Aspekte sind in diesem Kontext besonders relevant:

Geopolitische Dimensionen: Die ungleiche Verteilung von fossilen Rohstoffen auf globaler Ebene führt zu geopolitischen Spannungen. Länder, die über reiche Vorkommen verfügen – wie Saudi-Arabien, Russland oder Venezuela – besitzen eine strategische Macht, die ökonomische, politische und militärische Manöver in der internationalen Arena beeinflussen kann. Die Abhängigkeit vieler Länder von Energieimporten führt zu einer Verwundbarkeit, die Kriege oder Konflikte um den Zugang zu diesen Ressourcen auslösen kann. Historische Beispiele sind die Irak-Kriege, die teilweise auf den Zugang zu Erdölressourcen zurückgeführt werden.

Ökonomische Aspekte: Fossile Brennstoffe sind die Basis für zahlreiche Industrien und erzeugen erhebliche Umsatzströme. Die Abhängigkeit von diesen Rohstoffen kann jedoch auch zu wirtschaftlicher Instabilität führen. Länder, die stark auf die Ausfuhr von Öl oder Gas angewiesen sind, sind anfällig für Preisschwankungen auf den globalen Märkten. Das Phänomen der „Ressourcenfalle" beschreibt die Herausforderungen für Länder, die reich an natürlichen Ressourcen sind, aber gleichzeitig mit Korruption, politischen Konflikten und wirtschaftlicher Ineffizienz kämpfen. Die Unfähigkeit, die Einnahmen nachhaltig zu nutzen, kann zu sozialen Unruhen führen.

Soziale Auswirkungen: Der lukrative Charakter fossiler Brennstoffe kann zu sozialen Ungleichheiten führen. In vielen ressourcenreichen Ländern profitieren nur wenige von den Einnahmen, während breite Bevölkerungsschichten unter Armut und Marginalisierung leiden. Dies kann zu sozialen Spannungen und Aufständen führen, wie es beispielsweise in Nigeria im Delta-Region der Fall ist, wo die Bevölkerung gegen Umweltverschmutzungen und soziale Ungleichheiten protestiert.

Umwelt- und Klimakonflikte: Auch die Umweltbelastungen, die mit der Förderung und Nutzung fossiler Energieträger einhergehen, tragen zu Ressourcenkonflikten bei. Der Klimawandel, der durch die Verbrennung fossiler Brennstoffe erheblich vorangetrieben wird, verursacht bereits jetzt ökologische, soziale und ökonomische Verwerfungen weltweit. Länder, die stark von fossilen Brennstoffen abhängen, sehen sich zunehmend dem Druck gegenüber, ihre Energiequellen zu diversifizieren, und solche Maßnahmen führen oft zu Konflikten zwischen bestehenden Interessengruppen und neuen, umweltfreundlicheren Initiativen.

Technologischer Wandel und Alternativen: Der Übergang zu erneuerbaren Energien wird als notwendige Maßnahme zur Bekämpfung des Klimawandels angesehen. Dieser Prozess hat jedoch das Potenzial, neue Konflikte hervorzubringen, insbesondere wenn es darum geht, wer von der Transformation profitieren wird und wie bestehende fossile Energiestrukturen ersetzt werden können, ohne dass es zu massiven Arbeitsplatzverlusten und wirtschaftlichen Umwälzungen kommt. Die Lösungen erfordern eine sorgfältige Balance zwischen ökologischen Zielen und sozialen und wirtschaftlichen Realitäten.

Fracking

Fracking ist eine Methode zur Förderung von Erdöl und Erdgas aus unterirdischen Gesteinsschichten, die zunehmend in den letzten Jahrzehnten an Bedeutung gewonnen hat. Diese Technologie hat nicht nur Auswirkungen auf die Energieproduktion, sondern auch erhebliche gesellschaftliche und ökologische Herausforderungen mit sich gebracht, die in den Kontext von Ressourcenkonflikten eingeordnet werden können.

Fracking beinhaltet das Einspritzen einer hohen Menge Wasser, gemischt mit Sand und Chemikalien, in Untertageformationen, um die Gesteinsmatrix zu destabilisieren und die Freisetzung von Kohlenwasserstoffen zu fördern. Diese Methode hat den Zugang zu zuvor schwer ausbeutbaren Ressourcen, insbesondere in den USA, revolutioniert und zu einem signifikanten Anstieg der Erdgas- und Ölförderung geführt. Die resultierende Energieunabhängigkeit hat jedoch gleichzeitig Spannungen sowohl lokal als auch global verstärkt, da der Wettbewerb um finite Ressourcen, Umweltauswirkungen und gesellschaftliche Belange in den Vordergrund rücken.

Ressourcenkonflikte, die im Zusammenhang mit Fracking stehen, manifestieren sich in verschiedenen Formen. Auf lokaler Ebene sind häufig die Ansprüche von Gemeinschaften betroffen, die in den Fördergebieten leben. Diese Gemeinden sehen sich oft mit Umweltverschmutzung, Wasserknappheit und Gesundheitsrisiken konfrontiert. Chemikalien, die beim Fracking verwendet werden, können in Grundwasser eindringen und so das Trinkwasser gefährden. Studien haben gezeigt, dass frackingbedingte Aktivitäten mit erhöhten Raten von Atemwegserkrankungen und anderen gesundheitlichen Problemen in Verbindung stehen. Solche Auswirkungen führen zu Widerstand aus der Bevölkerung, was in diversen Protestbewegungen resultiert.

Auf globaler Ebene sind die Ressourcenkonflikte oft durch geopolitische Interessen und Abhängigkeiten geprägt. Staaten, die über große Ressourcen an unkonventionellem Öl und Gas verfügen, geraten ins Visier internationaler Akteure, was zu geopolitischen Spannungen führen kann. Die Energieabhängigkeit von fossilen Brennstoffen hat Länder dazu veranlasst, aggressive Förderpolitiken zu verfolgen, was sich negativ auf ökologische und soziale Standards auswirken kann. Die Konkurrenz um Rohstoffe kann auch zu Konflikten zwischen Nationen führen, insbesondere in Regionen mit geopolitischer Instabilität.

Ein weiterer Aspekt der Ressourcenkonflikte im Kontext von Fracking ist die Rolle von Wirtschaft und Politik. Die Lobbyarbeit von Unternehmen der fossilen Energieindustrie hat in vielen Ländern dazu beigetragen, regulatorische Standards zu untergraben, die den Schutz von Umwelt und Gesundheit gewährleisten sollten. Oftmals stehen wirtschaftliche Interessen im Widerspruch zu den Rechten und Bedürfnissen der betroffenen Gemeinschaften.

Zusätzlich zu diesen Herausforderungen wird der globale Klimawandel als ein wichtiger Faktor in den Ressourcenkonflikten hervorgehoben. Fracking trägt zur Erhöhung der Treibhausgasemissionen bei, was den Klimawandel weiter vorantreibt. Daher sind die wissenschaftlichen und politischen Diskussionen um das Fracking untrennbar mit den Fragen der nachhaltigen Entwicklung, der Energieversorgungssicherheit und des globalen Umweltschutzes verbunden.

Geisternetze

Geisternetze beziehen sich auf verlorene oder zurückgelassene Fischernetze, die in marinen Ökosystemen zurückbleiben und ein erhebliches Problem für das marine Leben und die Umwelt darstellen. Diese Netze können jahrelang in den Ozeanen treiben und weiterhin Fische, Meeressäuger, Vögel und andere marine Organismen fangen, was zu einem Phänomen führt, das als "geistern" bezeichnet wird. Die Auswirkungen dieser Netze sind vielfältig und haben sowohl ökologische als auch sozioökonomische Implikationen, die in den Kontext von Ressourcenkonflikten eingeordnet werden können.

In Bezug auf die Ökologie stellen Geisternetze eine erhebliche Bedrohung für die Biodiversität dar. Sie fangen nicht nur die Zieltierarten, sondern auch viele nicht-zielgerichtete Arten, darunter bedrohte und schützenswerte Fischarten, Meeresschildkröten, Robben und Vögel. Diese versehentliche Fischerei, die als „Beifang" bezeichnet wird, trägt zur Überfischung und zum Rückgang gefährdeter Arten bei und hat daher negative Auswirkungen auf die marine Nahrungsnetze und Ökosystemfunktionen. Darüber hinaus ist der Zerfall der Geisternetze ein langer Prozess, der Mikroplastik in die Meeresumwelt einführt und somit auch die Gesundheitsbedenken für die Menschen erhöht, die vom Meer leben oder die Meeresumwelt nutzen.

Im Kontext von Ressourcenkonflikten sind Geisternetze ein Beispiel für die komplexen Wechselwirkungen, die zwischen menschlichen Aktivitäten und der Umwelt bestehen. Die Fischerei ist oft eine Praxis, die sowohl wirtschaftliche Chancen als auch Konflikte mit anderen Stakeholdern, wie Umweltgruppen, anderen Fischereien und lokalen Gemeinschaften, mit sich bringt. In vielen Regionen, insbesondere in Entwicklungsländern, sind die Interessen konfliktbeladen, da das Überfischen und die unzureichende Regulierung von Fischereipraktiken zu einer Zunahme von Geisternetzen führen. Diese Netze werden oft in überfischten Gebieten zurückgelassen, wo die Fischbestände bereits stark dezimiert sind. Somit verstärken Geisternetze den Druck auf lokale Fischbestände, was zu einem Teufelskreis aus Ressourcenausbeutung und ökologischen Schäden führt.

Zusätzlich verschärfen Geisternetze die Herausforderungen des Küstenschutzes und des marinen Raummanagements. In Küstengebieten, wo der Zugang zu Fischereiressourcen oft umkämpft ist, können Geisternetze zu ernsten Konflikten zwischen unterschiedlichen Nutzern führen. Traditionelle Fischer, die auf nachhaltige Praktiken angewiesen sind, sehen sich beispielsweise oft mit dem Problem konfrontiert, dass invasive Geisternetze ihre Fangraten und somit ihre Lebensgrundlage beeinträchtigen. Dies kann zu sozialem Unmut und zu Konflikten innerhalb von Gemeinschaften führen, die auf die gleichen Ressourcen angewiesen sind.

Ein weiterer Aspekt ist die internationale Dimension des Problems. Da Geisternetze nicht an nationale Grenzen gebunden sind, erfordert ihre Kontrolle und Beseitigung internationale Zusammenarbeit und Regelungen. In den letzten Jahren haben verschiedene Organisationen und Regierungen erkannt, dass die Bekämpfung von Geisternetzen Teil einer umfassenderen Strategie zur Bekämpfung der Meeresverschmutzung und des Rückgangs der Biodiversität sein sollte. Programme zur Beseitigung von Geisternetzen, Forschung zu ihrer Herkunft und zu den Auswirkungen sowie die Implementierung nachhaltiger Fischereipraktiken sind entscheidende Schritte zur Minderung der negativen Auswirkungen dieser Geisternetze.

Gemeinsames Erbe der Menschheit

Das Konzept des gemeinsamen Erbes der Menschheit bezieht sich auf Ressourcen und kulturelle Güter, die von allen Menschen und zukünftigen Generationen geteilt und bewahrt werden sollten. Dieses Konzept hat insbesondere in den letzten Jahrzehnten an Bedeutung gewonnen, da die Herausforderungen durch Ressourcenkonflikte, Umweltveränderungen und soziale Ungleichheiten zunehmen. Ressourcenkonflikte entstehen oft aus der ungleichen Verteilung und Nutzung von natürlichen Ressourcen wie Wasser, Land, Mineralien und fossilen Brennstoffen. Diese Konflikte können lokal, national oder sogar global sein und sind häufig von ethnischen, politischen oder wirtschaftlichen Spannungen geprägt. Das gemeinsame Erbe der Menschheit impliziert, dass bestimmte Ressourcen unabhängig von nationalen Grenzen betrachtet werden sollten, da ihr Wert und ihre Bedeutung über lokale oder nationale Interessen hinausgehen.

Ein bedeutsames Beispiel für das gemeinsame Erbe der Menschheit ist das Thema der biologischen Vielfalt und der Ökosysteme. Tropische Regenwälder, Korallenriffe und andere einzigartige Ökosysteme beherbergen eine Vielzahl von Lebensformen, die nicht nur für die Menschen, die in der Nähe leben, von Bedeutung sind, sondern auch für die gesamte Menschheit. Der Verlust dieser Biodiversität könnte irreversible Schäden für das globale Ökosystem bedeuten, was Maßnahmen zum Schutz und zur nachhaltigen Nutzung dieser Ressourcen erforderlich macht.

Die Anerkennung von Ressourcen als gemeinsames Erbe der Menschheit stellt eine Basis für internationale Zusammenarbeit dar, um Ressourcenkonflikten vorzubeugen. Die Agenda 2030 für nachhaltige Entwicklung, die 2015 von der UN-Generalversammlung verabschiedet wurde, fördert eine nachhaltige Nutzung von Ressourcen und fordert die internationale Gemeinschaft auf, in Ressourcenkonflikten Präventionsstrategien zu entwickeln. Diese Strategien beinhalten den Schutz des Zugangs zu Wasser, die Bekämpfung des Klimawandels und die Förderung nachhaltiger landwirtschaftlicher Praktiken.

Ein weiteres wichtiges Element im Kontext des gemeinsamen Erbes der Menschheit ist die Rolle der indigenen Völker. Viele dieser Gemeinschaften leben in und um Gebiete, die für die biologische Vielfalt von entscheidender Bedeutung sind. Durch ihre traditionellen Kenntnisse und Praktiken können sie wertvolle Beiträge zum Schutz und zur nachhaltigen Nutzung von Ressourcen leisten. Die Berücksichtigung der Rechte indigener Völker und die Einbeziehung ihrer Perspektiven in Entscheidungsprozesse können eine Schlüsselstrategie sein, um Ressourcenkonflikte zu vermeiden und das gemeinsame Erbe der Menschheit zu bewahren.

Zusammenfassend lässt sich sagen, dass das Konzept des gemeinsamen Erbes der Menschheit entscheidend ist, um einen ethischen Rahmen für den Umgang mit Ressourcen zu schaffen. Die sich intensivierenden Ressourcenkonflikte erfordern ein abgestimmtes und kooperatives Vorgehen auf globaler, nationaler und lokaler Ebene. Durch den Schutz und die gerechte Verteilung der Ressourcen können nicht nur Konflikte vermieden werden, sondern auch eine nachhaltige Zukunft für kommende Generationen gesichert werden. Die Herausforderung besteht darin, ein Gleichgewicht zwischen den Bedürfnissen der gegenwärtigen Menschen und der Verantwortung gegenüber künftigen Generationen zu finden und dabei ein Bewusstsein für die komplexen Zusammenhänge in einer zunehmend globalisierten Welt zu schaffen.

Geosphäre

Die Geosphäre, der feste äußere Teil der Erde, umfasst die Lithosphäre (Erdkruste und oberster Erdmantel), die Hydro- und Atmosphäre, sowie die Biosphäre, die alle miteinander interagieren und ein komplexes System bilden. Die Geosphäre ist nicht nur von geologischer und mineralogischer Bedeutung, sondern spielt auch eine wesentliche Rolle im Kontext von Ressourcenkonflikten.

Ressourcenkonflikte entstehen häufig aus der Konkurrenz um natürliche Ressourcen, die in der Geosphäre gespeichert sind, wie z. B. Mineralien, fossile Brennstoffe (Kohle, Erdöl, Erdgas) und Wasser. Diese Ressourcen sind nicht nur für die wirtschaftliche Entwicklung der Länder von entscheidender Bedeutung, sondern auch für das Überleben von Gemeinschaften, die auf diesen Ressourcen basieren. Ein Beispiel hierfür ist der Konflikt um Erdölvorkommen im Nahen

Osten, wo geopolitische Spannungen oft durch den Zugang und die Kontrolle dieser wertvollen Rohstoffe angeheizt werden.

Die Verfügbarkeit und der Zugang zu Ressourcen innerhalb der Geosphäre sind in hohem Maße durch geologische Prozesse bestimmt. Die Verteilung von Mineralien und fossilen Brennstoffen ist eng mit der geologischen Geschichte eines Gebiets verknüpft. So finden sich viele der weltweit größten Erdöl- und Erdgasvorkommen in bestimmten geologischen Formationen, die durch vielschichtige technische und wirtschaftliche Rahmenbedingungen erschlossen werden müssen. Diese Erschließungsprozesse sind jedoch häufig mit Umweltgefahren verbunden, wie etwa den Gefahren von Ölverschmutzungen oder der Zerstörung von Lebensräumen, was häufig zu Protesten und Konflikten mit lokalen Gemeinschaften führt, die um ihre Lebensgrundlagen kämpfen.

Ein weiteres Beispiel für Ressourcenkonflikte in Zusammenhang mit der Geosphäre sind die Konflikte um Wasserressourcen. Wasser ist eine essenzielle Ressource, die nicht nur für das menschliche Überleben, sondern auch für die Landwirtschaft und Industrie von zentraler Bedeutung ist. Die Verteilung von Wasser ist jedoch ungleichmäßig, sowohl regional als auch saisonal. In vielen Regionen der Welt, insbesondere in ariden Zonen, kommt es zu Konflikten über Wasserrechte zwischen Landwirtschaft, Industrie, Gemeinden und nativen Völkern. Diese Konflikte können durch den Klimawandel, der die Verfügbarkeit von Wasserressourcen weiter verringert, noch verschärft werden.

Bodenressourcen stellen ein weiteres Beispiel dar, bei denen Wettbewerbe um landwirtschaftliche Flächen, insbesondere in Zeiten des globalen Wandels, in Ressourcenkonflikte münden können. Die Erschöpfung der Bodenfruchtbarkeit durch intensive Landwirtschaft und Monokulturen kann zu migrationsbedingten Konflikten führen, wenn Landwirte gezwungen sind, ihre Heimat aufgrund von Ertragsverlusten zu verlassen.

Schließlich sind auch mineralische Rohstoffe wie seltene Erden, die für moderne Technologien unerlässlich sind, ein Brennpunkt für Ressourcenkonflikte. Die Lagerstätten dieser Rohstoffe sind oft in politisch instabilen Regionen lokalisiert. Der Wettbewerb um diese wirtschaftlich wertvollen Rohstoffe kann zu Spannungen zwischen Staaten, Unternehmen und lokalen Gemeinschaften führen.

German Mining Network (Netzwerk Rohstoffe)

Das German Mining Network (Netzwerk Rohstoffe) ist eine Initiative, die darauf abzielt, die Wettbewerbsfähigkeit und Nachhaltigkeit der deutschen Rohstoffwirtschaft zu fördern. In einem internationalen Kontext spielt das Netzwerk eine entscheidende Rolle, insbesondere im Hinblick auf Ressourcenkonflikte. Diese

Konflikte entstehen häufig durch die ungleiche Verteilung von natürlichen Ressourcen, ökologische Herausforderungen und die damit verbundene soziale Ungerechtigkeit in rohstoffreichen Regionen.

Das German Mining Network unterstützt Unternehmen, Forschungseinrichtungen und staatliche Akteure dabei, innovative Lösungen zu entwickeln, um diese Ressourcen nachhaltiger und verantwortungsbewusster zu nutzen. Es vereint verschiedene Akteure aus der Rohstoffindustrie, darunter Bergbauunternehmen, Rohstoffhändler, Technologiedienstleister und Forschungseinrichtungen, die gemeinsam Strategien zur Minderung von Ressourcenkonflikten entwickeln möchten. Ein zentrales Anliegen des Netzwerks ist es, den Dialog zwischen diesen Akteuren zu fördern, um ein gegenseitiges Verständnis und Kooperation zu ermöglichen.

Ressourcenkonflikte manifestieren sich häufig in Form von militärischen Auseinandersetzungen, sozialen Unruhen oder politischen Instabilitäten, insbesondere in Ländern des Globalen Südens, die reich an Mineralien und anderen Ressourcenschätzen sind. Diese Konflikte sind oft von (1) ungleicher Verteilung von Reichtum, (2) Korruption, (3) mangelnder Regierungsführung und (4) Umweltzerstörung. Die lokale Bevölkerung wird häufig nicht adäquat in den Entscheidungsprozess einbezogen, was zu Widerstand und Spannungen führt.

Ein Schwerpunkt des German Mining Networks liegt daher auf der Implementierung von Best-Practice-Beispielen, die eine partizipative und transparente Rohstoffförderung fördern. Dazu gehört auch die Forschung und Entwicklung von Technologien, die eine umweltfreundliche und effiziente Ressourcengewinnung ermöglichen. Zudem wird ein Augenmerk auf die sozialen Standards gelegt, die in der Rohstoffgewinnung gelten sollten, um die Rechte der lokalen Bevölkerung zu schützen und die Lebensqualität zu verbessern.

Das Netzwerk fördert auch internationale Kooperationen, um Standards für verantwortungsbewusste Rohstoffbeschaffung und -nutzung zu setzen. Initiativen wie die European Raw Materials Alliance (ERMA) und die OECD-Vorgaben für verantwortungsbewusste Geschäftsführung in der Rohstoffindustrie sind Beispiele für solche multilateralen Ansätze, die das German Mining Network unterstützt. Diese Kooperationen tragen dazu bei, dass Unternehmen sich ihrer Verantwortung bewusst werden und einen aktiven Beitrag zur Vermeidung von Ressourcenkonflikten leisten.

Darüber hinaus setzt das German Mining Network auf die Ausbildung und Qualifikation von Fachkräften im Bereich der nachhaltigen Rohstoffgewinnung/-verarbeitung, um ein tiefes Verständnis für die sozialen, ökologischen und ökonomischen Herausforderungen in der Rohstoffindustrie zu schaffen. Fortbildungsprogramme und

Schulungen werden angeboten, um das Bewusstsein für die Notwendigkeit einer verantwortungsvollen Rohstoffnutzung zu schärfen und entsprechende Fähigkeiten zu entwickeln.

Gewässerverschmutzung

Gewässerverschmutzung stellt ein bedeutendes Umweltproblem dar, das eng mit Ressourcenkonflikten verknüpft ist. Die Verschmutzung von Gewässern kann in verschiedenen Formen eintreten, darunter chemische, physikalische und biologische Verunreinigungen, die durch industrielle, landwirtschaftliche und häusliche Aktivitäten verursacht werden. Die Auswirkungen der Gewässerverschmutzung sind weitreichend und betreffen nicht nur die Ökosysteme der Gewässer, sondern auch die menschliche Gesundheit, die Wasserverfügbarkeit und die sozioökonomischen Bedingungen in den betroffenen Regionen.

Ein zentrales Element der Gewässerverschmutzung sind chemische Schadstoffe, die aus Industrieabfällen, Pestiziden und Düngemitteln in Flüsse, Seen und Meere gelangen. Diese Schadstoffe können aquatische Lebensräume schädigen und die Biodiversität gefährden, was langfristig die Fischbestände und andere Wasserressourcen beeinträchtigt, die für viele Gemeinschaften als Nahrungsquelle und Einkommensquelle dienen. In vielen Entwicklungsländern sind die Gewässer oft das primäre Reservoir für Trinkwasser, und ihre Verschmutzung führt zu ernsthaften Gesundheitsrisiken, darunter Wasserübertragbare Krankheiten, die insbesondere Kinder und vulnerablere Bevölkerungsgruppen treffen.

Im Kontext von Ressourcenkonflikten wirkt die Gewässerverschmutzung als ein Katalysator für Spannungen zwischen verschiedenen Nutzergruppen. In Regionen, wo Wasser eine knappe Ressource ist, können die Auswirkungen der Verschmutzung zu Rivalitäten um sauberes Wasser führen. Dies ist besonders ausgeprägt in Ländern mit intensiver landwirtschaftlicher Bewirtschaftung, wo der Einsatz von Düngemitteln und Pestiziden nicht nur das Wasser verunreinigt, sondern auch die landwirtschaftliche Produktivität der Konkurrenz mindert. In solchen Szenarien kommt es häufig zu Konflikten zwischen Landwirten, die auf die Bewässerung von Feldern angewiesen sind, und Industrieunternehmen, die Wasser zur Produktion abzweigen oder dessen Qualität beeinträchtigen.

Des Weiteren kann die Gewässerverschmutzung auch internationale Konflikte anheizen, wenn Flüsse oder Seen, die Ländergrenzen überschreiten, betroffen sind. Ein Beispiel hierfür ist der Mekong, der durch mehrere Länder fließt und dessen Wasserqualität durch industrialisierte Aktivitäten in einem Land die Lebensgrundlagen der Anwohner in einem anderen Land gefährden kann. An solchen Schnittstellen wird das Fehlen klarer rechtlicher Rahmenbedingungen und die mangelnde Zusammenarbeit zwischen den betroffenen Staaten oft deutlich, was zu Spannungen und Missverständnissen führen kann.

Zusätzlich zur Verschmutzung durch landwirtschaftliche Praktiken spielen auch urbane Einflüsse eine entscheidende Rolle bei der Verschlechterung der Wasserqualität. In vielen Städten der Welt führen unzureichende Abwassersysteme und die unregulierte Entsorgung von Schadstoffen aus Haushalten und Kleinunternehmen zu einer direkten Kontamination von Gewässern. Diese urbane Gewässerverschmutzung hat nicht nur ökologische Folgen, sondern beeinflusst auch die Lebensqualität der urbanen Bevölkerung und kann wirtschaftliche Aktivitäten, wie Tourismus und Fischerei, erheblich schädigen.

Lösungsansätze zur Bekämpfung der Gewässerverschmutzung müssen multidimensional sein und sowohl technische als auch sozialpolitische Elemente enthalten. Effiziente Abfallmanagementsysteme, strengere regulatorische Rahmenbedingungen für die Industrie, Programme zur Auffrischung der praktischen Landwirtschaft und Sensibilisierungskampagnen zur Reduktion der Nutzung chemischer Produkte sind einige der notwendigen Maßnahmen. Aber auch der integrative Ansatz zur Förderung der Zusammenarbeit zwischen betroffenen Staaten, sowie die Einbeziehung lokaler Gemeinschaften in die Management- und Entscheidungsprozesse sind entscheidend, um den Konflikten um Wasserressourcen vorzubeugen und die Gewässer nachhaltig zu schützen.

Ghana und Konflikte zwischen lokalen Gemeinschaften und Bergbauunternehmen um Gold

Ghana, eines der führenden Gold produzierenden Länder in Afrika, ist seit dem späten 19. Jahrhundert ein bedeutender Akteur im globalen Bergbau. Die reichen Goldvorkommen sind zwar eine bedeutende Quelle für wirtschaftliches Wachstum und Entwicklung, jedoch sind sie auch die Ursache für zahlreiche Ressourcenkonflikte zwischen lokalen Gemeinschaften und Bergbauunternehmen. Diese Konflikte manifestieren sich oft in sozialen, ökologischen und wirtschaftlichen Dimensionen und werfen zentrale Fragen der Gerechtigkeit und Nachhaltigkeit auf.

Ghana beherbergt einige der größten Goldvorkommen der Welt, die sich vor allem in der Ashanti-Region, der Western Region und im Eastern Region befinden. Der Bergbau trägt erheblich zum Bruttoinlandsprodukt (BIP) des Landes bei und ist eine der wichtigsten Devisenquellen. Der Sektor zieht sowohl multinationale Unternehmen als auch lokale Akteure an, was zu einer intensiven Ausbeutung der natürlichen Ressourcen führt.

Die Konflikte zwischen Bergbauunternehmen und lokalen Gemeinschaften sind vielfältig und komplex. Sie entstehen häufig aufgrund von Landnutzungsrechten,

Umweltverschmutzung, sozialen Ungleichheiten sowie unzureichender Kompensation für die betroffenen Gemeinden. Oftmals haben multinationale Bergbauunternehmen bei der Erschließung von Goldminen wenig Rücksicht auf die traditionellen Landnutzungsrechte der lokalen Bevölkerung genommen. Die Großprojekte führen häufig zur Vertreibung von Landwirten und zur Zerschlagung lokaler wirtschaftlicher Strukturen. Diese Entwicklungen verstärken die Armut in betroffenen Gemeinden und treiben das Ungleichgewicht zwischen den Unternehmen und der einheimischen Bevölkerung weiter voran.

In vielen Fällen haben die Bergbauaktivitäten erhebliche Umweltauswirkungen. Der Einsatz von Chemikalien wie Cyanid zur Goldgewinnung kann die Wasserversorgung der Region kontaminieren, was zu gesundheitlichen Problemen für die lokale Bevölkerung führen kann. Zudem führt die Abholzung und Zerstörung von Lebensräumen zur Verringerung der biologischen Vielfalt und verändert die ökologischen Gleichgewichte in den betroffenen Gebieten. Die Menschen in diesen Regionen sind oft von den natürlichen Ressourcen ihrer Umgebung abhängig, sei es für ihre Ernährung, ihren Lebensunterhalt oder kulturelle Praktiken. Enteignung und Umweltschäden können zu einem Verlust dieser Grundlagen führen.

Die sozialen Spannungen, die durch Bergbauaktivitäten ausgelöst werden, sind ebenfalls signifikant. Die Ungleichheit der Machtverhältnisse zwischen großen Bergbauunternehmen und lokalen Gemeinschaften führt zu einem tiefen Misstrauen. Oft sind es nicht nur die direkten wirtschaftlichen Auswirkungen, sondern auch die sozialen Strukturen, die durch die Neuansiedlung von Arbeitern, den Zuzug von Arbeitskräften aus anderen Regionen und die Zerstörung tradierter Lebensweisen unter Druck geraten. Solche Veränderungen können zu sozialen Unruhen, Protesten und gewalttätigen Auseinandersetzungen führen.

Ghana hat zwar gesetzliche Rahmenbedingungen, die den Bergbau regeln und die Rechte der lokalen Gemeinschaften anerkennen sollten, doch in der Praxis sind die Durchsetzung und die tatsächliche Berücksichtigung der Belange der Bevölkerung oftmals unzureichend. Korruption, unzureichende Überwachung und mangelnde Transparenz in der Vergabe von Bergbau-Lizenzen sind häufige Probleme. Die lokale Bevölkerung hat häufig nicht die Informationen oder die Ressourcen, um gegen die Unternehmen rechtliche Schritte einzuleiten oder sich Gehör zu verschaffen.

Global Environmental Facility (GEF)

Die Global Environmental Facility (GEF) ist eine internationale Finanzierungs-institution, die 1991 gegründet wurde, um globale Umweltprobleme anzugehen und nachhaltige Entwicklung zu fördern. Sie spielt eine zentrale Rolle bei der Bereitstellung von Mitteln und Ressourcen für Projekte, die die Bewahrung der Biodiversität, den Klimaschutz, den Schutz der internationalen Gewässer sowie die Förderung der nachhaltigen Landnutzung unterstützen. Die GEF fungiert als ein Finanzierungsmechanismus für mehrere internationale Umweltabkommen, darunter das Übereinkommen über die biologische Vielfalt (CBD), das Rahmen-übereinkommen der Vereinten Nationen über den Klimawandel (UNFCCC) und das Übereinkommen über die Bekämpfung der Wüstenbildung (UNCCD).

Im Kontext von Ressourcenkonflikten ist die GEF von Bedeutung, da sie zur Minderung von Spannungen beiträgt, die aus dem Druck auf natürliche Ressour-cen entstehen. Ressourcenkonflikte sind oft das Ergebnis von Ressourcenknapp-heit, ungerechter Ressourcennutzung und ungleicher Verteilung von natürlichen Ressourcen. Sie können sowohl zwischen Staaten als auch innerhalb von Staaten auftreten, insbesondere in Regionen, in denen Wasser, Land, Holz und Minera-lien begrenzt sind. Diese Konflikte sind häufig der Auslöser für soziale Unruhen, Migration und teilweise gewaltsame Auseinandersetzungen.

Die GEF adressiert diese Herausforderungen, indem sie Projekte fördert, die die nachhaltige Bewirtschaftung von Ressourcen unterstützen und die Resilienz von Gemeinschaften gegenüber Umweltveränderungen stärken. Durch die Finanzie-rung von Initiativen zur Wiederherstellung von Ökosystemen, zur Förderung nachhaltiger landwirtschaftlicher Praktiken und zur Schaffung von Mechanis-men für das integrierte Wasserressourcenmanagement zielt die GEF darauf ab, die Grundlagen für ein friedliches Zusammenleben zu schaffen und potenzielle Konflikte zu entschärfen. Insbesondere in Gebieten, die stark von Klimawandel und Umweltveränderungen betroffen sind, kann die Förderung der ökologischen Nachhaltigkeit durch die GEF dazu beitragen, die Lebensbedingungen der Men-schen zu verbessern und dadurch Spannungen abzubauen.

Zusätzlich unterstützt die GEF Programme, die auf die Schaffung von Instituti-onen und Politiken abzielen, die gerechte und inklusive Ansätze für die Ressour-cennutzung fördern. Ein wichtiger Aspekt ist die Einbeziehung lokaler Gemein-schaften in die Entscheidungsfindung bei der Ressourcennutzung, was die Chan-cen auf faire Verteilung und damit die Reduktion von Konflikten erhöht. Durch die Stärkung der Rechte indigener Völker und die Diversifizierung der Einkom-mensquellen können nachhaltige Praktiken in der Ressourcennutzung vorange-trieben werden, was ebenfalls zur Konfliktvermeidung beiträgt.

Die GEF ist sich der Herausforderungen bewusst, die sich aus geopolitischen Spannungen und den Auswirkungen des Klimawandels ergeben. Daher arbeitet sie eng mit Ländern und internationalen Organisationen zusammen, um eine integrative und koordinierte Antwort auf diese komplexen Probleme zu entwickeln. Diese multidimensionale Herangehensweise betont die Notwendigkeit, Umwelt- und Entwicklungsfragen miteinander zu verknüpfen und zu erkennen, dass nachhaltige Ressourcenbewirtschaftung ein Schlüsselfaktor zur Vermeidung von Konflikten ist.

Globale Erwärmung

Die globale Erwärmung ist ein komplexes Phänomen, das durch menschliche Aktivitäten, insbesondere durch die Verbrennung fossiler Brennstoffe, Abholzung und industrielle Prozesse, verursacht wird. Die Freisetzung von Treibhausgasen (THG) wie Kohlendioxid (CO_2), Methan (CH_4) und Distickstoffoxid (N_2O) führt zu einem Anstieg der globalen Durchschnittstemperaturen, was weitreichende ökologische und soziale Konsequenzen hat. Im Kontext von Ressourcenkonflikten ist die globale Erwärmung ein wesentlicher Faktor, der bestehende Spannungen verschärfen und neue Konflikte hervorrufen kann.

Eines der klarsten Beispiele für Ressourcenkonflikte, die durch die Auswirkungen der globalen Erwärmung verstärkt werden, ist der Zugang zu Wasser. Steigende Temperaturen führen zu intensivierten Verdunstungsprozessen, Veränderungen in den Niederschlagsmustern und häufigeren extremen Wetterereignissen wie Dürreperioden. Diese Veränderungen wirken sich auf die Verfügbarkeit von Wasserressourcen aus, insbesondere in bereits von Wasserknappheit betroffenen Regionen. Ein illustratives Beispiel ist der Nahen Osten, wo der Wassermangel einer der Hauptfaktoren für Konflikte zwischen Ländern wie Israel, Jordanien, Syrien und palästinensischen Gebieten ist. Die Erderwärmung könnte diese Wasserknappheit noch verschärfen und somit Spannungen weiter anheizen.

Ein weiterer Aspekt ist der Einfluss auf landwirtschaftliche Ressourcen. Die globale Erwärmung führt zu einem Anstieg der Temperaturen und zu Veränderungen in den Klimazonen, was die landwirtschaftliche Produktivität beeinflusst. In vielen Regionen, insbesondere in Entwicklungs-ländern, könnte dies zu Ernährungsunsicherheit und Hunger führen. Ein Beispiel hierfür ist die Sahelzone in Afrika, wo anhaltende Dürreperioden in den letzten Jahrzehnten bereits zu grassierenden Nahrungsmittelkrisen geführt haben. Die Konkurrenz um fruchtbares Land und Wasser kann Ressourcenkonflikte zwischen verschiedenen Ethnien und Gemeinschaften auslösen, wie es beispielsweise im Südsudan oder in Nigeria der Fall ist.

Darüber hinaus spielt auch die Energieversorgung eine entscheidende Rolle im Kontext der globalen Erwärmung und Ressourcenkonflikte. Die Abhängigkeit von fossilen Brennstoffen und die damit verbundene Hitzeerzeugung fördern nicht nur den Klimawandel, sie schaffen auch geopolitische Spannungen. Länder, die reich an fossilen Brennstoffen sind, müssen sich dem Druck stellen, ihre Ressourcen nachhaltig zu bewirtschaften und gleichzeitig die Abhängigkeit von diesen Rohstoffen zu verringern. Diese Herausforderungen können zwischenstaatliche Konflikte hervorrufen, insbesondere in Regionen wie dem Arktischen Raum, wo schmelzendes Eis den Zugang zu bisher unzugänglichen Öl- und Gasvorkommen erleichtert und damit neue geostrategische Interessenskonflikte anheizt.

Ein weiterer kritischer Punkt ist die Migration. Menschen, die von den Auswirkungen der globalen Erwärmung betroffen sind, sei es durch Dürre, Überflutung oder andere Klimafolgen, sind gezwungen, ihre Heimat zu verlassen. Diese Klimamigranten können zusätzliche soziale und wirtschaftliche Spannungen in den Regionen erzeugen, in die sie migrieren. Es besteht die Gefahr, dass solche Migrationsbewegungen zu Ressourcenkonflikten führen, insbesondere in Gebieten, die bereits unter Druck stehen.

Abschließend lässt sich festhalten, dass die globale Erwärmung als Beschleuniger für Ressourcenkonflikte fungiert. Sie beeinflusst die Verfügbarkeit von Wasser, landwirtschaftlichen Flächen und energiereichen Ressourcen, was in Kombination mit sozialen, wirtschaftlichen und politischen Spannungen das Potenzial hat, bestehende Konflikte zu eskalieren und neue hervorzurufen. Ein integrativer Ansatz zur Bekämpfung der globalen Erwärmung, der sowohl Umweltaspekte als auch soziale Gerechtigkeit berücksichtigt, ist entscheidend, um zukünftigen Ressourcenkonflikten vorzubeugen und einen nachhaltigeren Umgang mit unseren planetaren Ressourcen zu fördern.

Globale Mitteltemperatur

Die globale Mitteltemperatur ist ein entscheidender Indikator für den Zustand des Klimas auf unserem Planeten und wird stark von menschlichen Aktivitäten beeinflusst, insbesondere durch die Emission von Treibhausgasen wie Kohlendioxid (CO_2) und Methan (CH_4). Diese Emissionen resultieren hauptsätzlich aus der Verbrennung fossiler Brennstoffe, der industriellen Produktion, der Landwirtschaft und der Abholzung. Der Anstieg der globalen Mitteltemperatur wird als eine der Hauptursachen für den Klimawandel angesehen, der weitreichende Auswirkungen auf Umwelt und Gesellschaft hat.

Ein Anstieg der globalen Mitteltemperatur führt zu einer Vielzahl ökologischer Veränderungen, darunter das Schmelzen von Gletschern, den Anstieg des Meeresspiegels, zunehmend häufige und intensivere Wetterereignisse sowie Veränderungen in den Ökosystemen. Diese Veränderungen beeinflussen die Verfügbarkeit und Verteilung von natürlichen Ressourcen wie Wasser, Nahrungsmitteln und Energie, die essenziell für das Überleben der menschlichen Gesellschaften sind.

Ressourcenkonflikte sind oft das Ergebnis von Knappheit oder ungleichem Zugang zu diesen lebenswichtigen Ressourcen. In einem sich erwärmenden Klima können Regionen, die bereits unter Wasserknappheit oder Nahrungsmittelunsicherheit leiden, besonders anfällig für Konflikte werden. Beispielsweise haben Studien gezeigt, dass trockene Regionen, die stark von Landwirtschaft abhängig sind, zunehmend unter Stress geraten, was die Lebensgrundlage der dort lebenden Menschen gefährdet. In solch einem Kontext können nationale und internationale Spannungen entstehen, insbesondere wenn es um den Zugang zu Wasserressourcen geht, die für die Landwirtschaft und die Trinkwasserversorgung entscheidend sind.

Ein aktuelles Beispiel für den Zusammenhang zwischen globaler Mitteltemperatur und Ressourcenkonflikten findet sich in Regionen wie dem Nahen Osten und Nordafrika, wo die Wüstenbildung und Wasserknappheit durch steigende Temperaturen verstärkt werden. In solchen Kontexten könnte der Klimawandel sowohl die Lebensbedingungen verschlechtern als auch die sozialen Spannungen erhöhen, was wiederum das Risiko von gewaltsamen Konflikten steigert. Theoretische Modelle haben gezeigt, dass Klimafaktoren, wie extreme Wetterereignisse oder langanhaltende Dürreperioden, die Wahrscheinlichkeit von Konflikten erhöhen können, insbesondere in fragilen Staaten, die bereits unter politischen oder wirtschaftlichen Druck stehen.

Darüber hinaus spielt die geopolitische Dimension eine wesentliche Rolle. Länder, die über reiche natürliche Ressourcen verfügen, sehen sich oftmals einem erhöhten Risiko von externen Interessen und Interventionen ausgesetzt, die möglicherweise zu Konflikten führen. Der Klimawandel kann diesen Druck zusätzlich verstärken, da Staaten und Unternehmen sich um Zugang zu immer knapperen Ressourcen wie Wasser und fruchtbarem Land bemühen. Geopolitische Rivalitäten könnten durch den Klimawandel angeheizt werden, was zu einer erhöhten Unsicherheit in internationalen Beziehungen führt.

Globaler Klima-Risiko-Index (KRI)

Der Globale Klima-Risiko-Index (KRI), eine indikative Kennzahl, die von verschiedenen Organisationen wie dem Germanwatch entwickelt wird, dient dazu, die Verwundbarkeit von Ländern gegenüber klimatischen Extremereignissen und deren langfristigen Klimarisiken zu bewerten. Der KRI wird insbesondere in der akademischen und politischen Diskussion verwendet, um Zusammenhänge zwischen Klimawandel, Umweltveränderungen und sozialen sowie politischen Konflikten zu analysieren. Ein zentrales Anliegen ist es, zu verstehen, wie klimatische Veränderungen Ressourcenkonflikte beeinflussen und potenziell verstärken können.

Der KRI basiert auf statistischen Daten zu extremen Wetterereignissen, wie Stürmen, Überschwemmungen und Dürreperioden, sowie deren sozialen und wirtschaftlichen Auswirkungen. Dabei werden sowohl kurzfristige als auch langfristige Trends berücksichtigt, um die Resilienz und Anpassungsfähigkeit von Ländern in Bezug auf Klimarisiken zu bewerten. Die Indikatoren umfassen die Häufigkeit und Intensität von Naturkatastrophen sowie die damit verbundenen direkten wirtschaftlichen Schäden und Verlust von Menschenleben.

Im Kontext von Ressourcenkonflikten offenbart der KRI, wie klimatische Veränderungen die Verfügbarkeit und Verteilung natürlicher Ressourcen, insbesondere Wasser und landwirtschaftlicher Flächen, beeinflussen können.

Klima- und Umweltschäden können die Konkurrenz um knappe Ressourcen intensivieren und somit soziale Spannungen und Konflikte verschärfen. Ein Beispiel hierfür ist die Zunahme von Dürreperioden in bestimmten Regionen, die die landwirtschaftliche Produktion beeinträchtigen. In Ländern mit bereits schwacher Infrastruktur und unzureichender Wasserbewirtschaftung kann dies zu einem Rückgang der Ernteerträge führen, was die Ernährungsunsicherheit erhöht. Laut Erfahrungsberichten aus Regionen wie Ostafrika oder dem Nahen Osten zeigt sich, dass Dürren oft als Katalysatoren für bestehende Spannungen fungieren, insbesondere in ethnisch oder politisch fragilen Staaten.

Des Weiteren können klimatische Veränderungen die Migration von Bevölkerungsgruppen beeinflussen. Oftmals sind es die am stärksten vom Klimawandel betroffenen Regionen, die gleichzeitig geringe Anpassungskapazitäten haben. Wenn klimatische Bedingungen vor Ort zu einer drastischen Verknappung lebenswichtiger Ressourcen führen, migrieren Menschen in bessere Lebensbedingungen, was oft zu Konflikten mit Einheimischen führt, die um bereits knappe Ressourcen konkurrieren. Der KRI kann hier als Frühwarnsystem dienen, da hohe Risikowerte in bestimmten Regionen auf potenzielle Gefahren für soziale Stabilität hinweisen.

Außerdem müssen auch die politischen und wirtschaftlichen Systeme der betroffenen Länder betrachtet werden. Ein niedriger KRI-Wert in einem Ressourcen reichen, aber politisch instabilen Land kann signalisieren, dass die Chancen für Ressourcenkonflikte hoch sind. Länder, die unter extremen klimatischen Bedingungen leiden und gleichzeitig über ungleiche Machtstrukturen verfügen, sind gefährdet, soziale Unruhen und Konflikte zu erleben.

Globaler Süden

Der Begriff „Globaler Süden" bezieht sich auf die Länder und Regionen, die oft als weniger entwickelt oder im wirtschaftlichen Aufholprozess beschrieben werden. Diese Länder befinden sich hauptsächlich in Afrika, Lateinamerika, Asien und einigen Teilen des Nahen Ostens. Im Kontext der Ressourcenkonflikte ist der Globale Süden besonders relevant, da er eine Fülle von natürlichen Ressourcen beherbergt, die häufig ein Ziel internationaler Wirtschaftsinteressen sind und dabei oft zu Konflikten führen.

Ein zentrales Merkmal der Ressourcenkonflikte im Globalen Süden ist die Verteilung und Kontrolle von Bodenschätzen wie Öl, Gas, Mineralien und landwirtschaftlichen Flächen. Viele dieser Regionen sind reich an Rohstoffen, die für die industrielle Produktion und den globalen Markt von entscheidender Bedeutung sind. Dies führt zu Wettbewerbsdruck und Spannungen sowohl innerhalb dieser Länder als auch zwischen verschiedenen Nationen oder multinationalen Unternehmen.

Die Ausbeutung dieser Ressourcen hat oft negative Auswirkungen auf die einheimische Bevölkerung. Häufig wird in Ländern mit reichhaltigen Ressourcen, die zugleich arme Bevölkerungsschichten aufweisen, die wirtschaftliche Entwicklung zum Nachteil der lokalen Gemeinschaften vorangetrieben. Korruption, wirtschaftliche Ungleichheit und ein Mangel an Transparenz in der Regierungsführung sind häufige Begleiterscheinungen. In vielen Fällen profitieren vor allem ausländische Unternehmen und Eliten von der Ressourcenausbeutung, während die lokalen Gemeinden marginalisiert und in ihrer Lebensweise stark beeinträchtigt werden.

Die sozialen und politischen Spannungen rund um Ressourcenkonflikte nehmen oft zu, wenn sich verschiedene Interessengruppen zusammenschließen oder gegeneinander antreten. Diese Interessengruppen können von multinationalen Unternehmen bis hin zu lokalen Gemeinschaften reichen, die um Zugang zu ihren natürlichen Ressourcen kämpfen. Konflikte um Landnutzung, Wasserrechte und die Umwelt stehen im Mittelpunkt vieler Auseinandersetzungen, wobei häufig indigene Völker oder marginalisierte Gemeinschaften in den Hintergrund gedrängt werden.

Ein weiteres wichtiges Element der Ressourcenkonflikte im Globalen Süden ist der Einfluss externer Akteure. Internationale Unternehmen und Staaten streben oft danach, ihre eigenen wirtschaftlichen Interessen durchzusetzen, indem sie in lokalen Konflikten intervenieren oder sich auf die Seite bestimmter Gruppen stellen. Diese externe Einflussnahme trägt häufig zur Eskalation von Konflikten bei und kann den Frieden und die Stabilität in der Region gefährden.

Der Zusammenhang zwischen Ressourcenreichtum und Konflikten wird auch durch die „Ressourcenfalle" erörtert, ein Konzept, das beschreibt, wie Länder mit reichen natürlichen Ressourcen in der Regel Schwierigkeiten haben, sich wirtschaftlich und politisch zu stabilisieren. Studien haben gezeigt, dass solche Länder tendenziell ein höheres Risiko für Kriege und Konflikte aufweisen, was die Idee unterstützt, dass ein Übermaß an Ressourcen in bestimmten Kontexten zu einem Fluch anstatt zu einem Segen werden kann.

In den letzten Jahren sind die Auswirkungen des Klimawandels und der Umweltzerstörung zu weiteren Faktoren geworden, die Ressourcenkonflikte im Globalen Süden beeinflussen. Die zunehmende Knappheit von Wasser, die Abholzung von Wäldern und die Verschmutzung durch Industrieaktivitäten haben zusätzliche Spannungen geschaffen, die die sozialen und politischen Dynamiken in den betroffenen Regionen weiter verschärfen.

Globalisierung

Globalisierung, oft definiert als der Prozess der zunehmenden Verflechtung von Ländern und Märkten weltweit, hat tiefgreifende Auswirkungen auf eine Vielzahl von gesellschaftlichen, wirtschaftlichen und ökologischen Bereichen. Besonders bedeutend sind die Konsequenzen der Globalisierung im Kontext von Ressourcenkonflikten, die sich als Auseinandersetzungen um natürliche Ressourcen wie Wasser, Energie, Mineralien und landwirtschaftliche Flächen manifestieren können. Diese Konflikte sind nicht nur lokal oder national begrenzt, sondern können auch transnationalen Charakter annehmen und haben oft globale Dimensionen.

Ein zentraler Aspekt der Globalisierung ist die Liberalisierung von Handels- und Investitionsströmen, welche die Nachfrage nach Rohstoffen in wachstumsstarken Volkswirtschaften erhöht. Länder wie China und Indien haben in den letzten Jahrzehnten ein rapides Wirtschaftswachstum erlebt, das zu einer exponentiellen Zunahme des Ressourcenbedarfs geführt hat. Dies hat nicht nur die Preise für Rohstoffe in die Höhe getrieben, sondern auch die Konkurrenz um deren Zugang verschärft. In vielen Fällen führt dieser Wettlauf um Ressourcen zu Spannungen zwischen Staaten, aber auch innerhalb von Staaten, wo ethnische und lokale Gemeinschaften oft in Konflikte über Landnutzungsrechte und den Zugang zu Wasserressourcen verwickelt werden.

Ein Beispiel hierfür ist der Konflikt in den Regionen des Niger-Deltas in Nigeria, wo die Ausbeutung von Erdölvorkommen nicht nur ökologische Schäden verursacht hat, sondern auch soziale Spannungen und gewaltsame Auseinandersetzungen zwischen lokalen Gemeinschaften und multinationalen Unternehmen sowie der nigerianischen Regierung ausgelöst hat. Der Ressourcenreichtum der Region hat paradoxerweise zu einer erheblichen Armut und Vernachlässigung der lokalen Bevölkerung geführt, da die Gewinne aus der Ressourcennutzung oft nicht in die Entwicklung der Region reinvestiert werden.

Ein weiteres Beispiel ist die Konkurrenz um Wasserressourcen in wasserarmen Gebieten, die durch den Klimawandel weiter verschärft wird. Der Zugang zu Wasser ist in vielen Regionen der Welt ein entzündlicher Punkt, insbesondere in Gebieten wie dem Nahen Osten, wo der Bedarf an Wasser für die Landwirtschaft und die steigende Bevölkerung weiter wächst. Konflikte über die Nutzung grenzüberschreitender Wasserressourcen, wie etwa den Nil oder den Jordan, haben das Potenzial, regionale Stabilität zu gefährden und geopolitische Spannungen zu verschärfen.

Zusätzlich zu den direkten Konflikten um Ressourcen gibt es auch sekundäre Effekte der Globalisierung, die Ressourcenkonflikte verstärken können. Wirtschaftsmodelle, die auf intensivem Ressourcenverbrauch basieren, führen zu Umweltzerstörung, Biodiversitätsverlust und einem Anstieg der sozialen Ungleichheit. Diese Faktoren tragen dazu bei, dass marginalisierte Gemeinschaften, die nicht in Entscheidungsprozesse einbezogen werden, anfälliger für Konflikte werden. Die globalen Märkte und deren Preissignale fördern oft eine Ausbeutung, die kurzfristige Gewinne maximiert, ohne die langfristigen sozialen und ökologischen Kosten ausreichend zu berücksichtigen.

Zur Minderung solcher Ressourcenkonflikte sind globale und lokale Ansätze erforderlich. Eine Möglichkeit, dies zu erreichen, besteht darin, nachhaltige Entwicklung und Ressourcenschutz stärker in internationale Handels- und Investitionsabkommen zu integrieren. Regelungen, die die Rechte lokaler Gemeinschaften respektieren und deren partizipative Einbindung in Entscheidungsprozesse fördern, sind entscheidend. Auch Ansätze wie die Kreislaufwirtschaft, die auf Ressourcenschonung und Wiederverwertung abzielen, können zur Entschärfung von Ressourcenkonflikten beitragen.

Abschließend lässt sich festhalten, dass Globalisierung und Ressourcenkonflikte eng miteinander verwoben sind. Während die Globalisierung neue Ressourcenströme und Marktchancen eröffnet, birgt sie gleichzeitig das Risiko von Spannungen und Konflikten, die aus ungleicher Ressourcennutzung und unzureichender Berücksichtigung lokaler Belange resultieren. Die Herausforderungen, die sich aus diesem komplexen Zusammenspiel ergeben, erfordern koordinierte und nachhaltige Antworten auf globaler, nationaler und lokaler Ebene.

Green Economy

Die Green Economy, oder grüne Wirtschaft, ist ein wirtschaftliches Konzept, das darauf abzielt, ein nachhaltiges Wachstum zu fördern und gleichzeitig die Umwelt zu schützen. Dieser Ansatz spielt eine zentrale Rolle im Kontext von Ressourcenkonflikten, insbesondere in einer Zeit, in der natürliche Ressourcen durch Übernutzung, Umweltdegradation und Klimawandel zunehmend unter Druck geraten.

Der Begriff "Green Economy" bezieht sich auf Wirtschaftsmodelle, die eine Abkehr von traditionellen, fossilen Brennstoffen und umweltschädlichen Praktiken hin zu nachhaltigeren, erneuerbaren Energiequellen und ressourcenschonenden Technologien anstreben. Im Kern zielt die Green Economy darauf ab, wirtschaftliche Aktivität so zu gestalten, dass sie ökologische Integrität bewahrt, soziale Gerechtigkeit fördert und eine dauerhafte Wohlstandsentwicklung ermöglicht. Der Übergang zur Green Economy ist entscheidend, um die UN-Nachhaltigkeitsziele zu erreichen, insbesondere in Bezug auf den verantwortungsvollen Umgang mit Ressourcen.

Ressourcenkonflikte entstehen häufig in Regionen, in denen der Zugang zu und die Kontrolle über natürliche Ressourcen wie Wasser, Land, Mineralien und Energiequellen ungleich verteilt sind. Diese Konflikte sind oft das Ergebnis von Faktoren wie wirtschaftlicher Ungleichheit, politische Instabilität, Marginalisierung bestimmter Bevölkerungsgruppen und die wachsende Nachfrage nach Rohstoffen in einer globalisierten Wirtschaft. In vielen Fällen stellen diese Konflikte Hindernisse für eine nachhaltige Entwicklung dar, da sie sicherstellen, dass Ressourcen nicht effizient und gerecht genutzt werden und dass die Umweltauswirkungen nicht angemessen berücksichtigt werden.

Die Green Economy versucht, diese Ressourcenkonflikte zu entschärfen, indem sie alternative Ansätze zur Ressourcennutzung und -verteilung fördert. Beispielsweise kann eine stärkere Betonung auf nachhaltige Landwirtschaft, faire Handelspraktiken und die Entwicklung lokaler Gemeinschaften dazu beitragen, den Druck auf natürliche Ressourcen zu verringern und zugleich die

Lebensqualität der Menschen vor Ort zu verbessern. Nachhaltige Bewirtschaftungsstrategien, wie agroökologische Ansätze und regenerative Praktiken, können nicht nur die Produktivität erhöhen, sondern auch den ökologischen Fußabdruck reduzieren, wodurch Ressourcenkonflikte gemildert werden können.

Darüber hinaus betont die Green Economy die Notwendigkeit sektorübergreifender Ansätze zur Lösung von Ressourcenkonflikten. Dies schließt die Zusammenarbeit zwischen Regierungen, dem privaten Sektor, zivilgesellschaftlichen Organisationen und indigenen Gemeinschaften ein. Durch integrative Entscheidungsprozesse, die alle Stakeholder einbeziehen, kann ein fairerer Zugang zu Ressourcen gewährleistet werden, was zur Verringerung von Rivalitäten und Spannungen beiträgt.

Ein weiteres wichtiges Element der Green Economy im Zusammenhang mit Ressourcenkonflikten ist die Förderung von Technologie und Innovation. Saubere Technologien können dazu beitragen, Ressourcen effizienter zu nutzen und gleichzeitig die Umweltauswirkungen zu minimieren. Die Entwicklung von regenerativen Energiequellen, wie Solar- und Windkraft, kann die Abhängigkeit von fossilen Brennstoffen verringern und dadurch die geopolitischen Spannungen reduzieren, die oft mit der Kontrolle über diese Ressourcen verbunden sind.

Allerdings sind die Herausforderungen beim Übergang zur Green Economy nicht zu unterschätzen. Der Prozess erfordert tiefgreifende strukturelle Veränderungen in den bestehenden wirtschaftlichen und politischen Systemen, was häufig auf Widerstand stößt. Zudem müssen Mechanismen entwickelt werden, um sicherzustellen, dass die Vorteile der Green Economy gerecht verteilt werden, um neue Ungleichheiten und Konflikte zu vermeiden.

Green Grabbing

Green Grabbing ist ein Begriff, der sich auf den Prozess bezieht, bei dem Land- und Ressourcenraub unter dem Deckmantel ökologischer oder nachhaltiger Praktiken erfolgt. Dieser Begriff ist vor allem im Kontext von Ressourcenkonflikten relevant, da er die oft komplexen Verhältnisse zwischen Umweltschutz, wirtschaftlichem Interesse und sozialer Gerechtigkeit beleuchtet. Green Grabbing kann verschiedene Formen annehmen, darunter die Aneignung von Land für Agrothermie-Projekte, Aufforstungsinitiativen oder auch den Ausbau von Nationalparks, die jedoch häufig das Ziel haben, Profit zu maximieren, während lokale Gemeinschaften und indigene Bevölkerungen von ihren Ressourcen und Rechten ausgeschlossen werden.

Ein zentrales Merkmal von Green Grabbing ist die Instrumentalisierung von Umweltpolitik. Diese Instrumentalisierung erfolgt oft in einem globalen

Kontext, in dem die Notwendigkeit des Klimaschutzes zunehmend an Bedeutung gewinnt. Staaten und private Akteure fördern Projekte, die angeblich der Schaffung von Biodiversität und der Bekämpfung des Klimawandels dienen, doch häufig sind diese Vorhaben mit der Entziehung von Land und Ressourcen von lokalen Gemeinschaften verbunden. Dies geschieht beispielsweise in Form von großflächigen Aufforstungsprojekten oder der Errichtung von Bioenergieplantagen, die in einem direkten Konflikt mit den Nutzungsrechten der ansässigen Bevölkerung stehen.

Die wissenschaftliche Auseinandersetzung mit Green Grabbing hat gezeigt, dass es häufig eine Diskrepanz zwischen den ökologischen Ansprüchen und den sozialen Auswirkungen dieser Projekte gibt. Wissenschaftler argumentieren, dass solche Praktiken oft nicht nur zu Verlusten an Biodiversität führen, sondern auch die Lebensgrundlagen von Gemeinschaften gefährden. In vielen Fällen wird der rechtliche Status des Landes ignoriert, und die betroffenen Gemeinschaften werden nicht angemessen entschädigt oder in die Entscheidungsprozesse einbezogen.

Ein anschauliches Beispiel für Green Grabbing findet sich in Afrika, wo ausländische Investoren in großem Maßstab in den Erwerb von Land für Agrarprojekte einsteigen. Diese Investitionen werden häufig als notwendig zur Bekämpfung von Hunger und zur Schaffung von Arbeitsplätzen dargestellt, während lokal ansässige Geflüchtete und Bauern oft ihre Lebensgrundlage verlieren. Diese Spannungen führen nicht selten zu gewaltsamen Konflikten, deren Ursachen tief in historischen Ungerechtigkeiten und der ungleichen Verteilung von Macht und Ressourcen verwurzelt sind.

Es ist auch wichtig zu beachten, dass Green Grabbing nicht nur lokal, sondern auch global betrachtet werden muss. Die internationale Nachfrage nach nachhaltigen Ressourcen, wie etwa Palmöl, Soja und Holz, treibt viele dieser Konflikte an. Das Interesse an "grünen" Investitionen, sei es durch Staaten oder private Unternehmen, führt zu einer verstärkten Kontrolle über natürliche Ressourcen, was landwirtschaftliche Praktiken vernachlässigt und die sozialen Strukturen der betroffenen Gemeinschaften destabilisiert.

Green Growth

Green Growth, oder grünes Wachstum, ist ein Konzept, das sich auf die wirtschaftliche Entwicklung unter der Prämisse stützt, dass Umwelt- und ökonomisches Wachstum in einer symbiotischen Beziehung zueinander stehen können. Es zielt darauf ab, Ressourcen effizienter zu nutzen, Umweltverschmutzung zu minimieren und die natürlichen Lebensgrundlagen zu schützen, während gleichzeitig das Wirtschaftswachstum gefördert wird. Im Kontext von Ressourcenkonflikten gewinnt dieses Konzept zunehmend an Bedeutung, da die globalen Herausforderungen im Bereich der Ressourcenschonung und -verwaltung eng mit Fragen der sozialen Gerechtigkeit und der wirtschaftlichen Entwicklung verknüpft sind. Ressourcenkonflikte treten häufig in Regionen auf, in denen der Zugang zu natürlichen Ressourcen wie Wasser, Land, Mineralien und fossilen Brennstoffen umstritten ist. Diese Konflikte können durch verschiedene Faktoren wie Bevölkerungswachstum, Urbanisierung, Klimawandel und ungerechte Verteilung von Ressourcen verschärft werden. Green Growth versucht, diesen Herausforderungen entgegenzuwirken, indem es Strategien fördert, die auf Nachhaltigkeit und Effizienz abzielen.

Ein zentraler Aspekt von Green Growth ist die Förderung von Technologien und Praktiken, die die Ressourcennutzung optimieren. Beispielsweise kann die Einführung erneuerbarer Energien wie Sonnen- und Windenergie den Druck auf fossile Brennstoffe verringern und somit potenzielle Konflikte um deren Abbau und Nutzung reduzieren. Darüber hinaus kann die Entwicklung von Kreislaufwirtschaftsmodellen, die darauf abzielen, Abfälle zu minimieren und Ressourcen zu recyceln, dazu beitragen, die Abhängigkeit von neuen Rohstoffen zu verringern und damit Ressourcenkonflikte zu entschärfen.

Ein weiterer wichtiger Aspekt von Green Growth ist die soziale Dimension. Nachhaltige wirtschaftliche Entwicklung muss auch die Bedürfnisse der Gemeinschaften berücksichtigen, die direkt von Ressourcenkonflikten betroffen sind. Eine partizipative Planung, die lokale Gemeinschaften in die Entscheidungsprozesse einbezieht, ist entscheidend, um Vertrauen aufzubauen und die Akzeptanz von Projekten zu erhöhen, die deren Lebensgrundlagen beeinflussen könnten. Darüber hinaus sollte ein Gleichgewicht zwischen wirtschaftlichen Interessen und Umweltschutz geschaffen werden, um sicherzustellen, dass die Ressourcen nicht nur heute, sondern auch für zukünftige Generationen verfügbar sind.

Die Implementierung von Green Growth-Strategien kann auch auf internationaler Ebene zu besser regulierten Ressourcennutzung führen. Globale Abkommen und Partnerschaften sind notwendig, um gemeinsame Standards und Praktiken zu etablieren, die den fairen Zugang zu Ressourcen sicherstellen und den Schutz der Umwelt gewährleisten. Beispielsweise kann die Zusammenarbeit zwischen Ländern, die an gemeinsamen Wasserressourcen liegen, dazu beitragen, Konflikte zu vermeiden, indem ein integriertes Managementansatz verfolgt wird, der die Bedürfnisse aller Beteiligten berücksichtigt.

Hermesbürgschaften (Exportkreditgarantien)

Die Hermesbürgschaften, benannt nach dem deutschen Wirtschaftsminister Ludwig Hermann, sind ein zentrales Instrument der Exportkreditgarantien, das von der Bundesrepublik Deutschland angeboten wird. Sie dienen dazu, deutsche Exporteur*innen vor politischen und wirtschaftlichen Risiken abzusichern, die im Zusammenhang mit dem Export von Waren und Dienstleistungen in ausländische Märkte entstehen können. Dieses Instrument spielt eine wesentliche Rolle bei der Förderung des deutschen Außenhandels und der internationalen Wettbewerbsfähigkeit.

Die Hermesbürgschaften decken in der Regel die Risiken aus Exportgeschäften, die sich durch politische Ereignisse, wie Enteignungen, Krieg oder Bürgerkriege, ergeben können. Auch wirtschaftliche Risiken, wie Zahlungsunfähigkeit des Importeurs, können abgedeckt werden. Die Bürgschaften werden meist für bestimmte Zeiträume gewährt und sollen die Finanzierung von Exportgeschäften erleichtern, indem sie das Risiko für Banken und Unternehmen minimieren, die in instabilen Märkten tätig sind.

Im Kontext von Ressourcenkonflikten, die oft mit dem Zugang zu und der Kontrolle über natürliche Ressourcen wie Öl, Gas, Mineralien und Wasser verbunden sind, gewinnen Hermesbürgschaften an Bedeutung. Diese Konflikte entstehen häufig in der Entwicklung von Ländern und können sowohl interne als auch externe Ursachen haben. Hierbei stehen nicht nur ökonomische Faktoren im Vordergrund, sondern auch politische, soziale und ökologische Dimensionen.

Exporte in ressourcenreiche, aber politisch instabile Regionen, wie beispielsweise im Nahen Osten, Afrika oder Teilen Lateinamerikas, sind häufig mit hohen politischen Risiken behaftet. Die Garantiegeber müssen sorgfältig abwägen, ob sie Risiken eingehen wollen und unter welchen Bedingungen. In solchen Kontexten kann es zu Konflikten kommen, wenn lokale Gemeinschaften gegen externe Eingriffe in ihre Ressourcen mobilisieren, was häufig zu sozialen Spannungen und gewaltsamen Auseinandersetzungen führt.

Ein weiterer Aspekt sind die sozialen und ökologischen Auswirkungen von ressourcenbezogenen Projekten, die durch Hermesbürgschaften unterstützt werden. Oft stehen große Infrastrukturprojekte oder Rohstoffförderungen in der Kritik, weil sie indigene Gemeinschaften verdrängen oder negative Umweltfolgen haben. In solchen Fällen könnte die Förderung von Exporten durch Hermesbürgschaften die bestehenden Konflikte verschärfen, indem sie den Druck auf lokale Ressourcen erhöht und die sozialen Ungleichheiten verstärkt.

Die exportierenden Unternehmen haben die Verantwortung, bei der Durchführung ihrer Geschäfte die Auswirkungen auf die Menschenrechte und die Umwelt zu berücksichtigen. In vielen Fällen sind Unternehmen verpflichtet, Umwelt- und Sozialverträglichkeitsprüfungen durchzuführen, bevor sie Projekte in konfliktbeladenen Regionen annehmen. Dennoch ist die praktische Implementierung und die Einhaltung dieser Standards oft unzureichend, was zu weiteren Spannungen und Konflikten führen kann.

Die Bundesregierung hat sich in den letzten Jahren verstärkt mit der Thematik der Hermesbürgschaften und deren Rolle in Krisenregionen auseinandergesetzt. Es gibt Bestrebungen, die Vergabe von Exportkreditgarantien an strengere Bedingungen zu knüpfen, um die negativen Auswirkungen auf Menschenrechte und Umwelt zu minimieren. Hierbei spielen internationale Standards, wie die Leitprinzipien der Vereinten Nationen für Wirtschaft und Menschenrechte, eine zentrale Rolle.

Insgesamt zeigen Hermesbürgschaften, dass Exportfinanzierungen in konfliktreichen und ressourcenreichen Regionen sowohl Chancen als auch Herausforderungen mit sich bringen. Die erforderliche Balance zwischen der Förderung wirtschaftlicher Interessen und der Verantwortung gegenüber Menschenrechten und Umwelt ist eine zentrale Herausforderung für die deutsche Außenwirtschaftspolitik. Politische, soziale und ökologische Faktoren müssen in eine ganzheitliche Betrachtung einfließen, um nachhaltige Lösungen zu fördern und Ressourcenkonflikte zu vermeiden. Der integrative Ansatz, der sowohl wirtschaftliche Entwicklung als auch soziale Gerechtigkeit und Umweltschutz berücksichtigt, ist entscheidend, um langfristig Frieden und Stabilität in diesen Regionen zu fördern.

Hitzestress

Hitzestress, definiert als eine physiologische Belastung, die durch hohe Temperaturen und entsprechende klimatische Bedingungen verursacht wird, hat in den letzten Jahrzehnten zunehmend an Bedeutung gewonnen. Diese Form des Stresses kann nicht nur Menschen und Tiere, sondern auch Pflanzen und ganze Ökosysteme betreffen. Im Kontext von Ressourcenkonflikten spielt Hitzestress eine komplexe und multifaktorielle Rolle, die sowohl umweltbedingte als auch soziale Dimensionen umfasst.

Zunächst ist es wichtig zu verstehen, dass Hitzestress direkte Auswirkungen auf die landwirtschaftliche Produktivität hat. Hohe Temperaturen verringern die Erträge von Nutzpflanzen wie Weizen, Mais und Reis erheblich, da sie die Photosynthese und den Wasserhaushalt der Pflanzen stören. Diese Veränderungen können zu Nahrungsmittelengpässen führen, insbesondere in Regionen, die ohnehin schon unter prekären Ernährungsbedingungen leiden. Wenn sich die

Temperaturen erhöhen, steigt auch der Wasserbedarf der Pflanzen, während gleichzeitig die Wasserverfügbarkeit in vielen Gebieten abnimmt. Dies führt zu einem verstärkten Wettbewerb um Wasserressourcen zwischen landwirtschaftlichen Betrieben, Industrien und städtischen Gebieten — ein klassisches Szenario für Ressourcenkonflikte.

Außerdem sind viele ländliche Gemeinschaften in Entwicklungsländern stark von der Landwirtschaft abhängig. Sinkende Erträge können zu einer Abnahme des Einkommens und damit zu sozialen Spannungen führen, da Bauern unter Druck geraten, ihre Erträge zu maximieren, um gleichzeitig den steigenden Lebenshaltungskosten gerecht zu werden. Diese wirtschaftlichen Belastungen können auch zu einer Migration führen, wenn Menschen gezwungen sind, in andere Regionen oder Städte zu ziehen, um bessere Lebensbedingungen zu finden. Solche Migrationsbewegungen können Spannungen in den Aufnahmeregionen erzeugen, wenn die neu angekommenen Bevölkerungsgruppen um begrenzte Ressourcen, wie Wasser und Wohnraum, konkurrieren.

Zusätzlich zur Landwirtschaft hat Hitzestress auch Auswirkungen auf die menschliche Gesundheit. Extreme Temperaturen können zu einer Zunahme von hitzebedingten Erkrankungen und Todesfällen führen, insbesondere unter vulnerablen Gruppen wie älteren Menschen und Menschen mit Vorerkrankungen. In urbanen Gebieten kann der „Urban Heat Island-Effekt" die Temperaturen weiter erhöhen und die Lebensbedingungen verschlechtern, was wiederum soziale Unruhen und Konflikte anheizen kann.

Der Zusammenhang zwischen Hitzestress und Ressourcenkonflikten wird durch die Wechselwirkungen zwischen sozialen, wirtschaftlichen und politischen Faktoren verstärkt. Regionen, die bereits unter Konflikten oder politischen Instabilitäten leiden, sind oft besonders anfällig für die negativen Auswirkungen klimatischer Veränderungen. In solchen Kontexten kann Hitzestress als multiplikativer Faktor fungieren, der bestehende Spannungen weiter eskaliert und zu gewaltsamen Konflikten führen kann. Dies ist beispielsweise in vielen Teilen der Sahelzone, im Nahen Osten und in Südostasien zu beobachten, wo klimatische Veränderungen und damit verbundene Ressourcenengpässe bereits zu bewaffneten Konflikten beigetragen haben.

Um die Folgen von Hitzestress im Kontext von Ressourcenkonflikten zu mindern, sind umfassende Ansätze zur Anpassung an den Klimawandel vonnöten. Dies umfasst die Verbesserung der Wasserbewirtschaftung, die Entwicklung klimaresistenter Anbaumethoden, sowie die Förderung nachhaltiger Landwirtschaftspraktiken. Politische Maßnahmen, die auf soziale Gerechtigkeit abzielen und den Zugang zu Ressourcen gleichmäßiger verteilen, können ebenfalls zur

Minderung der Spannungen und zur Schaffung eines resilienten Gesellschaftsgefüges beitragen.

Human Development Index (HDI)

Der Human Development Index (HDI) ist ein umfassender Index, der entwickelt wurde, um den Entwicklungsstand von Ländern zu messen und zu vergleichen. Er berücksichtigt drei grundlegende Dimensionen menschlicher Entwicklung: Gesundheit, Bildung und Lebensstandard. Konkret wird die Gesundheit über die Lebenserwartung bei der Geburt erfasst, die Bildung durch den durchschnittlichen Schulbesuch sowie die erwartete Schulbesuchsdauer und der Lebensstandard wird durch das Bruttonationaleinkommen (BNE) pro Kopf gemessen. Dieser Index wurde 1990 von den UN-Entwicklungsprogrammen (UNDP) eingeführt und hat sich seitdem als ein zentrales Instrument in der Entwicklungsforschung etabliert.

Im Kontext von Ressourcenkonflikten ist der HDI von besonderer Bedeutung, da er Aufschluss über die Lebensbedingungen und den sozialen Kontext in Ländern gibt, die oft von solchen Konflikten betroffen sind. Ressourcenkonflikte entstehen häufig in Regionen, die über wertvolle Naturressourcen verfügen, darunter Mineralien, Wasser und fossile Brennstoffe. Die Verteilung und Kontrolle dieser Ressourcen kann zu Spannungen führen, insbesondere in Länder mit niedrigen HDI-Werten, die tendenziell von Armut, sozialer Ungleichheit und politischer Instabilität geprägt sind.

Ein niedriges HDI-Niveau kann auf eine unzureichende Gesundheitsversorgung, mangelhafte Bildung oder einen niedrigen Lebensstandard hindeuten, was die Bevölkerung anfälliger für Konflikte macht. In Ländern mit begrenzten Entwicklungsperspektiven kämpfen unterschiedliche Gruppen oft um den Zugang zu Ressourcen, um ihre Lebensbedingungen zu verbessern. Diese Kämpfe können leicht in gewaltsame Konflikte umschlagen, wenn ethnische, religiöse oder politische Spannungen hinzukommen.

Die Rolle internationaler Akteure ist im Zusammenhang mit Ressourcenkonflikten und dem HDI ebenfalls von Bedeutung. Oft führen externe Akteure, wie multinationale Unternehmen oder ausländische Regierungen, in ressourcenreichen Ländern zu einer verstärkten Ausbeutung von Rohstoffen, ohne dass die lokale Bevölkerung ausreichend von den wirtschaftlichen Vorteilen profitiert. Dies kann die bereits bestehenden Ungleichheiten weiter verschärfen und den sozialen Frieden gefährden.

Zusätzlich ist es wichtig zu erwähnen, dass der HDI nicht alle Dimensionen menschlicher Entwicklung erfasst, insbesondere in Bezug auf soziale Gerechtigkeit und ökologische Nachhaltigkeit. In ressourcenreichen Ländern könnte ein hohes BNE pro Kopf irreführend sein, wenn die Einkommensverteilung stark ungleich ist oder wenn die Umweltzerstörung und die Ausbeutung von Ressourcen nicht in die Bewertung einfließen.

Schließlich lässt sich feststellen, dass es einen komplexen Zusammenhang zwischen dem Human Development Index und Ressourcenkonflikten gibt. Während ein niedriger HDI die Wahrscheinlichkeit für Konflikte erhöht, können diese Konflikte wiederum die menschliche Entwicklung behindern und zu einem Teufelskreis aus Armut, Unsicherheit und Gewalt führen. Eine umfassende Strategie zur Konfliktprävention und Ressourcennutzung sollte daher die Verbesserung des HDI in Betracht ziehen und sich auf nachhaltige Entwicklungsansätze konzentrieren, um langfristige Stabilität und Frieden zu fördern.

ILO-Konvention 169

Die ILO-Konvention Nr. 169 über die Rechte indigener Völker in unabhängigen Staaten, die 1989 von der Internationalen Arbeitsorganisation (ILO) verabschiedet wurde, stellt einen bedeutenden rechtlichen Rahmen dar, der die Rechte indigener Bevölkerungen in Bezug auf Land, Ressourcen und kulturelle Identität anerkennt und schützt. Diese Konvention wird besonders relevant im Kontext von Ressourcenkonflikten, die häufig in Gebieten auftreten, in denen indigene Völker leben und deren Lebensweise und kulturelles Erbe von der Ausbeutung natürlicher Ressourcen bedroht ist.

Ein zentraler Aspekt der ILO-Konvention 169 ist die Anerkennung des Rechts indigener Völker, ihre eigenen Entwicklungsmodelle zu verfolgen und an Entscheidungsprozessen in Bezug auf die Nutzung und Bewirtschaftung ihrer traditionellen Ländereien und Ressourcen beteiligt zu sein. Die Konvention setzt voraus, dass indigene Völker das Recht auf Konsultation und Zustimmung in Bezug auf Projekte, die ihre Territorien betreffen, haben. Dies ist besonders relevant in Situationen, in denen staatliche oder private Unternehmen planen, Bodenschätze abzubauen oder Energieprojekte in Gebieten durchzuführen, in denen indigene Gemeinschaften leben.

Ressourcenkonflikte entstehen häufig, wenn Interessen an der Nutzung von Rohstoffen wie Öl, Gas, Mineralien oder Holz mit den Rechten und Ansprüchen indigener Völker kollidieren. Diese Konflikte können zu gravierenden sozialen Spannungen führen, insbesondere wenn indigene Gemeinschaften das Gefühl haben, dass ihre Rechte ignoriert oder verletzt werden. Ein Beispiel dafür sind Konflikte in Amazonien, wo große Flächen von indigenem Land für Öl- und

Bergbauprojekte beansprucht werden, was oft zu gewaltsamen Auseinandersetzungen, Zwangsumsiedlungen und der Zerstörung von Lebensgrundlagen führt. Die ILO-Konvention 169 bietet einen rechtlichen Rahmen, der indigene Völker dabei unterstützen kann, ihre Ansprüche auf Land und Ressourcen zu verteidigen. Indem sie das Recht auf Konsultation und die Notwendigkeit der Einholung der Zustimmung betont, zielt die Konvention darauf ab, die Machtverhältnisse zwischen Staaten, Unternehmen und indigenen Gemeinschaften auszugleichen und sicherzustellen, dass die Stimmen der Betroffenen gehört werden.

Dennoch gibt es in der Praxis erhebliche Herausforderungen bei der Umsetzung der ILO-Konvention 169. Viele Staaten, die die Konvention ratifiziert haben, haben Schwierigkeiten, die erforderlichen gesetzlichen und institutionellen Rahmenbedingungen zu schaffen, um die in der Konvention festgelegten Rechte effektiv zu verwirklichen. In vielen Fällen sind indigene Völker nicht ausreichend über ihre Rechte informiert oder haben nicht die notwendigen Kapazitäten, um sich in den komplexen Entscheidungsprozessen, die mit Ressourcenkonflikten verbunden sind, Gehör zu verschaffen.

Zusätzlich spielt auch der globale Kontext eine Rolle: Wirtschaftliche Interessen, geopolitische Faktoren und der Druck durch internationale Investoren können dazu führen, dass die Rechte indigener Völker oft zugunsten kurzfristiger wirtschaftlicher Vorteile vernachlässigt werden. Hier ist die internationale Gemeinschaft gefordert, die Prinzipien der ILO-Konvention 169 zu unterstützen und effektive Mechanismen zu entwickeln, um die Rechte indigener Völker im Kontext von Ressourcenkonflikten zu schützen.

Indigenous Rights

Indigene Rechte stehen im Zentrum zahlreicher Ressourcenkonflikte weltweit, die häufig das Ergebnis von Auseinandersetzungen zwischen indigenen Gemeinschaften und staatlichen sowie wirtschaftlichen Akteuren sind. Diese Konflikte sind oft geprägt von einem Spannungsfeld zwischen wirtschaftlichem Interesse, Umweltschutz und dem Recht der indigenen Völker auf Selbstbestimmung und kulturelle Identität.

Indigene Völker sind häufig in Regionen ansässig, die reich an natürlichen Ressourcen sind, wie beispielsweise Mineralien, Öl, Holz und Wasser. Diese Gebiete sind jedoch oft auch Ziel für Industrie- und Entwicklungsprojekte, die mit einer intensiven Ausbeutung dieser Ressourcen einhergehen. Solche Projekte können von Bergbaugesellschaften, Landwirtschaft, Holzernte oder der Öl- und Gasindustrie initiiert werden. In vielen Fällen geschieht dies ohne die ausdrückliche Einwilligung der betroffenen indigenen Gemeinschaften, was zu schweren Menschenrechtsverletzungen führt.

Die Grundlage der indigenen Rechte ist in verschiedenen internationalen Abkommen und Konventionen verankert, darunter die UN-Erklärung über die Rechte der indigenen Völker (UNDRIP), die 2007 von der Generalversammlung der Vereinten Nationen verabschiedet wurde. Diese Erklärung bekräftigt das Recht der indigenen Gemeinschaften auf Selbstbestimmung, Kultur, Land, Territorium und natürliche Ressourcen. Insbesondere Artikel 26 hebt hervor, dass indigene Völker das Recht haben, ihre traditionellen Ländereien und Ressourcen zu besitzen, zu nutzen und über diese zu verfügen.

Der Konflikt um Ressourcen und Land führt oft zu einem Gefühl der Marginalisierung und des Verlusts kultureller Identität unter indigenen Völkern. In vielen Fällen werden indigene Gemeinschaften aus ihren angestammten Gebieten vertrieben oder ihre Lebensweise durch Umweltzerstörung und industrielle Tätigkeiten gefährdet. Dies führt nicht nur zu sozialen und wirtschaftlichen Verwerfungen, sondern auch zu psychologischen und kulturellen Verlusten.

Ein Beispiel für einen nachhaltigen Ressourcenkonflikt ist der Amazonas-Regenwald, in dem zahlreiche indigene Gruppen gegen Holzernte, Bergbau und Agrarprojekte kämpfen, die ihre Habitat zerstören. Diese Konflikte sind oft von Gewalt und Unterdrückung geprägt, wobei indigene Führer und Aktivisten regelmäßig bedroht, verhaftet oder sogar ermordet werden. Die Verteidigung der Landrechte und des Zugangs zu Ressourcen ist daher für viele indigene Gemeinschaften von existenzieller Bedeutung.

Darüber hinaus gibt es rechtliche Rahmenbedingungen, die indigenen Völkern helfen können, ihre Ressourcen und Rechte zu schützen. In vielen Ländern haben indigene Gemeinschaften die Möglichkeit, ihre Rechte vor nationalen und internationalen Gerichten geltend zu machen. Es gibt jedoch oft erhebliche Hürden, darunter unzureichende gesetzliche Bestimmungen, ein Mangel an rechtlicher Anerkennung ihrer Gebietsansprüche und die schwache Durchsetzbarkeit von Rechten.

Zusätzlich zur rechtlichen Dimension spielt die Umweltbewegung eine zentrale Rolle im Kampf um indigene Rechte. Ein integrativer Ansatz, der die Perspektiven der indigenen Völker in Umweltfragen berücksichtigt, ist entscheidend für den Erhalt von Biodiversität und nachhaltigen Praktiken. Der Schutz der traditionellen Wissenssysteme und der ökologischen Praktiken indigener Gemeinschaften ist nicht nur für deren kulturelle Identität von Bedeutung, sondern auch für die globale Umweltschutzagenda.

Indirekte Landnutzungsänderung

Indirekte Landnutzungsänderung (iLUC) ist ein Konzept, das die komplexen Wechselwirkungen zwischen landwirtschaftlicher Produktion, Landnutzungsänderungen und den damit verbundenen Umweltfolgen untersucht. Diese Veränderungen sind häufig das Ergebnis der steigenden Nachfrage nach Biokraftstoffen, Nahrungsmitteln und anderen landwirtschaftlichen Produkten, die zu einem Druck auf bereits genutzte und ungenutzte Flächen führen. Im Kontext von Ressourcenkonflikten spielt iLUC eine zentrale Rolle, da sie sowohl lokale als auch globale Spannungen und Wettbewerbe um landwirtschaftliche Flächen und natürliche Ressourcen verstärken kann.

Zunächst einmal muss klargestellt werden, dass iLUC nicht nur direkt durch die Umwandlung von Wald- oder Weideland in Ackerland entsteht, sondern auch durch die verstärkte landwirtschaftliche Produktion, die durch Nachfrageveränderungen verursacht wird. Wenn beispielsweise eine Region beschließt, mehr Bioethanol aus Mais zu produzieren, kann dies entweder direkt durch den Anstieg der Maisanbauflächen geschehen oder indirekt, indem Landwirte in anderen Regionen ihre Anbaupraktiken anpassen, um den wachsenden globalen Nachfragen zu entsprechen. Dies führt oft dazu, dass weniger ertragreiche Flächen, wie etwa Regenwälder oder andere natürliche Ökosysteme, gerodet werden, um Platz für intensive Landwirtschaft zu schaffen.

Die Umweltfolgen von iLUC sind erheblich. Eine der direktesten Konsequenzen ist die Freisetzung von Kohlenstoffdioxid in die Atmosphäre, wenn natürliche Wälder oder Torfgebiete gerodet werden. Diese Umwandlungen führen außerdem zu einem Verlust der Biodiversität, da essenzielle Lebensräume für viele Arten zerstört werden. Zudem können die Versauerung und Eutrophierung von Gewässern durch verstärkten Nitrateintrag aus der intensiven Landwirtschaft zudem problematisch sein.

Ressourcenkonflikte, die aus iLUC resultieren, sind vielschichtig. In Regionen, in denen Wasserknappheit herrscht, kann eine erhöhte Nachfrage nach landwirtschaftlichen Flächen zu bedeutenden Spannungen zwischen unterschiedlichen Wasserverbrauchern führen – etwa zwischen der Landwirtschaft und der industriellen Wassernutzung oder zwischen urbanen und ländlichen Gebieten. In wasserreichen, aber ökologisch fragilen Gebieten, wie beispielsweise in bestimmten tropischen Wäldern, sind die Auswirkungen von iLUC auch in Form von sozialen Konflikten spürbar, da indigene Gemeinschaften oft von Landnutzungskonflikten betroffen sind, die durch den Drang nach mehr landwirtschaftlicher Produktion ausgelöst werden.

Darüber hinaus gibt es geopolitische Dimensionen dieser Konflikte. Die steigende Nachfrage nach Nahrungsmitteln und Biokraftstoffen kann Länder dazu drängen, Ressourcen von ärmeren Nationen oder Regionen zu sichern, was zu einer Form von „Land Grabbing" führen kann. Diese Praxis hat nicht nur direkte soziale Kosten für lokale Gemeinschaften, sondern destabilisiert auch die regionalen Märkte und politische Strukturen. In diesem Kontext stehen Themen wie internationale Handelsabkommen, Subventionen und nachhaltige Entwicklung im Mittelpunkt der Debatte, da sie die Dynamik der landwirtschaftlichen Produktion weitreichend beeinflussen.

Schließlich ist die langfristige Herausforderung, nachhaltige Lösungen zu finden, die sowohl den Bedürfnissen der globalen Bevölkerung als auch den ökologischen Grenzen unseres Planeten gerecht werden. Ansätze wie agroökologische Praktiken, die Förderung nachhaltiger landwirtschaftlicher Methoden und eine effektivere Ressourcennutzung sind notwendige Strategien, um negative Effekte von iLUC und den damit verbundenen Ressourcenkonflikten abzufedern. Nur durch integrative Ansätze, die wirtschaftliche, soziale und ökologische Dimensionen vereinen, können wir eine zukunftsfähige Landnutzung sicherstellen, die sowohl den Bedürfnisse der Menschen als auch den Erhalt der natürlichen Ressourcen berücksichtigt.

Indonesien und die Konflikte um die Palmölplantagen

Indonesien, der größte Archipel der Welt, besteht aus über 17.000 Inseln und beheimatet eine Vielzahl von Ethnien, Sprachen und Ökosystemen. Die Biodiversität des Landes ist einer der höchsten der Erde, was es zu einem biologisch reichen und ökologisch sensiblen Gebiet macht. In den letzten Jahrzehnten ist Indonesien jedoch zunehmend ins Visier globaler Wirtschaftsaktivitäten geraten, insbesondere aufgrund der Expansion der Palmölindustrie. Palmöl ist ein vielseitig einsetzbarer Rohstoff, der in zahlreichen Konsumgütern, Nahrungsmitteln und Biokraftstoffen Verwendung findet. Diese Nachfrage hat zu intensiven Konflikten um Land, Ressourcen und Umwelt geführt.

Die Ausweitung von Palmölplantagen in Indonesien wird oft als ein wichtiger wirtschaftlicher Motor betrachtet, der Arbeitsplätze schafft und das Wirtschaftswachstum fördert. Jedoch geschieht dies häufig auf Kosten lokaler Gemeinschaften und der Umwelt. Oftmals werden landwirtschaftliche Flächen, die traditionell von indigenen Völkern genutzt werden, ohne angemessene Entschädigung oder Zustimmung in Plantagen umgewandelt. Dies führt zu einem Verlust der Lebensgrundlage dieser Gemeinschaften sowie zu rassistischen und sozialen Spannungen.

Ressourcenkonflikte im Kontext der Palmölproduktion sind vielschichtig. Ein zentrales Problem ist der Landbesitz. Oftmals sind Landrechte in Indonesien nicht klar geregelt. In vielen Fällen beanspruchen lokale Gemeinschaften Land, das jedoch rechtlich nicht anerkannt ist. Bei Zuwiderhandlungen gegen diese Rechte kommt es häufig zu Widerstand seitens der betroffenen Gemeinschaften. Dies kann in Konflikten mit großen Unternehmen resultieren, die oft von der Regierung unterstützt werden. Der rechtliche Rahmen ist oft zugunsten des Konzerns gestaltet, was die Position der lokalen Bevölkerung weiter schwächt.

Ein weiterer wesentlicher Aspekt der Ressourcenkonflikte ist die Umweltzerstörung. Die Abholzung von Regenwäldern zur Schaffung neuer Palmölplantagen hat katastrophale Folgen für die Biodiversität Indonesiens. Ursprüngliche Regenwälder sind Heimat vieler gefährdeter Arten, einschließlich des Orang-Utans und des Sumatra-Tigers. Die Vernichtung dieser Lebensräume trägt zur globalen Klimakrise bei, da die Wälder bedeutende Kohlenstoffspeicher sind. Die Rodung und das Abbrennen von Wäldern führen zudem zu erheblichen CO_2-Emissionen, was die Luftqualität beeinträchtigt und zur globalen Erwärmung beiträgt.

Die Gesundheitsauswirkungen durch den Rauch der Brände, die zur Rodung von Wäldern eingesetzt werden, sind sowohl für die lokale Bevölkerung als auch für die größere Region besorgniserregend. Jährlich kommt es während der Trockenzeit zu schweren Smog-Infektionen, die ernsthafte gesundheitliche Folgen haben. Die Menschen in betroffenen Gebieten leiden unter Atemwegserkrankungen, was die sozialen und wirtschaftlichen Belastungen für Individuen und Gemeinschaften weiter verstärkt.

International gibt es zunehmenden Druck auf Unternehmen, nachhaltige Praktiken zu übernehmen und die Einhaltung von Menschenrechten zu respektieren. Initiativen wie der Roundtable on Sustainable Palm Oil (RSPO) wurden gegründet, um Standards für nachhaltige Palmölproduktion zu setzen. Dennoch ist die Umsetzung oft unzureichend und es gibt Berichte über Greenwashing, bei dem Unternehmen ihre Produkten fälschlicherweise als nachhaltig vermarkten, um Verbrauchervertrauen zu gewinnen, während sie weiterhin umweltschädliche Praktiken anwenden.

Industrialisierung

Die Industrialisierung, die im späten 18. Jahrhundert begann und sich im 19. und 20. Jahrhundert intensivierte, führte zu tiefgreifenden sozioökonomischen Veränderungen, die nicht nur die Produktionsmethoden und das wirtschaftliche Wachstum, sondern auch den Umgang mit natürlichen Ressourcen prägten. Der Übergang von agrarischen zu industriellen Gesellschaften brachte einen beispiellosen Anstieg des Rohstoffbedarfs mit sich, was zu zahlreichen Ressourcenkonflikten weltweit führte.

Ein zentrales Element der Industrialisierung war die erhöhte Nachfrage nach Energiequellen, insbesondere Kohle, Erdöl und später Erdgas. Diese Ressourcen wurden nicht nur für die Energieerzeugung benötigt, sondern auch als Rohstoffe für verschiedene Industrien, wie die chemische Industrie oder die Stahlproduktion. Der Wettbewerb um diese Ressourcen führte häufig zu geopolitischen Spannungen. Staaten, die über reichhaltige natürliche Ressourcen verfügten, wurden Ziel internationaler Investitionen und teilweise auch militärischer Interventionen. Dies ist besonders deutlich im Fall des Nahen Ostens, wo die Entdeckung von Ölreserven im 20. Jahrhundert nicht nur wirtschaftliche Relevanz hatte, sondern auch Konflikte und Kriege begünstigte, wie beispielsweise den Golfkrieg.

Die intensivierte Ausbeutung von Rohstoffen im Zuge der Industrialisierung führte auch zur Entstehung von Konflikten innerhalb von Nationen. Oftmals waren es indigene Gemeinschaften oder lokale Bevölkerungsschichten, die unter den negativen Folgen der Ressourcenausbeutung litten, während multinationale Konzerne und staatliche Akteure den Großteil der Gewinne erzielten. Landraub, Umweltzerstörung und die Verdrängung lokaler Gemeinschaften sind einige der gravierendsten Konsequenzen, die zu sozialen Unruhen und Protestbewegungen führten. Ein Beispiel hierfür ist die mineralische Ressourcenausbeutung in Afrika, wo der Zugang zu Mineralien wie Coltan oder Gold häufig zu Konflikten zwischen verschiedenen Gruppen und mit multinationalen Unternehmen führt.

Zusätzlich zur materiellen Ressourcenknappheit spielt auch der Klimawandel eine zunehmend bedeutende Rolle. Die durch die Industrialisierung verursachten CO_2-Emissionen tragen zur globalen Erwärmung bei, was wiederum Ressourcenkonflikte um Wasser, Landnutzung und Nahrungsmittelproduktion anheizt. Wüstenbildung, Versalzung von Böden und die Veränderung von Niederschlagsmustern haben weitreichende Konsequenzen für die landwirtschaftliche Produktivität, was in vielen Regionen der Welt zu bestehenden oder neuen Konflikten führen kann.

Die Dynamik der Industrialisierung und der damit verbundenen Ressourcenkonflikte verdeutlicht, dass die Nutzung natürlicher Ressourcen nicht nur durch technologische und wirtschaftliche Aspekte gelenkt wird, sondern auch durch soziale und politische Faktoren, die interdependent miteinander verwoben sind. In der heutigen Zeit sind Ansätze zur nachhaltigen Ressourcennutzung und zur Vermeidung von Konflikten, wie zum Beispiel die Implementierung von verantwortungsvollen Beschaffungspraktiken und das Eingehen von Dialogen zwischen verschiedenen Interessengruppen, von entscheidender Bedeutung.

Industrieländer und Industriegesellschaft

Industrieländer, oft auch als entwickelte Länder bezeichnet, sind Staaten, die sich durch eine hochgradig diversifizierte und technologisch fortgeschrittene Wirtschaft auszeichnen. Diese Länder zeichnen sich durch eine hohe Produktivität, ein hohes Pro-Kopf-Einkommen und umfassende industrielle und technologische Kapazitäten aus. Die Industriegesellschaft, die in der Regel mit diesen Industrieländern verbunden ist, ist das Ergebnis eines historischen Prozesses der Industrialisierung, der in den letzten zwei Jahrhunderten stattfand und zu tiefgreifenden sozialen, wirtschaftlichen und ökologischen Veränderungen führte.

Im Kontext von Ressourcenkonflikten tritt eine Vielzahl komplexer Dynamiken auf. Industrieländer sind oft stark abhängig von natürlichen Ressourcen, sowohl aus dem eigenen Land als auch aus dem Ausland, um ihre industrielle Produktion aufrechtzuerhalten und ihren Lebensstandard zu sichern. Ressourcenkonflikte entstehen, wenn unterschiedliche Akteure – seien es Staaten, Unternehmen oder Gemeinschaften – um den Zugang zu und die Kontrolle über bestimmte Ressourcen konkurrieren. Diese Konflikte können sowohl lokale als auch globale Dimensionen annehmen und sind häufig nicht nur wirtschaftlicher, sondern auch rechtlicher, sozialer und ökologischer Natur.

Ein zentraler Aspekt der Ressourcenkonflikte in Industriegesellschaften ist der Druck auf natürliche Ressourcen durch steigenden Konsum und industrielle Nachfrage. Diese Nachfrage führt nicht nur zur Übernutzung von Ressourcen wie Wasser, Metallen, Mineralien und fossilen Brennstoffen, sondern auch zu ökologischen Schäden wie Umweltverschmutzung und Verlust von Biodiversität. So hat die ungebremste Ausbeutung von Ressourcen oft auch eine starke soziale Dimension, da insbesondere indigene Völker und marginalisierte Gemeinschaften häufig am stärksten betroffen sind. Diese Gruppen sehen sich oft Enteignungen, Diskriminierung und Gewalt gegenüber, wenn industrielle Projekte in ihren Lebensräumen umgesetzt werden.

Zudem gibt es auf internationaler Ebene Spannungen zwischen Industrieländern und Entwicklungsländern, die reiche Ressourcen-sitzende Regionen haben. Diese Spannungen können durch wirtschaftliche Abhängigkeiten und die Strukturen von globalen Lieferketten verstärkt werden. Industrieländer sind in der Regel die Hauptabnehmer von Rohstoffen, während die Produktionsländer oft mit den negativen Folgen der Ressourcenausbeutung konfrontiert sind, wie Umweltzerstörung und soziale Ungerechtigkeiten. Konflikte können auch entstehen, wenn multinationale Unternehmen in Entwicklungsländern tätig sind und dabei geringere Umwelt- und Sozialstandards als in ihren Heimatländern anwenden. Die Rolle von Transnationalen Unternehmen (TNCs) in diesem Kontext kann nicht ignoriert werden. Diese Unternehmen operieren oft in einem rechtlichen Graubereich und nutzen zum Beispiel Steuerschlupflöcher oder laxere Umweltvorschriften in Entwicklungsländern aus, was zu einem Ungleichgewicht führt. Die Verquickung von wirtschaftlichen Interessen mit geopolitischen Strategien führt häufig zu Spannungen, insbesondere in ressourcenreichen Regionen wie dem Mittleren Osten, Afrika oder Südamerika.

Um den Herausforderungen von Ressourcenkonflikten zu begegnen, haben viele Industrieländer begonnen, ihren Fokus auf nachhaltige Entwicklung und Ressourcenschutz zu lenken. Initiativen zur Kreislaufwirtschaft, zur Verringerung des ökologischen Fußabdrucks sowie zur Förderung von erneuerbaren Energien sollen dazu beitragen, den Druck auf natürliche Ressourcen zu verringern und den damit verbundenen Konflikten entgegenzuwirken. Zudem zeigt sich ein wachsendes Bewusstsein für die Notwendigkeit einer partizipativen und fairen Ressourcennutzung, die die Bedürfnisse der besten betroffenen Gemeinschaften in den Mittelpunkt stellt.

Industrielle Abfälle

Industrielle Abfälle sind ein zentrales Thema in der Umweltwissenschaft und der Ressourcenkonflikttheorie, da sie sowohl ökologische als auch gesellschaftliche Implikationen haben. Im Kontext von Ressourcenkonflikten wird häufig über die spürbaren Auswirkungen industrieller Abfälle auf lokale Gemeinschaften und Ökosysteme diskutiert. Diese Abfälle entstehen in verschiedenen Industriezweigen, einschließlich der chemischen Industrie, der Metallverarbeitung, der Bauwirtschaft und der Lebensmittelproduktion, und sind oft reich an Schadstoffen, die sowohl die Umwelt als auch die menschliche Gesundheit gefährden können.

Die Erzeugung und das Management industrieller Abfälle sind wesentliche Faktoren, die zur Verknappung von Ressourcen und zum Wettbewerb um diese Ressourcen führen können. In vielen Ländern, insbesondere in Entwicklungsregionen, führt die unzureichende Entsorgung und das unkontrollierte Ablassen von Abfällen zu schwerwiegenden Umweltschäden. Diese Schäden können Wasserquellen kontaminieren, den Boden degradieren und die Luftqualität beeinträchtigen. Der daraus resultierende Verlust an natürlichen Ressourcen wie sauberes Wasser und fruchtbare Böden kann zu einem direkten Konkurrenzkampf zwischen verschiedenen Nutzern führen, beispielsweise zwischen der Industrie, der Landwirtschaft und den Anwohnern, die auf diese Ressourcen angewiesen sind.

Ein Beispiel für solche Ressourcenkonflikte ist die Konfliktsituation, die durch die illegale Ablagerung toxischer Abfälle entsteht. Oft werden in Schwellenländern Abfälle aus Industrieländern illegal entsorgt, da die Entsorgungskosten in den Herkunftsländern verhältnismäßig hoch sind. Diese Praxis führt nicht nur zur Belastung lokaler Umwelten, sondern auch zu sozialen Spannungen, wenn Gemeinschaften gegen die Schädigung ihrer Lebensgrundlagen kämpfen. Solche Konflikte können sich in Protesten, Klagen oder in extremen Fällen in gewaltsamen Auseinandersetzungen äußern.

Ein weiterer Aspekt, der den Zusammenhang zwischen industriellen Abfällen und Ressourcenkonflikten verstärkt, ist die ungleiche Verteilung von Ressourcen und der Zugang zu Entsorgungsinfrastruktur. Oft sind es die marginalisierten Gruppen oder weniger wohlhabenden Gemeinschaften, die die Hauptlast des Abfalls und dessen schädlicher Auswirkungen tragen. Diese Ungleichheit führt zu einem Gefühl der Ungerechtigkeit und kann als Ausgangspunkt für soziale Unruhen dienen, wenn Gemeinschaften sich gegen die unzureichenden Maßnahmen von Regierungen und Unternehmen zur Abfallbewirtschaftung zur Wehr setzen.

Um die Herausforderungen im Zusammenhang mit industriellen Abfällen und den damit verbundenen Ressourcenkonflikten zu bewältigen, ist es unerlässlich, integrative und nachhaltige Managementstrategien zu entwickeln. Die Förderung von Kreislaufwirtschaftsansätzen, die Abfallvermeidung, Wiederverwendung und Recycling in den Mittelpunkt stellen, kann helfen, die Menge an Abfällen zu reduzieren und gleichzeitig die Ressourcennutzung zu optimieren. Außerdem müssen Regierungen und Unternehmen mehr Verantwortung übernehmen und proaktive Maßnahmen ergreifen, um die Einhaltung von Umweltstandards zu gewährleisten und die Gemeinden, die von industriellen Aktivitäten betroffen sind, aktiv in Entscheidungsprozesse einzubeziehen.

Integriertes Energie- und Klimaprogramm (IEKP)

Das Integrierte Energie- und Klimaprogramm (IEKP) ist ein strategisches Konzept, das im Kontext der deutschlandweiten und auch internationaler Bemühungen zur Reduktion von Treibhausgasemissionen sowie zur Förderung erneuerbarer Energien von entscheidender Bedeutung ist. Es verfolgt das Ziel, eine nachhaltige Energieversorgung und die Anpassung an den Klimawandel durch integrierte Ansätze zu ermöglichen. Im Zentrum steht die Interdependenz zwischen Energieproduktion, Ressourcennutzung und den potenziellen Konflikten, die aus diesen Wechselwirkungen resultieren können.

Ein zentraler Aspekt des IEKP ist die Betrachtung von Ressourcenkonflikten, die sich aus der Energieproduktion und dem Klimaschutz ergeben. Diese

Konflikte können in verschiedenen Dimensionen auftreten, beispielsweise zwischen der Gewinnung und Nutzung fossiler Brennstoffe und dem gleichzeitigen Streben nach erneuerbaren Energien. In vielen Regionen der Welt, insbesondere in ressourcenreichen Ländern, ist der Zugriff auf fossile Brennstoffe eine Quelle wirtschaftlicher Prosperität. Die globale Nachfrage nach Energieträgern führt jedoch häufig zu Spannungen, sowohl innerhalb von Ländern als auch zwischen Nationen. Diese Spannungen können insbesondere in Regionen auftreten, wo Naturressourcen ungleich verteilt oder von rivalisierenden Gruppen beansprucht werden.

Zusätzlich zu den wirtschaftlichen und politischen Spannungen können Ressourcenkonflikte auch ökologische Herausforderungen mit sich bringen. Der Abbau und die Nutzung von Rohstoffen wie Kohle, Öl und Gas sind oft mit schweren Umweltfolgen verbunden, einschließlich Habitatzerstörung, Wasserverschmutzung und einem Anstieg der Treibhausgasemissionen. Hier ist die Rolle des IEKP von Bedeutung, da es Ansätze fördert, die den ökologischen Fußabdruck der Energieproduktion verringern und den Übergang zu nachhaltigeren Energiewirtschaftsmodellen unterstützen.

Ein weiterer Konfliktbereich ergibt sich aus der Interaktion zwischen Landwirtschaft, Wasserressourcen und Energieproduktion. Die Förderung von Bioenergie, etwa durch den Anbau von Energiepflanzen, kann zu Konkurrenz um landwirtschaftliche Flächen führen. Diese Flächen stehen dann nicht mehr für die Nahrungsmittelproduktion zur Verfügung, was insbesondere in entwickelten Ländern zu Preisanstiegen und im schlimmsten Fall zu Nahrungsmittelknappheit führen kann. Die Strategie des IEKP trägt dem Rechnung, indem sie ganzheitliche Ansätze zur Flächennutzung und zur nachhaltigen Bewirtschaftung von Ressourcen fördert, um die Rechte und Bedürfnisse verschiedener Nutzer auszugleichen.

Eine entscheidende Komponente des IEKP ist die Berücksichtigung von sozialen Aspekten und der Rolle von Gemeinschaften in den Entscheidungsprozessen. Bei der Implementierung von Energieprojekten ist es erforderlich, lokale Gemeinschaften frühzeitig einzubeziehen, Potentiale für Konflikte zu identifizieren und Strategien zur Minimierung negativer Auswirkungen zu entwickeln. So können beispielsweise partizipative Ansätze dazu beitragen, dass die Interessen von Anwohnern und anderen Stakeholdern gewahrt bleiben und das Risiko sozialer Spannungen reduziert wird.

Schließlich ist das IEKP auch im internationalen Kontext von Bedeutung, da Klimawandel und Energiefragen keine nationalen Grenzen kennen. Die interdependente Natur dieser Herausforderungen erfordert eine enge Zusammenarbeit zwischen Staaten, um sowohl Ressourcenkonflikte zu vermeiden als auch gemeinsame, nachhaltige Lösungen zu finden. Hierbei spielen internationale Klimavereinbarungen, wie das Pariser Abkommen, eine entscheidende Rolle, da sie die Teilnehmer dazu verpflichten, ihre Emissionen zu reduzieren und gleichzeitig den Austausch bewährter Praktiken und Technologien zu fördern.

Intergovernmental Panel on Climate Change (IPCC)

Das Intergovernmental Panel on Climate Change (IPCC) ist eine internationale Organisation, die 1988 von den Vereinten Nationen ins Leben gerufen wurde, um die wissenschaftlichen Grundlagen des menschlich verursachten Klimawandels zu bewerten und Handlungsempfehlungen zu erarbeiten. Das IPCC ist Teil des UN-Systems und fungiert als eine Art Forum für den Austausch von Informationen und Fachwissen über Klimaforschung, politische Strategien und Umweltschutzmaßnahmen. Es hat das Ziel, Regierungen bei der Formulierung geeigneter Klimapolitiken zu unterstützen, basierend auf den neuesten wissenschaftlichen Erkenntnissen.

Im Kontext von Ressourcenkonflikten spielt das IPCC eine entscheidende Rolle. Ressourcenkonflikte entstehen in der Regel aufgrund von Knappheit oder ungleicher Verteilung natürlicher Ressourcen, wie Wasser, Energie und landwirtschaftlichen Flächen. Der Klimawandel, der durch Treibhausgasemissionen vorangetrieben wird, beeinflusst viele dieser Ressourcen stark. Insbesondere in den letzten Berichten des IPCC wurde die enge Verbindung zwischen Klimawandel und Ressourcenkonflikten hervorgehoben.

Die wissenschaftlichen Erkenntnisse des IPCC zeigen, dass der Klimawandel die Verfügbarkeit von Wasserressourcen durch veränderte Niederschlagsmuster und häufigere Dürreperioden beeinträchtigen kann. Dies hat direkte Auswirkungen auf die Landwirtschaft und die Nahrungsmittelproduktion, was in vielen Regionen zu Spannungen zwischen verschiedenen Gruppen führt, die um den Zugang zu Wasser und fruchtbarem Land konkurrieren. In wasserarmen Gebieten, wie beispielsweise in Teilen Afrikas und des Nahen Ostens, besteht ein erhöhtes Risiko für Konflikte, da die Ressourcenkonflikte durch wechselnde Klimabedingungen verschärft werden.

Des Weiteren beschreibt das IPCC, dass der Klimawandel die ökologischen Bedingungen verändert, die für bestimmte Wirtschaftsformen, insbesondere die Landwirtschaft, von Bedeutung sind. Wenn Ernten durch extreme Wetterereignisse wie Überschwemmungen oder Hitzewellen ausfallen, kann dies zu einem Anstieg der Lebensmittelpreise führen und soziale Unruhen hervorrufen. Die dadurch entstehenden Verteilungskämpfe um verbleibende Ressourcen können in bestimmten Fällen zu erhöhter Gewalt oder gar bewaffneten Konflikten führen.

Ein weiteres zentrales Element der IPCC-Berichterstattung ist die Betrachtung von migrationsbedingten Ressourcenkonflikten. Klimabedingte Migration, bei der Menschen gezwungen sind, ihre Heimat aufgrund von Umweltveränderungen zu verlassen, stellt eine zusätzliche Belastung für die bereits betroffenen Regionen dar. Wenn große Gruppen von Migranten in überfüllte städtische Gebiete oder innerhalb von Staaten umziehen, kann die Konkurrenz um Arbeitsplätze, Wohnraum und Ressourcen verstärkt werden. Das IPCC warnt davor, dass diese Prozesse zu politischer Instabilität und potentiell zu gewaltsamen Konflikten führen können, insbesondere in Regionen mit prekären sozioökonomischen Bedingungen.

Schließlich sollte auch die Rolle der internationalen Zusammenarbeit und Governance in der Diskussion von Ressourcenkonflikten in Verbindung mit dem IPCC erwähnt werden. Der Klimawandel erfordert koordinierte globale Anstrengungen, um die Emissionen zu reduzieren und sich an die unvermeidlichen Veränderungen anzupassen. Das IPCC betont die Bedeutung der Schaffung von robusten institutionellen Rahmenbedingungen, die Länder dabei unterstützen können, sich besser auf Ressourcenknappheit und die damit verbundenen Konfliktrisiken einzustellen. Die Förderung nachhaltiger Ressourcennutzung und die Implementierung integrierter Wasserressourcenmanagementstrategien sind essentielle Schritte, um potenzielle Konflikte zu minimieren und eine resiliente Gesellschaft aufzubauen.

Interministerieller Ausschuss Rohstoffe (IMA Rohstoffe)

Der Interministerielle Ausschuss Rohstoffe (IMA Rohstoffe) ist eine deutsche Institution, die sich mit der strategischen Rohstoffversorgung und den Herausforderungen im Bereich der Ressourcenmanagements beschäftigt. Er wurde eingerichtet, um die ressortübergreifende Zusammenarbeit zwischen verschiedenen Ministerien und Akteuren der Rohstoffpolitik zu fördern, insbesondere im Kontext globaler Ressourcenkonflikte und der Sicherstellung einer nachhaltigen Rohstoffversorgung.

Die Grundpfeiler der Arbeit des IMA Rohstoffe liegen in der Analyse der Rohstoffmärkte, der Identifizierung von Risiken in der Rohstoffversorgungskette sowie der Entwicklung von Strategien zur Minderung von Abhängigkeiten von bestimmten Rohstoffquellen. In einer Welt, in der die Nachfrage nach Rohstoffen kontinuierlich steigt, gefolgt von einem zunehmenden Wettbewerb um diese Ressourcen, spielen Rohstoffe eine entscheidende Rolle für die wirtschaftliche Stabilität eines Landes. Gleichzeitig können sie jedoch auch zu Konflikten führen – sowohl zwischen Staaten als auch innerhalb von Ländern.

In den letzten Jahrzehnten haben Ressourcenkonflikte an Intensität zugenommen, insbesondere in rohstoffreichen Regionen. Diese Konflikte entstehen häufig aus einer Kombination von Faktoren: der ungleichen Verteilung von Ressourcen, dem Einfluss externer Akteure, sozialen Ungleichheiten und dem Fehlen transparenter Governance-Strukturen. Ein Beispiel sind Konflikte in über Ressourcen reichenden Ländern Afrikas, wo die Ausbeutung von Bodenschätzen oft mit militärischen Auseinandersetzungen oder Bürgerkriegen einhergeht. Der IMA Rohstoffe erkennt die Verbindungen zwischen Rohstoffpolitik und internationaler Sicherheit und versucht, diese Problematiken in die nationale Rohstoffstrategie zu integrieren.

Der Ausschuss arbeitet zudem eng mit der Wirtschaft zusammen, um innovative Ansätze zur Ressourcennutzung, Entwicklung alternativer Materialien und den Ausbau des Recyclings zu fördern. Nachhaltigkeit ist ein zentrales Anliegen, da der übermäßige Abbau von Rohstoffen nicht nur ökologische Schäden verursacht, sondern auch soziale Spannungen verstärken kann. Die Förderung einer Kreislaufwirtschaft wird als Schlüsselstrategie angesehen, um die Abhängigkeit von Primärrohstoffen zu verringern und die Ressourcenkonflikte zu entschärfen. Außerdem bemüht sich der IMA Rohstoffe um die Integration von Umwelt- und Sozialstandards in die Rohstoffbeschaffung. Dies geschieht unter dem Aspekt, dass eine verantwortungsvolle Rohstoffpolitik nicht nur den wirtschaftlichen Zugriff auf Ressourcen sichern soll, sondern auch die Lebensbedingungen der Bevölkerung in rohstofffördernden Ländern verbessern müssen. Transparenz und Unternehmenstransparenz werden als wichtige Aspekte gesehen, um sicherzustellen, dass Rohstoffgewinne lokalen Gemeinschaften zugutekommen und nicht zu einem Teufelskreis von Armut und Konflikt führen.

JUSSCANNZ-Gruppe

Die JUSSCANNZ-Gruppe ist ein bedeutsamer Akteur im Kontext von Ressourcenkonflikten, insbesondere in den transnationalen und internationalen Beziehungen, die sich mit der Nutzung und dem Wettbewerb um natürliche Ressourcen befassen. Diese Konflikte entstehen oft aus dem Kampf um Zugang zu Ressourcen wie Wasser, Land, fossilen Brennstoffen und Mineralien, die für wirtschaftliches Wachstum und soziale Stabilität essenziell sind. Die JUSSCANNZ-Gruppe, die sich aus einer informellen Koalition von Staaten zusammensetzt, hat in diesem Kontext eine spezifische Rolle eingenommen.

Die Gruppe, bestehend aus Japan, den USA, der Schweiz, Kanada, Australien, Neuseeland und anderen, verfolgt in der internationalen Diplomatie eine Agenda, die darauf abzielt, den Zugang zu Ressourcen zu sichern und wirtschaftliche Interessen durchzusetzen. Dies geschieht oft in der Rahmenbedingungen von multilateralen Institutionen und Abkommen, wo Fragen der Ressourcennutzung und -verteilung thematisiert werden. Ein zentrales Anliegen der JUSSCANNZ-Gruppe ist dabei die Förderung von Handelsbeziehungen und Investitionen in ressourcenreiche Länder, oft mit dem Ziel, strategische Vorteile zu erlangen, während sie gleichzeitig um die nachhaltige Nutzung und den Umweltschutz bemüht ist.

Ressourcenkonflikte entstehen typischerweise in Regionen, in denen eine hohe Nachfrage auf ein begrenztes Angebot stößt - ein Phänomen, das häufig durch geopolitische Spannungen verstärkt wird. Die JUSSCANNZ-Gruppe steht oft hinsichtlich der Ressourcennutzung und der Ausbeutung in Entwicklungsländern in der Kritik, insbesondere in Bezug auf soziale Gerechtigkeit und die Berücksichtigung der Bedürfnisse lokaler Gemeinschaften. Kritiker argumentieren, dass die wirtschaftlichen Interessen, die die JUSSCANNZ-Staaten vertreten, manchmal auf Kosten der Umwelt und der Rechte der Indigenen Bevölkerung gehen. Diese Auseinandersetzungen werfen wichtige Fragen zu der Verantwortung auf, die Industrieländer gegenüber Entwicklungsländern haben, insbesondere im Hinblick auf faire Handelspraktiken und die Unterstützung nachhaltiger Entwicklung.

Des Weiteren sind die Themen der Ressourcennutzung und der damit verbundenen Konflikte in einem globalen Kontext zu betrachten. Der Klimawandel hat die Dynamik von Ressourcenkonflikten verändert, da er die Verfügbarkeit von Wasser und fruchtbarem Land beeinflusst. Die JUSSCANNZ-Gruppe hat sich daher auch verstärkt mit den Herausforderungen des Klimawandels auseinandergesetzt und wie dieser neue Form von Konflikten heraufbeschwören kann, die durch Wasserknappheit, Nahrungsmittelunsicherheit und Migration bedingt sind.

Kamerun und die Kontrolle und Nutzung von Waldressourcen

Kamerun, ein zentralafrikanisches Land mit einer reichen biologischen Vielfalt und enormen natürlichen Ressourcen, steht vor komplexen Herausforderungen in Bezug auf die Kontrolle und Nutzung seiner Waldressourcen. Der Wald bedeckt etwa 40% der Landesfläche und ist nicht nur von ökologischer, sondern auch von ökonomischer Bedeutung. Die Wälder von Kamerun sind Heimat für viele endemische Arten und bieten Lebensgrundlagen für zahlreiche Gemeinschaften, insbesondere für indigene Völker. Gleichzeitig sind sie ein Ziel für industrielle Holzernte, landwirtschaftliche Expansion und andere Formen der Ressourcennutzung, was zu erheblichen Ressourcenkonflikten führt.

Die Kontrolle über Waldressourcen in Kamerun ist durch eine Vielzahl von Akteuren gekennzeichnet. Dazu gehören der Staat, lokale Gemeinschaften, private

Unternehmen sowie internationale Akteure. Der kamerunische Staat hat das Sagen über die Zuteilung und Verwaltung von Waldressourcen, wobei die Legislative und das Ministerium für Forstwirtschaft und Tierhaltung (MINFOF) eine zentrale Rolle spielen. Die rechtlichen Rahmenbedingungen sind jedoch oft unklar und in der Praxis durch Korruption und mangelnde Durchsetzung neuer Gesetze geschwächt. Dies führt dazu, dass illegale Holzernte und Landnutzungsänderungen häufig stattfinden, was die Nachhaltigkeit der Waldressourcen bedroht.

Zusätzlich sind die Waldgebiete oft Gegenstand von Konflikten zwischen lokalen Gemeinschaften und großen Unternehmen, die Konzessionen für die Holzernte oder für landwirtschaftliche Flächen erhalten haben. Diese Konflikte entstehen häufig, weil die Rechte der lokalen Bevölkerung nicht ausreichend anerkannt oder geschützt werden. Indigene Gemeinschaften sehen sich gezwungen, gegen die Ausbeutung ihrer Ressourcen zu kämpfen, was zu Spannungen zwischen traditionellen Lebensweisen und modernem Ressourcenkapitalismus führt.

Ein bemerkenswerter Aspekt der Ressourcenkonflikte in Kamerun ist die Rolle der Unternehmen, die oft auf die kurzfristige Gewinnmaximierung fokussiert sind, ohne die langfristigen ökologischen Folgen ihrer Aktivitäten zu berücksichtigen. Dies geschieht häufig auf Kosten der Biodiversität und der sozialen Struktur der betroffenen Gemeinschaften. Neben ökologischen Schäden führen diese Aktivitäten auch zu sozialen Spannungen, da die lokale Bevölkerung oft von den Entscheidungen, die ihre Umwelt betreffen, ausgeschlossen wird.

Ein weiteres Problem, das zur Intensivierung dieser Konflikte beiträgt, ist die ungleiche Verteilung der wirtschaftlichen Vorteile aus der Ressourcennutzung. Während Unternehmen erhebliche Gewinne aus der Holzernte und anderen Waldnutzungsformen ziehen, profitieren viele lokale Gemeinschaften wenig bis gar nicht von diesen Aktivitäten. Dies führt zu einer wachsenden Unzufriedenheit und kann zu gewaltsamen Auseinandersetzungen führen.

Bisherige Ansätze zur Lösung dieser Konflikte haben sich oft als unzureichend erwiesen. Obwohl es Initiativen gibt, die sich für eine nachhaltige Forstwirtschaft und die Rechte der indigenen Völker einsetzen, mangelt es häufig an der politischen Unterstützung und der erforderlichen durchsetzungsfähigen Governance. Internationaler Druck und die Implementierung von politischen Maßnahmen zur Unterstützung nachhaltiger Entwicklung könnten jedoch langfristig zu einer Lösung beitragen.

Kaschmir-Konflikt und die Konflikte um die Wasserressourcen des Indus-Flusses

Der Kaschmir-Konflikt ist ein langanhaltender territorialer Streit zwischen Indien und Pakistan, der hauptsächlich um die Regionen Jammu und Kaschmir zentriert ist. Er hat tief verwurzelte historische, religiöse, und nationale Dimensionen und spielt eine entscheidende Rolle in den geopolitischen Beziehungen zwischen diesen beiden Nachbarstaaten. Der Konflikt ist nicht nur politisch und militärisch von Bedeutung, sondern hat auch erhebliche Auswirkungen auf die Ressourcennutzung, insbesondere im Hinblick auf Wasserressourcen, die aus dem Indus-Flusssystem stammen.

Der Kaschmir-Konflikt hat seine Wurzeln in der Teilung Britisch-Indiens im Jahr 1947, als die ehemaligen Kolonien Indien und Pakistan unabhängig wurden. Die Herrscherstaaten jener Zeit, die nicht direkt Teil der neu geschaffenen Nationen waren, wurden aufgefordert, sich entweder Indien oder Pakistan anzuschließen. Der Maharadscha von Jammu und Kaschmir, Hari Singh, zögerte, sich zu entscheiden, was zu Spannungen und letztlich zu militärischen Konflikten führte. Im Oktober 1947 drangen militanter Kräfte aus Pakistan in das kaschmirische Territorium ein, was den Maharadscha veranlasste, Indien um Hilfe zu bitten. Indien intervenierte militärisch, und der Maharadscha stimmte dem Beitritt zu Indien unter der Bedingung eines zukünftigen Referendums zu.

Die Region Kaschmir ist nicht nur geopolitisch umstritten, sondern auch von immensem hydrologischen Wert. Der Indus-Fluss und seine Nebenflüsse, die die Wasserversorgung eines Großteils Nordindiens und Pakistans sichern, verlaufen durch die Region. Der Indus-Fluss hat in der Vergangenheit bedeutende Streitfragen ausgelöst, insbesondere mit Bezug auf die Wassernutzung, Bewässerung und Energieerzeugung. Der Indus-Wasservertrag, der 1960 zwischen Indien und Pakistan unterzeichnet wurde, regelt die Nutzung der Wasserressourcen, erlaubt jedoch dennoch Spielräume für Spannungen.

Die Wasserressourcen des Indus-Flusssystems sind entscheidend für die Landwirtschaft beider Länder. Indien hat in der Vergangenheit Projekte zur Speicherung und Umleitung von Wasserressourcen initiiert, die von Pakistan als Bedrohung ihrer Wasserversorgung angesehen werden. Solche Maßnahmen könnten zu einer vorübergehenden Übernutzung und damit zu einem hydrologischen Ungleichgewicht führen, welches das gegenseitige Misstrauen zwischen den Nationen weiter verstärkt. Wenn Indien insbesondere Wasserretentionsprojekte im Himalaya umsetzt, könnte dies die Wasserverfügbarkeit in Pakistan und die Fähigkeit zur landwirtschaftlichen Bewässerung erheblich beeinträchtigen.

Ressourcenkonflikte in einem breiteren Kontext

Ressourcenkonflikte wie der im Kaschmir sind oft das Produkt eines komplexen Zusammenspiels aus geopolitischen Spannungen, wirtschaftlichen Interessen und Umweltfaktoren. Wasser ist eine der kritischsten Ressourcen, die nicht nur für die menschliche Gesundheit, sondern auch für die Ernährungssicherheit und wirtschaftliche Entwicklung unverzichtbar ist. Der Klimawandel, der ein erhöhtes Risiko für Wasserknappheit mit sich bringt, verstärkt diese Konflikte weiter. Extremwetterereignisse, schmelzende Gletscher und veränderte Niederschlagsmuster können die Verfügbarkeit von Wasserressourcen in der Region erheblich beeinflussen und somit die bestehenden Spannungen zwischen Indien und Pakistan weiter verschärfen.

Darüber hinaus sind wirtschaftliche Faktoren, wie das wachsende Bedürfnis nach Wasser für industrielle Zwecke und die Auswirkungen von Urbanisierung und Bevölkerungswachstum, ebenfalls von Bedeutung. Der Wettbewerb um Wasserressourcen kann somit nicht nur zu lokalen Konflikten, sondern auch zu regionalen oder sogar internationalen Spannungen führen. Der Kaschmir-Konflikt und die damit verbundenen Wasserressourcenkonflikte verdeutlichen, wie wichtige natürliche Ressourcen zu einem Katalysator für geopolitische Auseinandersetzungen werden können und wie entscheidend die Zusammenarbeit bei der Bewirtschaftung dieser Ressourcen ist, um langfristigen Frieden zu gewährleisten.

Der Kaschmir-Konflikt ist ein komplexes Zusammenspiel aus historischen, politischen und ressourcenbedingten Faktoren, insbesondere im Hinblick auf Wasserressourcen. Wasser spielt eine entscheidende Rolle in der Stabilität der Region und kann sowohl als potenzieller Konfliktpunkt als auch als Element der Zusammenarbeit fungieren. Angesichts der globalen Herausforderungen, die durch den Klimawandel und das Bevölkerungswachstum entstehen, ist es unerlässlich, dass Indien und Pakistan gemeinsam an Lösungen arbeiten, um die Wasserrivalitäten zu entschärfen und eine nachhaltige Bewirtschaftung der Wasserressourcen im Indus-Flusssystem zu fördern.

Kimberley-Prozess-Zertifizierungssystem (KPCS)

Der Kimberley-Prozess-Zertifizierungssystem (KPCS) wurde ins Leben gerufen, um den Handel mit Konfliktdiamanten, also Diamanten, die zur Finanzierung von Konflikten oder Bürgerkriegen verwendet werden, zu regulieren und zu unterbinden. Der Prozess wurde 2003 während einer Konferenz im südafrikanischen Kimberley eingeführt und beinhaltet Staaten, internationale Organisationen und die Zivilgesellschaft. Ziel des KPCS ist es, sicherzustellen, dass

Diamanten, die auf den internationalen Märkten gehandelt werden, nicht zur Finanzierung von gewaltsamen Konflikten beitragen.

Struktur und Funktionsweise des KPCS
Der Kimberley-Prozess basiert auf einem internationalen rechtlichen Rahmen, der den Handel mit Rohdiamanten verfolgt. Die Teilnehmerstaaten verpflichten sich, ein Zertifizierungssystem zu implementieren, das nachweist, dass Diamanten aus konfliktfreien Quellen stammen. Das System sieht vor, dass Rohdiamanten nur mit einem entsprechenden Zertifikat gehandelt werden dürfen, das bestätigt, dass die Diamanten nicht aus Konfliktgebieten stammen. Dies wird durch die Dokumentation von Lieferketten und durch regelmäßige Inspektionen und Prüfungen durch die teilnehmenden Staaten gewährleistet.

Ressourcenkonflikte im Kontext des KPCS
Ressourcenkonflikte treten häufig in Regionen auf, in denen wertvolle Rohstoffe, wie Diamanten, Gold oder Öl, vorhanden sind. Der Zugang zu diesen Ressourcen kann zu Spannungen, gewaltsamen Auseinandersetzungen und sogar Bürgerkriegen führen. Insbesondere in afrikanischen Ländern wie Sierra Leone, Angola oder der Demokratischen Republik Kongo waren Konfliktdiamanten ein zentraler Finanzierungsmechanismus für bewaffnete Gruppen, die gegen die eigenen Regierungen kämpften.

Der Kimberley-Prozess versucht, diesen Zusammenhang zu entwirren, indem er die Verantwortung für den Handel von Rohdiamanten auf die Mitgliedstaaten verteilt. Länder, die Diamanten exportieren möchten, müssen nachweisen, dass diese legal und aus einem nicht-konfliktbelasteten Gebiet stammen. Der KPCS hat einige Erfolge erzielt, indem er den Handel mit Konfliktdiamanten stark eingedämmt hat. Dennoch gibt es auch zahlreiche Herausforderungen und Kritikpunkte.

Obwohl der Kimberley-Prozess in den ersten Jahren seiner Existenz Erfolge feiern konnte, gibt es bedeutende Schwächen. Kritiker argumentieren, dass viele Teilnehmerstaaten nicht über die nötigen Ressourcen und die notwendige politische Willensstärke verfügen, um das System effektiv umzusetzen. Darüber hinaus gibt es Berichte über Korruption, unzureichende Überwachung und die Möglichkeit, dass Diamanten aus Konfliktgebieten unter dem Deckmantel von legalen Zertifikaten gehandelt werden.

Ein weiteres Problem besteht in der Ausweitung des Begriffs "Konfliktdiamant". Der KPCS konzentriert sich ausschließlich auf die Finanzierung bewaffneter Konflikte, während andere Auswirkungen des Diamantenhandels, wie Umweltzerstörung oder Verletzungen der Menschenrechte, nicht ausreichend behandelt werden. Dies lässt Raum für die Fortsetzung von Inhumanitäten und sozialer

Instabilität, selbst wenn die Diamanten nicht direkt zur Finanzierung von Konflikten verwendet werden.

Der Kimberley-Prozess-Zertifizierungssystem stellt einen bedeutenden Schritt dar, um den internationalen Diamantenhandel zu regulieren und die Finanzierung von Konflikten zu unterbinden. Während der KPCS in der Theorie ein wirksames Instrument zur Bekämpfung von Ressourcenkonflikten ist, bleibt seine praktische Umsetzung eine große Herausforderung. Um tatsächlich einen nachhaltigen Frieden und ein verantwortungsbewusstes Ressourcenmanagement zu fördern, sollten ergänzende Maßnahmen ergriffen werden, die über die Fragen der Konfliktfinanzierung hinausgehen und eine ganzheitliche Betrachtung der wirtschaftlichen, sozialen und ökologischen Dimensionen des Rohstoffhandels berücksichtigen.

Kipp-Elemente und Kipppunkt

Kipp-Elemente und Kipppunkte sind zentrale Konzepte in der Wissenschaft, insbesondere in den Bereichen der Ökologie, Klimaforschung und Sozialwissenschaften. Im Kontext von Ressourcenkonflikten beziehen sich diese Begriffe häufig auf kritische Schwellenwerte, die, wenn sie überschritten werden, zu abrupten und möglicherweise irreversiblen Veränderungen in einem System führen können.

Kipp-Elemente sind spezifische Komponenten eines komplexen Systems, die, obwohl sie zunächst stabil oder in einem Gleichgewichtszustand erscheinen, nicht-linear auf Veränderungen reagieren können. Sobald bestimmte Schwellenwerte oder Kipppunkte überschritten werden, kann es zu einem dramatischen Systemwechsel kommen. Diese Veränderungen sind oft nicht vorhersehbar und können in sozialen, wirtschaftlichen und ökologischen Kontexten auftreten. Ein klassisches Beispiel ist der Klimawandel, bei dem das Abschmelzen von Gletschern oder das Absterben von Korallenriffen als Kipp-Elemente betrachtet werden kann, die den globalen Meeresspiegel oder die marine Biodiversität signifikant beeinflussen.

In Bezug auf Ressourcenkonflikte sind Kipp-Elemente besonders relevant, da sie die Dynamik zwischen Angebot und Nachfrage, Nutzung und Erhalt von Ressourcen beeinflussen können. Wenn Staaten oder Gemeinschaften um knappe Ressourcen wie Wasser, Land oder Energie kämpfen, können sich die Beziehungen zwischen den Akteuren schnell ändern, insbesondere wenn ökologische Kipp-Punkte erreicht werden. Zum Beispiel kann die Übernutzung von Wasserressourcen in einer Region, die unter Dürre leidet, zu einem Kipppunkt führen, an dem die Verfügbarkeit von Wasser drastisch abnimmt. Dies kann zu

Wettbewerben um die verbleibenden Ressourcen führen, was in der Folge potenziell zu Konflikten und Instabilität führt.

Das Konzept des Kipppunkts spielt auch eine entscheidende Rolle in der Analyse von sozialen und politischen Systemen, die sich in einem ständigen Fluss befinden. Soziale Kipppunkte können erreicht werden, wenn Unzufriedenheit innerhalb der Bevölkerung ein kritisches Maß erreicht, was zu sozialen Bewegungen, Unruhen oder sogar Kriegen führen kann. Solche Kipppunkte sind häufig mit ökonomischen Ressourcen und deren Verteilung verknüpft; Ungleichheiten können Spannungen erzeugen, die letztlich zu Konflikten führen.

Die Interaktion zwischen ökologischen und sozialen Kipp-Elementen macht Ressourcenkonflikte komplex und vielschichtig. Beispielsweise könnte ein ökologischer Kipppunkt wie die Degradation eines Ökosystems nicht nur ökologische Konsequenzen haben, sondern auch soziale und wirtschaftliche Auswirkungen hervorrufen, die bis hin zu lokalen und regionalen Konflikten reichen. Ein Beispiel hierfür ist die Abholzung des Regenwaldes, die die Biodiversität gefährdet und die Lebensgrundlagen lokaler Gemeinschaften bedroht, was wiederum Konflikte über die Nutzung und Erhaltung dieser Ressourcen anheizen kann.

Klimaanpassung

Klimaanpassung hat in den letzten Jahrzehnten zunehmend an Bedeutung gewonnen, insbesondere im Kontext der globalen Veränderungen des Klimas und den damit verbundenen Ressourcenkonflikten. Klimaanpassung umfasst Maßnahmen und Strategien, die darauf abzielen, die Widerstandsfähigkeit von Gesellschaften gegenüber den Auswirkungen des Klimawandels zu stärken. Diese Anpassung ist nicht nur notwendig, um die direkten Folgen des Klimawandels zu minimieren, sondern spielt auch eine Schlüsselrolle in der Prävention und Minderung von Ressourcenkonflikten.

Der Klimawandel führt zu einer Reihe von physischen und ökologischen Veränderungen, die Ressourcen wie Wasser, Nahrung und Land beeinflussen. Diese Veränderungen sind oft asymmetrisch verteilt, was bedeutet, dass einige Regionen unter den extremen Wetterereignissen, wie Dürren, Überschwemmungen oder Stürmen, disproportioniert leiden. Dies kann beispielsweise in trockenen Gebieten zu Wasserknappheit führen, während andere Regionen möglicherweise durch Überschwemmungen gefährdet sind.

Die Diskrepanz zwischen Angebot und Nachfrage an natürlichen Ressourcen aufgrund des Klimawandels verstärkt bestehende soziale, wirtschaftliche und politische Ungleichheiten und kann zu Spannungen und Konflikten führen. Ein

Beispiel dafür ist die Konkurrenz um Wasserressourcen in Bezug auf Landwirtschaft und Trinkwasserversorgung. In Regionen, in denen der Zugang zu Wasser bereits eingeschränkt ist, können klimabedingte Veränderungen wie reduzierte Niederschläge oder die Übernutzung von Wasserressourcen den Druck weiter erhöhen, was zu Konflikten zwischen verschiedenen Nutzern führen kann.

Ein weiteres Beispiel sind Ernährungssicherheit und Agrarressourcen. Der Klimawandel wirkt sich auf Ernteerträge aus, was insbesondere in weniger entwickelten Ländern, wo die Landwirtschaft oft die Hauptquelle des Lebensunterhalts ist, zu Nahrungsmittelknappheit und einem Anstieg der Lebensmittelpreise führen kann. Diese wirtschaftlichen Spannungen können soziale Unruhen und Konflikte mit sich bringen, wenn verschiedene Gruppen um die verbliebenen Ressourcen konkurrieren.

Im Kontext von Klimaanpassungsstrategien ist es entscheidend, integrative Ansätze zu verfolgen, die auf der Einbeziehung aller Stakeholder basieren, um die Ressourcenkonflikte abzubauen. Politiken zur Klimaanpassung sollten darauf abzielen, die Resilienz von Gemeinschaften zu erhöhen, indem sie den Zugang zu Ressourcen gerecht gestalten und die Zusammenarbeit zwischen verschiedenen Gruppen fördern. Hierbei spielen auch die Implementierung von Technologien zur Wassereinsparung, nachhaltige Landwirtschaftspraktiken sowie das Management von Naturkatastrophen eine wichtige Rolle.

Darüber hinaus ist auch die Rolle des politischen Rahmens entscheidend. Regierungen müssen einen rechtlichen und institutionellen Rahmen schaffen, der den Dialog zwischen verschiedenen Interessengruppen fördert und gleichzeitig gleichberechtigten Zugang zu Ressourcen und Chancen für alle gewährleistet. Das kann beispielsweise durch die Schaffung von Foren geschehen, in denen Lokalsiedler, Regierungen und NGOs zusammenarbeiten, um lokale Lösungen für globale Herausforderungen des Klimawandels zu entwickeln.

Schließlich ist es wichtig, die Auswirkungen von Klimaförderprojekten im Rahmen der Klimaanpassung auf bestehende soziale und wirtschaftliche Strukturen zu berücksichtigen. Eine unzureichende Planung und Durchführung solcher Projekte kann bestehende Ungleichheiten verstärken und Ressourcenkonflikte anheizen. Um dem entgegenzuwirken, ist es unerlässlich, dass Klimaanpassungsstrategien nicht isoliert, sondern als Teil eines umfassenden Plans zur Nachhaltigkeit, sozialen Gerechtigkeit und Konfliktlösung betrachtet werden.

Klimaelemente

Klimaelemente spielen eine entscheidende Rolle in der Entstehung und Intensivierung von Ressourcenkonflikten, insbesondere in Regionen, die stark von natürlichen Ressourcen abhängig sind. Dabei sei zunächst festzuhalten, dass Klimawandel und Klimaelemente - wie Temperatur, Niederschlag, Luftfeuchtigkeit und Wind - wesentliche Einflussfaktoren auf die Verfügbarkeit und Verteilung von Ressourcen wie Wasser, Boden und Biodiversität sind. Diese Faktoren können direkte und indirekte Auswirkungen auf die Lebensgrundlagen von Gemeinschaften haben und damit soziale Spannungen und Konflikte hervorrufen.

Ein zentrales Klimaelement ist die Temperatur. Ansteigende Temperaturen können beispielsweise die Wasserverfügbarkeit in semiariden und ariden Regionen verringern. Dies geschieht durch erhöhte Verdunstung und reduzierte Niederschläge, was zu Wasserknappheit führt. In vielen Regionen, insbesondere in Entwicklungs-ländern, sind die Gemeinschaften stark von landwirtschaftlicher Produktion abhängig. Ein Mangel an Wasser beeinträchtigt die Ernten und führt zu Ernährungsunsicherheit. Infolgedessen kann es zu Konflikten zwischen verschiedenen Nutzergruppen kommen, wie etwa Landwirten und Viehzüchtern, die um die begrenzten Wasserressourcen konkurrieren.

Ein weiteres bedeutendes Klimaelement ist der Niederschlag. Veränderungen in Niederschlagsmustern, die durch den Klimawandel verursacht werden, können extreme Wetterereignisse wie Dürren und Überschwemmungen hervorrufen. Diese Extremereignisse haben nicht nur Auswirkungen auf die Landwirtschaft, sondern auch auf die Funktionsfähigkeit der Infrastruktur und die Verfügbarkeit anderer grundlegender Ressourcen. Regionale oder nationale Wasserknappheit kann auch die Migration von Menschen verursachen, die in weniger betroffenen Gebieten nach besseren Bedingungen suchen, was zu zusätzlichen Spannungen in den Aufnahmegebieten führen kann.

Die Wechselwirkungen zwischen Klimaelementen und Ressourcenkonflikten sind zudem zeitlich und räumlich vielfältig. In einigen Regionen kann eine kurzfristige Dürreperiode zu sofortigem Konflikt oder Ressourcendruck führen, während in anderen Regionen langanhaltende klimatische Veränderungen schleichender wirken und die Spannungen über Jahre hinweg aufbauen. In diesem Zusammenhang ist auch die Rolle von sozialen und wirtschaftlichen Faktoren zu berücksichtigen. Gesellschaften, die bereits benachteiligt sind oder geringe institutionelle Kapazitäten besitzen, können besonders anfällig für die negativen Auswirkungen von Klimaveränderungen sein. Ungleiche Verteilung von Ressourcen, wirtschaftliche Abhängigkeiten und der Zugang zu Märkten können bestehende Konflikte zusätzlich verschärfen.

Ein Beispiel für den Zusammenhang zwischen Klimaelementen und Ressourcenkonflikten finden wir im Nahen Osten, wo Wasserknappheit und Konkurrenz um wasserreiche Gebiete zu Spannungen zwischen Staaten und innerhalb von

Gesellschaften geführt haben. Der Tigris-Euphrat-Strom ist ein zentrales Thema in diesen Konflikten, da die Anliegerstaaten unterschiedliche Ansprüche und Nutzungsstrategien haben, die durch sich verändernde Klimabedingungen zusätzlich kompliziert werden. Die fortschreitende Temperaturerhöhung und die abnehmenden Niederschläge verstärken den Druck auf diese Wasserressourcen, was potenziell zu Konflikten auf nationaler und internationaler Ebene führen kann.

Klimaerwärmung

Die Klimaerwärmung, auch als globale Erwärmung bekannt, bezieht sich auf den langfristigen Anstieg der durchschnittlichen Temperaturen der Erdatmosphäre und der Ozeane, primär verursacht durch den Anstieg von Treibhausgasen (THG) wie Kohlenstoffdioxid (CO_2), Methan (CH_4) und Lachgas (N_2O). Diese emittierten Gase stammen überwiegend aus menschlichen Aktivitäten, insbesondere der Verbrennung fossiler Brennstoffe, der Abholzung von Wäldern und der industriellen Landwirtschaft. Der menschengemachte Klimawandel hat weitreichende Folgen, die nicht nur natürliche Systeme, sondern auch menschliche Gesellschaften und deren Ressourcen betreffen.

Eine der gravierendsten Konsequenzen der Klimaerwärmung ist die Verschärfung von Ressourcenkonflikten, die sich auf verschiedene Dimensionen von Wasser, Nahrung und Land erstrecken. Auch Politiken und Governance-Mechanismen können betroffen sein und Konflikte verstärken oder abmildern.

Der Klimawandel verändert die Verteilung und Verfügbarkeit von Wasserressourcen weltweit. Regionale Veränderungen in Niederschlagsmustern und zunehmende Extremwetterereignisse, wie Dürreperioden und Überschwemmungen, beeinträchtigen die Wasserversorgung. In Gebieten, die ohnehin wasserarm sind oder unter übermäßigem Wasserstress leiden, kann dies zu ernsthaften Konflikten zwischen verschiedenen Nutzern führen, beispielsweise zwischen Agrarwirtschaft, Industrie und Haushalten. Historische Analysen zeigen, dass Wasserknappheit ein zentrales Element in vielen regionalen Konflikten ist, insbesondere im Nahen Osten und in Nordafrika, wo Flüsse wie der Nil und der Jordan mehrere Staaten durchqueren und verschiedene Interessengruppen bedienen.

Die Landwirtschaft ist stark klimatisch abhängig, und die Auswirkungen der Klimaerwärmung zeigen sich in veränderten Anbauzeiten, verminderten Erträgen und erhöhten Schädlingen und Krankheiten. Insbesondere die Länder des globalen Südens, die oft auf monokulturelle Anbaupraktiken angewiesen sind, sind gefährdet, was zu einem Rückgang der landwirtschaftlichen Produktivität führen kann. Der Mangel an Nahrungsmitteln zwingt Gemeinschaften dazu, um begrenzte Ressourcen zu konkurrieren, was Spannungen und gegebenenfalls bewaffnete Konflikte schüren kann. Ein Beispiel dafür sind die „Arabischen Frühlinge", bei denen Ernährungsunsicherheit und explodierende Lebensmittelpreise zu einer massiven gesellschaftlichen Unruhe führten.

Zusätzlich zu Wasser und Nahrung spielt auch Land eine entscheidende Rolle im Kontext von Ressourcenkonflikten. Der Klimawandel beeinflusst die Landnutzung, indem er die Eignung bestimmter Gebiete für die Landwirtschaft verändert oder Gebietsansprüche durch steigende Meeresspiegel bedroht. Verdrängung von Gemeinschaften in Folge des Anstiegs des Meeresspiegels ist bereits in vielen Küstenregionen zu beobachten, was zu einem verstärkten Druck auf interne und externe Migration führt. Dieser Prozess kann bestehende Konflikte um Landrechte und Eigentum verstärken, besonders in Regionen mit schwachen Governance-Strukturen.

Die Erwärmung des Klimas kann auch zu einem Anstieg von Umweltmigration führen. Menschen fliehen vor extremen Wetterbedingungen, Nahrungsmittelknappheit und Wasserstress, was potenziell nationale und internationale Sicherheitsbedenken aufwirft. So können Migranten auf überlastete städtische Zentren treffen, was zu sozialen Spannungen und Konflikten innerhalb der urbanen Gesellschaften führen kann. Analysen, wie sie im Rahmen des „Intergovernmental Panel on Climate Change" (IPCC) durchgeführt werden, legen dar, dass Staaten zunehmend mit Herausforderungen konfrontiert sind, die durch Klimaflüchtlinge und deren Integration in bestehende Gesellschaften entstehen.

Schließlich kann die Klimaerwärmung die politischen Institutionen der Länder belasten. Staaten, die bereits unter Druck stehen, könnten weniger in der Lage sein, auf die Herausforderungen der Klimakrise angemessen zu reagieren. In solchen Fällen können schwache oder korrupt geführte Regierungen dazu neigen, Konflikte zu verschärfen, anstatt sie zu lösen. Die Unfähigkeit, Ressourcen gerecht zu verteilen und kollektive Maßnahmen zum Klimaschutz zu ergreifen, kann die soziale Ungleichheit verstärken und den Grundstein für langanhaltende Konflikte legen.

Klimafolgen

Die klimatischen Veränderungen, die seit der Industrialisierung unaufhaltsam voranschreiten, haben tiefgreifende Auswirkungen auf natürliche Ressourcen und führen in vielerlei Hinsicht zu Ressourcenkonflikten. Diese Konflikte sind häufig das Ergebnis komplexer Wechselwirkungen zwischen Umweltveränderungen, sozialen Dynamiken, wirtschaftlichen Interessen und politischen Rahmenbedingungen. Um das Zusammenspiel dieser Faktoren zu verstehen, ist es wichtig, den Kontext der Klimafolgen und ihre Spezifika in verschiedenen Regionen der Welt zu betrachten.

Eine der gravierendsten Klimafolgen ist die zunehmende Häufigkeit und Intensität von extremen Wetterereignissen, wie Dürren, Überschwemmungen und Stürme. Diese extremen Ereignisse beeinträchtigen die Verfügbarkeit von Wasserressourcen in vielen Regionen, wodurch ein direkter Wettbewerb um Wasser entsteht. Beispielsweise sind viele Länder im Nahen Osten und Nordafrika stark von Wasserknappheit betroffen, was die Spannungen zwischen verschiedenen Gemeinschaften und Staaten verstärken kann. In stark agrarisch geprägten Gebieten führt die Wasserknappheit zu Ernteausfällen und damit zu einer verminderten Nahrungsmittelproduktion. Dies verstärkt die Unsicherheit in der Nahrungsmittelversorgung und kann gemeinhin zu sozialen Unruhen führen.

Ein Beispiel hierfür ist der Arabische Frühling, der teilweise durch zunehmende Dürreperioden und die damit verbundene landwirtschaftliche Krise ausgelöst wurde. Die ungleiche Verteilung von Ressourcen, insbesondere Wasser, hat bereits bestehende Spannungen zwischen ländlichen und städtischen Gesellschaften sowie innerhalb verschiedener ethnischer und religiöser Gruppen verschärft. In Ländern wie Syrien haben Kombinationen aus Klimafolgen, wirtschaftlicher Ungleichheit und politischer Repression zur Eskalation von Konflikten geführt.

Zusätzlich zur Wasserknappheit wirkt sich der Klimawandel auch direkt auf landwirtschaftliche Produktionsbedingungen aus. Die Verschiebung von Anbauzonen, die Zunahme von Schädlingen und Krankheiten sowie die häufigeren Extremwetterereignisse führen zu Ernteausfällen und stellen die Existenz von Landwirten in vielen Regionen in Frage. Dies schafft einen Druck auf Arbeitskräfte, die gezwungen sind, in stärker industrialisierte Städte zu migrieren, was einerseits die städtischen Infrastrukturen überlastet und andererseits in ländlichen Gebieten zu einem Verlust von Know-how und Arbeitskraft führt. Diese demografischen Veränderungen können zu internen Konflikten führen, da Migranten oft auf abgelehnte Ressourcen und Chancen stoßen, während ansässige Gemeinschaften verlangsamte wirtschaftliche Wachstumsraten erleben.

Darüber hinaus spielt der Klimawandel eine entscheidende Rolle in der Dynamik von Konflikten um fossile Brennstoffe und mineralische Ressourcen. Angesichts des zunehmenden Drucks, die Treibhausgasemissionen zu reduzieren, verlagern sich geopolitische Strategien hinsichtlich Erdöl, Erdgas und anderen Rohstoffen. Länder, die stark von diesen Ressourcen abhängig sind, sehen sich einem Dilemma gegenüber: Sie müssen einerseits in eine Dekarbonisierung investieren, andererseits aber auch ihre Energiesicherheit und wirtschaftlichen Interessen wahren. Dies kann zu Spannungen zwischen den Staaten führen, insbesondere wenn Ressourcen entlang geopolitischer Grenzen oder in instabilen Regionen verteilt sind.

Klimagerechtigkeit

Klimagerechtigkeit ist ein interdisziplinäres Konzept, das soziale Gerechtigkeit, Umweltgerechtigkeit und die Auswirkungen des Klimawandels auf vulnerable Gemeinschaften miteinander verknüpft. Es untersucht, wie die ungleichen Verantwortlichkeiten und Auswirkungen des Klimawandels nicht nur ökologische, sondern auch soziale und wirtschaftliche Ungleichheiten verstärken. Der Zusammenhang zwischen Klimagerechtigkeit und Ressourcenkonflikten ist vielschichtig und wird von verschiedenen Faktoren beeinflusst.

Ein zentraler Aspekt ist, dass der Klimawandel oft ungleiche Auswirkungen auf unterschiedliche Regionen und Bevölkerungsgruppen hat. Entwicklungsländer, die am wenigsten zu den Treibhausgasemissionen beitragen, sind häufig am stärksten von den Folgen betroffen, wie etwa dem Anstieg des Meeresspiegels, extremen Wetterereignissen und der sich verändernden Verfügbarkeit von Wasser und Nahrungsmitteln. Diese klimatischen Veränderungen können bestehende Ressourcenkonflikte verschärfen oder zu neuen Konflikten führen. Beispielhaft sind die Wasserknappheit im Nahen Osten oder die Verknappung fruchtbarer Böden in Subsahara-Afrika zu nennen, wo die Konkurrenz um Ressourcen bereits zu Spannungen und gewaltsamen Auseinandersetzungen geführt hat.

Zudem ist die globale Ausbeutung von natürlichen Ressourcen, wie Holz, Wasser, Mineralien und fossilen Brennstoffen, eng mit den Ursachen des Klimawandels verknüpft. Viele der für den klimatischen Wandel verantwortlichen Aktivitäten, wie etwa die kommerzielle Landwirtschaft, Bergbau oder die Förderung fossiler Brennstoffe, führen nicht nur zur Zerstörung von Ökosystemen, sondern auch zu Verletzungen der Rechte indigener und lokaler Gemeinschaften, die auf diese Ressourcen angewiesen sind. Diese Gemeinschaften sind häufig die ersten, die unter den Folgen des Klimawandels und daraus resultierenden Ressourcenkonflikten leiden.

Ein weiteres Element der Klimagerechtigkeit ist das Konzept der „Klimaflüchtlinge". Menschen, die aufgrund des Klimawandels und der damit verbundenen Ressourcenschwäche gezwungen sind, ihre Heimat zu verlassen, stehen oft vor erheblichen gesellschaftlichen und wirtschaftlichen Herausforderungen. Diese materielle und humane Unsicherheit kann Spannungen verstärken und zu Konflikten führen, sowohl innerhalb der betroffenen Länder als auch über nationale Grenzen hinweg.

Auf politischer Ebene sind die Mechanismen zur Bekämpfung des Klimawandels und zur Sicherung von Ressourcen oftmals nicht gerecht verteilt. Politische Entscheidungen, die von Entwicklungsländern getroffen werden müssen, geschieht häufig in einem globalen und oft ungerechten Kontext, wo reiche Nationen und multinationale Unternehmen überproportionalen Einfluss haben. Dies führt zu einer Marginalisierung der Stimmen und Interessen der am stärksten betroffenen Gemeinschaften, wodurch soziale Ungerechtigkeiten weiter perpetuiert werden.

Schließlich erfordert das Streben nach Klimagerechtigkeit eine integrative politische und soziale Agenda, die menschenrechtliche Perspektiven berücksichtigt. Ansätze wie die Anerkennung und Förderung der Rechte indigener Völker auf Land und Ressourcen, die Förderung nachhaltiger landwirtschaftlicher Praktiken sowie Maßnahmen zur Stärkung der Resilienz von Gemeinschaften gegenüber Klimaveränderungen sind entscheidend.

Klimakonferenzen

Klimakonferenzen stellen eine zentrale Plattform dar, um internationale Maßnahmen zur Bekämpfung des Klimawandels zu koordinieren. Diese Konferenzen, insbesondere im Rahmen der UN-Klimarahmenkonvention (UNFCCC) und der jährlichen COP-Treffen (Conference of the Parties), behandeln nicht nur die Reduktion von Treibhausgasemissionen, sondern auch die komplexen Wechselwirkungen zwischen Klimawandel und Ressourcenkonflikten.

Ressourcenkonflikte entstehen häufig aus einem Mangel an oder ungleichem Zugang zu natürlichen Ressourcen wie Wasser, Land und Energie. Diese Konflikte werden durch den Klimawandel potenziell verstärkt, da er die Verfügbarkeit und Verteilung dieser Ressourcen beeinträchtigt. Veränderungen in Niederschlagsmustern, Temperaturerhöhungen und der Anstieg des Meeresspiegels wirken sich direkt auf die landwirtschaftliche Produktivität und die Wasserressourcen eines Gebiets aus. Insbesondere in bereits fragilen Regionen - wie dem Horn von Afrika, dem Nahen Osten oder Teilen Südasien - kann dies zu einer Verschärfung bestehender Konflikte oder gar zu neuen Kriegen führen.

Ein prägnantes Beispiel ist der Wassermangel im Nahen Osten. Hier konkurrieren unterschiedliche Staaten und Gruppen um Wasserressourcen, die zunehmend durch klimatische Veränderungen bedroht sind. Die UN-Klimakonferenzen befassen sich häufig mit der Notwendigkeit einer umfassenden Wasserbewirtschaftungsstrategie und dem Austausch von Technologien, um effiziente Wassernutzungspraktiken zu fördern. Der Zugang zu Wasser wird als Menschenrecht betrachtet, und die internationale Gemeinschaft ist gefordert, sich mit den politischen Implikationen dieser Ressourcen zu beschäftigen. Ein weiterer kritischer Aspekt ist die Umweltflüchtlingsbewegung, die teilweise durch klimatische Veränderungen ausgelöst wird. Menschen, die aufgrund von Dürren, Überschwemmungen oder anderen klimabedingten Ereignissen ihre Heimat verlieren, suchen oft in benachbarten Ländern nach Zuflucht. Diese Migration kann zu Spannungen und Konflikten führen, insbesondere wenn die aufnehmenden Länder selbst unter Ressourcenknappheit leiden. Klimakonferenzen zielen darauf ab, die Staaten aufzufordern, solidarisch zu handeln und Mechanismen zum Schutz von umweltbedingt vertriebenen Personen zu entwickeln.

Zudem spielt die Verantwortung von Industrieländern im Kontext von Ressourcenkonflikten eine zentrale Rolle. Historisch gesehen sind diese Länder die Hauptverursacher von Treibhausgasemissionen und tragen somit zur globalen Erwärmung bei, die vermehrt zu Ressourcenknappheit in Entwicklungsländern führt. Während der Klimakonferenzen wird häufig die Notwendigkeit hervorgehoben, finanzielle und technologische Unterstützung bereitzustellen, um diesen Ländern zu helfen, ihre Anpassungsstrategien zu verbessern. Diese Aspekte sind entscheidend, um eine gerechte globale Klimapolitik zu fördern, die auch soziale und wirtschaftliche Gerechtigkeit in den Fokus rückt.

Klimamodelle

Klimamodelle sind entscheidende Werkzeuge, die verwendet werden, um die zukünftigen Entwicklungen des Klimas zu simulieren und zu verstehen. Sie basieren auf physikalischen, chemischen und biologischen Prinzipien, die das Verhalten der Erdatmosphäre, der Ozeane und der Erdoberfläche beschreiben. Diese Modelle sind nicht nur für wissenschaftliche Zwecke von Bedeutung, sondern auch im Kontext von Ressourcenkonflikten zunehmend relevant, da der Klimawandel tiefgreifende Auswirkungen auf natürliche Ressourcen wie Wasser, Nahrung und Energie hat. Diese Auswirkungen können zur Verstärkung bestehender Spannungen und zur Entstehung neuer Konflikte führen.

Die meisten Klimamodelle lassen sich in zwei Hauptkategorien unterteilen: einfache Energie-Bilanzen-Modelle (EBM) und komplexe erdsystembasierte Modelle (ESM). EBMs berücksichtigen grundlegend die Energiebilanz der Erde, während ESMs die Wechselwirkungen zwischen verschiedenen Komponenten des Klimasystems, einschließlich der Atmosphäre, Hydrosphäre, Kryosphäre und Biosphäre, detaillierter darstellen. Dies geschieht durch die Integration numerischer Simulationen, die verschiedenen physikalische Prozesse abbilden, einschließlich der Wechselwirkungen zwischen Treibhausgasen, aerosolbedingten Aerosolen, Wolken und den Oberflächeneigenschaften.

Ein zentrales Element der Klimamodelle ist das Konzept der Klimasensitivität, welches beschreibt, wie empfindlich das Klima der Erde auf Veränderungen der Treibhausgaskonzentrationen reagiert. Diese Sensitivität wird oft als Maßstab verwendet, um verschiedene Szenarien der zukünftigen Entwicklung von Emissionen und deren Auswirkungen auf Temperatur und Wetterextreme zu bewerten. Im Kontext von Ressourcenanalysen werden diese Szenarien genutzt, um potenzielle Veränderungen in der Verfügbarkeit von Wasser, landwirtschaftlichen Erträgen und anderen kritischen Ressourcen vorherzusagen.

Die Verfügbarkeit natürlicher Ressourcen wird stark vom klimatischen Wandel beeinflusst. Beispielsweise können veränderte Niederschlagsmuster und steigende Temperaturen in Regionen, die stark von der Landwirtschaft abhängig sind, zu Ernteausfällen führen. Wasserknappheit aufgrund von schmelzenden Gletschern, die Flüsse speisen, sowie häufigeren und intensiveren Dürreperioden verstärkt die Konkurrenz um Wasserressourcen, insbesondere in bereits konfliktbeladenen Regionen wie dem Nahen Osten und Teilen Afrikas. Klimamodelle zeigen, dass die Wahrscheinlichkeit und Intensität solcher Extremereignisse zunehmen werden, was die Verwundbarkeit von Gemeinschaften und Nationen erhöht, die auf begrenzte Ressourcen angewiesen sind.

Die Analyse von Ressourcenkonflikten im Kontext des Klimawandels erfordert ein interdisziplinäres Verständnis, das neben der Klimawissenschaft auch soziale, ökonomische und geopolitische Aspekte integriert. Dies geschieht häufig durch die Verwendung von hybriden Modellen, die sowohl klimatische als auch gesellschaftswissenschaftliche Variablen einbeziehen. Diese Modelle können helfen, die Dynamiken zu verstehen, die zu Konflikten führen, wenn Ressourcen knapper werden, und sie können Politikern Werkzeuge an die Hand geben, um proaktive Maßnahmen zu entwickeln, die Spannungen reduzieren.

Zudem haben Klimamodelle auch das Potenzial, frühzeitige Warnsysteme für potenzielle Konflikte zu schaffen. Indem sie zukünftige Szenarien untersuchen, können Entscheidungsträger besser informierte Strategien zur Konfliktprävention und zur Anpassung an die unvermeidlichen Auswirkungen des Klimawandels entwickeln. Dies schließt Maßnahmen wie interstaatliche Vereinbarungen zur nachhaltigen Nutzung von Wasserressourcen, die Förderung von agra-ökologisch nachhaltigen Praktiken in der Landwirtschaft und die Stärkung von Gemeinschaften in vulnerablen Regionen ein.

Klimaschuld

Klimaschuld bezieht sich auf die Verantwortung, die Industrienationen und reichere Länder für die historischen Treibhausgasemissionen tragen, die maßgeblich zur globalen Klimakrise beigetragen haben. Diese Verantwortung wird immer relevanter im Kontext von Ressourcenkonflikten, da die Auswirkungen des Klimawandels in erster Linie die am stärksten vulnerablen Bevölkerungsschichten in globalen Süden treffen, die oft am wenigsten zur Entstehung des Problems beigetragen haben.

Ressourcenkonflikte entstehen häufig in einer Situation der Ressourcenknappheit, die durch den Klimawandel bedingt werden. Beispielsweise führt die globale Erwärmung zu Veränderungen in der Verfügbarkeit von Wasser, landwirtschaftlichen Erträgen und natürlichen Ressourcen wie Bodenschätzen. In vielen Regionen sind diese Veränderungen direkt verantwortlich für steigende Spannungen und Konflikte, da Gemeinschaften um den Zugang zu immer knapperen Ressourcen kämpfen. Der Zugang zu Wasser wird besonders kritisch, da Dürren und veränderte Niederschlagsmuster die Verfügbarkeit stark beeinflussen können. In Ländern wie Äthiopien oder Syrien, wo Wasser bereits eine begrenzte Ressource darstellt, ist die Verknüpfung zwischen Klimawandel und Ressourcenkonflikten evident.

Ein Beispiel für diese Dynamik ist der Syrische Bürgerkrieg, der viele als einen Konflikt betrachten, der durch eine nachhaltige Dürre verschärft wurde. Die Dürre führte zu massiven Ernteausfällen, woraufhin Hunderttausende von Landwirten in die Städte strömten, wo die ohnehin schon angespannten sozialen und politischen Strukturen zusammenbrachen. Dies zeigt, wie klimainduzierte Ressourcenknappheit nicht nur lokale Konflikte verstärken, sondern auch gesellschaftliche Umwälzungen hervorrufen kann.

Klimaschuld manifestiert sich also nicht nur in den Verantwortung der Industrieländer zur Verringerung ihrer Emissionen, sondern auch in der Notwendigkeit, Entwicklungsländer zu unterstützen, die unter den Folgen des Klimawandels leiden, obwohl sie in der Regel nicht für die verursachten Emissionen verantwortlich sind. Industrieländer haben oft von fossilen Brennstoffen profitiert und gleichzeitig wenig Rücksicht auf die ökologischen und sozialen Folgen ihres Handelns genommen. Diese ungleiche Verteilung der emissionsbedingten Lasten hat auch direkte Auswirkungen auf die Fähigkeit ärmerer Länder, sich an den Klimawandel anzupassen und ihre Ressourcen nachhaltig zu verwalten.

Ein weiteres Element der Diskussion über Klimaschuld und Ressourcenkonflikte ist die Frage der Gerechtigkeit, sowohl innerhalb von Ländern als auch zwischen ihnen. In vielen Fällen sind es die marginalisierten Gruppen – wie indigene

Völker oder ärmere Bevölkerungsschichten – die am stärksten unter den sozio-ökonomischen Auswirkungen des Klimawandels leiden, während sie gleichzeitig am wenigsten zur Emission von Treibhausgasen beigetragen haben. Ihre Stimmen und Interessen sind im globalen Diskurs häufig unterrepräsentiert, was zu einer weiteren Vertiefung sozialer Ungleichheiten führt.

Zudem verschärft der Wettbewerb um Ressourcen, der durch den Klimawandel beeinflusst wird, geopolitische Spannungen. Staaten könnten versucht sein, militärische Mittel zur Sicherung von Wasser- oder Nahrungsressourcen einzusetzen, was zu größeren internationalen Konflikten führen kann. Der Zugang zu strategischen Rohstoffen, etwa Lithium und Kobalt für die Energiewende, zeigt, wie der Übergang zu nachhaltigen Energiequellen auch neue Quellen von Konflikten hervorbringen kann, insbesondere in Ländern, die reich an solchen Ressourcen, aber arm an politischen und sozialen Stabilitäten sind.

In diesem Kontext ist es unerlässlich, dass globale Politik und internationale Maßnahmen zur Bekämpfung des Klimawandels auch gerechte Lösungen für diese Ressourcenkonflikte in Betracht ziehen. Programme zur Unterstützung von Anpassungsstrategien und zur Förderung nachhaltiger Ressourcennutzung sind entscheidend, um die negative Auswirkungen der Klimaschuld zu mildern und eine gerechtere Zukunft zu gestalten. Der Dialog über Klimagerechtigkeit, der von einer erkenntnistheoretischen Perspektive aus organisiert ist, sollte die Stimmen der am stärksten betroffenen Länder und Gemeinschaften einbeziehen, um nachhaltige und gerechte Lösungen für die Herausforderungen des Klimawandels und seiner sozialen und ökologischen Folgen zu entwickeln.

Klimaschutz

Der Klimaschutz spielt eine zentrale Rolle im globalen Bemühen, die Erderwärmung einzudämmen und deren katastrophale Folgen abzumildern. Die wissenschaftlichen Grundlagen des Klimawandels zeigen, dass menschliche Aktivitäten, insbesondere der Ausstoß von Treibhausgasen durch die Verbrennung fossiler Brennstoffe, Landnutzungsänderungen und industrielle Prozesse, die atmosphärische Konzentration von Kohlenstoffdioxid (CO_2), Methan (CH_4) und anderen Treibhausgasen erheblich erhöhen. Diese Gase tragen zur globalen Erwärmung und zu einem destabilisierten Klimasystem bei, das wiederum schwerwiegende Auswirkungen auf Ökosysteme und menschliche Gesellschaften hat.

Im Kontext von Ressourcenkonflikten wird die Verbindung zwischen Klimaschutz und geopolitischen Spannungen immer sichtbarer. Klimawandel beeinflusst die Verfügbarkeit von natürlichen Ressourcen wie Wasser, Ackerland und Energieträgern, die für das Überleben und die Entwicklung von Ländern und

Gemeinschaften entscheidend sind. Ein Beispiel hierfür ist die Zunahme von Extremwetterereignissen, die die landwirtschaftliche Produktivität beeinträchtigen und zu Nahrungsknappheit führen können. Diese Mangelerscheinungen sind häufig der Nährboden für Konflikte, insbesondere in Regionen, die bereits unter einem hohen Maß an politischer Instabilität leiden.

Die Interaktion zwischen Klimaschutz und Ressourcenkonflikten äußert sich auch in der Konkurrenz um fossile Brennstoffe, während die Welt versucht, von einer auf Kohlenstoff basierenden Wirtschaft zu einer nachhaltigeren Energieerzeugung überzugehen. Diese Transition ist oft von geopolitischen Spannungen geprägt, da Länder, die reich an fossilen Ressourcen sind, ökonomische und politische Interessen im Spiel haben, die den Klimaschutz behindern können. Das Streben nach einer kohlenstoffarmen Wirtschaft kann daher auch als Anreiz für Länder dienen, sich geopolitisch neu zu orientieren oder zu destabilisieren, je nachdem, wie schnell sie ihren Übergang zu erneuerbaren Energien und nachhaltigen Praktiken gestalten.

Ein weiterer kritischer Aspekt ist die globale Ungleichheit im Zugang zu Ressourcen. Entwicklungsländer, die am stärksten von den Auswirkungen des Klimawandels betroffen sind, verfügen oft nicht über die notwendigen Mittel, um sich anzupassen oder in nachhaltige Technologien zu investieren. Hierdurch entstehen Spannungen zwischen industrialisierten Nationen, die historisch gesehen den größten Anteil an den Treibhausgasemissionen verursacht haben, und Entwicklungsländern, die außergewöhnlich vulnerable sind. Der Atem des Klimawandels führt zu einem Bedarf an internationaler Solidarität, die jedoch häufig durch nationale Interessen und das Streben nach wirtschaftlichem Gewinn behindert wird.

Um nachhaltige Lösungen zu finden, ist eine integrierte Strategie erforderlich, die sowohl den Klimaschutz als auch die Relevanz von Ressourcenkonflikten berücksichtigt. Dazu gehört die Entwicklung von Mechanismen zur Förderung erneuerbarer Energien, die faire Ressourcennutzung fördern und Mechanismen zur Friedensbildung in von Konflikten betroffenen Regionen. Uneinigkeit über ressourcenspezifische Interessen kann zu einem Abgleiten in Gewalt führen, während Initiativen zur Kooperation in Bereichen wie Wassermanagement und Handelsabkommen zur Schaffung von Vertrauen und Stabilität beitragen können.

Die wissenschaftliche Gemeinschaft spielt eine entscheidende Rolle bei der Bereitstellung von Daten und Analysen, die politischen Entscheidungsträgern helfen können, informierte und gerechte Entscheidungen zu treffen. Klimamodelle, die die nächsten Jahrzehnte prognostizieren, sowie sozialwissenschaftliche Untersuchungen, die das Potenzial für Ressourcenkonflikte voraussagen, sind unverzichtbar, um präventive Maßnahmen zu ergreifen und auf diese Weise sowohl den Klimaschutz als auch die Aufrechterhaltung des sozialen Friedens zu fördern.

Klimasicherheit

Klimasicherheit im Kontext von Ressourcenkonflikten ist ein komplexes und interdisziplinäres Thema, das sowohl ökologische als auch soziale, wirtschaftliche und politische Dimensionen umfasst. Die Wechselwirkungen zwischen Klimawandel und Ressourcen sind entscheidend für das Verständnis von Sicherheitsrisiken und Konflikten in verschiedenen Teilen der Welt.

Der Klimawandel führt zu einer Vielzahl von Umweltveränderungen, darunter steigend Temperaturen, häufigere und intensivere extreme Wetterereignisse, veränderte Niederschlagsmuster und steigender Meeresspiegel. Diese Veränderungen haben direkte Auswirkungen auf natürliche Ressourcen wie Wasser, Boden und Biodiversität, die als Grundlage für Lebensunterhalt, Nahrungsmittelproduktion und wirtschaftliche Stabilität dienen. In vielen Regionen, insbesondere in Entwicklungs- und Schwellenländern, sind diese Ressourcen bereits knapp, und der Druck auf sie hat das Potenzial, bestehende Spannungen zu verschärfen und neue Konflikte zu verursachen.

Ein Beispiel dafür ist der Wasserressourcenkonflikt. In wasserarmen Regionen, die zunehmend unter Dürre und Wasserknappheit leiden, können sich bestehende Konflikte um Wasserressourcen intensivieren. Flüsse und Seen, die mehrere Länder oder Gemeinschaften versorgen, können zum Mittelpunkt geopolitischer Spannungen werden. Solche Streitigkeiten sind oft eng mit nationalen Sicherheitsinteressen verknüpft, insbesondere wenn es darum geht, Zugang zu Wasser für Landwirtschaft und Industrie zu sichern. Der Nil-Konflikt zwischen Ägypten und den Anrainerstaaten ist ein Beispiel dafür, wo der Bau von Staudämmen wie dem Grand Ethiopian Renaissance Dam (GERD) Spannungen ausgelöst hat, die sowohl ökologische als auch politische Dimensionen umfassen.

Ähnlich verhält es sich mit landwirtschaftlichen Ressourcen. Der Klimawandel beeinflusst Ernteerträge und führt in vielen Gebieten zu Ernteausfällen oder -minderungen. In Ländern, in denen die Landwirtschaft die Hauptquelle für Einkommen und Ernährungssicherheit darstellt, kann dies zu steigenden Preisen für Nahrungsmittel und letztlich zu sozialer Unruhe führen. Historische Analysen haben gezeigt, dass Nahrungsmittelknappheit und steigende Preise oft mit Unruhen und politischen Umwälzungen einhergehen. Ein prägnantes Beispiel ist der Arabische Frühling, der teilweise durch steigende Lebensmittelpreise und die damit verbundenen wirtschaftlichen Schwierigkeiten angeheizt wurde.

Darüber hinaus sind im Kontext des Klimawandels auch Fragen der Energieversorgung von zentraler Bedeutung. Die Abhängigkeit von fossilen Brennstoffen und die damit verbundenen Umweltbelastungen können Ressourcenknappheit und Klimakrisen in bisher unberührten Regionen wie der Arktis und niedrig liegenden Küstengebieten verschärfen. Der Wettlauf um Kontrolle und Zugang zu diesen Ressourcen kann geopolitische Spannungen verstärken, wie dies in der Arktis der Fall ist, wo unterschiedliche Nationen um das Recht konkurrieren, Öl- und Gasvorkommen zu erschließen.

Klimasicherheit erfordert daher eine ganzheitliche Betrachtung und ein proaktives Management dieser Konflikte. Politische Lösungen könnten beispielsweise die Schaffung von Mechanismen zur gerechteren Verteilung von Ressourcen, die Förderung von Wassermanagementstrategien und die Unterstützung nachhaltiger landwirtschaftlicher Praktiken umfassen. Internationale Zusammenarbeit ist essentiell, um grenzüberschreitende Ressourcenkonflikte zu verhindern und den Umgang mit den Herausforderungen des Klimawandels zu koordinieren.

Klimaszenarien

Klimaszenarien sind prognostische Modelle, die zukünftige klimatische Entwicklungen unter verschiedenen Annahmen über Treibhausgasemissionen, Landnutzung und technologische Fortschritte simulieren. Diese Szenarien sind entscheidend, um das potenzielle Spektrum an klimatischen Veränderungen zu verstehen und deren Auswirkungen auf verschiedene Aspekte des menschlichen Lebens, einschließlich der Ressourcenkonflikte, zu bewerten.

Im Kontext des Klimawandels werden die bedeutendsten Ressourcenkonflikte oft durch die Verknappung von Wasser, Nahrungsmitteln und Energie ausgelöst. Klimaszenarien, wie sie beispielsweise im Bericht des Intergovernmental Panel on Climate Change (IPCC) dargestellt werden, zeigen, dass steigende Temperaturen, veränderte Niederschlagsmuster und extreme Wetterereignisse die Verfügbarkeit dieser Ressourcen erheblich beeinflussen können.

Ein zentrales Beispiel ist der Wasserstress, der in vielen Regionen der Welt zunehmen wird. Szenarien, die eine Erhöhung der globalen Temperaturen um mehr als 2 °C projizieren, deuten darauf hin, dass insbesondere aride und semi-aride Regionen stark betroffen sein werden. In Nordafrika, dem Nahen Osten und Teilen Südasiens könnte ein Rückgang der Niederschläge in Kombination mit steigenden Temperaturen die Wasserverfügbarkeit erheblich reduzieren. Dies führt zu Konflikten zwischen verschiedenen Nutzern, sei es zwischen landwirtschaftlichen Betrieben und städtischen Bedarfen oder zwischen benachbarten Ländern, die sich Wasserquellen teilen.

Darüber hinaus wird die Nahrungsmittelproduktion durch den Klimawandel gefährdet. Die Szenarien zeigen, dass ein Anstieg der Temperaturen die Ernteerträge in vielen wichtigen Agrarregionen negativ beeinflussen kann, während gleichzeitig die Nachfrage aufgrund einer wachsenden Weltbevölkerung und sich verändernder Ernährungsgewohnheiten steigt. Mangelernährung und steigende Lebensmittelpreise können soziale Spannungen und Unruhen hervorrufen, insbesondere in einkommensschwachen Ländern und Regionen, in denen die Anpassungsfähigkeit an klimatische Veränderungen begrenzt ist.

Das Thema Energie ist ebenfalls relevant im Kontext von Klimaszenarien und Ressourcenkonflikten. Die Notwendigkeit, von fossilen Brennstoffen auf erneuerbare Energien umzusteigen, wird als zentraler Bestandteil der globalen Klimapolitik angesehen. Jedoch können die Ressourcen, die für den Bau von Infrastrukturen für erneuerbare Energien erforderlich sind – wie Lithium für Batterien oder Seltene Erden für Windturbinen – ebenfalls geopolitische Spannungen und Konflikte hervorrufen. Die Kontrolle über diese Ressourcen kann zu Rivalitäten zwischen Staaten und Unternehmen führen, insbesondere wenn diese Rohstoffe in bestimmten Regionen konzentriert sind.

Schließlich ist zu erwähnen, dass die Interaktion verschiedener Faktoren in sozialen, politischen und wirtschaftlichen Kontexten die Auswirkungen des Klimawandels auf Ressourcenkonflikte verstärken oder abschwächen kann. Schwache und fragile Staaten sind oft am stärksten gefährdet, da sie möglicherweise nicht über die notwendigen institutionellen Rahmenbedingungen oder die wirtschaftliche Stabilität verfügen, um auf die Herausforderungen des Klimawandels angemessen zu reagieren. In solchen Kontexten können Ressourcenkonflikte zu gewaltsamen Auseinandersetzungen führen, während resiliente Gesellschaften eher in der Lage sind, friedliche Lösungen zu finden.

Klimawandel

Der Klimawandel stellt eine der gravierendsten Herausforderungen des 21. Jahrhunderts dar und beeinflusst auf vielschichtige Weise soziale, wirtschaftliche und politische Strukturen weltweit. Ein besonders bedeutsamer Aspekt dieser Thematik sind die Ressourcenkonflikte, die als direkte Folge der klimatischen Veränderungen auftreten können. Um das Zusammenspiel von Klimawandel und Ressourcenkonflikten umfassend zu verstehen, ist es wichtig, verschiedene Dimensionen zu beleuchten.

Zunächst ist es zu verstehen, wie der Klimawandel die Verfügbarkeit natürlicher Ressourcen beeinflusst. Die globale Erwärmung führt zu extremen Wetterereignissen, wie Dürren, Überschwemmungen und Stürmen, die wiederum die

Wasserverfügbarkeit und die Produktivität der Landwirtschaft erheblich beeinträchtigen können. In Regionen, in denen Wasserressourcen bereits knapp sind, kann eine Abnahme der Niederschläge zu einer dramatischen Verschärfung von Wasserstress führen. Diese Bedingungen schaffen ein Umfeld, in dem der Wettbewerb um Wasserressourcen zunimmt und potenzielle Konflikte zwischen verschiedenen Nutzern oder Regionen entstehen können.

Ein weiteres Schlüsselthema ist die Veränderung von landwirtschaftlichen Mustern infolge des Klimawandels. Viele Länder, die stark von der Agrarwirtschaft abhängig sind, sehen sich durch Temperaturerhöhungen und die Variabilität der Niederschläge einer Bedrohung ihrer Lebensmittelproduktion ausgesetzt. Die ertragreichsten Anbaugebiete könnten weniger produktiv werden, während andere, bisher marginalisierte Flächen, durch günstigere Temperaturen erschlossen werden könnten. Dies führt zu einer möglichen Umverteilung von landwirtschaftlichen Produktionsressourcen, was in Ländern mit begrenztem Zugang zu fruchtbarem Land zu Spannungen zwischen Landnutzern und -eigentümern führen kann. Diese Konflikte können sowohl lokal als auch international ausgeführt werden, insbesondere in Regionen, wo Länder gemeinsame Grenzgebiete bewirtschaften, wie dies oft in Wasser- oder Grenzkonflikten der Fall ist.

Ein weiterer zentraler Punkt ist die Rolle von Migration. Als Reaktion auf klimatische Veränderungen, die unhaltbare Lebensbedingungen schaffen, sehen sich viele Menschen gezwungen, ihre Heimat zu verlassen. Diese Klimamigration kann in besonders betroffenen Regionen, wie Küstengebieten, die durch den Anstieg des Meeresspiegels bedroht sind, oder in trockenen Gebieten, die unter Wasserknappheit leiden, beobachtet werden. Migration kann sowohl zu einer Entlastung der betroffenen Gebiete führen, als auch zu erhöhten Spannungen und Konflikten in den Aufnahmeregionen, wenn diese mit bereits bestehenden sozialen, wirtschaftlichen und politischen Herausforderungen kämpfen müssen.

Zusätzlich sind Rohstoffe, insbesondere fossile Brennstoffe, Teil des Konfliktpotenzials. Der Klimawandel hat die Dringlichkeit eines Übergangs zu nachhaltigen Energien verstärkt, was teilweise zu geopolitischen Spannungen über den Zugang zu Ressourcen und deren Nutzung führt. Länder, die von der Erdöl- oder Kohlenwirtschaft abhängig sind, könnten in einen Wettbewerb um die Erschließung und Kontrolle von verbleibenden Ressourcen geraten, während gleichzeitig der Druck wächst, den Kohlenstoffausstoß zu reduzieren. Solche Spannungen können sowohl regional als auch global Trigger für Konflikte darstellen.

Kolonialismus

Der Kolonialismus, verstanden als ein System der territorialen Expansion und der politischen, wirtschaftlichen sowie kulturellen Dominanz, hatte tiefgreifende Auswirkungen auf die Ressourcenverteilung und die Konflikte, die im Zuge der imperialistischen Bestrebungen entstanden. Im Kern war der Kolonialismus nicht nur ein Akt der territorialen Annexion, sondern auch ein komplexes wirtschaftliches Unterfangen, das darauf abzielte, die natürlichen Ressourcen der kolonialisierten Länder auszubeuten.

Der Wettbewerb um Ressourcen wie Edelmetalle, Gewürze, Zucker, Tabak, Baumwolle und später auch Öl spielte eine zentrale Rolle in der Motivation europäischer Mächte, Kolonien zu etablieren. Diese Ressourcen waren nicht nur von materiellem Wert, sondern wurden auch zu Symbolen nationaler Stärke und des imperialen Prestige. Die Industrielle Revolution im 18. und 19. Jahrhundert verstärkte diesen Drang zur Ressourcenausbeutung, da die wachsende Industrie in Europa und Nordamerika auf neue Rohstoffe angewiesen war. Damit einher ging die Notwendigkeit, Märkte für die produzierten Güter zu finden, was die kolonialen Bestrebungen noch verstärkte.

Der Zugriff auf Ressourcen führte oft zu ernsten Konflikten. In vielen Fällen wurde die ansässige Bevölkerung gewaltsam verdrängt oder unterdrückt, um den Zugang zu natürlichen Ressourcen zu sichern. Die gewaltsame Aneignung von Land und die Zwangsarbeit der indigenen Bevölkerung waren allgegenwärtige Praktiken. Beispielsweise führte die Suche nach Gold und Silber in Südamerika nach der Ankunft von Spaniens Konquistadoren zur fast vollständigen Ausrottung großer indigener Völker. Ähnliche Szenarien zeigen sich in der Geschichte der Kautschukernte in der Kongo und der Baumwollproduktion in den USA, wo Sklavenarbeit eine entscheidende Rolle spielte.

Ein weiterer bedeutender Aspekt ist die Rolle des Kolonialismus bei der Schaffung und Vertiefung von Ressourcenkonflikten, die bis in die Moderne nachwirken. Oft wurde die territoriale Integrität der kolonialisierten Gebiete nicht respektiert; Grenzen wurden willkürlich gezogen, um die Ressourcenverteilung zu optimieren, ohne Rücksicht auf ethnische, kulturelle oder soziale Gegebenheiten. Dies führte zu dauerhaften Spannungen und Konflikten in postkolonialen Staaten. Ein prominentes Beispiel hierfür ist die Delimitierung afrikanischer Grenzen durch europäische Kolonialmächte während der Berliner Konferenz von 1884-85, die nicht nur den sozialen Zusammenhalt innerhalb der neuen Länder untergrub, sondern auch ethnische Spannungen und Rivalitäten schürte.

Im Kontext der Postkolonialismusforschung wird zudem argumentiert, dass der Kolonialismus nicht einfach ein abgeschlossenes Kapitel der Geschichte ist, sondern dass seine Folgen bis in die Gegenwart hineinreichen. Ressourcenkonflikte, die aus kolonialen Strukturen hervorgegangen sind, manifestieren sich in modernen Konflikten um Öl, Minenrechte und Wasserressourcen, insbesondere in Regionen wie dem Nahen Osten, Afrika und Lateinamerika. Die sogenannte "Ressourcenfalle" beschreibt ein Phänomen, bei dem Länder, die reich an natürlichen Ressourcen sind, oft an wirtschaftlicher und politischer Instabilität leiden, häufig als Resultat von Korruption, Ausbeutung durch externe Mächte und internen Konflikten.

Konfliktressourcen

Konfliktressourcen sind natürliche Ressourcen, die eine bedeutende Rolle in gewaltsamen Konflikten spielen. Diese Ressourcen reichen von Bodenschätzen wie Öl, Gas, Gold, Diamanten und anderen mineralischen Rohstoffen bis hin zu landwirtschaftlichen Gütern oder Wasser. Der Begriff „Konfliktressourcen" wurde insbesondere in der politischen Ökonomie und der Konfliktforschung geprägt, um die Wechselwirkungen zwischen Ressourcenverfügbarkeit, Wirtschaft und Gewalt zu untersuchen.

Ein zentrales Konzept in diesem Zusammenhang ist die „Ressourcenfluch" oder Ressourcenschutz-Paradoxon, das besagt, dass Länder mit reichem Ressourcenbestand oft schlechtere wirtschaftliche und soziale Entwicklungsbedingungen aufweisen als ressourcenärmere Länder. Diese paradoxe Situation ist auf verschiedene Faktoren zurückzuführen. Zum einen können reiche Ressourcenvorkommen zu einem Übermaß an finanziellen Mitteln führen, die nicht in nachhaltige Entwicklung reinvestiert werden, sondern stattdessen in Korruption, Machtkämpfe und Konflikte fließen. Zum anderen kann die Kontrolle über diese Ressourcen ein Ziel für verschiedene Akteure sein, die versuchen, politische Macht zu übernehmen oder militärische Kontrolle zu erlangen.

Ein häufig zitiertes Beispiel für Konfliktressourcen sind Diamanten in Afrika, die in Konflikten, insbesondere in Sierra Leone und der Demokratischen Republik Kongo, eine entscheidende Rolle gespielt haben. Der Handel mit sogenannten „Blutdiamanten" – Diamanten, die unter Bedingungen von Konflikt und Menschenrechtsverletzungen abgebaut werden – hat nicht nur den bewaffneten Konflikt finanziert, sondern auch die Zivilbevölkerung erheblich leiden lassen. In Antwort auf die negativen Auswirkungen des Diamantenhandels wurde 2003 das Kimberley-Prozess-Zertifizierungssystem eingeführt, das darauf abzielt, den Handel mit Konfliktdiamanten zu regulieren.

Ein weiteres Beispiel sind die Ölvorkommen im Nigerdelta, wo eine Vielzahl von Konflikten zwischen der nigerianischen Regierung, multinationalen

Ölgesellschaften und lokalen Gemeinden bestehen. Diese Konflikte resultieren aus Umweltverschmutzung, dem Kampf um die Kontrolle über die Ressourcen und den ungleichen Verteilung von Einnahmen. Die lokalen Gemeinschaften fühlen sich oft marginalisiert und haben nicht von den Reichtümern profitiert, die aus ihren eigenen Regionen gewonnen werden.

Konfliktressourcen sind jedoch nicht nur physische Güter. Auch Zugang zu Wasser kann als Konfliktressource betrachtet werden, insbesondere in Regionen, in denen Wasserknappheit herrscht. Die Kontrolle über Wasserressourcen kann Spannungen zwischen verschiedenen politischen Einheiten oder Ethnien hervorrufen und zu gewaltsamen Auseinandersetzungen führen. Ein Präzedenzfall ist der Konflikt zwischen Ägypten, Sudan und Äthiopien um den Grand-Ethiopian-Renaissance-Damm, der als Bedrohung für die Wasserversorgung Ägyptens angesehen wird.

Die soziale Dimension von Ressourcenkonflikten ist ebenso wichtig. Oft führen Ressourcenknappheit und -reiche zu gesellschaftlichen Spannungen, die ethnische und soziale Unterschiede verstärken können. In vielen Fällen sind marginalisierte Gruppen von den Ressourcen ausgeschlossen und haben keinen Zugang zu den Vorteilen, die diese mit sich bringen. Dies kann zu verzweifelten Maßnahmen führen, einschließlich gewaltsamer Proteste oder Aufstände.

Um der Dynamik von Ressourcenkonflikten entgegenzuwirken, ist ein multidisziplinärer Ansatz erforderlich, der politische, wirtschaftliche und soziale Faktoren berücksichtigt. Initiativen zur Wahrung von Menschenrechten, zur Förderung eines verantwortungsbewussten Rohstoffhandels sind entscheidend. Internationales Recht und institutionelle Rahmenbedingungen spielen dabei eine Schlüsselrolle, um eine verantwortungsvolle Nutzung und Verteilung von Ressourcen sicherzustellen.

Kongo und die Konflikte um Coltan und Diamanten

Die Demokratische Republik Kongo ist ein Land von erheblichem geostrategischen und wirtschaftlichen Interesse, das über umfangreiche natürliche Ressourcen verfügt, darunter Coltan (Columbit-Tantalit) und Diamanten. Diese Ressourcenvorkommen sind nicht nur von großer wirtschaftlicher Bedeutung, sondern auch der Ursprung zahlreicher bewaffneter Konflikte, die das Land seit Jahrzehnten plagen. Um die Dynamiken dieser Konflikte im Kontext von Ressourcenkonflikten zu verstehen, ist es wichtig, sowohl die geologischen als auch die sozialen, politischen und ökonomischen Rahmenbedingungen zu analysieren.

Der Kongo beherbergt einige der weltweit größten Vorkommen bedeutender Mineralien. Coltan, das eine wichtige Quelle für Tantal darstellt, wird verwendet in der Elektronikindustrie, insbesondere in der Herstellung von Kondensatoren für Mobiltelefone, Laptops und andere elektronische Geräte. Der Abbau von Coltan ist in den letzten zwei Jahrzehnten stark angestiegen, was die Nachfrage nach diesem Mineral und die wirtschaftliche Bedeutung des Kongo verschärft hat. Diamanten sind ein weiteres wichtiges Rohmaterial, das aus der DR Kongo stammt. Das Land war einst einer der größten Diamantenproduzenten weltweit. Diese Ressourcen sind tief in den Boden eingegraben, was ihren Abbau aufwendig und kostspielig macht. Dennoch haben die großen Vorkommen eine Vielzahl von Akteuren angezogen, darunter internationale Konzerne, bewaffnete Gruppen und korruptionsanfällige staatliche Strukturen.

Die gesellschaftlichen Strukturen in der DR Kongo sind besonders komplex. Die jahrtausendelange Kolonialgeschichte, gefolgt von einer unruhigen Unabhängigkeit, Bürgerkriegen und politischer Instabilität, hat zu einem fragilen Staat geführt, der häufig nicht in der Lage ist, seine eigenen Ressourcen zu kontrollieren oder die Rechte seiner Bürger zu schützen. Die Misswirtschaft und Korruption in politischen Institutionen tragen zur Eskalation der Konflikte bei.

Die lokale Bevölkerung ist oft in militärische und wirtschaftliche Machenschaften verwickelt. Verschiedene militante Gruppen, einschließlich der sogenannten „Warlords", kämpfen um die Kontrolle über diese wertvollen Ressourcen. Diese Gruppen nutzen den Abbau und den Handel mit Coltan und Diamanten zur Finanzierung ihrer Aktivitäten. Daher ist die Kontrolle über diese Ressourcen nicht nur eine Frage der wirtschaftlichen Ausbeutung, sondern auch eine treibende Kraft hinter dem Bürgerkrieg und der Zwangsmigration in der Region.

Die internationale Nachfrage nach Coltan und Diamanten hat die Konflikte im Kongo weiter angeheizt. Viele westliche Staaten und Unternehmen sind in die Rohstoffbeschaffung involviert, wobei oft wenig Rücksicht auf die negativen sozialen und ökologischen Auswirkungen genommen wird. Der illegale Abbau und Handel mit diesen Rohstoffen floriert in Gebieten, in denen die staatliche Autorität schwach ist, was internationale Unternehmen in der Regel verstärkt. Diese Umstände machen es für die betroffenen Regierungen schwierig, den Abbau und damit verbundene Einkommen zu regulieren, sodass oft nur die bewaffneten Gruppen von diesen Ressourcen profitieren.

Ein weiterer Aspekt ist die Rolle internationaler Konzerne, die in der Ausbeutung der Mineralien im Kongo involviert sind. Diese Unternehmen stehen häufig in der Kritik, da sie sich nicht ausreichend um die Rechte der Arbeiter und die Umweltauswirkungen kümmern. Die Abhängigkeit von diesen Ressourcen hat auch zu einer weiteren Übernutzung und Zerstörung der natürlichen Umwelt geführt, was langfristige Schäden für die lokale Bevölkerung und die Biodiversität zur Folge hat.

Die Konflikte um Coltan und Diamanten in der DR Kongo sind ein signifikanter Ausdruck von Ressourcenkonflikten, die durch wirtschaftliche, soziale und politische Faktoren verstärkt werden. Die Komplexität dieser Konflikte erfordert eine ganzheitliche Analyse, die nicht nur die direkten Auswirkungen des Rohstoffabbaus, sondern auch die Wechselwirkungen zwischen den lokalen Gemeinschaften, staatlichen Institutionen und internationalen Akteuren berücksichtigt. Zukünftige Lösungsansätze müssen darauf abzielen, die wirtschaftliche Entwicklung zu fördern, gleichzeitig die Menschenrechte zu wahren und die Umwelt zu schützen. Internationale Kooperation und Regulierung sind notwendig, um sicherzustellen, dass die Ressourcen des Kongo zum Wohl seiner Bevölkerung genutzt werden und nicht zur Fortsetzung von Gewalt und Konflikten beitragen.

Kreislaufwirtschaft

Die Kreislaufwirtschaft, auch als zirkuläre Wirtschaft bekannt, stellt ein alternatives Wirtschaftsmodell dar, das darauf abzielt, den Ressourcenverbrauch zu minimieren und Abfälle zu reduzieren. Im Gegensatz zur linearen Wirtschaftsweise, die oft durch den Trend „take, make, dispose" charakterisiert ist, versucht die Kreislaufwirtschaft, Materialien und Produkte möglichst lange im Wirtschaftskreislauf zu halten. Sie basiert auf Prinzipien wie der Wiederverwendung, dem Recycling und der Reparatur von Produkten. Diese Ansätze sind besonders relevant im Kontext von Ressourcenkonflikten, die sich häufig aus dem wachsenden Druck auf natürliche Ressourcen, ihrer ungleichen Verteilung und den ökologischen Folgen der Ressourcennutzung ergeben.

Ressourcenkonflikte entstehen häufig in Regionen, die reich an wertvollen Rohstoffen sind, jedoch unter ökonomischen, sozialen und politischen Spannungen leiden. Der Zugang zu Ressourcen wie Wasser, Mineralien, fossilen Brennstoffen oder Holz kann zu Konflikten zwischen verschiedenen Interessengruppen wie Staaten, Unternehmen, indigenen Gemeinschaften und Umweltschützern führen. Diese Konflikte sind in der Regel das Ergebnis von Machtungleichgewichten, wirtschaftlicher Ausbeutung und der ungleichen Verteilung der Vorteile, die aus der Ressourcennutzung gezogen werden.

Die Implementierung von Konzepten der Kreislaufwirtschaft könnte potenziell dazu beitragen, viele dieser Ressourcenkonflikte zu entschärfen. Durch die Verringerung der Abhängigkeit von Primärrohstoffen fällt der Druck auf natürliche

Ressourcen, die häufig Ursache für Konflikte sind. Die Kreislaufwirtschaft fördert die Nutzung von Sekundärrohstoffen und somit die Reduktion des Bedarfs an neuen Rohstoffen. Zum Beispiel können Rohstoffe durch Recyclingprozesse wiedergewonnen werden, wodurch sowohl Umweltbelastungen als auch die Notwendigkeit, neue Ressourcen abzubauen, verringert werden.

Ein zentrales Element der Kreislaufwirtschaft ist die Entwicklung von nachhaltigen Produktlebenszyklen. Dies bedeutet, dass Produkte von Anfang an so entworfen werden, dass sie leicht repariert, wiederverwendet oder recycelt werden können. Durch innovatives Design und Materialien, die weniger umweltschädlich sind, könnte die Lebensdauer von Produkten verlängert werden. Dies verringert die Notwendigkeit, ständig neue Ressourcen abzubauen und reduziert den materielle Verbrauch, was wiederum potenziell Ressourcenkrisen und Konflikte mildern kann.

Des Weiteren spielt die soziale Dimension eine bedeutende Rolle. Kreislaufwirtschaft kann auch soziale Konflikte mildern, indem sie lokale Gemeinschaften in den Wertschöpfungsprozess integriert. Durch die Förderung von lokalen Recyclinginitiativen oder Reparaturwerkstätten können Gemeinden stärker eingebunden werden, was zu einer faireren Verteilung der ökonomischen Vorteile und einer Stärkung des sozialen Zusammenhalts führt.

Dennoch sind die Umstellungen auf eine Kreislaufwirtschaft komplex und bergen Herausforderungen. Politische Rahmenbedingungen, bestehende infrastrukturelle Gegebenheiten und die Notwendigkeit von Bildungsmaßnahmen sind entscheidend für den Erfolg. Ohne geeignete Anreize oder Unterstützung könnten Unternehmen und Verbraucher zögern, auf zirkuläre Praktiken umzusteigen. Zudem können bestehende Machtverhältnisse und wirtschaftliche Interessen den Übergang zur Kreislaufwirtschaft behindern, was in ressourcenreichen Regionen zu einem Beharren auf bisherigen, konfliktbeladenen Modellen führen kann.

Kritisches Metall

Kritische Metalle, auch als strategische oder seltene Metalle bezeichnet, spielen eine zentrale Rolle in modernen Technologien und wirtschaftlichen Entwicklungen. Zu den bekanntesten kritischen Metallen gehören Indium, Lithium, Kobalt, Seltene Erden und Tantal. Diese Materialien sind essenziell für die Herstellung von Hochtechnologieprodukten wie Smartphones, Computer, Batterien für Elektrofahrzeuge und erneuerbare Energietechnologien, einschließlich Windkraft- und Solaranlagen. Der hohe technische und wirtschaftliche Wert dieser Metalle führt jedoch zu einem zunehmenden Druck auf die Ressourcen und zu bedeutenden sozialen und ökologischen Konflikten in den Ländern, in denen sie abgebaut werden.

Ein wesentlicher Aspekt der Ressourcenkonflikte im Zusammenhang mit kritischen Metallen ist die ungleiche Verteilung der Vorkommen. Die größten Reserven befinden sich oft in politisch instabilen Regionen oder Ländern, in denen die Rechte der indigenen Bevölkerung und die Umweltschutzstandards häufig nicht ausreichend geschützt sind. Ein Beispiel für eine solche Situation ist der Kobaltabbau in der Demokratischen Republik Kongo (DRC), wo über 70 % des weltweiten Kobaltangebots herkommt. Die dortigen Betriebe sind häufig von Menschenrechtsverletzungen, Kindersklaverei und schlechten Arbeitsbedingungen geprägt. Die Grundursache der Konflikte liegt in der Kombination aus internationalem Nachfragewachstum, intransparenten Abbautechniken und fehlender lokaler Governance, die oft zu einer Ausbeutung der natürlichen Ressourcen führen.

Des Weiteren sorgt die hohe Nachfrage nach kritischen Metallen für geopolitische Spannungen und strategische Rivalitäten zwischen Nationen. Länder wie China, das über große Vorkommen an Seltenen Erden verfügt, haben durch Exportbeschränkungen und Preisregulierungen geopolitischen Einfluss gewonnen. Die Abhängigkeit von einzelnen Ländern für die Lieferung dieser Metalle kann zu einem wirtschaftlichen Druckmittel werden, was sich in Handelskonflikten und diplomatischen Spannungen niederschlägt. Die westlichen Länder haben in den letzten Jahren versucht, durch Diversifizierung von Lieferketten und den Ausbau von Recyclingtechnologien, ihre Abhängigkeit von solchen Rohstoffen zu verringern und somit auch mögliche Ressourcenkonflikte zu entschärfen.

Ein bedeutendes Element der Ressourcenkonflikte in Bezug auf kritische Metalle ist zudem die Umweltbelastung, die mit dem Abbau und der Verarbeitung dieser Materialien einhergeht. Der Abbau, insbesondere in Gebieten mit empfindlichen Ökosystemen, führt oftmals zu schweren Umweltschäden, die langfristige Folgen für die lokale Bevölkerung und die Biodiversität haben. Dies kann zu weiteren sozialen Konflikten führen, wenn die Lebensgrundlagen der Menschen bedroht sind.

Kyoto-Protokoll

Das Kyoto-Protokoll, das 1997 in Kyoto, Japan, verabschiedet und 2005 in Kraft trat, stellt einen zentralen Meilenstein im internationalen Klimaschutz dar. Es wurde als Reaktion auf die globale Erwärmung und den damit verbundenen anthropogenen Klimawandel ins Leben gerufen und legt rechtlich verbindliche Verpflichtungen zur Reduktion von Treibhausgasemissionen für industrielle Länder fest. Die Zielsetzung des Protokolls war es, die globalen Emissionen bis zum Jahr 2012 im Durchschnitt um 5,2 % gegenüber den Werten von 1990 zu senken. Im Kontext von Ressourcenkonflikten ist das Kyoto-Protokoll von erheblicher Bedeutung, da es die Wechselbeziehungen zwischen Umweltressourcen, ökonomischen Interessen und geopolitischen Spannungen beleuchtet. Ressourcenkonflikte entstehen häufig darum, wie natürliche Ressourcen – insbesondere Wasser, fossile Brennstoffe und Wälder – genutzt und verwaltet werden. Diese Ressourcen sind oft die Grundlage für wirtschaftliche Entwicklung und damit auch für die nationale und internationale Stabilität. Angesichts der Klimakrise und der damit einhergehenden Umverteilung von Ressourcen tritt das Kyoto-Protokoll in den Vordergrund, da es Mechanismen zur Emissionsreduktion und zur Förderung nachhaltiger Ressourcennutzung bietet.

Ein zentrales Element des Kyoto-Protokolls ist der Emissionshandel, der es Ländern ermöglicht, Emissionszertifikate zu kaufen und zu verkaufen. Dieses System hat möglicherweise Auswirkungen auf Ressourcenkonflikte, indem es Anreize für Länder schafft, ihre Emissionen durch den Erhalt und die nachhaltige Nutzung von Landnutzungsressourcen zu senken. Länder, die ihre Emissionen unter die festgelegten Grenzen senken können, können überschüssige Zertifikate verkaufen, was zu einem potenziellen wirtschaftlichen Gewinn führt. Diese Dynamik kann jedoch auch Spannungen erzeugen, besonders wenn Ressourcen in Entwicklungsländern ausgebeutet werden, um die Emissionsziele reicher Länder zu erfüllen. Hier können soziale und ökologische Ungerechtigkeiten entstehen, die zu Ressourcenkonflikten führen.

Ein konkretes Beispiel ist der Zusammenhang zwischen Abholzung, Biodiversitätsverlust und Klimaschutzmaßnahmen. Das Kyoto-Protokoll erkennt teilweise die Rolle der Wälder als wichtige CO_2-Senken an, jedoch können die Mechanismen, die zur Kohlenstoffbindung und Aufforstung entwickelt wurden, die lokale Bevölkerung und ihre Nutzungsrechte bedrohen. Wenn Wälder unter dem Vorwand des Klimaschutzes geschützt werden, läuft das Risiko, dass indigene Gemeinschaften von ihrem angestammten Land vertrieben werden. Dies kann nicht nur ökologische, sondern auch tiefgreifende soziale Konflikte nach sich ziehen, da lokale Gemeinschaften oft auf diese Ressourcen angewiesen sind.

Ein weiterer Aspekt in Bezug auf Ressourcenkonflikte ist die Rolle fossiler Brennstoffe. Die vorrangige Nutzung von Kohle, Öl und Gas ist nicht nur ein Kernthema im Klimawandel sondern auch ein potenzieller Auslöser für geopolitische Spannungen. Viele Länder, die stark von fossilen Brennstoffen abhängig sind, stehen vor der Herausforderung, ihre Emissionen zu reduzieren, ohne ihre Wirtschaftsstruktur zu schädigen. Dies kann zu Konflikten sowohl innerhalb der

Länder als auch auf internationaler Ebene führen, besonders in Regionen, wo der Zugang zu diesen Ressourcen umstritten ist.

Lagerstätte

Lagerstätten sind geologische Formationen, die wirtschaftlich nutzbare Mineralien oder Rohstoffe enthalten. Sie spielen eine entscheidende Rolle in der Wirtschaft, da diese Ressourcen Grundlage für zahlreiche Industrien sind, wie beispielsweise die Bauwirtschaft, die Energieerzeugung oder die Produktion von Konsumgütern. Im Kontext von Ressourcenkonflikten sind Lagerstätten von besonderer Relevanz, da ihre Entdeckung und Ausbeutung häufig mit sozialen, politischen und ökologischen Spannungen verbunden sind.

Ressourcenkonflikte entstehen vor allem in Regionen, in denen wertvolle Rohstoffe in großen Mengen vorhanden sind, aber die entsprechenden gesellschaftlichen und politischen Rahmenbedingungen fragil sind. Insbesondere in Entwicklungsländern wird häufig beobachtet, dass die Ausbeutung von Lagerstätten zu Konflikten zwischen verschiedenen Interessengruppen führt: Dazu gehören Regierungen, die von den möglichen Einnahmen profitieren wollen; lokale Gemeinschaften, die um ihre Landnutzungsrechte und Umweltbedingungen kämpfen; und multinationale Unternehmen, die in der Regel auf Profitmaximierung ausgerichtet sind.

Ein zentrales Element dieser Konflikte ist die Verteilung der Ressourcen sowie der damit verbundenen Vorteile und Kosten. Häufig profitieren die Einwohner der ressourcenreichen Regionen nur unzureichend von den Einnahmen, die durch die Ausbeutung der Lagerstätten generiert werden. Stattdessen sind sie mit den negativen Folgen der Rohstoffförderung konfrontiert, wie etwa Umweltverschmutzung, Verlust von Lebensräumen und der Zerstörung lokaler Ökosysteme. Diese misslichen Umstände können zu Protesten führen, die sich gegen die Regierung oder die Unternehmen richten, was zu einem Teufelskreis aus Destabilisierung und gewaltsamen Auseinandersetzungen führen kann.

Ein weiteres bedeutendes Problem im Kontext von Lagerstätten und Ressourcenkonflikten ist die sogenannte „Ressourcenfluch". Diese Theorie besagt, dass Länder mit reichen Rohstoffvorkommen häufig schlechtere wirtschaftliche Entwicklungsperspektiven haben als Länder mit weniger Ressourcen. Der Grund hierfür liegt unter anderem in der Wahrscheinlichkeit, dass der Zugang zu Ressourcen zu einer Schwächung der Institutionen, Korruption und einer einseitigen wirtschaftlichen Abhängigkeit führt. In vielen Fällen verschärfen der Wettlauf um die Kontrolle über diese Lagerstätten und der damit verbundene Zugang zu

Macht und Ressourcen bestehende Konflikte oder führen sogar zu neuen gewaltsamen Auseinandersetzungen.

Die Globalisierung hat das Potenzial, Ressourcenkonflikte zusätzlich zu verstärken. Unternehmen sind oft bereit, in Regionen zu investieren, die andere als riskant oder instabil betrachten. Dies kann die Situation für die lokale Bevölkerung noch komplizierter machen, wenn externe Akteure die bestehenden Machtverhältnisse destabilisieren oder neue, nicht transparente Vereinbarungen treffen. Oftmals wird die lokale Bevölkerung in diese Entscheidungsprozesse nicht einbezogen, was zu einem tiefen Misstrauen gegenüber sowohl staatlichen als auch privaten Akteuren führt.

Um die Konflikte, die im Zusammenhang mit Lagerstätten auftreten, zu mindern, sind multilaterale Ansätze nötig, die sowohl die wirtschaftlichen als auch die sozialen und ökologischen Dimensionen berücksichtigen. Hierzu zählen Maßnahmen zur Förderung von Transparenz in der Rohstoffwirtschaft, die Stärkung der Rechte der lokalen Bevölkerung sowie die Implementierung nachhaltiger Praktiken in der Ressourcenausbeutung. Nur durch einen integrativen und gerechteren Zugang zu Ressourcen können die Spannungen in den betroffenen Regionen abgebaut und potenzielle Konflikte langfristig verhindert werden. In diesem Kontext spielt auch die Forschung eine entscheidende Rolle, um evidenzbasierte Ansätze zu entwickeln, die sowohl den wirtschaftlichen Nutzen als auch die sozialen Bedürfnisse der Menschen berücksichtigen.

Land Grabbing

Land Grabbing bezieht sich auf den Erwerb von großflächigen Landstrichen, häufig in Entwicklungsländern, durch Staaten, private Investoren oder Unternehmen. Dieses Phänomen hat in den letzten zwei Jahrzehnten stark zugenommen und steht im Zentrum zahlreicher Ressourcenkonflikte. Die zugrunde liegenden Ursachen und Auswirkungen von Land Grabbing sind vielschichtig und betreffen ökologische, ökonomische sowie soziale Ebenen.

Ein zentraler Aspekt von Land Grabbing ist der globale Wettbewerb um Ressourcen. In einer Zeit, in der die Weltbevölkerung wächst und urbanisiert, steigt der Bedarf an Nahrungsmitteln, Wasser und Energie. Dies führt zu einem erhöhten Druck auf landwirtschaftliche Flächen und natürliche Ressourcen. Insbesondere in Ländern des globalen Südens, die über reiche natürliche Ressourcen verfügen, sind internationale Investoren und Staaten oft auf der Suche nach Möglichkeiten, landwirtschaftliche Flächen oder Bodenschätze zu kontrollieren. Diese Praxis hat weitreichende soziale und ökologische Implikationen.

Im Kontext von Ressourcenkonflikten manifestiert sich Land Grabbing häufig in Form von Enteignungen, in denen indigene Völker und lokale Gemeinschaften von ihrem Land verdrängt werden, um Platz für großflächige Agrarprojekte, Monokulturen oder Bergbauprojekte zu schaffen. Diese Prozesse geschehen oftmals ohne angemessene Entschädigung oder Beteiligung der betroffenen Gemeinschaften, was zu erheblichen sozialen Spannungen führt. Land Grabbing trägt somit zur Marginalisierung der betroffenen Bevölkerungsgruppen bei und verschärft bestehende Ungleichheiten.

Darüber hinaus hat Land Grabbing auch ökologische Konsequenzen. Die Umwandlung von natürlichen Lebensräumen in landwirtschaftlich genutzte Flächen oder industrielle Nutzflächen führt zu einem Verlust biologischer Vielfalt und einer Veränderung der lokalen Ökosysteme. Agrarische Monokulturen, die häufig bei Land Grabbing-Projekten zum Einsatz kommen, sind besonders anfällig für Krankheiten und Schädlinge, was den Einsatz von Pestiziden und chemischen Düngemitteln erhöht und somit die Umwelt weiter belastet. Auch die Konkurrenz um Wasserressourcen wird verschärft, da große Agrarbetriebe oft überproportionalen Zugang zu Wasser haben, was zu Wasserknappheit für lokale Gemeinschaften führen kann.

Ein weiterer Dimension von Land Grabbing ist der geopolitische Kontext. Staaten, die über wenig eigene landwirtschaftliche Flächen oder natürliche Ressourcen verfügen, sehen sich zunehmend gezwungen, in ausländischen Märkten nach Lebensmittelsicherheit und Ressourcen zu suchen. Dieser Drang kann zu internationalem Wettbewerb und Spannungen führen, insbesondere wenn die betreffenden Länder über nur begrenzte Souveränität hinsichtlich ihrer eigenen Ressourcen verfügen. Gleichzeitig können solche Praktiken von großen multinationalen Unternehmen als Teil ihrer Strategien zur Sicherung von Rohstoffen betrachtet werden, was die geopolitischen Dynamiken weiter verkompliziert.

Es gibt jedoch auch Ansätze, die darauf abzielen, die negativen Auswirkungen von Land Grabbing zu mindern. Zunehmend wird die Notwendigkeit betont, lokale Gemeinschaften in Entscheidungsprozesse einzubeziehen und rechtliche Rahmenbedingungen zu schaffen, die ihre Landrechte schützen. Auch internationale Initiativen zur Verbesserung der Transparenz in Landgeschäften und zur Förderung nachhaltiger Landnutzung gewinnen an Bedeutung.

Landenteignung

Landenteignung, auch als Landnahme oder Landraub bezeichnet, stellt ein komplexes Phänomen dar, das insbesondere in der Kontextualisierung mit Ressourcenkonflikten von zentraler Bedeutung ist. In vielerlei Hinsicht ist die

Enteignung von Land ein entscheidender Faktor, der soziale, wirtschaftliche und ökologische Spannungen hervorruft, insbesondere in Regionen mit reicher Boden- und Ressourcenverfügbarkeit. Diese Prozesse sind oft eng mit dem globalen Wirtschaftswachstum, der Urbanisierung und der Nachfrage nach landwirtschaftlichen sowie mineralischen Rohstoffen verbunden.

Zunächst ist es wichtig zu verstehen, dass Landenteignung häufig durch die Interessen von Staaten, multinationalen Unternehmen oder anderen wirtschaftlichen Akteuren motiviert wird, die darauf abzielen, Land für agrarische Produktion, Bergbau oder Infrastrukturprojekte zu nutzen. In vielen Fällen geschieht dies auf Kosten von lokalen Gemeinschaften, die traditionell in diesen Gebieten leben und deren Lebensunterhalt von den natürlichen Ressourcen abhängt.

Ressourcenkonflikte entstehen, wenn es zu Wettkämpfen um die Kontrolle und Nutzung dieser Ressourcen kommt. Eine der ersten Dimensionen dieses Konflikts ist die Eigentumsfrage: Wer besitzt das Land? In vielen Ländern sind die rechtlichen Rahmenbedingungen unklar oder beruhen auf kolonialen Gesetzen, die das indigene Landbesitzrecht und die Nutzungsrechte der lokalen Bevölkerung oft nicht anerkennen. Dies führt zu einem Diskurs über Gerechtigkeit und das Recht auf Nahrung, Wasser und ein sicheres Lebensumfeld.

Ein weiteres zentrales Element der Landenteignung im Kontext von Ressourcenkonflikten ist die Umweltzerstörung. Projekte zur Landnutzungsänderung, insbesondere im agrarischen Sektor oder im Bergbau, haben oft signifikante negative Auswirkungen auf die Umwelt, einschließlich Entwaldung, Verlust der Biodiversität und Veränderungen im Wasserkreislauf. Diese ökologischen Konsequenzen können wiederum zu höheren Spannungen und Konflikten führen, da die Bedürfnisse der Bevölkerung hinsichtlich nachhaltiger Ressourcen und intakter Lebensräume ignoriert werden.

Zusätzlich ist der globale wirtschaftliche Druck ein maßgeblicher Faktor, der zur Intensivierung von Ressourcenkonflikten führt. Länder des globalen Südens sehen sich häufig dem Druck von Investoren und internationalen Institutionen ausgesetzt, die hohe Renditen erwarten und Ressourcenausbeutung als Weg zur wirtschaftlichen Entwicklung propagieren. Dabei wird oft übersehen, dass solche Strategien langfristig zu sozialem Unrecht, Armut und Ungleichheit beitragen können, indem sie die wirtschaftliche Basis der lokalen Gemeinschaften untergraben.

Schließlich sind auch die sozialen und politischen Dynamiken von großer Bedeutung. Die Marginalisierung von indigenen Völkern und traditionellen Gemeinschaften ist häufig ein Nebeneffekt der Landenteignung. Viele dieser Gemeinschaften verfügen nicht über die rechtlichen Mittel oder den politischen

Einfluss, um gegen Enteignungen zu kämpfen. Die Stärkung dieser Gemeinschaften und die Anerkennung ihrer Rechte sind entscheidend, um nachhaltige Lösungen zu finden und die Konflikte, die aus der Landenteignung resultieren, zu entschärfen.

Landfill Mining

Landfill Mining (LFM) bezeichnet die Praxis der Wiedergewinnung von Materialien und Energie aus stillgelegten Deponien. Diese Methode hat nicht nur das Potenzial, wertvolle Ressourcen zu extrahieren, sondern spielt auch eine wichtige Rolle im Kontext von Ressourcenkonflikten, die oftmals durch die geopolitische Konkurrenz um knappe Rohstoffe wie Metalle, Kunststoffe und fossile Brennstoffe verursacht werden.

Einer der Hauptgründe für die Durchführung von Landfill Mining ist die Tatsache, dass Deponien oft eine beträchtliche Menge an wertvollen Materialien enthalten, die über Jahre hinweg abgelagert wurden. Schätzungen zufolge könnten in den Deponien von Industrieländern 30 bis 50 % der Rohstoffvorräte, die in der Wirtschaft verwendet werden, eingelagert sein, darunter Kunststoffe, Metalle und organische Abfälle. Durch die Einführung modernster Technologien zur Ressourcengewinnung aus Deponien, wie Sortiersysteme, biochemische Aufbereitungsverfahren und thermische Verarbeitungsanlagen, können diese Materialien zurückgeholt und aufbereitet werden, was sowohl ökonomische als auch ökologische Vorteile bringt.

Im Kontext der Ressourcenkonflikte wird deutlich, dass Landfill Mining als eine potenzielle Lösung zur Minderung von Konflikten um Rohstoffe fungieren kann. In vielen Teilen der Welt, insbesondere in sich entwickelnden Ländern, führen der steigende Bedarf an Ressourcen und die ungleiche Verteilung von Rohstoffen zu Spannungen und Konflikten. Die Rückgewinnung von Materialien aus Deponien könnte dazu beitragen, den Druck auf primäre Rohstoffquellen zu verringern, die häufig in geopolitisch instabilen Regionen liegen. So könnte Landfill Mining einen Beitrag zur Ressourcensicherheit leisten und die Abhängigkeit von globalen Lieferketten minimieren.

Darüber hinaus bietet LFM eine nachhaltige Alternative zur traditionellen Abfallentsorgung. Die Wiedergewinnung von Stoffen aus Deponien kann die Umweltauswirkungen der Abfallentsorgung erheblich reduzieren, indem Deponien verkleinert und der Methanausstoß, der aus der Zersetzung organischer Abfälle entsteht, verringert wird. Zudem können durch die Rückführung von Materialien in den Wirtschaftskreislauf die CO_2-Emissionen, die bei der Rohstoffförderung und -verarbeitung anfallen, signifikant gesenkt werden.

Allerdings gibt es auch Herausforderungen und Konfliktpotenziale im Zusammenhang mit Landfill Mining. Die Durchführung von LFM-Projekten erfordert oft erhebliche Investitionen und technisches Know-how, was in vielen Regionen ein Hemmnis darstellen kann. Zudem kann die Durchführung von LFM auf bestehende Konflikte in Bezug auf Landnutzung, Umweltgerechtigkeit und die sozialen Auswirkungen von Deponien treffen. In manchen Fällen könnte das Interesse an der Förderung von Ressourcen aus Deponien auch zu neuen Formen der Ausbeutung führen, insbesondere in Gebieten, wo die Bevölkerung aufgrund von wirtschaftlichen Notlagen gezwungen ist, mit den negativen Folgen von Deponien zu leben.

Ein weiterer Aspekt ist die Regulierung. Der rechtliche Rahmen für Landfill Mining variiert erheblich von Land zu Land und kann oft unzureichend sein. Eine klare und umfassende Regulierung ist notwendig, um sicherzustellen, dass LFM-Projekte sowohl ökologisch als auch sozial verantwortungsvoll durchgeführt werden. Die Einbeziehung der betroffenen Gemeinschaften in den Entscheidungsprozess ist entscheidend, um Akzeptanz zu schaffen und potenzielle Konflikte zu minimieren.

Landrechte

Landrechte sind ein zentrales Element in den Diskussionen um Ressourcenkonflikte, insbesondere in Regionen, in denen natürliche Ressourcen wie Wasser, Bodenschätze, Wälder und Agrarland umkämpft sind. Diese Konflikte manifestieren sich häufig an der Schnittstelle zwischen wirtschaftlichen Interessen, sozialen Gerechtigkeitsfragen und ökologischen Überlegungen.

Landrechte beziehen sich nicht nur auf das Eigentum an physischem Grund und Boden, sondern auch auf die Nutzung und Verwaltung von natürlichen Ressourcen, die mit diesem Land verbunden sind. In vielen traditionell geprägten Gesellschaften basieren Landrechte auf historischen Ansprüchen, kulturellen Praktiken und gemeinschaftlichen Normen, während in modernen Staaten das Eigentum häufig durch gesetzliche Rahmenbedingungen und Eigentumsregister geregelt wird. Diese unterschiedlichen Perspektiven auf Land- und Ressourcenrechte sind oft die Ursache für Konflikte.

Ressourcenkonflikte können auftreten, wenn verschiedene Akteure, wie staatliche Stellen, Unternehmen und lokales Gemeinwesen, konkurrierende Ansprüche auf landwirtschaftliche Flächen oder Bodenschätze haben. Ein Beispiel dafür sind Konflikte zwischen indigenen Gemeinschaften, die traditionelles Land bewohnen und nutzen, und multinationalen Unternehmen, die mit staatlicher Unterstützung nach Rohstoffen suchen. In vielen Fällen stehen solche Unternehmen in der Offensive und sind in der Lage, lokale Gesetze zu umgehen oder zu beeinflussen, was zu Landenteignungen und Verstümmelung der sozialen Strukturen führen kann.

Das Fehlen klar definierter und respektierter Landrechte kann die Vulnerabilität lokaler Gemeinschaften erhöhen. Ohne rechtliche Anerkennung ihrer Ansprüche sind diese Gemeinschaften oft machtlos gegenüber Enteignungen oder der Zerstörung ihrer Lebensgrundlagen durch extraktive Industrien. Die Verdrängung von Gemeinschaften kann nicht nur die unmittelbaren wirtschaftlichen und sozialen Bedingungen der Betroffenen beeinträchtigen, sondern auch langfristige ökologische Folgen haben, etwa durch die Zerstörung von Ökosystemen und die damit verbundenen Belastungen für die biologische Vielfalt.

Ein weiteres zentrales Thema im Kontext von Landrechten und Ressourcenkonflikten ist die Rolle von Gender. In vielen Kulturen haben Frauen und Männer unterschiedliche Zugänge zu Land und Ressourcen. Oftmals sind Frauen von formellen Landrechten ausgeschlossen, was ihre wirtschaftliche Selbstständigkeit und Rolle in der Gemeinschaft einschränkt. Bei Ressourcenkonflikten sind Frauen häufig besonders betroffen, insbesondere wenn es um den Zugang zu landwirtschaftlichem Boden oder Wasserressourcen geht. Gendergerechte Ansätze in der Landpolitik können dazu beitragen, Bedingungen für eine nachhaltige Entwicklung zu schaffen und den sozialen Zusammenhalt zu fördern.

Darüber hinaus ist der Einfluss globaler Wirtschaftsstrukturen nicht zu unterschätzen. Internationale Handelsabkommen, Investitionsverträge und die Expansion von Agrarkonzernen haben oft direkte Auswirkungen auf lokale Landrechte. In vielen Fällen geschieht dies auf Kosten der lokalen Bevölkerung, deren Rechte und Bedürfnisse in Entscheidungsprozessen nicht ausreichend berücksichtigt werden.

Zur Lösung von Ressourcenkonflikten und zur Stärkung von Landrechten sind verschiedene Ansätze notwendig. Dazu gehören die Förderung rechtsbasierter Ansätze, die Stärkung der Rechte indigener Völker und Gemeinschaften, die Implementierung transparenter und gerechter Verfahren zur Ressourcenverteilung und die Berücksichtigung von Genderfragen in der Landpolitik. Gleichzeitig sind nationale und internationale Institutionen gefordert, die klare Standards für Landrechte zu schaffen und durchzusetzen.

Landrestaurierung

Landrestaurierung bezeichnet die Wiederherstellung und Verbesserung von degradierten oder beschädigten Ökosystemen, um ihre ökologischen Funktionen, Biodiversität und Produktivität zu reaktivieren. Diese Praxis gewinnt zunehmend an Bedeutung, insbesondere im Kontext von Ressourcenkonflikten, die oft durch den übermäßigen Druck auf natürliche Ressourcen wie Wasser, Boden und Biodiversität verursacht werden.

Ressourcenkonflikte treten in der Regel in Gebieten auf, in denen verschiedene Akteure um die Nutzung derselben natürlichen Ressourcen konkurrieren. Solche Konflikte können zwischen unterschiedlichen gesellschaftlichen Gruppen, wie Landwirten, Bergbauunternehmen, Forstwirtschaft oder indigenen Gemeinschaften, entstehen. Diese Auseinandersetzungen führen häufig zu Umweltdegradierung, da die intensive Nutzung und Ausbeutung der Ressourcen zu einer Verschlechterung der Qualität und Verfügbarkeit der Landschaft führt. Auf lange Sicht verschärfen diese Konflikte nicht nur die soziale Ungleichheit, sondern untergraben auch die Fähigkeit von Ökosystemen, wichtige Dienstleistungen bereitzustellen, die für das Überleben der lokalen Bevölkerung essenziell sind.

Die Rolle der Landrestaurierung im Kontext von Ressourcenkonflikten ist vielschichtig. Einerseits kann die gezielte Restaurierung von Land dazu beitragen, die Widerstandsfähigkeit von Ökosystemen zu erhöhen und die Verfügbarkeit natürlicher Ressourcen nachhaltig zu sichern. Durch die Verbesserung der Bodenfruchtbarkeit, die Wiederherstellung der Wasserspeicherfähigkeit und die Förderung der Biodiversität können restaurierte Gebiete nicht nur als Nahrungsquelle, sondern auch als Ökosystemdienstleister fungieren, die wichtige Funktionen wie Kohlenstoffspeicherung oder Hochwasserschutz erfüllen.

Andererseits kann Landrestaurierung auch eine Quelle von Konflikten sein, insbesondere wenn die zugrunde liegenden sozialen und wirtschaftlichen Ungleichheiten nicht berücksichtigt werden. Projekte zur Landrestaurierung können in unmittelbare Konkurrenz zu bestehenden Landnutzungen stehen, insbesondere in Regionen, in denen die Rechte an Land und Ressourcen nicht klar geregelt sind. In solchen Fällen kann die Implementierung von Restaurierungsprojekten ohne die Einbeziehung der lokalen Gemeinschaften zu Entfremdung und Widerstand führen, was die angestrebten ökologischen Ziele gefährden kann.

Darüber hinaus ist es entscheidend, dass Landrestaurierung im Kontext umfassender Landnutzungspläne und -strategien durchgeführt wird, die die Interessen aller beteiligten Akteure berücksichtigen. Die Anwendung eines partizipativen Ansatzes, der die Meinungen und das Wissen der lokalen Gemeinschaften einbezieht, hat sich als entscheidend für den Erfolg von Restaurierungsprojekten erwiesen. Eine transparente und inklusive Entscheidungsfindung kann helfen, soziale Spannungen abzubauen und das Vertrauen zwischen den verschiedenen Akteuren zu stärken.

Ein weiterer wichtiger Aspekt der Landrestaurierung in konfliktreichen Regionen ist die Rolle von Governance-Strukturen. Starke und gerechte Institutionen sind notwendig, um die Rechte an Land und Ressourcen durchzusetzen und faire Zugangssysteme zu schaffen. Konfliktlösungsmechanismen und juristische Rahmenbedingungen, die gleiche Zugangsrechte garantieren, sind entscheidend, um die Ressourcen effektiv zu verwalten und das Risiko von Konflikten zu minimieren.

Lastenverlagerung

Lastenverlagerung, ein Begriff, der vor allem in den Bereichen der Umweltwissenschaften, der Ökonomie und der politischen Ökologie Verwendung findet, beschreibt den Prozess, bei dem die negativen Auswirkungen von Ressourcenabbau, Umweltverschmutzung oder sozialen Ungleichheiten von einem Ort oder Sektor auf einen anderen verschoben werden. Diese Verlagerung kann sich sowohl physisch als auch temporär vollziehen und betrifft oft Gesellschaften, die bereits vulnerabel sind. Im Kontext von Ressourcenkonflikten spielen verschiedene Dimensionen der Lastenverlagerung eine entscheidende Rolle.

In der modernen Welt sind Ressourcen wie Wasser, fossile Brennstoffe, mineralische Rohstoffe und landwirtschaftliche Flächen von zentraler Bedeutung für wirtschaftliches Wachstum und soziale Stabilität. Die Globalisierung hat jedoch dazu geführt, dass der Zugang zu diesen Ressourcen und die damit verbundenen Kosten und Risiken oft ungleich verteilt sind. Die Lastenverlagerung erfolgt häufig in Form von Umweltdegradation, die in einer Region erzeugt wird, während die Vorteile des Ressourcenabbaus (wie wirtschaftliches Wachstum und Energieproduktion) in andere, oft wohlhabendere Regionen oder Länder fließen.

Ein prominentes Beispiel für Lastenverlagerung im Kontext von Ressourcenkonflikten findet sich im Bergbau. In vielen Ländern des Globalen Südens werden Mineralien und Rohstoffe abgebaut, die weltweit nachgefragt werden, während die lokalen Gemeinden, in denen dieser Abbau stattfindet, mit den Folgen der Umweltverschmutzung, der Zerstörung von Lebensräumen und der Belastung der Wasserressourcen kämpfen müssen. Diese Gemeinden sehen sich oft in ihrer Lebensweise bedroht und sind gezwungen, sich gegen Unternehmen und staatliche Akteure zu wehren, die oft wenig Rücksicht auf die sozialen und ökologischen Folgen ihres Handelns nehmen.

Ein weiterer Aspekt der Lastenverlagerung ist die Fragmentierung von Konflikten, die durch externe Akteure verstärkt wird. Multinationale Unternehmen, die in ressourcenreichen Gebieten tätig sind, neigen dazu, die sozialen und politischen Spannungen auszunutzen. Dies kann zu einer Intensivierung der

Ressourcenkonflikte führen, wenn einerseits der Zugang zu Ressourcen gerechtfertigt wird und andererseits die damit verbundenen Risiken und Lasten nicht gleichmäßig verteilt sind. Oft verschiebt sich die Last der Konflikte und der Umweltzerstörung von den wirtschaftlich stärkeren Nationen hin zu den ärmeren Ländern, wo die Gesetzgebung schwächer ist und die Bevölkerung weniger Einfluss auf Entscheidungen hat.

Die Folgen dieser Lastenverlagerung sind nicht nur lokal spürbar, sondern haben auch globale Implikationen. Der Klimawandel ist ein eklatantes Beispiel, bei dem wohlhabende Industrienationen einen überproportionalen Anteil an den globalen Emissionen verursachen, während die Auswirkungen – wie extreme Wetterereignisse, Ernteverluste und Wasserknappheit – vor allem die ärmsten und am wenigsten entwickelten Länder betreffen. Diese asymmetrische Verteilung von Lasten und Vorteilen führt zu einem erhöhten Risiko von sozialen Unruhen, Migration und letztlich auch von bewaffneten Konflikten.

Zusätzlich zu den ökologischen und sozialen Dimensionen muss auch die ökonomische Seite betrachtet werden. Wirtschaftswissenschaftliche Modelle zeigen, dass Lastenverlagerung oft mit einer externen Zerschlagung von Gemeinschaften verbunden ist, wenn beispielsweise ländliche Bevölkerungsteile durch großflächigen Ressourcenabbau von ihrem Lebensraum ausgeschlossen werden. Dadurch entstehen wirtschaftliche Abhängigkeiten und Ungleichheiten, die langfristige Spannungen innerhalb der Gesellschaft fördern. Die Verlagerung von Ressourcen und die damit verbundenen Konflikte führen oft zu einem Teufelskreis von Armut und Umweltzerstörung.

Lebenszyklusperspektive

Die Lebenszyklusperspektive (LCP) ist ein analytischer Ansatz, der verwendet wird, um die Umweltauswirkungen und Ressourcennutzung über gesamte Lebenszyklen von Produkten oder Prozessen hinweg zu bewerten. Diese Perspektive ist besonders relevant im Kontext von Ressourcenkonflikten, da sie einen systemischen Blick auf die Wechselwirkungen zwischen ökologischen, sozialen und wirtschaftlichen Faktoren ermöglicht.

Ein Ressourcenkonflikt entsteht typischerweise, wenn die Nachfrage nach natürlichen Ressourcen (wie Wasser, Land, fossilen Brennstoffen oder Mineralien) die verfügbaren Vorräte übersteigt oder wenn verschiedene Interessengruppen um den Zugang zu diesen Ressourcen konkurrieren. Solche Konflikte können sowohl lokal als auch global auftreten und sind häufig das Ergebnis komplexer Wechselwirkungen zwischen demographischem Wachstum, wirtschaftlicher Entwicklung, technischen Innovationen und Umweltveränderungen.

Im Rahmen der Lebenszyklusperspektive wird der gesamte Lebenszyklus eines Produkts von der Rohstoffgewinnung über die Produktion, den Gebrauch bis hin zur Entsorgung oder dem Recycling betrachtet. Dies erlaubt eine umfassende Analyse der Ressourcenverwendung und der Umweltauswirkungen in jeder Phase des Lebenszyklus. Beispielsweise kann die Extraktion von Rohstoffen zu erheblichen ökologischen Auswirkungen führen, einschließlich Habitatzerstörung, Verlust der Biodiversität und Wasserverschmutzung. Diese Umweltauswirkungen haben nicht nur ökologische Folgen, sondern können auch soziale Spannungen und Konflikte verstärken, insbesondere in Regionen, in denen lokale Gemeinschaften von den natürlichen Ressourcen abhängig sind.

Ein zentrales Element der Lebenszyklusperspektive ist das Konzept der "ökologischen Fußabdruck" und der "Ressourcenschwankungen", das zeigt, wie verschiedene Lebenszyklusphasen zu unterschiedlichen sozialen und ökologischen Konfliktszenarien führen können. Beispielsweise kann die Produktion von Lebensmitteln in intensiven landwirtschaftlichen Systemen den Wasserverbrauch und die Bodendegradation erhöhen, was zu Konflikten zwischen Landwirten und anderen Nutzern von Wasserressourcen führen kann.

Zudem wird durch die Lebenszyklusperspektive deutlich, dass die Lösungen für Ressourcenkonflikte oft nicht nur auf lokaler Ebene, sondern auch im globalen Kontext betrachtet werden müssen. So können internationale Handelsströme und die Globalisierung von Produktionsprozessen dazu führen, dass Ressourcenverbrauch und die damit verbundenen Konflikte in Regionen, die oft weit entfernt sind, verschärft werden. Das Beispiel der Edelmetall- und Mineraliengewinnung in Entwicklungsländern, das häufig mit Menschenrechtsverletzungen und ökologischer Zerstörung verbunden ist, verdeutlicht, dass die Nachfrage aus Industrieländern direkte Auswirkungen auf die Lebensbedingungen in Ressourcengebieten hat.

Ein weiterer wichtiger Aspekt der Lebenszyklusperspektive ist die Integration von Stakeholder-Interessen. Ressourcenkonflikte sind oft das Ergebnis von Machtungleichgewichten und können durch ungleiche Interessen verschiedener Akteure verschärft werden. Die Berücksichtigung der Perspektiven von lokalen Gemeinschaften, Regierungen, NGOs und der Industrie ist entscheidend für die Entwicklung nachhaltiger Konfliktlösungsstrategien. Durch partizipative Ansätze, die alle relevante Akteure in Entscheidungsprozesse einbeziehen, können Lösungen gefunden werden, die die Bedürfnisse verschiedener Interessengruppen berücksichtigen und gleichzeitig die Umweltauswirkungen minimieren.

Libyen und die Kontrolle von Ölreserven

Libyen, ein nordafrikanisches Land, das an das Mittelmeer grenzt, verfügt über einige der größten Erdölreserven Afrikas. Die Kontrolle dieser Ressourcen spielt eine zentrale Rolle in den geopolitischen und sozialen Dynamiken des Landes und ist ein entscheidender Faktor in den Ressourcenkonflikten, die seit dem Sturz von Muammar al-Gaddafi im Jahr 2011 verstärkt zutage traten.

Die Erdölindustrie ist für Libyen von immensem wirtschaftlichem Interesse, da sie über 90 % der Exporterlöse und einen signifikanten Teil der Staatsfinanzen ausmacht. Libyen ist reich an qualitativ hochwertigem Öl und hat eine Förderungskapazität von etwa 1,5 Millionen Barrel pro Tag. Der Zugang zu diesen Ressourcen hat sich jedoch als hochgradig umstritten erwiesen, vor allem im Kontext des politischen Chaos und der Fragmentierung des Landes nach dem Bürgerkrieg.

Nach dem Sturz von Gaddafi kam es zu einem Machtvakuum, das verschiedene bewaffnete Gruppen und politische Fraktionen anlockte. Diese konfliktreichen Akteure begehren nicht nur um politische Einflussnahme, sondern auch um die Kontrolle über die Ölressourcen. Der Nationale Ölkonzern Libyens (NOC) spielt in diesem Kontext eine zentrale Rolle. Er ist formal dafür verantwortlich, die Ölförderung und -verarbeitung zu leiten, steht jedoch unter dem Einfluss wechselnder politischer Lager und lokaler Milizen, die versuchen, die Kontrolle über Ölfelder und Produktionsstätten zu übernehmen.

Die Kontrolle über Ölressourcen hat sich als ein entscheidender Anreiz für bewaffnete Konflikte in Libyen erwiesen. Beispielsweise führte der Versuch, strategisch wichtige Ölfelder und -anlagen zu kontrollieren, zu militärischen Auseinandersetzungen zwischen rivalisierenden Gruppen. Die Operationen der Libyschen Nationalarmee (LNA), kommandiert von Khalifa Haftar, zielen darauf ab, sowohl politische Macht zu gewinnen als auch den Zugang zu den landesweiten Ölvorkommen sicherzustellen. Haftar, der Unterstützung von externen Akteuren wie Ägypten und den Vereinigten Arabischen Emiraten erhält, trifft dabei auf eine Vielzahl von Gegnern, darunter die von der international anerkannten Regierung in Tripolis unterstützten Kräfte.

Ein weiteres Dimension des Ressourcenkonflikts in Libyen betrifft die Uneinheitlichkeit der Verteilung des Reichtums. Die regionalen Ungleichheiten und die marginalisierte Rolle bestimmter Gruppen in der nationalen Ökonomie tragen zu einem Klima der Unzufriedenheit bei, was die Konflikte weiter anheizt. Regionen mit reicher Erdölproduktion, wie das Fezzan, klagen häufig über den Mangel an Entwicklungsressourcen und politischer Mitbestimmung, was das

Gefühl der Entfremdung und die Bereitschaft zur Rebellion gegen zentrale Autoritäten verstärkt.

Darüber hinaus haben ausländische Interessen und Interventionen in der libyschen Ölindustrie weitere Komplexität in die Ressourcenkonflikte eingeführt. Verschiedene Länder haben unterstützt und sind direkt in die libyschen Machtkämpfe involviert, oftmals motiviert durch das Bestreben, eigene wirtschaftliche und geopolitische Interessen zu sichern. Der Zugang zu Libyens Erdöl hat auch zu Spannungen zwischen internationalen Akteuren geführt, was die Bemühungen um Stabilität und Frieden im Land beeinträchtigt.

Zusammenfassend lässt sich sagen, dass die Kontrolle über die Erdölreserven Libyens ein entscheidender Faktor in den anhaltenden Ressourcenkonflikten ist. Die politischen und militärischen Auseinandersetzungen um die Ölproduktion verdeutlichen, wie tiefgreifend wirtschaftliche Interessen in die Dynamik von Konflikten eingreifen können. Die Stabilität Libyens bleibt somit eng verknüpft mit dem Zukünftigen Umgang mit seinen strategischen Ressourcen, wobei der Weg zu Frieden und Wiederaufbau im Land nicht nur politische Lösungen, sondern auch eine gerechtere Verteilung der Öleinnahmen erfordert.

Lieferkette

Die Lieferkette, auch als Wertschöpfungskette bekannt, umfasst alle Schritte, die erforderlich sind, um ein Produkt von der Rohstoffgewinnung bis zum Endverbraucher zu bringen. In einem zunehmend globalisierten Markt sind Lieferketten komplex und oft international organisiert, was sie anfällig für eine Vielzahl von Risiken macht. Eine der gravierendsten Herausforderungen innerhalb dieses Systems sind Ressourcenkonflikte, die sowohl lokale als auch internationale Dimensionen haben.

Ressourcenkonflikte entstehen häufig in Regionen, die reich an natürlichen Ressourcen sind, wie beispielsweise Mineralien, Erdöl oder Wasser. Diese Gebiete sind oft von ethnischen Spannungen, politischen Instabilitäten oder wirtschaftlicher Benachteiligung betroffen. Ressourcen wie Koltan, Gold oder Diamanten haben in den letzten Jahrzehnten immer wieder zu gewaltsamen Auseinandersetzungen geführt, vor allem in Afrika, wo bewaffnete Gruppen versuchen, die Kontrolle über diese wertvollen Rohstoffe zu erlangen. Das daraus resultierende Ungleichgewicht zwischen den betroffenen Gemeinschaften und denjenigen, die von der Ressourcenausbeutung profitieren, trägt zur Eskalation von Konflikten und zur Verarmung der lokalen Bevölkerung bei.

Im Kontext der Lieferkette können diese Konflikte gravierende Auswirkungen auf Unternehmen haben. Häufig sind multinationale Konzerne in die

Ausbeutung dieser Ressourcen involviert, sei es direkt oder indirekt. Die Beschaffung von Rohstoffen, die unter fragwürdigen Bedingungen gewonnen werden, kann nicht nur moralischen und ethischen Fragen aufwerfen, sondern auch das Risiko von Reputationsschäden und rechtlichen Konsequenzen für Unternehmen erhöhen. Zudem kann die Unbeständigkeit von Regionen in Konflikten zu Unterbrechungen in der Lieferkette führen und damit die Produktions- und Lieferfähigkeit erheblich beeinträchtigen.

Auf der Ebene der globalen Wirtschaftsordnung führen Ressourcenkonflikte auch zu einer ungleichen Verteilung von Wohlstand. Länder, die reich an natürlichen Ressourcen sind, sind häufig nicht in der Lage, von diesen Ressourcen zu profitieren. Stattdessen können sie in eine sogenannte "Ressourcenfalle" geraten, wo die Abhängigkeit von Rohstoffexporten zu wirtschaftlichen Instabilitäten und ungleichen Machtverhältnissen führt. Diese Dynamik wird oft durch internationale Unternehmen verstärkt, die in diesen Regionen tätig sind, ohne dabei genug Rücksicht auf die sozialen und ökologischen Auswirkungen ihrer Aktivitäten zu nehmen.

Ein weiterer Aspekt der Ressourcenkonflikte im Kontext der Lieferkette ist die Notwendigkeit für Transparenz und ethische Beschaffung. Initiativen wie der "OECD-Leitfaden zur Sorgfaltspflicht für verantwortungsvolle Lieferketten" helfen Unternehmen, potenzielle Risiken zu identifizieren und Maßnahmen zu ergreifen, um sicherzustellen, dass ihre Lieferketten nicht zur Finanzierung von Konflikten beitragen. Solche Leitlinien fördern auch die Schaffung von Zertifizierungssystemen, die es Verbrauchern ermöglichen, informierte Entscheidungen über die Herkunft der Produkte zu treffen.

Luftverschmutzung

Luftverschmutzung ist ein zentrales Umweltproblem, das in den letzten Jahrzehnten weltweit zugenommen hat und signifikante Auswirkungen auf die menschliche Gesundheit, die Ökosysteme und das Klima hat. Sie entsteht hauptsächlich durch Emissionen aus industriellen Prozessen, Verkehr, Landwirtschaft und Haushalten. Im Kontext von Ressourcenkonflikten ist Luftverschmutzung von besonderer Bedeutung, da die Ausbeutung und Nutzung von natürlichen Ressourcen oft eng mit der Erzeugung von Schadstoffen und deren Verbreitung in der Atmosphäre verknüpft sind.

Der Zusammenhang zwischen Luftverschmutzung und Ressourcenkonflikten kann auf mehreren Ebenen analysiert werden. Erstens können Ressourcen wie Öl, Gas, Mineralien und Holz in Regionen vorkommen, die bereits ökologisch fragil oder sozial instabil sind. Die Ausbeutung dieser Ressourcen führt häufig zu einer Intensivierung der industriellen Aktivitäten, welche die Luftqualität erheblich beeinträchtigen. Zum Beispiel erzeugen Ölbohrungen und die damit verbundenen Transport- und Raffinationsprozesse erhebliche Mengen an flüchtigen organischen Verbindungen, Schwefeldioxid und Stickoxiden, welche die Luftverschmutzung allerorts erhöhen.

Zweitens ist die Luftverschmutzung selbst ein Katalysator für Ressourcenkonflikte. In vielen Regionen der Welt, insbesondere in Entwicklungsländern, sind die Auswirkungen von Luftschadstoffen auf die Gesundheit oft katastrophal. Atemwegserkrankungen, Herzkrankheiten und andere gesundheitliche Probleme, die durch verschmutzte Luft verursacht oder verschärft werden, führen zu einer erhöhten Belastung der öffentlichen Gesundheitssysteme und können soziale Spannungen verstärken. Diese gesundheitlichen Auswirkungen sind insbesondere in einkommensschwachen Gemeinschaften spürbar, die oft direkt in der Nähe von Industrieanlagen oder Verkehrswegen leben. Der dadurch entstehende Druck auf Ökosysteme und Ressourcen, wie sauberes Wasser und gesundes Essen, kann zu Konflikten führen, wenn Gemeinschaften um den Zugang und das Recht auf eine saubere Umwelt kämpfen.

Drittens spielen auch geopolitische Dimensionen eine Rolle. Staaten, die über reiche Ressourcen verfügen, haben häufig Einfluss auf globale Märkte und können durch ihre Umweltstandards und -politiken die Luftverschmutzung in der Region regulieren oder auch verschärfen. Die Entscheidung, ob und wie Ressourcen genutzt werden, ist oft von politischen und wirtschaftlichen Interessen geprägt, die nicht immer im Einklang mit nachhaltigen Praktiken stehen. Dies kann zu Spannungen zwischen Anwohnern, Industrie und Regierung führen, insbesondere wenn die Umwelt- und Gesundheitseinwirkungen unzureichend berücksichtigt werden.

Ein weiteres wichtiges Element ist der Klimawandel, der eng mit der Luftverschmutzung verknüpft ist. Die Emission von Treibhausgasen, die oft in direkter Verbindung mit luftverschmutzenden Substanzen steht, verändert klimatische Bedingungen und kann Wasser- und Nahrungsmittelressourcen bedrohen. Regionen, die anfällig für die Auswirkungen des Klimawandels sind, wie Trockenheit oder Überflutungen, sehen sich oft mit erhöhten Ressourcenkonflikten konfrontiert. Der Wettbewerb um schrumpfende Ressourcen führt zu Spannungen, die durch Luftverschmutzungsproblematik noch verstärkt werden.

Marikana-Massaker

Das Marikana-Massaker, das am 16. August 2012 in der Nähe der Marikana-Mine in Südafrika stattfand, ist eines der fatalsten Ereignisse in der Geschichte des Landes nach dem Ende der Apartheid und steht exemplarisch für die tief verwurzelten Ressourcenkonflikte, die durch soziale Ungerechtigkeit, wirtschaftliche Ungleichheit und historische Ungerechtigkeiten gekennzeichnet sind. Die Ereignisse des Massakers müssen im Kontext der globalen Nachfrage nach mineralischen Ressourcen und der natürlichen Ressourcen des südafrikanischen Raumes betrachtet werden.

Die Marikana-Mine ist Teil des Bushveld-Platinum-Deposits, einer der größten Platinlagerstätten der Welt, und ist im Besitz der Lonmin PLC, einem Unternehmen, das international für den Abbau von Platin und andere mineralische Rohstoffe bekannt ist. In diesem speziellen Fall wurde die Mine zum Schauplatz eines Arbeitskonflikts zwischen der Belegschaft und dem Management des Unternehmens. Die Arbeitnehmer, die hauptsächlich schwarze Südafrikaner waren, forderten eine signifikante Lohnerhöhung sowie bessere Arbeitsbedingungen, während sie gleichzeitig die zunehmenden Lebenshaltungskosten und die miserablen Lebensbedingungen in den umliegenden Townships sahen.

Im Kontext der Ressourcenkonflikte sind soziale, wirtschaftliche und politische Dimensionen unvermeidlich. Die Kolonialgeschichte und die Apartheid haben eine erdrückende Ungleichheit in Südafrika hinterlassen. Obwohl das Land über reiche Ressourcen verfügt, bleibt ein erheblicher Teil der Bevölkerung in extremer Armut gefangen, während die Profite aus dem Bergbau häufig nicht der lokalen Bevölkerung zugutekommen, sondern ausländischen Investoren und Unternehmen zufließen. Hier wird deutlich, dass der Abbau von Ressourcen sowohl soziale Spannungen schürt als auch die Kluft zwischen Arm und Reich vertieft.

Im Vorfeld des Massakers spielten verschiedene Faktoren eine entscheidende Rolle. Zunächst einmal gab es eine wachsende Unzufriedenheit unter den Minenarbeitern über die Löhne, die im Vergleich zu den hohen Gewinnen, die das Unternehmen erzielte, als unzureichend angesehen wurden. Darüber hinaus war das zentrale Anliegen der Arbeiter die Gründung einer unabhängigen Gewerkschaft – der Association of Mineworkers and Construction Union (AMCU) – die in direkter Konkurrenz zur etablierten NUM (National Union of Mineworkers) stand. Dieser Gewerkschaftswechsel führte zu weiteren Spannungen innerhalb der Belegschaft und zwischen den verschiedenen Arbeitnehmervertretungen.

Am 16. August 2012, nach mehreren Tagen von Streiks und Protesten, kam es zu einem brutalen Polizeieinsatz, der darauf abzielte, die streikenden Arbeiter zu zerstreuen. Die Polizei setzte scharfe Munition und Gummigeschosse ein, was zu einer Eskalation der Gewalt führte und das Massaker mit 34 Todesopfern und vielen weiteren Verletzten zur Folge hatte. Die Mediensicht auf diese Ereignisse brachte die Probleme in der südafrikanischen Gesellschaft und die oft tödlichen

Konsequenzen von Ressourcenkonflikten ins Licht der Öffentlichkeit, was schließlich zu einer nationalen und internationalen Diskussion über die Bedingungen im Bergbau und die Rechte der Arbeiter führte.

Das Marikana-Massaker stellt somit ein Symbol für die Herausforderungen dar, die mit der Ausbeutung natürlicher Ressourcen einhergehen. Es verdeutlicht die komplexe Beziehung zwischen Ressourcenreichtum und sozialer Gerechtigkeit sowie die Notwendigkeit einer verantwortungsvollen Ressourcenverwaltung, die die Bedürfnisse der lokalen Gemeinschaften berücksichtigt. Der Vorfall hat nicht nur in Südafrika, sondern weltweit Debatten über Arbeitsrechte, unternehmerische Verantwortung und die sozialen Kosten des Ressourcenabbaus angestoßen.

Die Nachwirkungen des Massakers sind bis heute spürbar. Der Vorfall führte zu einem Umdenken über die Rolle von Gewerkschaften, dem Umgang mit Arbeitskonflikten und der Reaktion von Sicherheitskräften in der Industrie. Es wurde ein Kommission zur Untersuchung der Vorfälle eingesetzt, doch die grundlegenden Probleme der Ungleichheit und der Ausbeutung im Bergbau sind nach wie vor aktuell. Im Lichte der Auseinandersetzungen in Marikana bleibt die Frage offen, wie Länder mit natürlichen Ressourcen effektiv und gerecht umgehen können, um sowohl die wirtschaftliche Entwicklung zu fördern als auch soziale Spannungen zu reduzieren.

Materialeffizienz und Materialeffizienzstrategien

Materialeffizienz bezeichnet die gezielte Optimierung der Verwendung von Materialien während des gesamten Lebenszyklus von Produkten und Prozessen. In einer Welt, in der die Ressourcenknappheit zunehmend spürbar wird und der Klimawandel drängender denn je ist, gewinnt die Materialeffizienz an Bedeutung. Sie stellt eine Schlüsselstrategie zur Bekämpfung des Klimawandels dar, indem sie den Ressourcenverbrauch senkt, die Abfallproduktion reduziert und die Umweltauswirkungen des Materialabbaus sowie der Produktion minimiert.

Die Grundlage der Materialeffizienz liegt in der Überlegung, dass eine effizientere Nutzung von Materialien dazu beitragen kann, den ökologischen Fußabdruck von Produkten und Dienstleistungen zu verringern. Typische Materialeffizienzstrategien umfassen Design for Environment (DfE), Recycling, Wiederverwendung, umweltfreundliche Materialsubstitution und den Einsatz von Technologien zur Ressourcenschonung. Der DfE-Ansatz fördert beispielsweise die Entwicklung von Produkten, die sowohl effizient in der Herstellung sind als auch am Ende ihres Lebenszyklus leichter recycelt oder wiederverwendet werden können.

Ein weiterer wichtiger Aspekt sind Kreislaufwirtschaftsmodelle, die darauf abzielen, den linearen Wirtschaftsansatz von „nehmen, erzeugen, entsorgen" in ein geschlossenes System zu überführen, in dem Materialien wieder in den Produktionsprozess eingespeist werden. In einer Kreislaufwirtschaft wird die maximale Lebensdauer eines Produkts ausgeschöpft, bevor es in den Materialkreislauf zurückgeführt wird. Dies reduziert nicht nur den Bedarf an neuen Rohstoffen, sondern minimiert auch den Energieverbrauch und die CO_2-Emissionen, die mit dem Abbau und der Verarbeitung von Materialien verbunden sind.

Materialeffizienzstrategien sind besonders relevant im Kontext von Ressourcenkonflikten, die häufig aus Konkurrenz um knappe natürliche Ressourcen wie Wasser, Mineralien und fossile Brennstoffe resultieren. Diese Konflikte können die ökologischen und sozialen Voraussetzungen für die nachhaltige Entwicklung gefährden. Indem durch Materialeffizienz der Bedarf an Primärrohstoffen verringert wird, können die Spannungen um Ressourcenpotenziale gemindert werden. Weniger Abhängigkeit von importierten Rohstoffen kann auch zur Stabilität von Ländern beitragen, die unter Ressourcenkonflikten leiden.

Des Weiteren spielen technologische Innovationen eine entscheidende Rolle bei der Förderung der Materialeffizienz. Fortschritte in den Bereichen der Additiven Fertigung (3D-Druck) und der intelligenten Materialverwendung bieten neue Möglichkeiten zur Reduzierung von Abfall und zur Schaffung ressourcenschonender Produktionsprozesse. Die digitale Transformation etwa ermöglicht eine präzisere Materialverwendung in der Produktion und minimiert den Ausschuss durch datengestützte Prozesse.

Ein wichtiger Bestandteil jeder Strategie zur Materialeffizienz ist auch die Bildung und Sensibilisierung von Unternehmen und Konsumenten. Das Verständnis für den Wert von Materialien und deren Einfluss auf den Klimawandel kann das Verhalten von Verbrauchern beeinflussen und Unternehmen anregen, ihre Praktiken zu überdenken. Initiativen zur Konsumreduktion und zur Förderung nachhaltiger Konsummuster sind essenziell, um den gesamten ökologischen Fußabdruck zu minimieren.

Materialflussanalyse

Die Materialflussanalyse (MFA) ist eine systematische Methode zur quantitativen Untersuchung von Materialien und deren Flüssen innerhalb eines definierten Systems, sei es ein Unternehmen, eine Stadt oder ein gesamtes Land. In der heutigen Zeit, in der globale Ressourcenknappheit und umweltbedingte Herausforderungen zunehmend in den Vordergrund rücken, spielt die MFA eine zentrale Rolle, um Ressourcenkonflikte zu verstehen und zu managen.

Das Grundprinzip der Materialflussanalyse besteht darin, die Inputs, Outputs und die in einem System zirkulierenden Materialien zu erfassen und zu analysieren. Diese Parameter helfen nicht nur, die Effizienz von Ressourcen zu bewerten, sondern auch, verwandte Umweltauswirkungen zu quantifizieren. Daten werden typischerweise durch Messungen, Umfragen oder bestehende Sekundärdaten gesammelt und dann in Materialbilanzen integriert, die ein umfassendes Bild von den Inputs (Rohstoffe, Energie) und Outputs (Abfälle, Emissionen) einer bestimmten Ressource liefern.

Im Kontext von Ressourcenkonflikten ermöglicht die MFA, ein besseres Verständnis für die Dynamiken zu entwickeln, die zu Konflikten über knappe Ressourcen wie Wasser, Mineralien oder Land führen. Durch die Analyse der Materialflüsse können verschiedene Faktoren identifiziert werden, die Konflikte begünstigen, wie z.B. ungleiche Verteilung von Ressourcen, Übernutzung von Materialien oder ineffiziente Produktionsprozesse. Diese Faktoren sind häufig das Resultat wirtschaftlicher, sozialer und politischer Rahmenbedingungen, die den Zugang zu und die Kontrolle über Ressourcen beeinflussen.

Ein zentrales Element bei der Untersuchung von Ressourcenkonflikten mithilfe der MFA ist die Betrachtung der räumlichen und zeitlichen Dimensionen der Materialströme. Zum Beispiel können lokale Gemeinschaften, die von einem bestimmten natürlichem Rohstoff abhängig sind, in Konflikt mit industriellen Akteuren geraten, die diese Ressourcen für ihre eigene Produktion nutzen wollen. Die MFA kann helfen, diese Konfliktszenarien zu kartieren, indem sie zeigt, wo Ressourcenströme konzentriert sind und wo der Druck auf bestimmte Ressourcen am stärksten ist.

Zudem kann die MFA aufzeigen, wie politische sowie ökonomische Rahmenbedingungen den Zugang zu Rohstoffen beeinflussen. So können etwa Handelsabkommen, Regierungspolitiken oder subventionierte Industrien die Verteilung und den Zugang zu Ressourcen verzerren. Konflikte entstehen oft dort, wo bestehenden Gesetze und Regelungen nicht ausreichend sind, um eine gerechte Verteilung zu gewährleisten, oder wo externe Faktoren, wie globale Märkte, die lokale Ressourcennutzung überbeanspruchen.

Ein Beispiel für die Anwendbarkeit der MFA im Zusammenhang mit Ressourcenkonflikten ist die Analyse des Wasserverbrauchs in agrarisch geprägten Regionen. Die MFA kann aufzeigen, wie viel Wasser in verschiedenen Sektoren verbraucht wird und wo ineffiziente Praktiken zur Übernutzung von Wasser führen, was wiederum zu Konflikten zwischen Landwirten und städtischen Nutzern führen kann. Basierend auf der Analyse können strategische Maßnahmen entwickelt werden, um eine nachhaltige und gerechte Ressourcennutzung zu fördern.

Die Herausforderung bei der Implementierung der Materialflussanalyse im Kontext von Ressourcenkonflikten liegt in der Komplexität der interdisziplinären Zusammenhänge. Technische Analysen müssen mit sozialen und politischen Dimensionen verknüpft werden, um umfassende Lösungen entwickeln zu können. Die MFA kann somit als wertvolles Instrument dienen, um den Dialog und die Kooperation zwischen verschiedenen Stakeholdern, wie Regierungen, Unternehmen und Zivilgesellschaft, zu fördern und umso zu einer nachhaltigeren Ressourcennutzung beizutragen.

Materieller Fußabdruck des Konsums

Der materielle Fußabdruck des Konsums ist ein zentraler Indikator zur Bewertung der Umweltauswirkungen menschlichen Konsumverhaltens. Er erfasst die Gesamtmenge an natürlichen Ressourcen, die zur Herstellung der konsumierten Güter und Dienstleistungen benötigt wird. Dies schließt Rohstoffe, Energie und Wasser ein und bietet damit einen umfassenden Überblick über die ökologischen Anforderungen, die mit unserem Lebensstil verbunden sind. Dieser Fußabdruck ist nicht nur eine Messgröße für individuelle oder kollektive Nachhaltigkeit, sondern steht auch in engem Zusammenhang mit Ressourcenkonflikten, die in vielen Regionen der Welt zu beobachten sind.

Ressourcenkonflikte entstehen häufig aus der Konkurrenz um begrenzte natürliche Ressourcen, wie Wasser, Mineralien, fossile Brennstoffe und landwirtschaftliche Flächen. Diese Konflikte sind in der Regel das Ergebnis einer steigenden Nachfrage nach Ressourcen, die durch Bevölkerungswachstum, technischen Fortschritt und zunehmenden Konsumwettbewerb getrieben wird. Der materielle Fußabdruck kann als Katalysator für solche Konflikte angesehen werden, da er die Intensität des Ressourcenverbrauchs in Relation zu den verfügbaren Vorräten darstellt.

Besonders prägnant wird dieser Zusammenhang in Regionen, die reich an natürlichen Ressourcen, jedoch arm an finanziellen Mitteln und stabilen politischen Rahmenbedingungen sind. Länder im Globalen Süden sind oft betroffen, wo das Streben nach wirtschaftlichem Wachstum und Entwicklung den Druck auf die Ressourcen erhöht. Der materielle Fußabdruck der Konsumierenden in wohlhabenderen Ländern wird häufig auf dem Rücken ärmerer, ressourcenreicher Nationen ausgeprägt, die diejenige Rohstoffe liefern müssen, die für die Herstellung von Konsumgütern benötigt werden. Dies führt nicht nur zu umweltlichen, sondern auch zu sozialen Spannungen, da lokale Gemeinschaften oft unter den negativen Auswirkungen von übermäßigem Ressourcenabbau leiden – sei es durch

Umweltzerstörung, Verlust von Lebensraum, oder die Vertreibung von indigenen Völkern.

Ein Beispiel für einen solchen Ressourcenkonflikt ist der Sofort-Kaffee-Handel, der landwirtschaftliche Praxis und die dazugehörigen sozialen Dynamiken beeinflusst. Kaffeebauern, die in Entwicklungsregionen arbeiten, müssen sich nicht nur mit den schwankenden Preisen auf den Weltmärkten auseinandersetzen, sondern auch den Druck durch Agrarindustrien ertragen, die häufig den Zugang zu Wasser und fruchtbarem Land kontrollieren. Diese Dynamik führt dazu, dass lokale Bevölkerungsschichten in Konflikte verwickelt werden, sei es mit Unternehmen oder zwischen verschiedenen Gemeinschaften um begrenzte Ressourcen.

Darüber hinaus wird der materielle Fußabdruck durch die Globalisierung verschärft. Die weltweiten Lieferketten ermöglichen es Konsumenten in hochentwickelten Ländern, Produkte aus der ganzen Welt zu konsumieren, ohne die ökologischen sowie sozialen Kosten in vollem Umfang wahrzunehmen. Dies führt zur „externen Belastung" – das bedeutet, dass die Auswirkungen des Konsums nicht im Preis der Produkte reflektiert werden, wodurch der wahre materielle Fußabdruck in den Ursprungsländern oft unsichtbar bleibt.

Zur Minderung des materiellen Fußabdrucks und der damit verbundenen Ressourcenkonflikte bedarf es einer Kombination von politischen Maßnahmen, verantwortungsvolleren Konsumgewohnheiten und globaler Solidarität. Ansätze wie Kreislaufwirtschaft, ökologischer Landbau, und nachhaltige Rohstoffgewinnung können dazu beitragen, den Ressourcenverbrauch zu minimieren und die negativen Auswirkungen auf Communities zu verringern. Gleichzeitig müssen größere Anstrengungen unternommen werden, um gerechte Handelsbeziehungen zu fördern und den Unternehmen Rechenschaft über ihre Lieferketten abzulegen. Nur durch ein Umdenken und das Streben nach nachhaltigen Alternativen können wir den Herausforderungen, die unser Konsumverhalten mit sich bringt, wirksam begegnen und zukünftige Ressourcenkonflikte vermeiden.

Menschenrechtsverletzung

Menschenrechtsverletzungen im Kontext von Ressourcenkonflikten sind ein komplexes und vielschichtiges Phänomen, das soziale, ökonomische und politische Dimensionen umfasst. Der Zugang zu und die Kontrolle über Ressourcen wie Wasser, Öl, Mineralien und Land sind häufig die Ursachen für Konflikte, die nicht nur zwischen Staaten, sondern auch innerhalb von Staaten zwischen verschiedenen Gruppen entstehen.

Ressourcenkonflikte können durch verschiedene Faktoren ausgelöst werden, darunter Ungleichheiten in der Verteilung von Ressourcen, wirtschaftliche

Abhängigkeiten und Umweltveränderungen. In vielen Fällen sind diese Ressourcen in Regionen konzentriert, die ethnisch oder kulturell heterogen sind, was Spannungen zwischen verschiedenen Gruppen weiter verstärken kann. Die Kämpfe um Ressourcen führen häufig zu gewaltsamen Auseinandersetzungen und tragen zur Entstehung von bewaffneten Gruppen bei, die versuchen, die Kontrolle über diese wertvollen Güter zu gewinnen.

Ein Schlüsselproblem in Ressourcen-konflikten ist die systematische Verletzung von Menschenrechten, die oft durch staatliches oder nichtstaatliches Handeln manifestiert wird. Diese Verletzungen können verschiedene Formen annehmen, einschließlich, aber nicht beschränkt auf:

Vertreibungen: Bei der Erschließung von Ressourcen werden häufig lokale Gemeinschaften vertrieben, ohne angemessene Entschädigungen oder die Möglichkeit, ihre Lebensgrundlage zu sichern. Solche Vertreibungen erfolgen oft unter dem Deckmantel von Entwicklungsprojekten oder nationaler Sicherheit und verstärken soziale Ungleichheiten und wirtschaftliche Benachteiligung.

Gewalt und Repression: In vielen Ressourcenkonflikten setzen Staaten oder private Akteure gewaltsame Mittel ein, um Kontrolle über Ressourcen zu erlangen oder zu verteidigen. Diese Gewalt ist häufig systematisch und kann Folter, extralegale Tötungen sowie sexuelle Gewalt umfassen. Solche Handlungsmuster verletzen fundamentale Menschenrechte und schaffen ein Klima der Angst und Unsicherheit.

Umweltzerstörung: Die Ausbeutung natürlicher Ressourcen hat tiefgreifende Auswirkungen auf die Umwelt. Die Zerstörung von Ökosystemen, die Verseuchung von Wasserquellen und die Degradierung von Land führen nicht nur zu ökologischen Katastrophen, sondern beeinträchtigen auch das Recht auf Nahrung, Wasser und ein gesundes Leben. Dies hat besonders schwere Folgen für indigene Völker und marginalisierte Gemeinschaften, die oft in direkter Abhängigkeit von ihren natürlichen Lebensräumen stehen.

Ungleichheit und Diskriminierung: Ressourcenkonflikte können bestehende soziale und wirtschaftliche Ungleichheiten verschärfen. Minderheitengruppen sind oft die ersten, die unter diesen Konflikten leiden, sowohl durch die direkte Gewalt der Auseinandersetzungen als auch durch die Langzeitfolgen einer ungleichen Verteilung der Ressourcen.

Um diese menschenrechtsverletzenden Dynamiken zu adressieren, ist eine umfassende Herangehensweise notwendig, die sowohl lokale als auch internationale Mechanismen zur Wahrung der Menschenrechte einbezieht. Dazu gehören rechtliche Rahmenbedingungen, die die Rechte von Gemeinschaften schützen, transparentere Entscheidungsprozesse bei Ressourcenprojekten und die

Einbeziehung der Zivilgesellschaft in die Planung und Durchführung von Ressourcennutzungsprojekten.

Mikroplastik

Mikroplastik, definiert als Plastikpartikel mit einer Größe von weniger als 5 Millimetern, hat sich in den letzten Jahrzehnten zu einem bedeutenden Umweltproblem entwickelt. Seine Verbreitung in Ökosystemen, insbesondere in Gewässern und Böden, hat nicht nur materielle Auswirkungen auf die Umwelt, sondern wirft auch komplexe Fragen im Kontext von Ressourcenkonflikten auf. Diese Konflikte entstehen häufig aus dem Wettstreit um begrenzte natürliche Ressourcen, die durch die Kontamination und Degradation von Lebensräumen und Nahrungsquellen weiter verschärft werden.

Die Gründe für die Entstehung von Mikroplastik sind vielfältig. Primärplastik, der direkt als kleines Partikelprodukt hergestellt wird (z. B. in Peelings oder Kosmetika), sowie sekundär entstandenes Mikroplastik, das aus der Zersetzung größerer Kunststoffteile in der Umwelt resultiert, sind die Hauptquellen. Diese Partikel gelangen über verschiedene Wege in die Umwelt, etwa durch Abfluss von Kläranlagen, direkte Einleitungen in Gewässer, oder durch atmosphärische Deposition. Besonders in marinen Ökosystemen zeigt sich die weitreichende Verbreitung von Mikroplastik, wo es sich in der Nahrungskette ansammelt und so negative Auswirkungen auf marine Organismen und letztlich auch auf Menschen hat, die Meeresfrüchte konsumieren.

Im Kontext von Ressourcenkonflikten wird die Problematik von Mikroplastik besonders deutlich, wenn man den Einfluss auf biologische Ressourcen und die Qualität von Trinkwasser betrachtet. Die Verschmutzung von Wasserressourcen durch Mikroplastik kann zu einem signifikanten Rückgang der Wasserqualität führen, was in Regionen mit Wasserknappheit zu Konflikten über den Zugang zu sauberem Trinkwasser führen kann. In vielen Entwicklungsländern sind schon heute die Wasserressourcen durch industrielle Abwässer, Plastikmüll und unzureichende Müllentsorgungsmethoden überlastet. Dies führt zu einer Konkurrenz um eine Ressource, die für das Überleben der Bevölkerung wesentlich ist.

Zudem hat Mikroplastik auch Auswirkungen auf den Fischereisektor, der ein wichtiger Bestandteil vieler lokaler Wirtschaften ist. Fische und andere Meerestiere nehmen Mikroplastikpartikel auf, was nicht nur ihre Gesundheit, sondern auch die Gesundheit der Menschen gefährdet, die sie konsumieren. Dies kann zu einem Rückgang der Fangzahlen führen und damit wirtschaftliche Unsicherheiten für Fischer und ihre Gemeinschaften schaffen, was die Ressourcenkonflikte weiter anheizt. Häufig führt dies zu einem erhöhten Druck auf andere natürliche

Ressourcen oder zu illegitimen Praktiken, wie der Überfischung oder dem Ausbau von Aquakulturen, die wiederum ökologische Balance gefährden können. Zudem interagiert Mikroplastik mit anderen umweltbezogenen Konflikten, wie dem Klimawandel. Kunststoffprodukte sind oft fossilbasiert, und ihre Produktion trägt zur Treibhausgasemission bei. Der Klimawandel selbst verschärft Ressourcenkonflikte, da er den Zugang zu Wasser, Land und nachhaltigen Fischbeständen beeinflusst. In Regionen, die bereits unter Wasserknappheit, Landdegradation oder Überfischung leiden, können die zusätzlichen Belastungen durch Mikroplastik eine bereits prekäre Situation weiter destabilisieren.

Um diese Konflikte zu adressieren, bedarf es einer multifaktoriellen Herangehensweise. Politische Maßnahmen sollten nicht nur auf die Reduzierung von Plastikabfällen abzielen, sondern auch auf die Verbesserung von Abwasserinfrastrukturen und die Aufklärung der Öffentlichkeit über die Gefahren von Mikroplastik. Internationale Zusammenarbeit ist notwendig, um Lösungen zu finden, die sowohl ökologische als auch soziale Aspekte berücksichtigen und nachhaltige Ressourcennutzung fördern.

Mittelmeer und die Spannungen zwischen Griechenland und der Türkei um Gasvorkommen

Der östliche Mittelmeerraum wurde in den letzten Jahren zu einem Hotspot geopolitischer Spannungen, insbesondere zwischen Griechenland und der Türkei. Diese Spannungen sind maßgeblich durch das Vorhandensein von signifikanten Erdgasvorkommen in der Region bedingt, die sowohl für wirtschaftliche als auch strategische Interessen von großer Bedeutung sind. In diesem Kontext ist es unerlässlich, die geopolitischen, historischen und rechtlichen Rahmenbedingungen zu betrachten, die zu den aktuellen Ressourcenkonflikten führen.

Die Entdeckung bedeutender Erdgasreserven im östlichen Mittelmeer, insbesondere vor der Küste Zyperns und in der Levante-Lagerstätte, hat das Interesse verschiedener Länder geweckt. Die Zypern-Krise, die auf die Teilung der Insel in 1974 zurückgeht, hat die Beziehungen zwischen Griechenland, der Türkei und der Türkischen Republik Nordzypern (TRNZ) weiter belastet. Während Griechenland und die Republik Zypern auf die internationale Anerkennung ihrer Ansprüche auf die Gasvorkommen pochen, sieht die Türkei in der Gasexploration und den damit verbundenen Ansprüchen der griechischen und zypriotischen Seite eine Bedrohung ihrer eigenen territorialen und wirtschaftlichen Interessen. Ein zentrales Problem ist die maritime Grenzziehung im Mittelmeer. Die UN-Seerechtskonvention (UNCLOS) bietet einen rechtlichen Rahmen für die Festlegung von Seegrenzen und wirtschaftlichen Ausschließlichkeitszonen (EEZ), jedoch haben sowohl Griechenland als auch die Türkei unterschiedliche Auffassungen bezüglich der Anwendbarkeit und Interpretation dieser Regelungen. Griechenland beansprucht eine erweiterte EEZ basierend auf seinen Inseln in der Ägäis, während die Türkei die Legitimität dieser Ansprüche bestreitet und selbst eine als "blaues Heimatland" bezeichnete maritime Strategie verfolgt, die ihre Ansprüche in der Region untermauert.

Die Spannungen eskalierten im Jahr 2020, als griechische und türkische Schiffe in der Nähe der umstrittenen Gebiete in Konflikt gerieten. Die Türkei entsandte ein Forschungsschiff, das von Militärschiffen begleitet wurde, um geophysikalische Untersuchungen in Gebieten durchzuführen, die Griechenland auch für sich beansprucht. Diese militärische Präsenz und die provokante Rhetorik auf beiden Seiten führten zu einer Zunahme der Spannungen und einem Anstieg der militärischen Aktivitäten im östlichen Mittelmeer.

Zusätzlich zu den bilateralen Spannungen zwischen Griechenland und der Türkei gibt es auch externe Akteure, die in die Situation involviert sind. Die Europäische Union (EU) hat sich auf die Seite Griechenlands und Zyperns gestellt und Sanktionen gegen die Türkei verhängt, die als Destabilisator in der Region betrachtet wird. Gleichzeitig haben Länder wie Israel, Ägypten und auch die Vereinigten Staaten ein Interesse an der Stabilität und Sicherheit im östlichen Mittelmeer, insbesondere hinsichtlich der Energieversorgung und der Bekämpfung des Einflusses der Türkei in der Region.

In diesem komplexen geopolitischen Geflecht spiegeln sich breitere Ressourcenkonflikte wider, die durch die globale Nachfrage nach Energie und die begrenzten Ressourcen im Mittelmeer verstärkt werden. Die Suche nach Erdgas kann potenziell erhebliche wirtschaftliche Vorteile für die Staaten in der Region bieten, birgt jedoch das Risiko von Konflikten und Instabilität, wenn nationale Ansprüche auf die Ressourcen nicht koordiniert und geregelt werden können.

Modernisierungstheorie

Die Modernisierungstheorie ist ein wichtiger theoretischer Rahmen in den Sozialwissenschaften, der versucht, die Prozesse und Dynamiken des gesellschaftlichen Wandels, insbesondere in Entwicklungsländern, zu erklären. Sie entstand in der Mitte des 20. Jahrhunderts und war stark von den Erfahrungen und dem Optimismus der Nachkriegszeit geprägt. In diesem Kontext wird angenommen, dass Entwicklung und Modernisierung universelle Prozesse sind, die durch Industrialisierung, Urbanisierung, Technologisierung und soziale Veränderungen gekennzeichnet sind.

In der klassisch modernen Sichtweise ist der Weg zum Fortschritt linear und durch die Übernahme westlicher Werte und Institutionen gekennzeichnet. Es wird argumentiert, dass Länder, die sich in einem 'traditionellen' Zustand befinden, durch verschiedene Schritte, wie die Steigerung der Produktivität in der Landwirtschaft, die Entwicklung einer Industriegesellschaft und die Schaffung demokratischer Institutionen, in einen modernen Zustand übergehen können. Kulturelle, soziale und politische Transformationen spielen hierbei eine entscheidende Rolle.

Im Kontext von Ressourcenkonflikten lässt sich die Modernisierungstheorie kritisch hinterfragen. Ressourcenkonflikte, die oft aus der Konkurrenz um Wasser, Land, Bodenschätze oder Energiequellen entstehen, sind häufig eng mit sozialen Ungleichheiten, Machtverhältnissen und historischen Kontexten verknüpft. In vielen Entwicklungsländern wird der Modernisierungsprozess mit der zunehmenden Ausbeutung natürlicher Ressourcen assoziiert, was zu Umweltverschmutzung und degradierten Lebensbedingungen führt. Die Hypothese der Modernisierung impliziert, dass wirtschaftliches Wachstum und technologische Innovation zu einer Verbesserung der Lebensbedingungen führen werden, doch zeigen viele empirische Fälle, dass das Gegenteil der Fall sein kann.

Ein zentrales Problem der Modernisierungstheorie im Kontext von Ressourcenkonflikten liegt in der Annahme, dass die Entwicklung von Institutionen und Märkten automatisch zu Gerechtigkeit und Frieden führt. In der Realität sind die Verteilung der Ressourcen sowie die Machtstrukturen in politischen und sozialen Institutionen oft tief eingegraben und historisch gewachsen. Daher können Modernisierungsprozesse bestehende Ungleichheiten verstärken oder neue Konfliktlinien schaffen.

Ein anschauliches Beispiel für die Wechselwirkungen zwischen Modernisierung und Ressourcenkonflikten ist die Rolle von multinationalen Unternehmen im Abbau von Rohstoffen in Entwicklungsländern. Oftmals wird das Versprechen wirtschaftlicher Entwicklung genutzt, um den Zugang zu natürlichen Ressourcen zu sichern, wobei die lokale Bevölkerung häufig nicht von den erhobenen Mitteln profitiert. Dies kann zu Spannungen, Widerstand und letztlich zu gewaltsamen Konflikten führen, wie beispielsweise in vielen Ländern Afrikas, wo der Wettlauf um Rohstoffe erhebliche soziale und politische Instabilität nach sich zieht.

Zudem wird die Modernisierungstheorie oft kritisiert, weil sie den Einfluss externer Faktoren auf lokale Konflikte vernachlässigt. Globale wirtschaftliche Trends, geopolitische Strategien und internationale Märkte üben erheblichen Druck auf Ressourcennutzung und -verteilung aus, was lokale Gemeinschaften in eine defensive Position bringt, da sie um ihr Überleben kämpfen müssen. In dieser Perspektive wird deutlich, dass ein tiefes Verständnis der lokalen Kontexte, einschließlich der sozialen, kulturellen und historischen Dimensionen, notwendig ist, um die Dynamiken von Ressourcenkonflikten zu verstehen.

Müllentsorgung und Müllverbrennung

Müllentsorgung und Müllverbrennung sind essentielle Komponenten der Abfallwirtschaft, die nicht nur ökologische und ökonomische Dimensionen berühren, sondern auch zahlreiche soziale und geopolitische Fragestellungen aufwerfen. Im Kontext von Ressourcenkonflikten spielt die Art und Weise, wie Gesellschaften mit ihren Abfällen umgehen, eine bedeutende Rolle, da die Aufbereitung, Entsorgung und Wiederverwertung von Materialien zunehmend in den Fokus der globalen Ressourcennutzung rücken.

Die Müllentsorgung umfasst verschiedene Verfahren, darunter Recycling, Deponierung und Verbrennung. Recycling bezeichnet die Rückgewinnung von Materialien aus Abfällen, während Deponierung oft als die einfachste, jedoch umweltbelastendste Methode gilt, um Abfälle zu lagern. Diese beiden Verfahren müssen jedoch im Kontext der Müllverbrennung betrachtet werden, die in vielen Ländern als eine Lösung für die wachsenden Abfallmengen propagiert wird. In modernen Müllverbrennungsanlagen wird Abfall bei hohen Temperaturen verbrannt, was eine Reduktion des Volumens und die Gewinnung von Energie zur Folge hat. Diese Energiegewinnung kann zur Stromerzeugung oder zur Bereitstellung von Wärme für Fernwärmenetze genutzt werden.

Die Verringerung des Abfallvolumens durch Verbrennung kann den Druck auf Deponien reduzieren, die vor allem in urbanen Gebieten oft überlastet sind. Allerdings erfordert die Müllverbrennung auch den Einsatz fossiler Brennstoffe und kann schädliche Emissionen wie Dioxine, Furane und andere Schadstoffe in die Atmosphäre freisetzen, was die Gesundheit von Mensch und Umwelt gefährdet. Das Abfallbrennen kann zu Ressourcenkonflikten führen, wenn bestimmte Gemeinschaften oder Länder negative Umweltfolgen erleiden, die aus der Verwendung von Müllverbrennungsanlagen resultieren, während andere von der Energiegewinnung profitieren.

Ein zentrales Problem im Kontext von Ressourcenkonflikten ist die ungleiche Verteilung von Müll und dessen Behandlung. Länder des globalen Nordens exportieren häufig ihren Abfall, insbesondere elektronischen und plastischen Müll, in Länder des globalen Südens. Dies geschieht oft zu niedrigeren Kosten als eine nachhaltige Entsorgung im eigenen Land, was zu einem ethischen Dilemma führt. Länder, die als Zielorte für diesen Abfall dienen, kämpfen nicht nur mit der erhöhten Müllmenge, sondern müssen auch die Auswirkungen auf ihre eigenen Ressourcen, Umwelt und Gesellschaft bewältigen. Solche Praktiken können soziale Spannungen verstärken und Ressourcenkonflikte zwischen lokalen Gemeinschaften und multinationalen Unternehmen hervorrufen, die oft unzureichende Standards für Abfallmanagement und Umweltschutz einhalten. Darüber hinaus sind in vielen Ländern die Infrastrukturen für Recycling und Abfallmanagement unterentwickelt, was bedeutet, dass Abfall häufig nicht adäquat behandelt wird. Dies kann zu einer Überlastung von Deponien sowie zur Verschmutzung von Wasser- und Luftressourcen führen, was wiederum lokale Konflikte um den Zugang zu sauberem Wasser und Luftverschmutzungsrechte verstärkt. Da der weltweit wachsende Abfallstrom auch mit einem Anstieg der Ressourcenkonflikte einhergeht, ist es unerlässlich, globale Strategien zu entwickeln, die eine gerechte Verteilung der Verantwortung für die Abfallbewirtschaftung fördern.

In der Wissenschaft gibt es zunehmend Forderungen nach einer ganzheitlichen Betrachtung der Abfallwirtschaft, die nicht nur ökologische und ökonomische Aspekte, sondern auch soziale Gerechtigkeit und ethische Fragestellungen berücksichtigt. Interventionen müssen auf lokaler Ebene ansetzen und die Sichtweisen der betroffenen Gemeinschaften einbeziehen, um eine nachhaltige und gerechte Müllentsorgung als Teil einer umfassenden Kreislaufwirtschaftswende zu ermöglichen.

Nachhaltige Entwicklung

Nachhaltige Entwicklung ist ein Konzept, das die Notwendigkeit betont, ökologische, soziale und ökonomische Aspekte in Einklang zu bringen, um die Bedürfnisse der gegenwärtigen Generation zu befriedigen, ohne die Fähigkeit zukünftiger Generationen zu gefährden, ihre eigenen Bedürfnisse zu decken. In diesem Kontext treten Ressourcenkonflikte oft als zentrale Herausforderungen auf, da der Zugang zu und die Kontrolle über natürliche Ressourcen wie Wasser, Boden, Mineralien und Energie in vielen Regionen der Welt zu Spannungen und Konflikten führen können.

Ressourcenkonflikte entstehen häufig in Gebieten, in denen die Nachfrage nach Ressourcen auf ein begrenztes Angebot stößt. Diese Konflikte können durch verschiedene Faktoren verstärkt werden, darunter Bevölkerungswachstum, Urbanisierung, wirtschaftliche Ungleichheit und Klimawandel. Insbesondere in Entwicklungsländern, wo viele Gemeinschaften stark von natürlichen Ressourcen abhängen, können die Folgen der Ressourcenknappheit verheerend sein. Der Zugriff auf Wasserressourcen ist ein klassisches Beispiel, insbesondere in ariden und semi-ariden Regionen, wo der Wettbewerb um Wasser zwischen Landwirtschaft, Industrie und privatem Gebrauch zu schweren sozialen und politischen Spannungen führen kann.

Ein zentrales Element nachhaltiger Entwicklung ist das Konzept der sozialen Gerechtigkeit, welches die Berücksichtigung der Bedürfnisse und Rechte aller betroffenen Akteure in den Entscheidungsprozessen erfordert. In vielen Fällen werden marginalisierte Gruppen, einschließlich indigener Völker, unverhältnismäßig stark von Ressourcenkonflikten betroffen, da ihnen der Zugang zu Land und Ressourcen verwehrt oder ihr Land geplündert wird. Dies führt nicht nur zu sozialen Unruhen, sondern untergräbt auch die Nachhaltigkeit, da es das Vertrauen in Institutionen und die soziale Kohäsion beeinträchtigt.

Die Wirtschaft ist in diesem Zusammenhang ein doppeltes Schwert. Einerseits können die Einnahmen aus natürlichen Ressourcen einen erheblichen Beitrag zu Entwicklungsfinanzierung leisten und wirtschaftliches Wachstum fördern. Andererseits kann die Abhängigkeit von nicht nachhaltigen Ressourcengewinnung und -nutzung zu ökologischen Schäden führen, die langfristig die Lebensgrundlage gefährden. Ein klassisches Beispiel ist der Abbau von fossilen Brennstoffen, der nicht nur die Umwelt schädigt, sondern auch in vielen Ländern zu „Ressourcenfluch" führt, in denen das Wirtschaftswachstum nicht gleichmäßig verteilt wird und politische Stabilität darunter leidet.

Im Kontext der nachhaltigen Entwicklung ist es entscheidend, nachhaltige Praktiken im Ressourcenmanagement zu fördern. Dies beinhaltet die Einführung von fairen und transparenten Regelungen für den Ressourcenzugang sowie die Implementierung von Technologien und Verfahren, die die Umweltauswirkungen minimieren. Ein Beispiel hierfür ist die Förderung von nachhaltiger Forstwirtschaft, die sicherstellt, dass Holzressourcen effizient genutzt werden, ohne die Biodiversität zu gefährden oder den Lebensraum der Tier- und Pflanzenarten zu schädigen.

Zudem spielt der internationale Rahmen eine bedeutende Rolle im Umgang mit Ressourcenkonflikten. Abkommen wie die Agenda 2030 der Vereinten Nationen zur nachhaltigen Entwicklung bieten Richtlinien und Zielsetzungen, um die Ressourcenverwaltung global zu verbessern und soziale Gerechtigkeit zu fördern. Solche internationalen Strategien können auch dazu beitragen, lokale Konflikte zu entschärfen, indem sie einen Raum für Dialog und Verhandlung schaffen.

Nachhaltige Versorgung

Nachhaltige Versorgung im Kontext von Ressourcenkonflikten ist ein komplexes und vielschichtiges Thema, das verschiedene Disziplinen wie Umweltwissenschaften,

Politikwissenschaften, Wirtschaft und Soziologie miteinander verknüpft. Ressourcenkonflikte entstehen häufig aufgrund der begrenzten Verfügbarkeit von natürlichen Ressourcen, wie Wasser, Boden, fossilen Brennstoffen und Mineralien, in Kombination mit der steigenden Nachfrage durch Bevölkerungswachstum, urbaner Expansion und wirtschaftlicher Entwicklung.

Ein zentrales Element der nachhaltigen Versorgung ist das Konzept der Nachhaltigkeit selbst, das die Bedürfnisse der gegenwärtigen Generationen befriedigen soll, ohne die Fähigkeit zukünftiger Generationen zu gefährden, ihre eigenen Bedürfnisse zu decken. Dies erfordert ein Gleichgewicht zwischen ökologischen, sozialen und wirtschaftlichen Aspekten. Im Kontext der Ressourcenkonflikte wird deutlich, dass die Ausbeutung von Ressourcen oft zu Umweltdegradation, sozialer Ungleichheit und geopolitischen Spannungen führt.

Ressourcenkonflikte können durch verschiedene Faktoren ausgelöst werden. Erstens sind viele Rohstoffe ungleichmäßig über den Planeten verteilt – reichste Länder verfügen oft über bedeutende Rohstoffvorkommen, während ärmere Länder aufgrund ihrer Abhängigkeit von diesen Ressourcen verwundbar werden. Zweitens führen Veränderungen in der globalen Nachfrage nach Ressourcen, beispielsweise durch technologische Entwicklungen oder wirtschaftliche Krisen, zu intensiven Wettbewerbssituationen. Dritte Ursachen können klimatische Veränderungen sein, die nicht nur die Verfügbarkeit von Ressourcen wie Wasser beeinträchtigen, sondern auch demographische Verschiebungen und Migrationen auslösen, die soziale Spannungen verstärken können.

Ressourcenkonflikte haben tiefgreifende Auswirkungen auf soziale Strukturen, Umwelt und politische Stabilität. Oft sind es marginalisierte Gruppen, die am stärksten unter den Folgen leiden, sei es durch Vertreibungen, Verlust ihrer Lebensgrundlagen oder ungleiche Verteilung von Gewinnen aus der Ressourcennutzung. Die Umwelt leidet durch Übernutzung, Verschmutzung und den Verlust der biologischen Vielfalt, was nicht nur die betroffenen Ökosysteme schädigt, sondern auch die Lebensgrundlagen der Menschen beeinträchtigt.

Um die Herausforderungen, die durch Ressourcenkonflikte entstehen, zu bewältigen, sind umfassende Ansätze erforderlich:

Ressourcenschonende Technologien: Die Entwicklung von Technologien, die den Ressourcenverbrauch minimieren und die Effizienz der Ressourcennutzung maximieren, ist entscheidend. Dies kann die Anwendung erneuerbarer Energien, Recycling und nachhaltige Landwirtschaft umfassen.

Politische und rechtliche Rahmenbedingungen: Eine nachhaltige Versorgung erfordert starke institutionelle Rahmenbedingungen, die den Schutz von Ressourcen garantieren und die Rechte von Gemeinschaften sichern. Internationale

Abkommen und nationale Gesetzgebungen sollten die nachhaltige Nutzung von Ressourcen fördern und gleichzeitig Konflikte vermeiden helfen.

Partizipative Ansätze: Betroffene Gemeinschaften sollten aktiv in Entscheidungsprozesse eingebunden werden, um sicherzustellen, dass ihre Bedürfnisse und Perspektiven berücksichtigt werden. Partizipation kann helfen, soziale Spannungen abzubauen und ein Gefühl der Verantwortung und des Eigentums an Ressourcen zu fördern.

Bildungs- und Aufklärungsprogramme: Bewusstsein und Bildung über die Bedeutung nachhaltiger Ressourcennutzung können dazu beitragen, Verhaltensänderungen in der Bevölkerung zu fördern. Bildung spielt eine Schlüsselrolle, um künftige Generationen über die Notwendigkeit der Nachhaltigkeit zu informieren und sie auf die Herausforderungen vorzubereiten.

Nachhaltige Versorgung im Kontext von Ressourcenkonflikten ist essenziell für die Schaffung einer stabilen und gerechten Welt. Die Lösung dieser Konflikte erfordert einen interdisziplinären Ansatz, der ökonomische, soziale und ökologische Perspektiven integriert. Es ist eine Herausforderung, die nicht nur auf lokaler Ebene, sondern auch auf globaler Ebene angegangen werden muss. Langfristige Strategien zur Förderung einer nachhaltigen Ressourcennutzung können dazu beitragen, Konflikte zu entschärfen und die Grundlagen für eine gerechtere und widerstandsfähigere Gesellschaft zu schaffen.

Nachhaltiger Verbrauch und nachhaltige Produktion

Nachhaltiger Verbrauch und nachhaltige Produktion stellen zentrale Bestandteile der Strategie zur Bewältigung globaler Ressourcenkonflikte dar, die durch die ungleiche Verteilung von Ressourcen, den Klimawandel sowie soziale und ökologische Ungerechtigkeiten verschärft werden. Beide Konzepte sind eng miteinander verknüpft und spielen eine entscheidende Rolle im Übergang zu einem nachhaltigeren Wirtschaftssystem.

Nachhaltiger Verbrauch bezieht sich auf das Konsumverhalten, das darauf abzielt, die Umweltbelastungen und den Ressourcenverbrauch zu minimieren und gleichzeitig die sozialen Bedürfnisse der gegenwärtigen und zukünftigen Generationen zu berücksichtigen. Dazu gehört die bewusste Auswahl von Produkten, die umweltfreundlich hergestellt wurden, die Förderung des Recyclings und der Kreislaufwirtschaft sowie die Reduzierung des gesamten Konsumvolumens. In diesem Kontext ist Bildung eine Schlüsselkomponente: Verbraucher müssen über die ökologischen und sozialen Auswirkungen ihrer Entscheidungen informiert werden, um fundierte Entscheidungen treffen zu können.

Auf der anderen Seite beinhaltet nachhaltige Produktion die Schaffung von Gütern und Dienstleistungen unter Berücksichtigung ökologischer und sozialer Faktoren. Dies umfasst die Implementierung von Methoden, die den Ressourcenverbrauch minimieren, den Einsatz erneuerbarer Energien maximieren und faire Arbeitsbedingungen sicherstellen. Ein Beispiel hierfür ist die Anwendung von nachhaltigen Agrarpraktiken, die nicht nur die Bodengesundheit fördern, sondern auch den sozialen Zusammenhalt in ländlichen Gemeinschaften stärken und gleichzeitig die Abhängigkeit von chemischen Düngemitteln und Pestiziden reduzieren.

Im Kontext von Ressourcenkonflikten ist das Verständnis der Wechselwirkungen zwischen Verbrauch und Produktion von entscheidender Bedeutung. Globale Lieferketten können komplexe Dynamiken erzeugen, die zur Übernutzung und zu Konflikten um natürliche Ressourcen führen, insbesondere in ressourcenreichen Ländern. Diese Konflikte entstehen häufig, wenn wirtschaftliche Interessen auf soziale und Umweltbelange treffen. So sind Rohstoffe wie Öl, Mineralien und seltene Erden oft in Regionen abgebaut, in denen die lokale Bevölkerung von diesen Aktivitäten nicht profitiert und häufig unter den Folgen leidet, etwa durch Umweltverschmutzung, Vertreibung oder Verlust der Lebensgrundlagen.

Ein integrativer Ansatz für nachhaltigen Verbrauch und Produktion muss deshalb auch Maßnahmen zur Stärkung der Rechte der betroffenen Gemeinschaften und zur Förderung lokaler Initiativen einbeziehen. Durch den Aufbau von Partnerschaften zwischen Regierungen, Unternehmen und Zivilgesellschaft können transparente und gerechte Handelssysteme gefördert werden, die sowohl Umweltschutz als auch soziale Gerechtigkeit unterstützen.

Ein weiterer Aspekt, der in diesem Zusammenhang berücksichtigt werden muss, ist die Rolle der Technologie. Innovative Technologien können dazu beitragen, Ressourcen effizienter zu nutzen, den Energieverbrauch zu reduzieren und den Abfall zu minimieren. Die Entwicklung von alternativen Materialien und Ansätzen, wie beispielsweise biobasierten Produkten oder digitalisierten Geschäftsmodellen, eröffnet neue Perspektiven für eine nachhaltige Zukunft.

Abschließend lässt sich festhalten, dass nachhaltiger Verbrauch und nachhaltige Produktion keine getrennten Strategien sind, sondern vielmehr eine symbiotische Beziehung eingehen müssen, um die Herausforderungen von Ressourcenkonflikten erfolgreich zu bewältigen. Dazu ist ein umfassendes Umdenken in der Gesellschaft erforderlich, das nicht nur die wirtschaftlichen Aspekte berücksichtigt, sondern auch die ökologischen und sozialen Dimensionen gleichwertig einbezieht. Nur durch die Schaffung eines ganzheitlichen, nachhaltigen Models, das alle Akteure einbezieht, kann es gelingen, eine gerechtere und konfliktfreier Zukunft zu gestalten.

Nachhaltiges Materialmanagement (SMM)

Nachhaltiges Materialmanagement (SMM) ist ein integrativer Ansatz, der darauf abzielt, den gesamten Lebenszyklus von Materialien in verschiedenen Sektoren effizient zu gestalten, um eine Balance zwischen ökologischen, ökonomischen und sozialen Aspekten zu erreichen. Im Kontext von Ressourcenkonflikten, die typischerweise durch Wettbewerb um natürliche Ressourcen wie Wasser, Boden und Mineralien gekennzeichnet sind, gewinnt SMM eine zentrale Bedeutung. Ressourcenkonflikte entstehen oft durch die Übernutzung und Ausbeutung von Ressourcen, die in einer zunehmend globalisierten Welt umso dringlicher werden. Insbesondere in Entwicklungsländern, wo Rohstoffe einen erheblichen Teil der Wirtschaft ausmachen, können Ressourcenkonflikte nicht nur ökologische, sondern auch soziale und wirtschaftliche Instabilität hervorrufen. Ein Beispiel hierfür sind die Konflikte um Mineralien wie Coltan oder Gold, die in der Elektronikindustrie benötigt werden und oftmals in Ländern abgebaut werden, die von politischen Unruhen geprägt sind. Hier ist SMM entscheidend, um den Druck auf diese Ressourcen zu verringern und damit die zugrunde liegenden Konfliktursachen anzugehen.

Ein zentraler Aspekt von SMM ist die Implementierung von Kreislaufwirtschaftsmodellen, die darauf abzielen, Materialien wiederzuverwenden und Abfälle zu minimieren. Dies steht im direkten Gegensatz zur traditionellen Linearwirtschaft, die auf dem Prinzip „nehmen, herstellen, entsorgen" basiert. Durch die Maximierung der Ressourcennutzung und die Minimierung von Abfällen können Unternehmen nicht nur ihre Kosten reduzieren, sondern auch ihre Abhängigkeit von primären Rohstoffen verringern, was in ressourcenkritischen Regionen zu einer Minderung von Spannungen führen kann.

Darüber hinaus spielt die Auswahl nachhaltiger Materialien eine entscheidende Rolle im SMM. Materialien, die aus umweltfreundlichen und sozialverträglichen Quellen stammen, können das Risiko von Ressourcenkonflikten reduzieren und gleichzeitig die ökologischen Auswirkungen verringern. Dies erfordert jedoch eine sorgfältige Analyse der Lieferketten und die Zusammenarbeit mit Zulieferern, um faire Handelspraktiken zu gewährleisten und die Bedingungen der Arbeiter zu verbessern.

Ein weiterer wichtiger Aspekt von SMM ist die Integration von Technologie für ein besseres Ressourcenmanagement. Die Anwendung digitaler Technologien, wie Internet of Things (IoT) und Big Data-Analysen, ermöglicht eine präzisere

Überwachung des Ressourcenverbrauchs und der Abfallströme in Echtzeit. Dadurch können Unternehmen nicht nur effizienter arbeiten, sondern auch ihre Nachhaltigkeitsziele besser verfolgen und ökologischere Entscheidungen treffen. Letztlich ist die Förderung von Bewusstsein und Bildung über nachhaltiges Materialmanagement in der Gesellschaft von entscheidender Bedeutung. Stakeholder aus der Industrie, Politik und Zivilgesellschaft müssen zusammenarbeiten, um Lösungen zu entwickeln, die sowohl die Bedürfnisse der heutigen Generationen als auch die der zukünftigen Generationen berücksichtigen. Aufklärungskampagnen und Schulungen können Unternehmen helfen, nachhaltige Praktiken zu implementieren und Ressourcenkonflikte proaktiv zu verhindern.

Nachhaltiges Niveau des Ressourcenverbrauchs

Nachhaltigkeit ist ein zentraler Begriff in der Umweltwissenschaft, der sowohl ökologische als auch ökonomische und soziale Dimensionen umfasst. Das nachhaltige Niveau des Ressourcenverbrauchs bezieht sich auf die Nutzung natürlicher Ressourcen in einem Ausmaß, das die langfristige Erhaltung der ökologischen Systeme sichert, ohne die Fähigkeit zukünftiger Generationen zur Deckung ihrer eigenen Bedürfnisse zu gefährden. Bei der Betrachtung der Ressourcenkonflikte wird deutlich, dass diese Prinzipien oft verletzt werden, was sowohl ökologische als auch soziale Spannungen hervorrufen kann.

Ressourcenkonflikte entstehen meist, wenn die Nachfrage nach bestimmten Ressourcen – wie Wasser, fossilen Brennstoffen, mineralischen Rohstoffen oder landwirtschaftlichen Flächen – die angebotenen Mengen übersteigt oder wenn unterschiedliche Akteure (Staaten, Unternehmen, lokale Gemeinschaften) um die Kontrolle oder den Zugang zu diesen Ressourcen konkurrieren. Diese Konflikte sind häufig das Ergebnis eines ungleichen Ressourcenverteilungssystems, das sowohl durch globale wirtschaftliche Strukturen als auch durch historische, gesellschaftliche und politische Gegebenheiten geprägt ist.

Ein zentrales Element im Kontext des Ressourcenverbrauchs ist die Konzeptualisierung der ökologischen Tragfähigkeit. Diese beschreibt die Grenze, bis zu der Ressourcen entnommen werden können, ohne die biologische Vielfalt und die Funktionsfähigkeit von Ökosystemen zu gefährden. Der ökologische Fußabdruck ist ein weitverbreitetes Maß, das den Ressourcenverbrauch eines Individuums oder einer Gemeinschaft in Relation zu den biologisch produktiven Flächen setzt. Wenn der Ressourcenverbrauch eines Landes oder einer Region den ökologischen Fußabdruck überschreitet, sprechen wir von einem ökologischen Defizit, das langfristig zu einer Übernutzung und Erschöpfung von Ressourcen führt.

In vielen Regionen der Welt führen Ressourcenkonflikte zu ernsthaften gesellschaftlichen Spannungen, die sich in gewalttätigen Auseinandersetzungen, Umweltzerstörung und der Marginalisierung benachteiligter Gemeinschaften äußern. Beispielsweise sind Wasserressourcen in ariden Gebieten oft ein Quell von Konflikten, wenn verschiedene Nutzer (Landwirte, Industriesektoren, Haushalte) um begrenztes Wasser konkurrieren. Ähnliches gilt für Öl- und Gasvorkommen, wo oftmals zentrale Wirtschaftsinteressen in Konflikt mit den Rechten indigener Bevölkerungen und Umweltstandards geraten.

Die ökologisch-soziale Dimension von Ressourcenkonflikten wird besonders deutlich, wenn man die Rolle der Globalisierung betrachtet. Unternehmen aus wohlhabenden Nationen greifen häufig auf Ressourcen in Entwicklungsländern zu, was eine Ausbeutung der lokalen Umwelt und die Verletzung der Rechte von Gemeinschaften zur Folge haben kann. Diese Dynamik wird häufig von internationalen Handelsabkommen und Investitionsschutzverträgen unterstützt, die den wirtschaftlichen Gewinn über ökologische und soziale Nachhaltigkeit stellen.

Um Konflikte zu minimieren und einen nachhaltigen Ressourcenverbrauch zu gewährleisten, ist es erforderlich, integrative Governance-Modelle zu entwickeln. Diese sollten die Rechte aller Stakeholder – einschließlich lokaler Gemeinschaften, Regierungen und Unternehmen – berücksichtigen und die Prinzipien der Gerechtigkeit und Fairness fördern. Zukünftige Strategien könnten auch auf den Übergang zu einem zirkulären Wirtschaftsmodell abzielen, das Abfallvermeidung, Recycling und Wiederverwendung in den Mittelpunkt stellt.

Nachhaltiges Ressourcenmanagement

Nachhaltiges Ressourcenmanagement (NRM) ist ein integrativer Ansatz, der darauf abzielt, natürliche Ressourcen so zu bewirtschaften, dass deren Qualität und Quantität sowohl für gegenwärtige als auch für zukünftige Generationen sichergestellt werden. Es integriert ökologische, ökonomische sowie soziale Dimensionen und betont die Notwendigkeit eines gesunden Gleichgewichts zwischen den Bedürfnissen der Menschen und der Erhaltung der Umwelt. Im Kontext von Ressourcenkonflikten, die häufig durch übermäßige Ausbeutung, ungleiche Verteilung und unterschiedliche Interessenskonflikte verursacht werden, gewinnt NRM zunehmend an Bedeutung.

Ressourcenkonflikte entstehen typischerweise in Umgebungen, in denen natürliche Ressourcen wie Wasser, Boden, Mineralien oder Energiequellen begrenzt und gleichzeitig stark nachgefragt sind. Diese Konflikte können lokal, national oder sogar international ausgeprägt sein und beziehen sich oft auf die Nutzung und den Zugang zu Ressourcen. Ein klassisches Beispiel sind Konflikte in wasserarmen Regionen, in denen landwirtschaftliche Produktion, Industrie und Haushalte um begrenzte Wasserressourcen konkurrieren.

Ein effektives nachhaltiges Ressourcenmanagement muss verschiedene Elemente berücksichtigen, um Ressourcenkonflikte zu vermeiden oder zu entschärfen. Erstens spielt die Stakeholder-Einbindung eine entscheidende Rolle. Alle betroffenen Akteure – von lokalen Gemeinschaften über Unternehmen bis hin zu Regierungen – sollten in den Entscheidungsprozess eingebunden werden, um gegenseitiges Verständnis und Vertrauen zu schaffen. Partizipative Ansätze fördern die Zusammenarbeit und können helfen, unterschiedliche Sichtweisen und Bedürfnisse zu integrieren.

Zweitens ist ein ganzheitliches Verständnis der ökologischen Zusammenhänge unabdingbar. NRM sollte die funktionalen Zusammenhänge innerhalb von Ökosystemen berücksichtigen und technologische Innovationen nutzen, um effizientere und umweltfreundlichere Praktiken zu fördern. Beispielsweise könnte die Implementierung von ökologischen Anbaumethoden in der Landwirtschaft dazu beitragen, die Bodenfruchtbarkeit zu erhalten und den Wasserbedarf zu reduzieren, was langfristig zu weniger Konflikten führt.

Drittens spielt die Entwicklung geeigneter politischer und rechtlicher Rahmenbedingungen eine zentrale Rolle. Regierungen sind gefordert, klare und gerechte Regelungen für den Zugang zu und die Nutzung von Ressourcen zu schaffen. Ein Schlüssel dazu ist das Etablieren von Eigentumsrechten, die sowohl den lokalen Gemeinschaften als auch den industriellen Akteuren gerecht werden. In vielen Fällen entsteht Unmut und Konflikt durch ungleiche Verteilung der Ressourcen oder Privatisierung von Gemeinschaftsgütern. Eine transparente und faire Verteilung kann dazu beitragen, Spannungen zu reduzieren und die Akzeptanz von NRM-Maßnahmen zu erhöhen.

Zudem ist Bildung ein unverzichtbarer Bestandteil des NRM. Durch die Aufklärung der Bevölkerung über nachhaltige Praktiken und die Bedeutung des Ressourcenschutzes kann ein Bewusstsein für die Notwendigkeit einer nachhaltigen Nutzung geschaffen werden. Informationskampagnen und Schulungsprogramme können dazu beitragen, die Menschen zu befähigen, selbstständig nachhaltige Entscheidungen zu treffen und Konflikte proaktiv zu vermeiden.

Ein weiterer Aspekt ist die Rolle internationaler Kooperationen, insbesondere in einem globalisierten Kontext, in dem Ressourcen oft über Ländergrenzen hinweg genutzt werden. Multilaterale Abkommen und internationale Organisationen können als Plattformen fungieren, um gemeinsame Standards für den Ressourcenmanagement zu entwickeln und gemeinsame Lösungen für grenzüberschreitende Ressourcenkonflikte zu finden. Zum Beispiel stellt das Wasserabkommen zwischen Ländern, die sich ein

Flusssystem teilen, einen wichtigen Schritt dar, um eine gerechte Wasserverteilung zu gewährleisten und Konflikte zu vermeiden.

Nachhaltigkeit

Nachhaltigkeit und Ressourcenkonflikte sind zwei eng miteinander verbundene Konzepte, die zunehmend an Bedeutung gewinnen, insbesondere im Hinblick auf die Herausforderung, die Weltbevölkerung im Laufe des 21. Jahrhunderts nachhaltig zu ernähren, zu versorgen und zu unterstützen. Um die Komplexität dieser Beziehung zu verstehen, ist es wichtig, sowohl die Definition von Nachhaltigkeit als auch die Dynamik von Ressourcenkonflikten zu betrachten.

Nachhaltigkeit wird oft als die Fähigkeit definiert, die Bedürfnisse der gegenwärtigen Generation zu decken, ohne die Fähigkeit zukünftiger Generationen zu gefährden, ihre eigenen Bedürfnisse zu erfüllen. Dies umfasst ökologische, ökonomische und soziale Dimensionen, wobei ein Gleichgewicht zwischen diesen drei Säulen angestrebt wird. Im ökologischen Kontext bedeutet Nachhaltigkeit, natürliche Ressourcen effizient und verantwortungsvoll zu nutzen, um die Umwelt zu schützen und die Biodiversität zu bewahren. Ökonomisch zielt Nachhaltigkeit darauf ab, Entwicklungsmodelle zu fördern, die dauerhaft sind und keine Ressourcen exzessiv abbauen. Sozial betrachtet bedeutet es, Gerechtigkeit und Fairness zu gewährleisten, sowohl innerhalb von Gesellschaften als auch zwischen verschiedenen Generationen und geographischen Regionen.

Ressourcenkonflikte hingegen beziehen sich auf Auseinandersetzungen zwischen Individuen, Gruppen oder Nationen über den Zugang, die Kontrolle und die Nutzung von natürlichen Ressourcen wie Wasser, Land, Mineralien und Energie. Diese Konflikte können durch eine Vielzahl von Faktoren ausgelöst werden, darunter wachsende Bevölkerungszahlen, steigender Ressourcenverbrauch, Klimawandel und politische Instabilität. Besonders in Regionen, in denen die Ressourcen begrenzt sind, können Knappheit und Ungleichheit zu Spannungen führen, die in gewaltsamen Konflikten gipfeln können.

Die Verknüpfung zwischen Nachhaltigkeit und Ressourcenkonflikten zeigt sich vor allem in Fragen der Gerechtigkeit und Verteilung. Um nachhaltige Lösungen zu fördern, sind kooperative Ansätze zur Ressourcennutzung und -verwaltung erforderlich, die den Bedürfnissen aller Betroffenen Rechnung tragen. Ein Beispiel hierfür ist das Konzept der „geo-nachhaltigen Entwicklung", das ökologische und soziale Gesichtspunkte in die wirtschaftliche Planung integriert und gleichzeitig lokale Gemeinschaften in Entscheidungsprozesse einbezieht.

Zudem spielt der Klimawandel eine wesentliche Rolle bei der Entstehung und Verstärkung von Ressourcenkonflikten. Die Erderwärmung führt zu

Veränderungen in Niederschlagsmustern, schwindenden Wasserressourcen und zunehmenden extremen Wetterereignissen, was insbesondere in bereits vulnerablen Regionen zu einem erhöhten Konfliktpotenzial führt. In vielen Fällen sind es die ärmsten und am stärksten abhängigen Gemeinschaften, die am meisten unter den Folgen des Klimawandels leiden, was die bestehenden Ungleichheiten verstärkt und neue Konflikte anheizt.

Ein weiterer wichtiger Aspekt ist das Management von Ressourcen, insbesondere die Implementierung von nachhaltigen Praktiken in der Landwirtschaft, Forstwirtschaft und Fischerei, um sicherzustellen, dass die Nutzung dieser Ressourcen nicht zu irreversiblen Schäden führt. Technologische Innovationen, die auf Effizienz und Ressourcenschonung abzielen, wie z.B. präzise Landwirtschaft oder regenerative Landwirtschaft, sind entscheidend, um den Druck auf natürliche Ressourcen zu verringern und gleichzeitig die Produktion zu steigern.

Naher Osten und die Ölkonflikte

Der Nahe Osten ist eine geopolitisch und ökonomisch bedeutende Region, die sich durch eine Vielzahl von Ressourcenkonflikten auszeichnet, wobei der Zugang zu und die Kontrolle über Erdöl und Erdgas eine besonders zentrale Rolle spielen. Diese Ressourcenkonflikte sind nicht nur lokal, sondern auch international von Bedeutung, da fossile Brennstoffe eine Schlüsselressource für die industrielle Entwicklung und die Energieversorgung weltweit sind.

Im Kontext der geopolitischen Beziehungen im Nahen Osten hat das Öl seit der Entdeckung der großen Erdölvorkommen in den frühen 20. Jahrhunderten eine entscheidende Rolle gespielt. Die Region ist reich an natürlichen Ressourcen, insbesondere in Ländern wie Saudi-Arabien, Irak, Iran und den Vereinigten Arabischen Emiraten. Diese Länder verfügen über einige der größten Erdölreserven der Welt. Die enormen Einkünfte aus dem Ölgeschäft haben die politischen und gesellschaftlichen Strukturen innerhalb dieser Länder stark geprägt und zu einer tiefen Verflechtung zwischen Staat, Wirtschaft und dem internationalen politischen System geführt.

Die komplexe Geschichte des Nahen Ostens, die von Kolonialisierung, ethnischen Spannungen und religiösen Konflikten geprägt ist, hat die Ressourcenkonflikte in der Region verstärkt. Die politischen Grenzen, wie sie nach dem Ersten Weltkrieg unter dem Einfluss europäischer Mächte gezogen wurden, haben oft keine Rücksicht auf ethnische und religiöse Gemeinschaften genommen, was zu Spannungen und Konflikten führte. Diese Spannungen werden durch den Wettlauf um Ressourcen weiter angeheizt, da Länder versuchen, ihren Einfluss zu behaupten und ihre nationalen Interessen zu sichern.

Ein zentrales Beispiel für Ressourcenkonflikte ist der Irakkrieg von 2003. Der Krieg wurde offiziell unter dem Vorwand geführt, dass der Irak Massenvernichtungswaffen besitze und eine Bedrohung für die Region und die Welt darstelle. Kritiker argumentieren jedoch, dass die wahren Motive hinter der Invasion vor allem ökonomischer Natur waren, insbesondere der Zugang zu den reichen Erdölreserven des Landes. Der Krieg führte nicht nur zu erheblichen menschlichen und wirtschaftlichen Kosten, sondern destabilisierte auch die Region und führte zu einem Anstieg extremistischer Gruppen, die von den Machtvakuum und den instabilen politischen Verhältnissen profitierten.

Darüber hinaus spielt die OPEC (Organisation erdölexportierender Länder) eine entscheidende Rolle bei der Regulierung der Ölproduktion und der Preisgestaltung im internationalen Markt. Die politischen Entscheidungen dieser Organisation können erhebliche Auswirkungen auf die Weltwirtschaft haben und haben in der Vergangenheit zu Spannungen sowohl innerhalb der OPEC-Länder als auch zwischen OPEC und Nicht-OPEC-Staaten geführt. Diese Spannungen werden durch geopolitische Rivalitäten, wie die zwischen Saudi-Arabien und Iran, verstärkt, die sowohl religiöse als auch säkulare Dimensionen haben.

Ein weiterer Aspekt der Ressourcenkonflikte im Nahen Osten ist der Wettbewerb um Wasserressourcen. In einer Region, die von Wasserknappheit geprägt ist, sind Flüsse und Grundwasser ein strategisches Gut. Das Euphrat-Tigris-System beispielsweise, das durch Irak und Syrien fließt, ist ein ständiger Streitpunkt zwischen diesen Ländern sowie der Türkei, die Staudämme baut und somit den Wasserfluss kontrolliert. Diese Konflikte über Wasserressourcen stehen oft in direktem Zusammenhang mit den ölbezogenen Auseinandersetzungen, da die Verfügbarkeit von Wasser für die Ölproduktion und Raffination von entscheidender Bedeutung ist.

In jüngerer Zeit wirkt sich die globale Bewegung hin zu erneuerbaren Energien auch auf die Ölkonflikte im Nahen Osten aus. Die Abhängigkeit von fossilen Brennstoffen wird in Frage gestellt und die Länder der Region sehen sich gezwungen, ihre Volkswirtschaften zu diversifizieren und innovative Ansätze zur Energienutzung zu entwickeln. Diese Veränderungen können sowohl Chancen als auch Herausforderungen darstellen und die Dynamik der Ressourcenkonflikte im Nahen Osten weiter beeinflussen.

Nationaler Aktionsplan „Wirtschaft und Menschenrechte"

Der Nationale Aktionsplan „Wirtschaft und Menschenrechte" (NAP) der Bundesrepublik Deutschland wurde 2016 eingeführt und verfolgt das Ziel, die Verantwortung von Unternehmen für Menschenrechte entlang ihrer globalen Lieferketten zu stärken. Besonders im Kontext von Ressourcenkonflikten ist der NAP von zentraler Bedeutung, da viele Rohstoffe – wie Mineralien, Metalle und fossile Brennstoffe – aus Regionen stammen, in denen Menschenrechtsverletzungen häufig mit Ressourcenabbau, -handel und -verarbeitung verknüpft sind.

Ressourcenkonflikte sind häufig auf die ungleiche Verteilung von Rohstoffen und die wirtschaftlichen Interessen in rohstoffreichen Ländern zurückzuführen. Diese Konflikte können zu Gewalt, Vertreibung von Gemeinschaften, Umweltzerstörung und gravierenden Menschenrechtsverletzungen führen. Der NAP reagiert auf die Herausforderung, dass Unternehmen, die in diesen Konfliktregionen tätig sind oder von dort Rohstoffe beziehen, ihrer menschenrechtlichen Sorgfaltspflicht nachkommen müssen.

Der NAP orientiert sich an den UN-Leitprinzipien für Wirtschaft und Menschenrechte, die die Verantwortung von Staaten und Unternehmen betonen, Menschenrechte zu achten und zu schützen. Um im Kontext von Ressourcenkonflikten wirksam zu sein, sieht der NAP vor, dass Unternehmen eine Risikoanalyse ihrer Lieferketten durchführen, um potenzielle Risiken für Menschenrechtsverletzungen zu identifizieren und geeignete Maßnahmen zur Minimierung dieser Risiken zu ergreifen. Dies umfasst auch die Sicherstellung, dass keine Produkte aus Konfliktgebieten bezogen werden, die mit Menschenrechtsverletzungen in Verbindung stehen.

Ein weiterer wichtiger Aspekt des NAP ist die Bedeutung der Transparenz und der Rechenschaftspflicht. Unternehmen sind angehalten, Informationen über ihre Lieferketten offenzulegen und Maßnahmen zur Wahrung von Menschenrechten darzulegen. Dies ist besonders relevant in Bezug auf sogenannte „Blutmineralien" – Rohstoffe, die aus Konfliktgebieten stammen und oft mit schwerwiegenden Menschenrechtsverletzungen, wie Zwangsarbeit oder Kinderarbeit, in Verbindung stehen.

Außerdem sieht der NAP vor, dass Unternehmen regelmäßige Schulungen für ihre Mitarbeiter und Zulieferer anbieten, um ein Bewusstsein für menschenrechtliche Fragestellungen zu schaffen und ein verantwortungsbewusstes Handeln zu fördern. Die Zusammenarbeit mit zivilgesellschaftlichen Organisationen und Menschenrechtsaktivisten wird ebenfalls als zentral erachtet, um die Berichterstattung über Menschenrechtsrisiken zu verbessern und mehr Transparenz zu schaffen.

Kritiker des NAP weisen jedoch darauf hin, dass die Umsetzung oft hinter den Erwartungen zurückbleibt, da vor allem kleinere Unternehmen nicht über die Ressourcen verfügen, um umfassende Risikobewertungen durchzuführen oder menschenrechtliche Standards in ihrer gesamten Lieferkette durchzusetzen. Daher wird gefordert, dass der NAP nicht nur eine freiwillige Initiative bleibt, sondern durch verbindliche Regulierungen ergänzt wird, um eine ernsthafte und nachhaltige Einhaltung der Menschenrechte im Wirtschaftskontext zu gewährleisten.

Naturkapital

Naturkapital bezieht sich auf die natürlichen Ressourcen und ökologischen Systeme, die für die menschliche Gesellschaft von grundlegender Bedeutung sind. Es umfasst Biodiversität, Wasserressourcen, Bodenqualität, Wälder, Atmosphäre und andere natürliche Elemente, die sowohl direkte als auch indirekte Nutzen und Dienstleistungen für den Menschen bereitstellen. Der Begriff „Naturkapital" wurde popularisiert, um das Bewusstsein für die wirtschaftliche Bedeutung dieser Ressourcen zu schärfen und ihre Erhaltung und nachhaltige Nutzung zu fördern.

Im Kontext von Ressourcenkonflikten ist das Konzept des Naturkapitals besonders relevant. Ressourcenkonflikte entstehen, wenn verschiedene Akteure um den Zugang zu, die Kontrolle über oder die Nutzung von natürlichen Ressourcen konkurrieren. Diese Konflikte können lokal, national oder international auftreten und oft komplexe soziale, wirtschaftliche und politische Dimensionen aufweisen.

Ein zentrales Element in Ressourcenkonflikten ist die Verteilung und Nutzung von Naturkapital. In vielen Fällen sind natürliche Ressourcen begrenzt und ihre Übernutzung kann zu einem rapiden Rückgang und zur Degradation des Naturkapitals führen. Dies geschieht häufig in Regionen, in denen die Nachfrage nach Rohstoffen wie Wasser, Mineralien, Holz und Landkapital besonders hoch ist. In solchen Kontexten können verschiedene Gruppen – von lokalen Gemeinden bis hin zu multinationalen Unternehmen und Regierungen – um den Zugang zu diesen Ressourcen konkurrieren.

Ein klassisches Beispiel für Ressourcenkonflikte im Zusammenhang mit Naturkapital ist der Wassermangel in trockenen Regionen. In vielen Teilen der Welt sind Wasserressourcen bereits überbeansprucht. In diesen Gebieten sind Konflikte zwischen landwirtschaftlichen Nutzern, städtischen Gemeinden und industriellen Wasserunternehmern häufig. Diese Auseinandersetzungen werden dadurch verschärft, dass der Klimawandel die Verfügbarkeit von Wasserressourcen weiter beeinträchtigt, etwa durch veränderte Niederschlagsmuster und das Abschmelzen von Gletschern.

Ein weiteres Beispiel bietet die Abholzung von Wäldern, die oft mit wirtschaftlichen Interessen, wie der Holzernte oder der Landnutzung, verbunden ist. Hier konkurrieren Unternehmen, die wirtschaftliche Vorteile aus der Ressourcenextraktion ziehen möchten, mit indigene Gemeinschaften, die von den Wäldern für ihren Lebensunterhalt abhängig sind. Solche Konflikte können zu einem Verlust der Biodiversität, zur Zerstörung von Lebensräumen und zur Beeinträchtigung der Ökosystemdienstleistungen führen, die für das Überleben vieler Arten, einschließlich des Menschen, unerlässlich sind.

Die Bewertung und das Management von Naturkapital sind entscheidend, um Ressourcenkonflikte zu minimieren. Ansätze wie die Einführung von nachhaltigen Bewirtschaftungspraktiken, die Berücksichtigung von Umweltkosten in der Wirtschaft und die Förderung von Ressourcenteilung können helfen, die Belastung des Naturkapitals zu reduzieren und Konflikte zu entschärfen. Außerdem können partizipative Ansätze, bei denen lokale Gemeinschaften in Entscheidungsprozesse einbezogen werden, dazu beitragen, gerechtere und nachhaltigere Lösungen zu finden.

Schließlich ist es wichtig, darauf hinzuweisen, dass globale Richtlinien und internationale Vereinbarungen, wie das Übereinkommen über biologische Vielfalt oder die Klimarahmenkonvention, eine Rolle im Management von Naturkapital und der Minderung von Ressourcenkonflikten spielen können. Diese Vereinbarungen bieten einen rechtlichen Rahmen, um den Schutz des Naturkapitals zu gewährleisten und gleichzeitig die Interessen der verschiedenen Stakeholder zu berücksichtigen.

Negative Emissionen

Negative Emissionen beziehen sich auf Technologien und Praktiken, die darauf abzielen, mehr Kohlendioxid (CO_2) aus der Atmosphäre zu entfernen, als emittiert wird. Diese Konzepte gewinnen zunehmend an Bedeutung im Rahmen der globalen Bemühungen zur Bekämpfung des Klimawandels, insbesondere im Kontext der Einhaltung internationaler Klimaziele, wie sie im Pariser Abkommen festgelegt sind. Die Implementierung negativer Emissionen erfolgt typischerweise durch Ansätze wie Carbon Capture and Storage (CCS), Bioenergie mit CO_2-Abscheidung und -Speicherung (BECCS) sowie durch natürliche Ansätze wie Aufforstung und agroforstwirtschaftliche Praktiken.

Im Kontext von Ressourcenkonflikten werfen negative Emissionen sowohl Chancen als auch Herausforderungen auf. Einerseits können sie als Instrument zur Verringerung von CO2-Emissionen fungieren und somit den klimatischen Druck auf bestimmte Regionen mindern. Andererseits können die Technologien zur Erzeugung negativer Emissionen, insbesondere solche, die auf landwirtschaftlichen oder forstwirtschaftlichen Praktiken basieren, zu Konflikten um Ressourcen führen.

Ein zentraler Aspekt ist der Landnutzungswandel. Die Flächen, die für Aufforstungsprojekte oder Bioenergiepflanzen benötigt werden, können in direkten Wettbewerb mit bestehenden landwirtschaftlichen Flächen treten, die zur Nahrungsmittelproduktion erforderlich sind. In Ländern mit bereits begrenzten Ressourcen kann dies die Nahrungsmittelsicherheit gefährden und zu sozialen Spannungen führen, insbesondere in Regionen, die bereits unter wirtschaftlichen und ökologischen Stressbedingungen leiden. Der Anbau von Energiepflanzen kann den Zugang zu Wasserressourcen beeinflussen, ebenso wie die Biodiversität und die traditionellen Lebensweisen, die auf der Nutzung von Land und natürlichen Ressourcen beruhen.

Zusätzlich können negative Emissionsstrategien auch geopolitische Spannungen verursachen. Insbesondere wenn wohlhabende Nationen Technologien zur CO2-Reduktion in ärmeren Ländern implementieren, kann dies zu unerwünschten Externalitäten führen, die lokale Gemeinschaften sowie deren Land- und Wasserrechte, Kultur und soziale Strukturen bedrohen. Die Zuweisung von Land für negative Emissionsprojekte anstelle von Gemeinschaftsprojekten oder dem Schutz von Biodiversität kann dazu führen, dass lokale Gruppen marginalisiert werden oder ihre Lebensgrundlagen verlieren.

Die Verwaltung und Regulierung negativer Emissionen erfordern also sorgfältige Überlegungen hinsichtlich der sozialen Gerechtigkeit und der Gleichheit. Es ist wichtig, dass bei der Implementierung solcher Strategien eine partizipative Herangehensweise verfolgt wird, in der die Ansichten und Bedürfnisse der betroffenen Gemeinschaften gehört und respektiert werden. Darüber hinaus sollten politische Rahmenbedingungen so gestaltet sein, dass sie ein Gleichgewicht zwischen Umweltschutz, Ressourcennutzung und sozialer Gerechtigkeit herstellen.

Netto-Null-Emissionen

Netto-Null-Emissionen beziehen sich auf das Ziel, die Treibhausgasemissionen derart zu reduzieren, dass alle verbleibenden Emissionen durch Absorption oder Kompensation ausgeglichen werden. Dieses Konzept wird als entscheidend angesehen, um die globale Erderwärmung auf unter 2 Grad Celsius im Vergleich zum vorindustriellen Niveau zu begrenzen und die ambitionierteren Vorgaben des Pariser Abkommens zu erfüllen, das eine Begrenzung auf 1,5 Grad Celsius anstrebt. Die Erreichung von Netto-Null-Emissionen erfordert tiefgreifende Veränderungen in den Energiesystemen, der Industrie, der Landwirtschaft und den Verkehrssystemen sowie erhebliche Investitionen in erneuerbare Energien, Energieeffizienz und CO_2-Abscheidungstechnologien.

Der Übergang zu Netto-Null-Emissionen ist jedoch nicht ohne Herausforderungen, insbesondere in Bezug auf Ressourcenkonflikte. Ressourcen, die für den Ausbau erneuerbarer Technologien benötigt werden, wie Lithium, Kobalt, Nickel und Seltene Erden, können in bestimmten geografischen Regionen konzentriert sein. Die zunehmende Nachfrage nach diesen Rohstoffen kann zu Konkurrenz und Konflikten zwischen Ländern, Unternehmen und Gemeinschaften führen. Diese Konflikte werden oft durch geopolitische Spannungen, ökonomische Interessen und die ungleiche Verteilung von Ressourcen verschärft.

Ein Beispiel ist der Abbau von Lithium für Batterien, das fundamental für Elektrofahrzeuge und die Speicherung von Energie aus erneuerbaren Quellen ist. Die wichtigsten Lithiumvorkommen befinden sich in Ländern wie Australien, Chile und Argentinien. In diesen Gebieten kann der Abbau von Lithium zu Wasserknappheit, Landnutzungsänderungen und der Verdrängung lokaler Gemeinschaften führen. Solche Umweltauswirkungen können die sozialen Spannungen erhöhen und potenziell zu gewaltsamen Konflikten führen.

Zusätzlich zu den direkten Umweltauswirkungen können Ressourcenkonflikte auch wirtschaftliche Dimensionen haben. Staaten, die reich an Rohstoffen sind, können versuchen, ihre Ressourcen zu monopolisierten. Diese Monopolisierung kann zu einem "Ressourcenfluch" führen, bei dem Länder, die reich an natürlichen Ressourcen sind, unter instabilen politischen Bedingungen und wirtschaftlichen Dilemmata leiden. Solche Dynamiken können den Übergang zu Netto-Null-Emissionen behindern, da globale Märkte und internationale Investitionen häufig von politischen Stabilitätsfragen und den Bedingungen der Rohstoffgewinnung beeinflusst werden.

Um Ressourcenkonflikte im Kontext von Netto-Null-Emissionen zu minimieren, sind eine systematische und gerechtere Rohstoffpolitik sowie internationale Kooperationen erforderlich. Ansätze wie Recycling und der Übergang zu einer Kreislaufwirtschaft könnten die Nachfrage nach primären Rohstoffen verringern und somit den Druck auf Ressourcen verringern. Ferner ist es wichtig, alternative Technologien zu entwickeln, die weniger abhängig von kritischen Rohstoffen sind. Dies könnte bedeutende Auswirkungen auf die geopolitische Landschaft haben, indem es die Abhängigkeit von bestimmten Ländern verringert.

Ein weiterer wichtiger Punkt ist die Berücksichtigung der sozialen und ökologischen Standards bei der Ressourcengewinnung. Es ist unverzichtbar, dass der

Abbau von Rohstoffen unter Berücksichtigung der Rechte und Bedürfnisse lokalen Gemeinschaften erfolgt. Partizipative Ansätze und transparente Entscheidungsprozesse könnten dazu beitragen, Konflikte zu reduzieren und das Vertrauen zwischen den beteiligten Akteuren zu stärken.

Nigeria und die Umweltzerstörung durch den Ölabbau

Nigeria, das bevölkerungsreichste Land Afrikas, ist reich an natürlichen Ressourcen, insbesondere Erdöl. Die Entdeckung von Erdöl in den 1950er Jahren im Niger-Delta, einer der ökologisch sensibelsten Regionen des Landes, hat nicht nur das wirtschaftliche Potenzial Nigerias erheblich gesteigert, sondern auch tiefgreifende soziale, politische und ökologische Konflikte ausgelöst. Diese Ressourcenkonflikte sind durch Umweltzerstörung, die Missachtung der Rechte indigener Gemeinschaften und die Kämpfe zwischen verschiedenen Interessengruppen gekennzeichnet.

Der Ölabbau in Nigeria geschieht häufig unter Bedingungen, die gravierende negative Auswirkungen auf die Umwelt haben. Zu den schlimmsten Umweltschäden zählen Erdölverschmutzungen, verseuchte Wasserressourcen, Entwaldung und die Zerstörung von Lebensräumen für Flora und Fauna. Studien zeigen, dass Millionen von Litern Rohöl jährlich in das Ökosystem des Niger-Deltas freigesetzt werden, oft durch Lecks, unsachgemäße Pipeline-Instandhaltung und Sabotageakte. Diese Kontamination wirkt sich direkt auf die Wasserqualität der Flüsse und Seen aus und beeinträchtigt die Lebensgrundlagen der ansässigen Gemeinden, die auf Fischerei und Landwirtschaft angewiesen sind.

Die Folgen dieser Umweltzerstörung sind weitreichend. Die indigene Bevölkerung leidet unter gesundheitlichen Problemen, die durch den Kontakt mit kontaminierten Wasser- und Nahrungsressourcen verursacht werden. Häufig treten Krankheiten wie Cholera, Typhus und andere wasserbedingte Krankheiten auf, die durch die Verschmutzung verstärkt werden. Darüber hinaus führt die Zerstörung landwirtschaftlicher Flächen zu sozialer Instabilität und wirtschaftlicher Unsicherheit, was wiederum zu Konflikten innerhalb der Gemeinschaften und mit dem Staat führt.

Auf politischer Ebene sind die Ressourcen Nigerias ein Zankapfel. Die lokale Bevölkerung ist oft von der politischen und wirtschaftlichen Macht ausgeschlossen, während multinationalen Ölgesellschaften und die korrupten Eliten des Landes von den Ölressourcen profitieren. Dies führt zu einem tiefen Misstrauen und zu Forderungen nach mehr Autonomie und Kontrolle über lokale Ressourcen. Bewegungen wie das Ogoni-People's Movement haben seit den 1990er Jahren gegen die Umweltauswirkungen des Ölabbaus und die Verletzung der

Menschenrechte gekämpft. Diese Spannungen haben oft zu gewaltsamen Auseinandersetzungen geführt, sowohl zwischen der Regierung und den lokalen Gemeinschaften als auch zwischen rivalisierenden Gruppen innerhalb der Bevölkerung. Zusätzlich zu den sozialen und Umweltkonflikten, die aus dem Ölabbau resultieren, gibt es auch ökologische Herausforderungen, die durch den Klimawandel verschärft werden. Das Niger-Delta ist durch den Anstieg des Meeresspiegels besonders anfällig für Überflutungen, was die ohnehin schon fragile Ökologie weiter destabilisiert. Die Kombination aus Umweltzerstörung und den extremen Wetterereignissen verstärkt die Unsicherheit in der Region, was wiederum die Konfliktlage weiter anheizt.

Nilwasser und das Wasserkonflikt:
Nilwasser ist eine der bedeutendsten Wasserressourcen Afrikas und hat für die Länder, die im Einzugsgebiet des Nils liegen, sowohl ökologisch als auch ökonomisch immense Bedeutung. Der Nil erstreckt sich über etwa 6.650 Kilometer und durchquert elf Länder, darunter Ägypten, Sudan, Uganda, Kenia und Äthiopien. Historisch gesehen stellte der Nil das Lebenselixier für Ägypten dar und war maßgeblich für die Entwicklung einer der frühesten Zivilisationen verantwortlich. In den letzten Jahrzehnten hat jedoch die Nutzung des Nils zu einem signifikanten Ressourcenkonflikt zwischen den Anrainerstaaten geführt, insbesondere zwischen Ägypten und Äthiopien.

Der Nil hat mehrere Zuflüsse, wobei der Blaue Nil, der in Äthiopien entspringt, und der Weißer Nil, der in Uganda beginnt, die beiden Hauptstränge bilden. Der Blaue Nil ist besonders wichtig, da er während der Regenzeit einen Großteil des Wassers führt. In den letzten Jahren hat der Bau des Grand Ethiopian Renaissance Dam (GERD) eine neue Dimension in den Wasserkonflikt gebracht. Äthiopien sieht in dem Staudamm ein Projekt zur Förderung von Energiegewinnung und wirtschaftlichem Wachstum, während Ägypten besorgt ist, dass die Regulierung des Wasserflusses durch den Damm die traditionelle Wasserversorgung des Landes gefährden könnte.

Die Hauptkonfliktpunkte beziehen sich auf die Wasserverteilung, die Wassernutzung und die diplomatischen Abkommen, die in der Vergangenheit geschlossen wurden, sowie die völkerrechtlichen Rahmenbedingungen. Ägypten beansprucht historische Wasserrechte auf Grundlage des Vertrages von 1929, der Ägypten und dem Sudan gegenüber anderen Nil-Anrainerstaaten bevorzugte. Äthiopien hingegen hat diese Vereinbarungen nicht anerkannt und betont das Recht auf eigenständige Entwicklung und nachhaltige Nutzung seiner Wasserressourcen.

Die Veränderungen im Klima und die zunehmende Bevölkerungszahlen in diesen Regionen setzen den Wasserressourcen zusätzlich zu. Die Dürreperioden, die durch den Klimawandel verursacht werden, haben die Nutzung des Nils noch dringlicher gemacht. Während Ägypten, das auf den Nil angewiesen ist, um etwa 95% seines Wassers zu erhalten, sieht sich Äthiopien mit der Herausforderung konfrontiert, ein Gleichgewicht zwischen Wasserressourcenmanagement und Entwicklungszielen zu finden. Diese divergierenden Interessen führen zu Spannungen und verhindern oft eine kohärente politische Einigung.

Die geopolitischen Dimensionen des Nilwasserkonflikts sind ebenfalls nicht zu vernachlässigen. Die Rolle internationaler Akteure und Organisationen, die unter dem Druck stehen, Frieden und Stabilität in einer ohnehin schon komplexen Region zu fördern, könnte entscheidend sein. Vorschläge zur Schaffung eines klaren rechtlichen Rahmens für die Wasserverteilung, zur Förderung technischer Lösungen (z.B. durch den Austausch von Hydrologie-Daten) und zur Entwicklung von Konfliktlösungsmechanismen sind notwendig, um eine Eskalation des Konflikts zu verhindern.

Die Zukunft des Nilwassers und der damit verbundenen Ressourcenkonflikte erfordert daher einen integrativen Ansatz, der die Interessen aller Anrainerstaaten berücksichtigt. Ein Dialog, der auf Transparenz und Zusammenarbeit basiert, wird entscheidend sein, um ein nachhaltiges Bewässerungs- und Wassermanagement zu gewährleisten, von dem nicht nur die gegenwärtigen, sondern auch zukünftige Generationen profitieren können. Die bisherigen Erfahrungen zeigen, dass einseitige Maßnahmen, wie der Bau von Staudämmen ohne Konsens, nur zu weiteren Spannungen führen können und langfristig einen gemeinsamen, friedlichen Umgang mit dieser essenziellen Ressource gefährden.

Nutzungskonflikte

Nutzungskonflikte stellen ein zentrales Thema in der wissenschaftlichen Auseinandersetzung mit Ressourcenkonflikten dar. Diese Konflikte entstehen, wenn verschiedene Akteure um die gleichen Ressourcen konkurrieren, wobei sich die Ansprüche und Bedürfnisse der Akteure häufig überschneiden oder sogar diametral entgegenstehen.

Nutzungskonflikte können in verschiedenen Kontexten auftreten, insbesondere in den Bereichen Umwelt, Landwirtschaft, Wasserverteilung und Energieerzeugung. Sie betreffen sowohl natürliche Ressourcen wie Wasser, Boden und Wälder als auch anthropogene Ressourcen wie Infrastrukturen oder landwirtschaftliche Flächen. In der Regel sind Nutzungskonflikte das Ergebnis komplexer gesellschaftlicher, ökologischer und ökonomischer Dynamiken, die durch wachsende Bevölkerung, Klimawandel, Urbanisierung und technologische Entwicklungen noch verstärkt werden.

Die Ursachen für Nutzungskonflikte sind vielschichtig und können sowohl lokal als auch global sein. Zunächst ist die Verknappung von Ressourcen im Kontext des demografischen Wandels und des zunehmenden Konsums hervorzuheben. Bei limitierten Ressourcen wie Wasser oder fruchtbarem Land führt ein Anstieg der Nutzerzahlen und Änderungswünsche in der Nutzung (z. B. durch Urbanisierung versus Landwirtschaft) zwangsläufig zu Konflikten.

Ein weiterer wesentlicher Faktor ist die ungleiche Verteilung von Ressourcen und Macht. Oft sind es marginalisierte Gruppen, die den Zugang zu wichtigen Ressourcen verlieren, während besser organisierte oder finanziell stärkere Akteure ihre Interessen erfolgreich durchsetzen. Dies führt zu Spannungen zwischen verschiedenen sozialen Gruppen, die unterschiedliche Vorstellungen und Bedürfnisse hinsichtlich der Ressourcennutzung haben.

Ressourcenkonflikte manifestieren sich häufig in Form von zwischenstaatlichen oder intrastaatlichen Auseinandersetzungen. Ein Beispiel hierfür ist das Wasserrecht: In trockenen Regionen, wo Flüsse mehrere Länder durchqueren, kann der Zugang zu Wasser zwischen diesen Ländern zu Spannungen führen.

Ein weiteres Beispiel sind die Konflikte um landwirtschaftliche Nutzflächen, die durch industrielle Landwirtschaft, Urbanisierung und die Förderung von Biokraftstoffen verstärkt werden. Hierbei sind nicht nur wirtschaftliche und ökologische, sondern auch soziale Aspekte von Bedeutung, da viele Kleinbauern von ihren Flächen abhängiger sind als Großunternehmen.

Die Lösungsansätze für Nutzungskonflikte sind ebenso vielfältig. Eine wichtige Strategie ist die Schaffung von Institutionen zur gemeinsamen Ressourcennutzung, die darauf abzielen, transparente und faire Entscheidungsprozesse zu fördern. Kooperative Modelle wie Wasserrechtsvereinbarungen oder gemeinschaftlich geregelte Landnutzung können dazu beitragen, Nutzungskonflikte zu entschärfen und langanhaltende Lösungen zu finden.

Darüber hinaus sind Aufklärung und Technologietransfer entscheidend, um nachhaltige Nutzungsmuster zu fördern. Durch den Einsatz agrargeologischer Prinzipien oder innovativer Bewässerungstechniken kann es möglich sein, die Effizienz zu steigern und die negativen Auswirkungen auf die Umwelt zu minimieren.

Auch die Berücksichtigung der Bedürfnisse und Rechte aller Stakeholder, einschließlich traditioneller und indigener Gemeinschaften, spielt eine wesentliche Rolle in der Konfliktlösung. Hierbei braucht es ein rechenschaftspflichtiges Management, das die Bedürfnisse aller Akteure in den Fokus rückt.

Öffentliche Beschaffung

Die öffentliche Beschaffung ist ein entscheidender Bestandteil der Governance und des Wirtschaftssystems vieler Länder. Sie umfasst den Erwerb von Waren und Dienstleistungen durch staatliche Institutionen und spielt eine zentrale Rolle in der Förderung von wirtschaftlichem Wohlstand sowie der Sicherstellung sozialer und ökologischer Standards. Im Kontext von Ressourcenkonflikten nimmt die öffentliche Beschaffung eine besonders relevante Rolle ein, da sie sowohl als Motor für Entwicklung als auch als potenzielle Quelle für Konflikte und Ungleichheiten fungieren kann.

Ressourcenkonflikte treten häufig in Regionen auf, in denen natürliche Ressourcen wie Mineralien, Wasser oder landwirtschaftliche Flächen vorhanden sind. Diese Konflikte können durch eine Vielzahl von Faktoren ausgelöst werden, darunter ungleiche Machtverhältnisse, unzureichende Rechtsrahmen, korruptes Verhalten und den Einfluss multinationaler Unternehmen. In vielen Fällen sind staatliche Institutionen sowohl Akteure in diesen Konflikten als auch Betroffene. Die Art und Weise, wie öffentliche Beschaffungsprozesse gestaltet und durchgeführt werden, kann daher entscheidend zur Eskalation oder Deeskalation von Ressourcenkonflikten beitragen.

Ein zentrales Problem der öffentlichen Beschaffung im Kontext von Ressourcenkonflikten ist die mögliche politische Einflussnahme und Korruption. Wenn Entscheidungsträger auf lokaler oder nationaler Ebene für die Vergabe von öffentlichen Aufträgen verantwortlich sind, können sie versucht sein, Aufträge an bestimmte Unternehmen zu vergeben, die ihnen politisch oder finanziell gewogen sind. Solche nepotistischen Strukturen können dazu führen, dass lokale Gemeinden von den Vorteilen der Ressourcennutzung ausgeschlossen werden und stattdessen ihre Umwelt und sozialen Strukturen beeinträchtigt werden. Dies kann in Regionen mit reichen natürlichen Ressourcen zu einem Gefühl der Ungerechtigkeit und damit zu sozialen Spannungen und letztlich zu Konflikten führen.

Zudem kann die öffentliche Beschaffung auch als Instrument der sozialen und ökonomischen Entwicklung genutzt werden. Durch die gezielte Förderung von lokalen Anbietern und nachhaltigen Praktiken kann die öffentliche Beschaffung einen positiven Einfluss auf die wirtschaftliche Stabilität und die soziale Entwicklung in Ressourcenkonfliktgebieten haben. Regierungen könnten beispielsweise „grüne" Beschaffungspraktiken implementieren, die darauf abzielen, umweltfreundliche Produkte und Dienstleistungen zu erwerben und dadurch den ökologischen Fußabdruck zu reduzieren, während gleichzeitig lokale Unternehmen unterstützt werden.

Darüber hinaus spielt die Transparenz in der öffentlichen Beschaffung eine wesentliche Rolle. Offene und nachvollziehbare Vergabeverfahren können dazu beitragen, Korruption zu reduzieren und das Vertrauen der Bürger in staatliche Institutionen zu stärken. Mehr Transparenz führt nicht nur zu einer effizienteren Ressourcennutzung, sondern kann auch das Risiko von Konflikten mindern, indem die Anwohner in den Prozess einbezogen werden und ihre Bedürfnisse und Anliegen Gehör finden.

Ein weiterer bedeutender Aspekt ist die Berücksichtigung von internationalen Normen und Standards in der öffentlichen Beschaffung. Internationale Abkommen und Best Practices, wie sie beispielsweise von den Vereinten Nationen, der Weltbank oder der Europäischen Union gefördert werden, können zahlreiches Potenzial für die Gestaltung gerechter Beschaffungsprozesse bieten. Diese Standards fordern oftmals, dass die Umweltauswirkungen von Beschaffungsentscheidungen analysiert werden und dass die Rechte der indigenen Völker und lokalen Gemeinschaften beachtet werden.

Öffentliche Güter

Öffentliche Güter sind ein zentrales Konzept in der Volkswirtschaftslehre und der Politikwissenschaft, da sie entscheidend für das Verständnis von Ressourcenkonflikten sind. Öffentliche Güter sind definiert durch zwei wesentliche Eigenschaften: Nicht-Ausschluss und Nicht-Rivalität. Das bedeutet, dass niemand von der Nutzung ausgeschlossen werden kann und die Nutzung durch eine Person die Verfügbarkeit für andere nicht verringert. Beispiele für öffentliche Güter sind saubere Luft, nationale Verteidigung und öffentliche Sicherheit.

Im Kontext von Ressourcenkonflikten manifestiert sich das Problem öffentlicher Güter häufig in Form von Übernutzung oder Degradierung von gemeinschaftlichem Eigentum, auch als „Tragödie der Allmende" bekannt. Dies beschreibt eine Situation, in der individuelle Akteure, motiviert durch Eigeninteresse, Ressourcen übernutzen und damit langfristig ihre Verfügbarkeit für alle gefährden. Diese Dynamik tritt häufig bei natürlichen Ressourcen auf, die als öffentliche Güter betrachtet werden können, wie etwa Fischbestände, Waldressourcen oder Wasserquellen. Wenn eine Ressource gemeinsam genutzt wird, haben Nutzer wenig Anreiz, nachhaltig mit ihr umzugehen, da die Ernteerträge kurzfristig maximiert, aber die langfristige Verfügbarkeit gefährdet wird.

Ein klassisches Beispiel für Ressourcenkonflikte im Zusammenhang mit öffentlichen Gütern ist die Überfischung der Weltmeere. Fischereiflotten aus verschiedenen Ländern konkurrieren um dieselben Bestände, ohne dass ein zentralisiertes Managementsystem existiert, das eine nachhaltige Nutzung sicherstellen könnte. Solche Konflikte sind nicht nur lokal, sondern haben auch globale Dimensionen, da sie die Ökosysteme beeinträchtigen und die Lebensgrundlagen zahlreicher Gemeinschaften gefährden können.

Ressourcenkonflikte können auch durch unterschiedliche Interessengruppen und deren Zugang zu öffentlichen Gütern beeinflusst werden. In vielen Fällen führt ungleicher Zugang zu Ressourcen zu sozialen Spannungen und Konflikten zwischen verschiedenen sozialen Gruppen oder Nationen. Landwirtschaftliche Flächen, Wasserressourcen oder natürliche Mineralien sind oft Quellen intensiver Rivalität, besonders in Regionen, in denen Ressourcen knapp sind oder ungleich verteilt werden.

Die Governance von öffentlichen Gütern ist somit eine Herausforderung, die sowohl politische als auch wirtschaftliche Dimensionen hat. Sinnvolle Regeln und Institutionen sind notwendig, um das Verhalten der Akteure zu steuern und die Ressourcen nachhaltig zu managen. Ansätze wie die Implementierung von Quoten, die Schaffung von Schutzgebieten oder die Einführung von Anreizen zur Reduzierung der Nutzung können dabei helfen, die Tragödie der Allmende zu vermeiden. Zudem spielt die internationale Zusammenarbeit eine wesentliche Rolle, insbesondere bei globalen Herausforderungen wie dem Klimawandel, der die Verfügbarkeit und Qualität öffentlicher Güter beeinflusst.

Analysen von Ressourcenkonflikten in Bezug auf öffentliche Güter verdeutlichen auch die Notwendigkeit interdisziplinärer Ansätze. Soziologische, wirtschaftliche und ökologische Perspektiven müssen zusammengeführt werden, um die komplexen Wechselwirkungen zwischen Ressourcennutzung, sozialer Gerechtigkeit und ökologischer Nachhaltigkeit besser zu verstehen. Letztlich sind die Herausforderungen im Zusammenhang mit öffentlichen Gütern und Ressourcenkonflikten nicht nur technischer oder ökonomischer Natur, sondern erfordern auch einen gesellschaftlichen Diskurs über Werte, Verantwortlichkeiten und solidarisches Handeln.

Ökobilanz

Die Ökobilanz, auch als Life Cycle Assessment (LCA) bekannt, ist eine umfassende Methode zur Bewertung der Umweltauswirkungen eines Produkts während seines gesamten Lebenszyklus. Dies umfasst sämtliche Phasen von der Rohstoffgewinnung über die Produktion, Distribution, Nutzung bis hin zur Entsorgung und dem Recycling. Die Ökobilanz betrachtet nicht nur die ökologischen Effekte, sondern schließt auch ökonomische und soziale Aspekte ein, was sie zu einem integralen Werkzeug in der Analyse und Lösung von Ressourcenkonflikten macht.

Ressourcenkonflikte entstehen oft durch die begrenzte Verfügbarkeit von natürlichen Ressourcen, die umweltschädlichen Nutzungsmethoden und die ungleiche Verteilung dieser Ressourcen. Die Ökobilanz kann helfen, diese Konflikte zu verstehen und zu mindern, indem sie evidenzbasierte Daten bereitstellt, die die Umweltauswirkungen von Ressourcenabbau, -nutzung und -verwertung quantifizieren. Ein Beispiel ist der Abbau von seltenen Erden, die für moderne Technologien unerlässlich sind. Die Ökobilanz ermöglicht es, die ökologischen Kosten des Abbaus – wie Landnutzungsänderungen, Wasserverbrauch und Schadstoffemissionen – sichtbar zu machen. Diese Informationen können dann genutzt werden, um politische Entscheidungen zu beeinflussen und nachhaltige Alternativen zu entwickeln.

Ein zentraler Aspekt der Ökobilanz ist die Analyse von Input-Output-Beziehungen, die es ermöglichen, die Ressourcenflüsse innerhalb eines Systems zu visualisieren. Im Kontext von Ressourcenkonflikten können soziale und wirtschaftliche Parameter in die Ökobilanz eingebunden werden, um beispielsweise die Auswirkungen von Ressourcenabbau auf lokale Gemeinschaften zu bewerten. Solche Bewertungen können aufzeigen, wie sozial gerechte Praktiken implementiert werden können, um Konflikte zu vermeiden und die Lebensqualität vor Ort zu verbessern.

Darüber hinaus ist die Betrachtung der End-of-Life-Phase in der Ökobilanz von Bedeutung. Die Art und Weise, wie Produkte am Ende ihrer Lebensdauer behandelt werden – sei es durch Recycling, Deponierung oder Verbrennung – hat signifikante Auswirkungen auf die Ressourcennutzung und Umweltauswirkungen. Eine gut gestaltete Kreislaufwirtschaft, die in die Ökobilanz integriert ist, kann dazu beitragen, den Ressourcenverbrauch zu reduzieren und die Abhängigkeit von primären Rohstoffen zu minimieren.

Schließlich spielen auch die methodischen Herausforderungen der Ökobilanzierung eine Rolle bei der Bewältigung von Ressourcenkonflikten. Unterschiedliche Standards und Normen können zu einer Diskrepanz in der Ergebnisinterpretation führen. Hier bedarf es einer Standardisierung und weiterer Forschung, um die Zuverlässigkeit und Validität der Ökobilanzen zu erhöhen, damit sie als Entscheidungsbasis in politischen und wirtschaftlichen Strategien dienen können.

Ökologischer Rucksack

Der Begriff „ökologischer Rucksack" wurde in den 1990er Jahren im Rahmen der Umweltwissenschaften eingeführt und beschreibt die Gesamtmenge an Rohstoffen, die für die Herstellung eines Produktes oder zur Bereitstellung einer

Dienstleistung notwendig ist. Dabei wird sowohl der direkt genutzte Materialeinsatz als auch der indirekt erforderliche Materialaufwand, der zur Unterstützung der gesamten Produktionskette nötig ist, berücksichtigt. Diese Betrachtung schließt auch die Umweltwirkungen ein, die durch den Abbau, die Verarbeitung und die Entsorgung dieser Materialien entstehen. Das Konzept zielt darauf ab, den tatsächlichen ökologischen Fußabdruck von Produkten und Dienstleistungen besser zu verstehen und zu quantifizieren.

Im Kontext von Ressourcenkonflikten gewinnt der ökologische Rucksack besondere Bedeutung, da er auf die oft versteckten Kosten der Ressourcen Exploitation hinweist, die nicht nur ökologische, sondern auch soziale und wirtschaftliche Dimensionen umfassen. Ressourcenkonflikte entstehen häufig in Gebieten, in denen wertvolle Rohstoffe wie Mineralien, Erdöl oder Wasser vorhanden sind. Diese Konflikte sind oft das Ergebnis von Konkurrenz um begrenzte Ressourcen, wodurch wirtschaftliche, politische und soziale Spannungen verstärkt werden.

Ein zentraler Aspekt des ökologischen Rucksacks ist die Analyse der Herkunft der Rohstoffe, die zur Herstellung eines Produkts notwendig sind, und die ökologischen und sozialen Auswirkungen, die mit deren Abbau und Verarbeitung verbunden sind. Zum Beispiel kann der Abbau von Metallen aus dem Boden erhebliche Umweltauswirkungen haben, einschließlich der Zerstörung von Lebensräumen, der Wasserverunreinigung und der Freisetzung von CO_2. Diese Ökologischen Kosten sind Teil des ökologischen Rucksacks, beeinflussen jedoch nicht nur die Umwelt, sondern auch die lokalen Gemeinschaften, die oft in der Nähe von Abbaugebieten leben und in vielen Fällen unter den negativen Folgen dieser Aktivitäten leiden.

Ein weiteres Beispiel ist die Wassernutzung und -verteilung in landwirtschaftlichen Konflikten. Der ökologische Rucksack umfasst hierbei auch den Wasserbedarf, der zur Produktion von Lebensmitteln erforderlich ist. In Regionen, in denen Wasser knapp ist, können Konflikte um die Kontrolle von Wasserressourcen sowohl zwischen verschiedenen landwirtschaftlichen Nutzern als auch zwischen Städten und ländlichen Gebieten entstehen. Diese Konflikte werden durch den wachsenden Druck auf Wasserressourcen aufgrund der Klimakrise und des globalen Bevölkerungswachstums weiter verschärft.

Darüber hinaus ist der ökologische Rucksack eng mit den Konzepten der sozialen Gerechtigkeit und der nachhaltigen Entwicklung verknüpft. Die ungleiche Verteilung der Rohstoffressourcen kann zu wirtschaftlicher Ungleichheit und sozialen Spannungen führen, insbesondere in Ländern des Globalen Südens, die häufig die Rohstoffe für den übermäßigen Konsum der Industrieländer liefern.

Diese strukturellen Ungleichheiten können Ressourcenkonflikte anheizen und die Bemühungen um nachhaltige Entwicklungsstrategien behindern.

Ökosteuer

Die Ökosteuer ist ein Instrument der Umweltpolitik, das darauf abzielt, ökologische Externalitäten zu internalisieren und durch marktwirtschaftliche Mechanismen umweltfreundliches Verhalten zu fördern. Im Kontext von Ressourcenkonflikten spielt die Ökosteuer eine bedeutende Rolle, indem sie Preissignale für umweltschädliche Aktivitäten setzt und somit Anreize für eine nachhaltige Ressourcennutzung schafft.

Ressourcenkonflikte entstehen häufig, wenn verschiedene Akteure um begrenzte Ressourcen konkurrieren, sei es Wasser, fossile Brennstoffe oder landwirtschaftliche Flächen. Diese Konflikte können sowohl lokal als auch global auftreten und sind oft das Ergebnis von unregulierten Märkten, in denen die wahren Kosten der Ressourcennutzung nicht reflektiert werden. Ökologische Schäden, die beispielsweise durch Umweltverschmutzung oder Übernutzung von natürlichen Ressourcen verursacht werden, werden dabei häufig nicht in den Marktpreisen berücksichtigt. Infolgedessen entstehen Anreize für eine Übernutzung, die zu langfristigen ökologischen Schäden führt und damit die Grundlage für zukünftige Ressourcenverteilungskonflikte legt.

Die Einführung von Ökosteuern kann hier als ein wirksames Mittel angesehen werden, um diesen Herausforderungen entgegenzutreten. Indem Umweltsteuern auf umweltschädliche Aktivitäten erhoben werden, werden die Kosten für die Nutzung von Ressourcen in Einklang mit den ökologischen und sozialen Kosten gebracht. Dies geschieht durch die Erhöhung des Preises für umweltbelastende Produkte und Dienstleistungen, was zu einer Verringerung des Verbrauchs und einer Förderung nachhaltiger Alternativen führen kann.

Ein Beispiel für die implementierte Ökosteuer ist die CO_2-Steuer, die auf den Kohlenstoffausstoß von Unternehmen und Individuen erhoben wird. Diese Steuer fördert nicht nur die Reduktion von Treibhausgasemissionen, sondern kann auch zur Schadensbegrenzung in Ressourcenkonflikten beitragen, indem sie die Dringlichkeit des Übergangs zu erneuerbaren Energien und effizienteren Technologien unterstreicht. Dadurch kann eine Verlagerung von fossilen Brennstoffen hin zu nachhaltigeren Energiequellen stattfinden, was nicht nur ökologische, sondern auch ökonomische Vorteile mit sich bringt.

Zusätzlich trägt die Ökosteuer zur Schaffung eines rechtlichen Rahmens bei, der die Grundlage für Umweltregulierungen bildet. Der Einnahmen aus Ökosteuern kann in Programme zur Förderung erneuerbarer Energien und nachhaltiger

Praktiken investiert werden. Ein Beispiel hierfür ist die Finanzierung von staatlichen Initiativen zur Renaturierung von Ökosystemen oder zur Unterstützung von Landwirten, die auf nachhaltigere Anbaumethoden umsteigen.

Es ist jedoch wichtig, die potenziellen Herausforderungen der Ökosteuer zu berücksichtigen. Eine unzureichend gestaltete Steuer kann regressiv sein und die sozioökonomischen Ungleichheiten verstärken, da einkommensschwache Haushalte überproportional von höheren Energiepreisen betroffen sind. Daher müssen begleitende Maßnahmen, wie soziale Ausgleichszahlungen oder die Förderung von Energieeffizienz in einkommensschwachen Haushalten, in die Gestaltung von Ökosteuer-Systemen einfließen.

Ökosystem

Ökosysteme sind komplexe, dynamische Systeme, die aus lebenden Organismen (Biotop) und ihrer abiotischen Umgebung bestehen. Sie umfassen die Wechselwirkungen zwischen Pflanzen, Tieren, Mikroorganismen und ihren physikalischen sowie chemischen Faktoren, wie Boden, Wasser und Klima. Diese Interaktionen sind entscheidend für den Erhalt der biologischen Vielfalt, die Aufrechterhaltung von Lebensräumen und die Bereitstellung von Ökosystemdienstleistungen, die für das menschliche Wohl unverzichtbar sind, wie etwa die Regulierung des Klimas, die Nahrungsmittelproduktion und die Wasserfiltration.

In den letzten Jahrzehnten haben sich Ressourcenkonflikte in vielen Regionen der Welt verschärft, was einen erheblichen Einfluss auf die Stabilität und Integrität von Ökosystemen hat. Ressourcenkonflikte entstehen häufig durch den Wettbewerb um natürliche Ressourcen wie Wasser, Land, Mineralien und Energie. Diese Konflikte resultieren häufig aus einem Anstieg des Bevölkerungswachstums, der Urbanisierung und einem steigenden Konsumverhalten, die alle den Druck auf natürliche Ressourcen erhöhen.

Ein Beispiel für solche Ressourcenkonflikte ist der Wettbewerb um Wasserressourcen in ariden Regionen. In vielen Ländern des Nahen Ostens und Nordafrikas, in denen Wasserknappheit herrscht, gibt es Spannungen zwischen verschiedenen Staaten und lokalen Gemeinschaften, die auf die Nutzung der gleichen Flüsse und Wasserquellen angewiesen sind. Diese Konkurrenz kann zu einem Versagen von Ökosystemfunktionen führen, wie z.B. der Rückgang von aquatischen und terrestrischen Biodiversität, Bodenerosion und die Degradation von Lebensräumen, wodurch das gesamte Ökosystem destabilisiert wird.

Ein weiteres Beispiel sind Konflikte über Landnutzung, die oft in Verbindung mit der agroindustriellen Expansion und der Urbanisierung stehen. Wälder und andere natürliche Lebensräume werden häufig gerodet, um Platz für landwirtschaftliche Flächen oder städtische Entwicklungen zu schaffen. Diese Umwandlungen führen nicht nur zu Verlusten an Biodiversität und zur Zerstörung von Lebensräumen, sondern sie beeinflussen auch wichtige Ökosystemdienstleistungen, wie die Kohlenstoffspeicherung und die Erosionskontrolle. Der Verlust von Lebensräumen kann zur Fragmentierung von Ökosystemen führen, was wiederum die genetische Vielfalt verringert und die Anpassungsfähigkeit und Resilienz der Arten beeinträchtigt.

Die Globalisierung hat ebenfalls Auswirkungen auf Ressourcenkonflikte und Ökosysteme. Der internationale Handel und die Nachfrage nach bestimmten Rohstoffen können lokale Konflikte verursachen. Beispielsweise ziehen die Nachfrage nach Bodenschätzen wie Gold, Diamanten oder seltenen Erden in vielen Entwicklungsländern Ressourcenströme an, die oft zur Ausbeutung der Umwelt und zu sozialen Spannungen führen. Diese Aktivitäten führen nicht nur zu einem Rückgang der biologischen Vielfalt, sondern können auch das soziale Gewebe lokaler Gemeinschaften destabilisieren, da sie um den Zugang zu den verbleibenden Ressourcen kämpfen.

Darüber hinaus spielen Governance-Strukturen eine entscheidende Rolle bei der Entstehung und Lösung von Ressourcenkonflikten. In vielen Fällen fehlen effektive Institutionen und Rahmenbedingungen, die eine gerechte und nachhaltige Nutzung von Ressourcen gewährleisten. Korruption, mangelnde Transparenz und unzureichende rechtliche Rahmenbedingungen können die Ressourcenausbeutung verschärfen, was zu weiteren Konflikten führt. In effektiven Governance-Systemen hingegen können partizipative Ansätze, in denen lokale Gemeinschaften in die Entscheidungsprozesse einbezogen werden, dazu beitragen, Konflikte zu entschärfen und die nachhaltige Nutzung von Ressourcen zu fördern.

Ökosystemleistungen

Ökosystemleistungen sind die Vielzahl von Vorteilen, die Menschen von der Natur erhalten und die für ihr Wohlbefinden sowie für die Funktionsfähigkeit von Gesellschaften unerlässlich sind. Diese Leistungen lassen sich in vier Hauptkategorien einteilen: Regulierende, unterstützende, kulturelle und bereitstellende) Ökosystemleistungen. Die Wechselwirkungen zwischen diesen Leistungen und Ressourcenkonflikten sind komplex und vielschichtig, da Ressourcen wie Wasser, Boden, Biodiversität und Mineralien oftmals begrenzt sind und verschiedene Interessengruppen um ihren Zugang und ihre Nutzung konkurrieren.

Ein zentrales Konzept in diesem Kontext ist der „Ökosystemdienstleistungsansatz", der darauf abzielt, die Beiträge von Ökosystemen zur menschlichen

Wohlfahrt quantitativ und qualitativ zu bewerten. Dabei wird deutlich, dass nachhaltige Nutzung und Erhaltung von Ökosystemen nicht nur ökologische, sondern auch ökonomische und soziale Vorteile bieten, die zu einem friedlichen Zusammenleben der Menschen beitragen.

Ressourcenkonflikte können aus verschiedenen Gründen entstehen, beispielsweise durch Zuwachs der Bevölkerung, Urbanisierung, wirtschaftliche Ungleichheit, politischen Unruhen oder Klimawandel. Oft treten solche Konflikte in Gebieten auf, in denen die Abhängigkeit von natürlichen Ressourcen hoch ist, wie etwa in landwirtschaftlich genutzten Regionen oder in Gebieten mit reichhaltigen Rohstoffen. Diese Konflikte können die Integrität der Ökosysteme gefährden und die damit verbundenen Leistungen beeinträchtigen, was wiederum negative Feedbackschleifen erzeugt: Verschlechterte Ökosystemleistungen führen zu Ressourcenknappheit, die wiederum bestehende Konflikte verstärken kann.

Die Regulierung von Wasser und Klima ist ein entscheidendes Beispiel für diese Zusammenhänge. Intensive landwirtschaftliche Praktiken können zur Bodenerosion und Verschmutzung von Wasserressourcen führen, was die Wasserverfügbarkeit beeinträchtigt und die Qualität des Ackerlandes mindert. Dies kann zu Spannungen zwischen Landwirten, die auf nachhaltige Praktiken angewiesen sind, und Nutzern kommen, die auf die kurzfristen Gewinne aus intensiver Nutzung setzen, was oft zu Konflikten führt.

Biodiversität spielt ebenfalls eine Schlüsselrolle bei der Bereitstellung von Ökosystemleistungen. Die Zerstörung von Lebensräumen, etwa durch Abholzung oder Urbanisierung, führt zu einem Rückgang der Artenvielfalt, was die Resilienz von Ökosystemen mindert und ihre Fähigkeit beeinträchtigt, wichtige Dienstleistungen wie Bestäubung, Wasserreinigung und Nahrungssicherheit bereitzustellen. In Regionen, wo indigene Völker von diesen Ökosystemdiensten abhängig sind, können Ressourcenverknappung und der Verlust traditioneller Lebensräume zu gewaltsamen Konflikten führen, insbesondere wenn externe Akteure, wie Unternehmen oder staatliche Akteure, ohne Rücksicht auf lokale Gemeinschaften und ihre Bedürfnisse agieren.

Ölkatastrophen

Ölkatastrophen sind eng mit Ressourcenkonflikten verknüpft und stellen sowohl eine ökologische als auch eine soziale Herausforderung dar. Im Folgenden wird der Kontext von Ölkatastrophen und Ressourcenkonflikten wissenschaftlich analysiert.

Öl ist eine strategische Ressource, die eine zentrale Rolle in der globalen Wirtschaft spielt. Es ist nicht nur der Hauptenergieträger für den Verkehr und die

Industrie, sondern auch ein entscheidender Bestandteil in der chemischen Industrie zur Herstellung von Kunststoffen, Düngemitteln und einer Vielzahl von Alltagsprodukten. Die Nachfrage nach Öl ist stark und ungleich verteilt, was zu einem Wettlauf um die Kontrolle über die Vorkommen führt. Dieser Wettlauf birgt Konfliktpotenzial, besonders in Regionen, in denen Ölreserven mit instabilen politischen Verhältnissen und schwachen staatlichen Strukturen verbunden sind. Ressourcenkonflikte entstehen oft in Ländern, die reich an natürlichen Ressourcen, jedoch arm an stabilem politischen und wirtschaftlichen Rahmen sind. In solchen Kontexten kann die Suche nach Öl und die damit verbundenen gewerblichen Aktivitäten zu Umweltzerstörungen, sozialen Spannungen und gewaltsamen Auseinandersetzungen führen. Ein prägnantes Beispiel hierfür ist der Niger-Delta in Nigeria, wo die Erdölförderung nicht nur zu erheblichen Umweltschäden geführt hat – wie Ölverschmutzungen, die die lokale Fischerei und Landwirtschaft bedrohen – sondern auch verschiedene militante Gruppen und lokale Gemeinschaften gegen den Staat und die multinationalen Konzerne mobilisiert hat. Der dadurch entstehende Konflikt ist nicht nur eines der Symptome einer misslungenen Ressourcenverwaltung, sondern auch ein Beispiel für die soziale Ungleichheit und das Machtungleichgewicht in Bezug auf die Nutzung und Verteilung von Ressourcen.

Ölkatastrophen, wie etwa Ölverschmutzungen infolge von Unfällen oder Lecks in Bohr- und Pipelinesystemen, verstärken diese dynamischen Spannungen. Die Umweltauswirkungen sind oft dramatisch: Sie führen zur Zerstörung von Lebensräumen, zur Vergiftung von Wasserressourcen und zu massiven Rückgängen von Biodiversität. Die Folgen für die menschlichen Gemeinschaften sind ebenso verheerend – Gesundheitsprobleme, Verlust von Lebensgrundlagen und ein Rückgang der Lebensqualität sind häufig die Folge. Solche Umweltschäden können die Ungleichheit zwischen verschiedenen sozialen Gruppen verstärken. In vielen Fällen sind es die ärmeren, weniger privilegierten Gemeinschaften, die überproportional unter den Folgen von Ölkatastrophen leiden, während reiche Unternehmen oft nicht zur Verantwortung gezogen werden.

Darüber hinaus führt die Unsicherheit über die Ressourcenverteilung und -kontrolle in Konfliktregionen häufig zu einem Teufelskreis aus Gewalt, Ungleichheit und Umweltzerstörung. Schlechte Regierungen können auf militärische Lösungen zurückgreifen, um Aufstände oder Proteste von Gemeinschaften zu unterdrücken, die nach mehr Kontrolle über ihre natürlichen Ressourcen rufen. Dies kann zu einem großangelegten Menschenrechtsproblem führen, das die internationale Gemeinschaft vor Herausforderungen stellt.

Im internationalen Kontext sind Ölkatastrophen und Ressourcenkonflikte auch ein Thema geopolitischer Rivalitäten. Staaten, die über strategische Ölreserven verfügen, können in den Fadenkreuz internationaler Interessen geraten, was zusätzlich zu Spannungen führen kann. Die Suche nach Rohstoffen wird nicht nur durch wirtschaftliche Interessen, sondern auch durch sicherheitspolitische Überlegungen beeinflusst, was die Komplexität der Konflikte weiter erhöht.

Ozon

Ozon ist ein molekularer Sauerstoff (O_3), der in der Erdatmosphäre sowohl in der Stratosphäre als auch in der Troposphäre vorkommt. Er spielt eine doppelte Rolle: In der Stratosphäre schützt die Ozonschicht das Leben auf der Erde vor schädlicher ultravioletter (UV) Strahlung, während Ozon in der Troposphäre als schädliches Luftschadstoff wirkt, der mit verschiedenen gesundheitlichen und ökologischen Problemen in Verbindung steht. Die Wechselwirkungen von Ozon mit klimatischen und umweltbedingten Faktoren sind komplex und können in Ressourcenkonflikten einen entscheidenden Einfluss haben.

Auf globaler Ebene sind Ressourcenkonflikte häufig das Ergebnis von Wettbewerben um begrenzte natürliche Ressourcen, wie Wasser, Energie und Land. Diese Konflikte können durch die Auswirkungen des Klimawandels, einschließlich solcher, die durch Ozon vermittelt werden, weiter verschärft werden. Ozon ist ein bedeutendes Treibhausgas und trägt zur globalen Erwärmung bei. Dies hat direkte Auswirkungen auf die Verfügbarkeit von Wasserressourcen, insbesondere in Gebieten, die bereits unter Wasserstress stehen. Beispielsweise führt die Erwärmung von Gewässern und Boden zu einer höheren Verdunstung, was die Wasservorräte verknappen kann. In Regionen mit intensiver Landwirtschaft kann dies zu Konkurrenz um Wasser zwischen landwirtschaftlichen Betrieben und anderen Nutzungen führen, was in Extremfällen zu sozialen Spannungen und Konflikten führen kann.

Zusätzlich beeinträchtigt Ozon als Luftschadstoff die landwirtschaftliche Produktivität, da er die Photosynthese in Pflanzen hemmt und somit die Erträge in landwirtschaftlichen Systemen verringern kann. Dies kann in Entwicklungsländern, wo die Landwirtschaft oft der Haupttreiber der Wirtschaft ist, zu verstärkten Ressourcenkonflikten führen. Eine sinkende landwirtschaftliche Produktivität kann die Nahrungsmittelpreise erhöhen und somit Armut und Hunger verstärken, was soziale Spannungen zur Folge hat und potenziell zu Konflikten führen kann.

Ein weiterer Aspekt ist die Rolle von Ozon in urbanen Gebieten, wo erhöhte Ozonwerte in Verbindung mit Verkehrsbelastung und industrieller Emission stehen. Der ansteigende Druck auf die Luftqualität erfordert oft Maßnahmen zur

Regulierung des Verkehrs und der Industrie, was wiederum wirtschaftliche Interessen und Arbeitsplätze betreffen kann. Diese Maßnahmen können zu Widerstand von verschiedenen Interessengruppen führen, insbesondere in wirtschaftlich schwachen Regionen, wo die Schaffung von Arbeitsplätzen und wirtschaftliches Wachstum im Vordergrund stehen. Solche Spannungen können zu Konflikten führen, da verschiedene Gruppen unterschiedliche Ansprüche auf die Nutzung von Ressourcen erheben.

Die geopolitischen Dimensionen dieser Konflikte sind ebenfalls nicht zu vernachlässigen. Länder, die reich an natürlichen Ressourcen sind, aber gleichzeitig unter dem Rückenwind des Klimawandels und der damit verbundenen Veränderungen der Ozonschicht leiden, können in Konflikt geraten. Ressourcen wie Wasser können zwischen Anrainerstaaten umkämpft werden, insbesondere in Regionen mit transnationalen Flüssen, wo Ozon als klimawirksamer Stoff sowohl die Wasserverfügbarkeit als auch die landwirtschaftliche Produktivität beeinflusst. Spannungen können sich auch um die Regulierung von Emissionen und die Erfüllung internationaler Klimaziele entwickeln, was wiederum die nationale Sicherheit beeinflussen kann.

Ozonbildung und Ozonabbau

Ozon ist ein Gas, das in der Erdatmosphäre in zwei unterschiedlichen Schichten vorkommt: In der Stratosphäre bildet sich die ozonhaltige Schicht, die einen essenziellen Schutz vor UV-Strahlung bietet, während Ozon in der Troposphäre als Schadstoff auftritt, der gesundheitliche und umwelttechnische Probleme verursachen kann. Die Bildung und der Abbau von Ozon sind intrinsische chemische Prozesse, die stark von menschlichen Aktivitäten und der Nutzung von Ressourcen beeinflusst werden.

Die Stratosphärische Ozonbildung erfolgt hauptsächlich durch die UV-Strahlung der Sonne, die Sauerstoffmoleküle (O_2) in atomaren Sauerstoff (O) spaltet. Diese Atome können dann mit anderen Sauerstoffmolekülen reagieren, um Ozon (O_3) zu bilden. Ein stabiler Gleichgewichtszustand wird erreicht, wenn die Rate der Ozonbildung die Rate des Ozonabbaus, der primär durch photochemische Reaktionen mit UV-Strahlung geschieht, durch die Rückreaktion mit atomarem Sauerstoff bestimmt wird, ausgleicht. Allerdings führen menschliche Emissionen von bestimmten Chemikalien, insbesondere Fluorchlorkohlenwasserstoffen (FCKW) und Halonen, zu einer signifikanten Zerstörung der Ozonschicht. Diese Stoffe gelangen in die Stratosphäre und interagieren dort mit Ozon, wodurch die Ozonkonzentration verringert wird.

Im Gegensatz zur Stratosphäre ist Ozon in der Troposphäre, die der Erdoberfläche am nächsten liegt, ein essentielles Produkt von photochemischen Reaktionen zwischen Vorläuferverbindungen, die aus anthropogenen Emissionen stammen, wie Stickoxiden und flüchtigen organischen Verbindungen. Diese Reaktionen werden durch Sonnenlicht katalysiert und führen zur Bildung von bodennahem Ozon, das als schädlich für Mensch und Umwelt gilt, da es Atemwegserkrankungen hervorrufen und Pflanzen schädigen kann.

Ressourcenkonflikte betreffen in dieser Diskussion verschiedene Dimensionen: Einerseits stehen wirtschaftliche Interessen und die Notwendigkeit der Ressourcennutzung – beispielsweise fossile Brennstoffe in der industriellen Produktion und deren Emissionen, die zur Ozonbildung in der Troposphäre führen – in einem Spannungsverhältnis mit den Umwelt- und Gesundheitsinteressen. Die Abholzung von Wäldern zur Schaffung von Ackerland oder zur Holzernte kann ebenfalls zur Freisetzung von CO_2 und anderen Treibhausgasen führen, wodurch sich die chemischen Bedingungen in der Atmosphäre verändern und Ozonbildungsprozesse begünstigt werden.

Auf globaler Ebene führt der Wettbewerb um Ressourcen wie Erdöl und Erdgas zu geopolitischen Spannungen und Konflikten, die wiederum Umweltschutzbemühungen behindern können. In Regionen, in denen die Abhängigkeit von fossilen Brennstoffen besonders hoch ist, können Umweltvorschriften durch wirtschaftliche Druckmittel untergraben werden. Der Einsatz von Technologien zur Reduzierung von Emissionen oder zur Förderung erneuerbarer Energien wird somit oft durch infrastrukturelle und wirtschaftliche Rahmenbedingungen behindert.

Pariser Abkommen

Das Pariser Abkommen, offiziell als Übereinkommen von Paris bekannt, wurde am 12. Dezember 2015 während der 21. Jahreskonferenz der Vertragsparteien der UN-Klimarahmenkonvention (UNFCCC) in Paris verabschiedet. Es stellt einen globalen Rahmen dar, um den Klimawandel zu bekämpfen und die Erderwärmung auf deutlich unter 2°C über dem vorindustriellen Niveau zu begrenzen, mit dem Ziel, die Temperaturerhöhung auf 1,5°C zu beschränken. Dieses Abkommen hat weitreichende Implikationen für nachhaltige Entwicklung und Ressourcenkonflikte, die in den letzten Jahren auch zunehmend in den Fokus der globalen Forschung gerückt sind.

Die Umsetzung des Pariser Abkommens erfordert umfassende Veränderungen in der globalen Energieproduktion und -nutzung, in der Landwirtschaft, in der Industrie sowie in der Infrastrukturgestaltung. Diese Veränderungen können jedoch auch die Ressourcenkonflikte verstärken, da sie oft die Nutzung und Verteilung von natürlichen Ressourcen wie Wasser, Bodenschätzen und landwirtschaftlichem Boden betreffen. Insbesondere werden Ressourcen, die für die Umsetzung nachhaltiger Energietechnologien benötigt werden, wie Lithium, Kobalt, seltene Erden und andere Mineralien, zunehmend gesucht. Dieses steigende Interesse an Rohstoffen kann in Regionen, die über solche Ressourcen verfügen, zu Spannungen führen.

Eine der zentralen Herausforderungen, die sich aus dem Pariser Abkommen ergeben, ist die Notwendigkeit, alternative und nachhaltige Energiesysteme zu etablieren. Der Übergang von fossilen Brennstoffen zu erneuerbaren Energiequellen wie Wind- und Solarenergie erfordert nicht nur technologische Innovationen, sondern auch den Zugang zu bestimmten Ressourcen, die in bestimmten geographischen Regionen konzentriert sind. Dies kann zu einem Wettrüsten um die Kontrolle dieser Ressourcen führen, oft in Ländern, die politisch instabil sind oder wo schwache Governance-Strukturen existieren. Ein Beispiel hierfür sind Konflikte um Kobalt in der Demokratischen Republik Kongo, das für Lithium-Ionen-Batterien unverzichtbar ist.

In Ländern, die stark von fossilen Brennstoffen abhängig sind, kann der Übergang zu einer kohlenstoffärmeren Wirtschaft auch zu sozialen Spannungen führen. Die Reduktion des Verbrauchs von Kohlenstoff-basierten Energieträgern könnte Arbeitsplätze in Bergbau und Energieerzeugung gefährden, was Widerstand von betroffenen Gemeinschaften hervorrufen kann. Dies führt zu einem Spannungsfeld zwischen Klima- und Umweltzielen auf der einen Seite und wirtschaftlichen und sozialen Belangen auf der anderen.

Ein weiterer Aspekt sind die Auswirkungen des Klimawandels selbst, die durch das Pariser Abkommen adressiert werden sollen. Klimaveränderungen, wie extreme Wetterereignisse, Dürreperioden und der Anstieg des Meeresspiegels, können die Verfügbarkeit von Wasser und landwirtschaftlichen Ressourcen erheblich beeinträchtigen. In ressourcenarmen Regionen kann dies zu verstärkten Konflikten um Wasserrechte und landwirtschaftliche Flächen führen. Die Verdrängung von Gemeinden aufgrund von klimatischen Veränderungen kann zudem migrationsbedingte Spannungen zwischen Einheimischen und Migranten verursachen.

Die Berücksichtigung dieser Aspekte erfordert eine integrative Strategie, die auch politische, soziale und wirtschaftliche Dimensionen einbezieht. Multilaterale Kooperation und Governance-Mechanismen sind entscheidend, um Konflikte zu vermeiden und gerechte Lösungen zu fördern. Das Pariser Abkommen selbst versucht, solchen Herausforderungen durch die Schaffung eines Rahmens zur Unterstützung von Anpassungs- und Mitigationsstrategien entgegenzuwirken. Dazu gehören Mechanismen zur finanziellen Unterstützung, Technologietransfer und der Aufbau von Kapazitäten in den am wenigsten entwickelten Ländern.

Peak X

"Peak X" ist ein Begriff, der in den letzten Jahren in verschiedenen wissenschaftlichen Disziplinen, insbesondere in den Bereichen Geowissenschaften, Ressourcenmanagement und Konfliktforschung an Bedeutung gewonnen hat. Er bezeichnet den Zeitpunkt, an dem die Förderung einer bestimmten natürlichen Ressource ihren Höhepunkt erreicht und danach irreversibel zurückgeht. Dies hat tiefgreifende Implikationen für die Geopolitik, Wirtschaft und Gesellschaft, insbesondere im Kontext von Ressourcenkonflikten.

Ein zentraler Aspekt von Peak X ist, dass er nicht nur für fossile Brennstoffe wie Öl und Gas gilt, sondern auch für andere Mineralien und Rohstoffe wie Lithium, Seltene Erden und Wasser. Diese Ressourcen sind für moderne Technologien, insbesondere im Bereich der erneuerbaren Energien und der Elektronik, von entscheidender Bedeutung. Mit dem Anstieg der globalen Nachfrage nach diesen Ressourcen und dem Drang nach nachhaltiger Entwicklung entsteht ein Wettbewerb um deren Zugang und Verteilung.

Ressourcenkonflikte treten häufig auf, wenn bestimmte Länder oder Regionen, die über reichhaltige Vorkommen verfügen, Interesse von außen wecken. Diese Konflikte sind nicht nur durch den physischen Zugang zu den Ressourcen gekennzeichnet, sondern auch durch geopolitische Spannungen, wirtschaftliche Abhängigkeiten und soziale Ungleichheiten. Beispielsweise hat der Wettstreit um Lithium, das für Batterien von Elektrofahrzeugen unverzichtbar ist, zu Spannungen zwischen Ländern wie Chile, Argentinien und Bolivien geführt, die über die größten Lithiumvorkommen der Welt verfügen.

Die Auswirkungen von Peak X auf Ressourcenkonflikte sind vielschichtig. Zum einen führt das Erreichen des Höchststands in der Förderung zu einem Anstieg der Preise, was die Wahrscheinlichkeit von Konflikten erhöht. Länder, die von den Exporten dieser Ressourcen abhängig sind, stehen unter Druck, diese Einnahmequellen zu maximieren, wodurch sie oft geneigt sind, die Umweltstandards zu lockern oder die Rechte indigener Völker zu ignorieren. Dies kann zu innerstaatlichen Spannungen und internationalem Druck führen, insbesondere von NGOs und globalen Organisationen, die auf soziale Gerechtigkeit und ökologische Nachhaltigkeit abzielen.

Zudem hat Peak X auch bedeutende Auswirkungen auf die globalen Märkte. Wenn eine Ressource den Höhepunkt ihrer Förderung erreicht, sinkt in der Regel die Verfügbarkeit, während die Nachfrage weiter steigt. Dies kann nicht nur zu einem Anstieg der Preise führen, sondern auch zu instabilen Märkten und wirtschaftlicher Unsicherheit. Länder, die stark von bestimmten Rohstoffen abhängig sind, laufen Gefahr, in wirtschaftliche Krisen zu geraten, wenn diese Ressourcen erschöpft sind, was wiederum zu politischer Instabilität und potenziellen Konflikten führen kann.

Schließlich ist die Vorbereitung auf Peak X und die strategische Planung für den Übergang zu alternativen Ressourcen von entscheidender Bedeutung, um künftige Konflikte zu vermeiden. Die Diversifizierung der Rohstoffversorgung, die Entwicklung von Recyclingtechnologien und die Förderung von Innovationen in alternativen Energien könnten helfen, den Druck auf umweltbelastende Ressourcen zu verringern und potenzielle Konflikte zu entschärfen. In diesem Kontext ist eine internationale Zusammenarbeit unerlässlich, um ein nachhaltiges Management von Ressourcen sicherzustellen und den globalen Frieden zu wahren.

Permafrost

Permafrost bezeichnet dauerhaft gefrorene Erdschichten, die in der Regel eine Temperatur von 0 Grad Celsius oder darunter aufweisen und über mindestens zwei aufeinanderfolgende Jahre gefroren bleiben. Diese geologischen Formen finden sich hauptsächlich in den polar-nordischen Regionen der Erde, aber auch in hochgelegenen Gebieten gemäßigter Zonen. Der Permafrost ist nicht nur ein ökologisches, sondern auch ein geologisches und soziales Phänomen, dessen Bedeutung angesichts des globalen Klimawandels und der mit ihm einhergehenden Erwärmung zunehmend erkannt wird.

Die globalen Temperaturen steigen, was zu einer Erwärmung des Permafrostbodens führt. Diese Erwärmung hat schwerwiegende Folgen: Einerseits beginnt der gefrorene Boden, langsam zu tauen, wodurch Treibhausgase wie Kohlenstoffdioxid und Methan freigesetzt werden, die im Permafrost gespeichert sind. Diese Prozesse können den Klimawandel weiter beschleunigen und haben somit auch tiefgreifende Auswirkungen auf globale Klimamuster und lokale Ökosysteme. Andererseits bietet das Tauen des Permafrosts auch neue Möglichkeiten für den Zugang zu natürlicheren Ressourcen, was wiederum zu Ressourcenkonflikten führen kann.

Ressourcenkonflikte in permafrostbetroffenen Regionen sind vielschichtig und treten häufig in einer Konstellation von ökologischen, wirtschaftlichen und gesellschaftlichen Aspekten auf. Diese Regionen sind reich an Mineralien, Erdöl, Erdgas und anderen wichtigen Rohstoffen. Insbesondere in der Arktis, wo die Erschließung neuer Energiequellen immer mehr in den Fokus gerät, zeigt sich ein Wettlauf um die Ausbeutung dieser Ressourcen. Die Schmelze des Meereises macht neue Handelsrouten und mineralische Lagerstätten zugänglich, was den internationalen Wettbewerb intensiviert. Nationen, Unternehmen und indigene Gemeinschaften erheben Ansprüche auf diese potenziell wertvollen Ressourcen, was zu Spannungen und Konflikten führen kann.

Ein spezifisches Beispiel für Ressourcenkonflikte im Zusammenhang mit Permafrost ist die Erschließung von Erdöl- und Erdgasfeldern in Alaska und Sibirien. Hier haben große Energieunternehmen und Regierungen beträchtliche Investitionen getätigt, um diese Ressourcen zu fördern. Dies geschieht oft unter der Bedingung, dass die Umwelt- und Klimafolgen minimal gehalten werden, während gleichzeitig die Rechte der indigenen Völker, die in diesen Regionen leben, oft in den Hintergrund gedrängt werden. Die indigenen Gemeinschaften sind häufig stark von der Natur abhängig und stehen in einem ständigen Konflikt mit den wirtschaftlichen Interessen der Unternehmen und Regierungen, die diese Ressourcen erschließen wollen.

Ein weiterer Aspekt der Ressourcenkonflikte betrifft die infrastrukturellen Herausforderungen, die der Permafrost mit sich bringt. Bauprojekte in diesen Regionen erfordern spezielle Technologien, um die Stabilität der Fundamente zu gewährleisten und die ökologischen Risiken zu minimieren. Die Veränderung des Permafrosts durch die Erwärmung kann auch bestehende Infrastrukturen wie Straßen, Pipelines und Gebäude gefährden, was zusätzliche Konflikte zwischen verschiedenen Interessengruppen hervorrufen kann.

Pestizide

Pestizide, chemische Substanzen, die zur Bekämpfung von Schädlingen, Unkräutern und anderen Organismen eingesetzt werden, spielen eine komplexe Rolle in der modernen Landwirtschaft und sind eng mit Ressourcenkonflikten verknüpft. Ihr Einsatz kann sowohl ökonomische als auch ökologische Konsequenzen nach sich ziehen, die in vielen Regionen der Welt zu Spannungen führen.

Ein zentraler Aspekt in der Diskussion um Pestizide und Ressourcenkonflikte ist die Produktion von Nahrungsmitteln. Die steigende Weltbevölkerung, gekoppelt mit urbaner Expansion und sich verändernden Konsummustern, führt zu einer erhöhten Nachfrage nach landwirtschaftlichen Erzeugnissen. Um die Ernteerträge zu maximieren und Pesten, die Erträge bedrohen könnten, entgegenzuwirken, greifen Landwirte häufig zu chemischen Pestiziden. Dies geschieht insbesondere in Regionen, in denen der Druck auf landwirtschaftliche Flächen und Wasserressourcen hoch ist.

Der exzessive Einsatz von Pestiziden kann jedoch negative Auswirkungen auf die Umwelt und die menschliche Gesundheit haben. Pestizide können Böden kontaminieren, Biodiversität verringern und Wasserquellen belasten. Dieser Umweltstress kann wiederum zu Ressourcenkonflikten führen. In Gebieten, in denen Wasserknappheit herrscht, kann die Verschmutzung von Grundwasser durch Pestizide mit der Notwendigkeit konkurrieren, Wasser für die Landwirtschaft, aber auch für den menschlichen Verbrauch bereitzustellen. Dies kann zu Spannungen zwischen verschiedenen Interessengruppen führen, z. B. zwischen Landwirten und Anwohnern oder verschiedenen Agrarbetrieben, die um die gleichen Wasserressourcen konkurrieren.

Ein weiterer Konfliktbereich entsteht durch den Import und die Verwendung von Pestiziden in Entwicklungsländern. Oft werden in diesen Ländern Pflanzenschutzmittel eingesetzt, die in Industrieländern aufgrund ihrer Gesundheits- und Umweltrisiken verboten sind. Dies führt zu ethischen Fragen und Konflikten um die Regulierung von Agrochemikalien. Kleinbauern, die auf den Anbau von Nahrungsmitteln angewiesen sind, sind oft gezwungen, Pestizide zu nutzen, um wettbewerbsfähig zu bleiben. Gleichzeitig können sie jedoch unter den gesundheitlichen Folgen der Verwendung von Hochgiftstoffen leiden. Dies bietet Raum für Spannungen zwischen wirtschaftlichen Notwendigkeiten und der öffentlichen Gesundheit.

Zudem können Pestizide die soziale Struktur von Gemeinden beeinflussen. In ländlichen Gebieten, in denen landwirtschaftliche Betriebe auf großflächige Monokulturen und industrielle Anbaumethoden setzen, wird oft das traditionelle Wissen und die Praxis der kleinen Landwirte vernachlässigt. Dies führt nicht nur zu Verlusten an agrarischer Vielfalt, sondern auch zu sozialen Konflikten, da sich die Machtverhältnisse innerhalb der Gemeinschaft verändern können. Während einige Landwirte von hohen Erträgen und dem Zugang zu Märkten profitieren, können andere, die auf nachhaltigere Methoden setzen wollen, an den Rand gedrängt werden.

Lösungsansätze zur Minderung von Ressourcenkonflikten im Zusammenhang mit Pestiziden könnten auf mehreren Ebenen ansetzen. Der Übergang zu nachhaltigen Anbaumethoden, wie z.B. integrierte Pflanzenproduktion (IPP), biologischer Pflanzenschutz und der Anbau von widerstandsfähigeren Sorten, könnte die Abhängigkeit von chemischen Pestiziden verringern und die ökologische Nachhaltigkeit fördern. Bildung und Weiterbildung für Landwirte über alternative Anbaumethoden und das Verständnis von Ökosystemen können ebenfalls dazu beitragen, die negativen Auswirkungen der chemischen Landwirtschaft zu reduzieren und sozialverträglichere Praktiken zu fördern.

Pfadabhängigkeit

Pfadabhängigkeit ist ein Konzept aus der Wirtschaftswissenschaft und Sozialwissenschaft, das beschreibt, wie Entscheidungen und Entwicklungen in der Gegenwart durch vorherige Entscheidungen und deren Folgen beeinflusst werden. Im Kontext von Ressourcenkonflikten spielt Pfadabhängigkeit eine entscheidende Rolle, da historische Entscheidungen und bestehende Strukturen den Verlauf zukünftiger Entwicklungen und Konflikte maßgeblich prägen können.

Ressourcenkonflikte treten häufig in Regionen auf, in denen natürliche Ressourcen—wie Mineralien, Wasser, oder Agrarland—begrenzte Verfügungsrechte besitzen, und in denen unterschiedliche Akteure, wie Staaten, lokale Gemeinschaften, Unternehmen und internationale Organisationen, um den Zugang zu diesen Ressourcen konkurrieren. Diese Konflikte sind nicht nur das Ergebnis gegenwärtiger Ressourcennutzungen, sondern auch das Resultat historischer Pfade, die über Jahre oder Jahrzehnte hinweg gebildet wurden.

Ein zentrales Merkmal der Pfadabhängigkeit ist, dass frühere Entscheidungen oft irreversible Folgen haben, die spätere Handlungsoptionen einschränken. Ein Beispiel hierfür ist die koloniale Ressourcenausbeutung, die in vielen Ländern zu einem stark asymmetrischen Zugang zu Ressourcen führte. Die damals getroffenen Entscheidungen bezüglich der Eigentumsverhältnisse und der Verteilung von Ressourcen beeinflussen die gesellschaftlichen und politischen Strukturen bis heute. Oft bleiben die Strukturen von Ungleichheit und Konflikt bestehen, selbst wenn die ursprünglichen Bedingungen nicht mehr existieren.

Ein weiterer wichtiger Aspekt ist die Institutionenbildung. Viele Ressourcepolitiken und -praktiken, die einmal etabliert wurden, neigen dazu, sich zu verfestigen und sind schwer zu ändern. Zum Beispiel können Gesetze zur Ressourcennutzung, die vor mehreren Jahrzehnten verabschiedet wurden, nach wie vor Gültigkeit besitzen, auch wenn sich die gesellschaftlichen Bedingungen verändern. Dies passiert häufig, weil bestehende Interessenbindungen und Machtstrukturen, die durch diese Gesetze geschaffen wurden, sich verfestigen und den politischen Entscheidungsprozess dominieren. Interessengruppen, die aus einer bestimmten Ressourcennutzung Vorteile ziehen, werden versuchen, ihren Einfluss zu bewahren, was Reformen und Anpassungen erschwert.

Zudem führt die Pfadabhängigkeit dazu, dass bestimmte Konflikte latent bleiben können. In vielen Fällen gibt es ungelöste Ressourcenkonflikte, die sich über lange Zeit hinweg nicht manifestieren, aber durch spezifische Ereignisse oder Krisen wieder aufbrechen können. Wenn solche Konflikte in der Vergangenheit einmal entstanden sind, kann deren ungelöste Natur zukünftige Interaktionen und Verhandlungen über Ressourcen belasten, da historische Traumata und Misstrauen zwischen den Akteuren weiter bestehen bleiben.

Ein weiteres Beispiel kann im Kontext von Umweltressourcenkonflikten betrachtet werden. Der Weg, den eine Region bezüglich ihrer Umweltpolitik eingeschlagen hat—sei es durch nachhaltige oder ausbeuterische Praktiken—hat langfristige Auswirkungen auf die Verfügbarkeit und den Zugang zu Ressourcen. Eine Region, die sich frühzeitig für eine intensive landwirtschaftliche Nutzung ohne Beachtung ökologischer Nachhaltigkeit entschieden hat, könnte sich in einer Situation befinden, in der die Ressourcen erschöpft sind und zukünftige Generationen mit drastischen Knappheiten konfrontiert sind. Diese Entscheidungen schaffen nicht nur gegenwärtige Probleme, sondern schränken auch die zukünftige Handlungsfähigkeit vieler Akteure ein.

Letztlich verdeutlicht das Konzept der Pfadabhängigkeit, dass Ressourcenkonflikte nicht isoliert betrachtet werden können. Sie sind das Ergebnis komplexer Wechselwirkungen zwischen Geschichte, Machtstrukturen, institutionellen Rahmenbedingungen und wirtschaftlichen Realitäten. Ein besseres Verständnis der Pfadabhängigkeit kann dazu beitragen, Prozesse zu identifizieren, die möglicherweise zu einer konstruktiveren Konfliktlösung und zur Schaffung nachhaltiger Ressourcenstrategien führen könnten. Das Erkennen und die Auseinandersetzung mit diesen historischen Pfaden ist entscheidend, um proaktive Maßnahmen zur Vermeidung von Konflikten und zur Förderung eines gerechteren Ressourcenmanagements zu entwickeln.

Planetare Grenzen

Die Konzeptualisierung der planetaren Grenzen, die ursprünglich von Wissenschaftlern wie Johan Rockström und seinen Kollegen im Jahr 2009 entwickelt wurde, bezieht sich auf die ökologischen Belastungsgrenzen unseres Planeten, innerhalb derer die Menschheit sicher agieren kann, ohne irreparable Schäden an den Erdsystemen zu verursachen. Diese Grenzen umfassen das Klima, die biologische Vielfalt, den Stickstoff- und Phosphorkreislauf, die Ozeanversauerung, die Landnutzung, den Süßwasserverbrauch, den Aerosolgehalt der Atmosphäre, die chemische Verschmutzung sowie die Ozonabbau in der Stratosphäre.

Im Kontext von Ressourcenkonflikten wird die Diskussion um planetare Grenzen besonders relevant, da die Übernutzung und der Missbrauch von natürlichen Ressourcen in vielen Regionen zu Konflikten führen können. Ressourcen wie Wasser, landwirtschaftliche Flächen, Mineralien und fossile Brennstoffe sind nicht nur Grundlage für die wirtschaftliche Entwicklung und den

Lebensstandard, sondern auch Quellen potentieller Spannungen – sowohl innerhalb von Staaten als auch zwischen ihnen.

Die Notwendigkeit, planetare Grenzen zu respektieren, ist angesichts des globalen Wachstums und der zunehmenden Umweltkrisen dringlicher denn je. Die steigende Weltbevölkerung und der damit einhergehende Ressourcenverbrauch übersteigen in vielen Fällen die regenerativen Kapazitäten der Erde. Dies führt zu einem verstärkten Druck auf natürliche Ressourcen, die wiederum in Konfliktsituationen münden können. Zum Beispiel hat die Konkurrenz um Wasserressourcen in ariden Regionen wie dem Nahen Osten oder Nordafrika zu Spannungen zwischen Nationen geführt, die auf denselben Wasserquellen basieren, wie dem Nil oder dem Jordanfluss. Der Klimawandel, ein zentraler Aspekt der planetaren Grenzen, verschärft diese Probleme weiter, indem er Extremwetterereignisse verstärkt und somit die Verfügbarkeit von Wasser und landwirtschaftlicher Flächen beeinflusst.

Zusätzlich sind landwirtschaftliche Praktiken, die zur Übernutzung von Böden und zur Abholzung von Wäldern führen, im Kontext von Ressourcenkonflikten von Bedeutung. Bei der Suche nach neuen Anbauflächen werden oft Wälder gerodet, was nicht nur die Biodiversität gefährdet, sondern auch die CO_2-Bilanzen negativ beeinflusst. Diese Praktiken können lokale Gemeinschaften entbehren, die auf die Ressourcen angewiesen sind, und letztendlich zu sozialen Unruhen und Konflikten führen.

Ein weiteres Beispiel sind Konflikte um mineralische Rohstoffe, wie Zinn, Koltan oder Gold, die häufig in konfliktbeladenen Gebieten abgebaut werden. Die Einnahmen aus diesen Rohstoffen können bewaffnete Konflikte finanzieren und die lokale Bevölkerung weiter marginalisieren. Die „Ressourcenfluch" beschreibt das Phänomen, dass Länder mit reichhaltigen natürlichen Ressourcen häufig unter schlechteren wirtschaftlichen und sozialen Bedingungen leiden als Länder mit weniger Ressourcen.

In der wissenschaftlichen und politischen Diskussion über Ressourcenkonflikte und planetare Grenzen ist es daher wichtig, integrative Ansätze zu verfolgen, die ökologische Nachhaltigkeit, soziale Gerechtigkeit und ökonomische Entwicklung miteinander verbinden. Ansätze wie die Förderung nachhaltiger Landnutzung, das Wassermanagement auf regionaler und internationaler Ebene sowie die Stärkung von Governance-Strukturen sind entscheidend, um die planetaren Grenzen zu respektieren und Konflikte zu minimieren.

Planetary Pressures-adjusted Human Development Index (PHDI)

Der Planetary Pressures-adjusted Human Development Index (PHDI) ist eine neuartige Metrik, die entwickelt wurde, um die menschliche Entwicklung in einem Kontext zu betrachten, der die ökologischen Belastungen und die damit verbundenen Ressourcenverfügbarkeiten berücksichtigt. Im Gegensatz zum traditionellen Human Development Index (HDI), der lediglich auf den durchschnittlichen Lebensstandard, die Bildung und die Lebenserwartung fokussiert, integriert der PHDI ökologische Dimensionen und erkennt an, dass die menschliche Entwicklung nicht unabhängig von den planetaren Grenzen und der

Der PHDI kombiniert verschiedene ökonomische, soziale und ökologische Indikatoren. Um den PHDI zu berechnen, werden zunächst die klassischen HDI-Indikatoren erfasst, deren Werte jedoch durch bestimmte planetarische Druckindikatoren wie Kohlenstoffemissionen, Wasserverbrauch und Biodiversitätsverlust angepasst werden. Dies bedeutet, dass Ländern, die innerhalb ihrer ökologischen Grenzen wirtschaften und soziale Wohlfahrt fördern, höhere PHDI-Werte zugewiesen werden, während Länder, die hohe ökologische Belastungen verursachen, entsprechend niedrigere Werte erhalten. Diese Anpassung verdeutlicht, dass nachhaltige Entwicklung und Ressourcennutzung untrennbar miteinander verknüpft sind.

Ressourcenkonflikte treten typischerweise in Regionen auf, in denen der Druck auf natürliche Ressourcen, wie Wasser, Land und Mineralien, aufgrund von Bevölkerungswachstum, urbaner Expansion und wirtschaftlicher Entwicklung extrem hoch ist. Der PHDI kann dabei helfen, diese Konflikte besser zu verstehen und zu analysieren, indem er aufzeigt, wie ökologische Übernutzung und ungleiche Verteilung von Ressourcen die menschliche Entwicklung behindern oder sogar zu Spannungen und Konflikten führen können.

Ein Beispiel ist die Wasserknappheit in vielen Teilen der Welt, die oftmals durch übermäßige Landnutzung, ungerechte Wasserverteilung und den Klimawandel verursacht wird. Diese Umstände können zu sozialen Konflikten führen, etwa zwischen Gemeinden, die um begrenzte Wasserressourcen konkurrieren. Der PHDI macht deutlich, dass in solchen Kontexten nicht nur die Lebensqualität der Individuen beeinträchtigt wird, sondern auch die menschliche Entwicklung insgesamt unter Druck gerät.

Darüber hinaus ist der PHDI ein nützliches Instrument zur Analyse, inwiefern ökologische Ungleichheiten und soziale Ungerechtigkeiten miteinander verknüpft sind. Insbesondere in Entwicklungs- und Schwellenländern sind Ressourcenkonflikte oft schwerwiegender, weil die Bevölkerung meist stärker von natürlichen Ressourcen abhängig ist und weniger Ressourcen zur Verfügung stehen, um Einkommens- und Lebensstandard zu verbessern. Die Anpassung des HDI an planetare Druckfaktoren verdeutlicht die Notwendigkeit nachhaltiger Praktiken, um sowohl ökologische als auch soziale Gerechtigkeit zu fördern.

Die Einführung des PHDI könnte tiefgreifende Auswirkungen auf politische Entscheidungsprozesse haben. Regierungen und internationale Organisationen würden ermutigt, Politiken zu entwickeln, die nicht nur auf wirtschaftliches Wachstum abzielen, sondern auch die Erhaltung ökologischer Ressourcen und die Förderung sozialer Gleichheit in den Vordergrund rücken. Solche Politiken könnten auf Ansätze zur Ressourcennutzung setzen, die auf nachhaltiger Entwicklung basieren, wie regeneratives Wirtschaften oder Kreislaufwirtschaft.

Darüber hinaus könnte der PHDI als Leitfaden für die Entwicklungszusammenarbeit dienen. Internationale Hilfsorganisationen und geberstaatliche Einrichtungen könnten Programme und Projekte daran ausrichten, wie sie sowohl die menschliche Entwicklung fördern als auch ökologische Grenzen respektieren.

Der Planetary Pressures-adjusted Human Development Index (PHDI) stellt einen wichtigen Schritt in der Entwicklung von Indikatoren dar, die die komplexen Wechselwirkungen zwischen menschlicher Entwicklung und ökologischen Bedingungen reflektieren. Im Kontext der Ressourcenkonflikte bietet dieser Index eine wertvolle Perspektive, um die Herausforderungen nachhaltiger Entwicklung zu verstehen und entsprechende politische Maßnahmen zu formulieren, die sowohl soziale als auch ökologische Ziele fördern. Dies ist besonders relevant in einer Zeit, in der Ressourcenknappheit und Umweltprobleme zunehmend besorgniserregende Dimensionen annehmen.

Plastikmüll und Plastikverschmutzung

Plastikmüll und Plastikverschmutzung stellen in der heutigen Welt eines der drängendsten ökologischen Probleme dar. Die globale Produktion von Plastik hat sich in den letzten Jahrzehnten exponentiell erhöht und erreicht inzwischen Hunderte von Millionen Tonnen pro Jahr. Diese Entwicklung führt zu ernsthaften ökologischen Konsequenzen, insbesondere in Form von einer wachsenden Menge an Plastikmüll, der die Ozeane, Flüsse und Landschaften weltweit kontaminiert. Im Kontext von Ressourcenkonflikten zeigt sich, dass die Problematik von Plastikmüll nicht isoliert betrachtet werden kann, sondern tief in die sozialen, wirtschaftlichen und politischen Strukturen verwickelt ist.

Plastik wird in einer Vielzahl von Anwendungen eingesetzt, von Verpackungen über Konsumgüter bis hin zu technischen Anwendungen. Der Großteil des produzierten Plastiks, schätzungsweise etwa 80%, wird nach einmaliger Verwendung weggeworfen. Diese Wegwerfkultur führt zu enormen Mengen an

Plastikabfällen, die oft nicht ordnungsgemäß entsorgt werden. Schätzungen zufolge könnte bis 2030 die jährliche Produktion von Plastik bis auf 1,3 Milliarden Tonnen ansteigen, was zu einer katastrophalen Zunahme von Plastikmüll in der Umwelt führen würde.

Ein zentrales Problem der Plastikverschmutzung stellt die Verunreinigung von Ökosystemen dar. Plastikpartikel, insbesondere Mikroplastik, gelangen durch verschiedene Wege in die Umwelt, sei es durch falsche Entsorgung, unzureichende Abfallwirtschaft oder durch den Zerfall größerer Plastikteile. Diese Mikroplastikpartikel sind nicht biologisch abbaubar und sammeln sich in den Nahrungsnetzen von Meereslebewesen, führen zu Bioakkumulation und stellen eine ernsthafte Bedrohung für die marine Biodiversität dar.

Ein relevanter Aspekt im Zusammenhang mit Plastikmüll sind die Ressourcenkonflikte, die durch die Gewinnung, Produktion und Entsorgung von Plastik entstehen. In vielen Regionen der Welt kommt es zu Konflikten über natürliche Ressourcen, die durch die Industrialisierung und unregulierte Plastikproduktion verschärft werden. Länder mit reicher Rohstoffbasis für Erdöl, ein Hauptbestandteil der meisten Kunststoffe, sehen sich häufig mit internen und externen Spannungen konfrontiert, die durch die Ausbeutung dieser Ressourcen entstehen. Die Abhängigkeit von fossilen Brennstoffen zur Kunststoffherstellung hat nicht nur Auswirkungen auf die Umwelt, sondern auch auf die sozioökonomische Struktur der betroffenen Länder, insbesondere in Entwicklungsländern.

Darüber hinaus können Ressourcen wie sauberes Wasser und landwirtschaftlich nutzbare Flächen unter Druck geraten, da die Plastikindustrie Ressourcen beansprucht, die für die lebenswichtige Nahrungsmittelproduktion und die Wasserversorgung benötigt werden. Dies kann zu sozialen Spannungen und Ungerechtigkeiten führen, da marginalisierte Gemeinschaften oft am stärksten von diesen Veränderungen betroffen sind. Das Verhalten multinationaler Unternehmen, die in ärmeren Ländern Produktionsstätten errichten, und die mangelnde Regulierung dieser Praktiken tragen zur Intensivierung dieser Konflikte bei.

Ein weiteres Problem ist das Recycling von Plastik. Obwohl Recycling als Lösung für die Plastikkrise propagiert wird, ist es oft ineffizient und führt nicht immer zur gewünschten Reduzierung von Neuplastikproduktion und -verschmutzung. Viele Recyclinganlagen sind in der Lage, nur einen Bruchteil des Plastiks wiederzuverwerten, während der Rest entweder auf Deponien landet oder verbrannt wird, was zu weiteren Umweltauswirkungen führt. Die ungleiche Verteilung von Ressourcen und Technologien für das Recycling hat somit bereits bestehende soziale und wirtschaftliche Ungleichheiten zwischen Industrienationen und Entwicklungsländern verschärft.

Postwachstum

Postwachstum ist ein Konzept, das sich mit der Notwendigkeit auseinandersetzt, die traditionelle Auffassung von wirtschaftlichem Wachstum zu hinterfragen und alternative Modelle zu entwickeln, die auf Dauerhaftigkeit, Gerechtigkeit und ressourcenschonender Nutzung abzielen. In einer Welt, in der die natürlichen Ressourcen begrenzt sind und die ökologischen Auswirkungen des Wachstums immer deutlicher auftreten, stellt Postwachstum eine Reaktion auf die drängenden sozial-ökologischen Herausforderungen unserer Zeit dar.

Im Kontext von Ressourcenkonflikten wird das Postwachstum besonders relevant. Ressourcenkonflikte entstehen häufig durch die ungleiche Verteilung und Nutzung von natürlichen Ressourcen und können sowohl national als auch international auftreten. Diese Konflikte sind oft Ausdruck tiefer liegender struktureller Ungleichheiten – sei es zwischen Ländern, innerhalb von Gesellschaften oder zwischen verschiedenen sozialen Gruppen. Beispiele sind der Zugang zu Wasser, Landnutzung, die Kontrolle über mineralische Rohstoffe und die Auswirkungen des Klimawandels, die in vielen Regionen der Welt bereits zu intensiven Auseinandersetzungen führen.

Das Postwachstum-Modell bietet einen alternativen Rahmen, um diese Konflikte zu adressieren. Ein zentraler Punkt ist die kritische Betrachtung des Wachstumsparadigmas, das oft als Selbstzweck betrachtet wird und die Ausbeutung von Ressourcen fördert. Indem Postwachstum den Fokus von quantitativen Wachstumszielen hin zu qualitativen Verbesserungen verschiebt, ermöglicht es eine Neuausrichtung der Wirtschaftsstrukturen. Anstatt Wachstum als primäres Ziel zu haben, betont Postwachstum die Notwendigkeit, die Lebensqualität zu verbessern und gleichzeitig ökologische Grenzen respektieren.

Ein wichtiges Konzept im Rahmen des Postwachstums ist die „Degrowth"-Bewegung, die ein bewussteres Leben in Einklang mit den planetaren Grenzen propagiert und der Überkonsumgesellschaft entgegenwirkt. Hierbei wird auch auf die Bedeutung der Lokalisierung der Wirtschaft hingewiesen, die dazu beitragen kann, Ressourcenkonflikte zu vermindern. Indem lokale Gemeinschaften ökonomische Selbstverwaltung und lokale Produktionsweisen fördern, können sie weniger von globalen Märkten und den damit verbundenen Zyklen der Ausbeutung abhängig werden. Dies reduziert den Druck auf Ressourcen und ermöglicht eine gerechtere Verteilung.

Des Weiteren spielt Bildung eine entscheidende Rolle im Kontext des Postwachstums. Informierte Bürgerinnen und Bürger, die die Zusammenhänge zwischen Ressourcenverbrauch, sozialer Gerechtigkeit und ökologischen Folgen verstehen, sind eher bereit, nachhaltige Lebensweisen zu fördern und sich für eine gerechtere Verteilung von Ressourcen einzusetzen. Bildung kann also ein wichtiges Mittel zur Prävention von Ressourcenkonflikten sein.

Primärgewinnung und Primärenergieverbrauch

Die Primärgewinnung bezieht sich auf den Prozess, durch den natürliche Rohstoffe aus den Ressourcen der Erde extrahiert werden. Dieser Prozess spielt eine entscheidende Rolle in der Energieerzeugung und der Produktion von Materialien, und ist somit eng mit dem Konzept der Primärenergie verbunden, welches die gesamte Energiemenge beschreibt, die direkt aus natürlichen Quellen gewonnen wird, bevor sie in Sekundärenergie umgewandelt oder verarbeitet wird. Die Primärenergiequellen umfassen fossile Brennstoffe (Kohle, Erdöl, Erdgas), erneuerbare Energien (Sonne, Wind, Wasser, Biomasse) und nukleare Energie.

Der Primärenergieverbrauch ist ein zentraler Indikator für den Energiebedarf eines Landes oder einer Region und spiegelt die Menge der Energie wider, die direkt aus diesen Quellen für die Erzeugung von Elektrizität, Wärme und Mobilität verwendet wird. Ein hoher Primärenergieverbrauch kann auf eine intensive wirtschaftliche Aktivität oder einen hohen Lebensstandard hinweisen, birgt aber auch Herausforderungen, insbesondere hinsichtlich Ressourcenkonflikten.

Ressourcenkonflikte sind Auseinandersetzungen, die durch den Wettbewerb um begrenzte und wertvolle natürliche Ressourcen entstehen. Diese Konflikte können auf lokaler, nationaler oder internationaler Ebene auftreten und betreffen häufig Bereiche wie Wasser, Boden, Mineralien und Energieträger. Im Kontext der Primärgewinnung und des Primärenergieverbrauchs sind Ressourcenkonflikte oft das Resultat von Übernutzung und Umweltzerstörung, die direkt mit der Ausbeutung von Rohstoffen und dem steigenden Energiebedarf verbunden sind.

Der globale Anstieg des Primärenergieverbrauchs ist in den letzten Jahrzehnten durch eine verstärkte Industrialisierung, Urbanisierung und das Wachstum der Weltbevölkerung bedingt. Dies hat zu einer höheren Nachfrage nach fossilen Brennstoffen geführt, die häufig in geopolitisch sensiblen Regionen lagern. Diese Dynamiken können in Konflikte münden, wenn Nationen oder Unternehmen um den Zugriff auf Öl-, Gas- oder Kohlevorkommen kämpfen, insbesondere in Konfliktregionen, wo schwache Regierungen und soziale Spannungen herrschen. So sind etwa viele Konflikte im Nahen Osten eng mit den dort vorhandenen Ölreserven verknüpft.

Ein weiteres Beispiel ist die weltweite Nachfrage nach Lithium und Kobalt, die für die Herstellung von Batterien in Elektrofahrzeugen und elektronischen Geräten benötigt werden. Die Gewinnung dieser Rohstoffe erfolgt häufig in

Entwicklungsländern, wo die Bergbaupraktiken negative Auswirkungen auf lokale Gemeinschaften und Ökosysteme haben. Kleinbauern, die auf landwirtschaftliche Produktionsweisen angewiesen sind, geraten in Konflikt mit Bergbauunternehmen, die Land beanspruchen.

Die Wechselwirkungen zwischen Primärgewinnung, Primärenergieverbrauch und Ressourcenkonflikten verdeutlichen die Notwendigkeit eines integrativen Ansatzes zur Energie- und Ressourcenpolitik. Ansätze wie die Förderung erneuerbarer Energien, die Implementierung strengerer Umweltstandards und die Beteiligung lokaler Gemeinschaften an Entscheidungsprozessen könnten dazu beitragen, Ressourcenkonflikte zu vermindern und die ökologischen sowie sozialen Auswirkungen der Primärressourcengewinnung zu minimieren.

Primärrohstoffe

Primärrohstoffe spielen eine zentrale Rolle in der modernen Wirtschafts- und Gesellschaftsstruktur, da sie als grundlegende Materialien für die Produktion von Gütern und Dienstleistungen dienen. Dazu zählen Metalle, Mineralien, fossile Brennstoffe und Biomasse, die aus der Natur gewonnen werden. Der Zugang zu und die Kontrolle über diese Ressourcen können jedoch zu komplexen sozialen, politischen und ökologischen Konflikten führen, die man als Ressourcenkonflikte bezeichnet.

Ressourcenkonflikte entstehen häufig in Regionen mit reichen Vorkommen an Primärrohstoffen. Die wirtschaftlichen Anreize, die aus der Förderung und dem Export dieser Rohstoffe resultieren, ziehen unterschiedliche Akteure an, darunter Staaten, multinationale Unternehmen und lokale Gemeinschaften. Die Machtverhältnisse, die sich dabei entwickeln, sind oft ungleich verteilt. Während die Regierungen und Unternehmen von den Ressourcen profitieren, können lokale Gemeinschaften von ihrer Ausbeutung nachteilig betroffen sein, was soziale Ungleichheit verstärkt und zu Spannungen führt.

Ein prominentes Beispiel für Ressourcenkonflikte ist die Ölindustrie im Niger-Delta. In dieser Region hat die Förderung von Erdöl zu enormen Einnahmen für den nigerianischen Staat geführt, während die lokale Bevölkerung unter Umweltverschmutzung, Verlust von Lebensgrundlagen und Verletzungen ihrer Rechte leidet. Diese Ungleichgewichte können zu gewaltsamen Auseinandersetzungen führen, in denen lokale Gemeinschaften versuchen, auf ihre Ansprüche und Bedürfnisse aufmerksam zu machen.

Die Geografie der Primärrohstoffe beeinflusst ebenfalls Konflikte. Regionen mit hoher Ressourcenverfügbarkeit, wie das mittlere Afrika oder der Nahe Osten, sind häufig von politischer Instabilität und gewaltsamen Auseinandersetzungen betroffen.

Dies liegt nicht nur an den natürlichen Vorkommen, sondern auch an der geopolitischen Bedeutung dieser Ressourcen, die häufig globalen Interessenskonflikten unterliegen. Die Kontrolle über Ressourcengebiete kann nationale und internationale Spannungen verstärken und sogar zu militärischen Auseinandersetzungen führen.

Ein weiterer wichtiger Aspekt ist der sogenannte "Ressourcenschutz" oder die "Ressourcenschicksalsparadoxie", bei dem Länder mit reichen Rohstoffvorkommen häufig schlechter abschneiden in Bezug auf wirtschaftliches Wachstum und politische Stabilität. Dieses Phänomen, das als „Ressourcenfluch" bezeichnet wird, zeigt, dass die Abhängigkeit von Primärrohstoffen die institutionelle Entwicklung hemmen kann und zu Korruption und schlechten Regierungspraktiken führt.

Zusätzlich zu den sozialen und politischen Dimensionen, bringt die Ausbeutung von Primärrohstoffen auch erhebliche ökologische Herausforderungen mit sich. Die extraktive Industrie verursacht häufig Umweltzerstörung, die nicht nur die Biodiversität gefährdet, sondern auch die Lebensgrundlagen der lokalansässigen Bevölkerung. Der Druck auf natürliche Ressourcen durch Übernutzung und schlechte Praktiken führt zu einem Teufelskreis von Umweltzerstörung und sozialem Konflikt.

Um die Herausforderungen im Zusammenhang mit Primärrohstoffen und Ressourcenkonflikten anzugehen, sind integrative Ansätze erforderlich, die Markt- und Regierungsmechanismen kombinieren. Dazu gehören transparente und gerechte Verteilung von Ressourcen, die Stärkung der lokalen Rechte sowie umweltgerechte Praktiken, die sowohl ökonomische als auch soziale Aspekte berücksichtigen. Internationale Standards, wie die Extractive Industries Transparency Initiative (EITI), zielen darauf ab, Transparenz und Verantwortlichkeit in der Rohstoffindustrie zu fördern und die damit verbundenen Konflikte zu minimieren.

Private Güter

Private Güter sind ein zentrales Konzept der Mikroökonomie und beschäftigen sich mit dem Umgang und der Verteilung von Ressourcen, die von Individuen oder Unternehmen genutzt werden. Sie sind durch zwei Hauptmerkmale gekennzeichnet: Exkludierbarkeit und Rivalität im Konsum. Exkludierbarkeit bedeutet, dass der Zugang zu diesen Gütern kontrolliert werden kann – es ist möglich, Personen vom Konsum auszuschließen, zum Beispiel durch Preissetzung oder Lizenzierung. Rivalität im Konsum bedeutet, dass der Konsum eines Gutes durch eine Person seine Verfügbarkeit für andere verringert; das klassische Beispiel hierfür sind Nahrungsmittel oder Wohnraum.

In Bezug auf Ressourcenkonflikte spielen private Güter eine entscheidende Rolle. Ressourcenkonflikte entstehen häufig, wenn knappe Güter und Ressourcen – wie Wasser, Land, Rohstoffe oder Energie – umkämpft sind. Diese Ressourcen sind oft nicht nur für die individuelle Lebensqualität von Bedeutung, sondern auch für die wirtschaftliche Entwicklung von Ländern und Regionen. Wenn private Güter in großer Menge vorhanden sind, können sie relativ problemlos verteilt werden; jedoch wird das Problem der Verknappung besonders deutlich, wenn die Nachfrage nach diesen Gütern die verfügbaren Mengen übersteigt.

Ein Beispiel für Ressourcenkonflikte, die auf private Güter zurückzuführen sind, ist der Zugang zu Wasserressourcen. In vielen Regionen der Welt ist Wasser ein kostbares Gut, und die Konkurrenz um Zugang zu Wasserquellen kann zu Spannungen zwischen verschiedenen Nutzergruppen führen, sei es zwischen Landwirtschaft, Industrie oder Haushalten. Wenn Wasser als privates Gut behandelt wird, können bestimmte Akteure durch exklusive Rechte den Zugriff auf Wasser kontrollieren, was zu Ungleichheiten führt und benachteiligte Gruppen davon ausschließt.

Ein weiteres Beispiel sind mineralische Ressourcen wie Lithium oder seltene Erden, die in der modernen Technologie eine zentrale Rolle spielen. Der Abbau dieser Ressourcen erfordert oft erhebliche Investitionen und Know-how. Länder oder Unternehmen, die über solche Ressourcen verfügen, können sie als private Güter betrachten, was zu geopolitischen Spannungen führt. Hierbei treffen wirtschaftliche Interessen auf ökologische Überlegungen und soziale Gerechtigkeit, und die unterschiedlichen Ansprüche an das Gut sorgen für Konflikte.

Ressourcenkonflikte werden auch durch das Konzept der Gemeingüter beeinflusst, das eng mit dem der privaten Güter verwoben ist. Viele natürliche Ressourcen, wie Valleys, Wälder und Fischbestände, können sowohl als private als auch als öffentliche Güter betrachtet werden, je nachdem, wie der Zugang organisiert ist. Das Fehlen eines klaren Eigentumsrechts kann dazu führen, dass Übernutzung und „Kollaps der Gemeingüter" auftreten, bei denen private Akteure das Gut übernutzen, ohne die langfristigen Konsequenzen für die Gemeinschaft zu berücksichtigen.

Ein wichtiger Aspekt bei Ressourcenkonflikten und privaten Gütern ist die Rolle staatlicher Regulierung und Governance. Der Staat kann durch Rahmenbedingungen, Gesetze und Regulierungen dazu beitragen, den Zugang zu Ressourcen zu steuern und damit Konflikten vorzubeugen. Zudem können internationale

Vereinbarungen und Organisationen wichtige Rollen spielen, wenn es um die Regelung von Ressourcen geht, die grenzüberschreitend sind. Strukturen für Multi-Level-Governance können dabei helfen, die Ansprüche auf private Güter zwischen verschiedenen Interessengruppen auszugleichen.

Radioaktive Abfälle

Radioaktive Abfälle entstehen vor allem in der Kernenergieerzeugung und in medizinischen sowie industriellen Anwendungen. Diese Abfälle sind aufgrund ihrer radioaktiven Eigenschaften eine erhebliche Gefährdung für Mensch und Umwelt und werfen komplexe Herausforderungen im Hinblick auf Lagerung, Entsorgung und den damit verbundenen Ressourcenkonflikten auf.

Im wissenschaftlichen Diskurs wird häufig zwischen verschiedenen Typen radioaktiver Abfälle unterschieden, die sich in ihrer Aktivität, Strahlung und deren Halbwertszeiten unterscheiden. Hierzu zählen hochradioaktive Abfälle, die typischerweise aus dem Reaktorbetrieb stammen und mehrere tausend Jahre gefährlich bleiben können, sowie niedrig- und mittelradioaktive Abfälle, die kürzere Halbwertszeiten aufweisen.

Ein zentrales Problem im Umgang mit radioaktiven Abfällen stellt die Endlagerung dar. Die Suche nach geeigneten Standorten für Endlager ist ein politisch und sozial stark aufgeladenes Thema. In vielen Ländern zieht die Errichtung von Endlagern Protest und Widerstand in den betroffenen Gemeinden nach sich. Dies kann zu Ressourcenkonflikten führen, insbesondere wenn indigene Gemeinschaften oder umweltbewusste Bürgergruppen betroffen sind, die sich gegen die Gefahren und möglichen Langzeitfolgen der Lagerung wehren. Diese Konflikte manifestieren sich häufig in Form von "NIMBY"- (Not In My Backyard)-Einstellungen, bei denen lokale Bevölkerungen sich gegen die Ansiedlung von gefährlichen Einrichtungen in ihrer Nähe wehren.

Zudem gibt es auf globaler Ebene Ressourcenkonflikte, die den Umgang mit radioaktiven Abfällen betreffen. Beispielsweise können geologische Formationen, die für die Endlagerung genutzt werden sollen, in Konflikt mit dem Bedarf an natürlichen Ressourcen stehen, z.B. bei der Gewinnung von Bodenschätzen. Die Notwendigkeit, geeignete geologische Standorte zu finden, wird oft durch wirtschaftliche Interessen an den gleichen Regionen erschwert, was zu Spannungen zwischen verschiedenen Stakeholdern führen kann. Solche Konflikte werden durch tiefergehende soziale und politische Dynamiken verstärkt, die auch Fragen der Gerechtigkeit und der Verteilung von Risiken aufwerfen. In vielen Fällen haben benachteiligte Gemeinschaften oder Nationen unverhältnismäßig hohe

Risiken zu tragen, während die Verantwortlichen für die Entstehung dieser Abfälle oft außerhalb der betroffenen Gebiete ansässig sind.

Ein weiterer Aspekt, der Ressourcenkonflikte fördert, handelt von den technologischen Möglichkeiten zur Wiederaufbereitung oder Minimierung von radioaktiven Abfällen. Die Debatte über den Einsatz fortschrittlicher Technologien zur Reduzierung von Abfall ist komplex und wird durch unterschiedliche Auffassungen über Sicherheit, Kosten und Umweltverträglichkeit geprägt. Regionale und globale Machtverhältnisse spielen eine wesentliche Rolle dabei, inwieweit Technologien umgesetzt werden können und welche Verantwortung die Staaten für die Handhabung von radioaktivem Abfall übernehmen.

Raffination

Raffination ist ein zentraler Prozess in der Erdöl- und Mineralverarbeitung, der entscheidend zur Umwandlung von Rohstoffen in verwertbare Produkte beiträgt. Dabei werden verschiedene Techniken angewandt, um die chemischen und physikalischen Eigenschaften von Rohstoffen zu verändern und ihre Reinheit zu erhöhen. Raffination ist in diesem Kontext nicht nur ein technischer Prozess, sondern auch ein wesentlicher Faktor in ökonomischen und politischen Dynamiken, die Ressourcenkonflikte auslösen oder verstärken können.

Energie- und Rohstoffressourcen sind oft ungleich verteilt, was zu erheblichen Spannungen zwischen Staaten, Gemeinschaften und Unternehmen führt. Länder mit reichen Bodenschätzen, insbesondere in Entwicklungsländern, können unter erheblichen Druck geraten, ihre Ressourcen effizient zu verwalten und zu exportieren. Raffination spielt hierbei eine doppelte Rolle: Sie kann sowohl einen wirtschaftlichen Nutzen bieten als auch als Quelle von Conflict und Ungleichheit wirken.

In vielen rohstoffreichen Ländern sind die Wohlstandsgewinne aus der Raffination und dem Export von Ressourcen nicht gleichmäßig verteilt, was zu Korruption, Ungleichheit und sozialen Spannungen führt. Oft profitieren nur kleine Eliten von den Einnahmen, während große Teile der Bevölkerung in Armut leben. Diese Ungleichheiten können Konflikte katalysieren, insbesondere wenn lokale Gemeinschaften das Gefühl haben, dass ihre Umwelt zerstört wird oder ihre Rechte nicht respektiert werden. Ressourcenkonflikte entstehen häufig an Schnittstellen, wo die Interessen von Unternehmen, lokalen Gemeinschaften und nationalen Regierungen aufeinanderprallen.

Ein weiteres zentrales Element ist die Umweltschädlichkeit der Raffination. Raffinierungsprozesse setzen oft schädliche Emissionen frei und können zu Umweltverschmutzung führen, die die Gesundheit von Menschen und Ökosystemen gefährdet. Diese Umweltauswirkungen können wiederum zu Ressourcenkonflikten führen, wenn betroffene Gemeinschaften gegen Unternehmen oder Regierungen mobilisieren, um ihre Lebensgrundlagen zu verteidigen. Darüber hinaus verstärkt die Geopolitik das Spannungsfeld um die Raffination. Staaten, die über große Raffineriekapazitäten verfügen, haben oft strategische Vorteile im globalen Markt. Dies kann zu geopolitischen Spannungen führen, insbesondere in Regionen wie dem Nahen Osten, wo Ölressourcen ein entscheidender Faktor für die politische Stabilität sind. Die Kontrolle über Raffination und Verteilung von Raffinerieprodukten kann zur Militarisierung und zu politischen Konflikten führen, da Staaten versuchen, ihren Einfluss auszubauen oder zu sichern.

Die Digitalisierung und die Entwicklung neuer Technologien in der Raffination können potenziell diese Konflikte beeinflussen. Effiziente und umweltfreundliche Technologien bieten Chancen zur Verbesserung der Zugänglichkeit und Nachhaltigkeit von Ressourcen. Gleichzeitig können diese Technologien aber auch bestehende Ungleichgewichte verschärfen, wenn zum Beispiel nur wohlhabende Nationen oder Unternehmen Zugang zu fortschrittlichen Raffinationstechniken haben.

Raubbau

Raubbau, ein Begriff, der ursprünglich aus der Forstwirtschaft stammt und die übermäßige und oft illegale Nutzung von Ressourcen beschreibt, hat sich in den letzten Jahrzehnten zu einem zentralen Thema im Kontext von Ressourcenkonflikten entwickelt. Ressourcenkonflikte entstehen typischerweise, wenn verschiedene Akteure – seien es Staaten, Unternehmen oder lokale Gemeinschaften – um den Zugang zu und die Kontrolle über natürliche Ressourcen konkurrieren. In vielen Fällen ist der Raubbau an Ressourcen, wie Holz, Bodenschätzen oder Wasser, ein treibender Faktor für solche Konflikte.

Raubbau bezieht sich in der Regel auf Praktiken, die über das nachhaltige Maß hinausgehen, was zu einer Degradierung der Ressourcenbasis führt. Beispiele sind illegale Abholzung, übermäßiger Fischfang, sowie der unverantwortliche Abbau von Mineralien und fossilen Brennstoffen. Diese Praktiken haben oft schwerwiegende ökologische Konsequenzen, darunter die Erschöpfung von Böden, Verlust der Biodiversität und Verschmutzung von Wasserquellen. Diese ökologischen Folgen verstärken häufig sozioökonomische Ungleichheiten und können zu einem Rückgang der Lebensqualität der betroffenen Gemeinschaften führen.

Ressourcenkonflikte entstehen nicht nur durch den Wettbewerb um Ressourcen, sondern auch durch die ungleiche Verteilung und Kontrolle über diese Ressourcen. In vielen Ländern des globalen Südens zeichnen sich Konflikte häufig durch den Raubbau an natürlichen Ressourcen ab, der sowohl von multinationalen Konzernen als auch von lokalen Eliten betrieben wird. Diese Akteure sind oft in der Lage, staatliche Strukturen zu umgehen oder sie zu beeinflussen, was zu einer Marginalisierung lokaler Gemeinschaften führt, die auf diese Ressourcen für ihr Überleben angewiesen sind.

Ein prägnantes Beispiel ist die Abholzung im Amazonasgebiet, wo illegale Holzernte und der Landraub für Agroindustrie und Viehzucht sowohl ökologische Zerstörung als auch soziale Konflikte hervorrufen. Indigene Völker und lokale Gemeinschaften, die das Land traditionell genutzt haben, sehen sich häufig gewaltsamen Auseinandersetzungen gegenüber, während ihre Lebensgrundlage auf dem Spiel steht. Diese Konflikte sind nicht nur lokal verankert, sondern können auch globale Dimensionen annehmen, wenn internationale Märkte für Holz und Agrarprodukte steigen.

Raubbau und Ressourcenkonflikte sind stark von politischen und wirtschaftlichen Rahmenbedingungen geprägt. Korruption, ineffektive Staatsführung und das Fehlen von rechtlichen Schutzmaßnahmen für lokale Gemeinschaften verschärfen das Problem. Oft sind Regierungen nicht in der Lage oder willens, die Rechte der indigenen Bevölkerung zu schützen oder nachhaltige Praktiken zu fördern. Stattdessen begünstigen sie die Interessen mächtiger Unternehmen, wodurch ein Teufelskreis aus Raubbau, Umweltverschmutzung und sozialem Unfrieden entsteht.

Um den negativen Spiralen von Raubbau und Ressourcenkonflikten entgegenzuwirken, sind integrative Ansätze erforderlich, die sowohl Umwelt- als auch Sozialaspekte berücksichtigen. Oftmals ist die Förderung von nachhaltigem Ressourcenmanagement und die Stärkung der Rechte lokaler Gemeinschaften der Schlüssel. Partizipative Ansätze, bei denen betroffene Gemeinschaften in Entscheidungsprozesse eingebunden werden, sind dabei zentral. Politische Maßnahmen müssen zudem sicherstellen, dass Ressourcen gerecht verteilt werden und die Nutzung langfristig Umwelt und Gesellschaft zugutekommt.

Raw Materials Initiative (Europäische Rohstoffinitiative)

Die Europäische Rohstoffinitiative, auch als „Raw Materials Initiative" (RMI) bekannt, wurde im Jahr 2008 von der Europäischen Kommission ins Leben gerufen, um den Zugang zu Rohstoffen zu sichern, die für die europäische Wirtschaft von entscheidender Bedeutung sind. Diese Initiative zielt darauf ab, die

Abhängigkeit der EU von Rohstoffimporten zu verringern und die Wettbewerbsfähigkeit der europäischen Industrie zu stärken, vor allem im Kontext der strategisch wichtigen Rohstoffe, die für die moderne Technologie, beispielsweise in der Elektronik, der Energiewende und der Automobilindustrie, unerlässlich sind. Ein zentrales Anliegen der RMI ist die Gewährleistung einer nachhaltigen und verantwortungsvollen Rohstoffversorgung. Im Zuge der Umsetzung der Initiative wurde erkannt, dass der Zugang zu Rohstoffen oft durch geopolitische Spannungen, wirtschaftliche Instabilität und Ressourcenkonflikte beeinträchtigt wird. Diese Konflikte entstehen häufig in Regionen, in denen der Abbau von Rohstoffen zu sozialen, ökologischen und politischen Auseinandersetzungen führt. Ressourcenkonflikte sind im Wesentlichen Auseinandersetzungen, die sich um den Zugang, die Kontrolle, den Abbau und die Verteilung von natürlichen Ressourcen drehen. Diese Konflikte reichen von lokalen Spannungen zwischen Gemeinschaften und Unternehmen bis hin zu internationalen Konflikten, bei denen staatliche Akteure um Ressourcen und Einfluss kämpfen.

Ein signifikantes Beispiel sind Konflikte um mineralische Ressourcen wie Coltan, das für die Produktion von Mobiltelefonen und anderen elektronischen Geräten benötigt wird. Viele dieser Konflikte sind in Ländern angesiedelt, die politisch instabil sind und oft von Korruption und Menschenrechtsverletzungen betroffen sind. Die Rohstoffinitiative thematisiert daher nicht nur den Zugang zu Rohstoffen, sondern auch die Notwendigkeit, ethische Standards und Richtlinien für den Rohstoffabbau zu etablieren, um negative Auswirkungen auf die lokalen Gemeinschaften und die Umwelt zu minimieren.

Zusätzlich betont die RMI die Wichtigkeit der Kreislaufwirtschaft, wobei Recycling und Wiederverwendung von Rohstoffen eine entscheidende Rolle spielen. Durch die Förderung von Innovationen in der Materialwissenschaft und die Entwicklung neuer Technologien zur Rohstoffrückgewinnung können die Abhängigkeit von primären Rohstoffen reduziert und die Ressourceneffizienz verbessert werden. Dies ist besonders relevant im Kontext des Klimawandels, da viele Rohstoffe für die Entwicklung erneuerbarer Energien unerlässlich sind.

Ein weiterer Aspekt der RMI ist die internationale Zusammenarbeit und Diplomatie. Die EU engagiert sich aktiv in globalen Initiativen und Partnerschaften, um den verantwortungsvollen Abbau und Handel von Rohstoffen zu fördern und Ressourcenkonflikte zu vermeiden. Hierzu gehören unter anderem die Förderung von Transparenz und die Unterstützung von Initiativen, die auf die Einhaltung umwelt- und sozialverträglicher Standards abzielen.

Rebound-Effekt

Der Rebound-Effekt ist ein wichtiger und oft übersehener Aspekt in der Diskussion um Ressourcenkonflikte und nachhaltige Entwicklung. Er beschreibt das Phänomen, bei dem eine Effizienzsteigerung in der Ressourcennutzung zu einem Anstieg des Gesamtverbrauchs dieser Ressource führen kann, was im Widerspruch zu den Zielen der Ressourcenschonung steht. Dieser Effekt ist vor allem in den Bereichen Energie und Materialnutzung von Bedeutung und kann weitreichende Implikationen für die Umweltpolitik und Ressourcenkonflikte haben.

Basis des Rebound-Effekts ist die Idee, dass Effizienzgewinne in der Ressourcennutzung primär zu einer Senkung der Kosten führen. Wenn beispielsweise ein Unternehmen durch technologische Innovationen den Energieverbrauch seiner Maschinen reduziert, sinken die Betriebskosten. Diese Einsparungen können dann reinvestiert werden, sei es, um die Produktion zu erhöhen, neue Märkte zu erschließen oder die Preise für die Endverbraucher zu senken. Wenn die Produktionskapazität steigt oder die Preise sinken, kann dies zu einer höheren Nachfrage nach den Produkten und damit zu einem Anstieg des Gesamtverbrauchs der Ressource (in diesem Fall Energie) führen. Dies wird oft als „direct rebound effect" bezeichnet.

Ein weiteres, komplexeres Dimension des Rebound-Effekts ist der „indirect rebound effect", der auf die weiterreichenden wirtschaftlichen und sozialen Dynamiken abzielt. Hierbei kann die verstärkte Nutzung einer Ressource, die durch Effizienzgewinne bedingt ist, auch zu Veränderungen in anderen Wirtschaftssektoren führen. Zum Beispiel könnte eine Steigerung der Energieeffizienz in einer Industrie zu niedrigeren Energiepreisen führen, die wiederum die Nachfrage in anderen energieintensiven Sektoren anregen. Diese abstrahierten Reaktionen entziehen sich oft der direkten Kontrolle von politischen Maßnahmen zur Ressourcenschonung.

Im Kontext von Ressourcenkonflikten bedeutet der Rebound-Effekt, dass politische Maßnahmen zur Reduzierung des Ressourcenverbrauchs und zur Förderung von Nachhaltigkeit nicht immer den gewünschten Effekt haben. Wenn beispielsweise ein Land in eine nachhaltige Energiepolitik investiert, um den CO_2-Ausstoß zu reduzieren, könnten die durch diese Maßnahmen geschaffenen Effizienzgewinne nicht nur den CO_2-Ausstoß in den Sektoren senken, in denen die Effizienzmaßnahmen angewandt werden, sondern auch zu einem Anstieg des Gesamtenergieverbrauchs führen. Dies könnte Ressourcenkonflikte verschärfen, insbesondere in Regionen, in denen Wasser, Energie und landwirtschaftliche Flächen bereits unter Druck stehen.

Zusätzlich spielt der Rebound-Effekt in einem globalen Kontext eine wichtige Rolle. Effizienzsteigerungen in einem Land können leichter zu höherem Ressourcenverbrauch in einem anderen Land führen. Die Globalisierung und die steigenden Handelsströme ermöglichen es den Verbrauchern, von den Effizienzgewinnen in einem Land zu profitieren, während die Umweltauswirkungen und Ressourcennutzung in einem anderen Land steigen. Dies kann Konflikte um Ressourcen verstärken, insbesondere in Regionen, die bereits unter Wasserknappheit oder landwirtschaftlichem Druck stehen.

Ein konkretes Beispiel für den Rebound-Effekt im Kontext von Ressourcenkonflikten ist die Wasserbewirtschaftung in ariden Regionen, wo Effizienzmaßnahmen in der Landwirtschaft – wie der Einsatz von Tropfbewässerungssystemen – zu einem Anstieg der Anbauflächen und damit zu einem höheren Gesamtwasserverbrauch führen können. Politische Entscheidungsträger und Planer müssen sich dieses Phänomens bewusst sein, um Strategien zu entwickeln, die nicht nur auf Effizienzgewinne abzielen, sondern auch die gesamten sozialen, ökonomischen und ökologischen Auswirkungen berücksichtigen.

Zusammengefasst zeigt der Rebound-Effekt, dass Effizienzsteigerungen in der Ressourcennutzung nicht isoliert betrachtet werden dürfen. Sie sind Teil eines komplexen Systems, in dem wirtschaftliche, soziale und ökologische Faktoren miteinander verflochten sind. Ein besseres Verständnis dieser Zusammenhänge ist entscheidend für die Entwicklung effektiver Strategien zur Bewältigung von Ressourcenkonflikten und zur Förderung einer nachhaltigen Zukunft.

Recycling

Recycling spielt eine entscheidende Rolle im Kontext von Ressourcenkonflikten, insbesondere in einer Welt, in der die Nachfrage nach Rohstoffen stetig steigt und die natürlichen Ressourcen begrenzt sind. Der Prozess des Recyclings umfasst die Rückgewinnung von Materialien aus Abfällen, um diese wieder in die Produktionskette zu integrieren. Dies trägt nicht nur zur Reduzierung des Bedarfs an Primärrohstoffen bei, sondern hat auch weitreichende Auswirkungen auf ökologische, ökonomische und soziale Ebenen, die mit Ressourcenkonflikten verknüpft sind.

Ein zentraler Aspekt von Ressourcenkonflikten ist der Wettbewerb um begrenzte Rohstoffe wie Metalle, Seltene Erden und fossile Brennstoffe. Diese Rohstoffe sind oft in Regionen mit politischer Instabilität oder in Ländern mit schwachen Governance-Strukturen konzentriert. Beispiele sind Konflikte um Coltan in der Demokratischen Republik Kongo oder um Öl im Nahen Osten, wo der Zugang zu diesen Ressourcen sowohl nationale als auch internationale Akteure in

Spannungen verwickeln kann. Recycling kann in diesem Kontext eine duale Funktion erfüllen: Zum einen reduziert es den Druck auf die Erdressourcen, indem es den Bedarf an neuen Abbauvorgängen verringert; zum anderen kann es zur Schaffung stabilerer Wirtschaften in Ressourcenschwellenländern beitragen, indem es lokale Wertschöpfungsketten fördert.

Die wirtschaftlichen Dimensionen von Recycling sind nicht zu vernachlässigen. Der Abbau von Rohstoffen ist oft mit hohen Umweltkosten, sozialen Ungerechtigkeiten und Menschenrechtsverletzungen verbunden. Diese Probleme können durch Recycling gemildert werden, indem die Abhängigkeit von natürlichen Ressourcen verringert wird. Recyclingtechnologien können in einer Kreislaufwirtschaft, die auf Nachhaltigkeit basiert, integriert werden. Hochentwickelte Nationen haben sich zunehmend zu Zielvorgaben für Recycling verpflichtet, um ihre Abfallströme zu minimieren und den ökologischen Fußabdruck zu reduzieren.

Auf sozialer Ebene ist Recycling ein Werkzeug, um die Ressourcenverwendung gerechter zu gestalten. Viele Gemeinschaften, insbesondere in Ländern des Globalen Südens, hängen von informellen Recyclingsektoren ab, die oft nicht reguliert sind und in denen die Arbeitsbedingungen prekär sein können. Der formelle Ausbau des Recyclings kann diesen Gemeinschaften helfen, bessere Arbeitsbedingungen und angemessene Entlohnung zu bieten, was den sozialen Zusammenhalt stärkt und potenzielle Ressourcenkonflikte abbauen kann.

Darüber hinaus ist der Einfluss des globalen Handels nicht zu vernachlässigen. Die strengen Umweltvorschriften in den Industrieländern führen häufig zu einem Export von Elektronikschrott und anderen Abfällen in Entwicklungsländer, was dort zu gravierenden Umweltproblemen und potenziellen Konflikten um die Belastung der lokalen Bevölkerung führt. Eine verantwortungsvolle Recyclingpolitik, die auf globaler Zusammenarbeit basiert, könnte dazu beitragen, solche Herausforderungen zu adressieren und gleichzeitig den Ressourcenkonflikten vorzubeugen, indem sie den Zugang zu wertvollen Materialien für ärmerer Länder verbessert.

Reducing Emissions from Deforestation and Forest Degradation (REDD)

Reducing Emissions from Deforestation and Forest Degradation (REDD) ist ein globales Klimaschutzprogramm, das insbesondere darauf abzielt, den CO_2-Ausstoß durch Abholzung und Waldschädigung zu verringern. REDD wurde 2005 auf der 11. UN-Klimakonferenz in Montreal ins Leben gerufen und ist seitdem zu einem zentralen Bestandteil internationaler Klimapolitik geworden, insbesondere im Kontext des Pariser Abkommens von 2015.

Die Mechanismen von REDD umfassen vor allem Anreizsysteme für Länder, die ihren Waldschutz verbessern und entsprechende Emissionen reduzieren. Diese Anreize können finanzieller Natur sein, häufig vermittelt durch internationale Geberländer oder über Marktmechanismen, wie den Handel mit Kohlenstoffzertifikaten. Das Programm zielt darauf ab, in Entwicklungsländern nicht nur die Wälder zu schützen, sondern auch die Ursachen der Abholzung anzugehen, indem nachhaltige Landnutzung gefördert wird.

Im Zusammenhang mit Ressourcenkonflikten ist REDD jedoch nicht ohne Schwierigkeiten. Ressourcenkonflikte entstehen oft durch unterschiedliche Interessen an Landnutzung, insbesondere in Regionen, in denen Armut, landwirtschaftliche Expansion, illegale Holzernte und industrielle Entwicklung konkurrieren. Die Umsetzung von REDD-Programmen kann bestehende Spannungen verstärken, insbesondere wenn lokale Gemeinschaften von Entscheidungsträgern in die Bereiche ausgeschlossen werden, die das Management und die Nutzung von Wäldern betreffen.

Ein kritischer Aspekt ist die Landnutzungsrechte. In vielen Fällen sind die Rechte der indigenen Völker und anderer lokal lebender Gemeinschaften an ihren Landressourcen nicht formalisiert oder anerkannt. Wenn REDD-Programme versuchen, Wälder zu bewirtschaften oder wiederherzustellen, können sie unbeabsichtigt das traditionelle Wissen und die Nutzungsmuster dieser Gemeinschaften ignorieren und deren Zugang zu Ressourcen einschränken. Dies kann zu Konflikten und Widerstand führen, da die betroffenen Gruppen verhindern möchten, dass ihre Lebensgrundlagen und kulturellen Praktiken gefährdet werden.

Zudem können wirtschaftliche Anreize, die durch REDD geschaffen werden, zu einer verstärkten Kommerzialisierung von Waldressourcen führen. Dies kann dazu führen, dass bestimmte Gruppen dominieren und die Vorteile der REDD-Maßnahmen ungleich verteilt werden, was soziale Ungleichheiten verstärken kann. Beispielsweise könnten mächtige Agrar- oder Forstunternehmen die Möglichkeit nutzen, große Flächen zu kontrollieren und dabei kleine Gemeinden oder indigene Völker zu marginalisieren.

Ein weiterer Konfliktpunkt sind die temporären versus dauerhaften Waldnutzungsstrategien. REDD setzt oft auf langfristigen Waldschutz, während lokale Gemeinschaften möglicherweise auf kurzfristige wirtschaftliche Einnahmen aus der Holzernte angewiesen sind. Dies kann zu einem Dilemma führen, wenn die Bedürfnisse der Gemeinschaften nicht ausreichend berücksichtigt werden.

Renaturierung

Renaturierung bezeichnet den Prozess, durch den natürliche Ökosysteme wiederhergestellt werden, die durch menschliche Aktivitäten wie Urbanisierung, Landwirtschaft, Industrie und Bergbau beeinträchtigt oder zerstört wurden. In einem zunehmend industrialisierten und urbanisierten Kontext geraten solche Ökosysteme zunehmend unter Druck und führen oft zu Ressourcenkonflikten. Diese konfligierenden Interessen zwischen Umweltschutz und wirtschaftlicher Nutzung sind in vielen Regionen der Welt spürbar und stellen komplexe Herausforderungen dar.

Die Renaturierung hat das Ziel, die biologische Vielfalt zu fördern, Ökosystemdienstleistungen wiederherzustellen und die Resilienz von Landschaften gegenüber Klimawandel und anderen Umweltveränderungen zu erhöhen. Sie umfasst verschiedene Maßnahmen, wie die Rückführung von Pflanzen und Tieren, die Wiederherstellung von Hydrologie und Bodengesundheit und die Bekämpfung invasiver Arten. Ein solches Vorgehen kann mehrere positive Auswirkungen haben, darunter die Verbesserung der Kohlenstoffbindung, den Schutz von Wasserressourcen und die Schaffung von Lebensräumen für gefährdete Arten.

Im Kontext von Ressourcenkonflikten ist Renaturierung jedoch mit zahlreichen Herausforderungen verbunden. Oft stehen verschiedene Interessengruppen einer Region – wie Landwirte, Forstwirte, Unternehmen, die Rohstoffe extrahieren, und Naturschutzorganisationen – in direktem Wettstreit um die Nutzung der gleichen Ressourcen. Intensive Landwirtschaft, Urbanisierung und Bergbau sind häufig mit ökologischen Schäden verbunden, die die Notwendigkeit von Renaturierungsprojekten erhöhen. Ein besonders prägnantes Beispiel ist der Abbau von Ressourcen wie Öl, Gas, Mineralien oder Edelholz, die oft zu massiven Eingriffen in Landschaften und Ökosysteme führen.

Ein schwieriger Aspekt der Renaturierung im Rahmen von Ressourcenkonflikten ist die Frage der Akzeptanz und Beteiligung der betroffenen Gemeinschaften. Oft empfinden lokale Bevölkerungsgruppen Renaturierungsmaßnahmen als Bedrohung ihrer Lebensgrundlagen, vor allem, wenn sie als Einschränkung der landwirtschaftlichen Tätigkeit oder als Vorwand für die Schaffung von Naturschutzgebieten wahrgenommen werden. Dies kann zu sozialen Spannungen und Widerstand führen. Um diesen Herausforderungen zu begegnen, ist es wesentlich, partizipative Ansätze zu verfolgen, die die Ansichten und Bedürfnisse der betroffenen Gemeinschaften berücksichtigen und deren aktive Beteiligung an Entscheidungsprozessen sicherstellen.

Ein weiterer wichtiger Aspekt ist die Finanzierung von Renaturierungsprojekten. Der Bedarf an Ressourcen für Renaturierung kann mit den wirtschaftlichen

Interessen im Konflikt stehen. Wenn zum Beispiel die kurzfristigen Gewinne aus der Rohstoffförderung höher eingeschätzt werden als die langfristigen Vorteile einer intakten Natur, könnten Investitionen in Renaturierungsmaßnahmen als unattraktiv gelten. Hier können politische Rahmenbedingungen eine entscheidende Rolle spielen, indem sie Anreize schaffen, die Renaturierung fördern und gleichzeitig nachhaltige Praktiken im Ressourcenmanagement unterstützen.

In der wissenschaftlichen Diskussion zur Renaturierung und Ressourcenkonflikten wird auch zunehmend die Rolle des Klimawandels thematisiert. Veränderungen im Klima können sowohl die Notwendigkeit als auch die Herausforderungen der Renaturierung beeinflussen, indem sie beispielsweise den Druck auf Wasserressourcen erhöhen oder das Auftreten invasiver Arten begünstigen. Renaturierungsansätze müssen daher flexibel und anpassungsfähig sein, um auf die sich verändernden Bedingungen zu reagieren und die Resilienz der Ökosysteme zu gewährleisten.

Representative Concentration Pathways (RCP)

Representative Concentration Pathways (RCPs) sind Szenarien, die im Kontext der Klimaforschung entwickelt wurden, um verschiedene mögliche zukünftige Klimazustände zu simulieren. Diese Szenarien basieren auf unterschiedlichen Annahmen über Treibhausgasemissionen und deren Auswirkungen auf die Erderwärmung und das Klima. RCPs sind zentral für die Bewertung der Klimaauswirkungen und dienen als Werkzeug zur Unterstützung der Klimapolitik und der Anpassungsstrategien.

Die RCPs wurden im Rahmen des Fünften Sachstandsberichts des Intergovernmental Panel on Climate Change (IPCC) entwickelt und umfassen vier Hauptszenarien: RCP2.6, RCP4.5, RCP6.0 und RCP8.5. Diese Szenarien repräsentieren unterschiedliche Konzentrationspfade von Treibhausgasen in der Atmosphäre bis zum Jahr 2100. RCP2.6 steht für einen drastischen emissionsreduzierenden Ansatz, der eine Stabilisierung unter 2 °C gegenüber dem vorindustriellen Niveau anvisiert. RCP4.5 und RCP6.0 stellen moderate Ansätze dar, während RCP8.5 oft als „Business as Usual" Szenario betrachtet wird, das eine signifikante Zunahme der Emissionen und somit gravierende Klimaauswirkungen postuliert.

Im Kontext von Ressourcenkonflikten sind RCPs von entscheidender Bedeutung, da verschiedene Klimazukünfte unterschiedliche Auswirkungen auf natürliche Ressourcen, wie Wasser und landwirtschaftliche Flächen, haben können. Steigende Temperaturen, veränderte Niederschlagsmustern und häufigere Extremereignisse sind direkte Folge des Klimawandels, die durch die verschiedenen

RCP-Szenarien modelliert werden können. Diese Veränderungen haben das Potenzial, die Verfügbarkeit von Wasser und Nahrungsmitteln erheblich zu beeinflussen und damit Spannungen zwischen verschiedenen Interessengruppen zu schüren.

Ressourcenkonflikte können in verschiedenen Kontexten auftreten, z. B. zwischen Staaten, innerhalb von Staaten (zwischen verschiedenen ethnischen oder sozialen Gruppen) oder zwischen Wirtschaftssektoren. Ein Beispiel sind Wasserressourcenkonflikte in wasserarmen Regionen, die durch veränderte Niederschlagsmuster und eine erhöhte Wasserverdunstung in wärmeren Klimazonen verschärft werden können. Länder, die auf grenzüberschreitende Wasserressourcen angewiesen sind, können in Konflikte geraten, wenn die Verfügbarkeit von Wasser verringert wird und gleichzeitig die Nachfrage aufgrund von Bevölkerungswachstum und Wirtschaftsentwicklung steigt.

Ein weiteres Beispiel sind landwirtschaftliche Konflikte, die durch den Klimawandel verstärkt werden können. Steigende Temperaturen und unregelmäßige Niederschläge können die Ernteerträge reduzieren und die Nahrungsmittelpreise erhöhen, was zu sozialen Unruhen und politischen Instabilitäten führen kann. In Regionen, die bereits von Armut und Ungleichheit betroffen sind, können solche Veränderungen die bestehenden Spannungen verstärken und zu gewaltsamen Konflikten führen.

Darüber hinaus beeinflussen RCP-Szenarien die geopolitischen Dynamiken, da Länder, die stark von natürlichen Ressourcen abhängig sind, ihre Strategien anpassen müssen, um den Herausforderungen des Klimawandels zu begegnen. Dies könnte zu Rivalitäten um Ressourcen führen, wie sie bei der Kontrolle von Öl- und Gasressourcen oder bei technologischen Innovationen im Bereich erneuerbare Energien beobachtet werden.

Resilienz

Resilienz ist ein komplexes Konzept, das häufig in der Psychologie, Umweltwissenschaft und Soziologie angewendet wird, um die Fähigkeit von Individuen, Gemeinschaften oder Systemen zu beschreiben, sich erfolgreich an Herausforderungen, Stressoren und Veränderungen anzupassen. Im Kontext von Ressourcenkonflikten, die typischerweise aus knappen Ressourcen wie Wasser, Land oder Energie resultieren, hat Resilienz besondere Relevanz, da sie entscheidend für das Überleben und das Wohlstandsniveau der betroffenen Gemeinschaften ist.

Ressourcenkonflikte sind oft das Ergebnis von Übernutzung, ungleicher Verteilung und demografischen Druck, wobei Umweltveränderungen, wirtschaftliche Ungleichheiten und politische Instabilität als treibende Kräfte fungieren. Im

Rahmen dieser Konflikte ist Resilienz die Fähigkeit von Gemeinschaften oder Ökosystemen, nicht nur auf Konflikte und Stress zu reagieren, sondern auch sich neu zu organisieren, um zukünftigen Krisen entgegenzuwirken.

Die Resilienz von Gemeinschaften hängt stark von sozialen, wirtschaftlichen und umweltbezogenen Faktoren ab. Soziale Kohäsion – das Maß an Vertrauen und Zusammenarbeit innerhalb einer Gemeinschaft – spielt eine entscheidende Rolle. Gemeinschaften, die über starke soziale Netzwerke und ein hohes Maß an Vertrauen verfügen, sind oft besser in der Lage, miteinander zu kommunizieren, Ressourcen zu teilen und Konflikte friedlich zu lösen. Solche sozialen Strukturen fördern nicht nur die kollektive Entscheidungsfindung, sondern helfen auch, die Verteilung von Ressourcen gerechter zu gestalten.

Ökonomische Resilienz hingegen bezieht sich auf die Fähigkeit einer Gemeinschaft, aus wirtschaftlichen Rückschlägen oder Ressourcenschwankungen herauszuwachsen. Diversifizierte Wirtschaften, die nicht nur auf eine einzelne Ressource angewiesen sind, können besser auf äußere Schocks reagieren. Ein Beispiel hierfür kann die Agrarwirtschaft sein: Gemeinschaften, die auf verschiedene Anbaukulturen setzen und alternative Einkommensquellen nutzen, sind oft widerstandsfähiger gegenüber Marktschwankungen oder klimabedingten Ernteausfällen.

Darüber hinaus spielt die ökologische Resilienz eine bedeutende Rolle im Kontext von Ressourcenkonflikten. Ökosysteme, die über eine hohe Biodiversität verfügen, sind oft besser in der Lage, sich von Störungen zu erholen und bieten gleichzeitig vielfältige Ecosystemleistungen, die für das Überleben menschlicher Gemeinschaften entscheidend sind. Der Schutz und die Wiederherstellung von Ökosystemen wie Wäldern, Feuchtgebieten und Gewässern sind daher essentielle Bestandteile einer resilienten Strategie gegen Ressourcenkonflikte.

Ein weiterer Aspekt von Resilienz im Kontext von Ressourcenkonflikten ist das Lernen aus Erfahrungen. Gemeinschaften, die aus vergangenen Konflikten und Krisen lernten, zeigen oft eine erhöhte Fähigkeit zur Anpassung und Innovation. Diese Lernprozesse können durch formelle Bildung, informelle Netzwerke sowie durch die Einbindung von traditionellem Wissen und Praktiken, die auf den örtlichen Gegebenheiten basieren, gefördert werden.

Es ist wichtig zu betonen, dass Resilienz nicht nur eine passive Reaktion auf Stressoren darstellt, sondern auch aktiv gefördert werden muss. Politische Rahmenbedingungen, die Ressourcenmanagement, soziale Gerechtigkeit und ökologische Nachhaltigkeit unterstützen, tragen wesentlich zur Resilienz von Gemeinschaften und Ökosystemen bei. Die Implementierung partizipativer Governance-

Strukturen, die die Stimmen aller Stakeholder berücksichtigen, ist entscheidend, um gemeinsam Lösungen zu finden und Ressourcen nachhaltig zu verwalten.

Ressourcen

Ressourcen sind fundamentale Elemente oder Materialien, die für das Überleben, das wirtschaftliche Wachstum und die Entwicklung von Gesellschaften unerlässlich sind. Sie lassen sich in verschiedene Kategorien unterteilen, einschließlich natürlicher Ressourcen (wie Wasser, Mineralien, Wälder und Energiequellen), menschlicher Ressourcen (wie Wissen und Arbeitskraft) sowie finanzieller Ressourcen (Kapital und Investitionen). In den letzten Jahrzehnten hat sich die Wissenschaft intensiv mit der Beziehung zwischen Ressourcen und Ressourcenkonflikten beschäftigt, insbesondere im Kontext von Globalisierung, Klimawandel und gesellschaftlichen Ungleichheiten.

Ein Ressourcenkonflikt entsteht, wenn verschiedene Akteure um die Kontrolle, den Zugang zu oder die Nutzung von Ressourcen konkurrieren. Dies kann zwischen Staaten, Gemeinschaften oder auch innerhalb von Staaten geschehen. Oftmals sind solche Konflikte das Ergebnis von knappen Ressourcen, die nicht gleichmäßig verteilt sind. Wasserknappheit in ariden Regionen, das Verlangen nach fossilen Brennstoffen oder landwirtschaftlichen Flächen in dicht besiedelten Gebieten sind typisches Beispiel für Situationen, in denen Ressourcen zu Konflikten führen können.

Ein zentrales Konzept in der Analyse von Ressourcenkonflikten ist das der "Tragödie der Allmende". Hierbei handelt es sich um ein Szenario, in dem Individuen, die gemeinsame Ressourcen nutzen, diese übernutzen, da sie die Kosten ihrer Nutzung nicht vollständig internalisieren können. Dieses Phänomen tritt häufig bei öffentlich zugänglichen Gütern auf, wie Weiden, Fischbestände oder Wasserressourcen. Die Folge ist eine Übernutzung, die oft zu Umweltschäden und langfristigen Ressourcenschwund führt und somit auch Konflikte fördert.

Ein weiterer wichtiger Aspekt ist die Rolle von Institutionen, die die Nutzung von Ressourcen regeln und verwalten. Stabile und transparente Institutionen können dazu beitragen, Konflikte zu vermeiden, indem sie klare Regeln für den Ressourcenzugang und -nutzung etablieren. Ungerechte oder ineffektive Institutionen hingegen können Ressourcenkonflikte verschärfen, indem sie Ungleichheiten verstärken und den Zugang für bestimmte Gruppen einschränken.

Klimawandel und Umweltveränderungen spielen ebenfalls eine entscheidende Rolle in der Dynamik von Ressourcenkonflikten. Steigende Temperaturen, veränderte Niederschlagsmuster und extreme Wetterereignisse können die

Verfügbarkeit von Wasser und landwirtschaftlichen Flächen negativ beeinflussen, was in Regionen, die ohnehin schon von Ressourcenknappheit betroffen sind, zu erhöhtem Konfliktpotenzial führt. Die zunehmende Konkurrenz um Ressourcen im Zuge des Klimawandels ist ein Thema, das in der geopolitischen Diskussion immer mehr an Bedeutung gewinnt.

Zusätzlich zu den ökologischen und institutionellen Faktoren sind soziale und kulturelle Dimensionen von Ressourcenkonflikten von großer Bedeutung. Identität, Geschlecht und ethnische Zugehörigkeit können die Art und Weise beeinflussen, wie Gemeinschaften Ressourcen nutzen und verwalten, und sind daher auch relevant für das Verständnis von Ressourcenkonflikten. In vielen Fällen sind Ressourcenkonflikte nicht nur wirtschaftliche Auseinandersetzungen, sondern auch von tief verwurzelten sozialen und kulturellen Spannungen geprägt.

Ressourceneffizienz

Ressourceneffizienz ist ein Konzept, das auf die Optimierung des Verbrauchs von natürlichen Ressourcen abzielt, um sowohl ökologische als auch ökonomische Ziele zu erreichen. In der modernen Welt, in der Bevölkerungswachstum, Urbanisierung und industrielles Wachstum unaufhaltsam voranschreiten, wird Ressourceneffizienz zunehmend als Schlüsselstrategie angesehen, um den Druck auf die Umwelt zu reduzieren und gleichzeitig soziale und wirtschaftliche Gerechtigkeit zu fördern. Im Kontext von Ressourcenkonflikten ist dieses Konzept besonders relevant.

Ressourcenkonflikte entstehen häufig in Regionen, in denen natürliche Ressourcen knapp sind oder ungleich verteilt sind. Solche Konflikte können sich um Wasser, Bodenschätze, Energiequellen oder landwirtschaftliche Flächen drehen. Bei steigendem Ressourcenbedarf, ausgelöst durch Wirtschaftswachstum und demografische Veränderungen, kann der Wettbewerb um diese begrenzten Ressourcen zu Spannungen zwischen verschiedenen Gruppen oder Ländern führen. Ein klassisches Beispiel ist der Zugang zu Wasser in wasserarmen Regionen, wo agrarische Nutzung, industrielle Entwicklung und häuslicher Wasserbedarf oft in direktem Wettbewerb stehen.

Die Verbindung zwischen Ressourceneffizienz und Ressourcenkonflikten ist vielschichtig. Effiziente Ressourcennutzung kann potenziell dazu beitragen, Konflikte zu entschärfen, indem sie den Druck auf knappe Ressourcen verringert. Technologischer Fortschritt und innovative Ansätze, wie z.B. Kreislaufwirtschaft, können den Ressourcenverbrauch reduzieren, Abfall minimieren und eine nachhaltige Nutzung fördern. Dies ist beispielsweise im Bereich der Landwirtschaft denkbar, wo durch präzise Bewässerungstechniken und nachhaltige

Anbaumethoden der Wasserbedarf gesenkt und gleichzeitig die Produktivität gesteigert werden kann.

Allerdings sind die Umsetzungen von Ressourceneffizienz und deren Auswirkungen auf soziale Gerechtigkeit und Gemeinschaften ebenfalls kritisch zu betrachten. Viele Techniken, die Ressourceneffizienz fördern sollen, können unbeabsichtigte negative Folgen haben, wie etwa die Verdrängung von Kleinbauern durch großflächige landwirtschaftliche Betriebe, die Zugang zu modernen Technologien haben. Dies kann zu einem Anstieg der Ungleichheit führen und bestehende Konflikte verschärfen.

Zudem müssen die zugrunde liegenden sozialen, politischen und wirtschaftlichen Strukturen, die Ressourcenkonflikte begünstigen, ebenfalls in den Blick genommen werden. Eine rein technische Lösung kann oft nicht die tief verwurzelten Probleme adressieren, die zu Konflikten führen. Daher ist es wichtig, dass Strategien zur Verbesserung der Ressourceneffizienz in einen umfassenderen Rahmen von Governance, partizipativer Planung und gerechter Verteilung von Ressourcen eingebettet sind.

Ressourcenentkopplung

Ressourcenentkopplung beschreibt einen paradigmatischen Ansatz zur Lösung von Ressourcenkonflikten, bei denen umwelt- oder ressourcenbasierte Streitigkeiten zu sozialen, wirtschaftlichen oder politischen Spannungen führen können. Bei der Ressourcenentkopplung handelt es sich um den Prozess, in dem die Abhängigkeit von bestimmten natürlichen Ressourcen – wie Wasser, Land, Mineralien oder fossilen Brennstoffen – vermindert wird, um Konflikte zu verhindern oder zu mildern.

Um die Grundlagen der Ressourcenentkopplung zu verstehen, ist es wichtig, die Dynamiken von Ressourcenkonflikten zu betrachten. Ressourcenkonflikte entstehen häufig aus einem Ungleichgewicht zwischen Angebot und Nachfrage. In vielen Regionen der Welt ist die Zunahme der Bevölkerung und der wirtschaftlichen Aktivitäten stark mit dem Anstieg des Ressourcenverbrauchs verbunden. Dies führt zu Übernutzung, Umweltverschmutzung und letztlich zu Konflikten zwischen verschiedenen Interessengruppen. Typische Beispiele sind Wasserknappheit in ariden Regionen, Landkonflikte infolge von Agrarexpansion oder die Auseinandersetzungen um fossile Brennstoffe in geopolitisch sensiblen Gebieten.

Die Ressourcenentkopplung kann auf verschiedenen Ebenen und durch unterschiedliche Strategien erfolgen. Eine der zentralen Strategien ist die Implementierung von Technologien zur Ressourceneffizienz, die es ermöglichen, dass die

Nutzung von Ressourcen vom wirtschaftlichen Wachstum entkoppelt wird. Dies kann durch den Einsatz von erneuerbaren Energien, Recycling-Technologien oder durch die Entwicklung von nachhaltigeren landwirtschaftlichen Praktiken erfolgen. Durch den Einsatz effizienter Technologien können die Auswirkungen des Ressourcenverbrauchs auf die Umwelt gemindert und somit auch konfliktrisikoerhöhende Faktoren reduziert werden.

Ein weiteres wichtiges Element der Ressourcenentkopplung ist die institutionelle Dimension. Starke institutionelle Rahmenbedingungen, wie klare Eigentumsrechte und gerechte Verteilung von Ressourcen, können helfen, Konflikte zu entschärfen, indem sie den Zugang zu Ressourcen sichern und gleichzeitig die Anreize zur Übernutzung verringern. Partizipative Ansätze, die die Bedürfnisse und Stimmen der verschiedenen Stakeholder – insbesondere von marginalisierten Gruppen – einbeziehen, können ebenfalls zur Verringerung von Ressourcenkonflikten beitragen.

Zusätzlich zu technologischen und institutionellen Ansätzen spielt auch die soziale Dimension eine entscheidende Rolle. Bildung und Sensibilisierung können dazu beitragen, das Bewusstsein für die Notwendigkeit der Ressourcenschonung zu schärfen und potenzielle Konflikte zu vermeiden. Gemeinschaftsprojekte zur Ressourcennutzung, die auf lokaler Ebene organisiert sind, können das Verständnis und den Zusammenhalt stärken und so die Wahrscheinlichkeit von Konflikten reduzieren.

Die Ressourcenkonflikte sind auch stark in den globalen Kontext eingebettet. Planetare Grenzen, wie die Erderwärmung oder das Verschwinden von Biodiversität, zeigen auf, dass die Entkopplung von Ressourcen nicht nur lokal, sondern auch global erfolgen muss. Das heißt, dass internationale Kooperation und Verträge nötig sind, um den übermäßigen Ressourcenverbrauch, der zu Konflikten führt, zu bekämpfen. Globale Initiativen zur Bekämpfung des Klimawandels, wie das Pariser Abkommen, sind Beispiele für Ansätze, die auf eine Entkopplung von Wirtschaftswachstum und Ressourcenverbrauch abzielen.

Ressourcenfluch

Der Ressourcenfluch, auch als "paradoxe Situation des Reichtums" bekannt, beschreibt das Phänomen, dass Länder mit einer Fülle an natürlichen Ressourcen oft schlechtere wirtschaftliche und soziale Ergebnisse erzielen als ressourcenärmere Länder. Diese paradoxe Relation kann verschiedene Ursachen haben, die in ökonomischen, politischen und sozialen Dynamiken verwurzelt sind. Im Kontext von Ressourcenkonflikten wird der Ressourcenfluch besonders relevant, da er oft die Auslöser und Dynamiken von Konflikten in ressourcenreichen Regionen erklärt.

Ein zentrales Konzept, das mit dem Ressourcenfluch verbunden ist, ist die sogenannte „Dutch Disease" oder Holländische Krankheit, benannt nach der wirtschaftlichen Situation der Niederlande in den 1960er Jahren, als der Gasförderboom die Industrie und andere Wirtschaftszweige destabilisierte. Die übermäßige Abhängigkeit von Rohstoffen kann zu Währungsaufwertung führen, wodurch Exporte anderer Güter teurer werden und die Wettbewerbsfähigkeit der Industrie verringert wird. Dies kann wiederum das Wirtschaftswachstum hemmen und eine einseitige wirtschaftliche Struktur erzeugen, die anfällig für Preisschwankungen auf den Weltmärkten wird.

Ein weiterer Aspekt ist die Schwächung der politischen Institutionen. In ressourcenreichen Ländern kann der Staat durch die Einnahmen aus Rohstoffen geprägt werden, wodurch weniger Anreize bestehen, eine effiziente Bürokratie oder grundlegende öffentliche Dienstleistungen zu etablieren. Diese Abhängigkeit von Ressourcen kann zu einer Art „Rent Seeking" führen, bei dem politische Akteure versuchen, Zugang zu den Ressourcen zu erlangen oder ihre Verteilung zu kontrollieren, was zu Korruption, Ineffizienz und Instabilität führt. Politische Eliten können sich auf die Ausbeutung von Ressourcen konzentrieren, anstatt in die Entwicklung von menschlichem Kapital oder Infrastruktur zu investieren, was zu sozialen Ungleichheiten und Unruhen führt.

Im Kontext von Ressourcenkonflikten sind diese Dynamiken besonders ausgeprägt. Ressourcenkonflikte entstehen oft aus dem Wettbewerb um den Zugang zu und die Kontrolle über wertvolle Rohstoffe. Dies können Mineralien, Öl, Gas oder Agrarland sein. In vielen Fällen sind ethnische, regionale oder soziale Gruppen in Auseinandersetzungen verwickelt, die durch die Ungleichverteilung von Ressourcen verstärkt werden. Wenn bestimmte Gruppen systematisch von den Vorteilen der Ressourcenausbeutung ausgeschlossen werden, kann dies zu Ressentiments und offenen Konflikten führen. Solche Konflikte werden nicht nur von ökonomischen Faktoren, sondern auch von historischen und kulturellen Spannungen genährt.

Ein prominentes Beispiel für den Ressourcenfluch und damit verbundene Ressourcenkonflikte ist der Bürgerkrieg in der Demokratischen Republik Kongo. Das Land ist reich an Bodenschätzen, wie Gold, Coltan und Diamanten, doch die Kontrolle über diese Ressourcen hat zu einem langanhaltenden und brutalen Konflikt geführt, an dem zahlreiche bewaffnete Gruppen, ausländische Kräfte und multinationalen Unternehmen beteiligt sind. Der Wettbewerb um diese lukrativen Ressourcen führt nicht nur zu einem intensiven militärischen Konflikt, sondern auch zu einer humanitären Krise mit Millionen von Vertreibungen und einem massiven Verlust an Menschenleben.

Ressourcengerechtigkeit

Ressourcengerechtigkeit bezieht sich auf die faire und gerechte Verteilung von Ressourcen, die sowohl natürliche als auch gesellschaftliche Dimensionen umfasst. Im Kontext von Ressourcenkonflikten spielt Ressourcengerechtigkeit eine entscheidende Rolle, da viele Konflikte weltweit als Resultat von ungleicher Verteilung und Zugang zu Ressourcen entstehen. Diese Ressourcen können Wasser, Land, Mineralien oder Energieressourcen wie Öl und Gas sein.

Ressourcenkonflikte manifestieren sich häufig in Gesellschaften, in denen Ressourcen begrenzt sind und deren Nutzungsauswirkungen weitreichende ökologische, ökonomische und soziale Konsequenzen hat. Oft sind diese Konflikte in asymmetrischen Machtverhältnissen verankert, in denen marginalisierte Gemeinschaften, wie indigene Völker oder einkommensschwache Bevölkerungsschichten, vom Zugriff auf wichtige Ressourcen ausgeschlossen sind. Die Ungerechtigkeit entsteht nicht nur durch den physikalischen Zugang zu Ressourcen, sondern auch durch die politischen und rechtlichen Rahmenbedingungen, die den Zugang und die Kontrolle über diese Ressourcen regeln.

Ein Beispiel für Ressourcenkonflikte ist der Streit um Wasserressourcen in ariden Regionen, in denen verschiedene Staaten oder Gemeinschaften um die Nutzung desselben Gewässers konkurrieren. Das Wasser wird oft als öffentliches Gut betrachtet, dessen Zugang jedoch durch wirtschaftliche und politische Machtverhältnisse bestimmt ist. In solchen Fällen kann es zu Spannungen zwischen verschiedenen Akteuren kommen, wobei benachteiligte Gruppen systematisch ausgeschlossen werden. Diese Dynamik kann zu sozialen Unruhen führen und den Frieden in der Region gefährden.

Im weiteren Sinne führt die ungerechte Verteilung von Ressourcen auch zu ökologischen Herausforderungen, wie z. B. Übernutzung oder Umweltzerstörung. Die Plattformen, auf denen sich Ressourcenkonflikte abspielen, sind oftmals auch Orte des Widerstands. Bewegungen für Ressourcengerechtigkeit fordern nicht nur eine Änderung der Verteilungssysteme, sondern auch die Berücksichtigung der Stimmen derjenigen, die am stärksten von den Ressourcenkonflikten betroffen sind. Dies geschieht in der Regel durch kollektives Handeln, zivilgesellschaftliche Initiativen oder rechtliche Schritte.

Eine zentrale Herausforderung für die Ressourcengerechtigkeit ist die Notwendigkeit eines gleichgewichtigen Zugangs zu Informationen und Mitbestimmung in Entscheidungsprozessen. Die Integration von Umweltgerechtigkeit und sozialen Gerechtigkeitsfragen in die politischen und wirtschaftlichen Strategien ist entscheidend für die Verhinderung von Ressourcenkonflikten. Hierbei gewinnt das Konzept der "Nachhaltigen Entwicklung" an Bedeutung, das eine Balance zwischen ökonomischem Wachstum, sozialer Gerechtigkeit und ökologischer Verantwortung sucht.

Ressourcenintensität

Ressourcenintensität bezieht sich auf die Menge an Ressourcen, die für die Produktion von Gütern und Dienstleistungen erforderlich ist, und spielt eine zentrale Rolle im Kontext von Ressourcenkonflikten. Diese Konflikte entstehen häufig, wenn verschiedene Akteure um begrenzte, wertvolle Ressourcen konkurrieren, was insbesondere in Regionen mit hoher Ressourcenintensität zu Spannungen führen kann.

Eine der Hauptursachen für Ressourcenkonflikte ist die ungleiche Verteilung von Ressourcen. In vielen Fällen sind bestimmte Gebiete reich an natürlichen Rohstoffen wie Erdöl, Edelmetallen, Wasser oder landwirtschaftlichen Flächen, während andere Regionen arm an diesen Ressourcen sind. Diese Ungleichheit fördert das Streben nach Kontrolle über die vorhandenen Ressourcen und verstärkt gesellschaftliche, wirtschaftliche und politische Spannungen.

Die Ressourcenintensität wird häufig durch Indikatoren gemessen, die den ökologischen Fußabdruck von Produktionsprozessen darstellen. Ein hoher Ressourcenverbrauch führt nicht nur zu einer schnellen Erschöpfung der Ressourcen, sondern auch zu ökologischen Problemen wie Umweltverschmutzung, Verlust der Biodiversität und Klimawandel. Diese Umweltveränderungen können wiederum neue Konflikte hervorrufen, da sie die Lebensgrundlagen von Gemeinschaften gefährden, insbesondere in vulnerablen Regionen, wo die Bevölkerung stark von natürlichen Ressourcen abhängig ist.

In vielen Entwicklungsländern sind Ressourcenintensive Industrien, wie Bergbau und Landwirtschaft, nach wie vor der Hauptmotor für das Wirtschaftswachstum. Allerdings können diese Sektoren auch soziale Ungleichheiten verstärken. Konflikte können beispielsweise zwischen indigenen Gemeinschaften und multinationalen Unternehmen entstehen, die wertvolle Ressourcen abbauen. Diese Konflikte sind häufig tief verwurzelt in historischen Ungerechtigkeiten, Landrechten und der marginalisierten Position dieser Gemeinschaften innerhalb des politischen Systems.

Ein weiterer wichtiger Aspekt der Ressourcenintensität im Kontext von Konflikten ist die Rolle von internationalen Akteuren. Globalisierte Marktbedingungen führen dazu, dass sich der Konkurrenzkampf um Ressourcen nicht nur auf lokale oder nationale Grenzen beschränkt, sondern auch internationale Dimensionen annimmt. Staaten und Unternehmen aus industrialisierten Ländern neigen dazu, in ressourcenreiche, aber politisch instabile Regionen zu investieren, was oft zu neuen Spannungen führt. Der Zugang zu Ressourcen wird somit zum strategischen Ziel und kann Eskalationen im Machtspiel zwischen Nationen provozieren.

Schließlich spielt auch die Politik eine entscheidende Rolle bei der Entstehung und Eskalation von Ressourcenkonflikten. Politische Institutionen, die korrupt, ineffizient oder repressiv sind, können das Risiko von Konflikten erhöhen, da sie oft nicht in der Lage sind, faire und gerechte Verteilungssysteme für Ressourcen zu etablieren. In vielen Fällen führen schwache staatliche Strukturen dazu, dass bewaffnete Gruppen und Milizen versuchen, die Kontrolle über Ressourcen zu übernehmen, was die Instabilität weiter verschärft.

Ressourcenkriege

Ressourcenkriege, oft auch als Ressourcenkonflikte bezeichnet, stellen eine bedeutende Dimension geopolitischer Spannungen dar und sind eng mit der Verteilung und Kontrolle von natürlichen Ressourcen verbunden. Diese Konflikte entstehen typischerweise in Regionen, in denen essentielle Rohstoffe wie Öl, Gas, Wasser, Mineralien und Waldressourcen im Überfluss, jedoch häufig auch in ungleicher Verteilung vorhanden sind. Diese Ungleichheiten können auf verschiedene Faktoren zurückgeführt werden, einschließlich kolonialer Vergangenheit, wirtschaftlicher Ungleichheit, ethnischer Spannungen und institutioneller Schwäche.

Ein zentrales Konzept in der Untersuchung von Ressourcenkriegen ist die „Ressourcenfluch" oder der Fluch der natürlichen Ressourcen. Diese Theorie besagt, dass Länder mit reiche Ressourcen oft schlechter abschneiden in Bezug auf Wirtschaftswachstum, Demokratie und Frieden. Dies geschieht, weil die Ressourcen reichhaltigen Ländern häufig zur Finanzierung autoritärer Regime oder zur Intensivierung von Konflikten unter verschiedenen Gruppen beitragen, die um die Kontrolle dieser Ressourcen kämpfen. Zum Beispiel kann der Zugang zu Öl und Erdgas in Ländern wie Irak und Libyen zu internen Konflikten und internationalen Interventionen führen.

Ein weiteres wichtiges Element ist die sogenannte "nicht-staatliche" Kriegsführung, bei der militärische Gruppen oder Rebellenorganisationen versuchen, Kontrolle über Ressourcen zu erlangen, um damit ihre militärischen, finanziellen und politischen Ziele zu erreichen. Ein paradigmatisches Beispiel hierfür ist der Bürgerkrieg im Kongo, in dem der Zugang zu Mineralien wie Koltan und Gold entscheidend für die Finanzierung verschiedener Konfliktparteien war.

Die Geopolitik spielt ebenfalls eine entscheidende Rolle in Ressourcenkriegen, insbesondere in Bezug auf strategische Ressourcen. Länder mit großen Vorräten an Öl und Gas sind oft Gegenstand geopolitischer Manipulationen, was die Anfälligkeit für externe Interventionen erhöht. Ein Beispiel hierfür ist die geopolitische Konkurrenz im Nahen Osten, wo die Kontrolle über Ölressourcen nicht nur lokale Konflikte, sondern auch internationale Spannungen zwischen Großmächten hervorrufen kann.

Wasser, ein immer knapper werdendes Gut, wird zunehmend als eine potenzielle Quelle von Konflikten anerkannt. Die wachsende Wüstenbildung, der Klimawandel und das Anwachsen der Weltbevölkerung führen dazu, dass Wasserressourcen immer umkämpfter werden. Der Konflikt zwischen Ägypten und Sudan über den Nil oder zwischen mehreren Ländern im Nahen Osten über Wasserrechte sind Beispiele dafür, wie Wasser zunehmend in den Mittelpunkt geopolitischer Spannungen rückt.

Darüber hinaus ist die Beziehung zwischen Ressourcen und Umweltschutz nicht zu unterschätzen. Übernutzung und Ausbeutung von natürlichen Ressourcen führen nicht nur zu Umweltzerstörung, sondern auch zu sozialen Konflikten, da Gemeinschaften um die verbleibenden Ressourcen kämpfen. Der Raubbau an natürlichen Ressourcen, oft unterstützt durch multinationale Unternehmen, kann indigene Bevölkerungen marginalisieren und zu sozialen Unruhen führen.

Ressourcennationalismus

Ressourcennationalismus beschreibt eine politische und wirtschaftliche Haltung, bei der Staaten versuchen, ihre natürlichen Ressourcen stärker unter nationale Kontrolle zu bringen und deren Ausbeutung in den Dienst nationaler Interessen zu stellen. Dies geschieht oft vor dem Hintergrund von wirtschaftlichen Ungleichheiten, globalen Machtverschiebungen und dem Streben nach autarker Ressourcennutzung. Ressourcennationalismus ist häufig eng verbunden mit Ressourcenkonflikten, die sowohl interne Spannungen innerhalb eines Staatsgebiets als auch internationale Konflikte auslösen können.

Ressourcenkonflikte entstehen in der Regel, wenn verschiedene Akteure – Staaten, Unternehmen, indigene Bevölkerungen oder Umweltgruppen – um Zugang zu und Kontrolle über wertvolle natürliche Ressourcen konkurrieren. Diese Ressourcen können fossile Brennstoffe (wie Öl und Gas), mineralische Rohstoffe (wie Gold, Silber, Lithium) und biologische Ressourcen (wie Wasser und Wälder) umfassen. In vielen Fällen stehen diese Ressourcen im Zentrum wirtschaftlicher Aktivitäten und Entwicklungsstrategien, was sie zu einem Brennpunkt geopolitischer Spannungen macht.

Der Ressourcenboom seit den 2000er Jahren hat den Ressourcen-nationalismus verstärkt. Viele ressourcenreiche Länder haben begonnen, ihre Rohstoffe verstärkt zu regulieren, um eine höhere Wertschöpfung im eigenen Land zu ermöglichen. Dies geschieht oft durch Gesetzgebungen, die die Kontrolle über Rohstoffvorkommen an den Staat zurückgeben und ausländische Investitionen erschweren. Ein Beispiel hierfür ist die Enteignung von Bergbaukonzessionen in Lateinamerika, wo Regierungen unter dem Druck von nationalistischen Bewegungen und sozialen Protesten neue Gesetze erlassen haben, um die Kontrolle über ihre Ressourcen zu erhöhen.

Diese Maßnahmen können jedoch zu Konflikten führen, insbesondere wenn sie gegen die Interessen multinationaler Unternehmen, die in vielen ressourcenarmen Ländern tätig sind, gerichtet sind. Der Kampf um natürliche Ressourcen kann sich auch auf lokale Gemeinschaften auswirken, vor allem, wenn deren Landrechte und Lebensweise von großflächigen Bergbau- oder Agrarprojekten bedroht sind. In vielen Fällen führt dies zu sozialen Unruhen, Protestbewegungen und manchmal gewaltsamen Auseinandersetzungen.

Ressourcennationalismus kann auch in einer ungewissen internationalen Umgebung entstehen, die durch geopolitische Rivalitäten geprägt ist. Staaten können versuchen, sich strategische Vorteile zu verschaffen, indem sie ihre Ressourcen als geopolitisches Druckmittel einsetzen. Beispielsweise kann ein Land, das über große Ölreserven verfügt, versuchen, seine Wirtschaft und Außenpolitik im Hinblick auf die Stabilität der Ölpreise und die Abhängigkeit anderer Länder von seiner Energieversorgung auszurichten.

Ein weiterer Aspekt des Ressourcennationalismus ist die Abhängigkeit von bestimmten Rohstoffen, die die wirtschaftliche Stabilität und die politische Unabhängigkeit eines Landes gefährden kann. Länder, die stark von einer einzigen Ressource abhängig sind, können besonders anfällig für Preisschwankungen auf dem Weltmarkt sowie für interne Konflikte und Korruption sein.

Ressourcenökonomie

Ressourcenökonomie ist ein interdisziplinäres Forschungsfeld, das sich mit der Allokation und Nutzung natürlicher Ressourcen beschäftigt und dabei ökonomische, ökologische und soziale Aspekte berücksichtigt. Im Kontext von Ressourcenkonflikten kommt der Ressourcenökonomie eine zentrale Rolle zu, da sie hilft, die Dynamiken und Mechanismen zu verstehen, durch die Ressourcenkonflikte entstehen, sich entwickeln und möglicherweise gelöst werden können.

Ressourcen sind in der Wirtschaft meist in zwei Hauptkategorien unterteilt: erneuerbare und nicht erneuerbare Ressourcen. Erneuerbare Ressourcen wie

Wasser, Holz und Fischbestände können sich regenerieren, solange ihre Nutzung nachhaltig erfolgt. Nicht erneuerbare Ressourcen wie Erdöl, Erdgas und mineralische Rohstoffe sind in ihrer Verfügbarkeit begrenzt und können irgendwann erschöpft sein. Die Exkludierbarkeit und Rivalität dieser Ressourcen spielt eine wesentliche Rolle in der ökonomischen Analyse von Ressourcenkonflikten. Exkludierbarkeit bedeutet, dass bestimmte Akteure vom Zugang zu einer Ressource ausgeschlossen werden können, während Rivalität bedeutet, dass der Konsum eines Akteurs den Konsum eines anderen Akteurs beeinflussen kann.

Ein klassisches Modell in der Ressourcenökonomie ist das der „Gemeinfreien Ressourcen". Es beschreibt, wie individuelles Nutzenstreben zu Übernutzung und letztlich zur Erschöpfung gemeinschaftlicher Ressourcen führen kann. Diese Übernutzung ist oft das Ergebnis von Informationsasymmetrien, unklaren Eigentumsverhältnissen und unzureichenden Regulierungen. In vielen Fällen führen diese Faktoren zu Ressourcenkonflikten, insbesondere in Regionen, in denen Ressourcen wie Wasser oder Land unter Druck stehen.

Ressourcenkonflikte können sowohl lokal als auch global auftreten und sind häufig durch eine Vielzahl von Faktoren bedingt, darunter ökonomische Ungleichheiten, politische Instabilität, ethnische Spannungen und Umweltauswirkungen des Klimawandels. Ein Beispiel hierfür ist der Zugang zu Wasserressourcen in Konfliktregionen des Nahen Ostens, wo Wasserknappheit eine zentrale Rolle im politischen und sozialen Streit spielt. Ähnlich sind Ressourcen wie Lithium und Kobalt, die in der Produktion von Batterien für Elektrofahrzeuge benötigt werden, zunehmend Ausgangspunkt geopolitischer Spannungen geworden, insbesondere in Regionen, wo ihre Vorkommen konzentriert sind.

Die Ressourcenökonomie bietet verschiedene Ansätze zur Analyse und Lösung von Ressourcenkonflikten. Ein Ansatz ist die Entwicklung von institutionellen Rahmenbedingungen, die sowohl den Schutz der Ressourcen als auch die Fairness des Zugangs für verschiedene Akteure sicherstellen. Hierbei spielen rechtliche Regelungen, soziale Normen und die Beteiligung von Stakeholdern eine wesentliche Rolle. Die Schaffung von effektiven Governance-Strukturen kann helfen, Ressourcenkonflikte zu minimieren, indem sie transparente Entscheidungsprozesse und eine gerechte Verteilung der Ressourcen fördern.

Ein weiterer Ansatz ist die Integration ökologischer und ökonomischer Prinzipien in die Ressourcenbewirtschaftung, um nachhaltige Praktiken zu fördern. Die Anwendung von Prinzipien der Kreislaufwirtschaft, die darauf abzielen, Ressourcen effizienter zu nutzen und Abfall zu minimieren, kann ebenfalls zur Minderung von Ressourcenkonflikten beitragen.

Ressourcenproduktivität

Ressourcenproduktivität ist ein zentrales Konzept in der nachhaltigen Entwicklung und der Umweltökonomie, das sich mit der Effizienz des Einsatzes von Ressourcen befasst. Es bezieht sich auf die Fähigkeit, den Output eines wirtschaftlichen Prozesses – sei es in Form von Gütern, Dienstleistungen oder Wohlstand – im Verhältnis zum Input von natürlichen Ressourcen zu maximieren. Im Kontext von Ressourcenkonflikten wird die Diskussion über Ressourcenproduktivität besonders relevant, da Konflikte oft um knappe Ressourcen wie Wasser, Mineralien, Energie und fruchtbares Land entstehen.

Ein grundlegender Aspekt von Ressourcenkonflikten ist die Tatsache, dass Ressourcen häufig ungleich verteilt sind, sowohl geografisch als auch sozial. Diese Ungleichheit führt nicht nur zu Wettbewerbsdruck zwischen verschiedenen Akteuren – sei es auf Lokaler, nationaler oder globaler Ebene – sondern kann auch Spannungen und Konflikte auslösen. Beispielsweise kann der Zugang zu Wasser in ariden Regionen, wo Wasser als lebenswichtige Ressource kritisch ist, zu Spannungen zwischen unterschiedlichen Nutzern, wie Landwirten und städtischen Gebieten, sowie zwischen verschiedenen Ländern, die sich ein Flusssystem teilen, führen.

Die Steigerung der Ressourcenproduktivität kann als eine Strategie angesehen werden, um die Ursachen solcher Konflikte zu mildern. Durch die Effizienzsteigerung im Ressourcenverbrauch können Länder und Gemeinschaften ihren Bedarf an natürlichen Ressourcen verringern, was den Druck auf knappe Ressourcen reduziert. Dies kann beispielsweise durch technologische Innovationen, bessere Managementpraktiken und durch die Implementierung von nachhaltigen Produktionsmethoden geschehen. In der Landwirtschaft könnte dies bedeuten, dass präzisere Bewässerungssysteme entwickelt werden, die den Wasserverbrauch minimieren, während gleichzeitig die Erträge maximiert werden.

Darüber hinaus kann die Förderung der Ressourcenproduktivität auch soziale Dimensionen adressieren, insbesondere in Bezug auf Gerechtigkeit und Zugang zu Ressourcen. Wenn die Effizienz der Ressourcennutzung steigt, könnten die Kosten für den Zugang zu diesen Ressourcen sinken, was besonders für benachteiligte Gruppen von Bedeutung ist. Eine gerechtere Ressourcenzuteilung könnte die sozialen Spannungen verringern, die oft als Katalysator für Konflikte fungieren.

Auf der anderen Seite erweist sich die rein quantitative Steigerung der Ressourcenproduktivität nicht immer als ausreichend. Es gibt zahlreiche Herausforderungen, die bewältigt werden müssen, um sicherzustellen, dass die Effizienzgewinne nicht nur den Konflikt um Ressourcen verstärken. Zum Beispiel kann eine erhöhte Effizienz in der Ressourcenproduktion dazu führen, dass die

Ressourcennachfrage insgesamt steigt – ein Phänomen, das als Rebound-Effekt bekannt ist. Dies könnte in der Praxis bedeuten, dass die verbesserte Produktivität eines bestimmten Ressourcensystems dazu führt, dass andere Ressourcen stärker beansprucht werden, was wiederum zu neuen Konflikten führen kann.

Ressourcenverbrauch

Ressourcenverbrauch und Ressourcenkonflikte sind zentrale Themen in der Umweltwissenschaft, der Politikwissenschaft und der Wirtschaftswissenschaft, die zunehmend an Bedeutung gewinnen, insbesondere im Angesicht der weltweiten demografischen und wirtschaftlichen Veränderungen. Der Ressourcenverbrauch bezieht sich auf die Menge an natürlichen Ressourcen, die zur Deckung der Bedürfnisse von Individuen, Gemeinschaften und Volkswirtschaften genutzt wird. Diese Ressourcen können sowohl erneuerbar (wie Wasser, Biomasse und Windenergie) als auch nicht erneuerbar (wie fossile Brennstoffe, Metalle und Mineralien) sein.

Ein hoher Ressourcenverbrauch kann zu signifikanten ökologischen, sozialen und ökonomischen Problemen führen. Die Übernutzung von Ressourcen, insbesondere in entwickelten Ländern, hat zu einem Anstieg von Umweltverschmutzung, Verlust der Biodiversität und Klimawandel geführt. In vielen Fällen verstärkt dieser übermäßige Verbrauch den Druck auf begrenzte Ressourcen, was zu Konkurrenz und Konflikten zwischen verschiedenen Akteuren führen kann – seien es Staaten, Unternehmen oder Gemeinschaften.

Ressourcenkonflikte entstehen häufig in Regionen, in denen wertvolle Rohstoffe vorhanden sind, die jedoch ungleich verteilt sind oder deren Nutzung sich mit den Interessen verschiedener Gruppen kreuzt. Diese Konflikte können auf eine Vielzahl von Barbasisfaktoren zurückverfolgt werden. Zum einen spielt die Verknappung von Ressourcen, wie etwa Wasser oder fruchtbare Böden, eine entscheidende Rolle. In vielen Ländern sind Wasserressourcen durch Klimawandel, Wachstumsdruck und Verschmutzung stark bedroht, was zu Spannungen zwischen verschiedenen Nutzern führt. Staaten, die von Flüssen oder Wasserquellen abhängig sind, können in Konflikt geraten, wenn diese Ressourcen über ihre Grenzen hinweg beansprucht werden.

Ein weiteres Beispiel sind Konflikte um Bodenschätze. Diese Ressourcen sind oft in geopolitisch sensiblen Regionen konzentriert, was zu Rivalitäten und sogar gewaltsamen Auseinandersetzungen führen kann. Historisch gesehen haben zahlreiche Kriege und politische Umstürze ihren Ursprung in dem Bestreben, wertvolle Ressourcen wie Öl, Gold oder Diamanten zu kontrollieren. Diese Art von Ressourcenkonflikten wird häufig durch externe Akteure, wie multinationale

Unternehmen oder ausländische Regierungen, verstärkt, die ebenfalls Ansprüche auf diese Ressourcen erheben.

Darüber hinaus ist die Ungleichheit im Ressourcenkonsum ein wesentlicher Treiber von Konflikten. In vielen Fällen konsumieren wohlhabende Nationen einen überproportionalen Anteil an globalen Ressourcen, während ärmere Länder oft unter den direkten Folgen des Ressourcenabbaus, wie Umweltzerstörung und Vertreibung, leiden. Diese Ungleichheit führt zu Spannungen und Machtkämpfen sowohl innerhalb von Staaten als auch zwischen ihnen.

Um der Dynamik von Ressourcenverbrauch und Ressourcenkonflikten entgegenzuwirken, sind nachhaltige Praktiken und Politiken erforderlich. Dies könnte den Übergang zu erneuerbaren Energiequellen einschließen, die Förderung von Recycling und Kreislaufwirtschaft sowie den Schutz und die Wiederherstellung von Ökosystemen. Internationale Zusammenarbeit ist ebenfalls von entscheidender Bedeutung, um gerechte und nachhaltige Lösungen für den Zugang und die Verteilung von Ressourcen zu gewährleisten. Nur durch das Verständnis der komplexen Zusammenhänge zwischen Ressourcenverbrauch und Konflikten können nachhaltige Entwicklungen gefördert und zukünftige Auseinandersetzungen im Zusammenhang mit Ressourcen vermieden werden.

Ressourcenverknappung

Ressourcenverknappung ist ein zentrales Phänomen in der heutigen Welt, das zunehmend zu Ressourcenkonflikten führt. Es bezeichnet die Situation, in der der Bedarf an bestimmten Ressourcen, seien es natürliche, wirtschaftliche oder soziale Ressourcen, die verfügbare Menge übersteigt. Diese Verknappung ist häufig das Resultat von übermäßiger Nutzung, Umweltveränderungen, Klimawandel, Bevölkerungswachstum sowie ungerechter Verteilung von Ressourcen. In diesem Zusammenhang lassen sich verschiedene Dimensionen und Mechanismen von Ressourcenverknappung und deren Implikationen für Konflikte untersuchen.

Zunächst einmal ist die globale Menschheit mit einer Reihe von Ressourcen konfrontiert, die begrenzt und nicht erneuerbar sind, wie fossile Brennstoffe (Öl, Erdgas und Kohle), Mineralien und bestimmte Wasserressourcen. Gleichzeitig führen wirtschaftliche Entwicklungsprozesse und steigende Lebensstandards in vielen Ländern zu einem erhöhten Nachfragedruck. Diese Kluft zwischen Angebot und Nachfrage wird besonders in Regionen mit schutzbedürftigen Ökosystemen und schwacher Infrastruktur exazerbiert. Die Nachfrage nach Wasser und Nahrungsmitteln wächst, während Faktoren wie Klimawandel, Urbanisierung und Umweltverschmutzung die Verfügbarkeit dieser Ressourcen beeinträchtigen.

Ressourcenkonflikte entstehen häufig, wenn verschiedene Gruppen, Staaten oder Individuen um die Kontrolle über knappe Ressourcen konkurrieren. Historisch gesehen sind solche Konflikte oft mit territorialen oder ethnischen Spannungen verbunden. Ein prägnantes Beispiel ist der Wasserstress in transnationalen Flusssystemen, wo Länder um die Nutzung gemeinsamer Wasserressourcen streiten. Solche Konflikte haben das Potenzial, regionale und sogar globale Stabilität zu gefährden, wie im Fall des Nil oder des Indus, wo rivalisierende geografische Akteure um die Kontrolle über Wasserressourcen konkurrieren.

Ein weiterer Aspekt der Ressourcenverknappung sind die sozialen und politischen Dimensionen. Ressourcenverknappung kann soziale Ungleichheiten verstärken, indem marginalisierte Gruppen, die bereits in prekären Verhältnissen leben, den Zugang zu lebenswichtigen Ressourcen wie Wasser, Land und Nahrungsmitteln noch weiter eingeschränkt sehen. Dies kann zu einer Radikalisierung dieser Gruppen führen und zu internen Konflikten oder gewaltsamen Auseinandersetzungen führen, wenn die Bevölkerung gegen die als ungerecht empfundenen Verteilungsmuster mobilisiert. Beispiele aus der Geschichte, wie die Konflikte im Sudan oder die landwirtschaftlichen Auseinandersetzungen in verschiedenen afrikanischen Ländern, illustrieren, wie Ressourcenverknappung soziale Spannungen anheizen kann.

Zusätzlich führt Ressourcenverknappung oft zu verstärktem Konkurrenzverhalten zwischen Staaten. In geopolitischen Kontexten kann der Zugang zu strategisch wichtigen Ressourcen wie Öl und Gas nationale Sicherheit und Außenpolitik prägen. Die Geschichte der amerikanischen Außenpolitik im mittleren Osten ist stark durch den Zugang zu Öl definiert, und im 21. Jahrhundert wird das Rennen um seltene Erden in Technologien für grüne Energien zunehmend als entscheidend betrachtet. Der Wettbewerb um Ressourcen kann militärische Interventionen, wirtschaftliche Sanktionen und diplomatische Spannungen hervorrufen.

Um den Herausforderungen der Ressourcenverknappung zu begegnen, sind internationale Zusammenarbeit und nachhaltige Entwicklungsansätze unerlässlich. Politiken, die auf Ressourcenschutz, Effizienzsteigerung und gerechte Verteilung abzielen, können dazu beitragen, die negativen Auswirkungen der Ressourcenverknappung zu mildern. Ansätze wie das Konzept der Kreislaufwirtschaft, das darauf abzielt, Ressourcen wiederzuverwenden und Abfall zu minimieren, sowie Technologien zur nachhaltigen Bewirtschaftung von Wasser und Boden sollen eine entscheidende Rolle spielen.

Rohstoffmärkte

Rohstoffmärkte spielen eine entscheidende Rolle in der globalen Wirtschaft, da sie die Grundlage für zahlreiche Industrien bieten und somit auch erheblichen Einfluss auf geopolitische Situation und soziale Strukturen haben. Der Zusammenhang zwischen Rohstoffmärkten und Ressourcenkonflikten ist ein komplexes Thema, das verschiedene wissenschaftliche Disziplinen wie Wirtschaftswissenschaften, Politikwissenschaften, Geographie und Umweltwissenschaften umfasst.

Rohstoffe, insbesondere Mineralien, fossile Brennstoffe und landwirtschaftliche Produkte, sind essenzielle Inputs für die industrielle Produktion und den Handel. Die Verfügbarkeit und der Zugang zu diesen Ressourcen sind oft ungleich verteilt, was zu Spannungen und Konflikten führen kann. Länder und Regionen, die reich an natürlichen Ressourcen sind, erfahren häufig eine verstärkte Aufmerksamkeit von internationalen Akteuren, einschließlich multinationaler Unternehmen und ausländischer Regierungen, die an einer Kontrolle oder Ausbeutung dieser Ressourcen interessiert sind. Diese Dynamik erzeugt oftmals Situationen, in denen lokale Communities oder Staaten gegen externe Akteure um die Kontrolle über Rohstoffe kämpfen.

Ein Beispiel für solche Ressourcenkonflikte sind die Konflikte im subsaharischen Afrika, wo Konflikte um Diamanten, Gold und andere Mineralien in vielen Fällen zu gewaltsamen Auseinandersetzungen geführt haben. Die sogenannte Theorie vom „Rohstofffluch" besagt, dass Länder mit einem Überfluss an natürlichen Ressourcen oft unter schlechteren wirtschaftlichen, politischen und sozialen Bedingungen leiden als Länder, die diversifizierter aufgestellt sind. Dies kann zur Verfestigung von Autokratien, zur Korruption und zur Unterdrückung von Zivilgesellschaften führen.

Die Preisvolatilität der Rohstoffmärkte realisiert zusätzliche Spannungen. Starke Preisschwankungen, verursacht durch Marktmechanismen wie Angebot und Nachfrage, geopolitische Krisen oder wirtschaftliche Rezessionen, können Staaten zwingen, drastische Maßnahmen zur Sicherung ihrer Ressourcen und der daraus resultierenden Einnahmen zu ergreifen. Ein Beispiel hierfür ist die OPEC (Organisation der Erdöl exportierenden Länder), die durch die Kontrolle des Ölangebots die globalen Preise beeinflussen kann, was zu politischen Spannungen zwischen Mitgliedsstaaten und anderen Ölproduzenten führen kann.

Ein weiterer Aspekt, der den Zusammenhang zwischen Rohstoffmärkten und Ressourcenkonflikten beleuchtet, sind Umweltfragen. Der Abbau und die Nutzung natürlicher Ressourcen führen häufig zu ökologischen Schäden, die das Leben von Gemeinden beeinträchtigen können und zu ungerechter Verteilung der negativen Auswirkungen führen. Dies kann wiederum zu sozialen Unruhen und Konflikten führen, wenn Gemeinschaften gegen Regierungen und Unternehmen mobilisieren, um ihre Rechte und ihren Lebensraum zu verteidigen.

In der wissenschaftlichen Diskussion sind auch die Themen der Nachhaltigkeit und der sozialen Verantwortung von Unternehmen relevant. Der Druck auf Staaten und Unternehmen, umweltfreundlichere Praktiken und eine gerechtere Verteilung der Ressourcen zu fördern, steigt. In diesem Kontext wird auch das Konzept des „grünen Geschäfte" diskutiert, das darauf abzielt, Rohstoffe auf eine Weise zu fördern und zu nutzen, die sowohl ökologisch nachhaltig als auch sozial gerecht ist.

Rohstoffproduktion

Die Rohstoffproduktion ist ein zentraler Bestandteil der globalen Wirtschaft und spielt eine entscheidende Rolle in der Entwicklung vieler Länder. Sie umfasst die Gewinnung und Verarbeitung von natürlichen Ressourcen wie Metallen, Mineralien, Energiequellen und landwirtschaftlichen Erzeugnissen. Die Wissenschaft versteht unter Ressourcenkonflikten Kämpfe um den Zugang zu, die Kontrolle über und die Nutzung dieser Ressourcen, die oftmals in politischen, sozialen und wirtschaftlichen Spannungen resultieren.

Ein signifikanter Aspekt von Ressourcenkonflikten ist das Phänomen der sogenannten "Ressourcenfalle" oder "Paradoxon des Überflusses". Hierbei handelt es sich um die Beobachtung, dass Länder mit reichhaltigen Rohstoffvorkommen häufig schlechtere Entwicklungsergebnisse aufweisen als solche mit weniger Ressourcen. Dieser Zustand kann auf mehrere Faktoren zurückgeführt werden, darunter politische Instabilität, schlechte Regierungsführung und Korruption, die in vielen ressourcenreichen Ländern zu einem Mangel an sozialer Gerechtigkeit und inklusiver politischer Partizipation führen.

In vielen Fällen sind Rohstoffe, insbesondere fossile Brennstoffe wie Erdöl und Erdgas, ein entscheidender Motor für interne Konflikte. Die Kontrolle über diese wertvollen Ressourcen kann zu Machtkämpfen führen, sowohl zwischen verschiedenen politischen Akteuren innerhalb eines Landes als auch zwischen Staaten. Beispielsweise wurden in Ländern wie Nigeria oder dem Irak Ressourcenkonflikte oft durch ethnische Spannungen und den Kampf um Autonomie vorangetrieben. Der Zugang zu Ressourcen wird häufig als Mittel zur Machterhaltung oder -erlangung verwendet, was zu einem Teufelskreis aus Gewalt und Instabilität führen kann.

Darüber hinaus sind internationale Dimensionen von Ressourcenkonflikten von großer Bedeutung. Globale Märkte schaffen eine Nachfrage nach Rohstoffen, die häufig Länder betrifft, die bereits in interne Konflikte verwickelt sind. Der Abbau und Handel mit Rohstoffen kann illegale Aktivitäten und den Einfluss von externen Akteuren fördern, die eigene Interessen verfolgen, was die lokale Situation weiter destabilisieren kann.

Ein weiterer bedeutsamer Aspekt ist die soziale Dimension der Rohstoffproduktion und der damit verbundenen Konflikte. Oft führt die Rohstoffgewinnung zu Enteignungen, Umweltzerstörung und einem Verlust von Lebensgrundlagen für lokale Gemeinschaften. Diese Probleme können Widerstand und Proteste hervorrufen, die sich gegen sowohl staatliche als auch private Akteure richten, die an der Ressourcennutzung beteiligt sind. Die so entstehenden Konflikte sind nicht nur lokal, sondern können auch international Aufmerksamkeit erregen, was zu einem Anstieg von Kampagnen gegen Menschenrechtsverletzungen und zur Forderung nach verantwortungsvoller Rohstoffbeschaffung führen kann.

Um Ressourcenkonflikte zu mindern, sind verschiedene Ansätze erforderlich. Ein wichtiger Aspekt ist die Verbesserung der Steuerung von Ressourcen, was bedeutet, dass Prozesse der Transparenz, Rechenschaftspflicht und Bürgerbeteiligung gestärkt werden müssen. Initiativen wie der Extractive Industries Transparency Initiative (EITI) haben zum Ziel, die Einnahmen aus der Rohstoffproduktion offenzulegen und somit Korruption zu verringern. Gleichsam sind internationale Standards und Regulierungen notwendig, um den verantwortungsvollen Umgang mit Rohstoffen zu fördern, insbesondere in Ländern, in denen die Risiken für Konflikte und Menschenrechtsverletzungen hoch sind.

Rohstoffverbrauch

Rohstoffverbrauch spielt eine entscheidende Rolle im globalen Wirtschaftsgefüge und ist eng mit Ressourcenkonflikten verknüpft. Im Zentrum dieser Thematik steht die ungleiche Verteilung von natürlichen Ressourcen weltweit sowie die steigende Nachfrage nach Rohstoffen, die durch Wirtschaftswachstum, Urbanisierung und technologische Entwicklungen bedingt ist. Diese Faktoren führen häufig zu Konflikten, sowohl zwischen Staaten als auch innerhalb von Staaten.

Der Rohstoffverbrauch hat in den letzten Jahrzehnten exponentiell zugenommen. Laut dem World Resources Institute (WRI) ist der globale Materialverbrauch seit 1970 um mehr als das Doppelte gestiegen, während die Weltbevölkerung im selben Zeitraum um etwa 150 % gewachsen ist. Die Nachfrage nach kritischen Rohstoffen wie Seltenen Erden, Lithium, Kobalt und Kupfer wird durch den Übergang zu erneuerbaren Energien, die zunehmende Digitalisierung und die Elektromobilität nochmals verstärkt. Diese Rohstoffe sind für die

Herstellung von Batterien, Solarpanels und anderen Technologien von zentraler Bedeutung.

Die Verknappung bestimmter Rohstoffe in Verbindung mit ihrem strategischen Wert ist ein Treiber für Ressourcenkonflikte. In vielen ressourcenreichen Regionen, insbesondere in Teilen Afrikas, Lateinamerikas und des Nahen Ostens, sind Rohstoffe oft die Hauptursache für politische Instabilität und Konflikte. Diese Regionen erfahren häufig das sogenannte „Rohstofffluch"-Phänomen, bei dem reichhaltige Rohstoffvorkommen nicht zu Wohlstand, sondern zu Armut und Konflikten führen. Der Grund dafür liegt häufig in der unzureichenden Governance, Korruption und dem Fehlen von transparenten Institutionen, die eine gerechte Verteilung der Ressourcen verhindern.

Ein markantes Beispiel für Ressourcenkonflikte ist der Zugang zu Wasser und mineralischen Rohstoffen in der Sahelzone, wo Klimawandel, Bevölkerungswachstum und wirtschaftliche Ungleichheit zu großen Spannungen führen. Der Wettlauf um Wasserressourcen führt zu Auseinandersetzungen zwischen verschiedenen ethnischen Gruppen und Staaten, was die menschliche Sicherheit gefährdet.

Ein weiterer maßgeblicher Faktor ist der Einfluss multinationaler Unternehmen und ausländischer Regierungen auf die Rohstoffpolitik in ressourcenreichen Ländern. Oftmals werden lokale Gemeinschaften und indigene Völker, die traditionsgemäß in diesen Gebieten leben, von den Entscheidungen ausgeschlossen, die die Ausbeutung ihrer Ressourcen betreffen. Dies kann zu illegalen Abholzungen, Landenteignungen und Menschenrechtsverletzungen führen und letztlich Ressentiments und Konflikte schüren.

Um diesem komplexen Zusammenspiel von Rohstoffverbrauch und Ressourcenkonflikten entgegenzuwirken, sind umfassende und integrierte Strategien erforderlich. Internationale Zusammenarbeit, nachhaltiges Management von Ressourcen, der Schutz der Rechte indigener Gemeinschaften sowie die Förderung von Transparenz und Verantwortung in der Rohstoffwirtschaft sind entscheidend. Initiativen wie die Extractive Industries Transparency Initiative (EITI) zielen darauf ab, die Transparenz in den Rohstoffsektoren zu erhöhen, wodurch Korruption reduziert und die lokalen Gemeinschaften besser in den Entscheidungsprozess einbezogen werden können.

Rotterdamer Übereinkommen

Das Rotterdamer Übereinkommen (Rotterdam Convention) ist ein internationaler Vertrag, der 1998 ins Leben gerufen wurde und offiziell im Jahr 2004 in Kraft trat. Das Übereinkommen zielt darauf ab, den internationalen Handel mit gefährlichen Chemikalien und Pestiziden zu regulieren und den Ländern zu ermöglichen, informierte Entscheidungen über den Import solcher Substanzen zu treffen. Es basiert auf dem Prinzip des informierten Konsenses, das bedeutet, dass Länder, die gefährliche Chemikalien exportieren wollen, die Zustimmung der Importländer benötigen, bevor sie diese exportieren.

Im Kontext von Ressourcenkonflikten spielt das Rotterdamer Übereinkommen eine wichtige Rolle, da viele Konflikte um natürliche Ressourcen, insbesondere in Entwicklungsländern, durch die unregulierte Nutzung und den Handel mit gefährlichen Chemikalien verstärkt werden. Häufige Ressourcenkonflikte entstehen in Gebieten, in denen wertvolle Mineralien, fossile Brennstoffe oder andere natürliche Ressourcen abgebaut werden, und sind oft mit einem signifikanten Umweltverschmutzungs- und Gesundheitsrisiko verbunden. In vielen Fällen befinden sich diese Rohstoffe in Gebieten, die von politischer Instabilität und sozialer Ungleichheit betroffen sind, was Konflikte weiter anheizen kann.

Ein zentrales Anliegen des Rotterdamer Übereinkommens ist die Verbesserung der Transparenz und der Sicherheitsstandards im globalen Handel mit gefährlichen Chemikalien. Länder, die auf Ressourcen angewiesen sind und sich in Konfliktsituationen befinden, profitieren von diesem Rahmen, da er ihnen ermöglicht, potenziell schädliche Substanzen zu identifizieren und deren Import zu regulieren. Dies ist besonders wichtig, da der unregulierte Einsatz von Chemikalien in der Bergbauindustrie zu schwerwiegenden ökologischen und gesundheitlichen Problemen führen kann, die wiederum soziale Spannungen und Konflikte verstärken.

Darüber hinaus fördert das Übereinkommen die Zusammenarbeit zwischen den Vertragsstaaten, was eine wichtige Grundlage für den Umgang mit Ressourcenverteilung und -nutzung bietet. Der Austausch von Informationen über gefährliche Chemikalien und deren potenzielle Risiken schafft eine Basis für die Entwicklung nationaler Strategien zur Risikominderung und zum Umweltschutz. Dies kann besonders in konfliktbeladenen Regionen von Bedeutung sein, in denen die lokalen Gemeinschaften oft die Hauptlast der Umweltbelastungen tragen.

Das Rotterdamer Übereinkommen ist in der Lage, eine Plattform für Dialog und Konfliktprävention zu bieten, insbesondere wenn es um den verantwortungsvollen Umgang mit Chemikalien in ressourcenreichen, aber konfliktbeladenen Gebieten geht. Allerdings zeigt die internationale Realität, dass die Implementierung solcher Abkommen oft an Praktiken scheitert, die durch Korruption, mangelnde Governance und schwache institutionelle Strukturen gekennzeichnet sind. In vielen Fällen können Konflikte über Ressourcen nicht allein durch Abkommen wie das Rotterdamer Übereinkommen gelöst werden.

Rückwärtskopplungseffekt

Der Rückwärtskopplungseffekt ist ein faszinierendes Konzept, das in verschiedenen wissenschaftlichen Disziplinen, einschließlich Ökologie, Wirtschaft und Soziologie, untersucht wird. Im Kontext von Ressourcenkonflikten bezieht sich der Rückwärtskopplungseffekt auf die dynamischen Wechselwirkungen zwischen dem Zugriff auf, der Nutzung und der Erschöpfung von Ressourcen sowie den sozialen und politischen Reaktionen auf diese Dynamiken.

Ressourcenkonflikte, oft ausgelöst durch das Streben nach begrenzten Ressourcen wie Wasser, Boden oder fossilen Brennstoffen, entstehen häufig in Szenarien, in denen verschiedene Akteure – seien es Nationen, Gemeinschaften oder Unternehmen – um dieselben Ressourcen konkurrieren. Der Rückwärtskopplungseffekt wird hierbei sichtbar, wenn die Verfügbarkeit oder der Zugang zu Ressourcen eine Rückkopplung auf die sozialen und ökologischen Systeme hat, die wiederum die Dynamik des Ressourcenkonflikts beeinflusst.

Ein Beispiel für einen Rückwärtskopplungseffekt ist der Wassermangel in agrarisch geprägten Regionen. Wenn die Nachfrage nach Wasser steigt – möglicherweise durch eine wachsende Bevölkerung oder intensive Landwirtschaft – kann dies zu einem sinkenden Grundwasserspiegel führen. Diese physische Veränderung des Wasserangebots kann soziale Spannungen verursachen, da verschiedene Akteure um das verbleibende Wasser konkurrieren. In der Folge können politische Maßnahmen ergriffen werden, um den Zugang zu reglementieren oder Konflikte zu bewältigen, was wiederum die Wahrnehmung und das Verhalten der Akteure beeinflusst.

Die Theorie der Rückkopplung in dynamischen Systemen besagt, dass solche Wechselwirkungen oft nicht linear sind. Das bedeutet, dass kleine Veränderungen im Zugang zu Ressourcen (z. B. durch Dürre oder Übernutzung) große und unerwartete Auswirkungen haben können. Diese Dynamik kann auch die Entstehung von Konflikten verstärken, da die Wahrnehmung von Bedrohungen und Ungerechtigkeiten ansteigt. Zum Beispiel könnte ein Rückgang der Wasserverfügbarkeit nicht nur zu verstärktem Wettbewerb um Wasser führen, sondern auch zu einer Erhöhung der politischen Instabilität, da Gemeinschaften oder Nationen versuchen, ihre Interessen zu schützen.

Ein weiterer wichtiger Aspekt von Rückwärtskopplungseffekten in Ressourcenkonflikten ist die Rolle von Institutionen und Governance-Strukturen. Effektive Governance kann als Puffer gegen die negativen Effekte von Ressourcenkonflikten wirken, indem sie Mechanismen schafft, die faire und nachhaltige Ressourcennutzung fördern. Im Gegensatz dazu können schwache Institutionen oder mangelhafte Governance-Strukturen den Rückwärtskopplungseffekt verstärken.

In einem solchen Kontext neigen Akteure dazu, Ressourcen unsachgemäß auszubeuten, was in einem Teufelskreis der Ressourcenerschöpfung und der Verschärfung von Konflikten enden kann.

Saurer Regen

Saurer Regen, ein Phänomen, das aus der Freisetzung von Schwefel- und Stick-
stoffoxiden in die Atmosphäre resultiert, hat weitreichende ökologische und
wirtschaftliche Auswirkungen, die häufig in den Kontext von Ressourcenkonflikten eingeordnet werden können. Der Prozess beginnt mit der Verbrennung
fossiler Brennstoffe, industriellen Emissionen und anderen anthropogenen Aktivitäten, die Schwefeldioxid (SO_2) und Stickstoffdioxid (NO_2) freisetzen. Diese
Gase reagieren in der Atmosphäre mit Wasser, Sauerstoff und anderen chemischen Verbindungen, was zur Bildung von Schwefelsäure (H_2SO_4) und Salpetersäure (HNO_3) führt. Wenn dieser saure Regen auf die Erde fällt, kann er Böden,
Gewässer und die Vegetation schädigen.

Die Auswirkungen des sauren Regens sind vielfältig und betreffen zahlreiche
Ökosysteme. In Böden kann er die Verfügbarkeit von Nährstoffen verringern,
indem er Mineralien auslaugt und die Bodenstruktur schädigt. In Gewässern
kann der pH-Wert sinken, was den Lebensraum vieler aquatischer Organismen
gefährdet, einschließlich Fische und Amphibien. Diese ökologischen Veränderungen können die Biodiversität beeinträchtigen und die Stabilität von Ökosystemen gefährden.

Im Kontext von Ressourcenkonflikten sind die Auswirkungen von saurem Regen besonders relevant, da sie oft in Regionen auftreten, die bereits anfällig für
soziale und wirtschaftliche Spannungen sind. Beispielsweise können die Schä-
digungen von Landwirtschaft durch sauren Regen, wie ertragsmindernde Effekte
auf Bodenfruchtbarkeit und Wasserqualität, zu Nahrungsmittelknappheit führen.
In ressourcenarmen Gebieten kann die verstärkte Konkurrenz um verbleibende,
fruchtbare Flächen oder sauberes Wasser zu Konflikten zwischen verschiedenen
Gruppen oder Nationen führen.

Ein prominentes Beispiel für Ressourcenkonflikte, die durch sauren Regen verstärkt werden, ist die Situation in Industrienationen, in denen eine hohe Dichte
an industrieller Aktivität auftritt, wie beispielsweise in Teilen der USA und
Westeuropas. Die Lösung dieser Umweltprobleme geht häufig mit politischen
und wirtschaftlichen Auseinandersetzungen einher. So wurden in den 1980er
Jahren in den USA Gesetze verabschiedet, um die Emissionen von SO_2 und NO_2
zu reduzieren, was zu einem Rückgang des sauren Regens führte. Diese Maßnahmen erforderten jedoch bedeutende Investitionen und Veränderungen in der

Energiepolitik, die auf Widerstand stießen, insbesondere von Industrien, die von billigen, fossilen Brennstoffen abhängig waren.

Zudem sind Entwicklungs- und Schwellenländer besonders verletzlich gegenüber den Auswirkungen von saurem Regen, da viele dieser Länder über geringere Mittel zur Anpassung und Minderung der Effekte verfügen. Die ökologische Degradation, die durch sauren Regen verursacht wird, kann in diesen Kontexten die bereits bestehenden Ressourcenknappheiten verschärfen, was zu sozialen Unruhen und politischen Instabilitäten führen kann.

Schadstoffe

Ressourcenkonflikte sind ein komplexes Phänomen, das aus der Konkurrenz um begrenzte natürliche Ressourcen wie Wasser, Land, Mineralien und fossile Brennstoffe entsteht. Die Verbindung zwischen Schadstoffen und Ressourcenkonflikten ist multidimensional und umfasst ökologische, soziale und wirtschaftliche Aspekte. Schadstoffe können sowohl als direkte als auch als indirekte Akteure in diesen Konflikten auftreten und dabei das Gesundheitssystem, die Umwelt und die sozialen Strukturen in betroffenen Regionen belasten.

Zunächst ist es wichtig zu erwähnen, dass viele Ressourcen, um die Konflikte entstehen, mit der Extraktion und Verarbeitung von Rohstoffen verbunden sind. Diese Prozesse sind häufig mit einer Reihe von Schadstoffemissionen und -freisetzungen verbunden, die sowohl lokale Gemeinschaften als auch die Umwelt nachhaltig schädigen können. Die Förderung von Bodenschätzen wie Erdöl, Gold und anderen Mineralien kann zu erheblichen Umweltverschmutzungen führen. Beispielsweise werden bei der Ölproduktion große Mengen an giftigen Chemikalien eingesetzt, die bei Leckagen oder unsachgemäßer Lagerung in den Boden und das Wasser gelangen. Ähnliche Probleme treten bei der Förderung von Gold auf, wo Cyanid und Quecksilber verwendet werden, um Erze zu verarbeiten.

Diese Schadstoffe sind nicht nur umweltbelastend, sondern sie haben auch ernsthafte Auswirkungen auf die Gesundheit der Bevölkerung. Langfristige Exposition gegenüber den durch Ressourcengewinnung freigesetzten Schadstoffen kann zu chronischen Krankheiten führen, von Atemwegserkrankungen bis hin zu Krebs. In vielen Fällen sind es vor allem marginalisierte Gemeinschaften, die in der Nähe von Bergbaugebieten leben und somit unverhältnismäßig stark betroffen sind. Die Probleme werden oft durch eine geringe politische Vertretung und mangelnden Zugang zu medizinischer Versorgung verstärkt, was zu einer tiefen Ungerechtigkeit führt und den sozialen Zusammenhalt in diesen Gemeinschaften bedroht.

Ein weiteres Element in der Verbindung zwischen Schadstoffen und Ressourcenkonflikten ist der ökonomische Aspekt. Die wirtschaftlichen Vorteile aus der Ressourcennutzung kommen häufig nicht den betroffenen Gemeinschaften zugute, sondern fließen in die Kassen großer Unternehmen oder in die Hände korrupter Regierungsbeamter. Dies kann Spannungen und Konflikte zwischen verschiedenen gesellschaftlichen Gruppen hervorrufen, die um den Zugang zu und die Kontrolle über diese Ressourcen streiten. Wenn beispielsweise den indigenen Völkern das Land entzogen wird, um Platz für Bergbau oder Ölbohrungen zu schaffen, können sich Widerstandsbewegungen bilden, die sowohl gegen die Umweltverschmutzung als auch gegen die Verletzung ihrer Landrechte kämpfen. In vielen Fällen führt dies zu gewaltsamen Auseinandersetzungen, die nicht nur lokale Gemeinschaften, sondern auch nationale und internationale Akteure einbeziehen.

Ein konkretes Beispiel ist der Konflikt in der Demokratischen Republik Kongo, wo verschiedene Gruppen um die Kontrolle über Kongos Bodenschätze wie Koltan und Diamanten kämpfen. Die Ausbeutung dieser Ressourcen hat zu einer massiven Umweltverschmutzung geführt, die lokale Ökosysteme zerstört und die Lebensgrundlagen der Bevölkerung bedroht. Hier kollidieren wirtschaftliche Interessen mit den Rechten der lokalen Bevölkerung und den Anforderungen an den Umweltschutz auf alarmierende Weise.

Schwellenländer
Schwellenländer, als Nationen, die sich in einem Übergang zwischen Entwicklungs- und Industriestaaten befinden, spielen eine zunehmend zentrale Rolle in der globalen Wirtschaft. Diese Länder zeichnen sich durch ein rapides Wirtschaftswachstum, eine steigende Urbanisierung und sich verändernde sozioökonomische Strukturen aus. Allerdings stehen Schwellenländer auch vor einer Vielzahl von Herausforderungen, insbesondere im Kontext von Ressourcenkonflikten. Diese Konflikte entstehen häufig aufgrund der begrenzten Verfügbarkeit natürlicher Ressourcen wie Wasser, Mineralien, fossilen Brennstoffen und landwirtschaftlichen Flächen, die in vielen Schwellenländern gemeinhin ungleich verteilt sind.

Ein entscheidender Faktor für Ressourcenkonflikte in Schwellenländern ist das Phänomen der Ressourcenfluches oder des „Paradox der Fülle". Es beschreibt die paradoxe Situation, dass Länder mit reiche Ressourcen oft niedrigere Wachstumsraten, weniger demokratische politische Institutionen und höheres Konfliktpotenzial aufweisen als ressourcenärmere Staaten. Dies kann auf verschiedene Faktoren zurückgeführt werden, darunter die ungleiche Verteilung von

Reichtum, die häufige Korruption, das Fehlen von effektiven Governance-Strukturen und die Abhängigkeit von Rohstoffexporten. Soziale Ungleichheiten, die durch ungleiche Zugangsmöglichkeiten zu Ressourcen verschärft werden, führen oft zu Spannungen und Konflikten innerhalb der Gesellschaft.

Beispielsweise ist Wasserknappheit ein zentrales Problem in vielen Schwellenländern, das sowohl nationale als auch transnationale Konflikte auslösen kann. Die Konkurrenz um Zugang zu Wasserressourcen kann zu Spannungen zwischen verschiedenen ethnischen Gruppen oder Regionen führen. Der Nil ist ein prominentes Beispiel, wo Konflikte zwischen Ägypten und Sudan einerseits und Äthiopien andererseits hinsichtlich der Nutzung und Kontrolle des Wassers des Nils potenziell destabilisieren könnten.

Mineralische Ressourcen sind ein weiteres zentrales Konfliktthema. In vielen afrikanischen Schwellenländern, wie der Demokratischen Republik Kongo, kommt es aufgrund des Zugangs zu wertvollen Rohstoffen wie Gold, Diamanten und Coltan immer wieder zu bewaffneten Konflikten. Diese Ressourcen generieren nicht nur Einkommen für die Länder, sondern schaffen auch Anreize für bewaffnete Gruppen, die Kontrolle über diese Ressourcen zu erlangen, was zu einem Teufelskreis von Gewalt und Instabilität führen kann.

Fossile Brennstoffe spielen ebenfalls eine entscheidende Rolle in den Ressourcenkonflikten. Länder mit reichhaltigen Vorkommen an Öl und Gas, wie Venezuela oder Nigeria, erleben häufig soziale Unruhen und politische Instabilität, die durch Korruption und den Kampf um Ressourcen verschärft werden. In Nigeria beispielsweise hat die Ausbeutung von Öl im Niger-Delta nicht nur zu Umweltzerstörung geführt, sondern auch zu Konflikten zwischen der Regierung, multinationalen Unternehmen und lokalen Gemeinschaften, die von den negativen Auswirkungen der Ölindustrie betroffen sind.

Mangels stabiler Institutionen und effektiver Politik zur Ressourcenverwaltung neigen viele Schwellenländer dazu, Ressourcen nicht nachhaltig zu nutzen, was langfristig die Umweltsituation verschlechtert und weitere Konflikte schürt. Ein Beispiel findet sich in Brasilien, wo die Abholzung des Amazonas-Regenwaldes, oft im Zusammenhang mit der Landwirtschaft und der Rohstoffextraktion, die Lebensgrundlagen indigener Gemeinschaften bedroht und gleichzeitig zu internationalen Spannungen führt.

Schwermetalle

Schwermetalle, definiert als Metalle mit einer hohen Dichte und toxischen Eigenschaften, spielen eine zentrale Rolle in der modernen Industrie, insbesondere in der Elektronik, Batterieproduktion und Metallverarbeitung. Zu den bekanntesten

Schwermetallen zählen Blei, Quecksilber, Cadmium, Nickel und Arsen. Mit der zunehmenden Nachfrage nach elektronischen Geräten und erneuerbaren Energietechnologien, insbesondere Lithium-Ionen-Batterien für Elektrofahrzeuge, ist auch der Bedarf an diesen Materialien gestiegen. Dies hat, oft unbemerkt von der breiten Öffentlichkeit, zu einer Vielzahl von Ressourcenkonflikten geführt, die tief in sozialen, wirtschaftlichen und ökologischen Dynamiken verwurzelt sind.

Einer der Hauptfaktoren, der diese Konflikte antreibt, ist die ungleiche Verteilung von Ressourcen. Schwermetalle befinden sich häufig in großen Mengen in bestimmten geografischen Regionen, die oft auch von politischen Instabilitäten und schwachen Governance-Strukturen betroffen sind. Ein Beispiel hierfür ist der Kongo, der über enorme Vorkommen an Mineralien wie Kobalt verfügt, welches wesentlich für die Batterieproduktion ist. Hier entstehen Konflikte nicht nur zwischen multinationalen Unternehmen, die um den Zugang zu diesen Ressourcen konkurrieren, sondern auch zwischen lokalen Gemeinschaften und staatlichen Akteuren, die oft von den Einnahmen aus dem Bergbau profitieren, während die Umwelt und die Lebensgrundlagen der Bevölkerung stark belastet werden.

Ein weiterer wichtiger Aspekt ist die Umweltverschmutzung, die mit dem Abbau und der Verarbeitung von Schwermetallen verbunden ist. Viele der Verfahren sind wesentlich umweltschädlicher als konventionelle Bergbaumethoden, was zu schweren ökologischen Schäden führt. Diese Umweltschäden haben häufig direkte Auswirkungen auf die Gesundheit der Menschen, die in der Nähe von Bergbaugebieten leben, und können zu einem Teufelskreis von Armut und Krankheit führen, der die sozialen Spannungen weiter erhöht. Beispielsweise verursacht die Quecksilbervergiftung, die häufig in goldabbauenden Gemeinden auftritt, langfristige gesundheitliche Probleme und trägt zur Marginalisierung lokaler Gemeinschaften bei.

Darüber hinaus hat die Abhängigkeit von Schwermetallen in der globalen Wirtschaft dazu geführt, dass einige Staaten und Unternehmen zunehmend in Regionen investieren, die diese Ressourcen enthalten, oft ohne angemessene Rücksicht auf die Menschenrechte oder Umweltstandards. Diese Art der "Ressourcenausbeutung" führt häufig zu einem Phänomen, das als "Ressourcenfluch" bezeichnet wird, bei dem Länder, die reich an natürlichen Ressourcen sind, tendenziell niedrigere Wachstumsraten und schlechtere Entwicklungsindikatoren aufweisen als ressourcenarme Länder. Korruption, Machtmissbrauch und Gewalt können die Folge sein, da verschiedene Akteure um den Zugang zu und die Kontrolle über die Ressourcen kämpfen.

Die Auswirkungen von Schwermetallen auf die Umwelt und die menschliche Gesundheit sind auch in den politischen Diskurs eingegangen, wobei internationale Organisationen wie die Umweltprogramm der Vereinten Nationen (UNEP) und die Weltgesundheitsorganisation (WHO) Warnungen über die Gefahren von Schwermetallen aussprechen. Trotz dieser Bemühungen bleibt die Regulierung und Überwachung der Extraktion und Nutzung von Schwermetallen eine große Herausforderung, insbesondere in Ländern mit schwacher Infrastruktur und Governance.

Abschließend lässt sich sagen, dass Schwermetalle im Kontext von Ressourcenkonflikten ein vielschichtiges Problem darstellen, das sowohl ökologische als auch soziale Herausforderungen umfasst. Um diese Konflikte zu mildern, ist ein integrativer Ansatz erforderlich, der Beobachtung, regulative Maßnahmen, umweltfreundliche Techniken und die Einbeziehung der lokalen Bevölkerung in Entscheidungsprozesse umfasst. Nur durch ein nachhaltiges Management der Ressourcen und ein gerechtes Teilen der Gewinne können die negativen Folgen dieser sogenannten "Ressourcenkonflikte" verringert und die Lebensqualität der betroffenen Gemeinschaften nachhaltig verbessert werden.

Seerechtsübereinkommen der UN (United Nations Convention on the Law of the Sea, UNCLOS) im Kontext von Ressourcenkonflikte

Das Seerechtsübereinkommen der Vereinten Nationen (UNCLOS), offiziell als „United Nations Convention on the Law of the Sea" bekannt, wurde 1982 in Montego Bay, Jamaika, verabschiedet und trat 1994 in Kraft. Es stellt einen umfassenden Rahmen für die Regelung der Rechte und Pflichten von Staaten hinsichtlich der Nutzung der Meere und der maritimen Ressourcen dar. UNCLOS ist ein bindendes Völkerrecht, das sowohl die Hoheitsgewässer der Küstenstaaten als auch die internationalen Gewässer regelt und somit eine essentielle Rolle im Kontext globaler Ressourcenkonflikte spielt.

Struktur und Hauptinhalte des UNCLOS

Das UNCLOS gliedert sich in mehrere Teile, die verschiedene Aspekte des Seerechts detailliert behandeln. Zu den zentralen Elementen gehören:

Hoheitsgewässer und Ausschließliche Wirtschaftszone (AWZ): Küstenstaaten haben das Recht, bis zu 12 Seemeilen von der Küste entfernt Hoheitsgewässer zu beanspruchen, in denen sie volle souveräne Rechte haben. Darüber hinaus erstreckt sich die ausschließliche Wirtschaftszone über 200 Seemeilen, in der Staaten exklusive Rechte zur Nutzung der maritimen Ressourcen haben, einschließlich Fischerei und mineralischer Ressourcen.

Internationales Meeresrecht: UNCLOS etabliert Normen zur Erhaltung der biologischen Vielfalt der Ozeane sowie zur Bekämpfung maritimer Umweltverschmutzung. Die festgelegten Grundlagen für die Verwaltung und den Schutz der maritimen Umwelt sind notwendig, um nachhaltige Ressourcennutzung zu gewährleisten.

Meeresforschung: Das Übereinkommen legt die Voraussetzungen fest, unter denen Staaten wissenschaftliche Untersuchungen der Ozeane durchführen dürfen, und fördert die Zusammenarbeit in der Meeresforschung.

Streitbeilegung: UNCLOS bietet Verfahren zur Konfliktlösung, einschließlich der Einrichtung von Schiedsgerichten und der Internationalen Seeschifffahrtsorganisation (ISA), um Meinungsverschiedenheiten zwischen Staaten zu klären und eine friedliche Streitbeilegung zu fördern.

Ressourcenkonflikte im Kontext von UNCLOS

Die Vielzahl an Ressourcen, die die Meere bieten – von Fischbeständen über Mineralien bis hin zu Energiereichtümern – ist häufig Ursache für Konflikte zwischen Staaten. Diese Konflikte können sich in verschiedenen Formen äußern:

Fischereikonflikte: Überfischung und illegale, unregulierte und undokumentierte Fischerei sind bedeutende Probleme. Die Festlegung von Fischereirechten in der AWZ steht oft im Widerspruch zu den Interessen anderer Staaten, die möglicherweise ebenfalls um Zugang zu diesen Ressourcen kämpfen. UNCLOS bietet zwar Rahmenbedingungen zur Regelung der Fischerei, doch die Durchsetzung ist oft eine Herausforderung.

Rohstoffreiche Meeresgebiete: Der Abbau von mineralischen Rohstoffen, wie zum Beispiel Erdöl und Erdgas, in den Schnittstellen zwischen nationalen Hoheitsgewässern und internationalen Gewässern kann zu Spannungen führen. Staaten wie China, Vietnam und die Philippinen haben im Südchinesischen Meer unterschiedliche Ansprüche auf maritime Gebiete erhoben, die reich an Ressourcen sind, was zu geopolitischen Spannungen führt.

Umweltschutz und nachhaltige Nutzung: Der Konflikt zwischen Ressourcennutzung und Umweltschutz ist unter UNCLOS geregelt, jedoch bleibt die praktische Umsetzung oft schwach, insbesondere in Gebieten, wo wirtschaftliche Interessen dominieren. Unzureichende Kontrolle von Umweltschäden durch Überfischung oder Ölunfälle kann in Küstenstaaten zu einem Verlust von Lebensgrundlagen und zur Verschärfung von sozialen Konflikten führen.

Das UNCLOS stellt einen bedeutenden rechtlichen Rahmen dar, um die komplexen Herausforderungen, die sich aus der Nutzung maritimer Ressourcen ergeben, zu adressieren. Dennoch ist es wichtig zu betonen, dass die Effektivität des Übereinkommens wesentlich von der politischen Willensbildung der Staaten abhängt und dass nationale Interessen häufig die Einhaltung internationaler Normen untergraben. Die Bewältigung von Ressourcenkonflikten erfordert deshalb ein multilateral abgestimmtes Vorgehen und die Stärkung der Institutionen, die für die Überwachung und Durchsetzung internationaler Abkommen zuständig sind. In Anbetracht der voranschreitenden Globalisierung und der wachsenden Nachfrage nach maritimen Ressourcen ist ein konsolidierter Ansatz zur friedlichen Nutzung und zum Schutz der Ozeane von entscheidender Bedeutung.

Sekundärgewinnung

Die Sekundärgewinnung, auch bekannt als Recycling oder Wiederverwertung, bezeichnet den Prozess, durch den Abfälle oder gebrauchte Materialien gesammelt, verarbeitet und wieder in den Produktionskreislauf eingeführt werden. In einem wirtschaftlichen Kontext ist die Sekundärgewinnung ein zunehmend wichtiger Faktor, insbesondere in Bezug auf Ressourcenkonflikte, die häufig durch die begrenzte Verfügbarkeit natürlicher Ressourcen, umweltpolitische Herausforderungen und wirtschaftliche Ungleichheiten gekennzeichnet sind.

In vielen Fällen sind Ressourcenkonflikte das Ergebnis des ungleichen Zugangs zu natürlichen Ressourcen wie Mineralien, Wasser, Holz und Land. Diese Konflikte treten häufig in Regionen auf, die reich an Rohstoffen sind, jedoch unter einer schwachen politischen Governance, ökonomischen Ungleichheiten oder sozialen Spannungen leiden. Die Sekundärgewinnung stellt eine nachhaltige Alternative zur primären Ressourcengewinnung dar und könnte potenziell viele der zugrunde liegenden Probleme der Ressourcenkonflikte mildern.

Ein zentraler Aspekt der Sekundärgewinnung ist ihre Fähigkeit, den Druck auf primäre Rohstoffquellen zu verringern. Indem bestehende Materialien wiederverwendet werden, wird die Notwendigkeit reduziert, neue Bergbauprojekte zu entwickeln oder neue Landnutzung zu genehmigen, die oft mit erheblichen ökologischen, sozialen und politischen Kosten verbunden sind. Zum Beispiel kann das Recycling von Metallen wie Kupfer oder Aluminium dazu beitragen, die Umweltbelastungen durch Bergbauaktivitäten zu verringern, die häufig mit Landnutzungskonflikten und der Zerstörung von Ökosystemen verbunden sind. Darüber hinaus kann die Sekundärgewinnung die wirtschaftliche Stabilität in Konfliktgebieten unterstützen. Durch die Schaffung von Arbeitsplätzen im Recyclingsektor und in der Abfallwirtschaft können einkommensschwache Bevölkerungsgruppen bessere Lebensbedingungen erreichen. Dies kann dazu beitragen, soziale Spannungen zu verringern, die häufig die Grundlage für Ressourcenkonflikte bilden.

Ein weiteres wichtiges Thema sind die illegalen Aktivitäten, die häufig mit der Primärgewinnung natürlicher Ressourcen verbunden sind, wie illegale Abholzung, Wilderei und unregulierter Bergbau. Diese Aktivitäten tragen oft zu Umweltzerstörung, sozialer Ungleichheit und politischer Instabilität bei. Durch eine effektive Sekundärgewinnung können Staaten und Gemeinschaften versuchen, die Nachfrage nach illegal gewonnenen Ressourcen zu verringern und legale, nachhaltige Alternativen zu fördern.

Dennoch stehen viele Länder, insbesondere in Entwicklungsländern, vor Herausforderungen bei der Implementierung effektiver Recyclingstrategien. Zu diesen Herausforderungen gehören unzureichende technologische Infrastruktur, fehlendes Wissen über Recyclingtechniken, mangelhafte gesetzliche Rahmenbedingungen und wirtschaftliche Anreize. Um die Vorteile der Sekundärgewinnung voll ausschöpfen zu können, sind Investitionen in Bildung, Infrastruktur und nachhaltige Praktiken sowie rechtliche Rahmenbedingungen notwendig, die Recycling und Wiederverwendung von Materialien fördern.

Shareholder Value

Der Begriff "Shareholder Value" bezieht sich auf den Wert, den ein Unternehmen seinen Aktionären bietet, typischerweise gemessen an der Aktienkursentwicklung und Ausschüttungen wie Dividenden. Diese Konzepte stehen in einem engen Zusammenhang mit der strategischen Entscheidungsfindung im Unternehmenskontext und können komplexe Wechselwirkungen mit sozialen und ökologischen Faktoren, insbesondere in Bezug auf Ressourcenkonflikte, hervorrufen.

Ressourcenkonflikte entstehen typischerweise, wenn verschiedene Akteure um den Zugang und die Nutzung begrenzter Ressourcen, wie Wasser, Land oder Mineralien, konkurrieren. Diese Konflikte können sowohl innerhalb einer Gesellschaft als auch zwischen Staaten auftreten und häufig von wirtschaftlichen, politischen und sozialen Spannungen geprägt sein. Im Kontext des Shareholder Value können Ressourcenkonflikte besonders relevant werden, wenn Unternehmen in Regionen tätig sind, in denen der Zugang zu Ressourcen umstritten ist oder mit erheblichen ökologischen und sozialen Risiken verbunden ist.

Ein zentrales Element der Shareholder-Value-Philosophie ist die Maximierung des Unternehmensgewinns. Dies kann Unternehmen dazu veranlassen, aggressive Strategien zur Ressourcennutzung zu verfolgen, die kurzfristig hohen Gewinn versprechen. Solche Strategien können jedoch langfristig zu negativen Konsequenzen führen, insbesondere wenn sie zu Ressourcenkonflikten beitragen. Die Ausbeutung von Ressourcen in konfliktbeladenen Regionen kann nicht nur zu sozialen Unruhen und gewaltsamen Auseinandersetzungen führen, sondern auch das Unternehmensimage schädigen und somit den Shareholder Value gefährden.

Darüber hinaus kann die Konzentration auf den Shareholder Value zu einem sogenannten „Short-Termism" führen, bei dem Unternehmen eher kurzfristige Gewinne anstreben als nachhaltige, langfristige Strategien zu verfolgen. Dies kann die Neigung verstärken, in risikobehafteten Regionen zu investieren, in denen die kurzfristigen finanziellen Vorteile über die langfristigen sozialen und ökologischen Kosten gestellt werden. Solche Entscheidungen können nicht nur negative Auswirkungen auf die Gemeinschaften vor Ort haben, sondern auch rechtliche und regulatorische Risiken für Unternehmen mit sich bringen, was letztlich den Shareholder Value gefährden kann.

Ein weiteres zentrales Element ist die Verantwortung von Unternehmen, Stakeholder – also nicht nur Aktionären, sondern auch Mitarbeitern, Zulieferern, Kunden und der Gesellschaft als Ganzes – zu berücksichtigen. Der Einfluss von Unternehmen auf Ressourcenkonflikte kann weite gesellschaftliche Konsequenzen haben, die sowohl den aktuellen Shareholder Value als auch die zukünftige Wettbewerbsfähigkeit des Unternehmens beeinträchtigen. Unternehmen, die in Ressourcenkonfliktsituationen operieren, sehen sich daher immer stärker dem Druck ausgesetzt, nachhaltige Praktiken zu implementieren und gesellschaftliche Verantwortung zu übernehmen, um ihren langfristigen Wert zu sichern.

Ein Beispiel dafür ist die zunehmende Bedeutung von Umwelt-, Sozial- und Governance-Kriterien (ESG) in der Unternehmensbewertung. Investoren legen zunehmend Wert auf Unternehmen, die nachhaltige Praktiken zur Vermeidung von Ressourcenkonflikten adoptieren. Studien zeigen, dass Unternehmen, die aktiv Umwelt- und Sozialrichtlinien umsetzen, häufig auch eine bessere finanzielle Leistung erbringen, was einen positiven Einfluss auf den Shareholder Value nach sich ziehen kann.

Insgesamt lässt sich festhalten, dass der Begriff Shareholder Value im Kontext von Ressourcenkonflikten eine vielschichtige und herausfordernde Thematik darstellt. Unternehmen agieren in einem komplexen Spannungsfeld zwischen kurzfristiger Gewinnmaximierung und langfristiger Verantwortung, und die Art und Weise, wie sie mit Ressourcenkonflikten umgehen, kann erhebliche Auswirkungen auf ihren finanziellen Erfolg und ihr gesellschaftliches Ansehen haben. Die Herausforderung besteht darin, ein Gleichgewicht zwischen diesen widersprüchlichen Forderungen zu finden, um sowohl den Shareholder Value zu maximieren als auch zu einer nachhaltigen und gerechten Ressourcennutzung beizutragen.

Sierra Leone und der Diamantenkonflikte

Sierra Leone ist ein Westafrikanischer Staat, der abseits der globalen Aufmerksamkeit über Jahrzehnte unter erheblichen politischen und sozialen Turbulenzen gelitten hat. Insbesondere der Bürgerkrieg von 1991 bis 2002, der große humanitäre und wirtschaftliche Schäden hinterließ, ist eng mit den Konflikten um natürliche Ressourcen verbunden, insbesondere Diamanten. Dieser Konflikt stellt ein paradigmatisches Beispiel für Ressourcenkonflikte dar, in denen der Zugang zu und die Kontrolle über wertvolle Rohstoffe zentrale Ursachen für Gewalt und Instabilität sind.

Diamanten sind in Sierra Leone nicht nur eine wirtschaftliche Ressource, sondern sie haben auch eine symbolische Bedeutung erlangt. Sie wurden als „blutige Diamanten" oder „Konfliktdiamanten" bekannt, da sie oft unter extremen Bedingungen abgebaut wurden und ihre Verkäufe zur Finanzierung bewaffneter Gruppen dienten. Die Revolutionary United Front (RUF), die während des Bürgerkriegs eine zentrale Rolle spielte, finanzierte ihre militärischen Operationen durch den illegalen Handel mit Diamanten. Dies führte zu einer Spirale der Gewalt, während die RUF Dörfer überfiel, Arbeitskräfte zwangsrekrutierte und lokale Gemeinschaften terrorisierte, um Zugang zu den Diamantenminen zu gewinnen.

Die Wurzeln dieses Konflikts sind vielschichtig. Sierra Leone war bereits vor dem Bürgerkrieg wirtschaftlich instabil und von einem schwachen Regierungssystem geprägt. Die Korruption innerhalb der politischen Elite und das Versagen von Institutionen, die öffentliche Ordnung aufrechtzuerhalten, schufen ein Umfeld, in dem illegale Aktivitäten florierten. Der Diamantenabbau, der zu den wichtigsten Wirtschaftszweigen des Landes zählt, wurde häufig von internationalen Unternehmen und lokalen Milizen kontrolliert, die durch die schwachen rechtlichen Rahmenbedingungen begünstigt wurden.

Ein weiteres bedeutendes Element des Konflikts war die Rolle externer Akteure. Internationale Interessengruppen, oft in Form von multinationalen Unternehmen, waren in den illegalen Handel mit Diamanten verwickelt, was wiederum die Gewalt und die Instabilität in Sierra Leone anheizte. Dies führte zu einem komplementären Neokolonialismus, bei dem ausländische Investoren von den Ressourcen des Landes profitierten, während die einheimische Bevölkerung unter den Folgen von Krieg und Ausbeutung litt.

Die internationale Gemeinschaft reagierte schließlich auf die humanitären Katastrophen in Sierra Leone. 2000 wurde eine UN-Mission zur Stabilisierung des Landes eingerichtet, und der Prozess der Entwaffnung und Reintegration der Konfliktparteien begann. Ein wichtiger Schritt in diesem Prozess war die

Einführung des Kimberley-Prozesses, einer internationalen Initiative zur Kontrolle des Handels mit Diamanten. Ziel war es, sicherzustellen, dass Diamanten nicht zur Finanzierung von Konflikten verwendet werden. Der Prozess verlangte von exportierenden Ländern, die Herkunft ihrer Diamanten zu zertifizieren, um den Verkauf von Konfliktdiamanten zu verhindern.

Trotz dieser Bemühungen bleibt der Diamantenabbau in Sierra Leone eine umstrittene und komplexe Angelegenheit. Der Übergang zu einem stabilen Frieden erfordert nicht nur die Kontrolle über die Ressourcen, sondern auch institutionelle Reformen, wirtschaftliche Diversifizierung und die Schaffung von transparenten und inklusiven Governance-Strukturen. Die Herausforderung besteht darin, eine nachhaltige Entwicklung zu gewährleisten, die den lokalen Gemeinschaften zugutekommt, anstatt die fortwährenden sozialen und wirtschaftlichen Ungleichheiten zu perpetuieren.

Smog

Smog ist ein komplexes Umweltphänomen, das durch die chemische Interaktion von Luftschadstoffen, insbesondere Feinstaub, Stickoxiden und flüchtigen organischen Verbindungen, in der Atmosphäre entsteht. Die Hauptursachen für Smog sind industrielle Emissionen, Verkehr, Heizungen sowie landwirtschaftliche Praktiken. In vielen urbanen Gebieten ist der Smog ein ernstzunehmendes gesundheitliches Problem, das mit Atemwegserkrankungen, Herz-Kreislauf-Erkrankungen und erhöhten Sterblichkeitsraten in Verbindung gebracht wird.

Im Kontext von Ressourcenkonflikten ist Smog ein Indikator für tiefere sozioökonomische sowie politische Spannungen, die aus dem Wettlauf um begrenzte Ressourcen resultieren. Insbesondere in Ländern mit intensivem industriellen Wachstum, wie z.B. China oder Indien, wird die Luftverschmutzung nicht nur als Umweltproblem wahrgenommen, sondern auch als Symptom für die Herausforderungen, die mit Urbanisierung, Industrialisierung und steigenden Energiebedarfen verbunden sind.

Ein zentraler Aspekt hier ist der Zusammenhang zwischen der Ressourcenextraktion—wie Kohle, Erdöl und einer Vielzahl weiterer Mineralien—and der Entstehung von Smog. Die industrielle Ausbeutung dieser Ressourcen führt oft zu einer massiven Erhöhung der Schadstoffemissionen, während gleichzeitig die politischen und wirtschaftlichen Strukturen, die diese Aktivitäten regulieren, häufig unzureichend sind. Dies kann zu Konflikten zwischen der Bevölkerung, die unter den gesundheitlichen Folgen von Smog leidet, und den Unternehmen oder dem Staat führen, die von der Ressourcennutzung profitieren. Diese Spannungen sind besonders ausgeprägt in Regionen, wo abiotische und biotische

Ressourcen begrenzt sind und wo Bevölkerungsdruck auf den vorhandenen Ressourcen lastet.

Zudem führen geopolitische Faktoren oft zu Ressourcenkonflikten, die auch die Umwelt belasten. Regionen mit hohen Ressourcenventilen, wie der Nahe Osten oder bestimmte Teile Afrikas, erleben häufig Konflikte, die durch den Zugang zu Öl- und Wasserressourcen verstärkt werden. Diese Konflikte können dazu führen, dass Umweltstandards vernachlässigt werden, um wirtschaftliche Vorteile zu maximieren, was wiederum die Entstehung von Smog verschärft. In Krisenzeiten werden häufig militärische und industrielle Aktivitäten intensiviert, die dann zusätzliche Schadstoffe freisetzen und die Umwelt weiter belasten.

Die Schaffung von langfristigen, nachhaltigen Lösungen erfordert einen integrativen Ansatz, der sowohl die Ressourcennutzung als auch die Gesundheit der Bevölkerung berücksichtigt. Politische Maßnahmen zur Reduzierung von Emissionen, Investitionen in erneuerbare Energien und die Förderung von umweltfreundlichen Technologien sind entscheidend, um die Umweltauswirkungen von Ressourcenkonflikten zu mindern. Darüber hinaus ist die Einbeziehung der Zivilgesellschaft in Entscheidungsprozesse von Bedeutung, um sicherzustellen, dass die Interessen der betroffenen Populationsgruppen gewahrt bleiben und die sozialen Spannungen verringert werden.

Insgesamt ist Smog nicht nur ein Umweltproblem, sondern ein komplexes Phänomen, das in engem Zusammenhang mit Ressourcenkonflikten steht. Eine nachhaltige Lösung dieser Herausforderungen erfordert interdisziplinäre Ansätze, die ökologische, ökonomische und soziale Dimensionen integrieren, um sowohl die Lebensqualität der Menschen zu verbessern als auch die Umwelt zu schützen.

Stockholmer Übereinkommen

Das Stockholmer Übereinkommen wurde 2001 in Stockholm, Schweden, beschlossen und trat 2004 in Kraft. Es zielt darauf ab, die Produktion und Verwendung von persistenten organischen Schadstoffen zu reduzieren und letztlich zu beseitigen, die eine ernsthafte Bedrohung für die menschliche Gesundheit und die Umwelt darstellen. Dieses Abkommen ist ein entscheidender Schritt zur Bekämpfung von Umweltverschmutzung und zur Förderung einer nachhaltigen Entwicklung, steht jedoch auch im Kontext von Ressourcenkonflikten, die aus der ungeregelten Nutzung und dem Missbrauch natürlicher Ressourcen entstehen können.

Die persistenten organischen Schadstoffe sind chemische Substanzen, die sich durch ihre Haltbarkeit, Bioakkumulation in biologischen Organismen sowie durch die Fähigkeit, sich über weite geografische Entfernungen zu verbreiten, auszeichnen. Diese Eigenschaften machen persistenten organischen Schadstoffen zu einem bedeutenden Problem für die Umwelt und die Gesundheit von Menschen und Tieren. Zu den bekanntesten Gruppen zählen Dioxine, PCB (polychlorierte Biphenyle) und bestimmte Pestizide wie DDT. Diese Stoffe können in Nahrungsketten eingelagert werden und sich in der Nahrung, die von Menschen und Tieren konsumiert wird, anreichern, was zu gesundheitlichen Problemen wie Krebs, Fortpflanzungs- und Entwicklungsstörungen führen kann.

Im Kontext von Ressourcenkonflikten spielt das Stockholm-Übereinkommen eine wichtige Rolle, insbesondere in Regionen, in denen der Zugang zu natürlichen Ressourcen wie Wasser, Land und Mineralien umkämpft ist. Die Extraktion und Verarbeitung dieser Ressourcen kann zu erheblicher Umweltverschmutzung führen, insbesondere wenn dabei toxische Substanzen eingesetzt oder freigesetzt werden. Beispielsweise kann die illegale Entsorgung von Chemikalien und Abfallstoffen in Gewässern oder auf landwirtschaftlichen Flächen zu einer Kontamination von Böden und Wasser führen, was nicht nur die Umwelt, sondern auch die Lebensgrundlagen der Menschen beeinträchtigt, die in diesen Gebieten leben.

Ressourcenkonflikte entstehen oft, wenn verschiedene Interessengruppen – wie Regierungen, Unternehmen, indigene Völker und Umweltschützer – um den Zugang und die Kontrolle über natürliche Ressourcen ringen. Ein häufiges Szenario ist der Konflikt zwischen wirtschaftlicher Entwicklung und Umweltschutz. Unternehmen könnten versucht sein, die Vorschriften des Stockholm-Übereinkommens zu umgehen, um Kosten zu sparen und ihre Profite zu maximieren, was zu einer weiteren Verschmutzung und damit verbundenen Gesundheitsproblemen führen kann. In vielen Entwicklungsländern sind schwache Gouvernance-Strukturen und Korruption ebenfalls Faktoren, die Ressourcenkonflikte begünstigen und die Einhaltung internationaler Umweltschutzabkommen erschweren.

Ein weiteres Problem besteht darin, dass die Auswirkungen von POPs und anderen umweltgefährdenden Substanzen oft unverhältnismäßig stark die ärmsten und verwundbarsten Gemeinschaften treffen. Diese Gruppen haben in der Regel weniger Einfluss auf politische Entscheidungen und sind oft nicht in der Lage, ihre Rechte auf saubere Umwelt und Gesundheit durchzusetzen. Dies kann zu einem Teufelskreis von Armut und Umweltzerstörung führen, in dem Umweltverschmutzung die Lebensqualität mindert und die betroffenen Gemeinschaften in einen noch tieferen wirtschaftlichen und sozialen Abwärtsstrudel zieht.

Um den Herausforderungen der Ressourcenkonflikte im Zusammenhang mit der Umweltverschmutzung durch POPs zu begegnen, ist ein integrierter Ansatz erforderlich, der verschiedene Dimensionen der nachhaltigen Entwicklung berücksichtigt. Das Stockholm-Übereinkommen stellt einen wichtigen gesetzlichen Rahmen zur Bekämpfung von Umweltgiften dar, muss jedoch durch Maßnahmen auf regionaler und nationaler Ebene ergänzt werden. Dazu gehören die Förderung sauberer Technologien, die Stärkung der Umweltgesetzgebung, die Unterstützung von betroffenen Gemeinschaften und die Schaffung von Mechanismen, die die Transparenz und Rechenschaftspflicht in der Ressourcennutzung erhöhen.

Stoffkreislauf

Der Stoffkreislauf, auch als biogeochemischer Kreislauf bezeichnet, beschreibt die ständige Zirkulation von chemischen Elementen und Verbindungen zwischen lebenden Organismen und der Umwelt. Dieser Prozess ist fundamental für die Aufrechterhaltung der ökologischen Balance und umfasst verschiedene Zyklen wie den Kohlenstoffzyklus, den Stickstoffzyklus, den Phosphorkreislauf und den Wasserkreislauf. Innerhalb dieser Zyklen werden Materie und Energie zwischen den verschiedenen Komponenten des Erdsystems ausgetauscht, wodurch Ressourcen, die für das Überleben von Organismen essentiell sind, kontinuierlich regeneriert werden.

Im Kontext von Ressourcenkonflikten wird deutlich, dass die Nutzung und der Zugang zu natürlichen Ressourcen in engem Zusammenhang mit dem Stoffkreislauf stehen. Ressourcen wie Wasser, Mineralien, fossile Brennstoffe und landwirtschaftlich genutzte Flächen sind nicht nur für die menschliche Zivilisation grundlegend, sondern stehen auch in einem engen Wettbewerb zu den Bedürfnissen anderer Lebensformen sowie zu den ökologischen Anforderungen der Erde.

Ein zentraler Aspekt von Ressourcenkonflikten ist, dass menschliche Aktivitäten oft die natürlichen Stoffkreisläufe stören. Beispielsweise führt die Übernutzung von Wasserressourcen für landwirtschaftliche oder industrielle Zwecke zur Degradation von aquatischen Ökosystemen. Dies kann nicht nur die Qualität und Verfügbarkeit von Wasser beeinträchtigen, sondern auch zu Konflikten zwischen verschiedenen Nutzergruppen führen – etwa zwischen Landwirten und städtischen Wasserversorgern. In vielen Regionen der Welt, wo Wasserknappheit herrscht, sind solche Konflikte allgegenwärtig und können soziale Spannungen und politische Instabilität hervorrufen.

Ein weiteres Beispiel ist der Kohlenstoffzyklus, der durch die Verbrennung fossiler Brennstoffe und die Abholzung von Wäldern erheblich gestört wird. Diese Prozesse führen nicht nur zu einem Anstieg der Treibhausgase, sondern beeinträchtigen auch die Fähigkeit der Natur, Kohlenstoff zu speichern, was im Kontext des Klimawandels von großer Bedeutung ist. Der Klimawandel selbst ist ein multipler Konfliktherd, da er nicht nur die Verfügbarkeit von Ressourcen wie Wasser und Nahrungsmitteln beeinträchtigt, sondern auch Migration und soziale Ungleichheiten verstärkt. Besonders vulnerable Gemeinschaften geraten in eine Spirale von Armut und Ressourcenausbeutung, was zu vermehrten Konflikten führt.

Darüber hinaus spielen geopolitische Faktoren eine entscheidende Rolle bei Ressourcenkonflikten. Länder, die über reichhaltige Bodenschätze verfügen, sehen sich oft internationalem Druck und inneren Spannungen ausgesetzt. Der Wettlauf um Ressourcen wie Lithium, Kobalt und Seltene Erden – essentielle Bestandteile moderner Technologien – hat bereits zu Konflikten in verschiedenen Regionen der Welt geführt, insbesondere in Afrika und Asien. Diese Mineralien sind nicht nur strategisch wichtig für die Industrie, sondern ihre Gewinnung hat oft gravierende Auswirkungen auf die Umwelt und die lokalen Gemeinschaften, die in den betroffenen Regionen leben.

Strategien zur Sicherstellung der Landrestaurierung

Die Landrestaurierung ist ein zentrales Element im Ansatz zur Bekämpfung von Landdegradation und zur Förderung nachhaltiger Entwicklung, insbesondere in Gebieten, die von Ressourcenkonflikten betroffen sind. Ressourcenkonflikte treten häufig in Regionen auf, in denen natürliche Ressourcen wie Wasser, Boden oder mineralische Rohstoffe in Konkurrenz stehen, und sie können zu erheblichen Umweltschäden und sozialen Spannungen führen. Die Sicherstellung einer effektiven Landrestaurierung in solchen Kontexten erfordert eine Kombination aus strategischen Ansätzen, die sowohl ökologische als auch soziale Dimensionen berücksichtigen.

Eine der grundlegenden Strategien zur Sicherstellung der Landrestaurierung ist die Implementierung partizipativer Ansätze. Dies bedeutet, dass lokale Gemeinden aktiv in den Planungs- und Umsetzungsprozess einbezogen werden. In Konfliktregionen ist es entscheidend, die Bedürfnisse und Perspektiven verschiedener Stakeholder zu berücksichtigen. Eine partizipative Planung fördert nicht nur das Vertrauen zwischen den Akteuren, sondern ermöglicht auch, dass lokale Praktiken und traditionelles Wissen in Restaurierungsinitiativen einfließen. Dies kann beispielsweise durch die Gründung von Gemeindekomitees geschehen, die die Verantwortung für die Überwachung und Pflege von restaurierten Flächen übernehmen.

Ein weiterer zentraler Aspekt ist die Anpassung der Restaurierungsstrategien an die spezifischen Eigenschaften des betroffenen Ökosystems. In Gebieten, die von Entwaldung oder Übernutzung betroffen sind, können agroforstliche Systeme eine nachhaltige Lösung darstellen. Diese Systeme kombinieren landwirtschaftliche Produktivität mit der Wiederherstellung von Wäldern und bieten somit sowohl wirtschaftliche als auch ökologische Vorteile. Die Auswahl geeigneter Pflanzenarten, die den lokalen klimatischen Bedingungen und dem Bodenprofil entsprechen, ist entscheidend für den langfristigen Erfolg der Restaurierung.

Zudem spielt die Vergabe von Landnutzungsrechten eine wesentliche Rolle. Oftmals tragen unklare oder umstrittene Landbesitzverhältnisse zur Eskalation von Ressourcenkonflikten bei. Durch transparente und gerechte Landnutzungsrechte kann die Wahrscheinlichkeit solcher Konflikte erheblich gesenkt werden. Landrestaurierungsprojekte sollten daher auch das Ziel verfolgen, rechtliche Rahmenbedingungen zu schaffen und bestehende Landnutzungskonflikte zu klären. Dies erfordert oft die Unterstützung durch den Staat oder internationale Organisationen.

Finanzierung ist ein weiterer kritischer Faktor. Restaurierungsprojekte benötigen ausreichende finanzielle Mittel, um nachhaltige Maßnahmen über einen längeren Zeitraum aufrechtzuerhalten. Innovative Finanzierungsmodelle, wie beispielsweise die Einführung von Zahlungen für Ökosystemdienstleistungen, können Anreize für die lokale Bevölkerung schaffen, sich aktiv an Restaurierungsmaßnahmen zu beteiligen. Der Zugang zu alternativen Einkommensquellen, etwa durch nachhaltigen Tourismus oder den Anbau von Marktfrüchten, kann ebenfalls dazu beitragen, den Druck auf degradierte Flächen zu verringern und zugleich die lokale Wirtschaft zu stärken.

Schließlich ist die Kombination von Forschung und Wissensvermittlung entscheidend. Wissenschaftliche Erkenntnisse über die besten Praktiken zur Landrestaurierung müssen in Schulungsprogrammen für Landwirte und lokale Gemeinschaften umgesetzt werden. Zudem sollte der Austausch von Erfahrungen zwischen verschiedenen Regionen gefördert werden. Die Dokumentation erfolgreicher Restaurierungsprojekte kann als wertvolle Ressource dienen, um Best Practices zu identifizieren und widerstandsfähige Strategien zu entwickeln.

Suburbanisierung

Suburbanisierung bezeichnet den Prozess der Bevölkerungsbewegung und -verlagerung von städtischen Zentren in deren umliegende Vororte oder ländliche Gebiete. Dieser Prozess, der seit dem 20. Jahrhundert in vielen Industrieländern zu beobachten ist, steht in starkem Zusammenhang mit gesellschaftlichen, wirtschaftlichen und räumlichen Veränderungen. Im Kontext von Ressourcenkonflikten zeigt sich, dass Suburbanisierung nicht nur Auswirkungen auf die städtische Infrastruktur und die soziale Struktur der Gesellschaft hat, sondern auch tiefgreifende ökologische und ökonomische Implikationen nach sich zieht.

Einer der treibenden Faktoren hinter der Suburbanisierung ist die Suche nach Lebensqualität und einer besseren Umwelt. Viele Menschen ziehen aus städtischen Gebieten weg, um in ruhigeren, grüneren Regionen zu leben, die oft näher an natürlichen Ressourcen wie Wasser, landwirtschaftlicher Fläche oder Wäldern liegen. Diese Bewegung kann jedoch zu Ressourcenkonflikten führen, insbesondere wenn die Nachfrage nach natürlichen Ressourcen steigt, während deren Verfügbarkeit begrenzt ist. In Regionen, die zuvor ländlich waren, können plötzliche Bevölkerungszuwächse durch Suburbanisierung zu einem erhöhten Druck auf Wasserressourcen, landwirtschaftliche Flächen und Ökosysteme führen.

Ein konkretes Beispiel für Ressourcenkonflikte im Zuge der Suburbanisierung ist die Wasserknappheit, die in vielen Städten weltweit ein zunehmendes Problem darstellt. Suburbane Gebiete, die zuvor über ausreichend Wasserressourcen verfügten, sehen sich oft mit der Herausforderung konfrontiert, die Bedürfnisse einer wachsenden Bevölkerung zu decken. Dies kann zu Konflikten mit der bestehenden Landwirtschaft führen, die auf Wasserzugang angewiesen ist, oder mit den ökologischen Anforderungen, um natürliche Gewässer und deren Ökosysteme zu erhalten. Wenn urbanisierte Vororte vermehrt Grundwasser anzapfen oder Flussläufe umleiten, kann dies weitreichende Folgen für die Umwelt und die dort lebenden Gemeinschaften haben.

Ein weiteres Beispiel sind Konflikte rund um landwirtschaftliche Flächen. Suburbanisierung führt häufig zur Umwandlung landwirtschaftlicher Flächen in Bau- oder Gewerbegebiete. Dies hat nicht nur negative Auswirkungen auf die lokale Landwirtschaft und die Nahrungsmittelproduktion, sondern kann auch zu sozialen Spannungen führen, wenn Landwirte gegen neue Entwicklungen protestieren, die ihre Existenzgrundlage gefährden. Die Zunahme versiegelter Böden durch Bauprojekte mindert zudem die Bodenqualität und kann die lokale Biodiversität gefährden, was langfristige Auswirkungen auf die Ressourcennutzung hat.

Außerdem führt die Suburbanisierung oft zu einem erhöhten Energieverbrauch und einer stärkeren Abhängigkeit von fossilen Brennstoffen. Das Streben nach individuellen Wohnhäusern in suburbanen Gebieten kann den Pendelverkehr verstärken, was zu einer höheren Nachfrage nach Energie führt. Diese Entwicklung kann nicht nur zu Ressourcenengpässen führen, sondern auch zu einer erhöhten Belastung der Umwelt durch CO_2-Emissionen und andere schädliche Auswüchse, was den Klimawandel weiter verstärken kann.

Zusätzlich sind die sozioökonomischen Gefälle, die sich aus der Suburbanisierung ergeben, ein Faktor bei Ressourcenkonflikten. In vielen Fällen profitieren wohlhabendere Schichten von den Ressourcen der ländlichen Gebiete, während ärmere Gemeinschaften, die traditionell in diesen Regionen leben, benachteiligt werden. Dies kann soziale Spannungen erzeugen und zu Konflikten führen, die sich in unterschiedlichen Formen äußern - sei es durch Protestbewegungen gegen Infrastrukturprojekte oder durch rechtliche Auseinandersetzungen über Landnutzungsrechte.

Insgesamt zeigt sich, dass die Suburbanisierung ein komplexes Phänomen darstellt, das in einer zunehmend ressourcenbewussten Welt sowohl Chancen als auch Risiken birgt. Die Balance zwischen der Schaffung lebenswerter Wohnräume und der nachhaltigen Nutzung von Ressourcen ist entscheidend, um Ressourcenkonflikte zu minimieren und eine sozial gerechte sowie ökologisch verträgliche Entwicklung zu fördern. Um diesen Herausforderungen zu begegnen, sind integrierte Ansätze erforderlich, die Stadt- und Raumplanung, Umweltmanagement und soziale Gerechtigkeit in einem kohärenten Rahmen verbinden.

Südafrika und Wasserkonflikte

Südafrika, als eines der vielfältigsten Länder des afrikanischen Kontinents, steht wie viele andere Nationen vor signifikanten Herausforderungen hinsichtlich der Wasserversorgung und -nutzung. Der Zugang zu Wasser ist nicht nur eine fundamentale menschenrechtliche Frage, sondern auch ein zentraler Aspekt in den Ressourcenkonflikten, die viele Regionen der Welt prägen. In Südafrika sind Wasserkonflikte eng verwoben mit historischer Ungleichheit, wirtschaftlichen Interessen, dem Klimawandel und dem Zusammenprall verschiedener Bedürfnisse von industriellen, landwirtschaftlichen und städtischen Akteuren.

Die Struktur der Wassernutzung in Südafrika ist stark von der Ungleichheit in der Apartheit geprägt. Während der Apartheid hatten vornehmlich weiße Landwirte und Industrielle Zugang zu den besten Wasserressourcen, während schwarze Gemeinden oft von qualitativ schlechteren Wasserversorgungen abhängig waren. Diese Ungleichheit hat in der Nach-Apartheid-Ära zwar einige Verbesserungen erfahren, doch die Verteilung von Wasser bleibt ein zentraler Streitpunkt.

Südafrika ist von Natur aus in Bezug auf Wasserressourcen benachteiligt. Die Mehrheit des Landes ist semi-arid, mit einer Vielzahl von Flüssen, die über weite Strecken fließen, aber aufgrund ungleicher Niederschlagsverteilung, Hoher Verdunstungsraten und einer schwachen Infrastruktur betreffend Wasserspeicherung und -verteilung, kommt es häufig zu Wasserknappheit. Die meisten wasserführenden Flüsse, wie der Oranje- und der Limpopofluss, haben ihre Quellen in Hochlandgebieten und fließen durch mehrere Länder, was grenzüberschreitende Konflikte zusätzlich begünstigt.

Landwirtschaft vs. Urbanisierung: Südafrika hat eine bedeutende landwirtschaftliche Infrastruktur, die jedoch zunehmend unter dem Druck einer wachsenden städtischen Bevölkerung leidet. Die Wasserentnahme aus zentralen Reservoiren für die Bewässerung landwirtschaftlicher Flächen steht in direktem Wettbewerb zu den sich verschärfenden Bedürfnissen städtischer Zentren wie Johannesburg und Kapstadt.

Klimawandel: Der Klimawandel verändert die Niederschlagsmuster in Südafrika und erhöht die Häufigkeit und Schwere von Dürreperioden. Die Prognosen deuten darauf hin, dass sich die Wassersituation weiter verschärfen wird, was bestehende Konflikte um die Nutzung und Zuteilung von Wasserressourcen anheizt.

Industrielle Nutzung von Wasser: Die Bergbauindustrie, insbesondere der Gold- und Diamantabbau, benötigt erhebliche Mengen an Wasser. Diese Industrie ist oft schädlich für lokale Ökosysteme und verschmutzt Wasserquellen, was die Verfügbarkeit von reinem Trinkwasser für Anwohner weiter einschränkt. Häufig kommt es zu Auseinandersetzungen zwischen Bergbauunternehmen und lokalen Gemeinschaften, die auf sauberes Wasser angewiesen sind.

Grenzüberschreitende Wasserströme: Südafrika teilt viele seiner Wasserressourcen mit Nachbarländern. Konflikte können entstehen, wenn ein Land seine Wasserreserven intensiv nutzt, was zu Spannungen und potenziellen Konflikten in den anliegenden Staaten führen kann. Allianzen und Vereinbarungen wie der SADC (Southern African Development Community) spielen eine Rolle bei der Diplomatie rund um die Wasserverteilung.

Um den Wasserkonflikten in Südafrika entgegenzuwirken, sind integrierte Wasserressourcenmanagement-Strategien (IWRM) unerlässlich. Diese Strategien sollten den Dialog zwischen verschiedenen Akteuren - von der Regierung über lokale Gemeinschaften bis zu industriellen Nutzern - fördern. Eine verstärkte Investition in Wasserinfrastruktur, Fortschritte in der Wasserspeicherung, Effizienzsteigerungen in der Landwirtschaft sowie eine nachhaltige Wasserpolitik sind entscheidend.

Darüber hinaus könnte die Einführung innovativer Technologien und Managementpraktiken, wie z.B. die Wiederverwendung von Wasser oder die Nutzung von Regenwasser, helfen, die verfügbaren Wasserressourcen optimaler zu nutzen. Die Sensibilisierung der Bevölkerung für den sparsamen Umgang mit Wasser und die Förderung von Bildung im Bereich Wasserressourcen sind weitere wichtige Schritte.

Sudan und der Darfur-Konflikt

Der Sudan, das drittgrößte Land Afrikas, ist reich an natürlichen Ressourcen und weist eine komplexe demografische und ethnische Zusammensetzung auf, die zu langanhaltenden innerstaatlichen Konflikten, insbesondere im Darfur, geführt hat. Der Darfur-Konflikt ist ein prägnantes Beispiel für Ressourcenkriege, bei denen die Kontrolle über Wasser, Land und andere Ressourcen eine zentrale Rolle spielt.

Sudan ist geographisch vielfältig und beherbergt bedeutende Ressourcen wie Erdöl, Gold, fruchtbares Land und Wasser, insbesondere im Nilstrom. Diese Ressourcen sind von entscheidender Bedeutung für die wirtschaftliche Entwicklung, jedoch auch für die Entstehung von Konflikten. Im Darfur-Gebiet, das im westlichen Teil des Sudans liegt, sind die klimatischen Bedingungen durch häufige Dürre und Desertifikation gekennzeichnet, was die landwirtschaftliche Produktivität einschränkt und den Wettbewerb um landwirtschaftliche Flächen und Wasserquellen intensiviert.

Der Sudan ist ethnisch und kulturell vielfältig, was sich in verschiedenen Gruppen manifestiert, die oft unterschiedliche Ansprüche auf Land und Ressourcen erheben. Im Darfur leben zahlreiche ethnische Gruppen, darunter die Araber und die nicht-arabischen, oft als „Zaghawa", „Masalit" und „Fur" bezeichneten Gemeinschaften. Diese ethnischen Spannungen werden durch historische Ungleichheiten und politischen Ausschluss verschärft, da die arabische Elite oft mehr Ansprüche auf die Ressourcen des Landes hat.

Die Wurzeln des Darfur-Konflikts sind komplex und beinhalten eine Kombination aus sozialen, wirtschaftlichen und politischen Faktoren. Der Konflikt begann 2003, als nicht-arabische Rebellengruppen gegen die sudanesische Regierung aufbegehrten, die sie wegen der Vernachlässigung ihrer Gebiete und der ungleichen Verteilung von Ressourcen kritisierten. Die sudanesische Regierung reagierte mit Militäraktionen und der Unterstützung von militärischen Milizen, den sogenannten Dschandschawid, was zu massiven Menschenrechtsverletzungen und zu einem humanitären Notstand führte.

Zentral für den Konflikt waren der Zugang zu Wasserressourcen und fruchtbarem Land. Die klimatischen Veränderungen und die anschließende Verkleinerung der landwirtschaftlichen Flächen führten zu einer erhöhten Konkurrenz zwischen Landwirten und Viehzüchtern. Diese Ressourcennutzungskonflikte nehmen in Zeiten von Dürre oder schlechten Ernten zu und führen häufig zu Gewalt zwischen den Gruppen.

Der Darfur-Konflikt erregte internationale Aufmerksamkeit, aufgrund der Berichte über ethnische Säuberungen und Kriegsverbrechen. Verschiedene internationale Organisationen, einschließlich der Vereinten Nationen und der Afrikanischen Union, intervenierten später, um den Frieden zu sichern. Dennoch blieben die Konflikte trotz internationaler Bemühungen anhaltend, was zum Teil auf die unzureichende Umsetzung von Friedensabkommen, die anhaltende Präsenz militärischer Gruppen und die komplexe Verflechtung von lokalen, nationalen und internationalen Interessen zurückzuführen ist.

In den letzten Jahren ist der Darfur-Konflikt weiterhin von Unsicherheit geprägt. Der Sudan hat zwar politischen Wandel durchlebt, einschließlich des Sturzes des langjährigen Diktators Omar al-Bashir im Jahr 2019 und einer neuen Übergangsregierung, doch bleibt die Situation in Darfur fragil. Lokale Spannungen, ethnische Konflikte und Armut stellen beträchtliche Herausforderungen dar. Die Rückkehr von Binnenvertriebenen und Flüchtlingen erfolgt oft unter schwierigen Bedingungen, da der Zugang zu Ressourcen wie Wasser und Land nach wie vor umstritten ist.

Der Darfur-Konflikt verdeutlicht, wie Ressourcen, Klima, ethnische Spannungen und staatliche Machtstrukturen miteinander verwoben sind und langfristige Instabilität und Gewalt hervorrufen können. Um nachhaltigen Frieden und Entwicklung in Sudan und insbesondere in Darfur zu erreichen, ist es entscheidend, die zugrunde liegenden Ursachen des Konflikts zu adressieren, inklusive des Zugangs zu Ressourcen, der sozialen Ungleichheiten und der politischen Marginalisierung. Nur durch integrative Ansätze, die die Bedürfnisse aller ethnischen Gruppen anerkennen, kann ein stabiles und friedliches Zusammenleben gefördert werden.

Südchinesisches Meer und die Territorialkonflikte um Fischerei- und Energieressourcen

Das Südchinesische Meer ist ein strategisch bedeutendes Gewässer, das im Hinblick auf seine ökonomischen, militärischen und geopolitischen Dimensionen eine zentrale Rolle im asiatisch-pazifischen Raum spielt. Mit einer Fläche von etwa 3,5 Millionen Quadratkilometern und einer tiefen Verbindung zu mehreren Anrainerstaaten – darunter China, Vietnam, die Philippinen, Malaysia, Brunei und Taiwans – ist es nicht nur eine wichtige Handelsroute, sondern auch reich an maritimen und mineralischen Ressourcen. Die territorialen Streitigkeiten in dieser Region sind ein eindrucksvolles Beispiel für moderne Ressourcenkonflikte, die durch nationale Interessen, historische Ansprüche und geopolitische Ambitionen geprägt sind.

Die geostrategische Lage des Südchinesischen Meeres ermöglicht es, dass etwa ein Drittel des globalen Handelsschiffsverkehrs durch seine Gewässer navigiert.

Hinzu kommt, dass die Region signifikante Fischereivorkommen und vielversprechende Vorräte an fossilen Brennstoffen, insbesondere Erdöl und Erdgas, birgt. Diese Ressourcen haben zu einem intensiven Konkurrenzkampf zwischen den Anrainerstaaten geführt, die sowohl Fischereirechte als auch die Kontrolle über Unterseeschätze beanspruchen.

Ein zentraler Aspekt der territorialen Konflikte im Südchinesischen Meer ist das sogenannte „Neun-Striche-Linie"-Konzept, das von China 1947 eingeführt wurde. Diese Linie umfasst den Großteil des Südchinesischen Meeres und ist von den anderen Anrainerstaaten als übermäßig expansiv und nicht den internationalen Normen entsprechend angesehen, insbesondere nicht dem Seerechtsübereinkommen der Vereinten Nationen (UNCLOS). Die Philippinen, Vietnam, Malaysia und Brunei haben eigene Ansprüche auf Teile des Meeres, die sich oft überlappen, was zu Spannungen und potenziellen Konflikten führt.

In diesen territorialen Streitigkeiten sind Ressourcenkonflikte über Fischerei zunehmend von Bedeutung. Die Fischbestände im Südchinesischen Meer sind für die Ernährungssicherheit vieler Anrainerstaaten entscheidend. Überfischung, illegale Fischerei und der Klimawandel stellen jedoch Herausforderungen dar, die die Stabilität der maritimen Ökosysteme und die Lebensgrundlage der lokalen Bevölkerung betreffen. China hat seine eigenen Fischereiflotten zunehmend in diese Gewässer entsendet, was zu Spannungen mit Staaten wie Vietnam und den Philippinen geführt hat, die ähnliche Fischereirechte beanspruchen. Berichte über „Graue Schiffe" – eine informelle Marineeinheit Chinas, die die staatliche Fischereiflotte unterstützt – haben die Konflikte weiter angeheizt und zu scharfen diplomatischen Auseinandersetzungen geführt.

Zusätzlich zu den Fischereiressourcen ziehen die fossilen Brennstoffe, die im Südchinesischen Meer vermutet werden, zunehmend das Interesse der Anrainerstaaten und internationaler Unternehmen an. Schätzungen zufolge könnte der Bereich über 11 Milliarden Tonnen Öl und 190 Billionen Kubikfuß Erdgas enthalten. Länder wie Vietnam haben bereits mit internationalen Unternehmen – einschließlich solcher aus den USA und Europa – Explorationsprojekte gestartet, was wiederum den Konflikt mit dem territorialen Anspruch Chinas anheizt.

Die geopolitischen Spannungen im Südchinesischen Meer sind auch durch das Engagement globaler Mächte verstärkt worden. Die USA verfolgen eine Politik der „freien Navigation" in internationalen Gewässern und haben mehrere Militärübungen in der Region durchgeführt, was von China als provokant angesehen wird. Diese geopolitischen Rivalitäten sind in einem Kontext von wachsender chinesischer Einflussnahme und den Bedenken, dass eine dominierende Marinepräsenz die Sicherheit der Schifffahrtsstraßen gefährden könnte, zu verstehen.

Um diese komplexen Ressourcenkonflikte im Südchinesischen Meer zu lösen, bedarf es diplomatischer Bemühungen, die möglicherweise durch multilaterale Verhandlungen und internationale Mediation unterstützt werden könnten. Der Dialog über praktikable Lösungen zur nachhaltigen Nutzung der maritimen Ressourcen sowie Abkommen zur Verminderung von Spannungen könnten erforderlich sein, um eine Eskalation der Konflikte zu vermeiden. Gleichzeitig ist eine verstärkte Zusammenarbeit in Bezug auf Umweltschutz und das Management von Fischbeständen von wesentlicher Bedeutung, um die maritimen Ökosysteme zu bewahren und den Bedürfnissen der Anrainerstaaten gerecht zu werden. Insgesamt ist das Südchinesische Meer ein Brennpunkt vielfältiger Ressourcenkonflikte, die durch nationale und internationale Kräfte komplex gestaltet sind. Lösungen müssen sowohl die territorialen Ansprüche respektieren als auch eine nachhaltige Nutzung der Ressourcen fördern, um regionalen Frieden und Stabilität zu gewährleisten.

Supplementaritätsprinzip

Das Supplementaritätsprinzip ist ein Konzept, das vor allem in den Sozialwissenschaften und der Umweltforschung eine wichtige Rolle spielt, insbesondere im Zusammenhang mit Ressourcenkonflikten. Es handelt sich um eine Strategie zur Analyse und einschränkenden Regulierung der Nutzung von natürlichen Ressourcen, um nachhaltige Entwicklung und den Schutz der Umwelt zu fördern. Im Kontext von Ressourcenkonflikten bietet das Prinzip eine Möglichkeit, den Zugang zu Ressourcen sowie deren Nutzungsgeschichten zu betrachten, um Konflikte zu managen und die Wahrscheinlichkeit von Gewalt und Missbrauch zu verringern.

Ressourcenkonflikte entstehen häufig aus einem ungleichen Zugang oder einer ungleichen Verteilung von Ressourcen wie Wasser, Boden, Mineralien und Energie. Diese Konflikte können durch verschiedene Faktoren verschärft werden, darunter Populationswachstum, Klimawandel, ökonomische Ungleichheiten und politische Instabilität. In solchen Szenarien ist das Supplementaritätsprinzip besonders relevant, da es die Annahme hinterfragt, dass Ressourcen immer als knappe Güter betrachtet werden müssen, die gegeneinander abgewogen werden müssen. Stattdessen zielt das Prinzip darauf ab, kulturelle, wirtschaftliche und ökologische Dimensionen in ein integratives Management von Ressourcen einzubeziehen und somit die Beziehungen zwischen verschiedenen Ressourcennutzern zu harmonisieren.

Das Supplementaritätsprinzip legt nahe, dass Ressourcen nicht isoliert betrachtet werden sollten, sondern in Wechselwirkungen mit anderen Ressourcen und mit dem sozialen und ökologischen Umfeld. Dies bedeutet, dass in der Planung und Verwaltung von Ressourcen in Konfliktregionen die verschiedenen Verwendungen und Abhängigkeiten der Ressourcen berücksichtigt werden müssen. So kann beispielsweise die Bewirtschaftung von Wasserressourcen nicht unabhängig von landwirtschaftlichen Praktiken betrachtet werden, da beide eng miteinander verknüpft sind. Eine integrative Betrachtung kann helfen, Kompromisse zu finden und gerechtere Zugangsrechte zu entwickeln, die sowohl den Bedürfnissen der Menschen als auch den ökologischen Grenzen der jeweiligen Region Rechnung tragen.

Darüber hinaus beinhaltet das Supplementaritätsprinzip eine Art multiperspektivischer Betrachtung, die verschiedene Parteien und ihre Interessen in den Entscheidungsprozess einbezieht. In vielen Ressourcenkonflikten sind verschiedene Stakeholder – darunter Regierungen, lokale Gemeinschaften, Unternehmen und internationale Organisationen – betroffen. Ihre Interessen und Bedürfnisse müssen in einen Diskurs eingebracht werden, um mögliche Konflikte zu minimieren. Ein partizipativer Ansatz kann nicht nur helfen, Missverständnisse zu klären, sondern auch eine Basis für Vertrauen und Kooperation zu schaffen. Dies ist besonders entscheidend, wenn es um die Nutzung von gemeinschaftlichen Ressourcen geht, wie z.B. bei der Fischerei oder Forstwirtschaft.

Zudem spielt das Supplementaritätsprinzip eine Rolle in der Umsetzung von rechtlichen und institutionellen Rahmenbedingungen, die darauf abzielen, Ressourcen nachhaltig zu verwalten. Hierzu können internationale Abkommen, nationale Gesetze oder lokale Regelungen herangezogen werden, die unter Berücksichtigung des Konzeptes die vielfältigen Nutzungsmöglichkeiten und -bedürfnisse zusammenbringen und gleichzeitig die ökologischen Grenzen respektieren. Solche Rechtsrahmen bieten eine Grundlage dafür, dass Ressourcen nicht übernutzt werden und dass die Interessen der schwächeren Akteure anerkannt und geschützt werden.

Insgesamt lässt sich sagen, dass das Supplementaritätsprinzip im Kontext von Ressourcenkonflikten ein wertvolles Werkzeug darstellt, um die Komplexität dieser Konflikte zu adressieren. Es erfordert einen systemischen und integrativen Ansatz, der es ermöglicht, die Beziehung zwischen verschiedenen Ressourcen, den beteiligten Akteuren und den ökologischen Rahmenbedingungen zu verstehen und zu managen. Durch die Anwendung dieses Prinzips kann das Potenzial für gewaltsame Konflikte verringert und ein Weg hin zu einer gerechteren und nachhaltigeren Nutzung von Ressourcen geebnet werden.

Sustainable Development Goals (SDGs)

Die Sustainable Development Goals (SDGs), formuliert von den Vereinten Nationen im Jahr 2015, bestehen aus 17 Zielen, die eine umfassende Agenda zur Förderung nachhaltiger Entwicklung bis 2030 darstellen. In den SDGs wird ein integrativer Ansatz verfolgt, der ökologische, soziale und ökonomische Dimensionen miteinander verknüpft. Der Zusammenhang zwischen SDGs und Ressourcenkonflikten ist insofern von zentraler Bedeutung, als dass viele der globalen Herausforderungen, mit denen die Welt konfrontiert ist, durch den Kampf um knappe Ressourcen geprägt sind.

Ressourcenkonflikte entstehen häufig in Regionen, in denen natürliche Ressourcen wie Wasser, Boden und Mineralien begrenzt sind. Diese Konflikte sind oftmals das Ergebnis von übermäßigem Verbrauch, ungleicher Verteilung und schlechtem Ressourcenmanagement. Die SDGs bieten einen Rahmen, um diese Konflikte zu adressieren und potenzielle Ressourcenkrisen nachhaltig zu verhindern. Ein zentrales Ziel der SDGs ist das Ziel 1, „Keinen Hunger" zu bekämpfen, das auch die nachhaltige Nutzung landwirtschaftlicher Flächen und die Sicherstellung von Nahrungssicherheit umfasst. Land und Wasser sind essentielle Ressourcen für die Landwirtschaft, und ihre Verknappung kann zu Konflikten führen, insbesondere in Regionen, die bereits unter klimatischen Stressfaktoren leiden. Mangelnde Verfügbarkeit von Wasser führt nicht nur zu Nahrungsmangel, sondern kann auch zur Migration und zu sozialen Spannungen führen.

Das Ziel 6, „Sauberes Wasser und Sanitäreinrichtungen", thematisiert die Verfügbarkeit und nachhaltige Bewirtschaftung von Wasserressourcen. In vielen Regionen ist der Zugang zu Wasser bereits ein zentrales Konfliktthema, insbesondere in wasserarmen Gebieten oder in Ländern mit desertifizierten oder verschmutzten Wasserressourcen. Das Ziel beinhaltet auch die Notwendigkeit einer transnationalen Kooperation zur Bewältigung von Wasserkonflikten und zur Umsetzung nachhaltiger Wassermanagementpraktiken, um potenzielle Spannungen zwischen Nationen und Gemeinschaften zu verringern.

Das Ziel 11, „Nachhaltige Städte und Gemeinden", fördert nachhaltige Stadtentwicklung und das Management von Landressourcen, was wiederum für die Vermeidung von Landkonflikten von Bedeutung ist. Urbanisierungsprozesse und das Streben nach wirtschaftlichem Wachstum führen häufig zu Landgrabbing, bei dem Land von kleinen Landbesitzern oder indigenen Gemeinschaften enteignet wird. Solche Praktiken können zu sozialen Unruhen und Konflikten führen. Eine nachhaltige Stadtlandnutzung und partizipative Landnutzungsplanung sind notwendig, um die Gründung und den Erhalt von Gemeinschaften zu fördern, die auf fairem Zugang zu Ressourcen basieren.

Darüber hinaus thematisiert Ziel 12, „Nachhaltige Konsum- und Produktionsmuster", die Notwendigkeit, die Nachfrage nach Ressourcen zu reduzieren und den Ressourcenverbrauch zu optimieren. Übermäßiger Ressourcenverbrauch kann nicht nur zu Umweltschäden führen, sondern auch bestehende soziale Ungerechtigkeiten verschärfen und Konflikte fördern. Der Übergang zu nachhaltigen Produktionsprozessen und die Förderung von Kreislaufwirtschaftsmodellen können dazu beitragen, den Ressourcenverbrauch zu minimieren und die Abhängigkeit von knappen Rohstoffen zu verringern.

Schließlich erfordert die Erreichung der SDGs eine interdisziplinäre Zusammenarbeit und den Austausch von Wissen sowie eine starke politische Willenskraft. Integration von Umwelt-, Sozial- und Wirtschaftspolitiken ist entscheidend, um Ressourcenkonflikten proaktiv zu begegnen und gleichzeitig die Ziele der Agenda 2030 zu verwirklichen. Hierbei spielt auch die Rolle von Governance-Strukturen und der Schutz der Menschenrechte eine essentielle Rolle, um ungerechte Ressourcenverteilung zu verhindern und Communities in Entscheidungsprozesse einzubeziehen.

Terms of Trade
Die Begriffe "Terms of Trade" (ToT) und Ressourcenkonflikte sind eng miteinander verknüpft und spielen eine entscheidende Rolle in der Wirtschaftswissenschaft sowie der politischen Ökonomie. Die Terms of Trade beziehen sich auf das Verhältnis zwischen den Preisen von Exportgütern und den Preisen von Importgütern eines Landes. Ein Anstieg der Terms of Trade bedeutet, dass ein Land in der Lage ist, mehr Importgüter für eine bestimmte Menge Exportgüter zu erhalten, was im Allgemeinen als vorteilhaft angesehen wird, während ein Rückgang zu einer schlechteren Handelsposition führt.

In der Analyse der Ressourcenkonflikte ist es wichtig zu verstehen, wie die Verteilung natürlicher Ressourcen die wirtschaftlichen Bedingungen in einem Land beeinflussen kann. Viele Länder, die reich an natürlichen Ressourcen sind, stehen vor der Herausforderung, dass der Reichtum aus diesen Ressourcen häufig nicht gleichmäßig verteilt ist. Dies kann zu sozialen Spannungen und Konflikten führen, wenn bestimmte Gruppen oder Regionen innerhalb eines Landes überproportional von den Ressourcen profitieren, während andere zurückbleiben.

Ein anschauliches Beispiel sind Länder, die reich an fossilen Brennstoffen sind. Der hohe Wert dieser Ressourcen kann zu einer Überbewertung der nationalen Währung führen, was die Exportmöglichkeiten anderer Sektoren, wie der Landwirtschaft oder der verarbeitenden Industrie, negativ beeinflusst. Diese sogenannte "Holländische Krankheit" kann die Wirtschaft diversifizieren und

Instabilität erzeugen, was wiederum Konflikte schüren kann, insbesondere in Gesellschaften mit schwachen Institutionen.

Zusätzlich können die Terms of Trade eines Landes durch globale Marktbedingungen beeinflusst werden, die außerhalb der Kontrolle des Landes liegen. Wenn ein ressourcenreiches Land auf einen plötzlichen Rückgang der Rohstoffpreise stößt, kann dies zu erheblichen wirtschaftlichen Turbulenzen führen, was wiederum Konflikte anheizen kann. Solche Unsicherheiten verstärken oft die Bereitschaft, Gewalt als Mittel zur Bearbeitung intra- oder zwischenstaatlicher Differenzen in Bezug auf Ressourcennutzung und -verwaltung zu nutzen.

Ein weiteres essenzielles Konzept in diesem Zusammenhang ist die Rolle multinationaler Unternehmen und ausländischer Investitionen. Diese Akteure sind oft stark an den Ressourcen eines Landes interessiert und können durch ihren Einfluss auf die lokalen Märkte und die Regierungsführung zu Konflikten beitragen. Wenn die Terms of Trade aufgrund der Aktivitäten multinationaler Unternehmen zugunsten dieser Unternehmen verschlechtert werden, und die lokalen Gemeinschaften nicht von den ökonomischen Vorteilen profitieren, sind Ressourcenkonflikte vorprogrammiert. Die ungleiche Verteilung von Einnahmen aus Rohstoffen kann auch das Vertrauen in staatliche Institutionen untergraben und die soziale Kohäsion gefährden.

Schließlich dürfen die politischen Dimensionen von Ressourcenkonflikten nicht außer Acht gelassen werden. Staaten können versucht sein, ihre Ressourcen gewaltsam zu kontrollieren oder zu verteilen, was zu internen Konflikten führen kann. Die Strategien der Ressourcenextraktion können auch zu einem sogenannten „Ressourcenfluch" führen, bei dem die Verfügbarkeit von Reichtum die politischen Ansprüche und Interessengruppen innerhalb eines Landes verschärft und potenziell zu autoritären Praktiken führt.

Insgesamt lässt sich sagen, dass die Terms of Trade eine entscheidende Rolle in der Dynamik zwischen Ressourcenkonflikten und wirtschaftlicher Entwicklung spielen. Ein tiefes Verständnis der Wechselwirkungen zwischen den Handelsbedingungen eines Landes und seinen natürlichen Ressourcen ist unerlässlich, um die Quellen von Konflikten und die Möglichkeiten für ein nachhaltiges wirtschaftliches Wachstum zu erkennen. Politische Entscheidungen, die auf Fairez-Verhandlungen und die Berücksichtigung aller gesellschaftlichen Gruppen abzielen, sind entscheidend, um stabile und gerechte Rahmenbedingungen für die Nutzung von Ressourcen zu schaffen.

Tiefseebergbau (Deep Sea Mining)

Tiefseebergbau (Deep Sea Mining, DSM) bezeichnet die Gewinnung mineralischer Ressourcen aus den Tiefseeumgebungen, typischerweise in Tiefen von über 200 Metern. Diese Aktivitäten zielen vor allem auf die Extraktion von Rohstoffen wie polymetallischen Knollen, hydrothermalen Ablagerungen und Manganknollen ab, die reich an Metallen wie Nickel, Kobalt, Kupfer, Zink und Seltenen Erden sind. Mit der Zunahme des globalen Rohstoffbedarfs, insbesondere im Kontext der Energiewende und der Digitalisierung, nimmt das Interesse an diesen bislang unberührten Ressourcen stetig zu. Der Tiefseebergbau steht jedoch im Zentrum intensiver ethischer, ökologischer und geopolitischer Debatten und wird häufig in Zusammenhang mit Ressourcenkonflikten betrachtet.

Ressourcenkonflikte entstehen oft aus der Knappheit oder Ungleichverteilung von natürlichen Ressourcen und betreffen sowohl lokale als auch globale Dimensionen. In den letzten Jahrzehnten hat sich der Fokus auf maritime Ressourcen verlagert, da terrestrische Rohstoffe zunehmend erschöpft sind und der Druck auf landbasierte Ressourcen steigt. Die Tiefsee, als größter Lebensraum der Erde, birgt große Mengen an Mineralien, bietet jedoch auch ein komplexes Ökosystem, das durch menschliche Eingriffe gefährdet werden könnte.

Geopolitisch betrachtet sind Ozeane oft Anwendungsgebiete von nationalen Interessen und Machtspielen. Der Tiefseebergbau könnte eine neue Arena für internationale Spannungen schaffen, insbesondere in Regionen wie dem Südpazifik oder im Indischen Ozean, wo die Ressourcenverteilung ungleich ist und die Ansprüche auf unterseeische Gebiete umstritten sind. Nationalstaaten und private Unternehmen könnten in Konkurrenz treten, was in einigen Fällen zu Konflikten führen kann. Internationale Abkommen und Regelungen, wie das Seerechtsübereinkommen der Vereinten Nationen (UNCLOS), versuchen, die Nutzung der Meere zu regulieren, doch bleibt die Durchsetzung dieser Vereinbarungen oft problematisch.

Die ökologischen Implikationen des Tiefseebergbaus sind gravierend und wurden in mehreren wissenschaftlichen Studien beleuchtet. Der Abbau von mineralischen Rohstoffen aus der Tiefsee kann zu erheblichen nachhaltigkeits- und biodiversitätsbezogenen Herausforderungen führen. Die Zerstörung von Lebensräumen, die Freisetzung von Sedimenten und die Pipelines zur Abwasserentsorgung können negative Auswirkungen auf die fragile Tiefseeökologie haben. Diese Ökosysteme sind oft als „schleichende Katastrophen" charakterisiert, da ihre Regenerationszeiten extrem lang sind und die ökologischen Folgen erst Jahrzehnte später sichtbar werden.

Darüber hinaus gibt es soziale Dimensionen, die bei der Betrachtung von Ressourcenkonflikten im Zusammenhang mit Tiefseebergbau berücksichtigt werden müssen. Küstengemeinden, die auf dem Ozean als Nahrungsquelle und zur Lebensgrundlage angewiesen sind, könnten durch den Tiefseebergbau in ihrer Existenz bedroht werden. Die Risiken der Umweltzerstörung können zu Widerstand und Konflikten zwischen Gemeinschaften und Unternehmen führen, was oft von sozialen Ungerechtigkeiten geprägt ist. Diese Konflikte können sich intensivieren, wenn der Zugang zu Ressourcen ungleich verteilt ist und die lokalen Gemeinschaften nicht in Entscheidungsprozesse einbezogen werden.

Die Herausforderung des Tiefseebergbaus als Ressourcenkonflikt findet in einem komplexen Zusammenspiel von geopolitischen, ökologischen und sozialen Faktoren statt. Die ansteigende Nachfrage nach Rohstoffen in einer globalisierten Welt, gepaart mit den Unsicherheiten des Klimawandels und der Biodiversitätskrise, zwingt uns, diese Praktiken kritisch zu hinterfragen. Es bedarf eines transdisziplinären Ansatzes, der sowohl die wissenschaftlichen Erkenntnisse über die ökologischen Risiken als auch die sozialen und geostrategischen Dimensionen berücksichtigt, um nachhaltige und gerechte Lösungen für die Zukunft der Tiefseeressourcen zu finden. Zukünftige Forschungsprojekte und politische Entscheidungen müssen sorgfältig abgewogen werden, um die Ressourcen der Tiefsee nicht nur zur Deckung des aktuellen Bedarfs zu nutzen, sondern auch die Rechte zukünftiger Generationen und die Integrität der marinen Ökosysteme zu bewahren.

Tragik der Allmende

Die Tragik der Allmende ist ein Konzept, das wirtschaftliche und ökologische Herausforderungen beschreibt, die sich aus der gemeinschaftlichen Nutzung begrenzter Ressourcen ergeben. Der Begriff wurde populär durch Garrett Hardins Aufsatz „The Tragedy of the Commons" aus dem Jahr 1968, in dem er aufzeigt, wie individuelle Interessen in Bezug auf gemeinschaftlich genutzte Ressourcen – wie Weideland, Fischbestände oder Wasserquellen – zu einem Übernutzungsproblem führen können.

Im Kern besagt die Tragik der Allmende, dass wenn Ressourcen im Besitz der Gemeinschaft sind und unreguliert genutzt werden, Individuen motiviert sind, ihre persönlichen Interessen über das kollektive Wohl zu stellen. Diese individuelle Maximierung führt zu einer Übernutzung der Ressource bis zur Erschöpfung oder Zerstörung. Das Resultat ist nicht nur ein Verlust der Ressource, sondern oft auch ein zugrunde liegendes gesellschaftliches und wirtschaftliches Ungleichgewicht.

Im Kontext von Ressourcenkonflikten wird die Tragik der Allmende besonders evident. Wenn Länder, Gemeinschaften oder Einzelpersonen auf begrenzte Ressourcen wie Wasser, Boden und Energie angewiesen sind, entstehen möglicherweise Konflikte, wenn die Nutzung dieser Ressourcen nicht koordiniert wird. Ein klassisches Beispiel ist die Überfischung von Meeren, wo Einzelne versuchen, ihren Fang zu maximieren, was langfristig zu einem Rückgang der Fischbestände führt. In vielen Küstenregionen führt diese Übernutzung dazu, dass ganze Fischereigemeinden in wirtschaftliche Schwierigkeiten geraten, was soziale Spannungen oder gar Konflikte auslösen kann.

Ein weiteres Beispiel findet sich in der Landwirtschaft, insbesondere wenn es um gemeinsame Weideflächen geht. In einer Situation, in der mehrere Viehzüchter auf dasselbe Weideland zugreifen, haben sie einen Anreiz, so viele Tiere wie möglich auf die Weide zu treiben, um ihre eigenen Erträge zu maximieren. Dies kann dazu führen, dass die Vegetation überweidet wird, was schließlich zur Desertifikation und zum Verlust der Produktivität des Landes führt. Wenn ein solcher Ressourcenverlust eintritt, sind alle Beteiligten betroffen, was zu destabilisierenden Konflikten führen kann.

Zusätzlich verstärken Faktoren wie Bevölkerungswachstum, wirtschaftliche Entwicklung und Klimawandel die Tragik der Allmende. In vielen Regionen der Welt gibt es einen steigenden Druck auf natürliche Ressourcen, während Umweltveränderungen bereits vorhandene Spannungen verstärken. Regionen, die schon Schwierigkeiten mit Wasserknappheit haben, sehen sich durch den Klimawandel immer extremer werdenden Bedingungen ausgesetzt, was Ressourcenkonflikte zwischen verschiedenen Nutzern oder Nationen noch weiter anheizt.

Um diesen Herausforderungen zu begegnen, wurden verschiedene Ansätze zur Ressourcennutzung entwickelt. Der Nobelpreisträger Elinor Ostrom identifizierte in ihren Forschungen mehrere Erfolgsfaktoren für das Management von gemeinschaftlichen Ressourcen, darunter lokale Governance-Strukturen, soziale Normen, die eine nachhaltige Nutzung fördern, und das Engagement der Nutzer in die Entscheidungsprozesse. Ostroms Arbeit zeigt, dass es möglich ist, Konflikte über Ressourcen zu minimieren und gleichzeitig eine nachhaltige Nutzung sicherzustellen, wenn geeignete institutionelle Rahmenbedingungen geschaffen werden.

Transparenz

Transparenz spielt eine zentrale Rolle im Umfeld von Ressourcenkonflikten, die häufig in Regionen auftreten, in denen natürliche Ressourcen wie Mineralien, Wasser oder landwirtschaftliche Flächen umstritten sind. Diese Konflikte entstehen oft aus einem Missverhältnis zwischen den Interessen verschiedener Akteure, die um die Kontrolle und Nutzung dieser Ressourcen konkurrieren. Die wissenschaftliche Auseinandersetzung mit Transparenz in diesem Kontext umfasst verschiedene Disziplinen, darunter Politikwissenschaft, Wirtschaft, Umweltwissenschaften und Soziologie.

Einer der zentralen Aspekte von Ressourcenkonflikten ist die ungleiche Verteilung von Ressourcen und der daraus resultierende Zugang zu wirtschaftlichen Gelegenheiten. In vielen Fällen sind diese Ressourcen, wie beispielsweise Öl oder Edelmetalle, in Ländern vorhanden, die politisch instabil sind oder unter Korruption leiden. Transparenz wird in dieser Hinsicht als Mechanismus angesehen, um die Kontrolle über Ressourcen und die Entscheidungsprozesse zu verbessern. Sie fördert das Vertrauen zwischen den verschiedenen Akteuren – seien es staatliche Institutionen, Unternehmen, lokale Gemeinden oder internationale Organisationen – und trägt dazu bei, die Legitimität von Entscheidungen zu erhöhen.

Ein wichtiges Element der Transparenz ist der Zugang zu Informationen über Ressourcennutzung und -verteilung. Wenn relevante Informationen öffentlich zugänglich sind, können Bürger und Gemeinschaften fundierte Entscheidungen treffen und sich stärker in die Entscheidungsprozesse einbringen. Transparenz ermöglicht es auch der Zivilgesellschaft und den Medien, die Aktivitäten von Unternehmen und Regierungen zu überwachen, was potenzielle Missstände aufdecken und somit Druck aufbauen kann, um gerechtere Praktiken zu fördern.

Die Rolle von Transparenz wird durch internationale Initiativen wie die Extractive Industries Transparency Initiative (EITI) verdeutlicht, die darauf abzielt, die Einnahmen aus der Rohstoffindustrie öffentlich zu machen. Durch die Veröffentlichung von Daten über Rohstoffverkäufe und -einnahmen sollen Bürger die Möglichkeit erhalten, die Verwendung dieser Gelder zu hinterfragen und sicherzustellen, dass die Gewinne in der Bevölkerung verbleiben und für Entwicklungsprojekte verwendet werden.

Zudem gibt es zahlreiche empirische Studien, die zeigen, dass Regionen mit höherer Transparenz in der Regel weniger anfällig für gewaltsame Konflikte sind. Eine erhöhte Transparenz kann dazu beitragen, die genetischen Voraussetzungen für einen politischen Dialog zu schaffen und Brücken zwischen den verschiedenen Interessengruppen zu schlagen. Dies ist insbesondere in postkonfliktiven

Gesellschaften von Bedeutung, wo das Vertrauen zwischen ehemaligen Gegnern oft stark erschüttert ist.

Allerdings ist die Schaffung von Transparenz in ressourcenkonfliktreichen Kontexten keineswegs trivial. Widerstände von etablierten Machtstrukturen, die von Intransparenz und Korruption profitieren, können eine bedeutende Hürde darstellen. In vielen Fällen sehen sich Aktivisten und Whistleblower, die für Transparenz eintreten, Repression, Drohungen oder sogar Gewalt ausgesetzt. Dies wirft die Frage auf, inwiefern Transparenz allein als Lösung für Ressourcenkonflikte ausreicht und welche weiteren Maßnahmen – wie die Stärkung der Rechtsstaatlichkeit oder die Förderung von Bildung und sozialer Gerechtigkeit – notwendig sind, um eine nachhaltige und friedliche Ressourcennutzung zu gewährleisten.

Treibhauseffekte

Der Treibhauseffekt ist ein zentrales Konzept in der Klimawissenschaft und bezeichnet den natürlichen Prozess, bei dem bestimmte Gase in der Erdatmosphäre, die als Treibhausgase (THG) bekannt sind, Wärme von der Erde zurückhalten. Diese Gase, darunter Kohlendioxid (CO_2), Methan (CH_4) und Lachgas (N_2O), ermöglichen es der Erde, eine für das Leben auf unserem Planeten geeignete Temperatur zu halten, indem sie einen Teil der von der Erdoberfläche abgestrahlten Wärmestrahlung in der Atmosphäre zurückhalten. Der anthropogene, also vom Menschen verursachte Treibhauseffekt, resultiert jedoch aus einer übermäßigen Emission dieser Gase, hauptsächlich durch die Verbrennung fossiler Brennstoffe, die Landwirtschaft, Abholzung und industrialisierte Prozesse. Dies trägt dazu bei, dass sich die Erdatmosphäre erwärmt, was vielfach weitreichende Folgen für das Klima hat.

Im Kontext von Ressourcenkonflikten ist der Treibhauseffekt besonders relevant, da der Klimawandel durch die Erwärmung der Erde und die damit verbundenen Veränderungen in Niederschlagsmustern, Temperaturen und extremen Wetterereignissen die Verfügbarkeit von natürlichen Ressourcen wie Wasser, Land und Nahrungsmitteln beeinflusst. Diese Veränderungen können bestehende Spannungen innerhalb und zwischen Staaten verschärfen, zu sozialen Unruhen führen und den Wettbewerb um knappe Ressourcen intensivieren.

Wasserknappheit ist eines der drängendsten Probleme, das durch den Klimawandel verstärkt wird. In vielen Regionen der Welt, insbesondere in trockenen und semi-trockenen Gebieten, führen steigende Temperaturen und sich verändernde Niederschlagsmuster zu reduzierte Wasserressourcen. Dies kann die Landwirtschaft stark beeinträchtigen, was wiederum zu Nahrungsmittelknappheit und

Preiserhöhungen führt. Solche Bedingungen können Konflikte zwischen verschiedenen sozialen Gruppen oder Ländern hervorrufen, die versuchen, sich Zugang zu begrenzten Wasserressourcen zu sichern. Der Nil ist ein Beispiel für einen solchen Konflikt, wo Äthiopien und Ägypten über die Nutzung des Wassers aus dem Fluss streiten, wobei der Bau eines Staudamms in Äthiopien zusätzliche Spannungen verursachen könnte.

Der Klimawandel wirkt sich auch auf die landwirtschaftliche Produktivität aus. Höhere Temperaturen, häufigere extreme Wetterereignisse wie Dürren oder Überschwemmungen schädigen die Ernten und beeinträchtigen die Lebensgrundlagen von Millionen von Menschen. In vielen Entwicklungsländern wird erwartet, dass dies die Armutsraten erhöht und zu einem Anstieg der Migration führt, insbesondere von ländlichen Gebieten in städtische Zentren oder in andere Länder. Migrationsbewegungen können lokale Gemeinschaften unter Druck setzen, was zu sozialer Fragmentierung und Konflikten führen kann, sowohl durch Zunahme des Wettbewerbs um Arbeitsplätze als auch durch den Druck auf soziale Dienste.

Ein weiterer Aspekt der Ressourcenkonflikte im Kontext des Treibhauseffekts ist die Abholzung, die oft mit dem Anbau von exportorientierten Agrarprodukten verbunden ist. Wälder spielen eine entscheidende Rolle im Kohlenstoffkreislauf, da sie als Kohlenstoffsenken fungieren. Ihr Verlust trägt nicht nur zur Erhöhung der CO_2-Konzentration in der Atmosphäre bei, sondern beeinträchtigt auch die Biodiversität und die Lebensgrundlagen von indigenen Völkern und anderen Gemeinschaften, die auf Wälder als Ressourcenquelle angewiesen sind. Oft führt der Druck auf diese Lebensräume zu Konflikten zwischen lokalen Gemeinschaften und Regierungen oder Unternehmen, die landwirtschaftliche Flächen erschließen möchten.

Insgesamt zeigt sich, dass der Treibhauseffekt und die damit verbundenen klimatischen Veränderungen tiefgreifende Auswirkungen auf die Verfügbarkeit und den Zugang zu natürlichen Ressourcen haben, was wiederum soziale Spannungen und Konflikte hervorrufen kann. Die multiplen Dimensionen dieser Herausforderungen erfordern ein integratives und multidisziplinäres Vorgehen, das sowohl ökologische als auch soziale Perspektiven berücksichtigt, um nachhaltige Lösungen zu finden und zukünftigen Konflikten entgegenzuwirken. Maßnahmen zur Bekämpfung des Klimawandels müssen daher nicht nur technologische Innovationen umfassen, sondern auch politische Rahmenbedingungen schaffen, die die Rechte von marginalisierten Gruppen schützen und den fairen Zugang zu Ressourcen ermöglichen.

Treibhausgasbilanz

Die Treibhausgasbilanz spielt eine zentrale Rolle im Kontext von Ressourcenkonflikten, insbesondere angesichts des globalen Wandels und der Herausforderung, den Klimawandel zu bekämpfen. Eine Treibhausgasbilanz erfasst die Menge der Treibhausgase, die durch menschliche Aktivitäten in die Atmosphäre gelangen, im Verhältnis zu den natürlichen Kohlenstoffsenken, die diese Gase aus der Atmosphäre entfernen. Dieser Bilanzansatz ist entscheidend, um die Auswirkungen verschiedener Aktivitäten auf das Klima zu verstehen und zu quantifizieren.

Im Kontext von Ressourcenkonflikten, die oft ausgelöst werden durch den Zugriff auf natürliche Ressourcen wie Wasser, Bodenschätze oder landwirtschaftliche Flächen, wird die Treibhausgasbilanz von mehreren Faktoren beeinflusst. Einer der wichtigsten Aspekte ist die Landwirtschaft, die einen erheblichen Anteil an den globalen Treibhausgasemissionen hat. Intensive Landwirtschaft, die auf Monokulturen und chemische Düngemittel setzt, kann zur Abholzung von Wäldern führen – ein Prozess, der nicht nur die Kohlenstoffspeicherung im Boden und in der Vegetation vermindert, sondern auch zur Freisetzung von gespeichertem CO_2 beiträgt.

Zudem erzeugen Konflikte um Wasserressourcen oder landwirtschaftlich genutztes Land oft einen Anstieg in der Nutzung fossiler Brennstoffe, sei es durch den Einsatz von schwerem Gerät oder in der Form von Energiekonflikten, wo die Kontrolle über Öl- und Gasressourcen zu militärischen Auseinandersetzungen führt. Diese Nutzung trägt weiter zur Erhöhung der Treibhausgasemissionen bei und verschärft somit die bereits bestehenden ökologischen Herausforderungen. Ein weiteres Beispiel sind Minenaktivitäten und die Förderung mineralischer Ressourcen wie Lithium und Kobalt, die für die Herstellung von Batterien in der Elektromobilität und erneuerbaren Technologien benötigt werden. Obwohl diese Technologien als umweltfreundlicher gelten, bringen sie erhebliche Umweltbelastungen mit sich, darunter die Zerstörung von Lebensräumen, Wasserverschmutzung und erhebliche CO_2-Emissionen, die durch den Abbau und die Verarbeitung der Rohstoffe freigesetzt werden.

Die Wechselwirkungen zwischen Treibhausgasemissionen und Ressourcenkonflikten sind auch durch soziale und politische Dynamiken geprägt. Oft sind es die am meisten benachteiligten und marginalisierten Gesellschaften, die unter den Auswirkungen dieser Konflikte leiden. Dies führt zu einer sogenannten "Klimagerechtigkeit", die das Bestreben nach einer faireren Ressourcennutzung und Verantwortlichkeit in Bezug auf treibhausgasintensive Praktiken betont. Ohne eine gerechte Verteilung der Ressourcen und den Respekt vor den Bedürfnissen der lokalen Bevölkerung geraten diese Gemeinschaften in einen Teufelskreis aus Armut und Umweltzerstörung.

Treibhausgase

Treibhausgase (THG) spielen eine zentrale Rolle im Kontext des Klimawandels, der als eine der bedeutendsten Herausforderungen des 21. Jahrhunderts gilt. Diese Gase, zu denen Kohlendioxid (CO_2), Methan (CH_4), Lachgas (N_2O) und fluorierte Gase gehören, tragen durch ihre Fähigkeit, Wärme in der Erdatmosphäre zu speichern, zur Erhöhung der globalen Temperaturen bei. Die anthropogenen Emissionen dieser Gase resultieren in einer Verstärkung des Treibhauseffekts, was wiederum weitreichende Folgen für das globale Klima und die Umwelt hat.

Ein bedeutender Aspekt in der Debatte um Treibhausgase liegt in ihrer Rolle als Katalysatoren für Ressourcenkonflikte. Klimawissenschaftliche Modelle zeigen, dass steigende Temperaturen und sich verändernde Niederschlagsmuster die Verfügbarkeit lebenswichtiger Ressourcen wie Wasser und Landwirtschaftsflächen beeinträchtigen können. Diese Veränderungen führen häufig zu einem erhöhten Wettbewerb um Ressourcen, insbesondere in Regionen, die bereits unter Umweltstress leiden. In vielen Fällen sind es Entwicklungsländer, die am stärksten betroffen sind, da sie oft über geringere adaptive Kapazitäten verfügen, um sich an die Veränderungen anzupassen.

Die Verbindung zwischen Treibhausgasemissionen und Ressourcenkonflikten manifestiert sich auf mehreren Ebenen. Zunächst einmal führen die durch den Klimawandel verursachten Umweltveränderungen wie Dürre, Überschwemmungen und der Verlust von Biodiversität zu einem Rückgang der landwirtschaftlichen Produktivität. In vielen ländlichen Gebieten, insbesondere in Afrika und Asien, sind die Menschen auf die Landwirtschaft als Hauptlebensunterhalt angewiesen. Ein Rückgang der Ernteerträge kann somit zu Ernährungsunsicherheit führen, was Spannungen innerhalb von und zwischen Gemeinschaften hervorrufen kann.

Darüber hinaus kann der Wettbewerb um Wasserressourcen in wasserarmen Regionen zu politischen und gesellschaftlichen Konflikten führen. Viele Flüsse sind grenzüberschreitend, und die zunehmende Verschmutzung sowie der Rückgang des Wasserstandes durch habitatverändernde Klimafaktoren versetzen Anrainerstaaten in einen Konflikt um die Nutzungskontrolle dieser Ressourcen. Ein Beispiel hierfür ist der Nil, wo Ägypten und Äthiopien über den Grand Ethiopian Renaissance Dam strittig sind, was zu geopolitischen Spannungen führt, die durch klimabedingte Wasserknappheit verschärft werden.

Ein weiterer Konfliktbereich ist die Energieversorgung. Der verstärkte Einsatz fossiler Brennstoffe zur Deckung des Energiebedarfs hat die Emission von Treibhausgasen weiter beschleunigt, während gleichzeitig die Nachfrage nach erneuerbaren Energien steigt. Der Übergang zu nachhaltigeren Energiequellen kann jedoch Konflikte hervorrufen, wenn über Technologietransfer und Zugang zu Ressourcen, wie beispielsweise seltenen Erden für Solarpanels, gestritten wird. Zusätzliche Spannungen können auch entstehen, wenn bestehende Energieinfrastrukturen in von Klimawandel betroffenen Regionen durch extreme Wetterereignisse zerstört werden.

Die Wechselwirkungen zwischen Treibhausgasemissionen und Ressourcenkonflikten verdeutlichen die Notwendigkeit einer interdisziplinären Herangehensweise an die Klimapolitik. Ansätze, die Umwelt, Gesellschaft und Wirtschaft verknüpfen, sind entscheidend, um die Herausforderungen des Klimawandels und die damit verbundenen Konflikte zu adressieren. Internationale Kooperation und Sicherung von Ressourcen durch diplomatische Maßnahmen und die Förderung nachhaltiger Praktiken sind unerlässlich, um die negativen Auswirkungen von Treibhausgasen zu mildern und die Resilienz der betroffenen Gemeinschaften zu stärken.

Treibhausgaspotenzial

Das Treibhausgaspotenzial (TGK) ist ein zentrales Konzept in der Klimawissenschaft und der Umweltpolitik. Es beschreibt die Fähigkeit verschiedener Gase, Wärme in der Erdatmosphäre zu speichern, was zu einer globalen Erwärmung führt. Treibhausgase – dazu zählen Kohlendioxid (CO_2), Methan (CH_4), Lachgas (N_2O) und fluorierte Gase – unterscheiden sich erheblich in ihrem Treibhausgaspotenzial, das oft über einen Zeitraum von 100 Jahren betrachtet wird. Beispielsweise hat Methan ein TGK, das etwa 25-mal höher ist als das von CO_2, was bedeutet, dass Methan in dieser Zeitspanne 25-mal mehr Erwärmungseffekt hat. Im Kontext von Ressourcenkonflikten ist es entscheidend, die Wechselwirkungen zwischen der Emission von Treibhausgasen und den Konflikten über Ressourcen wie Wasser, Land und fossile Brennstoffe zu verstehen. Ressourcenkonflikte entstehen häufig in einem Zusammenhang mit der Knappheit und der ungleichen Verteilung von natürlichen Ressourcen, insbesondere in Regionen, die stark von der Landwirtschaft und dem Rohstoffabbau abhängig sind. Der Klimawandel, angetrieben durch die Emissionen von Treibhausgasen, verschärft die Unsicherheiten in Bezug auf Ressourcenverfügbarkeit, was wiederum zu verstärkten Konflikten um diese Ressourcen führt.

Ein Beispiel dafür ist die Landnutzung. Um die CO_2-Emissionen zu verringern, setzen viele Länder auf landwirtschaftliche Praktiken wie Aufforstung oder die Umstellung auf nachhaltige Landwirtschaft. Jedoch können solche Maßnahmen auch in Konflikt mit den bestehenden Landnutzungsrechten der indigenen Bevölkerung oder der lokalen Gemeinden geraten, die auf diese Flächen angewiesen sind. Die Konkurrenz um fruchtbares Land kann zu Spannungen führen, insbesondere in Gebieten, wo landwirtschaftliche Flächen durch den Klimawandel durch Dürren oder Überschwemmungen gefährdet sind.

Wasser ist ein weiteres kritisches Element, das sowohl in der Ressourcennutzung als auch in den Treibhausgasemissionen eine Rolle spielt. Der Wasserbedarf für die Landwirtschaft ist enorm, und mit dem Anstieg der Temperaturen durch die globale Erwärmung wird auch der Wasserstress in vielen Regionen zunehmen. Die Konkurrenz um Wasserressourcen kann zu Konflikten zwischen verschiedenen Nutzern führen – sei es zwischen Landwirtschaft, Industrie oder städtischem Bedarf. Gleichzeitig ist die Wasserknappheit oft eng mit der Energieproduktion verbunden: Viele Energiesysteme, insbesondere solche, die fossile Brennstoffe nutzen, benötigen große Mengen Wasser für den Kühlprozess, was zusätzliche Konkurrenz um diese Ressource erzeugt.

In vielen Regionen, die reich an fossilen Brennstoffen wie Öl und Gas sind, treten oft auch Ressourcenkonflikte auf. Die Ausbeutung dieser Ressourcen hat nicht nur signifikante Treibhausgasemissionen zur Folge, sondern führt auch zu geopolitischen Spannungen und Konflikten. Staaten oder Unternehmen, die über Ressourcen verfügen, können geopolitische Macht gewinnen, während Regionen, die stark abhängig von importierten Brennstoffen sind, anfälliger für Konflikte und wirtschaftliche Instabilität werden.

Treibhausgasszenarien

Treibhausgasszenarien spielen eine entscheidende Rolle im Verständnis und in der Prognose von Ressourcenkonflikten im Kontext des globalen Klimawandels. Diese Szenarien stellen verschiedene mögliche zukünftige Entwicklungen dar, die auf unterschiedlichen Annahmen über Treibhausgasemissionen, technologische Innovationen sowie gesellschaftliche und wirtschaftliche Veränderungen basieren. Die Interaktion zwischen diesen emissionsbasierten Szenarien und den damit verbundenen ökologischen, ökonomischen und sozialen Dynamiken ist von zentraler Bedeutung, wenn es um Ressourcenkonflikte geht.

Ein wesentliches Element dieser Diskussion bildet das Konzept der Klimagrenzen, die durch den Anstieg der globalen Temperaturen und die Zunahme von extremen Wetterereignissen, wie Dürre, Überschwemmungen und Stürme, definiert sind. Diese Phänomene bedrohen nicht nur die Lebensgrundlagen von Menschen, sondern führen auch zu einem erhöhten Wettbewerb um knappe Ressourcen wie Wasser, Nahrungsmittel und landwirtschaftliche Flächen. In Regionen, die besonders anfällig für die Auswirkungen des Klimawandels sind – wie Sub-Sahara-Afrika oder Teile von Südasien – können bereits moderate Veränderungen im Klima erhebliche Auswirkungen auf die Nahrungsmittelproduktion haben, was zu einem Anstieg von Migration, sozialen Spannungen und letztlich zu Konflikten führen kann.

Im Rahmen der IPCC-Szenarien (Intergovernmental Panel on Climate Change) werden unterschiedliche Entwicklungsstränge betrachtet, die stark variierende Emissionspfade und die damit verbundenen Temperaturerhöhungen hervorrufen. Diese Szenarien reichen von einem starken Rückgang der Emissionen (RCP 2.6), der eine Erderwärmung von maximal 1,5 °C erlaubt, bis hin zu einem Anstieg der globalen Temperaturen um 4 °C oder mehr (RCP 8.5) unter Bedingungen, die eine hohe Abhängigkeit von fossilen Brennstoffen implizieren. Die unterschiedlichen Wärmelevel haben weitreichende Implikationen für die globale Wasserverfügbarkeit, die Biodiversität und die landwirtschaftliche Produktivität, die allesamt entscheidend für die Stabilität von Gesellschaften sind.

Ein Beispiel für die Verknüpfung von Treibhausgasszenarien und Ressourcenkonflikten ist die Wasserknappheit. Ein scenariospezifisches Szenario, das einen Anstieg der globalen Temperaturen um 2 °C prognostiziert, könnte in bestimmten Regionen zu einer Reduzierung der Niederschläge und somit zur Verschärfung von Wassermangel führen. Solche Bedingungen könnten internen und externen Migrationsströme auslösen, da Bevölkerungsgruppen gezwungen sind, aufgrund von Wasserknappheit ihre Lebensräume zu verlassen. Dies kann wiederum zu Spannungen zwischen ansässigen und neu ankommenden Populationen führen und Konflikte um verbleibende Wasserressourcen anheizen.

Darüber hinaus beeinflussen Treibhausgasszenarien auch das Potenzial für geopolitische Konflikte, insbesondere in Bezug auf fossile Ressourcen. Regionen, die reich an Öl- und Erdgasvorkommen sind, könnten in einem Szenario mit hoher Abhängigkeit von fossilen Brennstoffen (wie dem RCP 8.5) ein erhöhtes Streitpotenzial erleben. Die Konkurrenz um diese Ressourcen, gepaart mit instabilen politischen Verhältnissen, kann militärische Konflikte auslösen oder bestehende Spannungen intensivieren.

Trockenstress

Trockenstress, auch als Wasserknappheit oder Dürre bezeichnet, ist ein zunehmend relevantes Phänomen, das nicht nur ökologische, sondern auch signifikante soziale und politische Implikationen hat. Im Kontext von Ressourcenkonflikten ist es wichtig zu verstehen, wie Trockenstress die Verfügbarkeit von Wasserressourcen beeinflusst und welche Spannungen daraus zwischen verschiedenen sozialen Gruppen, Staaten oder Nationen entstehen können.

Trockenstress tritt auf, wenn die verfügbare Wasserressource im Verhältnis zum Bedarf an Wasser für Trinkwasser, Landwirtschaft und industrielle Nutzung nicht ausreicht. Faktoren, die Trockenstress verursachen können, sind unter anderem klimatische Veränderungen, menschliche Aktivitäten wie Entwaldung oder übermäßige Wassernutzung sowie die zunehmende Urbanisierung. Der Klimawandel trägt maßgeblich zur Verstärkung von Trockenstress bei, indem er die Häufigkeit und Intensität von Dürreperioden erhöht und die natürlichen Wasserzyklen beeinflusst. Diese Veränderungen in den hydrologischen Zyklen können zu erheblichem Druck auf die Wasserressourcen führen.

Im landwirtschaftlichen Sektor, der für einen Großteil des Wasserverbrauchs verantwortlich ist, kann Trockenstress zu Ertragseinbußen führen, was wiederum die Nahrungsmittelversorgung gefährdet. Länder, die stark von der Landwirtschaft abhängig sind, sehen sich daher erhöhten Risiken ausgesetzt, sobald Trockenstress auftritt. Die durch Trockenheit verursachte schlechte Ernte kann zu Preisanstiegen bei Nahrungsmitteln führen, die in vielen Regionen der Welt aufgrund politischer Instabilität und ungleicher Verteilung bereits problematisch sind. Diese Hungerkrisen können zu sozialen Unruhen und damit zu Ressourcenkonflikten führen, da Gemeinschaften oder Nationen um den Zugang zu Wasser und Nahrungsmitteln konkurrieren.

Ein besonders kritisches Beispiel findet sich in transnationalen Flussgebieten, wo Staaten gemeinsam Wasserressourcen nutzen. Der Nil, der Euphrat und der Tigris sind historische Beispiele für solche Konflikte. Wenn ein Land, zum Beispiel durch den Bau von Staudämmen, die Wasserressourcen für seine eigenen Bedürfnisse punktuell maximiert, kann dies zu einer verringerten Verfügbarkeit von Wasser für benachbarte Länder führen. Solche Ungleichgewichte schaffen Spannungen, die zu diplomatischen Konflikten oder sogar militärischen Auseinandersetzungen führen können.

Darüber hinaus könnte Trockenstress auch zu einer verstärkten Migrationsbewegung führen. Menschen, die in trockenen Gebieten leben und deren Lebensgrundlagen durch Wasserknappheit gefährdet sind, sehen sich gezwungen, neue Lebensräume zu suchen. Diese Migrationsbewegungen können in den Aufnahmeregionen Ressourcenkonflikte schüren, insbesondere wenn die bereits vorhandenen Ressourcen, wie Wasser und Land, begrenzt sind oder wenn es an politischer und sozialer Kohäsion fehlt.

Ein weiterer Aspekt ist die Rolle der Regierungen und internationalen Organisationen im Umgang mit Trockenstress und den daraus resultierenden Konflikten. Politische Strategien zur Wasserbewirtschaftung, wie effiziente Irrigationstechniken, die Einführung nachhaltiger Wasserverbrauchsrichtlinien und die Förderung von Wasserkooperationsprogrammen zwischen Staaten, sind entscheidend. Kooperative Ansätze zur Lösung von Ressourcenkonflikten sind erforderlich, um nicht nur die Wasserverfügbarkeit zu optimieren, sondern auch um den Frieden und die Stabilität in betroffenen Regionen zu wahren.

Übereinkommen über die biologische Vielfalt (CBD)

Das Übereinkommen über die biologische Vielfalt (CBD), das 1992 auf der Konferenz der Vereinten Nationen über Umwelt und Entwicklung (Erdgipfel) in Rio de Janeiro verabschiedet wurde, stellt einen grundlegenden internationalen rechtlichen Rahmen für den Erhalt der biologischen Vielfalt, die nachhaltige Nutzung ihrer Bestandteile und die gerechte Verteilung der Vorteile aus der biologischen Ressourcennutzung dar. Seine drei Hauptziele sind: der Erhalt der biologischen Vielfalt, die nachhaltige Nutzung der biologischen Ressourcen und die gerechte Verteilung der Vorteile, die aus der Nutzung genetischer Ressourcen resultieren.

Im Kontext von Ressourcenkonflikten erweist sich das CBD als ein zentrales Element, das sowohl die häufigsten Ursachen als auch die Lösungen für solche Konflikte tangiert. Ressourcenkonflikte entstehen häufig aus wettbewerbsintensiven Anforderungen an natürliche Ressourcen wie Wasser, Land, Wälder und Biodiversität, besonders in sich entwickelnden Ländern, wo wirtschaftliches Wachstum und ökologische Nachhaltigkeit oft im Widerspruch stehen. Der Druck auf die biologischen Ressourcen nimmt zu, insbesondere durch Bevölkerungswachstum, Urbanisierung, Landwirtschaft und Industrie, was häufig zu Übernutzung und Degradierung von Ökosystemen führt.

Ein zentrales Anliegen des CBD ist die Anerkennung und Achtung der Rechte der indigenen Völker und lokalen Gemeinschaften, die oft stark mit ihrer Umgebung verbunden sind und deren kulturelle Identität eng mit der Biodiversität verknüpft ist. Durch die Einbeziehung traditioneller Wissenssysteme in die Ressourcennutzungspolitik können Konflikte, die aus den uneingeschränkten Zugangs- und Nutzungsrechten multinationaler Konzerne entstehen, gemildert werden. Das CBD unterstützt durch seine Artikel, insbesondere Artikel 8(j), der die Berücksichtigung traditioneller Wissenssysteme fördert, die Entwicklung inklusiver Ressourcenmanagementstrategien, die sowohl den Erhalt der Biodiversität als auch die Lebensweise indigener Völker respektieren.

Zudem trägt das CBD zur Klärung von Eigentumsrechten an genetischen Ressourcen bei. Das Nagoya-Protokoll von 2010, das als Ergänzung zum CBD gilt, zielt darauf ab, die Nutzung genetischer Ressourcen und das traditionelle Wissen zu regeln und eine faire und gerechte Verteilung der Vorteile sicherzustellen, die sich aus der Nutzung dieser Ressourcen ergeben. Dies soll verhindern, dass Ressourcen ausgebeutet werden, ohne den Ursprungsländern oder den Gemeinschaften, die das Wissen über diese Ressourcen haben, angemessene Vorteile zu verschaffen. Ein Mangel an klaren rechtlichen Rahmenbedingungen kann Konflikte verstärken, wenn beispielsweise Unternehmen Biodiversitätsressourcen oder traditionelles Wissen ohne Einwilligung oder Kompensation nutzen.

In vielen Fällen führen Ressourcenkonflikte, die aus einem Missmanagement biologischer Ressourcen resultieren, zu gesetzlichen, sozialen und wirtschaftlichen Spannungen zwischen verschiedenen Akteuren, darunter Staaten, Unternehmen, indigene Gemeinschaften und Umweltschützer. Das CBD bietet jedoch Plattformen wie die Konferenzen der Vertragsparteien (COP), um Strategien zur Minderung solcher Konflikte zu entwickeln. Hier können Länder Partnerschaften und Vereinbarungen abschließen, um nachhaltige Nutzungsmuster zu fördern, die den biologischen Erhaltungszielen dienen und gleichzeitig soziale Gerechtigkeit gewährleisten.

In der Praxis müssen Staaten individuelle und kollektive Herausforderungen meistern, wenn es darum geht, die Verpflichtungen des CBD umzusetzen und gleichzeitig den Druck auf ihre natürlichen Ressourcen zu verringern. Dies kann durch den Aufbau von Kapazitäten, Bildung, Forschung sowie durch die Förderung von nachhaltigen Entwicklungspfaden geschehen. Eine solide Integration der Biodiversitätsziele in sektorale Politiken (wie in der Landwirtschaft, im Tourismus und in der Energieerzeugung) kann Ressourcenkonflikte langfristig verringern.

Übereinkommen über die Rechte indigener Völker (UNDRIP)

Das Übereinkommen über die Rechte indigener Völker, bekannt als UNDRIP (United Nations Declaration on the Rights of Indigenous Peoples), wurde am 13. September 2007 von der Generalversammlung der Vereinten Nationen angenommen. Es stellt einen Meilenstein in der internationalen Anerkennung der Rechte indigener Völker dar und umfasst eine Vielzahl von Aspekten, die für das Verständnis und den Schutz ihrer Identität, ihrer Kultur und ihrer territorialen Ansprüche von entscheidender Bedeutung sind.

UNDRIP legt fest, dass indigene Völker das Recht haben, ihre eigenen sozialen, wirtschaftlichen und kulturellen Entwicklungsziele zu setzen und ihre

Lebensweise zu bestimmen. Insbesondere Artikel 26 und 27 betonen das Recht indigener Völker auf ihr traditionelles Land, ihr Territorium und ihre Ressourcen, sowie die Notwendigkeit, dass Staaten die traditionellen Landsrechte anerkennen und respektieren. Dieses Recht wird oft als Grundlage für die Legitimität indigener Ansprüche auf Gebiete interpretiert, die sie historisch bewohnt oder genutzt haben.

Im Kontext von Ressourcenkonflikten ist UNDRIP besonders relevant, da viele dieser Konflikte im Wesentlichen um Land- und Ressourcenrechte kreisen. Indigene Gemeinschaften auf der ganzen Welt stehen häufig im Widerstand gegen staatliche oder unternehmensgesteuerte Projekte, die deren Land in Anspruch nehmen, ohne dass eine angemessene Konsultation oder Zustimmung erfolgt. Diese Projekte umfassen oft Bergbau, Öl- oder Gasförderung sowie landwirtschaftliche Monokulturen, die mit erheblichen ökologischen und sozialen Folgen verbunden sind.

Ein zentrales Prinzip von UNDRIP ist das Recht auf Selbstbestimmung, das bedeutet, dass indigene Völker selbst entscheiden können, wie ihre Ressourcen genutzt werden. In vielen Fällen ignorieren Unternehmen und Regierungen dieses Recht oder setzen es nur unzureichend um. Die Verletzung dieser Rechte führt oft zu rechtlichen und physischen Auseinandersetzungen, die zu gewalttätigen Konflikten und Vertreibungen führen können. Daher ist die Implementierung von UNDRIP nicht nur eine Frage der rechtlichen Anerkennung, sondern auch eine Frage der sozialen Gerechtigkeit und des nachhaltigen Umweltmanagements.

Ein Beispiel für einen Ressourcenkonflikt im Kontext von UNDRIP ist der Fall der Sámi in Skandinavien, die gegen Bergbauprojekte kämpfen, die ihre traditionellen Weidegebiete für Rentierhaltung bedrohen. Ähnlich sehen sich indigene Gemeinschaften in Brasilien, Kanada und Australien mit zunehmenden Herausforderungen konfrontiert, wenn es darum geht, ihre Landrechte gegen wirtschaftliche Interessen zu verteidigen.

Die Umsetzung von UNDRIP erfordert also nicht nur gesetzliche Rahmenbedingungen und politische Willensanstrengungen, sondern auch einen tiefen kulturellen Wandel in der Beziehung zwischen indigenen Völkern, Regierungen und Unternehmen. Der integrative Umgang mit den Rechten indigener Gemeinschaften könnte als Modell für die Förderung eines respektvollen und nachhaltigen Mit- und Nebeneinanders dienen, bei dem die Bedürfnisse und Rechte aller Parteien Berücksichtigung finden. Um eine gerechte Lösung in Ressourcenkonflikten zu erzielen, müssen die Prinzipien von UNDRIP ernst genommen werden.

Dies schließt die Einbeziehung indigener Stimmen in den Entscheidungsprozess sowie den Schutz kultureller und ökologischer Besonderheiten ein.

Übereinkommen zur Bekämpfung der Wüstenbildung (UNCCD)

Das Übereinkommen zur Bekämpfung der Wüstenbildung (UNCCD) stellt einen zentralen internationalen Rahmen dar, der sich mit dem Kampf gegen die Desertifikation und den Auswirkungen von Dürre in betroffenen Ländern befasst. Es wurde 1994 in Paris verabschiedet und trat 1996 in Kraft. Die Konvention zielt darauf ab, nachhaltige Landnutzung zu fördern, die biologische Vielfalt zu schützen und die Lebensbedingungen in betroffenen Gebieten zu verbessern. Im Kontext von Ressourcenkonflikten wird die Relevanz dieses Übereinkommens besonders deutlich, da Wüstenbildung und Ressourcenschwund häufig direkte oder indirekte Ursachen für sozioökonomische Spannungen und Konflikte darstellen. Wüstenbildung, definiert als der Prozess, durch den fruchtbare Landflächen in unfruchtbares Wüstenland umgewandelt werden, hat tiefgreifende Auswirkungen auf die Umwelt, die Gesellschaft und die Wirtschaft. Sie wird durch eine Kombination von natürlichen Faktoren, wie klimatischen Veränderungen, und anthropogenen Einflüssen, wie Übernutzung von Land und Wasser, unzureichendes Management natürlicher Ressourcen und Abholzung, verursacht. Diese Faktoren können in Regionen, die bereits anfällig sind, zu drastischen Veränderungen führen, die das Überleben von Gemeinden und die Stabilität ganzer Länder gefährden.

Ressourcenkonflikte, insbesondere um Wasser, Boden und Nahrung, entstehen oft in Kontexten, in denen die Verfügbarkeit dieser Ressourcen durch Wüstenbildung drastisch reduziert wird. In vielen Entwicklungsländern sind die wirtschaftlichen und sozialen Strukturen stark von landwirtschaftlichen Erträgen abhängig. Mit dem Fortschreiten der Desertifikation sehen sich Bauern, Viehzüchter und Gemeinschaften gezwungen, um die sinkenden Ernten oder die schrumpfenden Weideflächen zu konkurrieren. Dies kann zu Spannungen zwischen verschiedenen ethnischen Gruppen, landwirtschaftlichen Praktiken und politischen Entitäten führen, die um die verbleibenden Ressourcen kämpfen.

Das UNCCD behandelt diese Problematik durch eine integrative Herangehensweise, die sowohl ökologische als auch soziale Dimensionen berücksichtigt. Eine der zentralen Strategien der Konvention ist die Förderung von nachhaltigen Landnutzungssystemen und der Wiederherstellung degradierten Landes. Diese Maßnahmen zielen darauf ab, die Produktivität der Böden zu erhöhen und gleichzeitig die natürliche Umwelt zu erhalten. Indem landwirtschaftliche Praktiken angepasst und verbessert werden – etwa durch agroökologische Methoden

– kann die Widerstandsfähigkeit gegen klimatische Veränderungen und extreme Wetterereignisse gestärkt werden.

Ein weiterer wichtiger Aspekt des UNCCD ist die Betonung der Partizipation betroffener Gemeinschaften bei der Umsetzung von Maßnahmen zur Bekämpfung der Wüstenbildung. In vielen Fällen sind es die lokalen Gemeinschaften, die am besten über die Gegebenheiten ihrer Umwelt informiert sind. Ihre Einbeziehung in Entscheidungs- und Planungsprozesse ist entscheidend, um nachhaltige Lösungen zu finden, die sowohl den Umwelt- als auch den sozialen Bedürfnissen Rechnung tragen. Das Ziel ist es, sowohl ökonomische Sicherheit als auch soziale Stabilität zu fördern, um so die Grundlagen für Frieden und Sicherheit in ressourcenarmen Regionen zu schaffen.

Schließlich ist die Bedeutung internationaler Zusammenarbeit nicht zu unterschätzen. Der UNCCD setzt auf Partnerschaften zwischen verschiedenen Ländern, internationalen Organisationen und zivilgesellschaftlichen Akteuren, um Ressourcen und Wissen zu bündeln und gemeinsam an der Bekämpfung der Wüstenbildung und ihren Auswirkungen zu arbeiten. Diese Kooperation ist besonders wichtig in Regionen, die grenzüberschreitende ökologische Herausforderungen erleben, wie in der Sahelzone oder im Horn von Afrika.

Überfischung

Die Überfischung stellt ein drängendes globales Problem dar, das nicht nur die marine Biodiversität bedroht, sondern auch weitreichende soziale, wirtschaftliche und politische Implikationen hat. Im Kontext von Ressourcenkonflikten wird die Überfischung zu einem Kristallisationspunkt für Spannungen zwischen verschiedenen Staaten, Gemeinschaften und wirtschaftlichen Akteuren. Sie ist oft das Resultat unregulierter Fischereiaktivitäten, mangelhafter Governance-Strukturen und dem Fehlen nachhaltiger Managementpraktiken, die zusammen zu einem signifikanten Rückgang von Fischbeständen führen.

Die Überfischung kann in zwei Hauptkategorien unterteilt werden: Überfischung von Beständen und nicht nachhaltige Fischereipraktiken. Erstere bezieht sich auf die Ausbeutung von Fischpopulationen über deren Regenerationsfähigkeit hinaus, was zu einem drastischen Rückgang der Bestände führt. Letzteres umfasst Praktiken wie das Fischen mit ungesetzlichen Methoden, das Verwenden von Drift-Netzen oder das Fangen von geschützten Arten, die die marine Ökologie weiter destabilisieren.

Ein zentraler Aspekt der Überfischung im Kontext von Ressourcenkonflikten ist der Wettbewerb um begrenzte Fischressourcen. Küstenstaaten sind oft auf die Fischerei angewiesen, sowohl für die Ernährungssicherheit ihrer Bevölkerung als auch für wirtschaftliche Einkünfte, die durch Export und lokale Märkte generiert werden. Wenn Ausländer, oft unter Nutzung von technischer Überlegenheit und besserer Ausrüstung, in die Gewässer eines Entwicklungslandes eindringen, kann dies zu Spannungen führen. Diese Konflikte manifestieren sich häufig in Form von politischen Auseinandersetzungen über Fangquoten, Meeresgrenzen und Zugangsrechte. In vielen Fällen sind lokale Gemeinschaften, die auf traditionelle Fischereimethoden angewiesen sind, vom Zugang zu ihren Jagdgebieten ausgeschlossen oder erleben eine dramatische Verknappung der Ressourcen, was ihre Lebensgrundlage gefährdet.

Darüber hinaus begünstigt die Überfischung auch die Anwendung und Normierung illegitimer Praktiken, wodurch weitere Konflikte ausgelöst werden. Die Vernichtung bestimmter Bestände kann zu einem ökologischen Ungleichgewicht und einer Veränderung der marinen Ökosysteme führen, was wiederum die Lebensbedingungen für andere Arten beeinflusst und damit einen Teufelskreis von Überfischung und Verlust an Biodiversität erzeugt.

Auf internationaler Ebene können extraterritoriale Fischereikonflikte zwischen Staaten eskalieren, insbesondere in Regionen, wo die demographischen und wirtschaftlichen Bedürfnisse einer wachsenden Bevölkerung und die Notwendigkeit der Meeresressourcennutzung in einem Spannungsverhältnis stehen. Beispiele sind die Konflikte um die Fischbestände im Südchinesischen Meer, wo mehrere Länder Ansprüche auf dieselben Ressourcen erheben, was oft in ständigen geopolitischen Spannungen mündet.

Die Lösung der Probleme, die mit Überfischung und Ressourcenkonflikten verbunden sind, erfordert einen multidimensionalen Ansatz. Effiziente internationale Abkommen zur Regulierung der Fischerei, die Einhaltung von Quoten und Schutzmaßnahmen für gefährdete Arten sind von wesentlicher Bedeutung. Regionales Management, das lokale Gemeinschaften einbezieht und auf wissenschaftlich fundierten Daten beruht, kann dazu beitragen, die Ressourcennutzung nachhaltiger zu gestalten.

Ein weiterer Ansatz ist die Förderung von Aquakultur und alternativen nachhaltigen Lebensmittelquellen, um den Druck auf natürliche Bestände zu verringern. Der Aufbau eines Bewusstseins für die Konsequenzen der Überfischung und die Implementierung von Strategien zur Umwelterziehung können nicht nur die Nachfrage nach nachhaltig gefangenem Fisch erhöhen, sondern auch den Schutz der marinen Ökosysteme unterstützen.

Umweltdiplomatie

Umweltdiplomatie ist ein zunehmend wichtiger Bereich der internationalen Beziehungen, der sich mit der Konfliktlösung und dem Management von Ressourcen in einem zunehmend von Umweltveränderungen und -krisen geprägten globalen Kontext auseinandersetzt. Im Zusammenhang mit Ressourcenkonflikten, die oft im Zuge von Umweltdegradation, Klimawandel und dem übermäßigen Verbrauch natürlicher Ressourcen entstehen, spielt Umweltdiplomatie eine entscheidende Rolle.

Ressourcenkonflikte beziehen sich in der Regel auf Streitigkeiten über die Kontrolle, den Zugang und die Nutzung von natürlichen Ressourcen wie Wasser, Land, Mineralien und fossilen Brennstoffen. Diese Konflikte können sowohl intra- als auch zwischenstaatlich auftreten und sind häufig durch Ungleichheit, Machtverhältnisse und historische Ansprüche geprägt. In vielen Regionen der Welt sind Wasserressourcen, insbesondere in wasserarmen Gebieten oder in Gebieten mit hohem Bevölkerungswachstum, stark umkämpft. Der Zugang zu Wasser ist nicht nur eine Frage der Versorgung, sondern auch der Entwicklung, Sicherheit und Gesundheit.

Umweltdiplomatie umfasst Verhandlungen, Abkommen und Kooperationsinitiativen, die darauf abzielen, umweltbezogene Probleme anzugehen und die nachhaltige Nutzung von Ressourcen zu fördern. Sie findet auf verschiedenen Ebenen statt, von bilateralen Gesprächen zwischen Staaten bis hin zu multilateralen Konferenzen, die internationale Organisationen wie die Vereinten Nationen oder regionale Zusammenschlüsse einbeziehen. Ein Beispiel für erfolgreichen Umweltdiplomatie ist das Pariser Abkommen von 2015, das Länder verpflichtete, Maßnahmen zur Bekämpfung des Klimawandels zu ergreifen und ihre Treibhausgasemissionen zu reduzieren.

Ein zentrales Element der Umweltdiplomatie ist die konzeptionelle Verknüpfung von Umwelt und Sicherheit. Der Bericht des Sicherheitsrates der Vereinten Nationen über "Umwelt, Sicherheit und Frieden" hat hervorgehoben, dass Umweltveränderungen als Katalysator für Konflikte wirken können. Dies geschieht beispielsweise, wenn der Klimawandel zu extremen Wetterereignissen führt, die landwirtschaftliche Produktivität verringern und somit die Lebensgrundlage von Gemeinden gefährden. In solchen Situationen können Staaten oder Gemeinschaften um die verbleibenden Ressourcen konkurrieren, was zu Spannungen und potenziellen Konflikten führt.

Um Umweltdiplomatie in diesen Kontexten zu gestalten, müssen mehrere komplexe Faktoren berücksichtigt werden. Dazu gehören die unterschiedlichen Interessen von Staaten, nichtstaatlichen Akteuren und internationalen Organisationen, sowie die sozialen, ökonomischen und ökologischen Bedingungen, die lokale Resilienz und Anpassungsfähigkeit beeinflussen. Effektive Umweltdiplomatie erfordert einen integrativen Ansatz, der den Dialog zwischen betroffenen Parteien fördert, um gemeinsame Lösungen zu entwickeln und die Konfliktursachen anzugehen.

Zusätzlich spielt die Einbindung lokaler Gemeinschaften eine entscheidende Rolle in der Umweltdiplomatie. Diese Gemeinschaften sind oft direkt von Ressourcenkonflikten betroffen und verfügen über wertvolle Kenntnisse über lokale Ökosysteme und nachhaltige Praktiken. Durch die Einbeziehung ihrer Perspektiven und Bedürfnisse in diplomatische Verhandlungen können Lösungen entwickelt werden, die nicht nur politisch machbar, sondern auch ökologisch nachhaltig sind.

In der modernen Umweltdiplomatie sind digitale Technologien und soziale Medien ebenfalls von Bedeutung. Sie ermöglichen eine breitere Beteiligung an den Diskussionen über Ressourcenkonflikte und fördern den Austausch zwischen verschiedenen Akteuren, einschließlich Regierungen, NGOs und der Zivilgesellschaft.

Umweltgüter

Umweltgüter sind natürliche Ressourcen und Ökosystemdienstleistungen, die sowohl für die menschliche Lebensqualität als auch für die Funktionalität von Ökosystemen von zentraler Bedeutung sind. In den letzten Jahrzehnten sind Umweltgüter zunehmend in den Fokus wissenschaftlicher und gesellschaftlicher Diskussionen gerückt, insbesondere im Kontext von Ressourcenkonflikten. Diese Konflikte entstehen häufig, wenn verschiedene Akteure um den Zugang zu, die Nutzung von oder die Kontrolle über Umweltgüter konkurrieren.

Umweltgüter lassen sich in zwei Hauptkategorien unterteilen: natürliche Ressourcen und Ökosystemdienstleistungen. Zu den natürlichen Ressourcen gehören erneuerbare Ressourcen wie Wasser, Holz und Fischbestände sowie nicht erneuerbare Ressourcen wie Mineralien, fossile Brennstoffe und Boden. Ökosystemdienstleistungen umfassen die vielfältigen Vorteile, die Menschen aus funktionierenden Ökosystemen ziehen, darunter Nahrungsmittelproduktion, Klimaregulation, Wasserfiltration, Bestäubung und Biodiversitätsförderung.

Ressourcenkonflikte resultieren oft aus einer Kombination von Faktoren wie Bevölkerungswachstum, Urbanisierung, wirtschaftlicher Entwicklung und ungleicher Verteilung von Ressourcen. In vielen Regionen der Welt führen steigende Nachfrage und schrumpfende Bestände von Umweltgütern zu Spannungen zwischen verschiedenen Nutzergruppen, wie z.B. Landwirten, Fischern,

Bergbauunternehmen, indigene Gemeinschaften und Regierungen. Diese Konflikte können sowohl lokal als auch global auftreten und betreffen oft besonders verletzliche Gruppen, die auf Umweltgüter für ihren Lebensunterhalt angewiesen sind.

Ein klassisches Beispiel ist der Wasserstress in ariden Regionen, wo der Wettbewerb um begrenzte Wasserressourcen zwischen landwirtschaftlichen Nutzungen und industriellen Anforderungen zu sozialen und politischen Spannungen führen kann. In diesem Zusammenhang kommt es häufig zu einem Ungleichgewicht zwischen den Bedürfnissen von Großunternehmen und den Rechten lokaler Gemeinschaften. Hinzu kommt, dass viele Umweltgüter nicht ordentlich im Markt abgebildet werden, was zu einer unzureichenden Regulierung und zum Phänomen der „Tragik der Allmende" führt. Dabei kommt es aufgrund der Übernutzung von gemeinsam genutzten Ressourcen zu einem massiven Verlust an ökologischer Diversität und einem Rückgang der langfristigen Verfügbarkeit dieser Ressourcen.

Ein weiteres Beispiel sind die Konflikte um Wälder, die durch illegale Abholzung, industrielle Forstwirtschaft und die Ausweitung von Landwirtschaftsflächen verschärft werden. Diese Nutzungspraktiken können nicht nur direkt zu Konflikten führen, sondern auch indirekt, indem sie soziale Strukturen destabilisieren und den Zugang zu lebenswichtigen Ressourcen wie Wasser und Nahrung einschränken.

Umweltgüter sind auch eng mit Fragen der Gerechtigkeit und der sozialen Ungleichheit verbunden. Der Zugang zu diesen Gütern und ihre Nutzung ist oft ungleich verteilt, was zu Marginalisierung und Ausgrenzung bestimmter Gruppen führt. Insbesondere indigene Völker sind häufig angegriffen und übergangen, wenn es um die Nutzung von Ressourcen in ihren traditionellen Lebensräumen geht. Diese Ungerechtigkeiten können zu langanhaltenden sozialen Spannungen und Ressourcenkonflikten führen, die sowohl lokale als auch nationale Stabilität gefährden.

Ein nachhaltiger Umgang mit Umweltgütern ist daher entscheidend, um Ressourcenbewirtschaftung und -verteilung neu zu gestalten und umweltbedingte Konflikte zu entschärfen. Dies umfasst integrative Ansätze, die alle Stakeholder einbeziehen, die Rechte indigener Gemeinschaften respektieren und adaptive Managementstrategien berücksichtigen. Tools wie das Integrierte Ressourcenmanagement (IRM) oder die Umsetzung von Nachhaltigkeitszielen können helfen, diese Herausforderungen zu meistern.

Umweltkatastrophen

Umweltkatastrophen und Ressourcenkonflikte sind eng miteinander verwoben, da ökologische Veränderungen oft als Katalysatoren für gesellschaftliche Spannungen und Konflikte um natürliche Ressourcen wirken. Umweltkatastrophen können sowohl natürliche Ursprungs sein, wie Erdbeben, Tsunamis oder Vulkanausbrüche, als auch anthropogene, verursacht durch menschliches Handeln, wie Ölunfälle, Chemieunfälle oder Luft- und Wasserverschmutzung. Beide Kategorien führen in vielen Fällen zu Ressourcenverknappung, die potenziell zu Konflikten zwischen verschiedenen Gruppen führen kann.

Ein zentrales Konzept in diesem Kontext ist das der „Ressourcenfluch"-Hypothese, die besagt, dass Länder, die reich an natürlichen Ressourcen sind, häufig unter schlechteren sozialen, wirtschaftlichen und politischen Bedingungen leiden als ressourcenärmere Länder. Dies geschieht oft durch die Konzentration der Macht in den Händen einer kleinen Elite, die von den Ressourcen profitiert, während die breite Bevölkerung unter Armut leidet und die Umweltzerstörung zunimmt.

Umweltkatastrophen können dann als Auslöser für Ressourcenkonflikte fungieren, indem sie bestehende Ungleichheiten und Spannungen verstärken. Ein Beispiel hierfür ist die Wasserknappheit, die durch Dürre, Übernutzung, Verschmutzung oder den Klimawandel bedingt sein kann. In vielen Regionen, insbesondere in wasserarmen Gebieten, führt der Kampf um Wasserressourcen zu politischen Spannungen und gewaltsamen Auseinandersetzungen. Soziale Gruppen können auf die Mündung von Flüssen oder die Kontrolle über Wasserreservoirs zugreifen wollen, was oft zu Konflikten zwischen verschiedenen Ansprüchen auf diese Ressourcen führt.

Darüber hinaus zeigen Studien, dass sich Umweltkatastrophen und der Klimawandel überproportional auf vulnerablen Bevölkerungsgruppen auswirken, die oft bereits an den Rand der Gesellschaft gedrängt sind. Diese Gruppen haben häufig keinen Zugang zu den Ressourcen oder der Unterstützung, die erforderlich wären, um sich von den Folgen einer Katastrophe zu erholen. So erhöhen Umweltkatastrophen nicht nur den Druck auf knappe Ressourcen, sondern sie können auch bestehende Ungleichheiten weiter vertiefen und soziale Spannungen verschärfen, was zu gewaltsamen Konflikten führen kann.

Das Zusammenspiel von Umweltveränderungen und politischen Faktoren sollte nicht unterschätzt werden. In vielen Fällen sind Regierungen nicht in der Lage oder nicht gewillt, angemessen auf Umweltkatastrophen zu reagieren, was an Korruption, ineffizienten Strukturen oder einem fehlenden Fokus auf Umweltfragen liegen kann. Diese Unterlassungen verstärken die Auswirkungen von

Katastrophen und können zur Mobilisierung von sozialem Protest und Gewalt führen, insbesondere wenn Betroffene das Gefühl haben, dass ihre Bedürfnisse nicht ausreichend berücksichtigt werden. Ein weiteres Beispiel sind Konflikte in Bezug auf fossile Brennstoffe, insbesondere in Regionen mit reicher Erdöl- oder Erdgasvorkommen. Die Ausbeutung dieser Ressourcen führt häufig zu Umweltverschmutzung, die die lokale Bevölkerung direkt betrifft. Der daraus resultierende Kampf um Gesundheit, Lebensqualität und Zugang zu einem sauberen Lebensumfeld kann in gewalttätige Auseinandersetzungen über die Kontrolle der Ressourcen münden.

Insgesamt lässt sich feststellen, dass Umweltkatastrophen und Ressourcenkonflikte in einer komplexen Wechselwirkung stehen. Um nachhaltige Lösungen zu finden, ist es entscheidend, sowohl ökologische als auch soziale Faktoren zu berücksichtigen. Dies beinhaltet die Förderung von resilienten Gemeinschaften, den Zugang zu gerechten Ressourcenverteilungen und die Implementierung von effektiven politischen Maßnahmen zum Schutz der Umwelt, um das Risiko von Konflikten zu minimieren. Nur so können wir langfristige Strategien entwickeln, die sowohl die Umwelt als auch die sozialen Strukturen stärken und somit der Entstehung von Ressourcenkonflikten entgegenwirken.

Umweltökonomie

Umweltökonomie ist ein interdisziplinäres Forschungsfeld, das sich mit der Wechselwirkung zwischen wirtschaftlichen Aktivitäten, Umweltressourcen und den damit verbundenen ökologischen Auswirkungen befasst. Innerhalb dieses Kontextes spielt die Analyse von Ressourcenkonflikten eine zentrale Rolle, da diese Konflikte meist aus der Konkurrenz um knappe Ressourcen wie Wasser, Boden, Mineralien oder fossile Brennstoffe resultieren. Diese Ressourcen sind nicht nur essentiell für die wirtschaftliche Entwicklung, sondern ihre Übernutzung und ungleiche Verteilung können zu signifikanten ökologischen und sozialen Spannungen führen.

Ein zentrales Konzept der Umweltökonomie ist die „externen Kosten" oder „Externalitäten", die entstehen, wenn die Entscheidungen eines Wirtschaftsakteurs negative Auswirkungen auf Dritte haben, die nicht in den Preis der Güter oder Dienstleistungen einkalkuliert werden. Dies ist oft der Fall bei der Ausbeutung von natürlichen Ressourcen, wo etwa die Abfallentsorgung oder Umweltverschmutzung nicht adäquat berücksichtigt werden. Solche Umweltlasten führen nicht nur zu ökologischen Schäden, sondern können auch Ressourcenkonflikte zwischen verschiedenen Nutzergruppen hervorrufen, die um den Zugang zu derselben Ressource kämpfen.

Ein interessantes Modell zur Erklärung von Ressourcenkonflikten ist das Tragedy of the Commons, ein von Garrett Hardin beschriebenes Konzept. Es beschreibt, wie gemeinschaftlich genutzte Ressourcen (Commons) durch individuelles Nutzenverhalten übernutzt werden können, was schließlich zu deren Erschöpfung führt. Im Kontext von Wasser- oder Forstressourcen trifft dies häufig auf ländliche Gebiete zu, in denen Landwirte oder Gemeinschaften um Zugang zu Wasserquellen oder Waldflächen konkurrieren. Hierbei sind institutionelle Rahmenbedingungen und das Management von Gemeinschaftsgütern entscheidend, um sowohl die Ressourcennutzung effizient zu gestalten als auch soziale Konflikte zu minimieren.

Ein weiterer entscheidender Aspekt in der Umweltökonomie ist das Konzept der nachhaltigen Entwicklung, das darauf abzielt, wirtschaftliches Wachstum mit ökologischer Verantwortung zu verbinden. Nachhaltige Ressourcennutzung erfordert das Verständnis der ökologischen Grenzen, innerhalb derer menschliche Aktivitäten stattfinden können, ohne irreversible Schäden zu verursachen. In diesem Kontext zeigen zahlreiche Studien, dass der Missbrauch von Ressourcen nicht nur kurzfristig negative Auswirkungen auf die Umwelt hat, sondern auch langfristige ökonomische Konsequenzen nach sich zieht. Helgesen und Kuppens argumentieren beispielsweise, dass der wirtschaftliche Wert nachhaltiger Praktiken deutlich höher eingeschätzt werden muss, um Anreize für Landwirte und Unternehmen zu schaffen, umweltfreundlichere Entscheidungen zu treffen, die zukünftige Ressourcenkonflikte verhindern.

Die Rolle der Politik und Regulierungen in der Umweltökonomie ist ebenso entscheidend. Durch gesetzliche Rahmenbedingungen und Anreizsysteme (wie z.B. Emissionshandel oder Subventionen für erneuerbare Energie) können Regierungen versuchen, negative Externalitäten zu internalisieren, um so einen fairen Zugang zu Ressourcen zu gewährleisten und Ressourcenkonflikte zu minimieren. Die Herausforderungen liegen hier oftmals in der Durchsetzbarkeit der Regulierungen und im Widerstand von Interessengruppen, die von der bestehenden Ressourcennutzung profitieren.

Umweltpolitik

Umweltpolitik und Ressourcenkonflikte sind bedeutende Themen, die immer mehr an Relevanz gewinnen, insbesondere im Kontext des globalen Wandels, der Urbanisierung und des demografischen Wandels. Das Spannungsfeld zwischen Umweltpolitik und Ressourcenkonflikten ist komplex und wird von verschiedenen Faktoren beeinflusst, darunter wirtschaftliche Interessen, geopolitische Einflüsse sowie soziale und kulturelle Dimensionen.

Ein Ressourcenkonflikt entsteht häufig, wenn der Zugang zu und die Kontrolle über natürliche Ressourcen wie Wasser, Mineralien, fossile Brennstoffe und fruchtbares Land zwischen verschiedenen Akteuren - seien es Staaten, Unternehmen oder Gemeinschaften - umstritten ist. Diese Konflikte können sowohl innerhalb von Staaten als auch zwischen Staaten auftreten und werden oft durch steigende Nachfrage, sich verknappendende Ressourcen und ungleiche Verteilung verstärkt.

In vielen Regionen der Welt sind Wasserressourcen ein zentrales Konfliktthema. Der Klimawandel sowie das Rapid Urbanisation führen zu veränderten Niederschlagsmustern und einer rasch anwachsenden Nachfrage nach Wasser. In Graben zu Wasserressourcenkonflikten können nationale Politiken, die oft auf kurzfristige wirtschaftliche Gewinne abzielen, anstatt nachhaltige Nutzung zu fördern, zu einem Ausbluten der Wasserressourcen führen. Hier kommt die Umweltpolitik ins Spiel. Sie hat das Ziel, im Einklang mit den Prinzipien der nachhaltigen Entwicklung den Zugang zu und die Nutzung von natürlichen Ressourcen zu regulieren, damit Konflikten vorgebeugt wird.

Ein Beispiel für Ressourcenkonflikte ist der Wettbewerb um fossile Brennstoffe. In vielen Regionen sind diese Ressourcen geopolitisch von großer Bedeutung. Die Kontrolle über Öl- und Gasvorkommen kann sowohl Länder als auch Unternehmen in politische Turbulenzen stürzen. Die Umweltpolitik spielt hier eine doppelte Rolle: Einerseits muss sie die Umweltauswirkungen der Erschließung und Nutzung fossiler Brennstoffe berücksichtigen, da diese zur globalen Erwärmung und zur Zerstörung von Lebensräumen führen. Andererseits ist sie gefordert, Wege zu finden, um Transitionen zu erneuerbaren Energiequellen zu unterstützen und gleichzeitig bestehende Arbeitsplätze und wirtschaftliche Stabilität zu berücksichtigen.

Ein weiteres Beispiel ist die Landnutzungskonversion, insbesondere in Entwicklungsländern. Der Druck auf landwirtschaftliche Flächen durch urbanes Wachstum oder industrielle Nutzung führt oftmals zu Konflikten zwischen Landnutzern. Kleinbauern, die auf traditionelle Anbaumethoden angewiesen sind, stehen häufig großen Agrarunternehmen oder Infrastrukturprojekten gegenüber, die ihre Lebensgrundlage bedrohen. In solchen Fällen kann eine umfassende Umweltpolitik, die die Rechte von Gemeindemitgliedern schützt und eine gerechte Verteilung von Landressourcen anstrebt, entscheidend dazu beitragen, Ressourcenkonflikte zu entschärfen.

Darüber hinaus spielt die internationale Zusammenarbeit eine wichtige Rolle in der Umweltpolitik im Kontext von Ressourcenkonflikten. Abkommen wie das Pariser Klimaabkommen oder die Konvention über biologische Vielfalt fördern einen globalen Dialog und gemeinsame Strategien im Umgang mit Ressourcen und deren nachhaltigen Nutzung. Internationalistische Ansätze können dazu beitragen, Standards zu setzen und den Austausch von besten Praktiken zu fördern, wodurch die Wahrscheinlichkeit von Konflikten verringert wird.

Umweltschäden

Umweltschäden im Kontext von Ressourcenkonflikten sind ein bedeutendes und zunehmend relevantes Thema in der Umweltwissenschaft, der Geopolitik und der nachhaltigen Entwicklung. Ressourcenkonflikte entstehen typischerweise aus dem Wettbewerb um natürliche Ressourcen wie Wasser, Öl, Mineralien oder Waldflächen. Diese Konflikte sind oft eng mit der Ausbeutung und dem Management von Ressourcen verbunden und können tiefgreifende Auswirkungen auf Ökosysteme, lokale Gemeinschaften und die globale Umwelt haben.

Ein zentraler Aspekt dieser Konflikte ist die Übernutzung natürlicher Ressourcen, die häufig zu Umweltschäden führt. Die Überfischung der Meere, etwa, hat nicht nur das Gleichgewicht der marinen Ökosysteme gestört, sondern auch die Lebensgrundlage der angestammten Küstengemeinden gefährdet. Bei der Abholzung von Wäldern, die oft im Rahmen von Landnutzungskonflikten erfolgt, sind die Erderwärmung und der Verlust von Biodiversität zu nennen. Wälder spielen eine kritische Rolle als Kohlenstoffsenken und für die Erhaltung zahlreicher Arten. Ihre Zerstörung trägt zur Klimaerwärmung und zum Verlust ökologischer Dienstleistungen bei, die für das Überleben vieler Arten, einschließlich des Menschen, unerlässlich sind.

Wasserressourcen sind ein weiterer häufig umstrittener Bereich. Die zunehmende Verschmutzung von Flüssen und Seen durch industrielle Praktiken, Bergbau oder agrarische Tätigkeiten hat nicht nur die Wasserqualität beeinträchtigt, sondern auch die Gesundheit von Menschen und Tieren gefährdet. Der Zugang zu reinem Wasser wird in zahlreichen Regionen der Welt zum Gegenstand von Konflikten, was zu sozialen Unruhen und anhaltenden menschlichen Tragödien führen kann.

Die Rolle der fossilen Brennstoffe in Ressourcenkonflikten ist ebenfalls signifikant. Die Suche nach neuen Öl- und Gasvorkommen führt oft zu erheblichen Umweltverschmutzungen, die nicht nur die Ökosysteme vor Ort schädigen, sondern auch zur globalen Erwärmung beitragen. Der aus dem Abbau von fossilen Brennstoffen resultierende ökologischen Fußabdruck ist enorm und führt zur Beeinträchtigung von Luft- und Wasserqualität sowie zur Zerstörung von Lebensräumen. Diese ökologischen Schäden verstärken häufig bestehende soziale

Spannungen und Ungleichheiten, da häufig marginalisierte Gemeinschaften die größten negativen Auswirkungen zu spüren bekommen. Ein weiteres bedeutendes Phänomen sind die sozialen und ökologischen Konflikte, die durch die Extraktion von Rohstoffen in Entwicklungsländern entstehen. Hier werden oft Menschenrechte missachtet, und indigene Völker kämpfen um ihr Land und ihre Lebensweise. Der Verlust ihrer Gebiete und Ressourcen führt nicht nur zu sozialen Konflikten, sondern ist auch ein Faktor, der die Biodiversität gefährdet, da diese Gemeinschaften oft traditionelles Wissen und nachhaltige Praktiken besitzen, die für den Erhalt von Ökosystemen entscheidend sind.

In der heutigen globalisierten Welt ist es unerlässlich, die Wechselwirkungen zwischen Umwelt und Konflikten zu verstehen, um nachhaltige Lösungen zu entwickeln. Ansätze wie integriertes Ressourcenmanagement, das die Beteiligung der lokalen Bevölkerung an Entscheidungen fördert, ökologische Wiederherstellungsprojekte und die Förderung von nachhaltigen Wirtschaftspraktiken sind notwendig, um zukünftige Konflikte zu vermeiden und bestehende Umweltschäden zu beheben.

Umweltschutz

Umweltschutz und Ressourcenkonflikte sind eng miteinander verbundene Themen, die in der heutigen globalisierten Welt zunehmend an Bedeutung gewinnen. Der fortschreitende Klimawandel, das Anwachsen der Weltbevölkerung und die damit einhergehende intensive Nutzung natürlicher Ressourcen führen zu einem erhöhten Druck auf ökologische Systeme, was wiederum Konflikte über den Zugang und die Nutzung dieser Ressourcen zur Folge hat.

Ressourcen wie Wasser, Bodenschätze, Land und Wälder sind oft die Ursachen für Konflikte, insbesondere in Regionen, die unter ökologischen, politischen oder wirtschaftlichen Spannungen leiden. Diese Konflikte können zwischen Staaten, innerhalb eines Staates zwischen verschiedenen Gruppen oder sogar zwischen Menschen und Institutionen ausbrechen. Ein Beispiel ist der Zugang zu Wasserressourcen in wasserarmen Regionen, wo verschiedene Nutzergruppen – wie Landwirtschaft, Industrie und Haushalte – um die begrenzten Wasserressourcen konkurrieren. Der UNESCO-Bericht über Wasserkonflikte zeigt, dass zwischen 1990 und 2010 über 30 % der weltweit dokumentierten Konflikte um Wasser entstanden sind.

Diese Ressourcenkonflikte haben nicht nur menschliche und gesellschaftliche Dimensionen, sondern auch erhebliche Auswirkungen auf die Umwelt. Die Übernutzung von Ressourcen, die Zerstörung von Ökosystemen und die

Verschmutzung von Wasser- und Luft sind direkte Ergebnisse von Konflikten, die oft nicht nur lokal, sondern auch global strahlen. Beispielsweise kann illegale Abholzung in einem Land zu einem Verlust der Biodiversität führen, der weitreichende ökologische Konsequenzen nach sich zieht, einschließlich der Erhöhung von Treibhausgasemissionen.

Umweltschutz kann in diesem Kontext als ein Schlüssel zur Minderung von Ressourcenkonflikten gesehen werden. Ein integrativer Ansatz, der ökologische, ökonomische und soziale Faktoren berücksichtigt, ist entscheidend. Zum Beispiel können ökologische Schutzgebiete, nachhaltige Bewirtschaftung von Ressourcen und die Förderung erneuerbarer Energien nicht nur zur Umwelterhaltung beitragen, sondern auch zur Schaffung von Arbeitsplätzen und zur Verbesserung der Lebensqualität in Konfliktregionen.

Gemeinschaftlich geführte Ressourcennutzungsprojekte haben sich als effektiv erwiesen, um Spannungen abzubauen und den Nutzern ein Mitspracherecht zu geben. Wenn lokal betroffene Gemeinschaften in die Entscheidungsprozesse zur Ressourcennutzung einbezogen werden, ist die Wahrscheinlichkeit größer, dass diese notwendig sind, um die Umwelt und die Ressourcen nachhaltig zu nutzen.

Ein entscheidender Faktor für erfolgreichen Umweltschutz im Kontext von Ressourcenkonflikten ist die politische Dimension. Internationale Abkommen, wie das Pariser Abkommen zur Bekämpfung des Klimawandels, fördern globale Zusammenarbeit zur Reduzierung von CO_2-Emissionen und zur Förderung nachhaltiger Entwicklung. Solche Abkommen sind notwendig, um die Interessen aller beteiligten Staaten zu berücksichtigen und ein gerechtes System der Ressourcennutzung zu schaffen.

Darüber hinaus können Organisationen wie die Vereinten Nationen eine Plattform für Dialog und Verhandlungen bieten, um Spannungen zu deeskalieren. Programme, die sich auf Kapazitätsaufbau und Wissensaustausch konzentrieren, spielen eine zentrale Rolle in der Förderung umweltfreundlicher Praktiken und der Konfliktvermeidung.

Umweltverschmutzung

Umweltverschmutzung und Ressourcenkonflikte sind eng miteinander verbundene Phänomene, die sowohl lokale als auch globale Dimensionen haben. Die wachsende Weltbevölkerung und der damit verbundene Anstieg des Konsums haben zu einer intensiven Nutzung natürlicher Ressourcen geführt. Diese Übernutzung, in Kombination mit der unzureichenden Regulierung industrieller Prozesse, hat zu kolossalen Umweltschäden geführt, die nicht nur die Biodiversität bedrohen, sondern auch soziale und wirtschaftliche Strukturen destabilisieren können.

Ein zentrales Element von Ressourcenkonflikten ist der Wettlauf um begrenzte Ressourcen wie Wasser, Mineralien, fossile Brennstoffe und landwirtschaftlich nutzbare Flächen. In vielen Ländern, insbesondere in Entwicklungsregionen, führt die Überausbeutung von Ressourcen zu Umweltverschmutzung und in der Folge zu sozialen Spannungen. Diese Spannungen können sich in Form von Konflikten zwischen verschiedenen ethnischen Gruppen, Landwirtschaft und Industrie oder zwischen staatlichen und nichtstaatlichen Akteuren manifestieren. Ein prominentes Beispiel für diesen Zusammenhang ist die Ölindustrie. In Regionen wie dem Niger-Delta wird die Umwelt durch Ölverschmutzung erheblich beeinträchtigt. Ölverseuchung hat weitreichende Auswirkungen auf den Fischfang und die Landwirtschaft, die für die lokale Bevölkerung überlebenswichtig sind. Es entstehen Konflikte zwischen denjenigen, die vom Ölprofit profitieren (oft multinationalen Unternehmen und lokale Eliten), und denjenigen, die unter den Umweltfolgen leiden. Diese Dynamik wird durch schwache Regierungsinstitutionen und Korruption verschärft, was es den Betroffenen erschwert, ihre Rechte zu verteidigen und zu fordern, dass Schäden behoben werden.

Darüber hinaus führt die Verschmutzung von Wasserressourcen durch industrielle Abwässer und landwirtschaftliche Chemikalien zu einem Disput um sauberes Wasser. In wasserarmen Regionen, wo Zugang zu reinem Wasser ohnehin eingeschränkt ist, kann jede zusätzliche Verschmutzungsquelle einen unmittelbaren Konflikt zwischen verschiedenen Nutzern auslösen. Beispielsweise konkurrieren in vielen Städten Landwirtschaft, Industrie und Haushalte um begrenztes Wasser, was zu einer Degradierung der Wasserqualität und damit zu gesundheitlichen Problemen führt.

Ein weiterer Aspekt von Ressourcenkonflikten im Kontext der Umweltverschmutzung ist der Einfluss des Klimawandels. Der Klimawandel, der durch den Anstieg von Treibhausgasen überwiegend durch industrielle Aktivitäten angetrieben wird, hat nicht nur direkte Auswirkungen auf das Wetter, sondern auch auf die Verfügbarkeit von Wasser und landwirtschaftlichen Flächen. Dies kann in Ländern, die bereits unter Ressourcenknappheit leiden, zu einem Anstieg von Konflikten führen, da immer größere Bevölkerungsgruppen um die verbleibenden Ressourcen kämpfen.

Aus einer wissenschaftlichen Perspektive ist es wichtig, die Wechselwirkungen zwischen Umweltverschmutzung und Ressourcenkonflikten zu verstehen. Der ökologische Fußabdruck eines Landes ist oft ein Indikator für Ressourcenverbrauch und Umweltbelastung, und die Unfähigkeit, diese Herausforderungen zu bewältigen, kann zu einer Abwärtsspirale führen, in der Umweltzerstörung und soziale Konflikte sich gegenseitig verstärken. Die Lösung dieser Herausforderungen erfordert eine integrierte und multifaktorielle Herangehensweise, die ökologisches Bewusstsein, nachhaltige Ressourcennutzung und die Stärkung von Governance-Strukturen umfasst.

Um diesen Teufelskreis zu durchbrechen, sind internationale Kooperation und Bemühungen um den Umweltschutz unerlässlich. Abkommen zur Verringerung von Treibhausgasemissionen, Strategien zur Bekämpfung von Wasserknappheit sowie Initiativen zur Unterstützung nachhaltiger Landwirtschaft sind Schlüsselkomponenten einer Strategie, die darauf abzielt, sowohl Umweltverschmutzung zu reduzieren als auch Ressourcenkonflikte zu entschärfen. Politische Maßnahmen müssen oft durch Bildung und Gemeinschaftsengagement ergänzt werden, um das Bewusstsein für nachhaltige Praktiken in der Bevölkerung zu stärken und kollektive Aktionen zu fördern.

United Nations Development Program (UNDP)

Das United Nations Development Program (UNDP) ist eine der zentralen Organisationen der Vereinten Nationen, die sich mit der Förderung nachhaltiger Entwicklung, der Armutsbekämpfung und der Stärkung der Regierungsführung in Entwicklungsländern beschäftigt. Im Kontext von Ressourcenkonflikten spielt das UNDP eine entscheidende Rolle, da viele dieser Konflikte eng mit der Verteilung und Nutzung natürlicher Ressourcen wie Wasser, Land, Mineralien und Energieressourcen verbunden sind.

Ressourcenkonflikte entstehen häufig aus Ungleichgewichten in der Verteilung von Ressourcen, politischen Spannungen und sozialen Ungerechtigkeiten. Diese Konflikte können sowohl intra- als auch zwischenstaatlich sein und führen oft zu Gewalt, Instabilität und langfristigen Entwicklungsrückständen. Das UNDP trägt in diesem Kontext dazu bei, die zugrunde liegenden Ursachen von Ressourcenkonflikten zu erkennen und zu adressieren und fördert gleichzeitig eine friedliche und gerechte Nutzung der Ressourcen.

Eine der Kernstrategien des UNDP bei der Konfliktbewältigung ist die Stärkung der institutionellen Rahmenbedingungen und der Governance. Durch die Entwicklung transparenter und partizipativer Entscheidungsprozesse ermöglicht das UNDP Ländern, faire und gerechte Mechanismen für den Zugriff auf und die Nutzung von Ressourcen zu schaffen. Dies ist besonders wichtig, da Marginalisierung und Ungerechtigkeit oft als Hauptursachen für Ressourcenkonflikte angesehen werden. Das Programm arbeitet darauf hin, dass lokale Gemeinschaften in den Entscheidungsprozess eingebunden werden, sodass ihre Bedürfnisse und Perspektiven bei der Ressourcennutzung berücksichtigt werden.

Zudem implementiert das UNDP Projekte, die sich mit nachhaltigem Ressourcenmanagement befassen. Das umfasst sowohl die Förderung erneuerbarer Energien als auch die Integration von Umwelt- und Klimafragen in Entwicklungsstrategien. Ein Beispiel sind Initiativen, die zielen, die Abhängigkeit von fossilen Brennstoffen zu verringern und gleichzeitig soziale Ungleichheiten zu adressieren. Durch die Schaffung von Arbeitsplätzen und wirtschaftlichen Möglichkeiten in Nachhaltigkeitssektoren trägt das UNDP dazu bei, die sozialen Spannungen, die oft mit Ressourcenmanagement verbunden sind, zu verringern.

Ein weiterer wichtiger Aspekt ist die Unterstützung von Friedens- und Versöhnungsprozessen in Gebieten, die unter Ressourcenkonflikten leiden. Das UNDP hat Programme, die darauf abzielen, Dialoge zwischen verschiedenen Interessengruppen zu fördern, um Missverständnisse und Spannungen abzubauen. Dies geschieht häufig in Kooperation mit lokalen Organisationen und anderen UN-Agenturen, um eine ganzheitliche und gemeinschaftsorientierte Lösung zu gewährleisten.

Das UNDP hat auch eine wichtige Rolle bei der Entwicklung von Rahmenbedingungen, die nachhaltige Entwicklungsziele (SDGs) unterstützen. Insbesondere Ziel 16 der SDGs, das Frieden, Gerechtigkeit und starke Institutionen fördert, adressiert die Notwendigkeit, gewaltsame Konflikte zu reduzieren und den Zugang zu gerechten und effektiven rechtlichen Institutionen zu fördern. Das UNDP implementiert Maßnahmen zur Überwachung und Analyse von Konfliktdynamiken sowie zur Förderung der Rechtsstaatlichkeit, um zu verhindern, dass Ressourcenkonflikte in größerem Maßstab eskalieren.

United Nations Framework Convention on Climate Change (UNFCCC)

Die United Nations Framework Convention on Climate Change (UNFCCC) ist ein völkerrechtlicher Vertrag, der 1992 auf der Konferenz der Vereinten Nationen über Umwelt und Entwicklung (Erdgipfel) in Rio de Janeiro verabschiedet wurde. Ziel der Konvention ist es, den gefährlichen anthropogenen Eingriff in das Klimasystem der Erde zu verhindern und die globale Erwärmung auf ein erträgliches Maß zu begrenzen. Die UNFCCC legt den Rahmen für die internationale Zusammenarbeit zur Bekämpfung des Klimawandels fest und dient als Basis für nachfolgende Abkommen, darunter das Kyoto-Protokoll und das Pariser Abkommen.

Im Kontext von Ressourcenkonflikten ist die UNFCCC von besonders großer Bedeutung, da sie versucht, die potenziellen Konflikte um natürliche Ressourcen zu adressieren, die durch den Klimawandel und die damit verbundenen Anpassungs- und Mitigation-Maßnahmen verstärkt werden können. Ressourcenkonflikte entstehen häufig dann, wenn der Zugang und die Verteilung natürlicher Ressourcen wie Wasser, Land und Energie in einem Kontext von Knappheit und ungleicher Verteilung aggressiv umkämpft werden. Der Klimawandel verschärft diese Situation, da er Veränderungen in der Verfügbarkeit und den Verteilungsmustern dieser Ressourcen mit sich bringt.

Ein zentrales Element in der Diskussion um Ressourcenkonflikte im Kontext der UNFCCC ist die Veränderung der Niederschlagsmuster und die Zunahme extremer Wetterereignisse, die sich auf die landwirtschaftliche Produktion auswirken. Steigende Temperaturen können zu Ernteausfällen führen, was wiederum den Wettbewerb um landwirtschaftliche Flächen und die Nutzung von Wasserressourcen intensiviert. In vielen Regionen der Welt, insbesondere in vulnerablen Entwicklungsländern, können diese Veränderungen soziale Spannungen und Konflikte verstärken. Beispielsweise berichten Regionen in Afrika und im Nahen Osten von erhöhten Konflikten zwischen verschiedenen ethnischen und sozialen Gruppen, die um Wasser und fruchtbares Land konkurrieren.

Ein weiterer Aspekt, der im Rahmen der UNFCCC relevant ist, ist die Ungleichheit in der Verantwortung für den Klimawandel und die ungleichen Auswirkungen seiner Folgen. Industrieländer, die historisch gesehen die Hauptverursacher von Treibhausgasemissionen waren, werden von den ärmeren Ländern oft beschuldigt, die Kosten des Klimawandels nicht ausreichend zu kompensieren. Diese Ungerechtigkeit kann zu Ressourcenkonflikten führen, insbesondere wenn es darum geht, finanzielle Unterstützung und technologische Hilfe für Anpassungsmaßnahmen bereitzustellen. Die Debatten über Klimagerechtigkeit sind daher zentral für die Verhandlungen im Rahmen der UNFCCC.

Zudem spielt die Frage der Energieressourcen eine wesentliche Rolle in Bezug auf Ressourcenkonflikte und die UNFCCC. Der Übergang zu einer kohlenstoffärmeren Wirtschaft, wie es die UNFCCC anstrebt, kann in Regionen, die stark von fossilen Brennstoffen abhängig sind, zu ökonomischen und sozialen Umbrüchen führen. Der Druck auf diese Ländern, ihre Energieversorgung zu diversifizieren, kann zu Widerständen und Konflikten führen, insbesondere wenn dadurch lokale Gemeinschaften de facto von ihren Ressourcen, wie Öl- oder Gasvorkommen, ausgeschlossen werden.

Abschließend lässt sich feststellen, dass die UNFCCC nicht nur ein Instrument zur Bekämpfung des Klimawandels ist, sondern auch eine Plattform bietet, um die damit verbundenen Ressourcenkonflikte und deren Ursachen zu adressieren. Die Verhandlungen und Strategien, die im Rahmen dieser Konvention entwickelt werden, müssen auch die sozialen, politischen und wirtschaftlichen Dimensionen dieser Konflikte berücksichtigen, um effektive und gerechte Lösungen zu finden. Um den Herausforderungen des Klimawandels und den potenziellen Ressourcenkonflikten zu begegnen, ist ein integrativer Ansatz erforderlich, der nicht nur umweltpolitische, sondern auch entwicklungs- und sozialpolitische Aspekte umfasst.

UN-Leitprinzipien für Wirtschaft und Menschenrechte

Die UN-Leitprinzipien für Wirtschaft und Menschenrechte, die 2011 von dem damaligen UN-Sonderberichterstatter für Menschenrechte und transnationale Unternehmen, John Ruggie, verabschiedet wurden, stellen einen entscheidenden Rahmen dar, um die Verantwortung von Unternehmen im Hinblick auf Menschenrechte zu definieren und zu operationalisieren. Diese Prinzipien basieren auf drei zentralen Säulen: der Pflicht der Staaten, Menschenrechte zu schützen, der Verantwortung der Unternehmen, Menschenrechtsverletzungen zu vermeiden, und dem Zugang zu einem wirksamen Rechtsbehelf für die von Menschenrechtsverletzungen Betroffenen. Der Kontext von Ressourcenkonflikten eröffnet eine vielschichtige Dimension für die Anwendung dieser Prinzipien.

Ressourcenkonflikte, insbesondere in Regionen mit reichen natürlichen Ressourcen wie Mineralien, Öl oder Gas, sind häufig von Spannungen und Gewalt geprägt, die sowohl zwischen verschiedenen lokalen Gruppen als auch zwischen diesen Gruppen und staatlichen sowie multinationalen Unternehmen entstehen können. In vielen Fällen sind diese Konflikte mit gravierenden Menschenrechtsverletzungen verbunden, wie Landgrabbing, Zwangsvertreibungen, Umweltzerstörungen und der Verletzung der Rechte von indigenen Bevölkerungen.

Im Rahmen der UN-Leitprinzipien wird die Rolle von Staaten als Betreiber von rechtlichen und politischen Rahmenbedingungen zur Gewährleistung der Menschenrechte in solchen Kontexten betont. Der Staat hat die Pflicht, ein rechtsstaatliches System zu etablieren, das die Grundrechte der Bürger schützt und sicherstellt, dass Unternehmen im Einklang mit diesen Rechten operieren. Dies erfordert unter anderem die Einführung von Gesetzen, die Transparenz und Verantwortung bei Unternehmenspraktiken fördern sowie die Abgrenzung von staatlichem und privatem Sektor bei der Vergabe von Konzessionen und Lizenzen.

Auf der anderen Seite müssen Unternehmen im Hinblick auf ihre Verantwortung, Menschenrechtsverletzungen zu vermeiden und zu mildern, proaktive Maßnahmen ergreifen. Dazu gehört die Durchführung sog. menschenrechtlicher Sorgfaltspflicht (due diligence), die es Unternehmen ermöglicht, potenzielle negative Auswirkungen auf Menschenrechte frühzeitig zu identifizieren, zu bewerten und zu handhaben. Insbesondere in Konfliktregionen müssen Unternehmen sicherstellen, dass ihre Aktivitäten nicht zur Eskalation bestehender Spannungen beitragen oder die Menschenrechte der betroffenen Gemeinschaften verletzen.

Ein kritisches Element der Umsetzung dieser Prinzipien ist der Zugang zu Rechtsbehelfen für die Betroffenen von Menschenrechtsverletzungen. Lokale Gemeinschaften, die durch Ressourcenausbeutung geschädigt werden, sind oftmals nicht in der Lage, ihre Rechte durchzusetzen, sei es aufgrund von Machtasymmetrien, wirtschaftlichem Druck oder intimierendem Verhalten von Seiten der Unternehmen oder sogar der staatlichen Sicherheitskräfte. Die UN-Leitprinzipien heben die Notwendigkeit robuster rechtlicher Mechanismen hervor, die es den Opfern ermöglichen, Klage zu erheben und angemessenen Zugang zu Reparationsmechanismen der Unternehmen zu erhalten.

Insgesamt sind die UN-Leitprinzipien für Wirtschaft und Menschenrechte ein wichtiger Ansatz zur Minderung von Ressourcenkonflikten und zur Förderung von nachhaltigem Unternehmensverhalten in gefährdeten Regionen. Sie bieten eine Basis, um die komplexen Wechselwirkungen zwischen Unternehmensaktivitäten, Governance-Strukturen und den Rechten der Zivilgesellschaft zu verstehen. Insbesondere in ressourcenreichen Konfliktgebieten können sie dazu beitragen, ein Fundament für sozial verantwortliche Praktiken zu schaffen, die nicht nur die ökonomischen Interessen der Unternehmen berücksichtigen, sondern auch die Menschenwürde und die Rechte der betroffenen Gemeinschaften in den Vordergrund stellen.

Urban Mining

Urban Mining bezeichnet die Praxis, Materialien und Rohstoffe aus städtischen Gebieten und bestehenden Infrastrukturen zurückzugewinnen. Dieses Konzept ist besonders relevant in einer Zeit, in der der globale Bedarf an Rohstoffen stetig ansteigt, während die natürlichen Ressourcen begrenzt sind. Die Gewinnung von Rohstoffen aus städtischen Abfällen, alten Bauwerken und Elektronikschrott bietet nicht nur wirtschaftliche Vorteile, sondern spielt auch eine entscheidende Rolle im Kontext von Ressourcenkonflikten.

Der Begriff „Urban Mining" umfasst verschiedene Prozesse, durch die wertvolle Materialien wie Metalle, Kunststoffe und seltene Erden aus urbanen Umgebungen extrahiert werden. Diese Materialien befinden sich oft in Produkten wie Elektroschrott, Bauten oder Infrastrukturprojekten, die nicht mehr in Gebrauch sind. Das Recycling und die Wiederverwertung dieser Materialien können zur Entlastung der Umwelt beitragen, indem der Bedarf an neu abgebauten

Rohstoffen verringert wird. Dies ist insbesondere relevant, da viele Rohstoffe, die für moderne Technologien benötigt werden, oft in geografischen Regionen abgebaut werden, die politisch instabil sind oder in denen es Konflikte über die Ressourcennutzung gibt.

Ressourcenkonflikte sind häufig das Ergebnis von Wettbewerb um knappe Rohstoffe, was in vielen Fällen zu sozialen Spannungen, Konflikten und sogar gewaltsamen Auseinandersetzungen führen kann. Diese Konflikte betreffen oft indigene Communities, die um ihre Rechte auf Land und Ressourcen kämpfen, sowie Staaten oder Unternehmen, die die Rohstoffe exploitieren. Urban Mining kann hierbei als eine nachhaltige Alternative angesehen werden, die helfen könnte, diesen Konflikten entgegenzuwirken. Durch die Rückgewinnung von Rohstoffen aus bestehenden städtischen Strukturen könnte der Druck auf natürliche Ressourcen und die damit verbundenen Konflikte gemindert werden.

Ein Beispiel ist die Gewinnung von Gold aus Elektronikschrott. Die meisten Smartphones und Computer enthalten kleine Mengen an Gold, das unter extremen Bedingungen und oft Umwelt schädigend in Minen abgebaut wird. Im Gegensatz dazu kann das Recycling von Elektroschrott in urbanen Bereichen nicht nur die Abhängigkeit von problematischen Minen reduzieren, sondern auch eine wesentlich umweltfreundlichere Option darstellen. Ferner fördert es die lokale Wirtschaft und schafft Arbeitsplätze, während gleichzeitig der ökologische Fußabdruck verringert wird.

Dennoch gibt es Herausforderungen. Der Prozess des Urban Mining erfordert Technologien und Infrastrukturen, die teuer sein können. Hinzu kommt, dass nicht alle recycelbaren Materialien wirtschaftlich rentabel sind, was die vollständige Umsetzung und Skalierung von Urban Mining-Projekten erschwert. Auch in Bezug auf die gesetzlichen Rahmenbedingungen und die damit einhergehende Akzeptanz in der Gesellschaft gibt es Hürden zu überwinden.

Urbanisierung

Die Urbanisierung stellt einen komplexen und dynamischen Prozess dar, der sich in den letzten Jahrzehnten weltweit beschleunigt hat. Mit der Zunahme der städtischen Bevölkerung, die laut den Vereinten Nationen bis 2050 voraussichtlich 68 % der globalen Bevölkerung ausmachen wird, verändern sich auch die sozialen, wirtschaftlichen und ökologischen Rahmenbedingungen erheblich. Diese Entwicklung zieht eine Reihe von Herausforderungen nach sich, darunter auch Ressourcenkonflikte, die sowohl lokal als auch global von Bedeutung sind.

Ein zentrales Merkmal der Urbanisierung ist die Konzentration von Menschen, Wirtschaft und Infrastruktur in städtischen Gebieten. Dieses Wachstum führt oft zu einem erhöhten Druck auf natürliche Ressourcen wie Wasser, Boden und Energie. Die Nachfrage nach diesen Ressourcen steigt exponentiell, was in vielen Regionen zu einer Übernutzung und zu einem Rückgang der Verfügbarkeit führt. Wasser ist ein besonders kritischer Faktor: Städte benötigen große Mengen an Wasser für Trinkwasser, Hygiene und industrielle Prozesse. In vielen Urbanisierungsprozessen kommt es häufig zu Konflikten zwischen verschiedenen Nutzergruppen – sei es zwischen städtischen Einwohnern und landwirtschaftlichen Betrieben, oder zwischen benachbarten Stadtteilen, die um die gleichen Wasserquellen konkurrieren.

Ein weiteres Themenfeld, das im Kontext von Urbanisierung und Ressourcenkonflikten von Bedeutung ist, ist der Zugang zu Land. Die Expansion städtischer Gebiete führt oft zu Landgrabbing, bei dem fruchtbares Ackerland für urbane Entwicklung, Industrie oder Infrastrukturprojekte umgewidmet wird. Dies kann zu massiven Verdrängungen von ländlichen Gemeinschaften führen und damit soziale Spannungen und Konflikte verstärken. Oft wird das landwirtschaftlich genutzte Land, das durch Urbanisierung verloren geht, nicht in einem Maße kompensiert, das den Bedarf der wachsenden Stadtbevölkerung decken kann, was zu einer erhöhten Abhängigkeit von importierten Nahrungsmitteln führt und somit die Ernährungssicherheit gefährdet.

Des Weiteren sind auch energetische Ressourcen ein kritischer Punkt im Rahmen der Urbanisierung. Der Wachstumsschub in urbanen Zentren erfordert erhebliche Mengen an Energie zur Unterstützung von Wohnraum, Verkehrssystemen und industrieller Produktion. Die Abhängigkeit von nicht erneuerbaren Energiequellen führt nicht nur zu einem Anstieg der Treibhausgasemissionen, sondern auch zu Konflikten über deren Nutzung. Länder und Regionen mit reichen fossilen Brennstoffvorkommen können ökonomische Vorteile generieren, während andere Regionen um alternative Energiequellen konkurrieren müssen, was zu geopolitischen Spannungen führen kann.

In vielen Fällen sind die Folgen der Urbanisierung kumulativ und interdependent. Umweltauswirkungen wie Luft- und Wasserverschmutzung verschärfen soziale Ungleichheiten und könnten zu Protesten und sozialen Unruhen führen. Die ungleiche Verteilung von Ressourcen innerhalb einer Stadt kann dazu führen, dass marginalisierte Gruppen, die in informellen Siedlungen leben, besonders stark unter den Auswirkungen leiden und gleichzeitig weniger Zugang zu den benötigten Ressourcen haben.

Um diesen Herausforderungen zu begegnen, ist es notwendig, integrierte Stadtentwicklungskonzepte zu entwickeln, die sowohl ökologische als auch soziale Aspekte berücksichtigen. Nachhaltige Stadtplanung sollte darauf abzielen,

Ressourcen effizienter zu nutzen, alternative und erneuerbare Energiequellen zu fördern und Rahmenbedingungen zu schaffen, die die Teilhabe aller Stadtbewohner an Ressourcen ermöglichen. Politische Maßnahmen sollten zudem darauf abzielen, Konflikte um Ressourcenzugang und -nutzung proaktiv zu adressieren und Zusammenarbeit sowie Dialog zwischen unterschiedlichen Interessengruppen zu fördern.

Venezuela und die Konflikte um Ölressourcen

Venezuela ist ein Land, das geografisch in der nordwestlichen Spitze Südamerikas liegt und über eine der größten nachgewiesenen Erdölreserven der Welt verfügt. Diese Ressoursenreichtum hat das Land wirtschaftlich in die Lage versetzt, eine bedeutende Rolle auf dem globalen Energiemarkt zu spielen. Die Entdeckung von Öl im frühen 20. Jahrhundert führte zur raschen Industrialisierung und wirtschaftlichen Entwicklung, was zu einer starken Abhängigkeit vom Erdölsektor führte.

Die wirtschaftliche Struktur Venezuelas ist stark auf den Ölsektor ausgerichtet, der einen erheblichen Anteil am Bruttoinlandsprodukt (BIP) und den Exporterlösen des Landes ausmacht. Diese Situation hat jedoch auch eine Reihe von Konflikten und Problemen hervorgebracht, die in die Kategorie der Ressourcenkonflikte fallen. Ressourcenkonflikte entstehen oft, wenn umweltliche, wirtschaftliche, politische und soziale Interessen aufeinanderprallen, insbesondere bei kostbaren Naturressourcen wie Öl.

Einer der Hauptkonflikte in Venezuela ist das Machtspiel zwischen der Regierung und den verschiedenen gesellschaftlichen Gruppen, die, oft im Kontext von Korruption und Misswirtschaft, um den Zugriff auf die Ölvorkommen konkurrieren. Die venezolanische Regierung, insbesondere unter der Herrschaft von Hugo Chávez und seiner Nachfolger, hat eine stark populistische und sozialistische Politik verfolgt, die oft zu einer Verstaatlichung und massiven Regulierung der Ölindustrie führte. Während diese Maßnahmen initial dazu dienten, den Reichtum des Landes gerechter zu verteilen, haben sie auch zu einer Reihe von Herausforderungen geführt, einschließlich ineffizienter Ölförderung, einer Abnahme der Produktionskapazitäten und eines dramatischen Rückgangs der Ölpreise ab 2014, was zu einer handfesten Wirtschaftskrise führte.

Die ökonomischen Probleme wurden durch den politischen Konflikt zwischen der sozialistischen Regierung und verschiedenen oppositionellen Kräften verstärkt. Die Opposition nutzt die wirtschaftliche Misere als Anklagepunkt gegen die Regierung, während die Regierung ihrerseits die Oppositionskräfte beschuldigt, durch internationale Machtspiele, insbesondere die Vereinigten Staaten, destabilisieren zu wollen. Diese Situation hat zu zivilem Unruhen, Massenprotesten und internationaler Isolation geführt.

Zusätzlich zu den internen Konflikten, die durch Ölressourcen verschärft werden, ist Venezuela in einen geopolitischen Kontext verstrickt, der sich um das globale Interesse an Energiequellen dreht. Die Kontrolle und der Zugang zu Ölressourcen sind in den letzten Jahrzehnten zu einem strategischen Ziel für viele Länder geworden. Insbesondere die Vereinigten Staaten und China haben ein Interesse an Venezuelas Öl; während die USA versuchen, den Einfluss der sozialistischen Regierung zu untergraben, zeigt China eine Bereitschaft, in Venezuela zu investieren und so Einfluss in der Region zu gewinnen.

Umweltfragen spielen ebenfalls eine Rolle in den Ressourcenkonflikten um Öl. Die jahrzehntelange Förderung von Rohöl hat erhebliche Umweltauswirkungen, einschließlich Abholzung, Wasserverschmutzung und negative Folgen für die Biodiversität. Dies führt zu weiteren Spannungen zwischen der Regierung und Umweltschutzbewegungen, die versuchen, einen nachhaltigeren Umgang mit den natürlichen Ressourcen des Landes zu fordern.

Vergesellschaftung und die vergesellschaftete Rohstoffe

Die Vergesellschaftung von Rohstoffen bezieht sich auf die sozial und politisch bedingte Transformation natürlicher Ressourcen in gemeinschaftliches Eigentum oder deren Verfügbarkeit für große Bevölkerungsteile. In der wissenschaftlichen Literatur wird Vergesellschaftung oft als Antwort auf die Herausforderungen von Ungleichheit, Umweltzerstörung und der ungleichen Verteilung von Ressourcen erörtert. Der Konzeptualisierung zufolge, wird das Verhältnis zwischen Menschen und natürlichen Ressourcen nicht nur durch Marktmechanismen, sondern auch durch gesellschaftliche Strukturen und Machtverhältnisse geprägt.

Im Kontext von Ressourcenkonflikten spielen vergesellschaftete Rohstoffe eine zentrale Rolle. Ressourcenkonflikte entstehen häufig, wenn unterschiedliche soziale Gruppen um den Zugang zu und die Kontrolle über natürliche Ressourcen konkurrieren. Dies kann in Form von Landkonflikten, Wasserkonflikten oder Konflikten über mineralische Rohstoffe geschehen. Oft sind diese Konflikte von demographischen, wirtschaftlichen und ökologischen Faktoren beeinflusst, die die Verfügbarkeit und den Zugang zu Rohstoffen betreffen.

Ein Beispiel für einen solchen Ressourcenkonflikt ist die Auseinandersetzung um Erdöl, insbesondere in Regionen wie dem Nahen Osten oder in Lateinamerika. In Ländern, in denen Erdölvorkommen als nationaler Schatz betrachtet werden, führt der Wettbewerb um die Kontrolle über diese Ressourcen häufig zu

Spannungen zwischen staatlichen Akteuren und multinationalen Unternehmen sowie zwischen verschiedenen ethnischen oder sozialen Gruppen. Die Frage der Vergesellschaftung wird in diesen Szenarien oft aufgeworfen, da viele Gemeinschaften fordern, dass die Erträge aus den Bodenschätzen der Bevölkerung zugutekommen sollten, anstatt in den Taschen wohlhabender Eliten oder ausländischer Konzerne zu landen.

Die Vergesellschaftung von Rohstoffen wird gelegentlich als Strategie zur Vermeidung oder Minderung von Ressourcenkonflikten betrachtet. Indem Gemeinschaften und Staaten darauf drängen, dass Rohstoffe gemeinschaftlich verwaltet werden, könnte eine gerechtere Verteilung der Ressourcen und der daraus resultierenden finanziellen Gewinne erreicht werden. Dies könnte theoretisch zu stabileren sozialen Verhältnissen führen, da die direkte Betroffenheit von Ressourcenkonflikten reduziert wird. Länder wie Venezuela oder Bolivien, die in der Vergangenheit Maßnahmen zur Verstaatlichung von Rohstoffen ergriffen haben, zeigen diesbezüglich ambivalente Ergebnisse. Während solche Maßnahmen in der Theorie die Verteilungsgerechtigkeit fördern sollten, gab es oft politische Spannungen, wirtschaftliche Probleme und internationale Konflikte, die sich aus dieser Politik ergaben.

Darüber hinaus sind in der Diskussion um Vergesellschaftung und Ressourcenkonflikte auch ökologische Dimensionen von großer Bedeutung. Die kapitalisierte Ausbeutung von Rohstoffen hat oft zu einer Übernutzung und nachhaltigen Umweltzerstörung geführt. Die Rückkehr zu vergesellschafteten Strukturen kann als Versuch interpretiert werden, nicht nur sozial, sondern auch ökologisch nachhaltige Praktiken zu etablieren. Indigene Gruppen und Umweltbewegungen betonen häufig, dass der traditionelle Umgang mit Ressourcen in vielen Kulturen auf Prinzipien der Nachhaltigkeit beruht und dass die Anerkennung ihres Wissens und ihrer Rechte zu besseren Umweltpraktiken führen kann.

In diesem Kontext ist das Verhältnis zwischen Vergesellschaftung, Ressourcenverteilung und Konflikten äußerst komplex. Es beeinflusst nicht nur die sozialen Strukturen einer Gesellschaft, sondern auch deren wirtschaftliche Stabilität und ökologischen Fußabdruck. Die Steuerung von Rohstoffen durch gesellschaftliche Akteure kann zur Schaffung von inklusiveren und gerechteren Strukturen führen, jedoch ist es unerlässlich, dass solche Prozesse transparent, partizipativ und gerechter Natur sind, um relative Machtstrukturen und bestehende Ungleichheiten nicht zu reproduzieren. Über verschiedene globalisierte Netzwerke und lokale Bewegungen wird weiterhin diskutiert und geforscht, wie die Vergesellschaftung von Rohstoffen mit dem Ziel der Schaffung von Frieden und Gerechtigkeit an die Anforderungen der gegenwärtigen Zeit angepasst werden kann.

Verlängerung der Produktionslebensdauer

Die Verlängerung der Produktionslebensdauer von Produkten ist ein zentrales Thema in der heutigen Diskussion über Nachhaltigkeit und Ressourcenschonung, insbesondere im Kontext von Ressourcenkonflikten. Die Abnehmergesellschaften stehen vor der Herausforderung, die Nachfrage nach Rohstoffen nachzukommen, während gleichzeitig Umweltauswirkungen und soziale Spannungen berücksichtigt werden müssen. Diese Spannungen äußern sich häufig in Ressourcenkonflikten, die sich aus der Konkurrenz um begrenzte Ressourcen wie Mineralien, Wasser und Energie ergeben.

Die Lebensdauer von Produkten zu verlängern bedeutet, deren Gebrauchsdauer zu maximieren, bevor sie entsorgt oder ersetzt werden. Dies kann durch verschiedene Strategien erreicht werden, wie zum Beispiel durch verbesserte Produktdesigns, die Modularität oder Reparaturfreundlichkeit fördern, sowie durch die Schaffung von Plattformen für das Teilen und Wiederverwenden von Ressourcen. Eine solche nachhaltige Produktlebensdauer trägt nicht nur zur Reduzierung der Abfallmenge bei, sondern verringert auch den Druck auf natürliche Ressourcen.

Im Zusammenhang mit Ressourcenkonflikten ist die Verlängerung der Lebensdauer von Produkten besonders relevant, da sie dazu beitragen kann, die Nachfrage nach neuen Rohstoffen zu reduzieren. Viele der Konflikte, die mit der Rohstoffextraktion verbunden sind, sind auf den Konkurrenzkampf um nützliche Materialien zurückzuführen - ein Beispiel dafür ist der Abbau von Konfliktmineralien wie Zinn, Coltan und Gold, die oft unter menschenrechtlich problematischen Bedingungen gefördert werden. Durch die Verlängerung der Lebensdauer von Produkten kann die Abhängigkeit von neu abgebauten Rohstoffen verringert werden, was potenziell dazu führt, dass weniger Druck auf die Regionen ausgeübt wird, in denen diese Ressourcen abgebaut werden.

Ein weiterer Gesichtspunkt ist die Rolle der Kreislaufwirtschaft, die darauf abzielt, Ressourcen durch Recycling und Wiederverwendung wieder in den Produktionszyklus einzuführen. Diese Ansätze fördern nicht nur eine effizientere Nutzung vorhandener Ressourcen, sondern können auch zur Schaffung stabilerer Wirtschaftsstrukturen beitragen, die weniger anfällig für Ressourcenkonflikte sind. Zum Beispiel führt eine reduzierte Nachfrage nach Primärrohstoffen dazu, dass die Preise stabiler bleiben, was langfristig dazu führen kann, dass sich Gemeinschaften weniger auf den Abbau von Rohstoffen verlassen und stattdessen auf nachhaltige lokale Wirtschaftspraktiken setzen.

Die Herausforderungen in diesem Kontext sind jedoch vielfältig. Technologische Innovationen zur Verlängerung der Lebensdauer von Produkten treffen oft auf wirtschaftliche und soziale Hürden, wie unzureichende Infrastrukturen für Recycling oder mangelnde Verbraucherakzeptanz gegenüber wiederverwendbaren Produkten. Darüber hinaus gibt es in vielen Ländern gesetzliche Rahmenbedingungen und wirtschaftliche Anreize, die traditionell der Wegwerfkultur Vorschub leisten, anstatt nachhaltig orientierte Praktiken zu fördern.

Verlassenes Land
Verlassenes Land, oft im Kontext von Ressourcenkonflikten betrachtet, bezieht sich auf Flächen, die wirtschaftlich oder sozial nicht mehr genutzt werden und auf denen häufig Konflikte um Ressourcen wie Wasser, mineralische Rohstoffe oder landwirtschaftliche Flächen entstehen. Der Begriff ist vielschichtig und umfasst sowohl physische als auch soziale Dimensionen, die in der Analyse von Ressourcenkonflikten von zentraler Bedeutung sind.

Verlassenes Land kann oft als Resultat wirtschaftlicher oder ökologischer Prozesse betrachtet werden. In vielen Regionen der Welt, insbesondere in ländlichen Gebieten, führt der Rückgang der landwirtschaftlichen Produktivität, oft bedingt durch Klimawandel, Bodenerosion und Übernutzung, dazu, dass Land nicht mehr bewirtschaftet wird. Dies hat zur Folge, dass große Flächen ungenutzt bleiben. In manchen Fällen kann das Land von großen Agrarunternehmen oder staatlichen Akteuren als "verlassen" betrachtet werden, auch wenn es sich um traditionelles Land von indigenen Völkern handelt.

Die physische Verlassenheit von Land stellt eine wertvolle Ressource dar, die in wirtschaftlichen und gesellschaftlichen Kontexten angeeignet werden kann, wodurch Ressourcenkonflikte entstehen. Dies geschieht häufig durch die Erschließung oder Umnutzung von Land für Bergbau, Industrie oder Großagrarprojekte, wo die ökologischen und sozialen Kosten der Ressourcennutzung die kurzfristigen wirtschaftlichen Vorteile überschreiten können.

Die soziale Dimension des verlassenen Landes ist ebenso entscheidend, da die Kontrolle über diese Flächen oft zu Konflikten zwischen verschiedenen gesellschaftlichen Gruppen führt. Ethnische Gruppen, indigene Völker und lokale Gemeinschaften sehen sich häufig in ihrer Landnutzungs- und Vertriebsrechten bedroht. Wenn Staaten oder Unternehmen Land beanspruchen, können dies zu Vertreibungen und Verlust von Lebensgrundlagen führen, was soziale und gewaltsame Konflikte fördern kann. Ein klassisches Beispiel ist die Landnahme in Afrika, wo große Flächen für Exportagrarprojekte gepachtet werden, was lokal ansässige Landwirten und Gemeinschaften in eine ökonomisch prekäre Lage bringt.

Verlassenes Land hat nicht nur soziale und wirtschaftliche Relevanz, sondern auch erhebliche ökologische Auswirkungen. Die Umnutzung von landwirtschaftlichen Flächen, die zuvor brachlagen, kann zu einem Verlust der Biodiversität führen und besteht die Gefahr der Verschlechterung von Ökosystemleistungen. Der Verlust der Artenvielfalt auf solchen Flächen hat langfristige Folgen für die Resilienz von Ökosystemen, die Wasserversorgung und die Kohlenstoffspeicherung, was wiederum die Kapazität der Landschaft, menschliche Bedürfnisse zu erfüllen, beeinträchtigt.

In dem Kontext von Ressourcenkonflikten betrachten Wissenschaftler verschiedene Dimensionen: Interne Konflikte innerhalb von Staaten, wo politische Instabilität und Ungleichheit die Verteilung von Ressourcen betreffen, und internationale Konflikte, wo multinationale Unternehmen in der Suche nach neuen Rohstoffen in Ländern investieren, in denen die landrechtlichen Rahmenbedingungen unklar sind. Solche Konflikte sind häufig geprägt von der Konkurrenz um Wasserressourcen in trockenen Regionen oder um landwirtschaftliche Flächen auf Kosten der einheimischen Bevölkerung.

In vielen Fällen sind Ressourcenkonflikte nicht nur geografisch gebunden, sondern sie spiegeln auch globale Machtverhältnisse wider, in denen reiche Nationen und Unternehmen Ressourcen in ärmeren Ländern ausbeuten. Dies erzeugt oft eine Abhängigkeit und kann zu einem Teufelskreis von Armut und Ungerechtigkeit führen, der soziale Spannungen und Konflikte weiter anheizt.

Versauerung der Böden

Die Versauerung der Böden ist ein bedeutendes Umwelterscheinungsbild, das sowohl ökologische als auch ökonomische Dimensionen hat und eng mit Ressourcenkonflikten verbunden ist. Dieser Prozess bezeichnet die Abnahme des pH-Wertes des Bodens, häufig verursacht durch anthropogene Aktivitäten wie industrielle Emissionen, landwirtschaftliche Praktiken und die Anwendung von chemischen Düngemitteln. Er ist ein zentraler Aspekt der globalen Umweltveränderungen, die nicht nur die Produktivität von Agrarflächen beeinträchtigen, sondern auch die Biodiversität und die ökologischen Gleichgewichte gefährden.

Im Wesentlichen entsteht die Versauerung der Böden durch die Ansäuerung des Regens – auch als saurer Regen bekannt – der auf natürliche und anthropogene Faktoren zurückzuführen ist. Vor allem die Emission von Schwefeldioxid (SO_2) und Stickoxiden (NO_x), die durch die Verbrennung fossiler Brennstoffe in Industrie und Verkehr freigesetzt werden, trägt zur Bildung von Schwefel- und Salpetersäure in der Atmosphäre bei. Diese Säuren gelangen durch Niederschlag in die Böden und erhöhen deren Säuregehalt. Auch der Einsatz von stickstoffhaltigen Düngemitteln in der Landwirtschaft trägt zur Versauerung bei, da bei der Zersetzung durch Mikroorganismen Ammonium (NH_4^+) in Nitrat (NO_3^-) umgewandelt wird, was ebenfalls zur Ansäuerung führt. Ein gravierendes Ergebnis der Bodenversauerung ist die Degradation der Bodenqualität, die sich negativ auf die Nährstoffverfügbarkeit für Pflanzen auswirken kann. Säurebedingte Mobilisation von Aluminium und anderen toxischen Metallen kann die Wurzelentwicklung von Pflanzen beeinträchtigen und letztlich zu Ertragsminderungen führen. Diese Ertragsverluste haben direkte Auswirkungen auf die Nahrungsmittelproduktion und können in Gebieten, in denen die Landwirtschaft die Hauptquelle für Nahrung und Einkommen darstellt, zu erheblichen sozialen Spannungen und Konflikten führen.

Im Kontext von Ressourcenkonflikten ist die Bodenversauerung eine verstärkende Kraft für bestehende soziale und wirtschaftliche Ungleichheiten. In vielen Entwicklungsländern, wo Land als zentraler Produktionsfaktor gilt und agrarische Praktiken vorherrschen, können versauerte Böden die Lebensgrundlage vieler Bauern gefährden. Die Knappheit an fruchtbarem Boden kann zu Landkonkurrenz führen, insbesondere wenn Bevölkerung und Nachfrage an Nahrungsmitteln steigen. Dies kann sowohl auf lokaler Ebene, zwischen Kleinbauern und kommerziellen Landwirtschaftsbetrieben, als auch auf nationaler oder internationaler Ebene, etwa durch den Kauf von Agrarflächen durch ausländische Investoren, zu Konflikten führen.

Darüber hinaus sind Ökosysteme, die durch Versauerung geschädigt werden, oft weniger resilient gegenüber anderen Umweltstressoren, wie der Klimakrise. Der Klimawandel kann Wetterextreme verstärken und damit die Belastung der bereits geschädigten Böden erhöhen. Die Wechselwirkungen zwischen Klimawandel, Bodenversauerung und Ressourcenkonflikten sind dynamisch und komplex, wobei sich die negativen Effekte gegenseitig verstärken können.

Versauerung der Ozeane

Die Versauerung der Ozeane stellt ein bedeutendes Umweltproblem dar, das in direktem Zusammenhang mit dem Anstieg des Kohlendioxidgehalts in der Atmosphäre steht. Diese Veränderung hat weitreichende Folgen für marine Ökosysteme und kann in verschiedene Ressourcenkonflikte münden.

Die Ozeanversauerung erfolgt hauptsächlich durch die Aufnahme von Kohlenstoffdioxid (CO_2) aus der Atmosphäre. Die Chemie hinter diesem Prozess ist komplex: CO_2 reagiert mit Wasser (H_2O) zu Kohlensäure (H_2CO_3), die sich in Bicarbonat (HCO_3^-) und Carbonat (CO_3^{2-}) ionisiert. Dieser Prozess führt zu einer Abnahme des pH-Wertes des Meerwassers, was die chemischen Eigenschaften und die biologische Verfügbarkeit von Nährstoffen ändert. Seit der industriellen Revolution ist der pH-Wert der Ozeane um etwa 0,1 Einheiten gesunken, was einer Zunahme der Wasserstoffionenkonzentration um mehr als 30% entspricht. Die Versauerung der Ozeane hat erhebliche Auswirkungen auf marine Organismen, insbesondere auf solche, die Calciumcarbonat für den Bau ihrer Skelette oder Schalen benötigen, wie Korallen, Muscheln und Plankton. Der verringerte pH-Wert erschwert die Bildung von Calciumcarbonat und schwächt die Schalen von Organismen, was deren Überlebensfähigkeit gefährdet. Diese Veränderungen wirken sich auf marine Nahrungsnetze aus und können zu einem Rückgang der Artenvielfalt führen. Besonders betroffen sind Korallenriffe, die als Biodiversitäts-Hotspots und wichtige Fischereigebiete fungieren.

Die wirtschaftlichen Auswirkungen der Ozeanversauerung sind erheblich. Fischerei, ein wichtiger Lebensunterhalt für Millionen von Menschen weltweit, wird durch den Rückgang von Fischbeständen und die Veränderung mariner Lebensräume direkt bedroht. Paradoxerweise könnte die Verdrängung von Arten in einigen Regionen auch zu einer Zunahme invasiver Arten führen, die möglicherweise wirtschaftlich wertvolle Fischereien noch stärker belasten.

Diese Veränderung der marinen Ressourcen kann zu Ressourcenkonflikten führen, insbesondere in Küstenregionen, wo unterschiedliche Interessengruppen um den Zugriff auf Marine Ressourcen konkurrieren. Diese Konflikte können sich zwischen Fischereiunternehmen, Tourismusunternehmen, Umweltschützern und der einheimischen Bevölkerung manifestieren. Wenn beispielsweise bestimmte Fischarten aufgrund der Versauerung in andere Regionen wandern oder drastisch in ihrer Population zurückgehen, werden lokale Fischereien, die auf diese Ressourcen angewiesen sind, in ihrer wirtschaftlichen Existenz gefährdet. Dies kann zu sozialen Spannungen und politischen Konflikten führen.

Die Bekämpfung der Ozeanversauerung erfordert globale Maßnahmen, hauptsächlich durch die Reduzierung der CO_2-Emissionen. Dies kann durch internationale Abkommen wie das Pariser Abkommen sowie durch nationale und lokale Initiativen zur Förderung erneuerbarer Energien und zur Verbesserung der Energieeffizienz geschehen. Gleichzeitig müssen nachhaltige Fischereipraktiken entwickelt werden, um den Druck auf marine Ökosysteme zu reduzieren und deren Resilienz zu stärken.

Verschwindenlassen von Menschen

Das Verschwindenlassen von Menschen, oft als „Forced Disappearance" bezeichnet, ist ein gravierendes Menschenrechtsproblem, das besonders in Kontexten intensiver Ressourcenkonflikte auftritt. Der Begriff beschreibt die Praxis,

Personen gewaltsam zu entführen und deren Verbleib geheim zu halten, oft von staatlichen Akteuren oder paramilitärischen Gruppen. Diese Praxis ist nicht nur eine Verletzung der Menschenrechte, sondern hinterlässt auch tiefgreifende soziale, psychologische und politische Auswirkungen auf betroffene Gemeinschaften.

In Ressourcenkonflikten, die häufig durch die Kontrolle über wertvolle natürliche Ressourcen wie Öl, Mineralien oder Wasserlandschaften geprägt sind, kann das Verschwindenlassen als Strategie genutzt werden, um oppositionelle Stimmen zu unterdrücken und mögliche Widerstände gegen Unternehmen oder staatliche Akteure zu neutralisieren. Oftmals sind die Verschwunden Aktivisten, Journalisten, Angehörige von Gemeinden oder sogar Mitglieder der politischen Opposition, die sich gegen Ausbeutungspraktiken einsetzen.

Eine der zentralen Dynamiken in solchen Konflikten ist die Konkurrenz um Ressourcen, die sowohl globale als auch lokale Akteure betreffen kann. Multinationale Unternehmen und korruptionsanfällige staatliche Institutionen streben danach, den Zugang zu wertvollen Ressourcen zu sichern, was häufig zu Gewalt und Repression führt. In vielen Fällen nutzen Regierungen oder dominante Gruppen das Verschwindenlassen als Methode, um Angst zu schüren und damit potenzielle Widerstände zu verhindern. Diese Taktik zielt darauf ab, die Gesellschaft zu destabilisieren, indem das Vertrauen in staatliche Institutionen untergraben und die Zivilgesellschaft entmutigt wird.

Wissenschaftliche Studien haben gezeigt, dass das Verschwindenlassen von Menschen in Räumen stattfindet, in denen es eine hohe Präsenz militärischer oder paramilitärischer Gruppen gibt. Diese Gruppen operieren häufig in Gebieten, in denen die Kontrolle über Ressourcen umkämpft ist, und sind nicht selten in illegale Aktivitäten wie Schmuggel und Korruption verwickelt. Die Unsicherheit und das Fehlen von Rechtsstaatlichkeit in solchen Regionen schaffen ein Umfeld, in dem Menschenrechtsverletzungen, einschließlich des Verschwindenlassens, weit verbreitet sind.

Der psychologische und soziale Effekt auf die Gemeinschaften, in denen das Verschwindenlassen stattfindet, ist enorm. Familien und Gemeinschaften erleben anhaltenden Stress, Trauer und Unsicherheit über das Schicksal der Verschwundenen. Diese Traumas erzeugen ein kollektives Gefühl von Verlust und Verletzlichkeit, das die soziale Kohäsion untergraben kann. Darüber hinaus führt das Verschwindenlassen dazu, dass Menschen von der Beteiligung an politischem oder sozialem Aktivismus Abstand nehmen, wodurch der Raum für zivilgesellschaftliches Engagement weiter eingeschränkt wird.

Im internationalen Recht gilt das Verschwindenlassen als ein Verbrechen gegen die Menschlichkeit und fällt unter entsprechende Konventionen, wie etwa die

Konvention gegen das Verschwindenlassen von Personen (2006). Dennoch bleibt die Durchsetzung dieser Normen in vielen Ländern unzureichend, da die Verantwortlichen oft nicht zur Rechenschaft gezogen werden und die Stimmen der Opfer und ihrer Familien nicht ausreichend Gehör finden.

Insgesamt ist das Verschwindenlassen von Menschen im Kontext von Ressourcenkonflikten ein komplexes Phänomen, das tief in sozialen, politischen und wirtschaftlichen Strukturen verwurzelt ist. Es verdeutlicht die Notwendigkeit eines integrativen Ansatzes, um die Menschenrechte zu schützen und die Kontrolle über natürliche Ressourcen zu reformieren, sowie die Wichtigkeit von internationalem Druck und solidarischer Unterstützung für die Opfer und ihre Gemeinschaften.

Versteckte Ressourcenkonflikte

Versteckte Ressourcenkonflikte sind ein bedeutendes und oft übersehenes Phänomen innerhalb der breiteren Thematik der Ressourcenkonflikte. Diese Konflikte manifestieren sich nicht immer in offenen Auseinandersetzungen oder militärischen Konfrontationen. Vielmehr spielen sie sich häufig im Verborgenen ab, wobei ökonomische, soziale und politische Faktoren eng miteinander verwoben sind. Um diese Dynamiken zu verstehen, ist es notwendig, die zugrunde liegenden Kategorien von Ressourcen, die damit verbundenen Akteure sowie die strukturellen Bedingungen, die versteckte Konflikte begünstigen, zu untersuchen.

Zunächst einmal können Ressourcen in materielle und immaterielle Kategorien eingeteilt werden. Materielle Ressourcen umfassen natürliche Ressourcen wie Wasser, mineralische Rohstoffe, Land und biologisches Erbe. Im Gegensatz dazu sind immaterielle Ressourcen beispielsweise Wissen oder kulturelles Erbe. Konflikte über Ressourcen entstehen häufig, wenn der Zugang zu diesen eingeschränkt ist oder wenn unterschiedliche Interessen bezüglich der Nutzung und Verteilung der Ressourcen aufeinandertreffen.

Die „versteckten" Aspekte dieser Konflikte beziehen sich oft auf wirtschaftliche Ungleichheiten, soziale Marginalisierung und politische Repression. Indigene Gemeinschaften oder marginalisierte Gruppen sind oft die ersten, die unter dem Druck von Ressourcenausbeutung leiden, ohne dass dies in den internationalen Diskursen ausreichend Beachtung findet. Viele dieser Gruppen, die einen tiefen kulturellen und historischen Bezug zu ihrem Land und den darauf vorkommenden Ressourcen haben, stehen häufig in direkter Konkurrenz zu staatlichen Akteuren oder multinationalen Unternehmen, die wirtschaftliche Gewinnmaximierung anstreben.

Ein klassisches Beispiel ist die Gewinnung von Rohstoffen wie Öl, Gas und Mineralien, die häufig zu Verdrängung und Enteignung der ansässigen Bevölkerungen führt. Diese Konflikte sind oft umgeben von einer Vielzahl von politischen, rechtlichen und sozialen Faktoren, die die Interessen der schwächeren Gruppen nicht ausreichend berücksichtigen. So sind etwa in vielen Ländern die gesetzlichen Rahmenbedingungen so gestaltet, dass die Rechte der Unternehmen über die der lokalen Bevölkerung gestellt werden.

Im Kontext von versteckten Ressourcenkonflikten spielen auch externe Faktoren eine bedeutende Rolle. Globale Marktkräfte, internationale Handelsabkommen und geopolitische Interessen haben Einfluss auf die Verteilung und Nutzung von Ressourcen. Eritrea, um als Beispiel zu dienen, hat durch seine strategische Lage und seine Bodenschätze internationale Aufmerksamkeit auf sich gezogen. Dies kann dazu führen, dass lokale Konflikte verstärkt und in eine geopolitische Agenda eingebettet werden, wodurch die Perspektiven der betroffenen Bevölkerung oft weiter marginalisiert werden.

Darüber hinaus sorgt die zunehmende Globalisierung von Märkten und der Wettbewerb um knappe Ressourcen für eine Intensivierung dieser Konflikte. Regionale Entwicklungen können schnell globale Auswirkungen haben, die zu einem komplexen Geflecht von Interessen und Akteuren führt. Infolgedessen können Ressourcenkonflikte vielseitige Formen annehmen – von offenen gewaltsamen Auseinandersetzungen bis zu subtilen Formen der Diskriminierung und Ausbeutung.

Die Wissenschaft hat begonnen, Methoden zu entwickeln, um versteckte Ressourcenkonflikte besser zu verstehen und sichtbar zu machen. Dies beinhaltet die Analyse von Machtstrukturen, die Rolle der Zivilgesellschaft sowie den Einfluss nichtstaatlicher Akteure. Eine interdisziplinäre Herangehensweise ist notwendig, um die Komplexität dieser Konflikte zu erfassen. Ökonomische Theorien, sozialwissenschaftliche Analysen und ökologische Perspektiven können zusammengebracht werden, um ein ganzheitliches Bild zu zeichnen

Verteilungskonflikte im Kontext

Verteilungskonflikte im Kontext von Ressourcenkonflikten sind ein bedeutendes Forschungsfeld in der Sozialwissenschaft, das sich mit den Spannungen und Auseinandersetzungen beschäftigt, die aus der ungleichen Verteilung von Ressourcen resultieren. Ressourcen, in diesem Sinne, können materielle Güter wie Wasser, Land, Mineralien oder Energie sowie immaterielle Güter wie Bildung, Wohlstand oder politische Macht umfassen. Die Unzufriedenheit mit der Verteilung dieser Ressourcen ist ein zentraler Treiber für Konflikte, insbesondere in einer Welt, die von einer steigenden Nachfrage und einer begrenzten Verfügbarkeit geprägt ist.

Die Theorie der Verteilungskonflikte basiert auf dem Verständnis, dass Ressourcen begrenzt sind und dass Individuen, Gruppen oder Staaten um diese Ressourcen konkurrieren. In der Regel bezieht sich dies auf Fälle, in denen die Bedürfnisse oder Ansprüche von verschiedenen Akteuren sich überschneiden und keiner in der Lage ist, eine faire oder gerechte Verteilung der Ressourcen zu gewährleisten. Dies kann sowohl in Friedenszeiten als auch in Krisen vorkommen, wobei Ressourcenknappheit oft als Katalysator für bestehende Spannungen fungiert.

Natürliche Ressourcen: Dazu gehören Wasser, Nahrungsmittel, fossile Brennstoffe und Mineralien. Der Zugang zu diesen Ressourcen ist oft ungleich verteilt, was zu Konflikten führen kann, insbesondere in Regionen, die stark auf Landwirtschaft oder Bergbau angewiesen sind.

Soziale Ressourcen: Bildung, Gesundheit und soziale Mobilität sind ebenfalls zentrale Aspekte. Ungleiche Zugangsmöglichkeiten können zu gesellschaftlichen Spannungen führen und die Entstehung von Verteilungskonflikten fördern, insbesondere in multikulturellen Gesellschaften.

Politische Ressourcen: Dies umfasst Machtstrukturen, Einfluss und politische Vertretung. Konflikte über politische Ressourcen können zu staatlichen Instabilitäten führen, insbesondere in Ländern mit ethnischen, religiösen oder sozialen Spaltungen.

Verteilungskonflikte manifestieren sich auf mehreren Ebenen. Zunächst sind unterschiedliche Interessen der Akteure zu nennen. Verschiedene Gruppen können unterschiedliche Prioritäten haben, was zu Konflikten führen kann, wenn es darum geht, welche Ressourcen priorisiert oder wie sie verteilt werden sollten.

Zweitens spielt die Wahrnehmung von Gerechtigkeit eine entscheidende Rolle. Wahrgenommene Ungerechtigkeiten können zu Ressentiments und weiteren Auseinandersetzungen führen. Menschen neigen dazu, sich stärker gegen Ungerechtigkeiten zu mobilisieren, wenn sie das Gefühl haben, dass sie systematisch benachteiligt werden.

Ein weiterer wichtiger Aspekt ist die Rolle von Institutionen. Effektive und faire institutionelle Rahmenbedingungen können helfen, Verteilungskonflikte zu moderieren und Lösungen zu finden. In vielen Fällen versagen jedoch Regierungen oder Institutionen, was zu einem Machtvakuum führt, das von anderen Akteuren, wie beispielsweise Milizen oder Extremisten, ausgenutzt werden kann.

Zahlreiche Beispiele verdeutlichen die Dynamiken von Verteilungskonflikten. Ein klassisches Beispiel ist der Zugang zu Wasser in ariden Regionen wie dem

Nahen Osten. Hier konkurrieren verschiedene Nationen und ethnische Gruppen um Wasserressourcen, was immer wieder zu Spannungen und Konflikten führt. Ein weiteres Beispiel ist der Zugang zu Bodenschätzen in afrikanischen Ländern. Der Wettlauf um Mineralien hat oft zu internen Konflikten geführt, nicht zuletzt durch das Einwirken externer Akteure, die an der Ausbeutung der Ressourcen interessiert sind.

Verteilungskonflikte im Kontext von Ressourcenkonflikten sind ein komplexes Phänomen, das verschiedene wissenschaftliche Disziplinen miteinander verknüpft. Die Auseinandersetzung um Ressourcen stellt nicht nur eine Herausforderung für die betroffenen Akteure dar, sondern hat auch weitreichende Implikationen für Frieden und Sicherheit auf globaler Ebene. Ein vertieftes Verständnis dieser Konflikte ist entscheidend für die Entwicklung von Strategien zur Konfliktlösung und zur Förderung einer gerechteren Verteilung von Ressourcen in einer zunehmend polarisierten Welt.

Vorwärtskopplungseffekt

Der Vorwärtskopplungseffekt, auch als „forward coupling" bezeichnet, ist ein Konzept, das in verschiedenen Disziplinen wie der Systemtheorie, Ökologie und insbesondere in den Sozialwissenschaften Anwendung findet. Im Kontext von Ressourcenkonflikten kann dieses Phänomen tiefgreifende Implikationen für die Dynamik von Konflikten über natürliche Ressourcen wie Wasser, landwirtschaftliches Land oder mineralische Rohstoffe haben.

Ressourcenkonflikte entstehen oft, wenn mehrere Akteure – seien es Staaten, Gemeinschaften oder Unternehmen – um Zugänge zu begrenzten Ressourcen konkurrieren. Diese Konflikte können durch verschiedene Faktoren verstärkt werden, darunter wirtschaftliche Ungleichheiten, historische Spannungen und ökologische Veränderungen. Der Vorwärtskopplungseffekt beschreibt in diesem Zusammenhang, wie frühere Konfliktereignisse oder Ressourcenengpässe zukünftige Konflikte beeinflussen und verstärken können.

Ein wichtiger Aspekt des Vorwärtskopplungseffekts ist die Rückkopplung zwischen menschlichem Verhalten und ökologischen Bedingungen. Zunächst führen Ressourcenengpässe, wie etwa Dürreperioden oder Bodendegradation, zur Verknappung von vitalen Gütern. Diese Knappheit kann zu verstärktem Wettbewerb zwischen verschiedenen Akteuren führen, wobei sich Gruppen zunehmen aggressiv gegenüberstehen, um ihre Zugänge zu sichern. Hierbei entstehen oft erste gewaltsame Auseinandersetzungen, die auf die vorangegangenen Ressourcenschwankungen reagieren. Solch ein militärischer oder sozialer Konflikt kann zusätzliche Unsicherheiten und Ängste hervorrufen, was wiederum dazu führt, dass Akteure defensiver oder aggressiver hinsichtlich ihrer Ressourcenhaltung werden.

Zusätzlich können die sozialen und politischen Strukturen, die sich um diese Ressourcenbildung herum entwickeln, einen maßgeblichen Einfluss auf den Vorwärtskopplungseffekt haben. In vielen Regionen, in denen Ressourcen Konflikte auslösen, wachsen Netzwerke von Patronage, Macht und Einfluss, die auf das Fungieren des Marktes oder die Umwelt reagieren. Wenn eine Gruppe von Akteuren – etwa eine ethnische Minderheit oder eine regionale Macht – aufgrund eines Ressourcenkonflikts benachteiligt wird, kann dies zu einem Teufelskreis führen: Gedämpfte wirtschaftliche Möglichkeiten führen zu weiteren sozialen Spannungen, welche wiederum die Initiierung von Konflikten in der Zukunft fördern.

Ein Beispiel für den Vorwärtskopplungseffekt in Ressourcenkonflikten ist die Situation um Wasserressourcen im Nahen Osten. Trockene Klimabedingungen und steigender Wasserbedarf haben historische Spannungen zwischen verschiedenen Nationen verstärkt. Die Errichtung von Staudämmen oder die aggressive Ausbeutung von Wasserressourcen durch eine Nation kann zu militärischen Bedrohungen und einem Wettrüsten um Wasserzugänge führen. Dies verstärkt die Unsicherheit und das Misstrauen, was die Wahrscheinlichkeit weiterer Konflikte erhöht, auch wenn sich die Grundbedingungen vielleicht nicht signifikant ändern.

Wachstumsdeterminanten

Wachstumsdeterminanten sind Faktoren, die das wirtschaftliche Wachstum eines Landes oder einer Region beeinflussen. Im Kontext von Ressourcenkonflikten ist die Analyse dieser Determinanten besonders relevant, da der Zugang zu und die Kontrolle über natürliche Ressourcen häufig Ausgangspunkt für soziale Unruhen und Konflikte sind. Ressourcenkonflikte entstehen häufig in Regionen, die reich an natürlichen Ressourcen wie Mineralien, Öl oder Wasser sind, und können sowohl interne als auch externe Ursachen haben.

Ein zentraler Aspekt der Wachstumsdeterminanten ist die Verfügbarkeit und nachhaltige Nutzung von Ressourcen. Länder, die über reichhaltige natürliche Ressourcen verfügen, haben theoretisch das Potenzial für hohes wirtschaftliches Wachstum. Jedoch kann eine Überabhängigkeit von diesen Ressourcen zu sogenannten "Ressourcenfluch"-Szenarien führen. Länder, die stark auf den Export von Rohstoffen angewiesen sind, neigen oft dazu, weniger diversifizierte Volkswirtschaften zu entwickeln, was sie anfälliger für Preisschwankungen auf den globalen Märkten macht. Dies kann in Zeiten von Ressourcenengpässen oder

Preiskriegen zu wirtschaftlicher Instabilität führen, was wiederum wachstumshemmend wirkt.

Die Governance-Qualität spielt ebenfalls eine entscheidende Rolle. Schwache Institutionen, Korruption und mangelnde Rechtsstaatlichkeit können den Zugang zu Ressourcen und die Verteilung der daraus resultierenden Einnahmen negativ beeinflussen. In vielen ressourcenreichen Ländern sind die Einnahmen aus natürlichen Ressourcen ungleich verteilt, was zu sozialen Spannungen und vermehrten Ressourcenkonflikten führen kann. Solche Konflikte können dazu führen, dass Investitionen ausbleiben, was das wirtschaftliche Wachstum hemmt.

Ein weiteres wichtiges Element ist die Rolle der internationalen Gemeinschaft und globaler Märkte. Ressourcenkonflikte sind oft nicht nur lokale oder nationale Probleme, sondern auch globale Herausforderungen, da internationale Akteure, wie multinationale Unternehmen und externe Staaten, in die Ressourcenextraktion und -nutzung involviert sind. Ihre Interessen können die Dynamik der Konflikte beeinflussen und die Bedingungen für wirtschaftliches Wachstum im betroffenen Land weiter komplizieren. So können beispielsweise Länder, die besonders attraktive Ressourcen zu bieten haben, Ziel externer Interventionen oder geopolitischer Rivalitäten werden, was die interne Stabilität und die Wachstumsbedingungen weiter untergräbt.

Die soziale Kapazität einer Gesellschaft, mit Ressourcen umzugehen, ist ebenfalls entscheidend. In Gesellschaften, die über hohe soziale Kohäsion und integrative Mechanismen verfügen, ist es wahrscheinlicher, dass Ressourcen konfliktreich genutzt werden und dass der soziale Frieden aufrechterhalten werden kann. Im Gegensatz dazu können ethnische Spannungen oder gesellschaftliche Ungleichheiten den Wettkampf um Ressourcen anheizen und zu gewaltsamen Auseinandersetzungen führen.

Schließlich ist die Berücksichtigung ökologischer Nachhaltigkeit eine wachsende Wachstumsdeterminante im Kontext von Ressourcenkonflikten. Der unsachgemäße Abbau von natürlichen Ressourcen führt häufig zu Umweltschäden, die langfristige negative Auswirkungen auf die Wirtschaft haben können. Wasserknappheit, Entwaldung und Bodendegradation sind nur einige Beispiele, die das wirtschaftliche Wachstum nicht nur kurzfristig, sondern auch langfristig gefährden können.

Zusammengefasst zeigt sich, dass die Wechselwirkungen zwischen Wachstumsdeterminanten und Ressourcenkonflikten komplex sind. Während Ressourcen sowohl Chancen als auch Risiken für das Wachstum darstellen, wirken sich Governance, soziale Strukturen und ökologische Nachhaltigkeit entscheidend auf die wirtschaftliche Entwicklung in ressourcenreichen Ländern aus. Ein integrierter Ansatz, der die gesamte Breite dieser Determinanten berücksichtigt, ist deshalb notwendig, um nachhaltige Wachstumsstrategien zu entwickeln und Ressourcenkonflikte zu minimieren.

Wachstumspfad

Der Begriff „Wachstumspfad" bezieht sich in der Wirtschafts- und Sozialwissenschaft auf den dynamischen Verlauf der wirtschaftlichen Entwicklung eines Landes oder einer Region über die Zeit. Dieser Verlauf wird durch verschiedene Faktoren wie Investitionen, Technologiefortschritt, Humankapital und institutionelle Rahmenbedingungen bestimmt. In einem solchen Kontext stellt der Wachstumspfad eine analytische Grundlage dar, um die langfristige wirtschaftliche Entwicklung und die damit einhergehenden sozialen und ökologischen Herausforderungen zu verstehen, insbesondere im Hinblick auf Ressourcenkonflikte.

Ressourcenkonflikte entstehen häufig in Regionen, in denen es einen erheblichen Druck auf natürliche Ressourcen gibt. Solche Ressourcen können alles umfassen, von Wasser, Land, und Mineralien bis hin zu Energiequellen wie Öl und Gas. Die Verteilung und Nutzung dieser Ressourcen sind oft ungleich, was zu Spannungen zwischen verschiedenen Gruppen, sei es auf lokaler, nationaler oder internationaler Ebene, führen kann. Im Kontext eines Wachstumpfades wird deutlich, dass die Art und Weise, wie eine Gesellschaft ihre Ressourcen managt, direkte Auswirkungen auf die wirtschaftliche Entwicklung und soziale Stabilität hat.

Ein zentraler Aspekt der Analyse von Wachstumspfaden in Bezug auf Ressourcenkonflikte ist die Rolle von institutionellen Rahmenbedingungen. Effektive Institutionen sind entscheidend für die Gestaltung von Anreizen zur nachhaltigen Nutzung von Ressourcen. Länder mit schwachen Institutionen, hoher Korruption und unzureichender Rechtsstaatlichkeit sehen sich oft mit intensiveren Ressourcenkonflikten konfrontiert. Diese Konflikte können nicht nur die wirtschaftliche Stabilität beeinträchtigen, sondern auch langfristige Wachstumschancen gefährden. Beispielsweise kann die Unsicherheit über die Ressourcennutzung potenzielle Investitionen zurückhalten und somit das Wirtschaftswachstum hemmen.

Ein weiteres wichtiges Element ist die Wechselwirkung zwischen Umweltressourcen und ökonomischen Aktivitäten. In vielen Ländern sind die wirtschaftlichen Wachstumsstrategien oft auf die Ausbeutung natürlicher Ressourcen ausgerichtet, was kurzfristig zu einem Anstieg des Bruttoinlandsprodukts (BIP) führen kann. Langfristig jedoch kann eine solche Strategie zu Ermüdungserscheinungen der Ressourcenbasis führen, was das Wachstum nachhaltig untergräbt.

Beispielsweise zeigt die Geschichte zahlreicher rohstoffreicher Länder, dass eine übermäßige Abhängigkeit von der Ressourcenausbeutung, insbesondere wenn diese nicht nachhaltig erfolgt, häufig in einer „Ressourcenfalle" resultiert, die es diesen Ländern erschwert, Diversifizierung und technologischen Fortschritt zu erreichen.

Im Kontext globaler Wertschöpfungsketten wird deutlich, dass Ressourcenkonflikte auch internationale Dimensionen annehmen können. Die Nachfrage nach Rohstoffen in industrialisierten Ländern kann zu einer verstärkten Ausbeutung und damit zu Konflikten in ressourcenreichen Entwicklungsländern führen. Multinationale Unternehmen können in lokale Gemeinschaften eingreifen, was nicht selten zu sozialen Spannungen führt, insbesondere wenn die Profite nicht gerecht verteilt werden oder Umweltzerstörungen von den betroffenen Gemeinschaften erlitten werden.

Ein integrativer Ansatz zur Lösung von Ressourcenkonflikten könnte eine verstärkte Berücksichtigung von Nachhaltigkeitsaspekten in der Wirtschaftspolitik sein. Die Implementierung von nachhaltigen Wachstumspfaden, die auf Ressourcenschonung, Recycling und Innovation abzielen, könnte dazu beitragen, die Abhängigkeit von nicht erneuerbaren Ressourcen zu verringern und gleichzeitig die sozialen Spannungen zu minimieren. Solche Strategien erfordern jedoch eine enge Zusammenarbeit zwischen Regierungen, Unternehmen und zivilgesellschaftlichen Akteuren, um zu gewährleisten, dass alle Interessengruppen gehört werden und von den positiven Effekten der Ressourcennutzung profitieren können.

Wachstumsprozess

Der Wachstumsprozess und seine Beziehung zu Ressourcenkonflikten stellt ein komplexes Zusammenspiel dar, das in verschiedenen Disziplinen wie Ökonomie, Umweltwissenschaften, Politikwissenschaft und sozialen Studien untersucht wird. Wachstum kann in mehreren Dimensionen betrachtet werden, einschließlich wirtschaftlichem Wachstum, Bevölkerungswachstum und dem Wachstum des Ressourcenverbrauchs. Diese Dimensionen beeinflussen sich gegenseitig und können zu Konflikten führen, insbesondere in einem globalen Kontext, der durch begrenzte Ressourcen und ökologische Rückkopplungen geprägt ist.

Eines der zentralen Konzepte im Verständnis von Wachstumsprozessen ist das wirtschaftliche Wachstum, das typischerweise durch das Bruttoinlandsprodukt (BIP) gemessen wird. Ein stabiles und steigendes BIP wird oft mit Fortschritt in Verbindung gebracht, jedoch führt es häufig auch zu einer erhöhten Nachfrage nach natürlichen Ressourcen wie Wasser, fossilen Brennstoffen, Metallen und landwirtschaftlichen Rohstoffen. Das Problem entsteht, wenn diese Ressourcen nicht nachhaltig bewirtschaftet werden. Insbesondere in Entwicklungs- und Schwellenländern kann das Bestreben, schnell wirtschaftlich zu wachsen, zu einem übermäßigen Verbrauch von Ressourcen führen, die lokal oder global limitiert sind.

Das Bevölkerungswachstum verstärkt diese Dynamik. Eine steigende Bevölkerung erhöht den Bedarf an Lebensmitteln, Wasser und Wohnraum, was wiederum den Druck auf natürliche Ressourcen erhöht. Diese Nachfrage kann in Regionen mit bereits begrenzten Ressourcen zu Konflikten führen, wie etwa Wasserkriegen oder Landkämpfen. Ein Beispiel hierfür ist der Nilkonflikt, bei dem sich mehrere Länder um die Kontrolle über die Wasserressourcen des Nils streiten, was teilweise durch Bevölkerungswachstum und landwirtschaftliche Erfordernisse bedingt ist.

Der Ressourcenverbrauch ist auch ein grundlegender Faktor hinter Ressourcenkonflikten. Wenn das Wirtschaftswachstum nicht mit nachhaltigen Praktiken einhergeht, kann dies zu einer Übernutzung von Ressourcen führen. Die Tragfähigkeit der Umwelt, also die Fähigkeit, Ressourcen so zu nutzen, dass sie regeneriert werden können, ist in vielen Fällen nicht gegeben. Dies ist besonders evident in der Landwirtschaft, wo Monokulturen und intensive Bewässerungsverfahren den Boden auslaugen und Wasserressourcen erschöpfen. Der Konflikt um Landnutzung, insbesondere zwischen industrieller Agrarwirtschaft und lokalem Kleinbauern, ist ein weiteres Beispiel für Ressourcenkonflikte, die aus Wachstumsprozessen resultieren.

Diese Konflikte werden oft durch geopolitische Spannungen verstärkt. In Regionen wie dem Nahen Osten sind Ölressourcen nicht nur wirtschaftliche Güter, sondern auch strategische Werte, die Konflikte schüren. Kontrolle über Ölressourcen führte in der Vergangenheit zu Kriegen und anhaltenden gewaltsamen Auseinandersetzungen. Die Suche nach alternativen Energiequellen im Kontext des Klimawandels bringt auch neue Herausforderungen mit sich. Die Ansprüche auf Lithium, Kobalt und andere Ressourcen für die Herstellung von Batterien für Elektrofahrzeuge können ähnliche Konflikte provozieren, insbesondere in Regionen, in denen diese Mineralien abgebaut werden.

Zusätzlich müssen soziale Aspekte in der Analyse von Ressourcenkonflikten berücksichtigt werden. Diskriminierung und Ungleichheit in der Verteilung von Ressourcen können soziale Spannungen verstärken. Gemeinschaften, die traditionell Zugang zu bestimmten Ressourcen hatten, können durch wirtschaftliche und politische Entscheidungen marginalisiert werden. Dies kann zu Protesten und gewaltsamen Auseinandersetzungen führen, die nicht nur lokal, sondern auch national oder international Auswirkungen haben. Insgesamt ist der Wachstumsprozess untrennbar mit der Herausforderung verbunden, Ressourcen nachhaltig zu bewirtschaften. Die Wechselwirkungen zwischen wirtschaftlichem Wachstum, Bevölkerungswachstum und Ressourcenverbrauch schaffen ein komplexes Gebilde, in dem Ressourcenkonflikte häufig zur Folge sind. Die Lösungen liegen in einem integrativen Ansatz, der wirtschaftliche, ökologische und soziale Dimensionen berücksichtigt. Ressourcenschonende Technologien, gerechte Verteilung von Ressourcen, partizipative Entscheidungsprozesse und internationale Zusammenarbeit sind essentielle Bausteine, um die negativen Auswirkungen des Wachstums auf die Ressourcenkonflikte zu minimieren.

Waldrodung

Waldrodung, definiert als die Abholzung von Wäldern für landwirtschaftliche, industrielle oder städtische Zwecke, stellt ein zentrales Problem in der ökologischen und sozialen Landschaft der modernen Welt dar. Dieser Prozess ist eng verbunden mit Ressourcenkonflikten, die sowohl auf lokaler als auch auf globaler Ebene manifestiert werden. Hierbei spielen wirtschaftliche, politische und soziale Faktoren eine entscheidende Rolle.

Auf globaler Ebene wird die Waldrodung oft durch die Expansion landwirtschaftlicher Flächen vorangetrieben. Vor allem in tropischen Regionen, wie dem Amazonasbecken, dem Kongo-Becken und den Wäldern Südostasiens, wird die Rodung von Wäldern häufig als notwendig erachtet, um den steigenden Nahrungsmittelbedarf einer wachsenden Weltbevölkerung zu decken. Die Umwandlung von Wäldern in landwirtschaftliche Flächen führt jedoch nicht nur zu einem Verlust an Biodiversität, sondern auch zu einem Anstieg der Treibhausgasemissionen, da die Speicherung von Kohlenstoff in Biomasse und Böden verloren geht. Das verstärkt den Klimawandel, der wiederum Ressourcenkonflikte durch Wasserknappheit, Ernteausfälle und veränderte Lebensräume verschärfen kann.

Die Akteure in Ressourcenkonflikten sind vielschichtig. Einerseits stehen kleine und indigene Gemeinschaften, die von den Wäldern abhängen, um ihre Lebensweise und ihr kulturelles Erbe aufrechtzuerhalten. Diese Gemeinschaften sind häufig marginalisiert und finden sich oft in Widerstand gegen große Agrarkonzerne oder staatliche Akteure wieder, die ohne Rücksicht auf soziale und ökologische Belange agieren. Andererseits stehen staatliche Institutionen und private Unternehmen, die wirtschaftliche Entwicklung, Exportüberschüsse und das Wachstum des Bruttoinlandsprodukts (BIP) anstreben. Diese Interessenskonflikte führen zu einem permanenten Spannungsfeld, das oft in gewaltsamen Auseinandersetzungen mündet.

Ein weiteres Dimension der Ressourcenkonflikte sind die rechtlichen und politischen Rahmenbedingungen. In vielen Ländern fehlt es an klaren Eigentumsrechten oder Landnutzungsplänen, was zu Landraub und der Verletzung von Menschenrechten führt. Die unzureichende Durchsetzung von Gesetzen zum Umweltschutz und die Korruption innerhalb der politischen Systeme verschärfen die Situation zusätzlich. Internationale Lieferketten, die oft auf kostengünstige Rohstoffe angewiesen sind, fördern diese Praxis und treiben die Waldrodung weiter voran, indem sie Druck auf die Länder ausüben, die grüne Fläche für profitable Anbauflächen freizugeben.

Zudem ist die finanzielle Betrachtung von Waldrodung nicht zu vernachlässigen. Der Verlust von Wäldern kann wirtschaftlich auf den ersten Blick kurzfristige Gewinne versprechen, allerdings führt die nachhaltige Zerstörung von Lebensräumen langfristig zu ökologischen und wirtschaftlichen Nachteilen. Tarife im globalen Handel, die auch ökologische Standards berücksichtigen, könnten eine mögliche Lösung zur Minderung der Waldrodung darstellen.

Lösungsansätze zur Bekämpfung der Waldrodung und der damit verbundenen Ressourcenkonflikte sind vielfältig und müssen multidisziplinär angegangen werden. Dazu zählen die Förderung nachhaltiger Landnutzungspraktiken, die Wiederaufforstung degradierten Landes, die Unterstützung indigener Rechte und die Schaffung von transparenten Handelsbeziehungen. Auch die Rolle der Technologie, wie Satellitenüberwachung zur Kontrolle von Abholzung, kann nicht ignoriert werden. Schließlich könnte internationale Zusammenarbeit, wie sie in Abkommen wie dem Pariser Klimaschutzabkommen gefördert wird, entscheidend sein, um globale Ansätze zur Bekämpfung der Waldrodung zu entwickeln und umzusetzen.

Waldsterben

Das Waldsterben ist ein vielschichtiges Phänomen, das sich aus einer Vielzahl von Umwelteinflüssen und anthropogenen Aktivitäten ergibt. Es beschreibt den langsamen aber fortschreitenden Absterbeprozess von Bäumen und Wäldern, der nicht nur ökologische, sondern auch soziale und ökonomische Konsequenzen nach sich zieht. Besonders im Kontext von Ressourcenkonflikten ist das Waldsterben von zentraler Bedeutung, da es sowohl Ursachen als auch Folgen dieser Konflikte prägt.

Die Ursachen des Waldsterbens sind oftmals das Resultat menschlicher Eingriffe in die natürliche Umwelt. Zu den häufigsten Ursachen zählen die Abholzung für landwirtschaftliche Zwecke, Urbanisierung, Übernutzung von Holzressourcen sowie der Klimawandel. Diese Faktoren führen zu einer zunehmenden Fragmentierung von Wäldern, die viele Ökosystemdienstleistungen beeinträchtigen. Die Zerstörung des Waldes reduziert die Biodiversität, da viele Arten auf bestimmte Baumarten und deren Lebensräume angewiesen sind. Dies hat nicht nur Auswirkungen auf die Artenvielfalt, sondern auch auf die Stabilität der Ökosysteme und deren Fähigkeit, sich an veränderte Umweltbedingungen anzupassen.

Eine der direktesten Verbindungen zwischen Waldsterben und Ressourcenkonflikten liegt in der Entnahme von Holzressourcen. In vielen Entwicklungsländern gibt es Konflikte zwischen lokalen Gemeinschaften, die auf Wälder angewiesen sind, und industriellen Akteuren, die die Wälder für wirtschaftliche Zwecke ausbeuten wollen. Oft sind es indigene Völker, die eine tief verwurzelte kulturelle und spirituelle Verbindung zu ihrem Wald haben. Wenn große Unternehmen illegale Abholzungen vornehmen oder Lizenzen zur Holzernte anfordern, kann dies zu erheblichen sozialen Spannungen führen. Die lokalen Gemeinschaften sehen sich häufig sowohl ökonomischen als auch ökologischen Bedrohungen ausgesetzt, was zu Protesten und manchmal sogar zu gewaltsamen Auseinandersetzungen führt.

Der Klimawandel spielt ebenfalls eine essenzielle Rolle im Zusammenhang mit Waldsterben und Ressourcenkonflikten. Steigende Temperaturen und veränderte Niederschlagsmuster können die Resilienz von Wäldern stark beeinträchtigen. Trockenperioden fördern beispielsweise das Auftreten von Waldbränden, die ganze Ökosysteme devastieren können. In Ländern, in denen Wälder eine Lebensgrundlage bieten – sei es durch Holzernte, Jagd oder Sammlung von Non-Timber Forest Products (NTFPs) – führt die Zunahme solcher Extremereignisse zu einer verstärkten Konkurrenz um die verbleibenden Ressourcen. Diese Konkurrenz eskaliert oft in Konflikte, sowohl zwischen verschiedenen Nutzergruppen als auch zwischen Staaten und Unternehmen.

Zusätzlich kommen hier globale Dynamiken ins Spiel. Die Nachfrage nach Holzprodukten und anderen Ressourcen ist in industrialisierten Ländern oft sehr hoch. Diese Nachfrage beeinflusst die Waldwirtschaft in den Tropen, wo Abholzung für den Export zu Ressourcenverknappung und Waldsterben führt. Länder, die auf den Export von Holz und landwirtschaftlichen Erzeugnissen angewiesen sind, sehen sich dem Druck ausgesetzt, ihre natürlichen Ressourcen schneller zu nutzen, als sie sich regenerieren können.

Um dem Waldsterben entgegenzuwirken und Ressourcenkonflikte zu entschärfen, sind integrative Ansätze notwendig, die Umweltschutz mit nachhaltiger Wirtschaftsentwicklung verbinden. Politische Lösungen müssen darauf

abzielen, die Rechte der lokalen Gemeinschaften zu schützen und deren partizipative Mitbestimmung zu fördern. Gleichzeitig erfordert es internationale Zusammenarbeit, um illegale Holzernte zu bekämpfen und nachhaltige Praktiken
zu fördern. Die Implementierung von Zertifizierungssystemen für nachhaltige
Waldnutzung sowie die Förderung von agroforstlichen Systemen können zudem
zur Verringerung des Drucks auf Wälder beitragen.

Washington Consensus

Der Washington Consensus ist ein Begriff, der erstmals in den späten 1980er
Jahren geprägt wurde und sich auf eine Reihe von wirtschaftlichen Reformen
bezieht, die von internationalen Institutionen, insbesondere dem Internationalen
Währungsfonds (IWF) und der Weltbank, empfohlen werden. Diese Reformen
zielten darauf ab, Entwicklungs- und Schwellenländer durch Marktorientierung,
Haushaltsdisziplin und strukturelle Anpassungen zu stabilisieren und zu fördern.
Die zentralen Elemente des Washington Consensus umfassen unter anderem fis-
kalische Disziplin, Marktliberalisierung, Deregulierung, Privatisierung staatlicher Unternehmen sowie die Förderung von Eigentumsrechten und einer transparenten, unbürokratischen Verwaltung.

Im Kontext von Ressourcenkonflikten gewinnt der Washington Consensus zusätzliche Komplexität und Bedeutung. Ressourcenkonflikte entstehen, wenn verschiedene Akteure um Zugang zu und Kontrolle über wertvolle natürliche Ressourcen wie Öl, Mineralien, Wasser oder Land konkurrieren. Diese Konflikte
können sowohl innerhalb eines Staates (interne Konflikte) als auch zwischen
Staaten (internationale Konflikte) auftreten. Der Einfluss des Washington Consensus auf solche Ressourcenkonflikte ist vielschichtig und kann sowohl positive
als auch negative Auswirkungen haben.

Eine der zentralen Prämissen des Washington Consensus ist die Förderung von
Marktwirtschaften und die Integration in die globale Wirtschaft. Diese Maßnahmen können kurzfristig das Wirtschaftswachstum ankurbeln und somit potenziell Konflikte um Ressourcen entschärfen, insbesondere in Ländern, die bisher
unter einer zentralistischen oder ineffizienten Ressourcenverwaltung litten. Beispielsweise können Marktentwicklungen den Zugang zur Ressourcenwirtschaft
für breitere Bevölkerungsschichten erhöhen und damit sozialpolitische Spannungen reduzieren.

Auf der anderen Seite führt die Implementierung des Washington Consensus jedoch häufig zu einer Reihe von Herausforderungen, insbesondere in Ländern mit
schwachen Institutionen und prekären politischen Verhältnissen. Die Deregulierung des Ressourcenmarktes kann dazu führen, dass große multinationale

Unternehmen dominieren, während lokale Gemeinschaften oft von den Entscheidungsprozessen ausgeschlossen bleiben. Dies kann ethnische und regionale Spannungen verstärken, da marginalisierte Gruppen den Zugriff auf ihre traditionellen Ressourcen verlieren. Zudem kann die Privatisierung öffentlicher Ressourcen in die Hände von Unternehmen fallen, die wenig Interesse an der Anzeige sozialer Verantwortung haben, was soziale Ungleichheiten und damit Konflikte weiter verstärken kann.

Zusätzlich begünstigen viele der wirtschaftlichen Reformen des Washington Consensus eine kurzfristige Profitorientierung, was häufig zu einer Übernutzung von Ressourcen führt. Übernutzung und Umweltdegeneration sind oft die Folge, was nicht nur die Lebensgrundlagen der Bevölkerung in betroffenen Regionen gefährdet, sondern auch zu Konflikten um den Zugang zu diesen Ressourcen führt. In vielen Fällen sind Umweltschutz und nachhaltige Ressourcennutzung nicht Teil der wirtschaftlichen Überlegungen, die durch den Washington Consensus diktiert werden, was potenziell zu erheblichen sozialen und ökologischen Problemen führen kann.

In der internationalen Arena können Rohstoffexporte für viele Entwicklungsländer eine wichtige Einnahmequelle darstellen. Doch diese Abhängigkeit kann zu "Ressourcenflüchen" oder einer "Ressourcensackgasse" führen, in der Instabilität und Konflikte zunehmen, sobald die Preise auf dem globalen Markt schwanken oder wenn externe Akteure um geopolitische Vorteile wetteifern. Hier wird die Verbindung zwischen dem Washington Consensus und Ressourcenmanagement besonders deutlich: Die geforderte Marktorientierung kann zu einer verstärkten Ausbeutung und damit zu Ressourcenkonflikten führen, wenn nicht gleichzeitig tragfähige institutionelle und rechtliche Rahmenbedingungen geschaffen werden.

Wasser als Rohstoff

Wasser ist eine essentielle Ressource für das Überleben von Menschen, Tieren und Pflanzen, und seine Verfügbarkeit beeinflusst stark die soziale, wirtschaftliche und ökologische Stabilität einer Region. In den letzten Jahrzehnten sind Wasserressourcen zunehmend unter Druck geraten, was zu Ressourcenkonflikten führen kann. Diese Konflikte sind häufig das Ergebnis von Übernutzung, Umweltverschmutzung, klimatischen Veränderungen und ungleicher Verteilung von Wasserressourcen.

Wasser wird als Rohstoff in verschiedenen Sektoren genutzt, darunter Landwirtschaft, Industrie und Haushalte. Der Agrarsektor ist der größte Wasserverbraucher, insbesondere in Entwicklungsländern, wo die Bewässerung landwirtschaftlicher

Flächen essenziell für die Nahrungsmittelproduktion ist. In vielen Regionen wird jedoch mehr Wasser entnommen, als natürlich nachfließen kann, was die Wasserstände in Flüssen, Seen und Grundwasserreservoirs senkt.

Ein zentrales Problem sind grenzüberschreitende Wasserressourcen, die in mehreren Ländern geteilt werden. Beispiele hierfür sind große Flüsse wie der Nil, der Jordan oder der Tigris-Euphrat, die durch verschiedene politische und soziale Kontexte beeinflusst werden. Streitigkeiten über Wasserrechte und -nutzung können Spannungen zwischen Staaten und Gemeinschaften hervorrufen. In solchen Fällen können technologische Lösungen wie Wasseraufbereitung, Regenwasserernte oder die Entwicklung von effizienteren Bewässerungstechniken hilfreich sein, jedoch sind sie oft teuer und erfordern internationale Kooperationen.

Klimawandel ist ein weiterer wichtiger Faktor, der Wasserressourcenkonflikte beeinflusst. Er führt zu veränderten Niederschlagsmustern, häufigeren Dürreperioden und stärker ausgeprägten Hochwasserereignissen, was die Verfügbarkeit von Wasser beeinträchtigt und die Konkurrenz um diese Ressource verschärft. Regionen, die ohnehin schon wasserarm sind, leiden besonders unter diesen Veränderungen, was die potenziellen Konflikte um Wasser verstärkt.

Im industriellen Sektor ist der Wasserverbrauch ebenfalls beträchtlich, insbesondere in der Energieerzeugung, der Textil- und Lebensmittelindustrie sowie in der Metallverarbeitung. In einigen Ländern ist die Wasserressource stark verschmutzt, wodurch die Verfügbarkeit von sauberem Wasser eingeschränkt wird und zusätzliche Konflikte um die Aufbereitung und Verteilung von Wasser entstehen.

Sozioökonomische Ungleichheiten spielen ebenfalls eine entscheidende Rolle bei Ressourcenkonflikten um Wasser. In vielen Entwicklungsländern haben marginalisierte Gemeinschaften oft keinen Zugang zu sauberen Wasserquellen, während reiche Unternehmen und Landwirtschaftsbetriebe oft privilegierten Zugang haben. Dies kann zu soziale Spannungen und Konflikte innerhalb der Gesellschaft führen.

Wasserfußabdruck

Der Wasserfußabdruck ist ein wichtiges Konzept zur Quantifizierung des Wasserverbrauchs, insbesondere im Zusammenhang mit der globalen Nahrungsmittelproduktion, industriellen Aktivitäten und dem Verbrauch von Konsumgütern. Er umfasst drei Hauptkomponenten: den grünen Wasserfußabdruck, der den Verbrauch von Regenwasser während der Wachstumsphase von Pflanzen beschreibt; den blauen Wasserfußabdruck, der den Verbrauch von Oberflächen- und Grundwasser für landwirtschaftliche und industrielle Zwecke quantifiziert;

und den grauen Wasserfußabdruck, der die Menge an Wasser angibt, die benötigt wird, um Schadstoffe zu verdünnen oder zu neutralisieren, die bei der Produktion von Gütern entstehen.

Im Kontext von Ressourcenkonflikten ist der Wasserfußabdruck von besonderer Bedeutung, da Wasser als eine der grundlegendsten Ressourcen der Menschheit betrachtet wird. Wasser ist nicht nur entscheidend für die menschliche Gesundheit, sondern auch für die landwirtschaftliche Produktion, die industrielle Fertigung und die Aufrechterhaltung von Ökosystemen. Da die Verfügbarkeit von Wasser aufgrund von Klimawandel, Bevölkerungswachstum, urbaner Expansion und veränderten Konsumgewohnheiten unter Druck gerät, sind Konflikte um Wasserressourcen zunehmend verbreitet.

Ein zentrales Problem ist, dass verschiedene Sektoren um dasselbe Wasser konkurrieren. In vielen Regionen, insbesondere in ariden und semi-ariden Zonen, übersteigt die Nachfrage nach Wasser das Angebot. Dies führt zu einem intensiven Wettbewerb um Wasserressourcen zwischen landwirtschaftlichen Betrieben, einer dominierenden Wasserverbrauchsgruppe, und städtischen sowie industriellen Nutzern. Die Intensivierung der Landwirtschaft, insbesondere in Zeiten globaler Lebensmittelkrisen, führt häufig zu einem Anstieg des blauen Wasserfußabdrucks, was die Wasserverfügbarkeit für andere Sektoren weiter verringert.

Zusätzlich trägt die Globalisierung zu Ressourcenkonflikten bei, da Wasserfußabdrücke über nationale Grenzen hinweg verschoben werden. Ein Beispiel hierfür sind die sogenannten „virtuellen Wasserströme", bei denen Wasser, das in der Produktion von exportierten Lebensmitteln oder Waren verbraucht wird, nicht nur im Ursprungsland, sondern auch im Importland relevant ist. Diese Dynamik kann zu Spannungen zwischen Wasser-exportierenden und Wasser-importierenden Ländern führen, insbesondere wenn letztere auf Importe angewiesen sind, um ihre eigene Ernährung zu sichern.

Ein weiteres relevantes Szenario sind die Auswirkungen des Klimawandels, die sowohl die Niederschlagsmuster als auch die Verfügbarkeit von Wasserressourcen beeinträchtigen. In vielen Teilen der Welt führt der Klimawandel zu zunehmenden Extremwetterereignissen, einer Zunahme von Dürren und Wassermangel sowie zu Veränderungen der Wasserverteilung. Dies kann bestehende Spannungen weiter verschärfen, insbesondere in Regionen wie dem Nahen Osten, wo Wasserkonflikte bereits historisch gewachsen sind und durch territoriale Ansprüche und politische Instabilität kompliziert werden.

Um die Herausforderungen im Zusammenhang mit dem Wasserfußabdruck und den daraus resultierenden Ressourcenkonflikten zu adressieren, sind integrierte Wasserressourcenmanagement-Ansätze erforderlich, die sowohl lokale als auch globale Dimensionen berücksichtigen. Politische Maßnahmen sollten darauf abzielen, einen nachhaltigen Wasserverbrauch zu fördern, die Effizienz in der Wasserverwendung zu steigern und die Balance zwischen den verschiedenen Nutzungsebenen zu wahren. Ein besseres Verständnis des Wasserfußabdrucks sowohl auf individueller als auch auf unternehmerischer Ebene kann als Grundlage dienen, um eine Ressourcenbewirtschaftung zu entwickeln, die nicht nur die Bedürfnisse der gegenwärtigen Generationen erfüllt, sondern auch die Wasserressourcen für zukünftige Generationen sichert.

Wasserknappheit

Wasserknappheit ist ein zunehmend dringendes globales Problem, das als eine der zentralen Herausforderungen des 21. Jahrhunderts angesehen wird. Sie wird durch eine Vielzahl von Faktoren verschärft, darunter Klimawandel, Bevölkerungswachstum, wirtschaftliche Entwicklung und unsachgemäße Wasserbewirtschaftung. In vielen Regionen der Welt, insbesondere in ariden und semi-ariden Gebieten, führt die Wasserknappheit zu Ressourcenkonflikten, die nicht nur Umweltprobleme, sondern auch soziale, ökonomische und politische Spannungen nach sich ziehen können.

Die Ursachen der Wasserknappheit sind vielschichtig. Der Klimawandel trägt durch veränderte Niederschlagsmuster und häufigere Extremwetterereignisse wie Dürren zur Verringerung der Wasserverfügbarkeit bei. Rund 2 Milliarden Menschen leben in Regionen, die als wasserarm gelten, wobei der Zugang zu sauberem Trinkwasser und sanitären Einrichtungen oft stark eingeschränkt ist. Bevölkerungswachstum und Urbanisierung erhöhen den Druck auf Wasserressourcen, da in städtischen Zentren der Wasserbedarf deutlich steigt. Die intensive landwirtschaftliche Nutzung, die auf Bewässerung angewiesen ist, konkurriert oft mit den Bedürfnissen der Bevölkerung nach Trinkwasser, was zu einem weiteren Spannungsfeld führt.

Ein entscheidender Aspekt der Wasserknappheit im Kontext von Ressourcenkonflikten ist das Konzept des transnationalen Wassermanagements. Viele Flüsse und Wasserquellen verlaufen über nationale Grenzen hinweg, was zu potenziellen Konflikten zwischen Staaten über die Nutzung und den Zugang zu Wasser führt. Ein Beispiel hierfür ist der Nil, dessen Wasser von elf Ländern beansprucht wird. Ägypten und Sudan haben traditionell die Kontrolle über den Wasserkreislauf beansprucht, während Äthiopien, mit dem Bau des Grand Ethiopian Renaissance Dam, eine neue Dynamik in diesem komplexen geopolitischen Gefüge geschaffen hat. Solche Auseinandersetzungen verdeutlichen, dass

Wasser nicht nur eine natürliche Ressource, sondern auch ein strategisches Gut ist, das in internationalen Beziehungen eine zentrale Rolle spielt. Darüber hinaus können Wasserknappheit und der damit verbundene Wettbewerb um Wasserressourcen soziale Unruhen und Konflikte innerhalb von Staaten anheizen. Regionale Unterschiede in der Wasserverfügbarkeit können ethnische Spannungen verschärfen, insbesondere in multiethnischen Gesellschaften, in denen verschiedene Gruppen um die gleichen Wasserressourcen konkurrieren. Ein Beispiel ist die Situation im Nahen Osten, wo die Verteilung von Wasser zwischen verschiedenen Bevölkerungsgruppen und Nationen historisch zu Konflikten geführt hat.

Um diesen Herausforderungen zu begegnen, ist ein integriertes Wasserressourcenmanagement (IWRM) unerlässlich. Dieses Konzept fördert einen ganzheitlichen Ansatz, der soziale, wirtschaftliche und ökologische Aspekte im Wassermanagement berücksichtigt. Dabei sind sowohl technische Lösungen, wie die Verbesserung der Wasserinfrastruktur und die Einführung effizienterer Bewässerungsmethoden, als auch politische Maßnahmen erforderlich, die den Zugang zu Wasser für alle Bevölkerungsgruppen sicherstellen. Zudem spielen internationale Abkommen und Kooperationen zwischen Ländern eine entscheidende Rolle, um einen gerechten Zugang zu Wasserressourcen zu gewährleisten und potenzielle Konflikte zu verhindern oder zu lösen.

Wasserkonflikte

Wasserkonflikte stellen ein bedeutendes Problem im Zusammenhang mit Ressourcenkonflikten dar, die in den letzten Jahrzehnten zunehmend an Dringlichkeit gewonnen haben. Diese Konflikte entstehen oft aus der Konkurrenz um begrenzte Wasserressourcen, die durch verschiedene Faktoren wie Bevölkerungswachstum, Klimawandel, landwirtschaftliche Praktiken und industrielle Nachfrage beeinflusst werden.

Wasser ist für das Überleben des Menschen unerlässlich und spielt eine zentrale Rolle in der Landwirtschaft, der Industrie und der Energieerzeugung. Die Verfügbarkeit von Wasser variiert jedoch erheblich zwischen verschiedenen Regionen und kann saisonalen und geographischen Schwankungen unterliegen. In vielen Teilen der Welt sind Wasserressourcen übernutzt oder verschmutzt, was das Potenzial für Konflikte erhöht. Insbesondere in semi-ariden und ariden Regionen weist die Konkurrenz um Wasser normalerweise einen hohen Konfliktfaktor auf, da immer mehr Menschen um begrenzte Mengen kämpfen.

Ein Schlüsselfaktor im Verständnis von Wasserkonflikten ist die sogenannte "Wasserknappheit". Diese kann sowohl physisch (z.B. durch begrenzte verfügbare

Wasserressourcen) als auch ökonomisch (z.b. durch ungleiche Verteilung und Zugang zu Wasser) auftreten. Physische Wasserknappheit betrifft Regionen, die entweder aufgrund klimatischer Bedingungen oder aufgrund von Übernutzung nicht genug Wasser zur Verfügung haben, während ökonomische Wasserknappheit oft durch infrastrukturelle Defizite, politische Misswirtschaft oder soziale Ungleichheiten bedingt ist.

Darüber hinaus haben geopolitische Spannungen zwischen Nachbarländern, die grenzüberschreitende Wasserressourcen teilen, oft zu komplexen Wasserkonflikten geführt. Ein Beispiel hierfür sind die Flüsse Nil und Jordan, deren Wasserressourcen von mehreren Staaten beansprucht werden. In diesen Fällen wird Wasser häufig als strategische Ressource betrachtet, deren Kontrolle Einfluss auf die wirtschaftliche und politische Stabilität einer Region hat. Der Zugang zu Wasser wird zudem durch historische Vereinbarungen, bestehende Abkommen und Machtverhältnisse kompliziert, was Vorurteile und mistrauen zwischen den Ländern schüren kann.

Klimawandel trägt zusätzlich zur Verschärfung von Wasserkonflikten bei, indem er Wettermuster verändert, den Schmelz von Gletschern beeinflusst und die Häufigkeit extremer Wetterereignisse wie Dürre und Überschwemmungen erhöht. Diese klimatischen Veränderungen können die Verfügbarkeit von Wasser weiter einschränken und bestehende Spannungen zwischen verschiedenen Nutzern (z.B. Landwirtschaft versus Industrie) intensivieren.

Die sozialen und wirtschaftlichen Implikationen von Wasserkonflikten sind gravierend. Bei einem Mangel an Wasser sind oft die ärmsten Bevölkerungsgruppen am stärksten betroffen, da sie in der Regel am wenigsten Ressourcen haben, um sich an Veränderungen anzupassen oder alternative Wasserquellen zu nutzen. Dies kann zu Konflikten innerhalb von Gemeinschaften führen, aber auch zu zwischenstaatlichen Spannungen.

Wassernutzung und Wasserproduktivität

Die Wassernutzung und Wasserproduktivität sind zentraler Bestandteil der Diskussion über Ressourcenkonflikte, insbesondere in Regionen, in denen Wasser knapp ist und die Nachfrage steigt. Wasser ist eine essentielle Ressource für das Überleben, die Landwirtschaft, die Industrie und den Alltag. Die wachsende Weltbevölkerung, der Klimawandel und die zunehmende Urbanisierung führen zu einem steigenden Druck auf die Wasserressourcen, was in vielen Regionen zu Konflikten führen kann.

Wassernutzung bezieht sich auf die Art und Weise, wie Wasser für verschiedene Zwecke verwendet wird. Dies umfasst die landwirtschaftliche Bewässerung, die

Trinkwasserversorgung, industrielle Anwendungen und ökologische Bedürfnisse. In der Landwirtschaft, die weltweit etwa 70 % des entnommenen Süßwassers nutzt, ist die Effizienz der Wassernutzung von entscheidender Bedeutung. Wasserproduktivität beschreibt das Verhältnis zwischen der Menge an Produkten, die mit einer bestimmten Menge Wasser erzeugt werden, und ist ein wichtiger Indikator für die Effizienz der Wassernutzung. Hohe Wasserproduktivität kann dazu beitragen, den Wasserdruck zu verringern und die Nahrungsmittelsicherheit zu erhöhen, insbesondere in wasserarmen Regionen.

Der Klimawandel verändert zudem die Verfügbarkeit von Wasserressourcen erheblich. Temperaturerhöhungen und veränderte Niederschlagsmuster führen zu einer drastischen Umverteilung von Niederschlägen, verstärkten Dürren und häufigeren Überschwemmungen, was die Stabilität der Wasserversorgung gefährdet. In diesem Kontext werden Ressourcenkonflikte nicht nur durch den direkten Wettbewerb um Wasser verursacht, sondern auch durch die sozialen und wirtschaftlichen Spannungen, die aus Wasserknappheit und Ungleichheiten in der Wassernutzung resultieren.

In vielen Teilen der Welt, insbesondere in trockenen und semi-ariden Regionen, führt die Übernutzung von Wasserquellen zu einem dramatischen Rückgang der Wasserqualität und -quantität. Beispiele dafür sind der Aralsee in Zentralasien und der Webb River in Kalifornien, wo intensive landwirtschaftliche Praktiken zusammen mit unzureichendem Wassermanagement zu einem drastischen Rückgang der Wasserressourcen geführt haben. Diese Situation führt oft zu Migration, sozialer Unruhe und Konflikten zwischen verschiedenen Interessengruppen – sei es zwischen Landwirten und städtischen Wassernutzern oder zwischen verschiedenen Ländern, die sich Wasserressourcen teilen.

Konflikte über Wassernutzung entstehen häufig in grenzüberschreitende Gebiete, wo Flüsse und Grundwasserleiter mehrere Staaten oder Regionen durchqueren. Ein Beispiel hierfür ist der Nil, der durch mehrere afrikanische Länder fließt. Der Bau von Staudämmen, wie dem Grand Ethiopian Renaissance Dam, hat Spannungen zwischen Ägypten, Sudan und Äthiopien ausgelöst, da diese Länder unterschiedliche Interessen und Bedürfnisse hinsichtlich der Wasserressourcen haben. Ägypten, das stark auf den Nil angewiesen ist, befürchtet, dass der Damm die Wasserzufuhr beeinträchtigen wird, während Äthiopien auf den Damm setzt, um seinen Energiebedarf zu decken und sich wirtschaftlich weiterzuentwickeln.

Wasserproduktivität kann auch durch technologische Innovationen und nachhaltige Praktiken verbessert werden. Der Einsatz von Tropfbewässerung, wassersparenden Technologien und der Anbau dürreresistenter Pflanzen kann dazu beitragen, die Effizienz der Wassernutzung in der Landwirtschaft zu steigern.

Zudem spielt das integrierte Ressourcenmanagement (IRM) eine wesentliche Rolle, um Konflikte zu vermeiden und eine gerechte Verteilung von Wasserressourcen zu fördern. Hierbei ist die Einbeziehung lokaler Gemeinschaften und der Aufbau institutioneller Rahmenbedingungen entscheidend, um die nachhaltige Nutzung von Wasser zu gewährleisten.

Wasserrecycling

Wasserrecycling ist ein zentraler Aspekt in der Diskussion um Wassermanagement und Ressourcenkonflikte, insbesondere in Regionen, die von Wasserknappheit betroffen sind. Der Begriff beschreibt die Rückführung von Abwasser in den natürlichen Wasserkreislauf, um es wiederverwendbar zu machen. Dies geschieht durch verschiedene Prozesse der Abwasserbehandlung, die chemische, physikalische und biologische Verfahren einschließen, um schädliche Substanzen zu entfernen und die Wasserqualität zu verbessern.

Die globalen Wasserressourcen sind begrenzt und ungleich verteilt, was in vielen Regionen zu ernsthaften Konflikten führt. Diese Ressourcenkonflikte entstehen nicht nur durch natürliche Gegebenheiten wie Klimawandel und Wasserverunreinigung, sondern auch durch demografische Entwicklungen und urbanes Wachstum. Das rapide Anwachsen von Städtepopulationen führt zu einem erhöhten Wasserbedarf, während gleichzeitig die natürliche Verfügbarkeit von Wasserressourcen abnimmt. Hier kommt Wasserrecycling ins Spiel, als eine technologische und strategische Lösung zur Minderung von Konflikten um Wasserressourcen.

Durch die Implementierung von Wasserrecyclingtechnologien können Städte und Regionen wertvolle Wasserressourcen zurückgewinnen. Es gibt unterschiedliche Ansätze, die je nach den spezifischen Bedürfnissen und Gegebenheiten vor Ort variieren können. Beispielsweise kann aufbereitetes Abwasser für die Bewässerung von landwirtschaftlichen Flächen, für industrielle Prozesse oder sogar für Trinkwasserzwecke verwendet werden. Solche Maßnahmen tragen nicht nur zur Melioration der Wasserknappheit bei, sondern ermöglichen auch eine nachhaltigere Wassernutzung und reduzierte Abhängigkeit von natürlichen Wasserquellen.

Es ist jedoch wichtig zu beachten, dass Wasserrecycling auch potenzielle Konfliktfelder aufwirft. Die Akzeptanz in der Bevölkerung kann stark variieren, insbesondere wenn es um die Wiederverwendung von Wasser für Trinkzwecke geht. Kläranlagen und Recyclinganlagen müssen strenge Umweltstandards und Sicherheitsvorkehrungen erfüllen, um das öffentliche Vertrauen zu gewinnen. Eine unzureichende Kommunikation und umfassende Aufklärung über die

Vorteile und Technologien des Wasserrecyclings können Misstrauen schüren und Konflikte anheizen.

Ein weiteres relevantes Thema im Kontext von Wasserrecycling und Ressourcenkonflikten ist die rechtliche und politische Dimension. Wasserrechtliche Rahmenbedingungen bestimmen, wie Wasserressourcen zugeteilt und genutzt werden können. In vielen Ländern gibt es bestehende Gesetze, die die Nutzung von Abwasser regeln, jedoch sind diese oft veraltet und reflektieren nicht die heutigen technologischen Möglichkeiten und Herausforderungen. Eine ineffiziente Regelung und unklare Eigentumsverhältnisse können Spannungen zwischen verschiedenen Nutzern fördern, da unterschiedliche Gruppen um den Zugang zu recyceltem Wasser konkurrieren.

Wasserverschmutzung

Die Wasserverschmutzung ist ein komplexes und drängendes Umweltproblem, das in vielen Teilen der Welt erhebliche Auswirkungen auf die Gesundheit von Ökosystemen, die menschliche Gesundheit und die sozioökonomische Stabilität hat. Im Kontext von Ressourcenkonflikten übernimmt die Wasserverschmutzung eine besonders zentrale Rolle, da sie nicht nur die Verfügbarkeit von Wasser für die Bedürfnisse von Mensch und Natur beeinträchtigt, sondern auch bestehende Spannungen zwischen verschiedenen Interessengruppen verschärfen kann.

Zunächst ist es wichtig, die Aspekte der Wasserverschmutzung zu verstehen. Diese umfasst die Einbringung von Schadstoffen in Gewässer, die aus einer Vielzahl von Quellen stammen können. Zu den häufigsten Verursachern zählen industrielle Abwässer, landwirtschaftliche Chemikalien (wie Pestizide und Düngemittel), unzureichend behandeltes Abwasser aus dichten städtischen Gebieten sowie Abfälle aus der Tierhaltung. Diese Schadstoffe können sowohl chemisch (z. B. Schwermetalle, Nitrate) als auch biologisch (Bakterien, Viren) sein. Die Folgen sind oft verheerend: Verschmutztes Wasser kann Krankheiten verursachen, die Wasserqualität verschlechtern und die Biodiversität in aquatischen Ökosystemen beeinträchtigen.

Im Kontext von Ressourcenkonflikten kommt die Wasserverschmutzung oft als multiplikativer Stressor hinzu, der bestehende Ressourcenknappheiten verschärfen kann. Wasser ist für das Überleben unerlässlich, und in vielen Regionen der Welt ist der Zugang zu sauberem Wasser bereits stark eingeschränkt. In Konfliktregionen, in denen Populationen um begrenzte Wasserressourcen konkurrieren, können Variationen in der Wasserqualität erhebliche Spannungen erzeugen. Zum Beispiel können landwirtschaftliche Praktiken in einem oberen

Einzugsgebiet zu einer kontinuierlichen Verschmutzung von Flüssen führen, die in angrenzende, wasserabhängige Gemeinden im unteren Einzugsgebiet fließen. Dies kann zu gesundheitlichen Problemen und wirtschaftlichen Einbußen führen, was wiederum soziale Spannungen verstärken und potenziell zu Konflikten führen kann.

Ein Beispiel dafür ist der Nilkonflikt, wo Länder wie Ägypten, Sudan und Äthiopien um die Nutzung und den Schutz der Wasserressourcen des Nils konkurrieren. Die unterschiedlichen Ansätze zur Landwirtschaft und industriellen Entwicklung in den entsprechenden Ländern führen nicht nur zu Fragen der Wassermenge, sondern auch der Wasserqualität. Eine Verschlechterung der Wasserqualität aufgrund von Abfluss landwirtschaftlicher Chemikalien kann in Ägypten zu Ansteigen von Krankheitsfällen führen, was gesundheitliche und wirtschaftliche Belastungen nach sich zieht und das Verhältnis zwischen den beteiligten Nationen belastet.

Des Weiteren sind angesichts des Klimawandels langfristige Veränderungen in der Verfügbarkeit und Qualität von Wasserressourcen zu erwarten, was zusätzliche Stressfaktoren in bereits fragilen Regionen mit sich bringen könnte. Extreme Wetterereignisse wie Dürren oder Überschwemmungen können die Wasserversorgung stark beeinflussen; gleichzeitig kann die Zunahme von Temperatur und Niederschlagsvariabilität die Wasserverschmutzung durch Erosion und die Auswaschung von Schadstoffen beschleunigen. Diese klimatischen Veränderungen können somit nicht nur die Verteilung des Wasserzugangs verändern, sondern auch die Qualität des verfügbaren Wassers beeinträchtigen.

Schließlich spielt die Rolle internationaler Institutionen und Governance-Strukturen in der Auseinandersetzung mit Wasserverschmutzung und Ressourcenkonflikten eine entscheidende Rolle. Zusammenarbeitsmodelle, wie sie zum Beispiel im Rahmen der Kairoer Erklärung für die nachhaltige Entwicklung des Nils gefördert werden, versuchen kollektive Maßnahmen zu etablieren, um sowohl die Wasserqualität zu schützen als auch die Konfliktpotenziale zwischen den Anliegerstaaten zu minimieren. Solche Initiativen sind jedoch oft mit Schwierigkeiten konfrontiert, da nationale Interessen und lokale Bedürfnisse meist divergieren.

Water Grabbing

Water Grabbing ist ein Begriff, der sich auf die Aneignung und Kontrolle von Wasserressourcen bezieht, oft durch politische, wirtschaftliche oder gesellschaftliche Machtverhältnisse. Diese Praxis ist besonders relevant im Kontext von Ressourcenkonflikten, da Wasser eine grundlegende Lebensressource und ein entscheidender Faktor für landwirtschaftliche Produktion, industrielle Entwicklung und die Aufrechterhaltung eines ökologischen Gleichgewichts ist.

Der Begriff „Water Grabbing" ist eng verwoben mit der Idee des „Land Grabbing", bei dem fruchtbares Land für kommerzielle landwirtschaftliche Zwecke angeeignet wird. Im Rahmen von Water Grabbing wird jedoch der Fokus auf die Wasserversorgung und -nutzung gelegt. Diese Form der Aneignung kann sowohl direkt – durch den Verfügungsanspruch auf Wasserquellen oder -anlagen – als auch indirekt – durch politische Entscheidungen, die den Zugang zu Wasser regeln – erfolgen. Solche Aneignungen sind häufig von Machtungleichgewichten geprägt, bei denen große Unternehmen, Staaten oder wohlhabende Landbesitzer in der Lage sind, Wasservorräte für ihre eigenen Zwecke zu monopolisierten, während lokale Gemeinschaften benachteiligt werden.

Die Ursachen für Water Grabbing sind vielschichtig. Globalisierung, Klimawandel, Bevölkerungswachstum und steigende Wasserknappheit treiben die Nachfrage nach Wasserressourcen in vielen Regionen der Welt an. Insbesondere in wasserarmen Gebieten gewinnt Wasser zu einer strategischen Ressource, was nicht nur lokale, sondern auch internationale Akteure anzieht. Unternehmen, meist aus dem Agrarsektor, suchen nach neuen Anbauflächen und Ressourcen, um Produkte für den globalen Markt zu erzeugen, was oft zu Konflikten mit einheimischen Gemeinschaften führt, die auf diese Wasserressourcen für ihren Lebensunterhalt angewiesen sind.

In vielen Fällen geschieht Water Grabbing unter dem Vorwand der Entwicklung oder der Verbesserung der Wasserversorgung, wobei tatsächliche soziale und ökologische Kosten häufig ignoriert oder verdrängt werden. Nationale Regierungen können ein Interesse daran haben, Ressourcen an internationale Investoren zu vergeben, um wirtschaftliches Wachstum zu fördern, was jedoch oft zu ungleicher Verteilung und Marginalisierung der lokalen Bevölkerung führt.

Die Aneignung von Wasserressourcen führt typischerweise zu Ressourcenkonflikten, die auf verschiedenen Ebenen stattfinden können:

Ökonomisch: Die Kontrolle über Wasser bedeutet nicht nur die Kontrolle über eine lebenswichtige Ressource, sondern auch über wirtschaftliche Möglichkeiten. Wenn große Unternehmen das Wasser für die Produktion überwältigen, haben lokale Bauern Schwierigkeiten, ihre eigenen Bedürfnisse zu decken.

Ökologisch: Water Grabbing kann gravierende ökologischen Folgen haben. Übernutzung von Wasser führt zu Verschmutzung, Absenkung des Grundwasserspiegels und ökologischen Veränderungen in regionalen Wassersystemen. Die Zerstörung von Lebensräumen und Biodiversität ist oft eine Folge der industriellen Wassernutzung.

Sozial: Der Zugang zu Wasser ist eine Frage der sozialen Gerechtigkeit. Communities, die traditionell Zugang zu Wasserressourcen hatten, erleben häufig Entwurzelung und Verlust ihrer Lebensgrundlagen. Dies kann zu gesellschaftlichen Spannungen, Unruhen und sogar gewaltsamen Konflikten führen.

Fallstudien aus verschiedenen Regionen der Welt verdeutlichen die Dynamiken des Water Grabbing. In Äthiopien beispielsweise haben großflächige Bewässerungsprojekte, oft finanziert durch ausländische Investoren, zu Konflikten mit lokalen Bauern geführt, die auf saisonale Flüsse angewiesen sind. Ähnlich ist die Situation in zahlreichen südasiatischen Ländern, wo große Staudammprojekte sowohl den Zugang zu Wasser als auch die Rechte von indigenen Gemeinschaften gefährden.

In Lateinamerika, insbesondere in Ländern wie Guatemala und Mexiko, wird Water Grabbing oft von multinationalen Unternehmen durchgeführt, die Ressourcen für die Produktion von Exportgütern wie Zucker oder Palmöl benötigen. Solche Praktiken rufen Widerstand und Protestbewegungen hervor, die sich für den Schutz von Wasser und lokalen Gemeinschaften einsetzen.

Die Fragen des Water Grabbing sind auch eng mit der politischen und rechtlichen Gestaltung von Wasserressourcen verbunden. Viele Länder haben unzureichende gesetzliche Regelungen zum Schutz lokaler Wasserressourcen und der Rechte der betroffenen Gemeinschaften. Internationale Abkommen zum Schutz des Zugangs zu Wasser sind oft nicht bindend oder werden nicht ausreichend umgesetzt.

Ein systemischer Wandel ist notwendig, um die Herausforderungen des Water Grabbing zu bewältigen. Dies umfasst die Stärkung lokaler Gemeinschaften, den Schutz von Wasser als Menschenrecht und die Förderung nachhaltiger Wassermanagementpraktiken. Die Einbeziehung der Stimme der Betroffenen und die Förderung von Transparenz und Rechenschaftspflicht in der Wasserverwaltung sind entscheidend, um die negativen Auswirkungen von Wasseraneignung zu verringern und Lösungen für die Konflikte zu finden, die aus der ungleichen Verteilung von Wasserressourcen resultieren.

Water Grabbing stellt eine ernsthafte Bedrohung für soziale Gerechtigkeit, ökologische Nachhaltigkeit und wirtschaftliche Stabilität dar. Im Kontext von Ressourcenkonflikten wird deutlich, dass ein mehrdimensionaler Ansatz nötig ist, der sowohl lokale Bedürfnisse als auch globale Herausforderungen berücksichtigt. Nur durch integrative und gerechte Wassermanagementstrategien können die Konflikte gelöst und ein nachhaltiger Zugang zu Wasser gewährleistet werden.

Weltbank

Die Weltbank ist eine internationale Finanzinstitution, die 1944 gegründet wurde und darauf abzielt, Armut zu reduzieren und das wirtschaftliche Wachstum in Entwicklungs- und Schwellenländern zu fördern. Sie besteht aus zwei Hauptinstitutionen: der Internationalen Bank für Wiederaufbau und Entwicklung (IBRD) und der Internationalen Entwicklungsorganisation (IDA). Im Kontext von Ressourcenkonflikten spielt die Weltbank eine komplexe Rolle, die sowohl als Akteur in der Finanzierung von Projekten als auch als technischer Berater für Länder fungiert.

Ressourcenkonflikte, oft auch als "Ressourcensyndrom" bezeichnet, entstehen, wenn der Zugang zu wertvollen natürlichen Ressourcen wie Wasser, Mineralien, Öl und Holz zu Spannungen und gewaltsamen Auseinandersetzungen führt. Diese Konflikte sind häufig in Ländern zu beobachten, die über reiche natürliche Ressourcen verfügen, aber gleichzeitig unter politischen Instabilitäten, schwachen Institutionen und ungleicher Verteilung des Ressourcenreichtums leiden. Die Weltbank wird oft in diese Dynamiken verwickelt, sowohl als Zeuge als auch als Mitgestalter der wirtschaftlichen Rahmenbedingungen.

Ein zentraler Aspekt der Tätigkeit der Weltbank in ressourcenreichen Ländern ist die Energiewende und die Förderung nachhaltiger Entwicklung. Die Institution hat Programme und Finanzierungsmöglichkeiten eingerichtet, die darauf abzielen, fossile Brennstoffe durch erneuerbare Energiequellen zu ersetzen. Diese Initiativen sind nicht nur aus umweltpolitischer Sicht wichtig, sondern spielen auch eine Rolle in der Minderung von Ressourcenkonflikten, da sie die Abhängigkeit von bestimmten Ressourcen verringern und damit potenziellen Konfliktstoff reduzieren können.

Allerdings wird die Weltbank oft kritisiert. Kritiker argumentieren, dass ihre Projekte, insbesondere im Bereich der Infrastruktur, manchmal die Voraussetzungen für Ressourcenkonflikte schaffen können. Beispielsweise können große Staudammprojekte oder Bergbauprojekte lokale Gemeinschaften verdrängen und zu sozialen Spannungen führen. Der Zugang zu Land und Wasser wird in vielen Fällen umkämpft, was zu Konflikten zwischen den Rechten der indigenen Bevölkerung und den Interessen von Unternehmen führen kann, die die Ressourcen ausbeuten.

Des Weiteren wird die Rolle der Weltbank in Bezug auf Governance und Institutionen häufig hinterfragt. Eine effektive und gerechte Ressourcenverwaltung erfordert transparente und verantwortungsvolle Institutionen. In vielen ressourcenreichen Ländern mangelt es jedoch an Governance-Strukturen, die in der Lage sind, die Verteilung von Ressourcen gerecht zu regeln. Die Weltbank hat

Programme zur Stärkung der institutionellen Kapazitäten initiiert, jedoch bleibt die Effektivität dieser Maßnahmen oft umstritten. In manchen Fällen kann die enge Verbindung zwischen der Weltbank und autoritären Regierungen zu einer Verstärkung bestehender Ungleichheitsstrukturen führen.

Welthandelsorganisation (WHO) (World Trade Organisation, WTO)
Die Welthandelsorganisation (WTO), im Englischen als World Trade Organization bezeichnet, wurde 1995 gegründet und fungiert als internationale Organisation, die den globalen Handel unter den Mitgliedstaaten reguliert. Ihr Hauptziel besteht darin, einen regelbasierten, transparenten und vorhersehbaren Handel zwischen Nationen zu fördern, um wirtschaftliches Wachstum und Entwicklung zu unterstützen. Die Struktur und die Funktionsweise der WTO sind komplex und beinhalten eine Vielzahl von Abkommen, die verschiedene Aspekte des Handels regeln, von Zöllen bis zu Handelsdienstleistungen.

Ein zentraler Aspekt der WTO ist ihre Rolle bei der Mediation von Handelskonflikten, was auch im Kontext von Ressourcenkonflikten von Bedeutung ist. Ressourcenkonflikte, die häufig aus dem Zugang zu, der Kontrolle über oder der Nutzung von natürlichen Ressourcen wie Wasser, Öl, Mineralien oder landwirtschaftliche Flächen resultieren, können stark von den Handelsregeln und –abkommen beeinflusst werden, die von der WTO ausgehandelt werden.

Ressourcenkonflikte entstehen oft in Regionen, in denen wirtschaftliche, politische oder soziale Ungleichheiten stark ausgeprägt sind. Häufig sind diese Ressourcen nicht gleichmäßig verteilt, was zu Spannungen zwischen verschiedenen Gesellschaftsgruppen oder Staaten führen kann. Diese Konflikte können durch externe Faktoren wie internationale Handelsabkommen verstärkt werden, die die Ausbeutung von Ressourcen fördern oder den Zugang zu Märkten regulieren.

Im Rahmen der WTO gibt es Abkommen, die den Handel mit bestimmten Ressourcen regeln, die sowohl für Industrieländer als auch für Entwicklungsländer von Bedeutung sind. Diese Abkommen beeinflussen nicht nur die Handelsströme von Rohstoffen, sondern auch die Preisgestaltung und die Verfügbarkeit von Ressourcen in verschiedenen Regionen der Welt.

Die WTO hat Mechanismen etabliert, die darauf abzielen, Handelspraktiken zu liberalisieren und protektionistische Maßnahmen zu reduzieren. Dies kann dazu führen, dass Ressourcen zunehmend für den internationalen Handel verfügbar gemacht werden. Für ressourcenreiche Länder kann dies zunächst vorteilhaft erscheinen, da es ihre Exporte ankurbelt und wirtschaftliches Wachstum fördert. Allerdings können sich dadurch auch Spannungen innerhalb der Länder verstärken, wenn lokale Gemeinschaften von den Ressourcenprofit ausgeschlossen werden oder wenn ökologische Schäden durch die intensive Ausbeutung entstehen. Ein Beispiel sind Konflikte über den Zugang zu Wasserressourcen. In vielen Ländern sind Wasserrechte ein umstrittenes Thema, insbesondere wenn diese Ressourcen in internationalen Handelsabkommen als Ware behandelt werden. Die WTO hat zwar keine direkten Regelungen zu Wasser, jedoch beeinflussen Abkommen über Dienstleistungen und Investitionen den Zugang zu Wasser und die Art und Weise, wie es verwaltet wird. Dies kann zu Ressourcenkonflikten führen, insbesondere in wasserarmen Regionen, wo der Zugang zu sauberem Wasser für die lokale Bevölkerung überlebenswichtig ist.

Einer der Kernpunkte der WTO ist die Schlichtung von Handelsstreitigkeiten, was in Zeiten von Ressourcenkonflikten besonders relevant ist. Die Dispute Settlement Body (DSB) der WTO bietet einen rechtlichen Rahmen, um Handelskonflikte zu bearbeiten, die durch Wettbewerb um Ressourcen entstehen können. Hierbei können Staaten, die sich benachteiligt fühlen, Beschwerde einreichen und auf die Schlichtungsverfahren der WTO zurückgreifen.

Trotz der existierenden Mechanismen gibt es jedoch auch Kritik an der WTO hinsichtlich ihrer Effizienz und ihrer Fähigkeit, sensible Themen wie Ressourcenkonflikte angemessen zu behandeln. Kritiker argumentieren, dass die WTO oft die wirtschaftlichen Interessen der stärkeren Nationen priorisiert und nicht ausreichend auf die Bedürfnisse von ärmeren Ländern oder marginalisierten Gemeinschaften eingeht. Dies kann zur Intensivierung von Ressourcenkonflikten führen, da sich schwächere Staaten benachteiligt fühlen und ihre Interessen nicht in den Handelssystemen angemessen repräsentiert sehen.

In den letzten Jahren hat die Diskussion um nachhaltige Entwicklung und die Verantwortung der WTO in Bezug auf Umwelt- und Ressourcenschutz an Bedeutung gewonnen. Die Organisation steht vor der Herausforderung, Handelsliberalisierung mit dem Schutz natürlicher Ressourcen in Einklang zu bringen. Es gibt Bestrebungen, Umweltschutz und nachhaltige Praktiken in die Handelsabkommen zu integrieren, um zukünftige Ressourcenkonflikte zu minimieren.

In diesem Kontext wird die Rolle von Staaten, internationalen Organisationen und Nichtregierungsorganisationen (NGOs) immer wichtiger. Diese Akteure tragen dazu bei, ein Bewusstsein für die Auswirkungen des Handels auf die Ressourcenverfügbarkeit zu schaffen und Druck auf die WTO auszuüben, um gerechtere Handelspraktiken zu fördern.

Weltsystemtheorie

Die Weltsystemtheorie, die maßgeblich von Immanuel Wallerstein in den 1970er Jahren entwickelt wurde, bietet einen umfassenden analytischen Rahmen zur Untersuchung globaler Interaktionen und deren Auswirkungen auf soziale, wirtschaftliche und politische Strukturen. Sie betrachtet die Weltwirtschaft als ein System, das in verschiedene Kern-, Semi-Peripherie- und Peripheriestaaten unterteilt ist. Diese Hierarchie beeinflusst maßgeblich die Verteilung von Ressourcen sowie die Entstehung und Eskalation von Ressourcenkonflikten.

Kernstaaten sind wirtschaftlich stark, technologisch entwickelt und haben einen hohen Einfluss auf die globalen Märkte. Sie sind in der Regel die Hauptprofiteure der globalen Arbeitsteilung und kontrollieren kapitalintensive Industrien. In der Weltsystemtheorie fungieren sie als „Händler", die Ressourcen aus der Peripherie und Semi-Peripherie nutzen.

Die Semi-Peripherie stellt eine Übergangszone dar, in der sich Staaten befinden, die sowohl Merkmale von Kern- als auch von Peripheriestaaten aufweisen. Diese Länder versuchen oft, ihren Standort im globalen System zu verbessern, indem sie sich industrialisieren und wirtschaftlich diversifizieren. Ihre Ressourcen werden oft ausgebeutet, um die Entwicklungen von Kernstaaten zu unterstützen, was jedoch auch zum Entstehen von Spannungen und Konflikten führen kann.

Peripheriestaaten hingegen sind meist von einer agrarischen Wirtschaft geprägt, und ihre Produktionsweisen sind stark auf den Export von Rohstoffen ausgerichtet. Sie sind oft von der wirtschaftlichen und politischen Dominanz der Kernstaaten abhängig. Diese Abhängigkeit führt dazu, dass Ressourcen in Peripherieländern häufig ohne Rücksicht auf ökologische oder soziale Belange ausgebeutet werden. Solche Praktiken können nicht nur zur Ausbeutung der natürlichen Ressourcen führen, sondern auch soziale Ungleichheit und Konflikte zwischen verschiedenen gesellschaftlichen Gruppen schüren, die um den Zugriff auf diese begrenzten Güter kämpfen.

Die Weltsystemtheorie hilft auch, die Rolle von Institutionen und Transnationalen Unternehmen (TNCs) im Kontext von Ressourcenkonflikten zu verstehen. TNCs spielen eine bedeutende Rolle bei der Ausbeutung von Ressourcen in der Peripherie, oft unter dem Schutz des globalen Handelsregimes und der politischen Macht, die von Kernstaaten ausgeübt wird. Diese Unternehmen können durch Lobbyarbeit und Einflussnahme auf politische Prozesse den Zugang zu Ressourcen erleichtern, was wiederum zu Konflikten mit lokalen Gemeinschaften führt, die um ihre landwirtschaftlichen und natürlichen Lebensräume kämpfen.

Das Zusammenspiel von globalen Wirtschaftsstrukturen und lokalen Ressourcenkonflikten zeigt sich beispielsweise in der Zunahme von gewaltsamen

Auseinandersetzungen um Wasser, fossile Brennstoffe und mineralische Rohstoffe. In vielen Fällen sind diese Konflikte nicht nur das Ergebnis lokaler Gegebenheiten, sondern das Produkt globaler Machtdynamiken und ökonomischer Interessen, die tief in das Weltsystem eingebettet sind.

Schließlich ist zu erwähnen, dass die Weltsystemtheorie auch für die Analyse der Auswirkungen von Umweltveränderungen und Klimawandel auf Ressourcenkonflikte von Bedeutung ist. Da sich die territorialen Ansprüche und der Zugang zu Wasser und fruchtbarem Land aufgrund des Klimawandels verändern, sehen sich viele Länder und Regionen gezwungen, neu zu verhandeln und Ressourcen möglicherweise gewaltsam zu besitzen. Der globale Kontext dieser Ressourcenkonflikte verdeutlicht, dass lokale Auseinandersetzungen oft ein Symptom tieferliegender globaler Ungleichheiten sind.

Wertschöpfung und Wertschöpfungskette

Wertschöpfung und Wertschöpfungsketten sind zentrale Konzepte in der Wirtschaftswissenschaft, die eng mit den dynamischen Prozessen verbunden sind, durch die Rohstoffe in fertige Produkte oder Dienstleistungen umgewandelt werden. Diese Konzepte sind besonders relevant, wenn man die Zusammenhänge zwischen wirtschaftlichen Aktivitäten und Ressourcenkonflikten betrachtet. Ressourcenkonflikte beziehen sich auf Auseinandersetzungen, die aus dem Wettbewerb um begrenzte natürliche Ressourcen entstehen. Diese Konflikte können sowohl lokal als auch global auftreten und betreffen häufig seltene Rohstoffe, Wasserressourcen oder Agrarflächen.

Die Wertschöpfung beschreibt den Prozess, durch den Unternehmen durch die Verarbeitung von Rohstoffen oder Dienstleistungen einen Mehrwert generieren. Dieser Mehrwert ist das Ergebnis von Innovationskraft, Effizienz und organisatorischem Know-how. Im Kontext der Wertschöpfungskette, die von Michael Porter eingeführt wurde, wird der gesamte Prozess von der Beschaffung der Rohstoffe über deren Verarbeitung bis hin zur Distribution und schließlich zum Kunden betrachtet. Jede Stufe der Wertschöpfungskette trägt zur Gesamtschaffung von Wert bei und hat ihre eigenen Herausforderungen und Chancen.

Ressourcenkonflikte können die Wertschöpfungskette erheblich beeinflussen. Wenn Unternehmen aufgrund von Konflikten den Zugang zu notwendigen Ressourcen verlieren, kann dies zu erheblichen Unterbrechungen in der Lieferkette führen. Zum Beispiel können Konflikte in rohstoffreichen Regionen wie dem Kongo, wo Minerale für die Elektronikindustrie abgebaut werden, zu einem Rückgang der Verfügbarkeit dieser Rohstoffe auf dem globalen Markt führen.

Diese Verknappung kann nicht nur die Produktionskosten erhöhen, sondern auch die Stabilität der Unternehmen gefährden, die auf diese Ressourcen angewiesen sind. Ein entscheidender Aspekt von Ressourcenkonflikten ist die geopolitische Dimension. Häufig sind rohstoffreiche Gebiete von politischen Instabilitäten und sozialen Unruhen betroffen. Unternehmen, die in solchen Regionen investieren wollen, müssen Risiken abwägen, die mit einem möglichen Verlust von Investitionen oder mit der Notwendigkeit, in lokale Gemeinschaften zu investieren, verbunden sind. Ein Beispiel hierfür ist die Ölindustrie im Nahen Osten, wo geopolitische Spannungen regelmäßig zu Produktionsausfällen führen und die globalen Ölpreise beeinflussen.

Darüber hinaus beeinflussen auch Umweltfaktoren und Nachhaltigkeitsüberlegungen die Wertschöpfungskette in ressourcenkonfliktbelasteten Regionen. Unternehmen müssen zunehmend Verantwortung für ihre Lieferketten übernehmen, insbesondere in Bezug auf die Umweltverantwortung und die Achtung der Menschenrechte. Konfliktmineralien, wie Zinn, Tantal, Wolfram und Gold, sind häufig in Produkten enthalten, die in Ländern abgebaut werden, die von Konflikten betroffen sind. Viele Unternehmen haben Initiativen ergriffen, um sicherzustellen, dass ihre Produkte aus ethisch einwandfreien Quellen stammen, was wiederum die Kosten und die Komplexität der Wertschöpfungskette erhöhen kann.

Westafrika und die Überfischung und illegale Fischerei durch ausländische Flotten
Westafrika ist eine Region, die für ihre reichhaltigen maritimen Ressourcen bekannt ist, insbesondere im Hinblick auf Fischbestände, die eine essentielle Nahrungsquelle und wirtschaftliche Grundlage für viele Küstengemeinschaften darstellen. Die Überfischung und illegale Fischerei durch ausländische Flotten haben in den letzten Jahrzehnten erheblich zugenommen und stellen gravierende Herausforderungen für die nachhaltige Nutzung dieser Ressourcen dar. Diese Dynamiken sind im Kontext von Ressourcenkonflikten zu betrachten, die nicht nur ökologische, sondern auch soziale und wirtschaftliche Dimensionen aufweisen.

Die Küstengewässer Westafrikas, insbesondere im Golf von Guinea, sind von entscheidender Bedeutung für die lokale Ernährungssicherheit. Schätzungen zufolge hängt mehr als 50 % der Bevölkerung in Küstennähe von Fisch als primärer Proteinquelle ab. Die Region ist reich an verschiedenen Fischarten, darunter Sardinen, Makrelen und Garnelen, die sowohl für den lokalen Verbrauch als auch für den Export von Bedeutung sind. Trotz dieser Fülle an Ressourcen sind die Bestände in den letzten Jahren durch unsachgemäße Bewirtschaftung und externen Druck in einen alarmierenden Zustand geraten.

Die Überfischung in Westafrika kann auf verschiedene Faktoren zurückgeführt werden. Einer der Hauptfaktoren ist der verstärkte Zugang ausländischer Flotten, die oft weit über die nachhaltigen Fanggrenzen hinaus operieren. Viele dieser Flotten stammen aus Ländern außerhalb der Region, darunter europäische, asiatische und auch nordamerikanische Anbieter, die von der geringen Überwachung und Regulierung in den Küstengewässern Westafrikas profitieren. Sie nutzen häufig großflächige Fangmethoden, die äußerst ineffizient sind und dazu führen, dass nicht nur wirtschaftlich wertvolle Fischarten, sondern auch geschützte Arten und andere Meereslebewesen übermäßig gefangen werden.

Ein weiterer kritischer Aspekt ist die illegale Fischerei, die in vielen westafrikanischen Ländern ein signifikantes Problem darstellt. Diese Praktiken entstehen häufig aus der Schwäche der nationalen Regierungen, die über begrenzte Ressourcen und Kapazitäten verfügen, um ihre Fischereigesetze durchzusetzen und um Überwachungssysteme zu etablieren. Schätzungen zufolge verliert Westafrika jedes Jahr mehrere Milliarden Dollar aufgrund illegaler Fischerei, was sich direkt negativ auf die wirtschaftliche Stabilität der Region auswirkt. Zudem führt die illegale Fischerei zu einem Wettbewerbsvorteil für die Täter, während lokale Fischer, die sich an reguläre Praktiken halten, in ihrer Existenz gefährdet werden.

Die Folgen dieser Überfischung und illegalen Praktiken sind vielfältig. Ökologisch gesehen leidet die marine Biodiversität, was das Ökosystem destabilisiert und die Lebensgrundlage vieler Küstengemeinden gefährdet. Ökonomisch gesehen sind die Auswirkungen besonders verheerend für die lokale Fischereiindustrie, die bereits mit der Konkurrenz durch ausländische Flotten zu kämpfen hat. Viele lokale Fischer berichten von einem Rückgang der Fangmengen und steigenden Betriebskosten, was sie in eine prekäre wirtschaftliche Lage bringt.

Im Kontext der Ressourcenkonflikte entstanden somit Spannungen zwischen verschiedenen Akteuren: lokale Fischer, die um ihr Überleben kämpfen, und ausländische Flotten, die auf Profite aus sind. Diese Konflikte werden oft durch weitere soziale Faktoren verschärft, wie Armut, mangelnde Bildung und unzureichende Infrastruktur. Vielerorts führt der Druck auf die marinen Ressourcen auch zu sozialen Unruhen und Migration, da Fischer und ihre Familien gezwungen sind, aus ihren Heimatregionen zu fliehen, um bessere Lebensbedingungen zu finden.

Die Bekämpfung der Überfischung und illegalen Fischerei erfordert umfassende Maßnahmen auf mehreren Ebenen. Nationale Regierungen müssen ihre rechtlichen Rahmenbedingungen stärken und die Durchsetzung von Fischereirechten effektiv verbessern. Zusätzlich könnten internationale Kooperationen und Abkommen dazu beitragen, illegale Praktiken zu überwachen und Ressourcen nachhaltig zu bewirtschaften. Auch die Beteiligung lokaler Gemeinschaften in Entscheidungsprozesse ist entscheidend, um sicherzustellen, dass ihre Bedürfnisse und Prioritäten in den Mittelpunkt der nachhaltigen Fischereipolitik gerückt werden.

Wetterextreme

Wetterextreme, einschließlich extremer Hitze, intensiver Niederschläge, Dürreperioden und schwere Stürme, stellen eine zunehmende Bedrohung für viele Regionen der Welt dar. Diese klimatischen Phänomene sind nicht nur Herausforderungen für die Umwelt, sondern sie können auch tiefgreifende soziale und wirtschaftliche Auswirkungen haben. Insbesondere sind Wetterextreme eng mit Ressourcenkonflikten verknüpft. In diesem Kontext ist es wichtig, die Wechselwirkungen zwischen Klima, Umweltressourcen und menschlichen Konflikten zu verstehen.

Ein maßgeblicher Mechanismus, durch den Wetterextreme zu Ressourcenkonflikten führen können, ist die Verschärfung von Wassermangel und Nahrungsmittelunsicherheit. Laut dem Weltklimarat (IPCC) wird erwartet, dass sich extreme Wetterereignisse im Zuge des Klimawandels vermehrt häufen. Regionen, die bereits in ökonomischen und politischen Unsicherheiten leben, sind besonders anfällig für solche Störungen. Beispielsweise können Dürreperioden die landwirtschaftliche Produktion beeinträchtigen, was zu Nahrungsmittelknappheit führt. Wenn das Angebot an lebenswichtigen Nahrungsmitteln sinkt und die Preise steigen, können Spannungen zwischen verschiedenen sozialen Gruppen oder ethnischen Gemeinschaften entstehen, die um die verbleibenden Ressourcen konkurrieren.

Ein Beispiel ist die syrische Bürgerkriegs-krise, die teilweise durch extreme Dürreperioden in den Jahren 2006 bis 2010 verschärft wurde. Die Dürre führte zu einem erheblichen Rückgang der landwirtschaftlichen Erträge, was viele Landwirte in die Städte trieb und dort soziale Spannungen verstärkte. Politische Instabilität und wirtschaftliche Ungleichheiten, die durch den Klimawandel verstärkt wurden, schufen ein Umfeld, das letztlich zu einem bewaffneten Konflikt beitrug.

Zusätzlich zu Wasser- und Nahrungsmittelknappheit sind Wetterextreme oft ursächlich für die kurzfristige Zunahme von Migrantenzahlen. Menschen verlassen ihre Heimat in der Suche nach besseren Lebensbedingungen, oft in angrenzende Länder oder städtische Zentren. Dies kann zu einem Überangebot an Arbeitskräften in urbanen Gebieten führen, was die Lebensbedingungen weiter verschlechtert und Konkurrenzkonflikte um Jobs, Unterkünfte und grundlegende Dienstleistungen anheizt.

In vielen Teilen der Welt sind auch Konflikte um natürliche Ressourcen wie fossile Brennstoffe und Mineralien eng mit den Folgen extremer Wetterereignisse verbunden. Diese Ressourcen sind oft in politisch instabilen Regionen konzentriert. Wenn extreme Wetterbedingungen die Erschließung oder den Transport dieser Ressourcen beeinträchtigen, kann dies zu wirtschaftlichen Einbußen führen, die die Konfliktdynamik weiter komplizieren. Wenn dann auch noch externe Akteure – sei es durch Unternehmen oder Staaten, die an den Rohstoffen interessiert sind – in Konflikte eingreifen, können diese sich weiter verschärfen.

Ein weiterer wichtiger Aspekt im Zusammenhang mit Wetterextremen und Ressourcenkonflikten ist die Rolle von Governance und Institutionen. Robuste und gerechte institutionelle Rahmenbedingungen können dazu beitragen, Konflikte zu entschärfen, indem sie den Zugang zu Ressourcen regeln und Konflikte schlichten. In vielen Ländern jedoch sind die Institutionen schwach, korrupt oder ineffektiv, was die Wahrscheinlichkeit von Auseinandersetzungen erhöht.

Wiederherstellung und Sanierung der Landdegradation
Die Wiederherstellung und Sanierung von Landdegradation ist ein komplexes und multidisziplinäres Thema, das in Verbindung mit Ressourcenkonflikten steht. Landdegradation bezeichnet den Prozess, durch den die biologischen, physischen und wirtschaftlichen Eigenschaften von Böden und Landschaften geschädigt werden, oft infolge menschlicher Aktivitäten wie Landwirtschaft, Überweidung, Urbanisierung und Bodennutzung. Diese Degradation führt nicht nur zu einem Verlust an Produktivität und Biodiversität, sondern kann auch gravierende soziale Folgen haben, insbesondere in Regionen, die stark von natürlichen Ressourcen abhängen.

Die Ursachen von Landdegradation sind vielfältig. Zu den häufigsten Faktoren gehören unsachgemäße Bewirtschaftung von Böden, Abholzung, Erosion, Übernutzung von Wasserressourcen und Klimawandel. In vielen Entwicklungsländern sind Kleinbauern häufig gezwungen, ihre Böden übermäßig zu nutzen, um den Bedarf ihrer wachsenden Bevölkerung zu decken. Dies kann zu einer Abwärtsspirale führen, in der Landknappheit und Degradation die Lebensgrundlagen der Menschen gefährden und Konflikte um die verbleibenden Ressourcen verschärfen.

Ressourcenkonflikte entstehen häufig aus einem Ungleichgewicht zwischen den Bedürfnissen der Bevölkerung und der Verfügbarkeit von natürlichen Ressourcen wie Wasser, Land und Wäldern. In Gebieten, wo Landdegradation voranschreitet, verschärfen sich diese Konflikte häufig, da der Zugang zu produktivem Land und Wasserressourcen zur Überlebensfrage wird. Landraub, illegale Besetzungen und Kämpfe um Wasserressourcen sind in vielen Regionen alltäglich. Darüber hinaus können ethnische und politische Spannungen durch den Wettbewerb um knappe Ressourcen angefacht werden, was zu gewaltsamen Konflikten führen kann.

Die Wiederherstellung von degradierten Ländern ist ein entscheidender Schritt zur Minderung dieser Konflikte und zur Förderung nachhaltiger Entwicklung. Es gibt verschiedene Ansätze für die Sanierung, darunter:

Aufforstung: Dies umfasst die Bepflanzung von Bäumen und Sträuchern, um die Bodenqualität zu verbessern, Erosion zu verringern und die Biodiversität zu fördern. Wälder bieten nicht nur Lebensraum für Tiere, sondern tragen auch zur Regulierung des Wasserkreislaufs und zur Kohlenstoffbindung bei.

Nachhaltige Landwirtschaftspraktiken: Agroökologische Ansätze, wie Fruchtfolge, Mischkulturen und reduzierte Bodenbearbeitung, helfen, die Bodenfruchtbarkeit zu erhalten und die Abhängigkeit von chemischen Düngemitteln zu verringern. Diese Techniken können die Produktivität steigern und gleichzeitig die Umwelt schonen.

Wassermanagement: In Regionen mit Wasserknappheit sind Methoden wie Regenwassermanagement, Bau von Rückhaltebecken und die Implementierung von Tröpfchenbewässerung entscheidend, um Wasserressourcen effizient zu nutzen.

Gemeindebasierte Managementansätze: Die Einbeziehung lokaler Gemeinschaften in die Planung und Durchführung von Sanierungsprojekten ist von zentraler Bedeutung. Diese Ansätze fördern nicht nur das lokale Wissen über Ökosysteme, sondern stärken auch die sozialen Strukturen und das Verantwortungsbewusstsein.

Die Wiederherstellung und Sanierung von Landdegradation ist eine wesentliche Voraussetzung zur Minderung von Ressourcenkonflikten und zur Förderung von sozialer Gerechtigkeit und nachhaltiger Entwicklung. Die erfolgreiche Umsetzung von Wiederherstellungsstrategien erfordert eine enge Zusammenarbeit zwischen Regierungen, Nichtregierungsorganisationen, lokalen Gemeinschaften und der Wissenschaft. Nur durch integrative Ansätze, die sowohl ökologische als auch soziale Dimensionen berücksichtigen, können die Herausforderungen der Landdegradation und der damit verbundenen Ressourcenkonflikte wirksam angegangen werden.

Window of Opportunity

Das Konzept des „Window of Opportunity" (WoO) spielt eine entscheidende Rolle in der Analyse von Ressourcenkonflikten, insbesondere im Hinblick auf deren Lösung oder Eskalation. In der wissenschaftlichen Literatur wird das WoO häufig als ein Zeitfenster beschrieben, in dem politische, wirtschaftliche oder soziale Bedingungen günstig sind, um Veränderungen herbeizuführen oder bestehende Konflikte zu lösen. Dieses Fenster ist oft zeitlich begrenzt und kann sowohl durch interne als auch externe Faktoren beeinflusst werden.

Im Kontext von Ressourcenkonflikten, wie etwa jenen um Wasser, Land, Energie oder mineralische Rohstoffe, ergeben sich WoOs typischerweise in Phasen, in denen die bisherige Nutzung oder Kontrolle von Ressourcen in Frage gestellt wird. Diese Infragestellung kann durch verschiedene Faktoren ausgelöst werden: erhebliche Veränderungen in der politischen Landschaft, wirtschaftlicher Druck, Umweltveränderungen oder soziale Bewegungen. Zum Beispiel kann ein Naturereignis, wie eine Dürre oder eine Überschwemmung, die Aufmerksamkeit auf bestehende Ressourcenungleichheiten lenken und damit das Potenzial für Verhandlungen oder Reformen erhöhen.

Wissenschaftliche Studien zeigen, dass Ressourcenknappheit, kombiniert mit politischen Instabilitäten oder einem Mangel an effektiver Governance, die Wahrscheinlichkeit von Konflikten erhöht. In solchen Fällen kann ein WoO entstehen, wenn die betroffenen Parteien – seien es Staaten, lokale Gemeinschaften oder Unternehmen – bereit sind, ihre Konflikte in einem konstruktiven Dialog zu bearbeiten, insbesondere wenn externe Akteure wie internationale Organisationen, NGOs oder Staaten, die an Stabilität interessiert sind, intervenieren.

Ein Beispiel für ein WoO im Kontext von Ressourcenkonflikten ist das Friedensabkommen im Sudan, das teilweise durch den Druck von internationalen Akteuren zustande kam. Der Druck wurde durch die Aussicht auf langfristige Unterstützung aus dem Ausland, sowohl finanziell als auch politisch, verstärkt. Hier wurde das WoO sowohl durch die Erschöpfung der Konfliktparteien als auch durch einen veränderten geopolitischen Kontext geschaffen, der einen Dialog begünstigte.

Darüber hinaus ist die Implementierung von institutionellen Reformen eine wichtige Dimension des WoO. Die Schaffung eines rechtlichen Rahmens oder die Einführung von Mechanismen zur gerechten Verteilung von Ressourcen können die Chancen erhöhen, dass das WoO tatsächlich genutzt wird. So zeigen empirische Studien, dass Länder, die in Phasen eines WoO erfolgreiche institutionelle Reformen durchführen, tendenziell stabiler und weniger anfällig für zukünftige Ressourcenkonflikte sind.

Trotz der positiven Aspekte eines WoO gibt es jedoch auch Herausforderungen und Risiken. Das Fenster kann schnell wieder zuschlagen, und die ergriffenen

Maßnahmen können auch zu neuen Spannungen führen, wenn nicht alle relevanten Akteure einbezogen werden. Probleme der Partizipation und Inklusion sind entscheidend; häufig fühlen sich marginalisierte Gruppen von Verhandlungen ausgeschlossen, was die gegenseitigen Spannungen verstärken kann.

Zentrum-Peripherie-Modell

Das Zentrum-Peripherie-Modell ist eine theoretische Rahmenkonzeption, die häufig in der Sozialwissenschaft, insbesondere in der Wirtschafts- und Politikwissenschaft, angewandt wird, um die ungleichen Entwicklungsprozesse und Machtverhältnisse zwischen zentralen (fortgeschrittenen) und peripheren (weniger entwickelten) Regionen oder Ländern zu erklären. Ursprünglich in den 1960er Jahren durch die Arbeiten von Entwicklungsökonomen formuliert, untersucht dieses Modell die Dynamiken und Strukturen, die zu Ungleichheiten in der Ressourcennutzung und -verteilung führen.

Im Kontext von Ressourcenkonflikten wird das Zentrum-Peripherie-Modell besonders relevant, da es die prägnanten Machtstrukturen und ökonomischen Abhängigkeiten beleuchtet, die oft zu Konflikten um Ressourcen führen. In der Regel repräsentiert das „Zentrum" Länder oder Regionen, die über fortschrittliche Technologien, hohe Kapitalausstattung und komplexe industrielle Strukturen verfügen. Im Gegensatz dazu umfasst die „Peripherie" Gebiete, die häufig reich an natürlichen Ressourcen sind, jedoch untergelernt sind und oft von einem Primärsektor abhängen, der kaum Wertschöpfung generiert. Diese Regionen sind dazu neigt, in einer asymmetrischen Beziehung zum Zentrum zu stehen, was zu einem Kreislauf der Ausbeutung führt.

Ein zentrales Merkmal dieser Beziehung ist der Fluss von Ressourcen von der Peripherie ins Zentrum. In vielen Fällen werden Rohstoffe – seien es mineralische Ressourcen, Öl, Agrarexporte oder andere natürliche Vorkommen – aus den peripheren Regionen abgezogen, oft ohne dass die lokale Bevölkerung von den damit verbundenen wirtschaftlichen Vorteilen profitiert. Stattdessen bleiben diese Regionen oft in einem Status der Armut und Unterentwicklung zurück, was zu einem Gefühl der Marginalisierung und Ungerechtigkeit führt.

Solche Ungleichgewichte können zu Ressourcenkonflikten führen, da die lokale Bevölkerung, oft marginalisiert und ohne Einfluss auf die Entscheidungsprozesse, gegen auswärtige Unternehmen oder staatliche Akteure mobilisiert, die die Ressourcen exploitierten. Diese Konflikte können verschiedene Formen annehmen, von gewaltsamen Auseinandersetzungen und Rebellionen bis hin zu friedlichen Protesten und Interventionen, um die Kontrolle über die lokalen Ressourcen zurückzugewinnen oder fairere Bedingungen für deren Nutzung zu fordern.

Ein Beispiel für Ressourcenkonflikte, die durch das Zentrum-Peripherie-Modell verdeutlicht werden können, ist die Ausbeutung von Bodenschätzen in Afrika. Viele afrikanische Länder sind reich an Mineralien, doch häufig fließen die Erträge aus der Ressourcennutzung in die Hände multinationaler Unternehmen oder korrupter Eliten, während die lokale Bevölkerung von den negativen Auswirkungen, wie Umweltzerstörung und sozialer Fragmentierung, betroffen ist. Dies führt nicht nur zu ökonomischen, sondern auch zu sozialen Spannungen innerhalb dieser Gesellschaften.

Darüber hinaus sind die geopolitischen Dimensionen nicht zu vernachlässigen. Mächtige Staaten im Zentrum neigen dazu, ihre Interessen auch militärisch oder politisch durchzusetzen, um den Zugriff auf strategisch wichtige Ressourcen zu sichern. Dies verstärkt häufig die Konflikte in den peripheren Regionen, da externe Akteure in lokale Konflikte eingreifen oder unterstützend tätig werden, um ihre eigenen wirtschaftlichen Ziele zu fördern.

Zerstörung von Lebensräumen

Die Zerstörung von Lebensräumen ist ein zentrales Problem, das in direktem Zusammenhang mit Ressourcenkonflikten steht. Lebensräume, die als Ökosysteme definiert werden und in denen Organismen interagieren, bieten nicht nur einen natürlichen Lebensraum für zahlreiche Arten, sondern auch essentielle Dienstleistungen für die menschliche Gesellschaft. Die Zerstörung dieser Lebensräume führt zu gravierenden ökologischen, sozialen und wirtschaftlichen Konsequenzen.

Die Ursachen für die Zerstörung von Lebensräumen sind vielfältig und häufig miteinander verknüpft. Eine der Hauptursachen ist die Übernutzung von natürlichen Ressourcen, wie Wasser, Holz, Mineralien und fossilen Brennstoffen, die in vielen Regionen der Welt zu Konflikten führen. Wenn Staaten oder Unternehmen versuchen, ihre wirtschaftlichen Interessen durch die Ausbeutung von Ressourcen zu maximieren, stehen sie oft in Konkurrenz zu lokalen Gemeinschaften, die von diesen Ressourcen zum Überleben abhängen.

Ein klassisches Beispiel hierfür ist der Abbau von Rohstoffen wie Erdöl oder Edelmetallen in ökologisch sensiblen Gebieten. Die Erschließung dieser Ressourcen führt häufig zur Zerstörung von Wäldern, Feuchtgebieten oder anderen Biodiversitäts-Hotspots. Dabei werden Lebensräume nicht nur direkt durch die physische Zerschneidung des Geländes und die Errichtung von Infrastruktur (Straßen, Bohrlöchern, industrielle Anlagen) beeinträchtigt, sondern auch indirekt durch die damit einhergehenden Umweltverschmutzungen. Chemikalien, die während des Abbaus oder der Verarbeitung eingesetzt werden, gelangen oft in die Umwelt und schädigen Flora und Fauna.

Ressourcenkonflikte gehen häufig mit soziopolitischen Spannungen einher. Insbesondere in Ländern mit schwachen Institutionen oder in politisch instabilen Regionen kommt es oft zu Konflikten zwischen lokalen Gemeinschaften und staatlichen oder multinationalen Unternehmen. Diese Konflikte können in Gewalt münden, was zu einem weiteren Rückgang der Lebensräume führt, sowohl durch direkte Zerstörung als auch durch die Unfähigkeit der Behörden, den Umweltschutz durchzusetzen. In vielen Fällen sind marginalisierte Gemeinschaften, die von der Natur abhängen, am stärksten betroffen, da sie keine rechtlichen Ansprüche auf das Land oder die Ressourcen geltend machen können.

Zusätzlich zur direkten Zerstörung von Lebensräumen durch Ressourcenausbeutung führen Ressourcenkonflikte auch zu Veränderung in der Landnutzung. Land wird zunehmend für Landwirtschaft, Viehzucht oder urbanen Ausbau beansprucht, was oft auf Kosten natürlicher Ökosysteme geht. Monokulturen, die zur Maximierung landwirtschaftlicher Erträge angelegt werden, verringern die biologische Vielfalt und verletzen das Gleichgewicht der Ökosysteme.

Eine weitere bedeutende Dimension der Ressourcenkonflikte und der damit verbundenen Habitat-Zerstörung ist der Klimawandel. Zum Beispiel führen extreme Wetterereignisse, vor allem in Gebieten mit bereits geschädigten Lebensräumen, zu massiven Biodiversitätsverlusten. Die Bekämpfung des Klimawandels erfordert oft den Erhalt und die Wiederherstellung von Lebensräumen, was in vielen Fällen zu Konflikten mit Ressourceneliten führen kann, die kurzfristige ökonomische Gewinne anstreben.

Zwangsumsiedlungen

Zwangsumsiedlungen sind ein vielschichtiges und oft tragisches Phänomen, das eng mit Ressourcenkonflikten verbunden ist. Diese Konflikte entstehen häufig, wenn verschiedene Akteure um die Kontrolle über natürliche Ressourcen wie Land, Wasser, Mineralien oder Energiequellen konkurrieren. Die Zwangsumsiedlung von Bevölkerungsteilen kann eine direkte Folge dieser Auseinandersetzungen sein, unkompliziert und aus verschiedenen politischen, wirtschaftlichen oder sozialen Motiven.

Zunächst ist es wichtig zu verstehen, dass Ressourcenkonflikte in vielen Kontexten entstehen, sei es in Entwicklungsländern, in denen Rohstoffe im Überfluss vorhanden sind, oder in industrialisierten Nationen, wo der Druck auf Ressourcen aufgrund der zunehmenden Urbanisierung und des Klimawandels steigt. Die Beantragung von Landrechten durch Unternehmen, staatliche Institutionen oder interne Migrationströme kann bestehende Spannungen zwischen verschiedenen gesellschaftlichen Gruppen verstärken, insbesondere wenn die Lebensgrundlage der lokalen Bevölkerung, wie die Landwirtschaft oder die lokale Fischerei, betroffen ist.

Ein prominentes Beispiel für Zwangsumsiedlungen im Kontext von Ressourcenkonflikten ist der Bau von Staudämmen oder Bergbauprojekten. Staudämme, die oft für die Gewinnung von Energie und zur Wasserspeicherung errichtet werden, führen häufig zur Überflutung großer Landstriche. Die betroffenen Gemeinden, oft indigene Völker oder Landwirte, verlieren dabei nicht nur ihr Zuhause, sondern auch ihre Existenzgrundlage. Ein Beispiel ist der Belo-Monte-Damm in Brasilien, der mehrere tausend Menschen zwangsumgesiedelt hat, während gleichzeitig schwere ökologische Auswirkungen auf das Amazonasgebiet zu verzeichnen sind. Solche Zwangsumsiedlungen sind oft von Protesten und Widerstand begleitet, was zu politischen Spannungen und sogar gewaltsamen Auseinandersetzungen führen kann.

Neben der ökologischen und ökonomischen Dimension spielt auch die soziale und kulturelle Perspektive eine entscheidende Rolle. Die Zwangsumsiedlung kann die sozialen Strukturen der betroffenen Gemeinschaften nachhaltig destabilisieren. Traditionelle Lebensweisen, die eng mit dem Land verbunden sind, werden durch urbane Lebensbedingungen ersetzt, die oft nicht mit den sozialen Werten und Normen der umgesiedelten Bevölkerung übereinstimmen. In vielen Fällen kommt es zu einem Verlust kultureller Identität, was langfristige soziale Spannungen und Konflikte zur Folge hat.

Des Weiteren sind Zwangsumsiedlungen häufig mit Menschenrechtsverletzungen verbunden. Oft werden die betroffenen Personen nicht in die Planungs- und Entscheidungsprozesse einbezogen, was zu den sogenannten „Land Grabbing" Phänomenen führt. Ihre Rechte auf Entschädigung, Mitsprache und ein Leben in Würde werden häufig missachtet. Internationale Menschenrechtsorganisationen dokumentieren die Auswirkungen solcher Zwangsumsiedlungen und prangern deren oft willkürlichen Charakter an. In einigen Fällen können sie auch zu internationalem Druck auf die betreffenden Staaten führen.

Die Lösung von Ressourcenkonflikten und die Vermeidung von Zwangsumsiedlungen erfordert daher einen interdisziplinären Ansatz. Politische Strategien sollten die Einbeziehung lokaler Gemeinschaften in Entscheidungsprozesse fördern und sicherstellen, dass deren Rechte geschützt werden. Ein nachhaltiger Umgang mit Ressourcen, der Umwelt- und Sozialaspekte in den Vordergrund stellt, kann dabei helfen, Langzeitkonflikte zu vermeiden und die Lebensbedingungen der betroffenen Bevölkerung zu verbessern.

Zwei-Grad-Ziel

Das Zwei-Grad-Ziel ist ein zentrales Element internationaler Klimapolitik und bezieht sich auf die Obergrenze der globalen Erderwärmung, die laut dem 2015 in Paris beschlossenen Übereinkommen nicht mehr als 2 Grad Celsius über dem vorindustriellen Niveau ansteigen sollte. Ein ambitioniertes Ziel der Klimapolitik ist es sogar, die Temperaturerhöhung auf maximal 1,5 Grad Celsius zu begrenzen. Das Erreichen dieser Zielmarken ist nicht nur von entscheidender Bedeutung für die Minderung der Auswirkungen des Klimawandels, sondern hat auch weitreichende Implikationen für Ressourcenkonflikte, die sich in zahlreichen globalen Regionen manifestieren.

Im Kontext des Zwei-Grad-Ziels müssen Staaten, Gemeinschaften und Unternehmen Maßnahmen ergreifen, um Treibhausgasemissionen signifikant zu reduzieren. Diese Transformation erfordert tiefgreifende Veränderungen in den Energiesystemen, der Landwirtschaft und allen anderen Sektoren, die mit dem Verbrauch von Ressourcen verbunden sind. Dabei stehen insbesondere fossile Brennstoffe im Fokus, da sie die Hauptverursacher von CO_2-Emissionen sind. Der Übergang zu erneuerbaren Energien kann jedoch auch zu Konflikten um Ressourcen führen, insbesondere in Regionen, die reich an Rohstoffen wie Erdöl, Erdgas, Seltenen Erden oder landwirtschaftlichem Boden sind.

Einer der Hauptkonflikte ergibt sich aus der Konkurrenz um landwirtschaftliche Flächen, die sowohl für die Lebensmittelproduktion als auch für den Anbau von Rohstoffen für Biokraftstoffe genutzt werden. In vielen Entwicklungsländern gibt es einen Wettlauf um fruchtbare Böden, wobei Agrotreibstoffe als Lösung für die Energiekrise angepriesen werden. Dies kann jedoch zu vertieften Spannungen führen, wenn lokale Gemeinschaften von ihrem Land verdrängt werden, um Platz für Monokulturen oder industrielle Landwirtschaft zu schaffen, wodurch die Nahrungsmittelproduktion gefährdet wird.

Darüber hinaus führt der Drang, neue Quellen erneuerbarer Energien wie Wind oder Solar zu erschließen, zu Konflikten um Landnutzung. Offshore-Windparks und Solarfelder benötigen große Flächen, die möglicherweise in Konkurrenz zu Fischerei, Tourismus oder anderen lokalen Wirtschaftszweigen stehen. Die soziale Akzeptanz solcher Projekte ist oft eine Herausforderung, vor allem wenn die lokale Bevölkerung nicht in die Entscheidungen einbezogen wird.

Ein weiteres bedeutendes Konfliktfeld ist die Wasserressource, die sowohl für die Landwirtschaft als auch für industrielle Prozesse und zur Kühlung von Energieanlagen notwendig ist. Der Klimawandel selbst verschärft die Wasserknappheit durch veränderte Niederschlagsmuster und zunehmende Dürreperioden. In wasserarmen Regionen kann der Druck auf Wasserressourcen zu Spannungen zwischen Landnutzern führen, wobei Landwirtschaft, Industrie und städtische Nutzung um begrenzte Wasserressourcen konkurrieren.

Zusätzlich können geopolitische Spannungen durch die globale Ungleichheit bei den Ressourcen verstärkt werden. Länder, die über reiche Rohstoffvorkommen verfügen, stehen unter dem Druck internationaler Märkte, die diese Ressourcen für die Energiewende nutzen wollen. Gleichzeitig stehen sie vor der Herausforderung, nachhaltige Praktiken zu implementieren, die eine Übernutzung ihrer Ressourcen vermeiden. Oft sind es die am wenigsten entwickelten Länder, die unter den Folgen von Ressourcenextraktion und den dadurch ausgelösten Konflikten am meisten leiden, obwohl sie am wenigsten zur globalen Erwärmung beigetragen haben.

In der Analyse der Ressourcenkonflikte im Kontext des Zwei-Grad-Ziels ist es unerlässlich, die unterschiedlichen Ebenen und Akteure zu berücksichtigen – von internationalen Organisationen über nationale Regierungen bis hin zu lokalen Gemeinschaften und Unternehmen. Die Implementierung von Maßnahmen zur Erreichung des Zwei-Grad-Ziels muss also nicht nur technologisch und wirtschaftlich nachhaltig sein, sondern auch sozial gerecht gestaltet werden, um die Risiken und Konflikte, die mit der Ressourcenbewirtschaftung verbunden sind, zu minimieren. Eine integrative Herangehensweise, die Partizipation fördert und lokale Bedürfnisse berücksichtigt, kann helfen, diese Konflikte zu vermeiden oder zu entschärfen, was letztlich auch den Erfolg der globalen Klimaziele unterstützen kann.

Autor:

 Carsten Rasch studierte Rechtswissenschaften, Politikwissenschaften und Wirtschaftswissenschaften mit dem Fokus auf EU, Asien und dem Nahen Osten.

Titelbild / Umschlagsbild:

Der Cerrado ist eine Ökoregion in Brasilien, die sich über etwa 2 Millionen Quadratkilometer erstreckt. Diese tropische Savanne ist sechsmal größer als Deutschland und beherbergt eine unglaubliche Artenvielfalt. Hier leben rund 10.000 Pflanzenarten, 200 Säugetierarten, 800 Vogelarten, 1.200 Fischarten, 150 Amphibienarten, 180 Reptilienarten und 90.000 Insektenarten. Das Gebiet Cerrado ist stark von der Abholzung betroffen. Zwischen Januar und April 2023 wurden dort 2133 Quadratkilometer abgeholzt, was die höchste Rate in den letzten fünf Jahren darstellt. Ein Großteil dieser Abholzung ist auf die Landwirtschaft zurückzuführen, insbesondere den Anbau von Soja, der für die Zerstörung von etwa 100.000 Hektar Savanne pro Jahr verantwortlich ist. Das Foto auf dem Buchcover zeigt die katastrophalen Ausmaße der Abholzung in dem Gebiet Cerrado. Das Gebiet Cerrado spielt eine entscheidende Rolle im Klimaschutz und der Wasserversorgung Brasiliens. Sein tiefes Wurzelsystem speichert große Mengen an Kohlenstoff und speist acht der zwölf wichtigsten Wassereinzugsgebiete des Landes. Ohne das Gebiet Cerrado können die Pariser Klimaziele nicht erreicht werden.